Duden

Briefe und E-Mails
gut und richtig schreiben

Duden

Briefe und E-Mails gut und richtig schreiben

Bearbeitet von der Dudenredaktion

Dudenverlag
Mannheim · Leipzig · Wien · Zürich

Die **Duden-Sprachberatung** beantwortet Ihre Fragen
zu Rechtschreibung, Zeichensetzung, Grammatik u. Ä.
montags bis freitags zwischen 08:00 und 18:00 Uhr.
Aus Deutschland: 09001 870098 (1,86 € pro Minute aus dem Festnetz)
Aus Österreich: 0900 844144 (1,80 € pro Minute aus dem Festnetz)
Aus der Schweiz: 0900 383360 (3,13 CHF pro Minute aus dem Festnetz)
Die Tarife für Anrufe aus den Mobilfunknetzen können davon abweichen.
Unter www.duden-suche.de können Sie mit einem Online-Abo
auch per Internet in ausgewählten Dudenwerken nachschlagen.
Den kostenlosen Newsletter der Duden-Sprachberatung können Sie
unter www.duden.de/newsletter abonnieren.

Bibliografische Information der Deutschen Nationalbibliothek
Die Deutsche Nationalbibliothek verzeichnet diese Publikation in der
Deutschen Nationalbibliografie; detaillierte bibliografische Daten
sind im Internet über http://dnb.ddb.de abrufbar.

Die Redaktion hat die Inhalte dieses Werkes mit größter Sorgfalt zusammengestellt.
Für dennoch wider Erwarten auftretende Fehler übernimmt der Verlag keine Haftung.
Dasselbe gilt für spätere Änderungen in Gesetzgebung oder Rechtsprechung.
Das Werk ersetzt nicht die professionelle Beratung und Hilfe in konkreten Fällen.

Redaktionelle Bearbeitung: Dr. Eva Bambach-Horst, Dr. Hildegard Hogen
unter Mitwirkung von Dr. Ulrich Schoenwald
Herstellung: Monika Schoch

Typografie: Horst Bachmann
Umschlaggestaltung: Jürgen Sauerhöfer
Umschlagabbildung: CORBIS/Royalty-Free: Tastatur
Satz: Bibliographisches Institut AG
Druck und Bindung: Neografia, a. s., Slowakei
Printed in Slovakia

ISBN 978-3-411-74301-8
www.duden.de

Inhalt

Inhalt

6

Inhalt

Verständlich formulieren

■ Das Hamburger Verständlichkeitskonzept

Der Verständlichkeit von Briefen hat man lange Zeit nur wenig Beachtung geschenkt. Im Vordergrund stand die Höflichkeit: Entscheidend war, dass die Etikette gepflegt wurde und der Tonfall stimmte. Erst seit den Siebzigerjahren des 20. Jahrhunderts haben Psychologen den Aspekt der Verständlichkeit von Texten intensiver untersucht, und seitdem gewinnt sie auch in den Regeln der Korrespondenz an Bedeutung. Reinhard Tausch, Inghard Langer und vor allem Friedemann Schulz von Thun arbeiteten heraus, welche Faktoren zur Verständlichkeit beitragen. In ihrem Hamburger Verständlichkeitskonzept sind diese zusammengefasst und in ihr Verhältnis gesetzt:

- **Einfachheit:** Ein verständlicher Text verzichtet auf ungeläufige Wörter; Fachbegriffe werden erklärt. Die Sätze sind einfach strukturiert.
- **Gliederung/Ordnung:** Die Sätze stehen in einer folgerichtigen Reihenfolge, der Text ist sinnvoll gegliedert und übersichtlich aufgeteilt.
- **Kürze/Prägnanz**: Die Länge des Textes hat ein angemessenes Verhältnis zum Inhalt. Überflüssige Darstellungen, umständliche Formulierungen und leere Phrasen entfallen.
- **Zusätzliche Stimulanz:** Der Text wirkt auch äußerlich ansprechend, der Leser wird persönlich angesprochen. Stilistische Anreize und die Verwendung von sprachlichen Bildern, anschaulichen Beispielen oder Illustrationen wirken als Verständnishilfe.

Die Kriterien des Hamburger Verständlichkeitskonzepts: Ein Zuviel kann der Verständlichkeit ebenso schaden wie ein Zuwenig. Die größte Verständlichkeit erreicht man mit Werten im markierten Bereich.

Einfachheit	++	+	o	−	−−	Kompliziertheit
Gliederung – Ordnung	++	+	o	−	−−	Unübersichtlichkeit, Zusammenhanglosigkeit
Kürze – Prägnanz	++	+	o	−	−−	Weitschweifigkeit
Zusätzliche Stimulanz	++	+	o	−	−−	Keine zusätzliche Stimulanz

Verständlichkeit durch geeignete sprachliche Mittel	
Einfachheit	**Ordnung**
■ Verwenden Sie geläufige, eindeutige und kurze Wörter. ■ Verzichten Sie auf Modewörter, unnötige Fremdwörter und Abkürzungen. ■ Verwenden Sie wo immer möglich Verben anstelle von Substantiven.	■ Gliedern Sie Ihren Brief nach inhaltlichen Kriterien. ■ Unterteilen Sie den Text in Absätze, längere Texte in Abschnitte mit Überschriften (oder Gliederungsziffern). ■ Gliedern Sie Ihre Sätze übersichtlich.
Kürze	**Anreize**
■ Achten Sie auf eine angemessene Satzlänge. ■ Formulieren Sie knapp und präzise. ■ Konzentrieren Sie sich auf das Wesentliche. ■ Verzichten Sie auf Floskeln.	■ Sprechen Sie den Empfänger an. ■ Schreiben Sie im Aktiv. ■ Formulieren Sie höflich. ■ Achten Sie auf korrekte Rechtschreibung und eine ansprechende äußere Form.

■ Sinnvoll gliedern

Bevor Sie zu schreiben beginnen, sollten Sie sich fragen:
- ■ Warum schreibe ich, was will ich erreichen?
- ■ Wie lautet die Kernaussage meines Schreibens?
- ■ Wer ist der Empfänger des Briefes und in welchem Verhältnis stehe ich zu ihm?
- ■ Was ist für ihn wichtig?
- ■ Wie wird er auf meinen Brief reagieren?

Um Schreibblockaden zu überwinden und um effektiv zu arbeiten, können Sie sich ein dreistufiges Vorgehen angewöhnen:

Dreistufiger Arbeitsplan	
1) **Vorbereiten und Planen**	Medium (E-Mail, Brief, Fax) wählen, Adressen und ggf. Kundennummern etc. heraussuchen, inhaltliche Informationen sammeln und auf Vollständigkeit prüfen
2) **Text entwerfen**	Stichworte machen, Gliederung schreiben, Text entwerfen
3) **Prüfen und Überarbeiten** (am besten mit einem Abstand von einigen Stunden oder Tagen)	den Text mehrmals durchlesen – korrigieren Sie jeweils Inhalt, Formulierungen, Grammatik und Rechtschreibung getrennt

Verständlich formulieren

Machen Sie nicht den Fehler, schon beim Textentwurf lange über einem einzelnen Satz zu grübeln, weil Sie auf Anhieb druckreif formulieren wollen. Einfacher dürfte es sein, den Text erst einmal in einem Zug durchzuschreiben. Sie müssen dabei nicht am Anfang beginnen. Fangen Sie ruhig in der Mitte oder mit dem letzten Abschnitt an – wichtig ist, dass Ihre Gedanken in Fluss kommen. Unerlässlich ist es allerdings, danach den Text zu überarbeiten, um logische Brüche oder eine ungeschickte Wortwahl zu korrigieren. Versuchen Sie dabei immer, Ihr Schreiben vom Standpunkt des Empfängers aus zu lesen: Wie wirkt der Stil? Zu jovial, zu steif, ermüdend, aggressiv? Korrigieren Sie so lange, bis Sie die passende Wirkung hergestellt haben.

Prüfen Sie anhand Ihrer Stichwortliste, ob Sie auch keinen wichtigen Aspekt vergessen haben. Beim Überarbeiten sollten Sie nicht den Ehrgeiz haben, auf Grammatik, Inhaltliches und Rechtschreibung gleichzeitig zu achten. Konzentrieren Sie sich auf jeden dieser Aspekte in einem eigenen Arbeitsgang.

> Bei wichtiger Korrespondenz oder wenn man aus einer Verärgerung heraus geschrieben hat, kann es sinnvoll sein, noch »einmal darüber zu schlafen«. Mit etwas Abstand kann man beurteilen, ob man den richtigen Ton getroffen hat.

Inhaltlich strukturieren

Die inhaltliche Gliederung ist die entscheidende Voraussetzung für die Verständlichkeit eines Textes. Bei der Vorbereitung klären Sie die verschiedenen inhaltlichen Aspekte; unterscheiden Sie zwischen Dingen, die voneinander abhängig sind und erst nach und nach geschildert werden können, und solchen, die gleichberechtigt nebeneinander stehen könnten, sowie Details, die bei näherer Betrachtung vielleicht sogar verzichtbar sind.

Bringen Sie alles in eine Abfolge, die einer inneren Logik folgt. Stellen Sie sprachlich Zusammenhänge her, wenn sie der Sache entsprechen, aber konstruieren Sie keine Zusammenhänge nur um der vermeintlichen inneren Verbundenheit Ihres Textes willen. Im Gegenteil: Trennen Sie, was sachlich nicht zusammengehört, auch textlich.

Jeder Abschnitt, jeder Absatz und jeder Satz sollte so verfasst sein, dass der Leser nur wenig Mühe hätte, die jewei-

> Trennen Sie Wichtiges von Unwichtigem.

lige Kernaussage an den Rand zu schreiben – sie also ohne Weiteres erfassen kann. Prüfen Sie Ihren Text daraufhin. Wenn Sie merken, dass mehrere Kernaussagen denkbar wären oder sich im Gegenteil keine so recht finden lässt, sollten Sie Ihren Text noch einmal überarbeiten.

Im folgenden Beispiel bleibt der Text nach der Überarbeitung seinen Aussagen nach der gleiche. Dennoch ist sein Inhalt schneller zu erfassen, weil die Logik der Sache sich in der Abfolge der Aussagen widerspiegelt:

Inhaltlich strukturieren

Nicht	Sondern
Gestern habe ich vergessen, Sie auf die neue Regelung hinzuweisen. Bitte arbeiten Sie Ihren Vorschlag entsprechend um. Näheres finden Sie im Handbuch. Es macht nichts, wenn der Text dadurch etwas umfangreicher wird und noch eine Seite eingefügt werden muss. Überschneidungen sind nun nicht mehr erlaubt. Die Regelung ist seit dem 1. Mai 2011 in Kraft.	Gestern habe ich vergessen, Sie auf die neue Regelung hinzuweisen, die seit dem 1. Mai 2011 in Kraft ist. Überschneidungen sind nun nicht mehr erlaubt. Näheres finden Sie im Handbuch. Bitte arbeiten Sie Ihren Vorschlag entsprechend um. Es macht nichts, wenn der Text dadurch etwas umfangreicher wird und noch eine Seite eingefügt werden muss.

Sehr lange Sätze sind schwer zu verstehen. Am Ende des Satzes weiß der Leser möglicherweise schon nicht mehr, worum es am Anfang ging – und was eigentlich die Hauptaussage ist. Kürzere Sätze sind besser zu verstehen, wenn sie sich auf einen Aspekt beschränken.

Verständlich formulieren

Gliederung durch Satzzeichen: Punkt, Klammer und Gedankenstriche	
Nicht	**Sondern**
Zur Anpassung an die Wertänderung der versicherten Sachen erhöht oder vermindert sich die Versicherungssumme mit Beginn eines jeden Versicherungsjahres entsprechend dem Prozentsatz, um den sich der Preisindex »Andere Verbrauchs- und Gebrauchsgüter ohne Nahrungsmittel und ohne normalerweise nicht in der Wohnung gelagerte Güter«, den das Statistische Bundesamt ermittelt, im vergangenen Jahr gegenüber dem vorvergangenen Jahr verändert hat.	Zu Beginn eines jeden Versicherungsjahres passen wir die Versicherungssumme an die Wertänderung der versicherten Sachen an. Der Anpassung legen wir einen Preisindex des Statistischen Bundesamtes zugrunde (»Andere Verbrauchs- und Gebrauchsgüter ohne Nahrungsmittel und ohne normalerweise nicht in der Wohnung gelagerte Güter«). Sie entspricht – in Prozent – der Differenz zwischen dem Preisindex des vorvergangenen und des vergangenen Jahres.

Mit Gedankenstrichen kann man Einschübe aus dem Satzgefüge etwas herauslösen. Der Leser kann zunächst den Einschub überfliegen und den Satz ohne dieses Detail erfassen.

Beispiel für die Verwendung von Gedankenstrichen
Diese Anpassung entspricht – in Prozent – der Differenz zwischen dem Preisindex des vorvergangenen und des vergangenen Jahres, wie ihn das Statistische Bundesamt jährlich ermittelt.

Mit Klammern können Sie zusätzliche Hinweise auf die Hierarchie der Auskunft geben: Was in Klammern steht, ist für das Verständnis zwar nicht unwichtig, momentan aber zweitrangig:

Beispiel für die Verwendung von Klammern
Der Anpassung legen wir einen Preisindex des Statistischen Bundesamtes zugrunde (»Andere Verbrauchs- und Gebrauchsgüter ohne Nahrungsmittel und ohne normalerweise nicht in der Wohnung gelagerte Güter«).

Als satzgliederndes Zeichen zwischen Punkt und Komma hat das Semikolon (der Strichpunkt) eine Mittelstellung. Der Punkt trennt stärker als das Semikolon; das Komma trennt schwächer als das Semikolon:

Wenn zwei Aussagen zusammengehören, aber doch so getrennt werden sollen, dass jede ihr eigenes Gewicht behält, dann wählt man das Semikolon.

Beispiel für die Verwendung des Semikolons
Der Anpassung legen wir einen Preisindex des Statistischen Bundesamtes zugrunde; sie entspricht der Differenz zwischen dem Preisindex des vorvergangenen und des vergangenen Jahres.

Haupt- und Nebensätze können im Deutschen mehrere weitere Nebensätze enthalten. Verschachteln Sie nicht zu viele Nebensätze ineinander, sondern versuchen Sie, einfache und damit übersichtlichere Strukturen zu schaffen.

In Internetchats ist die Aneinanderreihung von mehreren Frage- und/oder Ausrufezeichen üblich, um Lautstärkevariationen der gesprochenen Sprache zu imitieren. In allen anderen Texten wird dies als grob empfunden.

Nicht	Sondern
Für die Anreise, die bis 18 Uhr erfolgen sollte, empfehlen wir, weil es sehr schwer ist, einen geeigneten Parkplatz zu finden, den öffentlichen Nahverkehr.	Die Anreise sollte bis 18 Uhr erfolgen. Wir empfehlen den öffentlichen Nahverkehr, weil ein geeigneter Parkplatz schwer zu finden ist.

Die Gliederung in Haupt- und Nebensätze sollte dem Verhältnis von Haupt- und Nebenaussagen entsprechen. Die wichtigen Informationen gehören in den Hauptsatz.

Die Hauptsache gehört in den Hauptsatz.

Nicht	Sondern
Die Gesellschafterversammlung beschloss auf ihrer turnusgemäßen Sitzung im Verwaltungszentrum, dass die Weihnachtsfeier in diesem Jahr ausfallen wird.	In diesem Jahr wird die Weihnachtsfeier ausfallen, beschloss die Gesellschafterversammlung auf ihrer turnusgemäßen Sitzung im Verwaltungszentrum.

Verständlich formulieren

Voraussetzung einer
sinnvollen Absatz-
gliederung ist eine
durchdachte inhalt-
liche Gliederung.

In Absätze unterteilen

Der inneren Gliederung eines Textes sollte eine äußere folgen, zum Beispiel in Form von Absätzen. Absätze erhöhen
die Lesbarkeit: Sie bieten optische Orientierung, sie erleichtern den ersten Überblick, und beim nochmaligen Lesen helfen sie, bestimmte Textstellen zu finden. Der Beginn eines neuen Absatzes signalisiert optisch, was dieser
unbedingt auch inhaltlich leisten muss: den Einstieg in einen neuen Argumentationsschritt oder Gedanken. Texte
von mehr als zwei Seiten Länge sollten Sie darüber hinaus
in Abschnitte gliedern, die durch Überschriften eingeleitet
werden und damit durch den Text führen.

Gliederung durch einen Absatz	
Nicht	**Sondern**
Gestern habe ich vergessen, Sie auf die neue Regelung hinzuweisen. Bitte arbeiten Sie Ihren Vorschlag entsprechend um. Näheres finden Sie im Handbuch. Es macht nichts, wenn der Text dadurch etwas umfangreicher wird und noch eine Seite eingefügt werden muss. Überschneidungen sind nun nicht mehr erlaubt. Die Regelung ist seit dem 1. Mai 2011 in Kraft.	Gestern habe ich vergessen, Sie auf die neue Regelung hinzuweisen. Bitte arbeiten Sie Ihren Vorschlag entsprechend um. Näheres finden Sie im Handbuch. Es macht nichts, wenn der Text dadurch etwas umfangreicher wird und noch eine Seite eingefügt werden muss. Überschneidungen sind nun nicht mehr erlaubt. Die Regelung ist seit dem 1. Mai 2011 in Kraft.

Mit Auflistungen arbeiten

Weitere Mittel, den Inhalt zu strukturieren, sind die Liste
und die Tabelle. Beide können sehr effektive Hilfen sein,
einen Text verständlicher zu machen. Die Tabelle bietet
sich für Inhalte an, die zu bestimmten Dingen mehrere,
stets einer Kategorie zugehörige Details enthalten. Klas-
sisch sind zum Beispiel Waren und ihre Preise, Maße oder
Bestellnummern. In Briefen selbst wird man sie eher selten verwenden.

Anders aber Listen: Sie können auch in einfachen Briefen für Übersichtlichkeit sorgen, wenn es um einfache Aufzählungen geht, z. B.:

Gliedern durch Listen	
Nicht	**Sondern**
Bitte bringen Sie Ihren Personalausweis, Ihr Passfoto, Ihren Vertrag, das ausgefüllte Antragsformular sowie Papier und Stift mit.	Bringen Sie bitte mit: – Ihren Personalausweis – Ihr Passfoto – Ihren Vertrag – das ausgefüllte Antragsformular – Papier und Stift

■ Einfach formulieren

Verständliche Texte sind nicht nur optimal gegliedert, sondern auch optimal formuliert. Das bedeutet, dass ihr Satzbau weder langweilig einfach noch ermüdend umständlich ist. Ebenso wichtig ist die Wahl des treffenden Vokabulars.

Klare Aussagen treffen

Als Ausdruck höflicher Zurückhaltung wurden lange Zeit Satzaussagen um »mögen«, »würden« oder »dürfen« erweitert, zum Beispiel: *Ich möchte mich bei Ihnen herzlich für die Unterstützung bedanken.* Eine solche Formulierung wirkt heute altmodisch, und in vielen Lesern weckt sie die Fragen: »Und warum tun Sie es dann nicht?« oder »Ja gut – wann?«. Stattdessen gilt es heute als besserer Stil, ohne Umschweife auf den Punkt zu kommen: *Ich danke Ihnen herzlich für die Unterstützung!*
Andererseits können konjunktivische Formulierungen zurückhaltender – und dadurch passender – wirken: *Wir wären Ihnen dankbar, wenn Sie den Termin pünktlich einhalten könnten.* Vielleicht ist bekannt, dass der Empfänger – ein ausnehmend konservativer, aber sehr wichtiger Kunde – nachvollziehbare Gründe haben könnte, um

Heute gilt es keineswegs mehr als unhöflich, die Aussagen, deretwegen man korrespondiert, direkt zu schreiben: »Ich bitte Sie um Unterstützung«.

einen etwas späteren Termin zu bitten? Die Formulierung im Indikativ dagegen ist zwar prägnanter, sie kommt vielen Lesern aber schon fast einer Vorladung gleich: *Bitte kommen Sie pünktlich zum vereinbarten Termin.* Welche Formulierung Sie wählen, sollten Sie immer auf die Situation und den individuellen Empfänger oder den Kreis von Empfängern abstimmen.

Formulierungen im Indikativ können sehr forsch wirken, was nicht immer angebracht ist.

Kommen Sie zur Sache!

Nicht	Sondern
Wir möchten Sie bitten, den Termin einzuhalten.	Bitte halten Sie den Termin ein.
Wir würden uns freuen, Sie [in unserem Hause] begrüßen zu dürfen.	Wir freuen uns auf Sie.
Wir würden uns freuen, Sie in unseren neuen Ausstellungsräumen begrüßen zu dürfen.	Wir freuen uns auf Ihren Besuch in unseren neuen Ausstellungsräumen.
Wir würden Ihnen einen Kompromiss vorschlagen: ...	Wir schlagen Ihnen einen Kompromiss vor: ...
Das könnten wir übernehmen.	Das können wir übernehmen.
Wir wären erfreut, bald von Ihnen zu hören.	Wir freuen uns darauf, bald von Ihnen zu hören.

Ähnlich wie die Erweiterungen mit »mögen«, »würden« oder »dürfen« sorgen auch Vorreiter dafür, dass die eigentliche Aussage im Satz nach hinten verschoben wird. Vorreiter sind Einleitungswendungen im Hauptsatz, die die eigentliche Information in den Nebensatz drängen. Solche Einleitungen können Sie weglassen: Die Hauptsache gehört in den Hauptsatz. Statt *Wir teilen Ihnen mit, dass sich unsere Lieferbedingungen geändert haben* schreiben Sie besser nur: *Unsere Lieferbedingungen haben sich geändert.*

Sie teilen uns mit, ...	Wir teilen Ihnen mit, ...
Sie weisen uns darauf hin, ...	Wir weisen Sie darauf hin, ...
Sie setzen uns in Kenntnis, ...	Wir setzen Sie in Kenntnis, ...
Sie machen darauf aufmerksam, ...	Wir machen Sie darauf aufmerksam, ...
Bezug nehmend auf Ihr Schreiben ...	Unter Bezugnahme auf Ihre ...
In Beantwortung Ihres Schreibens ...	Wir haben Ihr Schreiben erhalten und ...

Aber nicht jeder Vorreiter ist als Einleitung sinnlos. Die Formulierung *Bitte beachten Sie, dass sich unsere Öffnungszeiten geändert haben* kann durchaus angebracht sein, um die Aufmerksamkeit des Lesers zu lenken. Je bewusster die Formulierungen insgesamt gewählt sind, desto wirkungsvoller kann ein solcher Hinweis sein. Falls Sie sich also zum Beispiel wirklich darüber freuen, dem Empfänger eine gute Nachricht zu übermitteln, dann gibt es keinen Grund, dies nicht auch zu formulieren: *Ich freue mich, Ihnen mitteilen zu dürfen/können, dass ...*

Schwer verständliche Wörter vermeiden

Prüfen Sie die eigene Wortwahl. Sind das wirklich die treffenden Wörter? Habe ich – eventuell unbeabsichtigt – Formulierungen anderer übernommen, die hier unpassend sind?

Schwer verständlich sind alle Wörter, die für den Empfänger fremd sind – das können **Fremdwörter** sein, also Wörter fremden, zum Beispiel lateinischen Ursprungs, **Fachwörter** oder branchenspezifische **Abkürzungen.** Sie alle haben ihre Berechtigung, sofern sie präzise sind und ihre Bedeutung allen Beteiligten bekannt ist. Unter Fachkollegen verwendet man sie mit Selbstverständlichkeit. Sobald Sie aber nicht sicher sein können, dass der Empfänger Ihrer Schreiben in etwa den gleichen Wortschatz hat wie Sie, sollten Sie sich bei jedem ungeläufigen Wort fragen: Ist das verständlich? Wenn nicht, dann machen Sie sich die Mühe und »übersetzen« Sie Ihren Text in seine Sprache. Das erspart Ihnen Missverständnisse, Komplikationen und Nachfragen.

Verständlich formulieren

Verwenden Sie Fach- und Fremdwörter nur gegenüber Adressaten, die diese sicher kennen.

Dies gilt auch für deutsche Wörter, die in der Fachsprache eine besondere, von der Alltagssprache abweichende Bedeutung haben können, oder bei Wörtern, die mehrere Bedeutungen haben. In dem Satz »Der Läufer liegt auf dem Boden« kann das Wort Läufer mindestens drei Bedeutungen einnehmen (Sportler, Schachfigur, Teppich), das Wort Boden mindestens zwei (Fußboden, Dachboden). Daraus resultieren sehr unterschiedliche Aussagen. Stellen Sie möglichst sicher, dass Sie und Ihr Adressat stets die gleiche Bedeutung meinen.

Vermeiden Sie Abkürzungen, wenn Sie nicht sicher sind, dass sie verstanden werden.

Ebenso heikel kann die Verwendung von Abkürzungen sein, die möglicherweise weniger verbreitet sind als vom Verfasser angenommen oder gar völlig gedankenlos verwendet werden. Treffen mehrere Abkürzungen in einem Satz aufeinander, kann es schon schwierig sein, einen Text flüssig aufzunehmen.

Vermeiden Sie ungeläufige Wörter

ungeläufig	allgemeinverständlich	Kommentar
Wir bedürfen hierzu Ihrer Einverständniserklärung.	Wir benötigen Ihr Einverständnis.	
Die Gemeinen haben wir größer gesetzt.	Die kleinen Buchstaben haben wir größer geschrieben.	»Gemeine« und »setzen« sind Fachwörter (aus der Sprache der Typografie); einem allgemeinen Publikum sind sie nicht geläufig.
Frau Meyer wird Ihnen das EF-Ost zusenden.	Frau Meyer wird Ihnen das (Erfassungs-)Formular (Ost) zusenden.	Wie das Formular heißt, dürfte in diesem Fall sogar unwichtig sein. Dass es um ein Formular geht, muss aber deutlich werden!

Innerhalb sozial abgegrenzter Gruppen ist die Benutzung von Abkürzungen jedoch üblich und sinnvoll. Insbesondere in der elektronischen Kommunikation – in E-Mails, SMS, Chats und Foren – haben sich zahlreiche Abkürzungen für gängige Floskeln eingebürgert (z. B. »MfG« für »Mit freundlichen Grüßen«). Richtet sich eine Nachricht an einen mehr oder weniger geschlossenen Kreis von Adressaten, dürften sich Gepflogenheiten auch bezüglich der Abkürzungen ergeben. Außerhalb allerdings sollten dann wieder die klassischen Kommunikationsformen gelten. Unangebracht und unhöflich sind solche Abkürzungen im geschäftlichen E-Mail-Verkehr.

Restmüllbehältervolumenminderung, Mehrzweckküchen-maschine, Geräteunterhaltungsnachweis oder Rund-funkfinanzierungsstaatsvertrag – das sind keine Fantasie-schöpfungen, sondern
, die in der Verwaltungssprache tatsächlich verwendet werden. Solche Wortungetüme kann man aber vermeiden:

- Setzen Sie möglichst nicht mehr als drei Wortglieder zusammen (z. B. nicht: 1. Restmüll 2. -behälter 3. -volumen 4. -minderung).
- Machen Sie längere Zusammensetzungen durch einen Bindestrich übersichtlicher (z. B.: Lebensmittel-Gesetz).

So machen Sie Bandwurmwörter übersichtlicher:	
Nicht	**Sondern**
Restmüllbehältervolumenmin-derung	Volumenminderung der Rest-müllbehälter
Mehrzweckküchenmaschine	Mehrzweck-Küchenmaschine
Berufskraftfahrerqualifikations-gesetz	Gesetz zur Qualifikation der Berufskraftfahrer
Rundfunkfinanzierungsstaats-vertrag	Staatsvertrag über die Gebüh-renerhebung für Rundfunkge-räte

Achten Sie außerdem darauf, dass bei Verben die Beziehung zwischen Grund- und Bestimmungswort nachvollziehbar bleibt (z. B. nicht: Wir *lehnen* Ihren Antrag auf Erstattung der Auslagen zur Anschaffung eines Gerätes zum Absaugen des Teppichs im Büro des Abteilungsleiters *ab,* sondern: Wir *lehnen* es *ab,* ...).

Verständlich formulieren

Papierwörter sind Wörter, die man zwar schreibt, aber nur selten oder nie spricht (z. B. »Bezug nehmen«). Sie lassen Texte bürokratisch wirken.

Wörter und Wendungen, auf die Sie verzichten sollten:	
aus gegebenem Anlass / anlässlich	in Anbetracht
Außerachtlassung	In der Anlage / anliegend
eilbedürftig	in obiger Angelegenheit
betreffs	dahingehend
Bezug nehmend	nachstehend
dankend erhalten	Stellungnahme
diesbezüglich	verbleiben
ein Betrag in Höhe von	Vorgang
es ist unser Anliegen	zwecks
hinsichtlich	seitens

Viele Papierwörter entfallen am besten ersatzlos; andere, ähnliche Wörter und Wendungen tauscht man am besten durch klare und kürzere Wörter aus. So kann ein Text schnell und einfach verständlicher werden.

Einfachere Wörter wählen:	
Nicht	**Sondern**
auf diese Art und Weise	so
aufgrund von	wegen
mit Ausnahme von	ohne
aus diesem Grund	deshalb
unter Zuhilfenahme von	mit
zum gegenwärtigen Zeitpunkt	jetzt
im Hinblick auf	wegen
hinsichtlich	wegen
in keinem Fall	nie
in den meisten Fällen	meistens
Benachrichtigung	Nachricht
baldmöglichst	möglichst bald

Auch **Füllwörter** blähen einen Text auf, ohne etwas zur Aussage beizutragen. Dazu gehören Wörter wie *dahinge-hend, an sich, sozusagen, quasi.* Sie werden vor allem in der gesprochenen Sprache verwendet, wo sie dazu dienen, eine Aussage abzutönen: Der Sprechende kann mit ihrer Hilfe einem Gedanken eine Färbung geben, etwas betonen oder auch einem Gefühl Ausdruck verleihen. In geschriebenen Texten wirken solche Wörter meist störend. Sie bekommen, besonders wenn sie gehäuft auftreten, den Charakter von bloßen Füllseln. Zu diesen Wörtern gehören: *aber, auch, bloß, denn, doch, eben, etwa, halt, ja, mal, nicht, nur, schon, vielleicht, wohl, eh, eigentlich, einfach, erst, ruhig* und *überhaupt.*

Andererseits können diese Modalpartikel – bewusst und wohldosiert eingesetzt – auch im Schriftverkehr ihre Berechtigung haben. Sie vermögen die fehlende stimmliche Betonung zu ersetzen, wenn es gilt, eine Gefühlslage auszudrücken und einen Text weniger schroff erscheinen zu lassen. Sogar im Geschäftsbrief können Modalpartikel deshalb eine sinnvolle Ergänzung sein – wenn sie gezielt verwendet werden.

Modalpartikel werden eher im privaten Schriftverkehr eingesetzt als in Geschäfts-briefen.

Die gezielte Verwendung von Modalpartikeln

Satz ohne Modalpartikel	Satz mit Modalpartikel
Darüber haben wir uns gefreut!	Darüber haben wir uns aber gefreut!
Wie konnte es so weit kommen?	Wie konnte es bloß so weit kommen?
Haben Sie schon eine neue Stelle gefunden?	Haben Sie denn schon eine neue Stelle gefunden?
Ihre Planung hat ganz neue Schwerpunkte gesetzt.	Ihre Planung hat ja ganz neue Schwerpunkte gesetzt.
Wir halten das für denkbar.	Wir halten das schon für denkbar.

Auch der Verzicht auf **überflüssige Partizipien** macht einen Text nicht nur kürzer, sondern flüssiger und leichter lesbar. Das heißt nicht, dass Sie auf diese Ergänzungen in jedem Fall verzichten sollten. Es könnte zum Beispiel ja sehr wichtig sein, zwischen einer schon erbrachten und einer noch nicht erbrachten Leistung zu unterscheiden.

Meistens wird das Partizip aber unbedacht verwendet und kann entfallen.

Verzichten Sie auf überflüssige Partizipien	
Nicht	**Sondern**
entstandene Kosten	Kosten
vorliegende Unterlagen	Unterlagen
vorgebrachte Einwände	Einwände
erbrachte Leistung	Leistung
durchgeführte Prüfung	Prüfung
erfolgter Versand	Versand
vorgenommene Änderungen	Änderungen
festgestellte Tatsache	Tatsache
vorgenommene Auswahl	Auswahl
getroffene Vereinbarung	Vereinbarung
geschlossener Vertrag	Vertrag

Beliebt ist in der Alltagssprache auch die Erweiterung von Haupt- und Eigenschaftswörtern mit *-mäßig, -technisch* oder *-halber.* Im Schriftverkehr wirken diese Wortbildungen ungelenk und oft auch uneindeutig.

Nicht	**Sondern**
verkehrstechnisch, arbeitsmäßig, urlaubshalber	in Bezug auf den Verkehr, hinsichtlich der Arbeit, wegen des Urlaubs etc.

Sachlich bleiben

Höflichkeit ist nicht zuletzt eine Frage der Haltung gegenüber dem Empfänger: Wer Respekt empfindet, wird intuitiv höflich schreiben. Die Gefahr ist allenfalls, dabei stilistisch zu übertreiben und in eine gespreizte Sprache zu verfallen. Lesen Sie Ihren Text mit etwas Abstand noch einmal durch – vielleicht sogar laut –, und prüfen Sie, ob die Ausdrucksweise in etwa der entspricht, die Sie in einem

Eine sachliche, sprachlich korrekte Formulierung in einem formal sorgfältig gestalteten Schreiben ist die höflichste Art der Mitteilung.

höflichen Telefonat gewählt hätten. Wenn ja, dürften Sie den richtigen Ton getroffen haben.

Was aber, wenn Sie jemandem schreiben müssen, dem Sie eben keine große Achtung entgegenbringen können? Die Antwort ist ganz einfach: Lassen Sie es sie oder ihn nicht spüren. Gestehen Sie sich selbst Ihren Ärger ein und drücken Sie ihn – wenn das sinnvoll ist – aus, aber bleiben Sie auch in schwierigen Situationen sachlich und auf der Ebene der Argumentation.

Die Wertschätzung gegenüber dem Empfänger äußert sich auch in der korrekten Schreibung des Eigennamens des Empfängers, ebenso sollten der Firmenname und die Adresse fehlerfrei sein. Bevor Sie Ihre Korrespondenz versenden – ganz gleich, ob es sich um einen physischen Brief, eine E-Mail oder ein anderes Medium handelt –, sollten Sie daher immer prüfen, ob die Adresse korrekt geschrieben ist.

Schließlich entscheiden auch Rechtschreibung und Grammatik über den Erfolg schriftlicher Kommunikation. Selbst die Mehrheit der E-Mail-Nutzer stört sich daran, wenn E-Mail-Texte durchweg kleingeschrieben werden, wenn allenfalls Punkte und Fragezeichen, aber kaum Kommas gesetzt werden und wenn Rechtschreib-, Grammatik- und Flüchtigkeitsfehler nicht korrigiert sind. Wer sich bei Briefen und E-Mails nicht an die wichtigsten sprachlichen Regeln hält, offenbart Nachlässigkeit, Desinteresse und mangelnde Wertschätzung für den Empfänger (»Du bist mir nicht wichtig genug, als dass ich mich für dich anstrengen wollte.«).

Prägnant schreiben

Zu einem verständlichen Text gehört auch, dass er eine dem Inhalt angemessene Länge hat. Weitschweifigkeit ermüdet den Leser, verdirbt ihm vielleicht sogar die Lust am Weiterlesen. Unsicherheit, vermeintliche Höflichkeit und unzureichende Vorbilder führen dazu, dass die Korrespon-

Ironische, belehrende oder polemische Wendungen behindern die Kommunikation.

Selbst ein höflich formulierter Brief kann Unmut erwecken, wenn z. B. das Datum fehlt, der Text nicht angemessen auf dem Papier platziert wurde oder wenn er mehrere Flüchtigkeitsfehler enthält.

Beschränken Sie sich deshalb auf die wirklich wesentlichen Informationen – und formulieren Sie präzise.

denz eine ganze Reihe von sprachlichen Umständlichkeiten bewahrt und tradiert, die diese Würde eigentlich nicht verdient haben. Dazu zählen nicht nur bestimmte Wörter, sondern auch viele Floskeln. Gerade in der Korrespondenz werden viele dieser nichtssagenden, rein formalen Redewendungen häufig verwendet, und doch sind sie fast immer überflüssig und störend.

Werfen Sie sprachlichen Ballast ab!

Nicht	Sondern	Kommentar
Bezug nehmend auf Ihr Schreiben vom 08.12.2011 zu obiger Angelegenheit, teilen wir Ihnen mit, dass wir die entstandenen Unkosten nicht erstatten werden.	Wir danken Ihnen für Ihren Brief vom 08.12.2011. Die Kosten für *die Lieferung vom 30.11.2011* werden wir nicht übernehmen.	»Bezug nehmend« ist eine überflüssige Floskel, ebenso »teilen wir Ihnen mit«. Statt von »obiger Angelegenheit« zu schreiben, nennen Sie konkret, worum es geht.

Zwar sind auch Anrede und die Grußformel Floskeln, diese haben aber ihre Berechtigung: Man kann nicht immer wieder neue Formulierungen für die Anrede und den Briefschluss erfinden. Lässt man Sie aber weg – oder ersetzt man Sie durch alternative Formulierungen wie »Hallo« oder »Guten Tag« –, so wirkt das auf viele Menschen unhöflich.

Wer macht was?

Ein besonders in der Verwaltungssprache gebräuchlicher Schreibstil ist der **Nominalstil** – eine Ausdrucksweise, die vor allem durch Nomen (Hauptwörter, Substantive) gekennzeichnet ist. Grammatisch betrachtet, enthalten auch Sätze im Nominalstil ein Subjekt. Allerdings ist es keine Person (oder keine Personengruppe), sondern eine Sache, und oft stehen auch die gewählten Verben nicht gerade für Dynamik, etwa *gelangen, durchführen, erfolgen*. Der Nominalstil wirkt eintönig und unbeholfen. Er ermüdet den Leser.

Ein solcher Stil lässt sich leicht vermeiden, wenn man den Mut aufbringt, ein persönliches Subjekt zu benennen, zum Beispiel *ich, wir, Sie, unsere Monteure, Ihre Mitarbeiter*.

*Der **Nominalstil** wirkt unpersönlich und hölzern.*

Und was tun die? Schreiben Sie es auf: Wählen Sie die passenden Verben und beschreiben Sie im Aktiv, was geschehen ist beziehungsweise geschehen soll. Zur Prüfung können Sie die simple Frage stellen: Wer macht was? Wenn Ihr Text dazu auf Anhieb eine Antwort bietet, dürfte er lebendig wirken. Testen Sie an den folgenden Beispielen:

Wer macht was?	
Nicht	**Sondern**
Zur Wiederholung einer Prüfung Ihrer Ansprüche ist von unserer Seite keine Veranlassung gegeben, da die Voraussetzungen keine Änderung erfahren haben.	Wir sehen keinen Anlass zu einer erneuten Prüfung Ihrer Ansprüche, da sich die Voraussetzungen nicht geändert haben.
Der Ausbau unserer neuen Räumlichkeiten wird Ende des Jahres zur Durchführung gelangen. Die Inbetriebnahme der Heizung durch Sie sollte dann mit Dringlichkeit erfolgen.	Ende des Jahres werden wir unsere neuen Räume fertig ausgebaut haben. Sie sollten die Heizung dann schnell in Betrieb nehmen.

Typisch für den Nominalstil sind außerdem schwerfällige Substantivierungen wie *Inanspruchnahme, Hintansetzung, Nichtbefolgung, Zurverfügungstellung.* Vermeiden Sie solche Wörter und ersetzen Sie sie durch Verben, z. B.:

Lösen Sie schwerfällige Substantivierungen in Verben auf:	
Nicht	**Sondern**
Ihre Inanspruchnahme ...	Sie nehmen ... in Anspruch
Ihre Hintansetzung meiner Interessen	Sie haben meine Interessen hintangesetzt (noch besser: untergeordnet).
Die Nichtbefolgung der ... durch ihn	Er hat ... nicht befolgt.
Meine Zurverfügungstellung von ...	Ich habe ... zur Verfügung gestellt.

Verständlich formulieren

Zum unbeholfenen Nominalstil zählen auch die **Streckformen** wie *zur Aufstellung bringen, in Anrechnung bringen* oder *in Wegfall kommen,* die aus schlichten Verben schwerfällige Floskeln machen. Dabei sind die einfachen Verben viel leichter verständlich und lebendiger: *aufstellen, anrechnen, wegfallen.*

Verwenden Sie die einfachen Verben statt der Streckformen:			
Nicht	**Sondern**	**Nicht**	**Sondern**
eine Beratung durchführen	beraten	in Rechnung stellen	berechnen
die Meinung vertreten	meinen	Zustimmung erteilen	zustimmen
in Erwägung ziehen	erwägen	dem Bedauern Ausdruck verleihen	bedauern
Änderungen vornehmen	ändern	in Augenschein nehmen	besichtigen
in Aufstellung bringen	aufstellen	in Vorschlag bringen	vorschlagen
in Wegfall kommen	wegfallen	in Kenntnis setzen	informieren
zur Durch-/ Ausführung gelangen	durchführen/ ausführen	Bericht erstatten	berichten
in Anrechnung bringen	anrechnen	den Nachweis erbringen	nachweisen
zur Anwendung kommen lassen	anwenden	in Abzug bringen	abziehen

Hauptwortketten erschweren das Verständnis.

Hauptwortketten können Sätze zwar verkürzen. Meist aber werden Sie von Schreibern verwendet, die ohnehin einen schwerfälligen Stil pflegen und daher viele überflüssige Floskeln in ihren Text einbauen. Ihrem eigentlichen – und einzigen – Vorteil, der Straffung, werden sie daher praktisch nie gerecht. Wohl aber kommt ihr Nachteil ins Spiel: Hauptwortketten machen Texte schwerer verständlich. Es gilt die Faustregel: Reihen Sie nicht mehr als zwei Genitivattribute (Beifügungen im Wes-Fall, z. B. Anschaffung *eines Gerätes*) und nicht mehr als vier Substantive

(z. B. zum *Absaugen* des *Teppichs* im *Büro* des *Abteilungsleiters)* aneinander. Bilden Sie im Zweifelsfall lieber einen zweiten Satz.

Halten Sie Hauptwortketten kurz	
Nicht	**Sondern**
Wir lehnen Ihren Antrag auf Erstattung der Auslagen zur Anschaffung eines Gerätes zum Absaugen des Teppichs im Büro des Abteilungsleiters ab.	Wir lehnen es ab, die Kosten für einen Staubsauger im Büro des Abteilungsleiters zu übernehmen. *Oder:* Einen Staubsauger für das Büro des Abteilungsleiters zahlen wir nicht.
Die Abschlussveranstaltung der Tagung der Arbeitsgruppe der Bienenzüchter des Kreisverbandes Ost des Landkreises Hintertupfingen fällt aus.	Die letzte Veranstaltung der Bienenzüchtertagung im Kreisverband Hintertupfingen-Ost fällt aus.

Der Nominalstil tritt häufig im Verbund mit dem **Passivstil** auf, der die grammatische Leideform (Passiv) bevorzugt und ebenfalls unlebendig wirkt. Prinzipiell kann man im Deutschen ein Geschehen aus zwei Blickrichtungen beschreiben: *Die Kündigung überraschte mich völlig unvorbereitet* (Aktiv) oder *Ich wurde von der Kündigung völlig unvorbereitet überrascht* (Passiv, Leideform). Die Passivform kann durchaus ein Mittel sein, einen Text abwechslungsreicher zu gestalten. Die übertriebene Verwendung des Passivs aber führt dazu, dass ein Brief unpersönlich wirkt. Passivische Sätze sind typisch für die Verwaltungssprache. Meist lassen sie sich ganz leicht vermeiden. Fragen Sie einfach nach dem »Wer?«: Wer erwartet? Wer untersucht? Wer soll die Unterlagen mitbringen? Wer hat das Mahnverfahren eingestellt? – und schreiben Sie es.

Verständlich formulieren

Nicht	Sondern
Es wird von den Teilnehmern erwartet, dass ...	Wir erwarten von den Teilnehmern, dass ...
Die Untersuchung der Schäden kann termingerecht durchgeführt werden.	Unsere Techniker können die Schäden termingerecht untersuchen.
Die Unterlagen sind mitzubringen.	Bringen Sie die Unterlagen bitte mit.
Das Mahnverfahren wurde eingestellt.	Wir haben das Mahnverfahren eingestellt.

Benutzen Sie das Passiv nur, wenn es wirklich unwichtig ist, wer der Handelnde ist.

Beispiel für eine sinnvolle Passivkonstruktion:

Nicht:
Ein/-e Angestellte/-r der Stadtwerke löscht die Straßenbeleuchtung um 22 Uhr.

Sondern:
Die Straßenbeleuchtung wird um 22 Uhr gelöscht.

Präzise formulieren

Wechsel in der Wortwahl können verwirren – prüfen Sie Ihren Text daraufhin.

Wörtliche Wiederholungen sind unausweichlich – auch wenn sie im Schulunterricht oft als schlechter Stil ausgelegt werden. Die Alternative, statt der gleichen Worte ähnliche zu verwenden, kann jedoch unangenehme Folgen haben: Etwa, wenn es sich dem Leser nicht erschließt, dass Sie das Gleiche meinten, nur anders ausdrückten. Ein Beispiel: *So ergab die Prüfung im August ein negatives Ergebnis. Bei der anschließenden Kontrolle dagegen wurden zulässigen Emissionswerte überschritten.* Hier ist unklar: War die Kontrolle die gleiche, nur spätere Prüfung wie die im August? Oder war das eine Prüfung der Prüfung? Eindeutig ist die Aussage, wenn man das Wort Prüfung wieder-

holt: *So ergab die Prüfung im August ein negatives Ergeb-*
nis, die Prüfung im September dagegen ... Von elementarer
Bedeutung kann die exakte Beibehaltung des Vokabulars
gerade in Fachtexten sein.

In anderen Fällen hat man mehr Spielraum, und den sollte
man auch nutzen. In dem Satz *Dass er einen Anspruch*
hat, hat er nicht gesagt lässt sich die Doppelung des
»hat« vermeiden: *Dass er einen Anspruch hat, sagte er*
nicht. So kann es durchaus sinnvoll sein, den Ausdruck zu
wechseln, um dadurch den Text lebendiger zu machen.
Wählen Sie dazu ein Synonym oder ein sinnverwandtes
Wort aus dem gleichen Wortfeld.

> **Beispiel für ein Wortfeld: »Schriftstück«**
> Akte, Aufzeichnung, Brief, Dokument, Manuskript, Mittei-
> lung, Nachricht, Niederschrift, Notiz, Papier, Schreiben,
> Skript, Text, Unterlage, Urkunde, Zuschrift; *(gehoben:)* Bot-
> schaft; *(umgangssprachlich, oft abwertend:)* Schrieb; *(salopp*
> *abwertend:)* Wisch; *(abwertend oder scherzhaft, sonst veraltet:)*
> Epistel; *(EDV, oft scherzhaft:)* Snail-Mail.

Beachten Sie beim Austausch eines Wortes durch ein anderes, dass Sie damit nicht auch die Stilebene wechseln.
Sie sollten daher ein Wort, das der gehobenen Sprache
oder der Normalsprache angehört, nicht aus Gründen der
Variation durch ein Wort der Umgangssprache und damit
durch einen salopperen Ausdruck ersetzen. Ein »Schriftstück« lässt sich nicht ohne Weiteres als »Wisch« bezeichnen, es sei denn, Sie wollten es herabzusetzen.

Das Stilmittel der
Verdoppelung sollten
Sie mit Bedacht und
sorgfältig dosiert
einsetzen.

Überflüssige Doppelungen vermeiden
Eine besondere sprachliche Form der Wiederholung ist
der **Pleonasmus** (= Häufung sinngleicher Ausdrücke); das
bekannteste Beispiel dafür der *weiße Schimmel.* Auch Pleonasmen können als Stilmittel dienen. In der Korrespondenz aber treten meist Pleonasmen auf, die besser vermieden werden, weil sie sprachlich aufblähen, ohne inhaltlich
zu präzisieren. Prüfen Sie Ihren Text daraufhin, ob er überflüssige Erweiterungen enthält, und lassen Sie sie nur

dann stehen, wenn das einfache Wort tatsächlich nicht genügt.

Vermeiden Sie solche Pleonasmen:

Nicht	Sondern	Kommentar
abändern	ändern	
abklären	klären	
absenken	senken	
Alternativmöglichkeiten	Möglichkeiten	
ansteigen	steigen	
aufoktroyieren	oktroyieren	»oktroyieren« heißt »aufzwingen«.
einzelne Details	Details	
Er pflegt gewöhnlich erst gegen 9 Uhr zu kommen.	Er kommt gewöhnlich erst gegen 9 Uhr. *Oder:* Er pflegt erst gegen 9 Uhr zu kommen.	
genauer Termin	Termin *oder* Uhrzeit: Wir treffen uns am 01. 12. Die Uhrzeit verabreden wir später.	
in der Lage sein zu können	in der Lage sein *oder* können	
neu renoviert	renoviert	»renoviert« bedeutet »erneuert«.
nochmals wiederholen	wiederholen	
schriftliche Korrespondenz	Korrespondenz	
Telefonanruf	Telefonat *oder* Anruf	
vorprogrammiert	programmiert	Die Vorsilbe »pro« bedeutet »vor«.

Stilmittel einsetzen

Auch ein klar gegliederter Brief, der sich mit einfachen Worten auf das Wesentliche beschränkt, läuft Gefahr, den Leser nicht wirklich zu erreichen. Mehrere weitere Faktoren entscheiden darüber, wie er auf den Empfänger wirkt: Neben einer ansprechenden äußeren Form und korrekter Rechtschreibung beeinflusst auch die Art, wie man den Empfänger anspricht, dessen Wahrnehmung eines Textes.

Die direkte Ansprache

Die Entscheidung, »ich«, »wir« oder eine andere Formulierung zu verwenden, bestimmt auch unmittelbar, wie stark sich der Empfänger angesprochen fühlt. Unterscheiden kann man drei Möglichkeiten:

1) Der Schreiber spricht von sich: *Ich benötige die Formulare spätestens am 23.03.2006.*
2) Der Schreiber spricht den Empfänger an: *Senden Sie mir die Formulare bitte bis zum 23.03.2006 zu.*
3) Der Schreiber spricht nur von der Sache: *Bis zum 23.03.2006 müssen die Formulare vorliegen.*

Bei der zweiten Möglichkeit fühlt der Leser sich direkt angesprochen und wird aufgefordert, tätig zu werden. Eine Formulierung im Sachstil (wie im dritten Beispiel) kann jedoch auch sinnvoll sein, zum Beispiel, wenn man eine Konfrontation entschärfen möchte. Statt *Wir gewähren Ihnen keinen Preisnachlass* könnte man dann schreiben: *Ein Preisnachlass ist leider nicht möglich.*

Besser als eine umständliche Satzkonstruktion ist es, mit »ich« zu beginnen. Wichtig ist, dass der Text insgesamt höflich und respektvoll wirkt. In Privatbriefen ist der Beginn mit »ich« üblich.

Von sich zu sprechen wie im ersten Beispiel, galt lange als unhöflich, vor allem, wenn das Wort *ich* oder *wir* an erster Stelle im Satz steht. Das ist heute nicht mehr prinzipiell so. Statt einen Brief mit einer umständlichen Wendung einzuleiten, sollten Sie besser beherzt das »ich« oder »wir« verwenden. Und dann darauf achten, dass der Text insgesamt nicht übertrieben ichbezogen wirkt.

Verständlich formulieren

Das »ich« betont den persönlichen Kontakt zum Adressaten und signalisiert die persönliche Zuständigkeit des Schreibenden.

Anstelle von »ich« ist es manchmal auch sinnvoll, »wir« zu verwenden – immer dann, wenn der Schreiber sich als Teil einer geschlossenen Einheit oder eines Teams präsentieren möchte – etwa in der Buchungsbestätigung eines Hotels, bei Einladungen oder als Vertreter eines Unternehmens.

Beide Geschlechter richtig ansprechen

und zugleich orthografisch korrekt zu schreiben bringt häufig ungenaue und schwer verständliche Formulierungen hervor. Um gleichzeitig weibliche und männliche Leser anzusprechen, gibt es mehrere Möglichkeiten.

Die Verwendung des großen I im Wortinnern (auch Binnen-I) entspricht nicht den Rechtschreibregeln.

Die höflichste und eindeutigste Variante der sprachlichen Gleichstellung ist die Doppelnennung. Besonders in der persönlichen Anrede können die Doppelformen *Leserinnen und Leser, Schülerinnen und Schüler* verwendet werden. Die konsequente Doppelnennung im weiteren Text macht diesen aber schwerfällig und schlecht lesbar. Zur verkürzten Darstellung von Doppelformen bietet sich der Schrägstrich an: *Mitarbeiter/-innen;* die Schreibung ohne den Auslassungsstrich ist nicht korrekt. Allerdings kann mithilfe des Schrägstrichs nur verkürzt geschrieben werden, wenn sich die Wörter ausschließlich in der Endung unterscheiden (also z. B. nicht bei *Arzt/Ärztin*). Ähnlich dem Schrägstrich können Doppelnennungen auch durch Klammern verkürzt werden, z. B. *Mitarbeiter(in), Kolleg(inn)en.*

Die Verwendung von Kurzformen im Singular ist oft schwierig, da bei den femininen und maskulinen Formen Artikel, Adjektive und Pronomen nicht übereinstimmen. Es empfiehlt sich, auf den Plural auszuweichen.

Nicht	Sondern
Jeder Mitarbeiter, der mit dem Auto kommt, muss für seinen Parkplatz bezahlen/jede Mitarbeiterin, die mit dem Auto kommt, muss für ihren Parkplatz bezahlen.	Alle Mitarbeiter(innen), die mit dem Auto kommen, müssen für ihren Parkplatz bezahlen.

Um Doppelnennungen zu vermeiden, kann man versuchen, auf Ersatzformulierungen mit geschlechtsneutralen Wörtern auszuweichen.

Nicht	Sondern
Studentinnen und Studenten	Studierende
Lehrerinnen und Lehrer	Lehrerschaft, Lehrkräfte
Redakteure und Redakteurinnen	Redaktion
Rat des Arztes	ärztlicher Rat
Leiterin oder Leiter	Leitung

Die Frage

Setzen Sie das Fragezeichen sparsam ein, sonst wirkt es aufdringlich, und die Wirkung nutzt sich ab.

Um einen Brief lebendiger zu gestalten, gibt es ein sehr einfaches Mittel: die Frage. Eine Beschwerdekorrespondenz, in der es Missverständnisse oder Fehlinformationen gab, können Sie sachlich um alle nötigen Details ergänzen – und dann mit einem Fragesatz abschließen.

Beispiel für eine Frage
Sie möchten weitere Informationen.
Sie möchten weitere Informationen?

Beispiel für eine Frage
... außerdem fehlten die Beschläge, und die Griffe waren beschädigt.
Verstehen Sie meinen Ärger jetzt besser?

Mit freundlichen Grüßen

Beispiel für eine Frage

Sie lehnen eine Nachbesserung ab. Allerdings sind die Qualitätskriterien vertraglich zwischen Ihrem Unternehmen und uns festgeschrieben. Möglicherweise wussten Sie das nicht?

Doppelpunkt und Ausrufezeichen

Der Doppelpunkt spart Nebensätze und Bindewörter, schafft Klarheit und Übersichtlichkeit, indem er wie ein Signal wirkt und so die Aufmerksamkeit für das Folgende steigert:

Beispiel für die Verwendung des Doppelpunkts

Bitte beachten Sie: Werden die Beiträge zur Versicherung durch einen Bescheid geändert, müssen auch Pauschsteuer und der Beitrag zur Unfallversicherung neu berechnet werden.

Das Ausrufezeichen wird nicht nur nach einem wörtlich wiedergegebenen Ausruf, sondern auch zur Bekräftigung verwendet. Setzen Sie es allerdings nicht häufig ein – das kann schnell aggressiv wirken. Und reihen Sie nicht mehrere Ausrufezeichen aneinander – das wirkt, als ob Sie Ihren Adressaten anschreien wollten.

Nicht	Sondern
Wichtig!!! Wenn es nur um eine Änderung der Zahlungsweise geht, reicht ein formloses Schreiben oder ein Telefonat!!	Wichtig! Wenn es nur um eine Änderung der Zahlungsweise geht, reicht ein formloses Schreiben oder ein Telefonat.

Generell sind kürzere Sätze leichter verständlich als lange. Umgekehrt ist jedoch nicht immer der kürzeste Satz zugleich auch der verständlichste. Manchmal ist der Inhalt dann so komprimiert, dass er sich nur schwer erschließt. Viele kurze Sätze hintereinander können überdies eintönig und ermüdend wirken. Außerdem bringen kurze Sätze mitunter ein unerwünscht hohes Tempo in den Lesefluss.

Längere Sätze verlangsamen das Lesen. Aber: Je länger ein Satz ist, desto übersichtlicher sollte er gegliedert sein. Vermeiden Sie alle überflüssigen Formulierungen und verbale Klammern.

Nicht	Sondern
Ihre bei uns eingegangene Beschwerde **können** wir nach kontrollierender Prüfung aller Faktoren, die die Beschaffenheit des Produkts beeinflusst haben könnten, nicht **akzeptieren.**	Wir haben alle Faktoren geprüft, die das Produkt beeinflusst haben könnten. Ihre Beschwerde können wir nicht akzeptieren.

Die Satzstellung

Je nachdem, wo ein Wort oder eine Wortgruppe im Satz steht, ist sie mehr oder weniger betont. So haben Sie auch beim Schreiben die Möglichkeit, Wichtiges besonders hervorzuheben. Der Anfang des Satzes ist die Stelle, die am aufmerksamsten gelesen wird.

Wichtiges sprachlich hervorheben

Formulierung	Kommentar
Wir haben Sie schon zweimal an die Rechnung erinnert.	Die Wortfolge mit Subjekt und Prädikat am Anfang des Satzes erregt wenig Aufmerksamkeit.
Zweimal schon haben wir Sie an die Rechnung erinnert.	Die wichtige Aussage ist »Zweimal schon«; sie soll auffallen und steht deshalb an erster Stelle im Satz.
Wir haben Sie an die Rechnung schon zweimal erinnert.	Auch das Satzende ist eine auffällige Position für betonte Aussagen.
An die Rechnung haben wir Sie schon zweimal erinnert.	Mit der Rechnung am Anfang wird die Aussage noch deutlicher.

Verständlich formulieren

Der individuelle Stil

Der Stil eines Briefes entscheidet darüber, wie er auf den Empfänger wirkt. Die individuellen Merkmale des persönlichen Schreibstils lassen sich nicht aufheben – und sie sollen auch gar nicht aufgehoben werden. Denn sie sind es, die die Korrespondenz farbenfroher und lebendiger werden lassen: Persönliche Vorlieben und Eigenheiten brauchen Sie nicht zu verleugnen, und auch die landschaftlichen Besonderheiten in Wortwahl und Satzbau können eine Bereicherung sein.

Suchen Sie nie nach irgendwelchen Floskeln, sondern bleiben Sie bei Ihren eigenen Worten, und versuchen Sie, eine möglichst unverkrampfte, aber doch einwandfreie Sprache zu gebrauchen. Sie kann dabei ruhig der gesprochenen Sprache angenähert sein. Der Unterschied zwischen gesprochener und geschriebener Sprache nimmt beständig ab.

Doch je weiter Sie aus dem Privaten hinaustreten, wo Sie vielleicht noch auf ein hohes Maß an Wohlwollen und Verständnis hoffen können, desto wichtiger wird die sprachliche Präzision und die stilistische Angemessenheit gegenüber dem Anlass.

An das Finanzamt schreibt man anders als an die eigene Großmutter, ein Glückwunsch wird in anderem Stil verfasst als eine Beschwerde. Für fast jeden Anlass wählt jeder, bewusst oder unbewusst, eine andere Art zu schreiben, einen anderen Stil. Jedoch gilt es hier, das richtige Maß zu bewahren. Wenn ein Geldinstitut seine jungen Kunden mit *Hi Kids, was geht ab?* anspricht, so wirkt das aufgesetzt und anbiedernd. Die Wahl des Ausdrucks bildet immer auch das Verhältnis ab, in dem der Verfasser zum Empfänger steht – und gibt damit auch ein Bild von der Persönlichkeit des Verfassers.

Persönliche oder landschaftliche Eigenheiten in der Wortwahl geben Ihrem Schreiben eine persönlichere Note. Daraus folgt: Je weniger privat Ihr Verhältnis zum Empfänger ist, desto sachlicher sollte Ihr Text formuliert sein.

Sprachstil und Wirkung	
Formulierung	**Wirkung**
Ich möchte Sie höflichst um Erlaubnis bitten, Sie um 15 Uhr aufsuchen zu dürfen.	gestelzt
Ihr Einverständnis vorausgesetzt, komme ich um 15 Uhr.	höflich, distanziert
Ist es Ihnen recht, wenn ich um 15 Uhr zu Ihnen komme?	sachlich, unverkrampft
Ist es okay, wenn ich um drei bei Dir vorbeikomme?	persönlich, locker
Komme um drei, geht das klar?	jugend-, szenesprachlich

Das passende Medium

Es hängt nicht zuletzt vom gewählten Medium ab, wie ein Text beim Empfänger ankommt. Nicht jedes Medium ist für jede Art der Mitteilung geeignet. So kommt eine E-Mail nicht für Kondolenzschreiben infrage und ein handschriftlicher Brief würde im Geschäftsbereich für Irritation sorgen.

Für jeden Anlass das geeignete Medium		
Medium	**geeignet für**	**nicht für**
Postkarte, Ansichtskarte	kurze Mitteilungen, Bestätigungen, (Urlaubs-)Grüße	vertrauliche Mitteilungen
Briefkarte	Gratulationen, Kondolenzschreiben, Einladungen, Dankschreiben	Geschäftskorrespondenz
handschriftlicher Brief	private Korrespondenz, Kondolenzschreiben	Geschäftskorrespondenz
maschinen- oder computergeschriebener Brief	alle Anlässe	Kondolenzen (eingeschränkt)
Telefax	Dokumente, Korrespondenz mit Partnern, die keinen E-Mail-Zugang haben	Kondolenzen, förmliche Einladungen, Glückwünsche, geschäftliche Erstkontakte

Verständlich formulieren

Für jeden Anlass das geeignete Medium		
Medium	**geeignet für**	**nicht für**
E-Mail bzw. als E-Mail-Anhang übermittelter Brief	eilige Korrespondenz	Kondolenzen, förmliche Einladungen, Glückwünsche, geschäftliche Erstkontakte sowie falls Schriftform oder ein Zugangsnachweis erforderlich ist
SMS	Terminvereinbarungen, für das unmittelbare Handeln des Empfängers wichtige Mitteilungen, private Kontakte	alles andere

Formen und DIN-Normen

Formen und DIN-Normen

■ Abkürzungen

Abkürzungen können hilfreich sein, wenn Texte möglichst knapp gehalten werden müssen. Bevor Sie aber Abkürzungen verwenden, vergewissern Sie sich, dass sie dem Empfänger oder dem Empfängerkreis auch bekannt sind. Im Zweifel verzichten Sie besser darauf.

Grundsätzlich vermeiden sollten Sie Abkürzungen für Grußformeln (»MfG« für »Mit freundlichen Grüßen«), für die Anrede (»Sg« für »Sehr geehrte/-r«) sowie auf »u. A. w. g.« (für »um Antwort wird gebeten«) – die meisten Leser dürften dies als unhöflich empfinden. Auch in der Anschrift sollten Sie wenn möglich den Vornamen nicht abkürzen.

Die wichtigsten Abkürzungen in der Korrespondenz			
Abkürzung	**Bedeutung**	**Abkürzung**	**Bedeutung**
Abs.	Absender	d. j.	de jure (von Rechts wegen)
Abt., Abtlg.	Abteilung		
a. D.	außer Dienst	d. J.	des/dieses Jahres
Adr.	Adresse	Dipl.	Diplom
AG	Aktiengesellschaft	Dipl.-Ing.	Diplom-Ingenieur
AGB	Allgemeine Geschäftsbedingungen	Dipl.-Kffr., Dipl.-Kff.	Diplom-Kauffrau
allg.	allgemein	Dipl.-Kfm.	Diplom-Kaufmann
Anh.	Anhang	Dr.	Doktor
Anl.	Anlage	Dr. h. c.	Ehrendoktor
Anm.	Anmerkung	Dr. jur.	Doktor der Rechtswissenschaft
Art.	Artikel		
Az., AZ	Aktenzeichen	Dr. med.	Doktor der Medizin
Betr.	Betreff	Dr. med. dent.	Doktor der Zahnheilkunde
BGB-Gesellschaft	Gesellschaft bürgerlichen Rechts	Dr. oec.	Doktor der Wirtschaftswissenschaft
BLZ	Bankleitzahl		
bzw.	beziehungsweise	Dr. phil.	Doktor der Philosophie
ca.	circa		
dgl.	dergleichen, desgleichen	Dr. rer. nat.	Doktor der Naturwissenschaften
d. h.	das heißt		

Abkürzung	Bedeutung	Abkürzung	Bedeutung
Dr. rer. soc.	Doktor der Sozialwissenschaften	KW	Kalenderwoche
		lfd. Nr.	laufende Nummer
eG	eingetragene Genossenschaft	Ltd.	englisch Private Company Limited by Shares »Gesellschaft mit beschränkter Haftung«
ESt.	Einkommensteuer		
EStG	Einkommensteuergesetz		
et al.	und andere	M. A.	Magister Artium
etc.	et cetera	MdB	Mitglied des Bundestags
GbR	Gesellschaft bürgerlichen Rechts		
		MdL	Mitglied des Landtags
GewO	Gewerbeordnung		
GewSt	Gewerbesteuer	MwSt.	Mehrwertsteuer
GewStG	Gewerbesteuergesetz	Nr.	Nummer
GG	Grundgesetz	OHG	Offene Handelsgesellschaft
GrSt.	Grundsteuer		
GrStG	Grundsteuergesetz	PLZ	Postleitzahl
ggf.	gegebenenfalls	p. P.	pro Person
GmbH	Gesellschaft mit beschränkter Haftung	ppa.	per procura
		Präs.	Präsident/-in
GmbH & Co. KG	Gesellschaft mit beschränkter Haftung und Compagnie Kommanditgesellschaft	Prof.	Professor/-in
		RA	Rechtsanwalt/-wältin
		S. A.	französisch Société Anonyme »Aktiengesellschaft«
HGB	Handelsgesetzbuch	u. a.	unter anderem
i. A.	im Auftrag	u. U.	unter Umständen
i. V.	in Vertretung, in Vollmacht	USt.	Umsatzsteuer
		UStG	Umsatzsteuergesetz
KG	Kommanditgesellschaft	usw.	und so weiter
		v. Chr.	vor Christus
KGaA	Kommanditgesellschaft auf Aktien	Vors.	Vorsitzende/-r
		WZ, Wz., Wz	Warenzeichen
KSt.	Körperschaftssteuer	z. B.	zum Beispiel
KStG	Körperschaftssteuergesetz	z. H., z. Hd.	zu Händen
		ZPO	Zivilprozessordnung
Kto.	Konto	z. T.	zum Teil

■ Absätze und Abschnitte

Längere Briefe, Berichte, Protokolle und ähnliche Texte sollten durch Absätze gegliedert werden, Texte von mehr als zwei Seiten Umfang zusätzlich in Abschnitte mit Überschriften oder Abschnittsnummern. Nach DIN sind Absätze durch eine halbe Leerzeile (→Gestaltungsregeln) zu trennen, ebenso Überschriften vom folgenden Text. Vom vorangehenden Text sind Überschriften nach DIN durch eine ganze Leerzeile zu trennen. Anders als bei Aufzählungen, bei denen die Ordinalzahlen mit Punkt abgeschlossen werden, sind Abschnittsnummern ohne Punkt zu schreiben – es sei denn, sie sind selbst wiederum hierarchisch gegliedert, z. B.:

1

1.1

1.2

2

■ Anlagenvermerk

Das Wort »Anlage[n]« wird nach DIN 5008 nicht mehr unterstrichen, sondern fett hervorgehoben, wenn danach eine Aufzählung folgt.

Der Anlagenvermerk steht mit mindestens drei Leerzeilen Abstand unter dem Gruß oder der Firmenbezeichnung. Wer genauer spezifizieren will, führt die einzelnen Posten auf, z. B.:

Anlagen
3 Formulare
1 Flyer

Die Formulierung »... in der / als Anlage (senden wir Ihnen) ...« gilt als veraltet.

Beispielformulierungen für den Hinweis auf Anlagen

Wie gewünscht erhalten Sie ...
Wie besprochen sende ich Ihnen ...
Sie erhalten heute ...
Die Formulare sind beigelegt.
Kopien lege ich bei.

■ Anschrift und Anrede

Anschriftenfeld

3 Zeilen für postalische Vermerke

Das Anschriftenfeld gliedert sich in neun Zeilen. Die ersten drei Zeilen sind den **postalischen Vermerken** für die verschiedenen Versendungsarten (z. B. »Büchersendung«, »Einschreiben«) vorbehalten; sie bleiben leer, wenn sie nicht gebraucht werden. Wird nur eine Zeile gebraucht, so wird dafür die dritte verwendet.
Ihre Schriftgröße ist idealerweise kleiner als die der Anschrift und beträgt zwischen 1,5 und 2 mm Buchstabenhöhe. Das entspricht in etwa 4 bis 5 Punkt. Zur besseren Lesbarkeit sollten Sie serifenlose Schriften auswählen (→ Gestaltungsregeln).

6 Zeilen für die eigentliche Anschrift

Die weiteren sechs Zeilen sind für die eigentliche **Anschrift** vorgesehen. Werden auch sie nicht alle benötigt, so wird wiederum ohne Leerzeile geschrieben, das heißt, die unteren Zeilen »rücken auf«. Mehr als sechs Zeilen sollte die Anschrift nicht umfassen. Die Anrede »Frau« oder »Herrn« kann in einer eigenen Zeile stehen, wenn der Platz ausreicht.
Ihre Schriftgröße sollte 2,5 bis 4,7 mm Buchstabenhöhe betragen, das entspricht bei den meisten Schriften einer Größe von 10 bis 12 Punkt.
Anschriften auf Postsendungen werden nicht durch Leerzeilen untergliedert, die Postleitzahl wird weder ausgerückt noch gegliedert, der Bestimmungsort weder unterstrichen noch durch Fettschrift hervorgehoben. Sowohl die postalischen Vermerke als auch die Anschrift werden links-

Formen und DIN-Normen

bündig gesetzt. Die gesamte Breite sollte 100 mm nicht überschreiten; bei Verwendung von Briefhüllen mit Fenstern – die meist nur 9 cm Breite haben – sind 85 mm einzuhalten.

Die Anrede wird im Akkusativ (Wenfall), d. h. mit »Herrn« bzw. »Frau« formuliert. In der Schweiz gilt mittlerweile auch die Form »Herr« als zulässig.

1
2
3 Einschreiben
1 Herrn
2 Dipl.-Ing. Hans-Peter Leyendecker
3 Gewo Maschinenbau GmbH
4 Zentrale Entwicklung
5 Robert-Bosch-Straße 112
6 48153 Münster

»An«, »An den ...«, »An die ...« wird in der Anschrift heute nicht mehr geschrieben. Die Anrede »Frau« bzw. »Herrn« kann in einer eigenen Zeile oder in der Namenszeile geschrieben werden.

1
2
3 Wenn unzustellbar, zurück!
1 Frau
2 Prof. Dr. Jutta Schoch
3 Breitkopfstraße 29
4 04317 Leipzig
5
6

Auslandsanschrift

Das Länderkennzeichen (z. B. A für Österreich, CH für die Schweiz) wird nicht mehr verwendet.

1
2
3
1 Frau
2 Caro-Beate Oberhofer
3 Gruberstiege 22
4 1121 WIEN
5 ÖSTERREICH
6

Bestimmungsort und Bestimmungsland werden in Großbuchstaben geschrieben. Das Bestimmungsland steht im-

46

mer in der letzten Zeile und sollte in Deutsch, Französisch oder Englisch (und nicht in der Sprache des Bestimmungslandes) angegeben werden. Der Bestimmungsort wird in der Sprache des Bestimmungslandes angeben (z. B. FIRENZE statt FLORENZ).

Firmenanschriften

Bei Firmenanschriften kann das Wort Firma fehlen, wenn diese Information aus dem Namen selbst hervorgeht.

> **Adam Müller AG**
> Schlossstraße 2
> 56068 Koblenz

Anrede

Die Anrede wird im Brief mit zwei Leerzeilen Abstand unter dem Betreff geschrieben.
Nach der Anrede steht ein Komma; das erste Wort des fortlaufenden Textes schreibt man klein, sofern es kein Substantiv ist. Anrede und fortlaufender Text werden im Brief durch einen halbe Leerzeile (→Gestaltungsregeln) getrennt, in der E-Mail durch eine Leerzeile.

Den Empfänger oder die Empfängerin möglichst direkt, mit dem Familiennamen, anreden

> Sehr geehrte Frau Mies,
>
> Sehr geehrter Herr Dr. Sandig,

Ist der Brief nicht an eine bestimmte Person gerichtet, schreibt man

> Sehr geehrte Damen und Herren,

Richtet sich das Schreiben an eine Einzelperson, sind als Anreden das neutrale *Sehr geehrte(r)* und das vertrauliche *Liebe(r)* am gebräuchlichsten, möglich aber auch das *Guten Tag* sowie das *Hallo:*

Formen und DIN-Normen

Die Anrede »Sehr verehrte[r]« sollten Sie nur verwenden, wenn Sie den Adressaten persönlich kennen und ihm gegenüber besonders ehrerbietig sein möchten.

Sehr geehrte Frau Müller,

Guten Tag, Frau Kleinschmied,

Lieber Herr Wolters,

Hallo, Herr Seibert,

Die Formulierungen »zu Händen« (Abk.: z. H.), »im Hause« (i. H.), »in der Firma« (i. Fa.) und »c/o« (= engl., care of, »bei«) sind nicht mehr üblich.

Höhere und hohe Politiker, Diplomaten, Amtsinhaber des öffentlichen Dienstes, geistliche Würdenträger, aber auch Top-Führungskräfte schreibt man nicht mit dem Namen an, sondern ausschließlich mit ihrer Amts- oder Funktionsbezeichnung beziehungsweise ihrem Rang.

Davon ausgenommen sind heute meist Professoren: In ihrer Anrede wird zunehmend auch der Familienname genannt.

Die Anrede »Hallo« ist in E-Mails weit verbreitet. Auch unter Geschäftsleuten, die sich siezen, ist sie – anders als in Briefen – weithin akzeptiert, sofern deren Umgangston nicht ganz so förmlich ist.

Anschrift und Anrede

Personen, die akademische Grade im Namen führen		
Anschrift	**Anrede**	**Kommentar**
Frau Dr. Ina Voss	Sehr geehrte Frau Dr. Voss,	
Herrn Dr. med. Jan Ohl	Sehr geehrter Herr Dr. Ohl,	Der Fachbereich, in dem der Doktortitel erworben wurde, kann in der Anschrift angegeben werden – in der Anrede entfällt er.
Frau Dr. Dr. Ina Voss	Sehr geehrte Frau Dr. Voss,	Wenn jemand mehrere Doktortitel hat, wird in der Anrede nur einer genannt.
Frau Dr. med. Dr. phil. Ina Voss	Sehr geehrte Frau Dr. Voss,	

Personen, die akademische Grade im Namen führen		
Anschrift	**Anrede**	**Kommentar**
Dres. H. Seng und M. Fleer	Sehr geehrte Frau Dr. Seng, sehr geehrte Frau Dr. Fleer,	
Herrn Dipl.-Ing. Uwe Clas	Sehr geehrter Herr Clas,	In der Anrede wird das Diplom nicht genannt.
Herrn Prof. Dr. Till Frei	Sehr geehrter Herr Professor Frei, *oder:* Sehr geehrter Herr Professor,	Der akademische Grad bzw. die akademische Würde, die Amtsbezeichnung und der Ehrentitel »Professor« werden formal nicht unterschieden. In der Anrede entfällt bei Professoren der Doktorgrad.
Rektorin der XY-Universität Frau Prof. Dr. Eva Sell	Sehr geehrte Frau Professorin Sell, *oder:* Sehr geehrte Frau Professorin, *oder:* Sehr geehrte Frau Professor Sell, *oder:* Sehr geehrte Frau Professor, *oder:* Sehr geehrte Frau Rektorin, *oder (selten, traditionell):* Euer Magnifizenz,	
Rektor der XY-Universität Herrn Prof. Dr. Till Frei	Sehr geehrter Herr Professor Frei, *oder:* Sehr geehrter Herr Professor, *oder:* Sehr geehrter Herr Rektor, *oder (selten, traditionell):* Euer Magnifizenz,	

Formen und DIN-Normen

Personen, die akademische Grade im Namen führen

Anschrift	Anrede	Kommentar
Dekanin der XY-Universität Frau Prof. Dr. Liv Dyck	Sehr geehrte Frau Professorin Dyck, *oder:* Sehr geehrte Frau Professorin, *oder:* Sehr geehrte Frau Professor Dyck, *oder:* Sehr geehrte Frau Professor, *oder:* Sehr geehrte Frau Rektorin, *oder (selten, traditionell):* Euer Spektabilität,	
Präsidenten der XY-Universität Herrn Prof. Dr. Uwe Roth	Sehr geehrter Herr Professor Roth, *oder:* Sehr geehrter Herr Professor, *oder:* Sehr geehrter Herr Präsident,	

Diplomaten und Diplomatinnen

Anschrift	Anrede	Kommentar
Seiner Exzellenz Herrn Uri Hänny Botschafter von ... / der ... / des ... *(Land)* *oder:* Seine Exzellenz Herrn Uri Hänny Botschafter von ... / der ... / des ... *(Land)*	Euer Exzellenz, *oder:* Sehr geehrter Herr Botschafter,	Im diplomatischen Schriftverkehr hat sich bei bestimmten Ehrentiteln der Dativ (Wemfall: »Seiner«) in der Anschrift erhalten; der Akkusativ (»Seine«) ist jedoch ebenfalls korrekt.

Diplomaten und Diplomatinnen		
Anschrift	**Anrede**	**Kommentar**
Ihrer Exzellenz Frau Editha Platte Botschafterin von ... / der ... / des ... *(Land)* *oder:* Ihre Exzellenz Frau Grit Sörin Botschafterin von ... / der ... / des ... *(Land)*	Euer Exzellenz, *oder:* Sehr geehrte Frau Botschafterin,	Botschafter, Konsuln und Gesandte, die ihre Länder in der Bundesrepublik Deutschland vertreten, werden offiziell mit »Exzellenz« angeredet.
Herrn Dietrich Prater Botschafter der Bundesrepublik Deutschland	Sehr geehrter Herr Botschafter,	Die Botschafter, Botschaftsräte, Generalkonsuln und Konsuln der Bundesrepublik Deutschland werden mit ihrer Amtsbezeichnung angesprochen.
Frau Gabriele Vandon Botschafterin der Bundesrepublik Deutschland	Sehr geehrte Frau Botschafterin,	

Wer sicher gehen will, die vom Adressaten gewünschte Form zu treffen, sollte sich entweder im »Genealogischen Handbuch des Adels«, das in vielen Bibliotheken einzusehen ist, informieren oder telefonisch im Sekretariat des Adressaten fragen.

Familiennamen mit ehemaligen Adelsbezeichnungen

Mit der Weimarer Verfassung wurden 1919 nicht nur adelsrechtliche Privilegien, sondern auch die entsprechenden Titel des Adels aufgehoben. Ehemalige Adelsbezeichnungen sind heute nach Gesetz ein Teil des Familiennamens. Sie werden daher, anders als Titel, dem Vornamen nachgestellt (zum Beispiel Herrn Gustav Baron von Wiesental). Diese Form ist in jedem Fall richtig und kann etwa von Ämtern bedenkenlos gewählt werden. Gesellschaftlich üblich sind jedoch oft andere Formen.

Formen und DIN-Normen

Familiennamen mit ehemaligen Adelsbezeichnungen

Anschrift	Anrede
gesetzlich: Herrn Peter von Hansen *gesellschaftlich:* Herrn Peter von Hansen	*gesetzlich:* Sehr geehrter Herr von Hansen, *gesellschaftlich:* Sehr geehrter Herr v. Hansen,
gesetzlich: Frau Hetty Freifrau von Stein *gesellschaftlich:* Freifrau Hetty v. Stein	*gesetzlich:* Sehr geehrte Frau Freifrau v. Stein, *gesellschaftlich:* Sehr geehrte Freifrau v. Stein, *oder:* Sehr geehrte Frau v. Stein, *oder (v. a. in Süddeutschland):* Sehr geehrte Frau Baronin Stein,
gesetzlich: Herrn Dr. Wolfgang Graf von Niebelfels *gesellschaftlich:* Graf Dr. Wolfgang v. Niebelfels	*gesetzlich:* Sehr geehrter Herr Dr. Graf von Niebelfels, *gesellschaftlich:* Sehr geehrter Dr. Graf v. Niebelfels,

Mehrere Adressaten

Anschrift	Anrede	Kommentar
Kanzlei Meier und Schulze Dr. H. Meier und M. Schulze *oder:* Herren Rechtsanwälte Dr. H. Meier und M. Schulze *oder:* Herrn Dr. H. Meier Herrn M. Schulze Rechtsanwälte	Sehr geehrter Herr Dr. Meier, sehr geehrter Herr Schulze,	

Mehrere Adressaten		
Anschrift	**Anrede**	**Kommentar**
Dipl.-Ing. Jörg Jansen Dr. Mira Moll	Sehr geehrter Herr Jansen, Sehr geehrte Frau Dr. Moll,	In der Geschäftskorrespondenz wird die Reihenfolge der Anrede – ebenso wie die Begrüßung – durch die Hierarchie bestimmt (Vorgesetzte werden zuerst genannt); die Reihenfolge nach Geschlecht (zuerst Dame[n], dann Herr[en]) gilt nur im Privaten.
Eva und Hans Richter *oder:* Frau Eva Richter und Herrn Hans *oder:* Herrn Hans Richter Frau Eva Richter *oder:* Herrn und Frau Hans Richter und Eva Richter	Sehr geehrte Frau Richter, sehr geehrter Herr Richter, *oder (bei Freunden):* Liebe Eva, lieber Hans,	Die Anrede »Eheleute« ist heute unüblich. Bei Paaren werden grundsätzlich die Namen beider genannt.
Herrn und Frau Eva Lose und Hans Richter *oder:* Hans Richter Eva Lose *oder:* Eva Lose Hans Richter *oder:* Familie Hans und Eva Richter	Sehr geehrte Frau Lose, sehr geehrter Herr Richter, *oder (bei Bekannten):* Lieber Herr Richter, liebe Frau Lose,	Die Reihenfolge in Anschrift und Anrede kann nach dem Grad der Bekanntschaft gewählt werden.
Familie Hans, Eva, Christian und Sonja Richter	Liebe Eva, lieber Hans, lieber Christian, liebe Sonja, *oder:* Liebe Familie Richter,	

Formen und DIN-Normen

Öffentlicher Dienst		
Anschrift	**Anrede**	**Kommentar**
Stadtverwaltung Dierdorf Einwohnermeldeamt	Sehr geehrte Damen und Herren,	Bei Briefen an Behörden sollte in der Anschrift die Dienststelle genannt werden.
Stadtverwaltung Dierdorf Einwohnermeldeamt Frau Amtsrätin Lena Ihrig	Sehr geehrte Frau Ihrig, *oder (selten, förmlich):* Sehr geehrte Frau Amtsrätin Ihrig, *oder (selten, förmlich):* Sehr geehrte Frau Amtsrätin,	Soweit bekannt, wird auch der Name und die Amtsbezeichnung des Adressaten aufgeführt; die Amtsbezeichnung kann bei den niedrigeren Diensträngen in der Anrede entfallen.
Direktorin des Amtsgerichts Bonn	Sehr geehrte Frau Direktor,	
Direktor des Goethegymnasiums Herrn Dirk Schur *oder:* Herrn Dirk Schur Direktor des Goethegymnasiums	Sehr geehrter Herr Direktor, *oder:* Sehr geehrter Herr Direktor Schur,	Bei allen höheren Beamten sollte man die Amtsbezeichnung hinzusetzen.
Generalstaatsanwältin Prof. Dr. Silke Römer *oder:* Frau Prof. Dr. Silke Römer Generalstaatsanwältin	Sehr geehrte Frau Generalstaatsanwältin,	
Herrn Oberstaatsanwalt Holger Hoffmann *oder:* Oberstaatsanwalt Herrn Holger Hoffmann *oder:* Herrn Holger Hoffmann Oberstaatsanwalt	Sehr geehrter Herr Oberstaatsanwalt,	

Politische Ämter und Wahlämter		
Anschrift	**Anrede**	**Kommentar**
Kreistagsvorsitzende des Kreises Ostholstein Frau Dr. Rita Heine *oder:* Frau Dr. Rita Heine Kreistagsvorsitzende des Kreises ...	Sehr geehrte Frau Kreistagsvorsitzende, *oder:* Sehr geehrte Frau Kreistagsvorsitzende Dr. Heine,	
Herrn Landrat Michael Eckes *oder:* Herrn Michael Eckes Landrat des Landkreises ...	Sehr geehrter Herr Landrat,	
Bürgermeisterin der Stadt ... Frau Anita Seeger *oder:* Frau Bürgermeisterin Anita Seeger	Sehr geehrte Frau Bürgermeisterin,	
Oberbürgermeisterin der Stadt ... Frau Beatrice Braun *oder:* Frau Beatrice Braun Oberbürgermeisterin der Stadt ...	Sehr geehrte Frau Oberbürgermeisterin,	
Mitglied des Bundestags Herrn Dr. Gert Pütz *oder:* Herrn Dr. Gert Pütz, MdB	Sehr geehrter Herr Abgeordneter,	
Präsidenten des Deutschen Bundestags Herrn Dr. Hans Maier	Sehr geehrter Herr Bundestagspräsident,	

Formen und DIN-Normen

Kirchliche Ämter

Anschrift	Anrede	Kommentar
Sr. Gnaden dem Hochwürdigen Abt von ... Josef Neff	Euer Gnaden, *oder:* Sehr geehrter Herr Abt,	
Wohlerwürdige Frau Äbtissin *(Name des Klosters)*	Wohlerwürdige Frau Äbtissin, *oder:* Sehr geehrte Frau Äbtissin,	

Evangelische Kirche

Anschrift	Anrede	Kommentar
Frau Bischöfin Henriette Hoch	Sehr geehrte Frau Bischöfin,	
Herrn Kirchenpräsidenten Karl Ober	Sehr geehrter Herr Kirchenpräsident,	
Herrn Pfarrer Simon Deike	Sehr geehrter Herr Pfarrer, *oder:* Sehr geehrter Herr Deike,	
Frau Vikarin Lena Reiterer	Sehr geehrte Frau Vikarin, *oder:* Sehr geehrte Frau Reiterer,	

Parteifunktionäre

Anschrift	Anrede	Kommentar
Ortsverband der ... *(Name der Partei)*	Sehr geehrte Damen und Herren,	
Vorsitzenden des Landesverbandes der ... *(Name der Partei)* Herrn Uwe Sari *oder:* Herrn Uwe Sari Vorsitzender des Landesverbandes der ... *(Name der Partei)*	Sehr geehrter Herr Sari,	

Formen und DIN-Normen

Parteifunktionäre		
Anschrift	**Anrede**	**Kommentar**
Vorsitzende der ... *(Name der Partei)* Frau Tina Reeg *oder:* Frau Tina Reeg Vorsitzende der ... *(Name der Partei)*	Sehr geehrte Frau Vorsitzende,	Die Parteifunktionäre hohen Ranges werden mit ihrer Funktionsbezeichnung angesprochen.
Generalsekretär der ... *(Name der Partei)* Herrn Jörg Sorge *oder:* Herrn Jörg Sorge Generalsekretär der ... *(Name der Partei)*	Sehr geehrter Herr Generalsekretär,	

■ An- und Abführungszeichen

An- und Abführungszeichen werden ohne Leerzeichen an das folgende bzw. an das vorausgehende Wort angeschlossen.

An- und Abführungszeichen werden vor allem als Signale gesetzt, die ein Zitat, das heißt die wörtliche Wiedergabe eines gesprochenen oder geschriebenen Textes, als solches ausweisen, z. B.:

Nach § 26 Abs. 2 obliegt die »Pflicht zur Pflege von Straßenbegleitgrün den Anwohnern«.

Auch Namen, z. B. von Firmen, Produkten, Modellen, Tarifen oder von Hotels, Kliniken, Gaststätten, sowie Titel von Büchern oder Zeitschriftenaufsätzen und Kapitelüberschriften können durch An- und Abführungszeichen ausgewiesen werden, vor allem dann, wenn diese nur so vom fortlaufenden Text unterschieden werden können, z. B.:

Treffpunkt: Hotel »Schloss Hirschhorn«, Hirschhorn

Mitunter werden An- und Abführungszeichen auch gesetzt, um das Gesagte zu ironisieren. Zu Missverständnissen kann es kommen, wenn ein unpassender Ausdruck in An- und Abführungszeichen gesetzt wird oder wenn diese zum Hervorheben dienen sollen (z. B. Ich danke Ihnen für Ihre »höflichen« Worte).

Zitate oder Hervorhebungen im Zitat werden durch einfache An- und Abführungszeichen gekennzeichnet, z. B.:

> »Ich empfehle Ihnen dringend, vorher die ›Allgemeinen Geschäftsbedingungen‹ zu lesen.«

Im professionellen Satz, wie er in Verlagen und Agenturen gepflegt wird, sind neben den sogenannten Gänsefüßchen auch doppelte spitze Klammern üblich, die mit der Spitze nach innen stehen (in der deutschsprachigen Schweiz nach französischer Tradition auch nach außen): »Anführungszeichen«. In der deutschsprachigen Korrespondenz sind typografisch korrekt:

> „Gänsefüßchen" (unten/oben)

Im angelsächsischen Raum sind "Quotation Marks" üblich (oben/oben).

Typografisch inkorrekt ist das Zollzeichen: ".

Apostroph

Der Apostroph ist ein hoch stehendes, kommaförmiges Zeichen, das eingesetzt wird

- als Auslassungszeichen für ausgelassene Buchstaben, z. B.:

> Hast du 'nen netten Chef?

> Ein einz'ger Augenblick kann alles umgestalten.

> Haltestelle Ku'damm (Abk. für Kurfürstendamm)

Formen und DIN-Normen

Kein Apostroph steht
für das entfallene
Schluss-e (z. B. *Ich hör
von dir, Der Himmel
ist trüb*) und in den
umgangssprachlich
üblichen Verschmel-
zungen von Präposi-
tion und Artikel (z. B.
*Lehnen Sie das
Fahrrad bitte nicht ans
Fenster!, Das schlug
mir aufs Gemüt,
Das kannst du beim
Hausmeister holen,
Hinterm Lager sind
noch Parkplätze frei*).

■ als Kennzeichen des Genitivs bei Namen, die auf s, ss, ß, z, tz oder x enden, z. B.:

Herrn Schütz' Kalkulationen liegen vor.

Claudia Raß' Krankmeldung fehlt.

■ zur Verdeutlichung der Grundform eines Personennamens, z. B.:

Andrea's Wolllädchen, Luca's Vermögen

Typografisch inkorrekt sind die Zeichen Akut und Gravis: Andrea`s und Andreas´s, das mathematische Zeichen für die Minute: 1′, das einfache englische Quotation Mark (Anführungszeichen für ein Zitat im Zitat: 'Anführungszeichen') sowie das phonetische Betonungszeichen ˈ.

■ Auslassungspunkte

Um eine Auslassung
zu kennzeichnen,
schreibt man drei
Punkte, ohne Leerzeichen dazwischen.

Wird ein Satzteil ausgelassen, schreibt man vor und nach den Punkten jeweils ein Leerzeichen, z. B.:

Nach § 7b »dürfen die Räumlichkeiten ... für private Zwecke ... nicht zur Verfügung gestellt werden«.

Ausnahme: Satzzeichen folgen ohne vorangehendes Leerzeichen auf die Auslassungspunkte, z. B.:

Die Messe beginne im Mai ..., falls sich genügend Aussteller meldeten.

Fällt ein Wortteil aus, schließen die Punkte direkt an, z. B.:

»Das verschlägt mir ja den A...«, sagte sie kreidebleich.

Am Satzende setzt man keinen zusätzlichen Satzschluss-
punkt, z. B.:

> So, das soll ich also glauben ... Ich weiß nicht so recht, ob
> das stimmen kann.

■ Bankverbindung

Bankleitzahlen
werden von links nach
rechts gegliedert.

Die achtstellige **Bankleitzahl** (BLZ) wird nach DIN (von
links nach rechts) in zwei Dreiergruppen und eine Zweier-
gruppe gegliedert:

> BLZ 500 700 38

Der BIC (Swift-Code)
wird nicht gegliedert.

Die Funktion einer internationalen Bankleitzahl hat der
BIC (= Abk. für Bank Identifier Code), auch **SWIFT-Code**
genannt (Swift = Abk. für Society for Worldwide Interbank
Financial Telecommunications). Er kann aus acht oder elf
Zeichen bestehen: dem vierstelligen Bankcode, dem zweistelligen Ländercode, beide bestehend aus Buchstaben,
und dem ebenfalls zweistelligen Ortscode, der aus Buchstaben oder Ziffern besteht, sowie, optional, einer Filialbe-
zeichnung, die ebenfalls aus Buchstaben oder aus Ziffern
bestehen kann:

> BIC CELADEFF
> BIC CELADEFF121

Kontonummern
werden von rechts
nach links gegliedert.

Da **Kontonummern** – zu denen die DIN allerdings keine
Angaben macht – unterschiedlich viele Ziffern haben können, werden sie von rechts nach links in Dreiergruppen
gegliedert, z. B.:

> 1 577 383
> 864 759

Formen und DIN-Normen

In elektronischen Formularen entfällt die Gliederung.

Die **internationale Kontonummer** (IBAN = International Bank Account Number) für den transnationalen Bankverkehr kann bis zu 34 Stellen umfassen. Sie setzt sich aus einem zweistelligen Ländercode, einer zweistelligen Prüfziffer, der achtstelligen Bankleitzahl sowie der Kontonummer zusammen. In Deutschland umfasst die IBAN 22 Stellen, in der Schweiz 21 und in Österreich 20 Stellen.
Die IBAN wird nach DIN und ISO-Norm (von links nach rechts) in Vierergruppen gegliedert:

IBAN DE86 2203 0048 0032 0772 00

IBAN AT61 8803 7756 0027 6811

■ Betreff/Subject

Das Leitwort »Betreff« selbst wird heute nicht mehr geschrieben.

Der Betreff (engl. subject = »Thema«) ist eine stichwortartige Inhaltsangabe, die in Geschäftsbriefen und Ähnlichem über der Anrede steht, bei E-Mails in der entsprechenden Kopfzeile. Das erste Wort der Betreffzeile wird großgeschrieben, ein Schlusspunkt wird nach dem Betreff nicht gesetzt.

Um den Betreff in Briefen hervorzuheben, wird er häufig in Fettschrift geschrieben.

Unser Telefonat vom 14. März 2010

Antworten Sie auf eine E-Mail per Antwortfunktion, dann steht in der neuen E-Mail der alte Betreff mit einem vorangestellten »Re:« (»Zurück«) oder »AW:« (»Antwort«). So kann der Empfänger sofort erkennen, dass die E-Mail Teil eines bereits begonnenen Dialogs ist.
Wechseln Sie allerdings nach mehrmaligem Hin und Her das Thema, sollten Sie auch einen neuen Betreff formulieren. Ein E-Mail-Betreff, der mit »Re: AW: Re: AW: Re: AW:« beginnt, ist nicht mehr aussagekräftig und erschwert sowohl die Archivierung als auch die eventuelle spätere Suche im Archiv, falls Sie den Vorgang noch einmal brau-

E-Mails, die nur aus einer Betreffzeile bestehen, sind unhöflich.

chen. Ebenso wenig sollte bei einer länger dauernden Projektarbeit innerhalb des Teams ausschließlich der Projektname angegeben werden; sinnvoll ist dagegen eine prägnante Spezifizierung. Grundsätzlich sollte die Formulierung so präzise und so knapp wie möglich sein, z. B.:

Beispiele für die Formulierung des Betreffs	
Nicht	**Sondern**
Siemens	Siemens 52347/6, Nachbesserung
Messe	Buchmesse 2011, Standeinteilung
Info	Niobe-Update 3
Bestellung	Ihre Bestellung Nr. 103/22 vom 11.01.2011

◼ Bezugszeichenzeile

Insbesondere im öffentlichen Dienst wird die Bezugszeichenzeile mit den typischen Leitwörtern »Ihr Zeichen, Ihre Nachricht vom«, »Unser Zeichen, unsere Nachricht vom«, »Telefon, Name« und »Datum« direkt auf die Briefvordrucke gedruckt, in der Wirtschaft hat sich dagegen der flexible →Infoblock durchgesetzt, der je nach Bedarf noch im Sekretariat entfallen kann. Der Eindruck hat Nachteile: Der Platz für den eigentlichen Brieftext ist knapper, und das Briefpapier kann nicht flexibel verwendet werden. Für einen Kondolenzbrief beispielsweise eignet es sich nicht.

◼ Bindestrich, Gedankenstrich

Bindestrich und Gedankenstrich sind nicht dasselbe.

Der **Bindestrich** (auch Trennstrich und, in der Typografie, auch Divis genannt) wird verwendet
◼ in zusammengesetzten Wörtern, z. B.:

Karl-Liebknecht-Straße, E-Mail, 21-jährig

Formen und DIN-Normen

Mehr als drei Worttrennungen in Folge am Zeilenende sind unschön, mehr als fünf sollten vermieden werden.

- bei Worttrennungen am Zeilenende, z. B.:

  ... danke ich für Ihr Entgegenkommen und Ihre Großzügigkeit.

- bei Ergänzungen von Wortteilen, z. B.:

  Länder- und Ortsnetzvorwahl, Tisch- und Bettwäsche, Postein- und -ausgang

- in URLs, z. B.:

  www.duden-suche.de

- in Telefonnummern mit Durchwahl, z. B.:

  04528 84-162

Der Gedankenstrich ist länger als der Bindestrich.

Der **Gedankenstrich** wird bei Einschüben in Sätzen verwendet (Ich sende Ihnen – Ihr Einverständnis vorausgesetzt – die Unterlagen zu, sobald sie mir vollständig vorliegen). Er wird mit Leerzeichen davor und danach geschrieben. Satzzeichen wie das Komma werden allerdings ohne Leerzeichen angehängt (Wir sehen uns gezwungen – und zwar von Gesetzes wegen –, Sie vorzuladen). Der Gedankenstrich sollte nicht am Zeilenanfang stehen, sondern am Ende der vorherigen Zeile; falls nötig, muss dafür das ihm vorangehende Wort getrennt werden. Dann wandert er in das Zeileninnere der nächste Zeile.
Außerdem wird der Gedankenstrich verwendet

- als Zeichen für das Wort »bis«.

In der Typografie und nach Duden wird der bis-Strich ohne Leerzeichen geschrieben, z. B.:

Inkorrekt ist die Kombination des ausgeschriebenen Wortes »von« mit dem bis-Strich; stattdessen muss es entweder heißen: »A–Z« oder »von A bis Z«.

13–18 Uhr, 35–40 Jahre, A–Z

Nach DIN 5008 wird der Gedankenstrich, wenn er als bis-Strich eingesetzt wird, mit Leerzeichen geschrieben, z. B. 13 – 18 Uhr, 35 – 40 Jahre, A – Z

■ als Zeichen für zwei Nullen bei Währungsangaben, z. B.:

250,– €, 100,– US-Dollar

■ als Zeichen für das Wort »gegen« , z. B.:

Eintracht Frankfurt – Bayern München *(mit Leerzeichen)*

In Rechtsangelegenheiten wird für das Wort »gegen« das Zeichen ./. verwendet.

■ Briefgeheimnis

Wo es um wirklich vertrauliche Inhalte geht, muss die An-schrift mit dem Vermerk »Persönlich« oder »Vertraulich« ver-sehen werden. Dann darf sie nur vom Empfänger geöffnet werden.

In vielen Unternehmen und Organisationen gibt es die interne Regel, wonach Briefe weder von der Poststelle noch vom Sekretariat geöffnet werden dürfen, wenn der Familienname vor der Firmenadresse steht. Rechtlich bindend ist dies nicht.

Persönlich
Herrn
Erik Schuster
Sicherheitsservice GmbH
Konrad-Zuse-Str. 7–9
64646 Heppenheim

■ Briefschluss

Die Grußformel endet ohne Komma, Punkt oder Ausrufezeichen.

Der eigentliche Brieftext und die abschließende Grußformel werden durch eine halbe Leerzeile (→Gestaltungsregeln) getrennt.

Standard ist die Grußformel:

> Mit freundlichen Grüßen

Üblich sind daneben auch die Formulierungen:

> Mit freundlichem Gruß
>
> Mit verbindlichen Grüßen
>
> Freundliche Grüße

Wer etwas weniger förmliche Varianten verwenden möchte (und sicher sein kann, dass der Empfänger dies nicht als unangemessen empfindet), kann beispielsweise auch schreiben:

> Mit den besten Grüßen
>
> Beste Grüße aus Mannheim
>
> Herzliche Grüße
>
> Herzlichst
>
> Mit den besten Wünschen für ein schönes Wochenende
>
> Liebe Grüße

Mit den Möglichkeiten der elektronischen Textverarbeitung ist die Aufnahme eines Briefkopfes heute sehr einfach und daher auch üblich. Die Firmenbezeichnung braucht dann unter der Grußformel nicht wiederholt zu werden. Wer allerdings keinen Briefkopf verwendet, kann sie in den Briefschluss aufnehmen; sie steht dann nach einer halben Leerzeile unterhalb der Grußformel. Die Firmenbezeichnung kann, wenn sie sehr lang ist, auch auf mehrere Zeilen verteilt werden, z. B.:

Mit freundlichen Grüßen

Süßwarenvertrieb
Die Naschkatze GmbH & Co. KG

Petra Tanner

Petra Tanner

In der **privaten Korrespondenz** sind auch folgende Formen möglich:

Deine Rita

Dein Großvater

Ihre Eva Müller

Wenn mehrere Personen unterschreiben, steht vor jedem Namen das entsprechende Personalpronomen (Fürwort).:

Ihre Eva Müller und Ihr Max Müller

Ein gutes neues Jahr wünscht Ihnen
Fritz Müller mit Frau und Tochter

Viel Erfolg wünscht Ihnen
Eva Müller mit Familie

Alles Gute im neuen Haus wünschen Ihnen
Eva Müller und Familie

Zusätze

Die Abkürzung ppa. schreibt man prinzipiell klein.

Die Zusätze →i. A., i. V. und →ppa. können entweder vor der handschriftlichen Namenszeichnung oder vor der maschinenschriftlichen Wiedergabe des Namens stehen, z. B.:

Mit freundlichem Gruß

Manfred Schulze

PRINTA
Druckerei und Verlagshaus KG
i. A. Manfred Schulze

Mit freundlichem Gruß

i. A. Manfred Schulze

PRINTA
Druckerei und Verlagshaus KG
Manfred Schulze

Mit freundlichen Grüßen

ppa. Melanie Kircher	i. V. Tom Jabs
SicherheitsServiceAgentur GmbH	

Wenn ein Schriftstück von zwei oder mehr Personen unterschrieben wird, unterschreibt der Ranghöchste oder, bei gleichem Rang, der Hauptverantwortliche links und alle weiteren Personen hierarchisch absteigend rechts.

Der Zusatz »nach Diktat verreist« gilt heute als unüblich, wenn nicht gar als unhöflich.

Mit dem Zusatz »f. d. R.« (für die Richtigkeit), der keinerlei Vollmacht beinhaltet, versichert der Unterzeichnende, den Brieftext exakt so wiederzugeben, wie ihn der eigentliche Urheber verfasst hat. Auch dieser Zusatz ist eher unüblich, vielen Empfängern sogar unbekannt. Alternativ bietet es sich an, entweder – nach Absprache mit dem Vorgesetzten – mit dem Zusatz i. A. zu unterzeichnen, eine entsprechende Formulierung in den laufenden Text einzubinden (z. B.: *Frau Syriaan bat mich, diesen Brief für sie zu unterschreiben, da sie selbst heute nicht im Haus ist*) oder den Zusatz »für« aufzunehmen, z. B.:

Mit freundlichen Grüßen

Buchhandlung Schiller
für Thekla Schiller, Geschäftsführerin
Sonja Rosenbaum, Sekretariat

Sonja Rosenbaum

Sonja Rosenbaum

Der Anfangsbuchstabe der Grußformel wird in der Regel großgeschrieben. Wird sie jedoch in den Satz einbezogen, gilt die reguläre **Groß- und Kleinschreibung:**

Einstweilen verbleibe ich
mit freundlichen Grüßen

Die Abkürzungen i. A. und i. V. schreibt man klein, es sei denn, sie folgt einem abgeschlossenen Text, z. B.:

Ihre Unterlagen erhalten Sie mit gleicher Post zurück.
I. A. Meyer

Das Kürzel »gez.« für gezeichnet wird heute praktisch nicht mehr verwendet. Es diente früher dazu, dem Unterzeichner bei (zahlreichen) Abschriften das Unterschreiben zu ersparen.

■ c/o

→ Anschrift und Anrede.

■ Datum

Die internationale Schreibweise, die auch durch DIN und ISO-Normen empfohlen wird, hat die Reihenfolge JJJJ-MM-TT (vierstellige Jahresangabe, zweistellige Monatsangabe, zweistellige Tagesangabe; gegliedert durch

Formen und DIN-Normen

Das Datum steht im Brief rechtsbündig unterhalb der Empfängeradresse. Im Infoblock wird das Datum mit einer Leerzeile Abstand in der letzten Zeile angegeben.

Bindestriche). Sie führt allerdings leicht zu Missverständnissen, weil in der deutschsprachigen Korrespondenz meist zuerst der Tag und dann erst der Monat angegeben wird. Die internationale Schreibweise sollte nur verwendet werden, wenn sicher ist, dass der Empfänger sie korrekt versteht. Die Schreibung ohne führende Null (z. B.: 2. 3. 2012) ist nicht DIN-konform.

Numerische Schreibweise

> 19.04.2012 *(ohne Leerzeichen)*

Im Fließtext, z. B. im laufenden Text eines Briefes, sollte die alphanumerische Schreibweise gewählt werden.

Alphanumerische Schreibweise

> 19. April 2012 *(mit Leerzeichen)*
> 19. Apr. 2012 *(mit Leerzeichen)*

Internationale Schreibweise

> 2012-04-19

Datum mit Ortsangaben

Der Anschluss Ort, dem ... ist nicht korrekt.

In Geschäftsbriefen ist die Ortsangabe unüblich, in Privatbriefen dagegen wird oft der Ort vorangestellt, z. B.:

> Mannheim, 20.07.2012
> Mannheim, den 20.07.2012
> Mannheim, den 20. Juli 2012
> Berlin, 5. Sep. 2012
> München, am 13.02.2012
> Hamburg, im Juli 2012

Abkürzungen der Monatsnamen

Müssen die Monatsnamen abgekürzt werden (z. B. in Tabellen), so sind sie nach DIN einheitlich auf maximal vier Stellen einschließlich Abkürzungspunkt zu bringen:

| Jan. | Feb. | Mrz. | Apr. | Mai | Jun. |
| Jul. | Aug. | Sep. | Okt. | Nov. | Dez. |

Diktatzeichen

Das Diktatzeichen (»Unser Zeichen«) wird in Briefen eingesetzt, die von mehr als einer Person erstellt wurden. Nicht zwingend ist, dass sie wirklich diktiert wurden; auch Briefe, deren Inhalt zum Beispiel von einem Mitarbeiter und deren Form etwa vom Sekretariat stammt, erhalten üblicherweise ein Diktatzeichen, das die Kürzel aller Beteiligten enthält. So können diese eindeutig identifiziert werden, falls sich Rückfragen ergeben, z. B.:

Das Kürzel des Verfassers wird groß-, das Kürzel des Sekretariats kleingeschrieben; dazwischen steht ein Bindestrich.

> Unser Zeichen: Ba-be

Das Kürzel des Ranghöchsten oder, bei gleichem Rang, des Hauptverantwortlichen, wird zuerst geschrieben, dann folgt das weitere, z. B.:

Waren an dem Schreiben mehr als drei Personen beteiligt, z. B. mehrere Verfasser, werden ihre Kürzel durch Schrägstrich getrennt.

> Unser Zeichen: Ba/Ho-be

E-Mail

E-Mail-Adressen

Für den ausschließlich privaten E-Mail-Verkehr bedarf die E-Mail-Adresse keiner besonderen Form. In allen anderen Fällen – insbesondere für Bewerbungen – allerdings sollte die E-Mail-Adresse eher förmlich, neutral und damit seriös wirken, also entweder den vollen Namen oder doch zumindest den Nachnamen – keinesfalls aber Spitznamen! – enthalten. Gerade bei häufigen Familiennamen kann es nötig werden, Buchstaben des (zweiten) Vornamens hinzuzunehmen oder gar einen weiteres Wort, etwa den Wohnort, anzuhängen (z. B. Hans-K-Meyer@provider.de, HansMeyer-Gummersbach@provider.de).

Formen und DIN-Normen

Betreff

→Betreff/Subject

Verteiler

Das Medium der E-Mail kann dazu verleiten, die Zahl der Empfänger unnötig zu erhöhen – und damit Personen mit Informationen zu behelligen, die sie nicht wirklich brauchen. Deshalb gilt: Zuerst prüfen, wer die betreffende Information tatsächlich benötigt, und nur diese Person(en) in den Verteiler aufnehmen!

Wenn es darum geht, dass eine Aufgabe erledigt werden muss, und sei sie noch so klein, dann gehört in die »An«-Zeile nur die Adresse einer Person, und nur diese Person wird in der E-Mail selbst angeredet – andernfalls bleibt unklar, wer sich angesprochen fühlen soll (im Zweifel niemand). Wenn andere darüber informiert werden sollen, dass diese Aufgabe bereits delegiert wurde, dann werden deren Adressen in die cc-Zeile aufgenommen.

Das »cc« steht für *carbon copy* (engl. für »Kohledurchschlag«), sinngemäß also einfach für »Kopie«. Empfänger, deren Adressen in dieses Feld eingetragen sind, sind für alle anderen Empfänger sichtbar. Aus datenschutzrechtlicher Sicht ist eine Verwendung der cc-Funktion so lange unproblematisch, so lange Sie sich im geschlossenen Kreis Ihres Unternehmens, Ihrer Behörde oder prinzipiell innerhalb einer Gemeinschaft (z. B. von Freiberuflern) bewegen, deren (eventuell sogar schriftlich fixierter) Zweck zum Beispiel die Zusammenarbeit an einem Projekt ist. Schwieriger wird es, wenn Sie E-Mail-Adressen eines offenen Kreises (z. B. bei einer Einladung von Kunden) in einem offenen Verteiler zusammenstellen – und zwar unabhängig davon, ob Sie privat oder geschäftlich kommunizieren. Denn Sie geben damit persönliche Daten weiter, was nach Bundesdatenschutzgesetz nur innerhalb sehr enger Grenzen zulässig ist und gegen das Grundrecht auf informationelle Selbstbestimmung verstoßen kann.

In einem solchen Fall ist es sinnvoller – und höflicher –, die bcc-Funktion zu verwenden. bcc steht für *blind carbon*

Eine eindeutige persönliche Anrede an eine bestimmte Person drückt aus, dass Sie etwas speziell von ihr erwarten. Bei kollektiven Anreden kann es dazu kommen, dass sich niemand zuständig fühlt.

Offene Verteiler sollte man – auch aus datenschutzrechtlichen Gründen – nur verwenden, wo es nötig ist.

copy (engl. für »Blinddurchschlag«), also Blindkopie. Die Adressen derjenigen Empfänger, die in die bcc-Zeile aufgenommen wurden, bleiben für alle anderen Empfänger unsichtbar. Manche Programme informieren allerdings darüber, dass die betreffende E-Mail auch »bcc« verschickt wurde. Zum Versenden tragen Sie in »An«-Zeile Ihre eigene E-Mail-Adresse ein.

Schluss

Für den Schluss von E-Mails gilt das Gleiche wie für den →Briefschluss. Darüber hinaus aber ist es im geschäftlichen E-Mail-Verkehr zwingend, die →Pflichtangaben mit in den Schluss zu nehmen, die bei Geschäftsbriefen in Papierform meist schon auf dem Briefbogen eingedruckt sind. Sie werden in der Regel als Textbaustein automatisch eingefügt. Müssen E-Mails höheren rechtlichen Ansprüchen genügen, so brauchen sie darüber hinaus eine qualifizierte elektronische Signatur (→Schriftform).

■ Et-Zeichen (&)

Das Et-Zeichen & bedeutet »und«, darf aber nur bei Firmenbezeichnungen angewendet werden:

Müller & Co., Müller & Meyer GmbH

■ Gedankenstrich

→Bindestrich, Gedankenstrich.

■ Gestaltungsregeln

Präzise und höfliche Formulierungen in der Korrespondenz sind das eine, stimmiges Aussehen das andere. Für ein professionelles Erscheinungsbild reicht es bereits, einige wenige Gestaltungsregeln zu beachten.

Schriften

Wichtigstes Kriterium bei der Schriftauswahl ist eine gute Lesbarkeit.

Schmuck- oder Schreibschriften verbieten sich in der Geschäftskorrespondenz, können aber zum Beispiel für private Einladungen oder Familienanzeigen durchaus passend wirken. Für Briefe und umfangreichere Texte verwendet man am besten eine Schrift mit Serifen (das sind die »Füßchen«: kleine Verstärkungen an den Enden der einzelnen Buchstabenstriche), zum Beispiel die »Times New Roman«, die sehr weit verbreitet ist (wer Wert auf eine individuelle Gestaltung legt, wird eine andere verwenden). Briefe, die elektronisch versendet werden, sollten auch der Lektüre am Bildschirm gerecht werden und daher besser serifenlose Schriften verwenden wie zum Beispiel die ebenfalls sehr weit verbreitete Arial.

Die **Schriftgröße** in Briefen sollte 10 bis 12 Punkt betragen, der **Zeilenabstand** sollte etwas größer sein; empfohlen werden 130 %. Das wäre also bei 10 Punkt ein Zeilenabstand von 13 Punkt (bei 11 Punkt Schriftgröße ein Zeilenabstand von 14 Punkt, bei 12 Punkt 15,5 Punkt). Die Zeilenabstände zwischen Anrede und Text, zwischen Absätzen sowie zwischen Text und Briefschluss betragen nach DIN eine halbe Leerzeile.

Die **Zahl der Anschläge** (also einschließlich Leerzeichen) sollte pro Zeile 70 nicht übersteigen. Zeilen mit mehr Buchstaben sind schlecht zu lesen.

Textaufbereitung

Briefe und alle Texte von geringem Umfang sollten im **Flattersatz** geschrieben werden. So entstehen keine unschönen »Löcher« zwischen den Wörtern. Der Text sollte tatsächlich »flattern«, das heißt, nur längere Wörter sollten getrennt werden. Keinesfalls sollten mehr als drei Zeilen in Folge mit Worttrennungen enden.

Gradzeichen

Bei Temperaturangaben steht zwischen der Zahl und dem Gradzeichen »°« ein (geschütztes) Leerzeichen, zwischen dem Gradzeichen und dem C dagegen nicht:

Temperatur: 21 °C

Bei anderen Gradangaben wird das Gradzeichen ohne Zwischenraum an die Zahl angeschlossen (z. B.: ein Winkel von 30°). Dieses Gradzeichen sollte allerdings nur in der Fachsprache verwendet werden; ansonsten schreibt man eindeutiger »Grad«.

Grußformeln

→ Briefschluss.

Handelsregisternummern

Handelsregisternummern werden nicht gegliedert.

Die Handelsregisternummern (HR) – Abteilung A (HRA) für Einzelkaufleute und Personenhandelsgesellschaften (z. B.: Offene Handelsgesellschaft, Abkürzung OHG) und Abteilung B (HRB) für Kapitalgesellschaften (z. B. GmbH oder AG) – gehören bei bestimmten Unternehmensrechtsformen zu den Pflichtangaben in der Geschäftskorrespondenz. Sie werden vom zuständigen Registergericht vergeben und haben keine vorgegebene Ziffernzahl. Die Kürzel HRA und HRB werden mit einem Leerzeichen von der Registernummer getrennt, z. B.:

Amtsgericht Lüdenscheid HRB 6687

Amtsgericht Kiel HRA 25665

Formen und DIN-Normen

■ Hausnummern

Hausnummern werden nach DIN durch ein Leerzeichen vom Straßennamen getrennt, Zusätze (wie a) durch ein weiteres, z. B.:

Hanauer Landstraße 100 a

■ i. A. / i. V.

In der öffentlichen Verwaltung hat der Zusatz »im Auftrag« eine andere Bedeutung als in der Wirtschaft. Er wird auch nicht abgekürzt.

Der Zusatz **i. A.** (Abkürzung für »im Auftrag«) bedeutet, dass der oder die Unterzeichnende für den unterschriebenen Brief eine Vollmacht erhalten hat, der Zusatz **i. V.** (Abkürzung für »in Vertretung«), dass er oder sie eine umfassendere, allgemeine Handlungsvollmacht erhalten hat (die allerdings weniger umfassend ist als die Prokura).
Die Zusätze i. A. (Abkürzung für »im Auftrag« [des Vorgesetzten]) und i. V. (Abkürzung für »in Vollmacht«) im Briefschluss geben, ebenso wie der Zusatz ppa. für Prokuristen, Auskunft darüber, wie weit die Vollmachten des unterzeichnenden Mitarbeiters reichen. Die jeweiligen Grenzen sind organisationsintern zu regeln. Geschäfte, die den Umfang der Vollmacht eines Mitarbeiters überschreiten, sind im Außenverhältnis, das heißt gegenüber Dritten, grundsätzlich rechtlich bindend. Niemand kann also später ein Geschäft rückgängig machen, indem er darauf hinweist, er selbst oder sein Mitarbeiter habe seine Kompetenzen überschritten. Mitarbeiter, die über ihre Vollmacht hinaus handelten, können vom Arbeitgeber aber grundsätzlich zum Schadenersatz herangezogen werden.

■ Infoblock

Der Infoblock steht rechts neben dem Anschriftenfeld und sollte (mindestens) alle Angaben der Bezugszeichenzeile enthalten.

Der Infoblock ersetzt zunehmend die weniger flexible Bezugszeichenzeile. In der Regel wird der Infoblock heute als

Baustein erst mit dem Verfassen eines Briefes aufgenommen (und nicht bereits auf das Briefpapier aus der Druckerei gedruckt). Dadurch ist das Briefpapier flexibler einsetzbar, z. B. auch für Gratulationen oder Kondolenzen. Den genauen Stand auf dem Bogen definierte bisher DIN 676, in Zukunft DIN 5008 selbst. Vor den eigenen Kontaktdaten sowie vor dem Datum empfiehlt DIN eine Leerzeile.

Ihr Zeichen:
Ihre Nachricht vom:
Unser Zeichen:

Telefon:
Telefax:
E-Mail:

Datum:

Kontonummern

→ Bankverbindung.

Paragrafzeichen

In Verbindung mit einer nachgestellten Zahl wird das Wort Paragraf als Zeichen § wiedergegeben; nach DIN mit einem Leerzeichen, wobei es sinnvoll ist, ein geschütztes Leerzeichen zu verwenden, um eine Trennung am Zeilenende zu vermeiden:

§ 12 des Gesetzes ...

Zwei Paragrafzeichen kennzeichnen den Plural; sie werden auch als »Paragrafen« ausgesprochen:

§§ 12, 14, §§ 10–15

77

Formen und DIN-Normen

■ Pflichtangaben

Auch wenn jede Unternehmensrechtsform eigenen Anforderungen gerecht zu werden hat – die einzuhalten zwingend vorgeschrieben ist –, so gilt grundsätzlich für alle, dass aus der Korrespondenz der Absender eindeutig hervorzugehen hat, das heißt Firmenname samt Rechtsform, Anschrift des Firmensitzes, gegebenenfalls Handelsregisternummer und das zuständige Registergericht sowie der Name des oder der Verantwortlichen, zum Beispiel des Freiberuflers oder Kleingewerbetreibenden, der Geschäftsführer, Vorstandsmitglieder oder Aufsichtsratsvorsitzenden. Diese Angaben sollen Geschäftspartnern die Möglichkeit geben, sich schon beim Beginn der Geschäftsbeziehung über die wesentlichen Verhältnisse eines Unternehmens zu informieren. Insbesondere beim ersten Kontakt sind sie unerlässlich. Verstöße gegen die Angabepflicht können zu empfindlichen Strafen führen.

Als Geschäftskorrespondenz gelten alle schriftlichen Mitteilungen – unabhängig davon, ob sie per traditioneller Post, per Fax, E-Mail oder sonstigen Medien übermittelt werden –, die an einen oder mehrere Empfänger gerichtet sind, z. B.

- Angebote und Kostenvoranschläge,
- Auftrags- und Anfragebestätigungen,
- Quittungen,
- Rechnungen,
- Bestellformulare.

In der Kommunikation innerhalb eines Unternehmens und seiner Filialen oder Niederlassungen, auf Liefer- und Empfangsscheinen oder Abholbenachrichtigungen sowie in Werbeschriften, Postwurfsendungen und Anzeigen können die Pflichtangaben entfallen. Unproblematisch ist es auch, wenn in einer bestehenden Geschäftsbeziehung, in der die Pflichtangaben bereits hinreichend ausgetauscht wurden, einzelne Nachrichten formlos übermittelt werden. Eine Besonderheit sind die Pflichtangaben auf Rechnungen; hier gelten weitere Vorschriften.

■ Postfachnummern

Postfachnummern werden von rechts in Zweiergruppen gegliedert.

In der Anschrift wird entweder die Straße angegeben oder eine Postfachnummer – nicht beides. Zu beachten ist, dass meist unterschiedliche Postleitzahlen gelten. Im Zweifel ist die Postfachnummer zu bevorzugen, z. B.:

> Postfach 14 69

> Postfach 5 78 90

■ Postleitzahlen

→Anschrift und Anrede.

■ ppa.

Die Abkürzung ppa. im →Briefschluss steht für »per procura« (italien. [aus latein. procurare] = »Vollmacht«) und bedeutet, dass derjenige, der mit diesem Zusatz unterzeichnet, Prokura hat, Prokurist ist. Die Prokura ist die umfassendste Vollmacht, die ein Mitarbeiter erhalten kann; sie muss ins Handelsregister eingetragen werden.

■ PS

Die Abkürzung PS wird ohne Abkürzungspunkte geschrieben.

Die Abkürzung PS steht für »Postskriptum« (lateinisch = nachträglich Geschriebenes). Die Bedeutung des Postskriptums hat sich durch die elektronische Textverarbeitung maßgeblich verändert. Anders als zu Zeiten, in denen Briefe noch auf der Schreibmaschine getippt wurden, ist heute eine Korrektur und selbst ein neuer Ausdruck auf Papier kein großer Aufwand mehr. Dem eigentlichen Sinn des Postskriptums, etwas Vergessenes am Briefende noch anzufügen, ohne sich der Mühe zu unterziehen, den Gesamttext zu ändern, muss ein Postskriptum daher nicht mehr gerecht werden. Wenn überhaupt, dann wird es heute praktisch nur noch als Stilmittel eingesetzt, zum Beispiel für persönliche Grüße an einen Dritten oder werbliche Aussagen.

■ Schrägstrich

Der Schrägstrich wird – ohne Leerzeichen davor oder danach – eingesetzt:

- ■ zur Angabe von Größen- oder Zahlenverhältnissen im Sinne von »je« oder »pro«, z. B.:

  Zulässige Geschwindigkeit: 120 km/h.

- ■ zum Zusammenfassen von Wörtern oder Zahlen, z. B.:

  Dies gilt für die Kolleginnen/Kollegen des Versands.

  Die Lieferung wird gestückelt: 50/100/200 Stück.

  ... erhalten Sie den Katalog Herbst/Winter 2011/12.

- ■ zur Gliederung von Zeichen und Nummern, z. B.:

  AZ: M/III/47

  Rechnungsnummer: 1427/2011

- ■ als Bruchstrich, z. B.:

  3/4, 1/3

- ■ als Teil des Zeichens mit der Bedeutung »gegen« unter Juristen (eingeleitet und gefolgt von einem Punkt), z. B.:

  ... in der Klage Schneider ./. Müller wird es heute ...

■ Schriften

→ Gestaltungsregeln.

■ Schriftform

Für viele Bereiche der Korrespondenz sind besondere Formen der Dokumentation gesetzlich verbindlich vorgeschrieben.

Das Bürgerliche Gesetzbuch (BGB) schreibt zwar keineswegs für alle Rechtsgeschäfte eine Form vor; der Einkauf im Supermarkt etwa schließt zwar im juristischen Sinne einen Kaufvertrag ein, dieser aber muss nicht eigens vereinbart werden; er entsteht automatisch durch den Kauf selbst. Uneingeschränkt rechtsgültig sind auch mündliche Verträge, die in vielen Bereichen möglich sind. Sofern es um weitreichende Konsequenzen geht, sind mündliche Verträge allerdings riskant, weil sie ganz oder in (wesentlichen) Punkten bestritten werden können.

Alle Formen können durch jeweils höherwertige Formen (die Textform z. B. durch die Schriftform) ersetzt werden.

Für bestimmte Rechtsgeschäfte verlangt das BGB die Schriftform, deren wichtigstes Charakteristikum die eigenhändige Unterschrift ist. Seit 2001 kennt das BGB daneben auch die Textform und die elektronische Form, die weniger umfassend sind und ohne eigenhändige Unterschrift auskommen.

Als **Textform** (§ 126b BGB) gelten z. B. Kopien, Telefaxe, SMS, Dateien und E-Mails. Die Textform reicht für einen Großteil der täglichen Rechtsgeschäfte im Privaten und im Beruf aus, wenn

- die »dauerhafte Wiedergabe in Schriftzeichen« möglich ist, das heißt der entsprechende Text gespeichert werden kann – egal, ob z. B. auf Papier, Festplatte, CD oder USB-Stick,
- der Name des Erklärenden genannt wird; in einfachen Willenserklärungen kann das ein Name sein, in Verträgen sind es mindestens zwei,
- die Nachbildung einer Unterschrift (z. B. als Namensnennung, aber auch als Faksimile) eingefügt wurde,
- der Textabschluss eindeutig erkennbar ist, z. B. durch eine Grußformel, ein Datum, den expliziten Hinweis

»Ende« oder »Dieses Schreiben ist ohne Unterschrift wirksam« (so soll verhindert werden, dass Inhalte übersehen werden können),

■ die Textform für alle Beteiligten zu den erwartbaren Formen gehört (wenn in einem Mietvertrag z. B. die E-Mail-Adressen von Mieter und Vermieter genannt sind, kann der Mietvertrag auch per E-Mail gekündigt werden).

Die qualifizierte elektronische Signatur erhält man bei den akkreditierten Zertifizierungsdiensteanbietern, z. B. bei der Deutschen Post, der Deutschen Telekom oder beim Sparkassenverlag. Auskünfte erteilt die Bundesnetzagentur.

Die **elektronische Form** (§ 126a BGB) steht zwischen Text- und Schriftform: Sie verlangt zwar keine eigenhändige Unterschrift, aber eine eindeutige Identifizierungsmöglichkeit – die qualifizierte elektronische Signatur. Diese enthält eine per Gesetz (Signaturgesetz, SigG) vorgeschriebene technische Verschlüsselung, womit der Absender einer E-Mail dieser zweifelsfrei zugeordnet werden und der Inhalt einer E-Mail nicht nachträglich verändert werden kann (ohne dass dies auffiele). Rechnungen an Firmenkunden etwa sollten nur in elektronischer Form (oder aber auf Papier) versendet werden, weil nur sie vorsteuerabzugsberechtigt sind.

Die Anforderung an die Schriftform kann auch in den Allgemeinen Geschäftsbedingungen von Unternehmen formuliert werden.

Arbeitsverträge und befristete Mietverträge mit mehr als zwölfmonatiger Laufzeit, Arbeitszeugnisse und arbeitsrechtliche Kündigungen sowie Aufhebungsverträge, Bürgschaftserklärungen, Schuldversprechen und -anerkenntnisse dagegen bedürfen der traditionellen **Schriftform,** die einschließt, dass die Schriftstücke von Hand unterschrieben werden müssen. Die strengste Anforderung ist die notarielle Beurkundung, die zum Beispiel beim Immobilienkauf nötig ist.

Prinzipiell kann außer der Form, in der ein Schreiben abgefasst ist, auch sein **Zugangsnachweis** von entscheidender Bedeutung sein – schließlich muss der Empfänger das Schreiben auch zur Kenntnis erhalten. Das sicherste Verfahren, den Zugang nachzuweisen, sind Einschreiben. Je nach gewählter Form wird das Schreiben entweder nur dem Adressaten persönlich (bzw. einem Bevollmächtigten) ausgehändigt (»eigenhändig«), sein Einwurf in den Empfängerbriefkasten dokumentiert (»Einschreiben Einwurf«) oder der Empfang durch den Empfänger (bzw. einen Bevollmächtigten) per Unterschrift bestätigt. Bei drohendem Rechtsstreit oder Fristen (z. B. arbeitsrechtlichen Kündigungsfristen), die nur mit der rechtzeitigen Aushändigung gewahrt werden können, sind Einschreiben oft unumgänglich. In der Regel aber sind sie zu aufwendig, zu teuer und gar nicht nötig. Dennoch ist der traditionelle Postversand im Zweifel ein sichererer Weg als zum Beispiel die E-Mail. Anders als das Sendeprotokoll von Telefaxen, das vor Gericht durchaus als Zugangsnachweis akzeptiert werden kann, gelten die Sendedaten der elektronischen Post nicht als gerichtsfähiger Beweis für den Empfang.

Dokumente, bei denen es auf einen fristgerechten Zugang ankommt, sollten Sie nicht per E-Mail senden.

Seitennummerierung

Nach DIN 5008 beginnt die Seitennummerierung auf der zweiten Seite und steht mittig am oberen Rand (bei Blankoseiten auf der fünften Zeile, bei Seiten mit Briefkopf mindestens mit einer Leerzeile Abstand darunter), eingefasst in Bindestriche mit Leerzeichen:

Briefe und andere Schriftstücke von mehr als einer Seite Umfang sollten eine Seitennummerierung erhalten.

– 2 –

Dass eine weitere Seite folgt, kann – mit einer Leerzeile Abstand vom Text – mit drei Punkten am rechten unten Seitenrand signalisiert werden:

...

Alternativ kann auch die automatische Funktion des Textverarbeitungsprogramms verwendet werden, die die einzelne Seitenzahl und die Gesamtseitenzahl angibt. Dann allerdings beginnt die Nummerierung bereits auf der ersten Seite, und sie steht am unteren Seitenrand, meist rechts und mindestens durch eine Leerzeile vom Text sowie vom Feld für Geschäftsangaben getrennt:

Seite 2 von 3

■ Steuernummern, Umsatzsteuer-Identifikations-nummern

Steuernummern werden für Privatpersonen oder Firmen vom zuständigen Finanzamt vergeben. Die Steuernummern werden wie vorgegeben geschrieben (mit oder ohne Schrägstrich).
Insbesondere für grenzüberschreitende Geschäfte innerhalb der Europäischen Union wurde die Umsatzsteuer-Identifikationsnummer (USt.-IdNr.) eingeführt, die das Bundeszentralamt für Steuern (BZSt) mit Sitz in Bonn erteilt (und bei Zweifeln an der Gültigkeit auch überprüft). Länge und Aufbau sind je nach Land unterschiedlich; nach den beiden Buchstaben des Länderkürzels folgen maximal zwölf weitere Zeichen (Buchstaben oder Ziffern), die nicht gegliedert werden, z. B.:

Die Umsatzsteuer-Ident.-Nummern Deutschlands und Österreichs haben elf Stellen.

DE874028847

AT113256043

■ Subject

→ Betreff/Subject.

■ Telefax

Mit dem Aufkommen der E-Mail hat das Telefax wieder an Bedeutung verloren. Dennoch ist es nach wie vor nicht völlig bedeutungslos, zumal vor Gericht das Sendeprotokoll eines Telefax anerkannt wird.
Was die Gestaltung angeht, so gelten nach DIN 5008 die gleichen Grundsätze wie für Geschäftsbriefe überhaupt. Auch in der Geschäftskorrespondenz wird für das Telefax häufig das übliche Briefpapier verwendet. DIN 5008 emp-

fiehlt in diesem Fall, die Versendungsart im Anschriftenfeld anzugeben, je nachdem entweder »Telefax« oder,
wenn das Original noch per Post versendet werden soll,
»Vorab per Fax«:

> Vorab per Fax: 0651 58993-122
> Kanzlei Dr. Dickel und Partner
> Herrn Dr. Dickel
> Saarstraße 140
> 54290 Trier

Telefonnummern

Die Schreibung mit Klammern für die Vorwahlnummer gilt in der Korrespondenz als veraltet.

Nach DIN 5008 werden Telefonnummern ausschließlich
durch Leerzeichen und nur funktionsbezogen in Länder-,
Ortsnetz- beziehungsweise Anbietervorwahl und Einzelanschluss gegliedert.

Einzelanschluss

> 040 7556893
> 02751 580187

Einzelanschluss mit Durchwahl

Die Durchwahlnummer wird mit Bindestrich (nicht mit
Gedankenstrich) angehängt.

> 089 3804-514
> 02751 81-261

Internationale Schreibung

Im internationalen Austausch wird nach DIN die Länder-
kennung (z. B. 49 für Deutschland, 43 für Österreich und
41 für die Schweiz) ohne diejenigen Ziffern geschrieben,
die nur in bestimmten Ländern gelten (z. B. 011 für Anru-
fer, die aus den USA in Deutschland anrufen möchten).

Bei Ortsnetz-Vorwahlnummern entfallen führende Nullen.

> +49 40 7556893
> +49 2751 81-261

Formen und DIN-Normen

■ Uhrzeit

Bei Uhrzeitangaben werden Stunden und Minuten nach DIN jeweils zweistellig angegeben, gegliedert durch einen Doppelpunkt, z. B.:

06:45 Uhr, 00:07 Uhr, 14:31 Uhr

Daneben ist auch ohne Weiteres die Schreibung mit einem einfachen Punkt und ohne führende Null möglich: 6.45 Uhr, 0.07 Uhr, 14.31 Uhr. Wo kaum Missverständnisse zu erwarten sind, ist bei vollen Stunden auch die Schreibung ohne Minuten zulässig, z. B.: 8 Uhr, 16 Uhr.

■ Unterschrift

→ Briefschluss.

■ Währungen

Währungsbezeichnungen
Nach DIN stehen die Währungsbezeichnungen im laufenden Text hinter dem Betrag, z. B.:

Die Kosten des Verfahrens belaufen sich auf über 900 €.

Geldbeträge können nach DIN 5008 sowohl durch geschütztes Leerzeichen als auch durch Punkt in Dreiergruppen gegliedert werden, z. B.:

5 994 842,99 € oder 5.994.842,99 €

Währungscodes
Im internationalen Zahlungsverkehr werden statt des Eurozeichens € die Buchstaben *EUR* verwendet. Zu den Län-

dern, in denen der Euro offizielles Zahlungsmittel ist beziehungsweise als Zahlungsmittel akzeptiert wird, zählen: Andorra, Belgien, Deutschland, Finnland, Frankreich, Griechenland, Irland, Italien, Kosovo, Luxemburg, Malta, Monaco, Montenegro, Niederlande, Österreich, Portugal, San Marino, Spanien, Vatikanstadt, Zypern.

Währungscodes nach ISO 4217 (Auswahl)		
Staat	**Währung**	**Code**
Australien	Australischer Dollar	AUD
Bulgarien	Bulgarischer Lew	BGL
Dänemark	Dänische Krone	DKK
Estland	Estnische Krone	EEK
Großbritannien	Pfund Sterling	GBP
Island	Isländische Krone	ISK
Japan	Yen	JPY
Kanada	Kanadischer Dollar	CAD
Kroatien	Kroatischer Kuna	HRK
Lettland	Lettischer Lats	LVL
Liechtenstein	Schweizer Franken	CHF
Litauen	Litauischer Litas	LTL
Mazedonien	Mazedonischer Dinar	MKD
Norwegen	Norwegische Krone	NOK
Polen	Zloty	PLN
Rumänien	Leu	ROL
Russische Föderation	Russischer Rubel	RUB
Schweden	Schwedische Krone	SEK
Schweiz	Schweizer Franken	CHF
Serbien	Serbischer Dinar	RSD
Tschechische Republik	Tschechische Krone	CZK
Türkei	Türkische Lira	TRY
Ukraine	Hryvnia	UAH
Ungarn	Forint	HUF
USA	US-Dollar	USD

■ **z. H.**

→Anschrift und Anrede.

■ **Zahlen**

Zahlen mit mehr als drei Stellen können gegliedert werden; Zahlen mit mehr als vier Stellen sollten gegliedert werden. Generell werden im Deutschen zur Gliederung Leerzeichen verwendet:

15 879 Einzelteile

Um Missverständnisse zu vermeiden, ist es nach DIN 5008 bei Geldbeträgen auch erlaubt, Punkte für die Gliederung zu verwenden: 3.947.775 €.

In Tabellen sollten auch vierstellige Zahlen gegliedert werden, wenn darin Zahlen mit mehr Stellen aufgeführt werden. Auch die Zahl der Nachkommastellen sollte in Tabellen vereinheitlicht werden.

In Tabellen sollten alle Zahlen rechtsbündig gesetzt werden. Das erhöht die Übersichtlichkeit.

Beispiel für Zahlen in Tabellen:

Höhe (cm)	Breite (cm)	Tiefe (cm)
12 000,90	900,90	10,00
1 000,00	11 000,00	100,00
10,00	7 000,50	17 000,80

Damit Ziffer und Einheit am Zeilenende nicht getrennt werden, ist ein geschütztes Leerzeichen zu wählen.

Zahlen vor Zeichen oder Abkürzungen von Maßen, Gewichten, Währungsangaben usw. sind in Ziffern zu setzen:

6 000 000 € (nicht: sechs Millionen €)

1000 kg (nicht: tausend kg)

Dazwischen wird ein Leerzeichen gesetzt. Wählt man allerdings bei der Einheit die ausgeschriebene Form, kann auch die Zahl ausgeschrieben werden:

zwei Euro

tausend Kilometer

Aufzählungen

Zahlen können auch zur Gliederung eines Textes eingesetzt werden; nach DIN 5008 sind arabische Zahlen zu bevorzugen. Ebenfalls nach DIN 5008 schließen sie mit einem Punkt (nicht mit einer Klammer) ab, z. B.:

Ordnungszahlen werden entweder mit Punkt (bevorzugt) oder mit Klammer abschlossen – niemals mit beidem!

1.

2.

(Vgl. auch →Bankverbindung, →Handelsregisternummern, →Hausnummern, →Postfachnummern, →Anschrift und Anrede (Postleitzahl), →Seitennummerierung, →Steuernummern, Umsatzsteuer-Identifikationsnummern, →Telefonnummern, →Uhrzeit, →Währungen)

■ Zeilenabstand

→Gestaltungsregeln.

89

Muster
Privatkorrespondenz

Muster Privatkorrespondenz

■ Absagen

Auch per E-Mail können Sie eine Einladung absagen – allerdings nur, wenn Sie mit dem Gastgeber auch sonst häufig per E-Mail korrespondieren.

Private Absagen sind vor allem Antworten auf Einladungen zu Feierlichkeiten im Familien- oder Freundeskreis. Bei Einladungen zu öffentlichen Veranstaltungen wie Ausstellungseröffnungen oder Tagen der offenen Tür ist eine schriftliche Absage nur nötig, wenn man dazu aufgefordert wurde – meist geschieht das in Form einer vorgedruckten Antwortkarte, die der Einladung beiliegt. Wenn der Einladende bei öffentlichen Veranstaltungen vermutlich Wert auf Ihre spezielle Teilnahme legt – etwa weil Sie eine besondere Funktion oder repräsentative Stellung innehaben –, dann sollten Sie ihm in jedem Fall verbindlich zu- oder absagen.

Private Absagen in Briefform sind nicht sehr verbreitet – meistens sagt man heute telefonisch ab.

Das sollten Sie bei einer Absage beachten:

- Danken Sie für die Einladung.
- Drücken Sie aus, wie gern Sie kommen würden.
- Schreiben Sie, warum Sie nicht kommen können.
- Falls es zutrifft: Schreiben Sie, dass Sie gern beim nächsten Fest wieder dabei wären oder dass Sie Ihren Besuch gern nachholen möchten.
- Wünschen Sie allen eine schöne Feier.

Textbausteine »Absage«	
Einleitung	■ Vielen Dank für Eure nette Einladung. Ich wäre natürlich furchtbar gern dabei, aber leider *habe ich schon vor einiger Zeit bei einer anderen Einladung zugesagt.*
	■ *Ein Sommerfest* – wie schön! Danke, dass Sie uns dazu eingeladen haben. Es ist wirklich ärgerlich, dass wir nicht kommen können, weil *wir dann schon im Urlaub sind.*
	■ Ganz herzlichen Dank für Ihre Einladung. Sehr gern würde ich mit Ihnen feiern, aber *mein Sohn hat am selben Tag Geburtstag.*
Schlussformel	■ Ich wünsche Ihnen *eine gelungene Einweihungsfeier.*
	■ *Dein Geburtstagsfest* wird bestimmt sehr schön. Viele Grüße von ...
	■ Viel Spaß bei Deiner Feier!

Muster Absage

24. Mai 2011

Liebe Juliane, lieber Lukas,

ganz herzlichen Dank für die Einladung zu Eurer Hochzeit.
Wir würden sehr gern mit Euch feiern. Aber wir haben unseren
Urlaub auf Gran Canaria schon lange gebucht – und Euer
Termin liegt genau mittendrin. So was Dummes. Wir ärgern uns
ziemlich.

Aber wir wünschen Euch natürlich trotzdem ein tolles Fest!

Viele Grüße von

Achim und Nina

Andreas Bünte
Erlenweg 41
14532 Kleinmachnow

Hamburg, 17. Mai 2011

Sehr geehrter Herr Maier,
sehr geehrte Frau Maier,

ich freue mich mit Ihnen darüber, dass Ihr Haus nun fertig ist.
Das ist tatsächlich ein willkommener Anlass für eine Feier. Sehr
gern hätte ich an Ihrer Einweihung teilgenommen, und ich wäre
mit größtem Vergnügen Ihrer Hausführung gefolgt, aber leider
bin ich am 3. Juni geschäftlich unterwegs.
Vielleicht darf ich ein andermal bei Ihnen vorbeischauen?

Ich wünsche Ihnen von Herzen, dass Sie in Ihrem neuen Zuhause
glücklich sein werden.

Mit besten Grüßen
Ihr *Andreas Bünte*

▪ Beschwerden, Ein- und Widersprüche

Ein scharfer Ton führt selten zu konstruktiven Problemlösungen. Bedenken Sie, dass der Empfänger in der Regel nicht absichtlich Ihre Ansprüche verletzt hat.

Einspruch, Widerspruch und Beschwerde sind in der deutschen juristischen Fachsprache Rechtsbehelfe gegen behördliche und gerichtliche Entscheidungen. Der Begriff der Beschwerde ist im täglichen Umgang wohl am treffendsten, wenn es darum geht, gegen eine bestimmte Situation zu protestieren – sei es gegen eine Lärmbelästigung durch die Nachbarn oder eine ungerechtfertigte Behandlung durch eine Person oder ein Unternehmen oder eine Behörde. Ob Nachbarschaftsstreit oder Auseinandersetzung mit der Steuerbehörde – gemeinsam ist allen derartigen Schreiben, dass sie eine eher gefühlsbetonte Stimmung (der Verärgerung) in eine sachliche und klare Schilderung münden lassen sollten.

Das sollten Sie einer Beschwerde oder einem Einspruch beachten:

- Drücken Sie Ihre Verärgerung oder Enttäuschung wenn überhaupt, dann ohne »gerechten Zorn« aus.
- Fassen Sie die Situation sachlich, kurz und verständlich zusammen.
- Formulieren Sie Ihre Erwartung.
- Bei Einsprüchen und Widersprüchen bei Behörden und Gerichten müssen Sie die Fristen beachten. Ausschlaggebend ist der Eingang des Schreibens bei der Behörde, nicht der Poststempel.

Textbausteine »Beschwerde, Einspruch, Widerspruch«

Ich erhebe Einspruch gegen *die Feststellung der Lohnsteuernachzahlung.*

Ich lege Widerspruch gegen *den Bescheid* ein.

Die Abrechnung ist meiner Meinung nach fehlerhaft.

Ich fordere Sie auf, *die Verwarnung* zurückzunehmen.

Bitte prüfen Sie *die Rechnung* und *überweisen Sie den irrtümlich abgebuchten Betrag auf unser Konto.*

Muster Beschwerde

Ulla Jakobsen
Lagerstraße 77
21442 Toppenstedt

Deutsche Telekom AG
Kundenservice
53171 Bonn

23. Juni 2011

Buchungskonto 923000091827, Rechnung vom 17.06.2011

Sehr geehrte Damen und Herren,

vermutlich hat sich in die Junirechnung ein Fehler eingeschlichen. Sie haben 1456 Gebühreneinheiten berechnet. Das sind 987 Einheiten mehr als im Vormonat und sogar 1190 Einheiten mehr als im Juni des Vorjahres.

Durchschnittlich habe ich etwa 500 Einheiten im Monat. Bitte prüfen Sie die Rechnung und überweisen Sie den irrtümlich abgebuchten Betrag auf mein Konto. Vielen Dank.

Mit freundlichen Grüßen

Ulla Jakobsen
Ulla Jakobsen

Muster Einspruch

Martina Wilke
Altenburgstraße 15
02826 Görlitz

Finanzamt Görlitz
Einkommensteuerstelle
Frau Mona Schiller
Kirchstraße 20–22
02827 Görlitz

21. Juni 2011

Steuernummer 26057/0345 2011 – Einspruch gegen Lohnsteuernachzahlung

Sehr geehrte Frau Schiller,

hiermit erhebe ich Einspruch gegen die Feststellung der Lohnsteuernachzahlung im Lohnsteuerbescheid vom 14. Juni 2011. In der Abrechnung sind meiner Meinung nach zu Unrecht nicht alle Werbekosten brücksichtigt, weshalb ich um erneute Prüfung und Korrektur bitte. Die entsprechenden Belege füge ich in Kopie nochmals bei.

Für den Nachzahlungstermin bitte ich um Aufschub, bis ich einen neuen Lohnsteuerbescheid erhalten habe.

Mit freundlichen Grüßen

Mona Schiller
Mona Schiller

Anlagen

Muster Einspruch

Inge König
Anzengasse 66
48317 Drensteinfurt

Stadtverwaltung Drensteinfurth
Postfach 12 60
48310 Drensteinfurt

3. Juni 2011

Kassenzeichen: 8978976 – Einspruch gegen das Verwarnungsgeld

Sehr geehrte Damen und Herren,

heute erhielt ich Ihre schriftliche Verwarnung. Mir wird vorgeworfen, am 19. Mai 2011 zwischen 16:00 Uhr und 16:45 Uhr vor dem Haus Berger Straße 87 in Saarbrücken länger als 30 Minuten ohne Parkschein geparkt zu haben.

Gegen die Erhebung des Verwarnungsgeldes von 10 Euro lege ich hiermit Einspruch ein.

Ich habe einen Parkschein gelöst (vgl. beigefügte Kopie) und vorschriftsmäßig und gut sichtbar auf das Armaturenbrett meines Fahrzeugs gelegt. Ich fordere Sie auf, die Verwarnung zurückzunehmen und das Verfahren einzustellen.

Bitte bestätigen Sie den Eingang dieses Schreibens schriftlich und teilen Sie mir Ihre Entscheidung mit.

Mit freundlichen Grüßen

Inge König
Inge König

Anlage

Muster Widerspruch

Brigitte Vorkämmer
Uhlandstraße 37
55232 Alzey

Deutsche Rentenversicherung
Rheinland-Pfalz
67340 Speyer

27. August 2011

Rentenversicherungs-Nr.: 52 140456 V 579
Widerspruch gegen den Bescheid zur Erwerbsminderungsrente

Sehr geehrte Damen und Herren,

gegen Ihren Bescheid zur Bewilligung meiner Erwerbsminderungsrente vom
21.08.2011 lege ich Widerspruch ein.

Ich widerspreche den von Ihnen vorgenommenen Rentenabschlägen. Das Bundesso-
zialgericht hat in seinem Urteil vom 16.05.2006 (B 4 RA 22/05 R) entschieden, dass
Abschläge bei Erwerbsminderungsrenten, deren Bewilligung bereits vor Vollendung
des 60. Lebensjahres des Beziehers erfolgt ist, rechtswidrig sind. Daraus folgt, dass
die Abschläge bei meiner Rente gesetzwidrig sind.

Ich bitte meine Rente ohne Abschläge neu festzusetzen und einen neuen Bescheid
auszustellen.

Mit freundlichen Grüßen

Brigitte Vorkämmer
Brigitte Vorkämmer

Muster Widerspruch

Ernst Burggraf
Taubertsgasse 29
63477 Maintal-Bischofsheim

Rhein-Main-Jobcenter GmbH
Fischerfeldstraße 10–12
60311 Frankfurt am Main

13.11.2011

Nummer BG 26401BG0000002 – Ihr Bescheid vom 11.11.2011

Sehr geehrte Damen und Herren,

gegen Ihren Bescheid vom 11.11.2011, mir zugegangen am 12.11.2011, lege ich
Widerspruch ein.

Sie kürzen meine monatliche Regelleistung für den Monat Oktober um 30 %, weil
Sie die Verpflegung während meines Krankenhausaufenthaltes als Sachbezug auffassen, der eine Einnahme in Geldeswert darstelle und somit als Einkommen anzu-
sehen sei.

Einnahmen in Geldeswert sind Sacheinnahmen und Dienstleistungen, die einen
Marktwert besitzen und eine bedarfsbezogene Verwendungsmöglichkeit haben, also
jederzeit in Geld tauschbar sind. Das trifft auf die Verpflegung im Krankenhaus
nicht zu. Hätte ich mich nicht im Krankenhaus verpflegen lassen, z. B. aus religiösen
Gründen, hätte weder ich noch meine Krankenkasse etwas gespart.

Die Kürzung meiner Regelleistung halte ich daher für rechtswidrig: Mir steht die
volle Regelleistung zu.

Mit freundlichen Grüßen

Ernst Burggraf
Ernst Burggraf

Muster Privatkorrespondenz

Muster Beschwerde

Gudrun Weber
Saarstraße 12
56743 Thür

Herrn
Dieter Müller
Saarstraße 15
56743 Thür

23. August 2011

Lieber Herr Müller,

schon seit einigen Wochen beobachte ich, dass Sie Ihren Hund zum Wasserlassen in unsere Hofeinfahrt führen. Bitte haben Sie Verständnis dafür, dass wir das nicht möchten – allein schon die Geruchsbelästigung durch den Hundeurin ist für uns sehr unangenehm. Außerdem bin ich auf meinem Grundstück schon zweimal in einen Kothaufen direkt vor meiner Haustür getreten. Auch wenn ich nicht glaube, dass diese von Ihrem Hund stammten, so lockt sein Geruch doch Nachahmer an.
Ich bitte Sie deshalb, Ihren Hund – auch bei Regenwetter – nicht mehr in unsere Hofeinfahrt zu führen.

Mit freundlichen Grüßen

Ihre Nachbarin Gudrun Weber

Muster Widerspruch

Lorenz Sonnabend
Hallgartenstraße 98 b
60389 Frankfurt am Main

Geldsparbank
Große Bergedorfer Straße 44
60313 Frankfurt am Main

1. September 2011

Widerspruch gegen Abbuchung ohne Einzugsermächtigung
Kontonummer: 1 377 589

Sehr geehrte Damen und Herren,

auf meinem Kontoauszug Nr. 3 vom 23. August 2011 ist folgende Belastung vermerkt:

Buchungsdatum: 12.08.2011
Verwendungszweck: Lastschrift 4&4 Autoservice 2432443
Umsatz: 76,44 Euro

Ich habe für diese Abbuchung keine Einzugsermächtigung erteilt. Deshalb bitte ich Sie, das Konto zu berichtigen und die Buchung zu annullieren.

Mit freundlichen Grüßen

Lorenz Sonnabend)
Lorenz Sonnabend

Mieter und Vermieter

Widerspruch gegen die Betriebskostenabrechnung

Ob der Vermieter erhebliche Betriebskostennachzahlungen verlangen und gleichzeitig die Betriebskostenvorauszahlungen erhöhen darf, hängt von den Vereinbarungen des Mietvertrags ab. Die Betriebskostenabrechnung muss folgende Angaben enthalten:

- Um welchen Abrechnungszeitraum geht es?
- Welche Kostenarten werden berechnet?
- Welche Gesamtkosten sind angefallen?
- Welcher Verteilerschlüssel wird jeweils angewendet?
- Welche Kosten entstehen am Ende für den einzelnen Mieter?

Außerdem muss die Betriebskostenabrechnung spätestens mit Ablauf eines Jahres nach Ende des Abrechnungszeitraums zugehen.

Fehlen Angaben oder ist nicht ersichtlich, warum bestimmte Beträge zu zahlen sind, kann der Mieter Einblick in die Rechnungen verlangen; er kann die Zahlung bestimmter Posten dann auch verweigern.

Mieterhöhungen und Mietminderungen

Mieterhöhungen bedürfen der Zustimmung des Mieters. Er kann in dem Monat, in dem er die Mieterhöhung erhält, und in den beiden darauf folgenden Monaten klären, ob die Mieterhöhung gerechtfertigt ist. Der Mieter kann auch nur zum Teil zustimmen. Will der Vermieter die Mieterhöhung trotz der fehlenden Zustimmung des Mieters – ein ausdrücklicher Widerspruch ist hier nicht erforderlich – durchsetzen, muss er klagen. Das Gericht kann den Mieter dann verurteilen, der Mieterhöhung zuzustimmen, vor allem dann, wenn die Mieterhöhung formal korrekt ist, der Vermieter nicht mehr als die ortsübliche Vergleichsmiete fordert und sowohl Jahressperrfrist als auch Kappungsgrenze eingehalten sind. Unterstützung bietet in solchen Fällen zum Beispiel der örtliche Mieterverein.

Tritt in einer Wohnung ein Mangel auf, so macht üblicherweise der Mieter seinen Vermieter darauf aufmerksam und dieser veranlasst die Behebung des Mangels. Tut er dies nicht, so hat der Mieter das Recht, zum Beispiel den Mietzins für die Dauer des Schadens zu mindern.

Der Mieter muss die Absicht zur Mietminderung nicht vorher anzeigen. Er muss dem Vermieter auch keine Frist einräumen, innerhalb deren die Mängel zu beseitigen sind. Der Mieter ist lediglich dazu verpflichtet, die Mängel anzuzeigen.

Muster Widerspruch

Sascha Meier
Braunfeldstr. 104 a
32510 Bielefeld

Frau Adelheid Wersch
Herrn Hans Wersch
Parkring 28
32510 Bad Oeynhausen

28.04.2011

Widerspruch gegen Ihre Betriebskostenabrechnung

Sehr geehrte Frau Wersch, sehr geehrter Herr Wersch,

danke für die Betriebskostenabrechnung für das Jahr 2010. Ich bin darin auf zwei
Posten gestoßen, denen ich widerspreche:

Zum einen haben Sie die Kreditzinsen zur Anschaffung Ihrer Immobilie anteilig auf
alle Mieter, also auch auf mich, umgelegt. Das ist aber nach aktuellem Mietrecht
nicht erlaubt. Ich bitte Sie um Streichung dieses Postens.

Zum anderen haben Sie die gesamten Kosten für die Müllbeseitigung durch die Zahl
der Mietparteien geteilt, ohne Rücksicht darauf, wie viele Personen tatsächlich in
einem Haushalt wohnen. Ich wohne allein; andere Mietparteien in Ihrem Haus in der
Braunfeldstraße dagegen teilen sich zu viert eine Wohnung. So kommt es zu einer sehr
ungerechten Aufteilung. Ich bitte Sie, die Müllgebühren nach der Zahl der Personen
oder nach der Größe der Wohnungen auf die einzelnen Mietparteien umzulegen.

Bitte schicken Sie mir so schnell wie möglich die berichtigte Betriebskostenabrechnung zu.

Mit freundlichen Grüßen

Sascha Meier
Sascha Meier

Muster Widerspruch

Anke Berger
Hauptstr. 4 e
39104 Magdeburg

Herrn
Gerhard Bachmann
Hauptstr. 4 e
39104 Magdeburg

18.08.2011

Widerspruch gegen die angekündigte Mieterhöhung

Sehr geehrter Herr Bachmann,

gegen Ihre Absicht, die Miete zu erhöhen, lege ich Widerspruch ein. Zwar stimmt es, dass Sie die Miete volle 15 Monate lang nicht heraufgesetzt haben. Aber das ist nicht die einzige Anforderung, die das Gesetz an eine rechtmäßige Mieterhöhung stellt. Ebenso entscheidend ist das Mietniveau, das die ortsübliche Vergleichsmiete nicht übersteigen darf. Ich habe mir beim hiesigen Mieterverein den aktuellen Mietspiegel besorgt. Danach liegt die derzeitige Miete bereits auf dem Niveau der ortsüblichen Vergleichsmiete. Zudem wurde meine Wohnung in letzter Zeit nicht aufgewertet, weil sie weder renoviert noch modernisiert wurde.

Deshalb sehe ich keinen rechtmäßigen Grund, die Miete anzuheben. Ich werde die Miete weiter in der bisherigen Höhe auf Ihr Konto überweisen.

Mit freundlichen Grüßen

Anke Berger
Anke Berger

Muster Beschwerde

Renate Oberstedt
Stromstraße 29
23738 Beschendorf

Herrn
Martin Weber
Am Anger 4
23738 Beschendorf

1. März 2011

Feuchte Stellen an der Wohnzimmerdecke

Sehr geehrter Herr Weber,

seit dem 26.02.2011 ist in meiner Wohnung die Wohnzimmerdecke feucht. An
einigen Stellen sammelt sich das Wasser und tropft zu Boden. Vermutlich kommt
das Wasser durch eine undichte Stelle im Dach und gelangt dann vom Dachboden
in meine Wohnung. Ich bitte Sie, unverzüglich für die Behebung des Schadens zu
sorgen.

Mit freundlichen Grüßen

Renate Oberstedt
Renate Oberstedt

Muster Beschwerde

Renate Oberstedt
Stromstraße 29
23738 Beschendorf

Herrn
Martin Weber
Am Anger 4
23738 Beschendorf

21. März 2011

Mein Brief vom 28.02.2011
Nasse Stellen an der Wohnzimmerdecke

Sehr geehrter Herr Weber,

am 1. März 2011 habe ich Sie über die nassen Stellen an meiner Wohnzimmerdecke informiert und Sie gebeten, für die Beseitigung des Schadens zu sorgen. Bisher ist das Dach nicht repariert worden und es tropft weiter Wasser von der Decke. Vorsorglich mache ich Sie darauf aufmerksam, dass ich erstmals am 1. April 2011 den Mietzins um 20 % kürzen werde, weil durch den Schaden das Wohnzimmer unbenutzbar geworden ist. Selbstverständlich werde ich diese Kürzung sofort nach der Reparatur aufheben.

Mit freundlichen Grüßen

Renate Oberstedt
Renate Oberstedt

Bitten und Anträge

Bedenken Sie, dass Ihr Brief vermutlich nur einer von sehr vielen ist, die der Empfänger täglich erhält. Gliedern Sie die Informationen deshalb übersichtlich, fügen Sie einen Betreff ein.

Die Befreiung vom Sportunterricht, eine Beurlaubung, eine Fristverlängerung beim Finanzamt – die Gründe für die Formulierung schriftlicher Bitten und Anträge sind vielfältig. Damit Ihr Anliegen schnell bearbeitet werden kann, ist es wichtig, dass es unverzüglich dem zuständigen Sachbearbeiter zugewiesen werden kann – hierfür nötige Informationen sollten Sie im Betreff angeben, und wenn möglich sollten Sie schon in der Anschrift die zuständige Dienststelle, zum Beispiel Rechtsbehelfsstelle, oder die zuständige Person (z. B. Klassenlehrer) angeben.

Das sollten Sie bei Bitten und Anträgen beachten:

- Reichen Sie Ihre Bitte frühzeitig ein.
- Formulieren Sie knapp und bündig.
- Bauen Sie den Brief übersichtlich auf.
- Beginnen Sie mit dem Grund Ihres Schreibens (z. B. »Meine Tochter hat sich ein Bein gebrochen«).
- Schildern Sie Ihr Anliegen und begründen Sie es – wenn nötig – kurz.
- Fügen Sie die erforderlichen Unterlagen (z. B. Atteste) bei, zumindest als Kopie. Falls Sie Originale beifügen, kopieren Sie diese zuvor.
- Wenn Sie den Namen Ihres Sachbearbeiters kennen, sprechen Sie ihn mit seinem Namen an.
- Bedanken Sie sich, falls angebracht.
- In wichtigen Angelegenheiten sollten Sie eine schriftliche Eingangsbestätigung verlangen (z. B. zum Nachweis der Einhaltung von Fristen).

Textbausteine »Bitten und Anträge«

Aus diesem Grund bitte ich Sie, *meine Tochter bis Ende des Schuljahres vom Sportunterricht zu befreien.*

Ich bitte um *Verlängerung der Abgabefrist.*

Bitte prüfen Sie, ob *der Termin verschoben* werden kann.

Mit herzlichem Dank für Ihre Mühe ...

Ich bedanke mich für Ihr Verständnis.

Vielen Dank für Ihr Entgegenkommen.

Muster Bitten und Anträge

Werner Koch
Blisterstraße 63
87645 Schwangau

Herrn
Norbert Meislen
Direktor des
Robert-Bosch-Gymnasiums
Maximilianstr. 4
87645 Schwangau

2. Juli 2011

Befreiung vom Religionsunterricht für Sabine Koch, Klasse 7 c

Sehr geehrter Herr Direktor Meislen,

unsere Tochter hat sich entschieden, vom nächsten Schuljahr an nicht mehr am
Religionsunterricht teilzunehmen. Deshalb beantrage ich für sie die Befreiung vom
Religionsunterricht.

Mit freundlichen Grüßen

Werner Koch
Werner Koch

Muster Bitten und Anträge

Werner Koch
Blisterstraße 63
87645 Schwangau

Herrn
Norbert Meislen
Direktor des
Robert-Bosch-Gymnasiums
Maximilianstr. 4
87645 Schwangau

22.09.2011

Befreiung vom Sportunterricht für Dany Koch, Klasse 9 b

Sehr geehrter Herr Direktor Meislen,

gestern hat sich unser Sohn Dany beim Fußballspielen einen Bänderriss zugezogen.
Er wird deshalb nach Einschätzung seines Arztes Dr. Westner voraussichtlich in den
nächsten sechs Wochen nicht am Sportunterricht und auch nicht an Wandertagen
teilnehmen können. Das ärztliche Attest habe ich beigelegt.

Vielen Dank für Ihr Verständnis.

Mit freundlichen Grüßen

Werner Koch
Werner Koch

Muster Bitten und Anträge

Paul Krackenberg
Hindenburgdamm 60
56729 Welschenbach

Herrn Studienrat
Lars Wenden
Städtisches Gymnasium
Adlerstraße 66–70
56729 Welschenbach

12. Juni 2011

Entschuldigung wegen Krankheit von Rachel Krackenberg, Klasse 6 a

Sehr geehrter Herr Wenden,

unsere Tochter Rachel liegt mit einer fiebrigen Erkrankung im Bett. Der Arzt sagte, wir sollten sie frühestens in der nächsten Woche wieder zur Schule schicken. Bitte entschuldigen Sie ihr Fehlen.

Können Sie die Formulare für die Wahl des Sportunterrichts im kommenden Schuljahr, die in dieser Woche ausgeteilt werden sollten, ihrer Mitschülerin Greta Anstett mitgeben? Sie wohnt bei uns in der Nähe und hat sich bereit erklärt, unserer Tochter auch die Hausaufgaben zu bringen.

Vielen Dank!

Mit freundlichen Grüßen

Paul Krackenberg
Paul Krackenberg

Muster Bitten und Anträge

Regina Lahr
Kantstraße 4
33165 Lichtenau

Frau
Ingeborg Graven
Hauptschule Lessingstraße
Lessingstraße 45
33165 Lichtenau

23. August 2011

Bitte um Beurlaubung von Matthias Lahr, Klasse 9 c

Sehr geehrte Frau Graven,

am Sonntag, dem 20. September, feiert meine Mutter im großen Familienkreis ihren
75. Geburtstag. Meine Mutter wohnt in Dänemark und wird auch dort feiern. Da
für den Abend ein festliches Essen geplant ist, können wir die Heimreise erst am
Montag antreten.

Deshalb bitte ich Sie, unseren Sohn Matthias für den 21. September vom Unterricht
zu beurlauben. Wir werden dafür sorgen, dass er den versäumten Unterrichtsstoff
nachholt.

Mit freundlichen Grüßen

Regina Lahr
Regina Lahr

Muster Bitten und Anträge

Hanna Meilcher
Ingolfweg 55
01665 Mehren

Herrn
Fritz Lenoir
Wilhelm-Leuschner-Realschule
Schulstraße 10
01665 Mehren

10. März 2011

Bitte um einen Gesprächstermin

Sehr geehrter Herr Lenoir,

die schulische Entwicklung unserer Tochter Jutta macht uns Sorgen, denn in den letzten drei Monaten haben ihre Leistungen in allen Fächern sehr nachgelassen. Wir möchten uns mit Ihnen beraten, damit wir Jutta helfen können, und bitten Sie um einen Gesprächstermin in den nächsten Tagen. Am besten passt es uns werktags nach 18 Uhr.

Vielen Dank für Ihre Mühe.

Mit freundlichen Grüßen

Hanna Meilcher
Hanna Meilcher

Muster Bitten und Anträge

Hildbert Schuster
Amselweg 14
54568 Gerolstein

Finanzamt Gerolstein
Einkommensteuerstelle
Janusallee 14–16
54568 Gerolstein

30.04.2011

Steuernummer 29021/00372
Einkommensteuererklärung 2010

Sehr geehrte Damen und Herren,

da ich seit längerer Zeit krank bin, sehe ich mich nicht in der Lage, den Termin
für die Abgabe der Einkommensteuererklärung einzuhalten. Das Attest des behan-
delnden Arztes habe ich diesem Schreiben beigelegt.

Ich bitte um Verlängerung der Abgabefrist.

Mit freundlichen Grüßen

Hildbert Schuster
Hildbert Schuster

Anlage
Attest Dr. Mühlenhaupt

Muster Bitten und Anträge

Stefan Oberhausen
Ulfilasstraße 73
81739 München

Amtsgericht Huckelstadt
Josefstraße 7
99908 Huckelstadt

28. Oktober 2011

Termin am 24.11.2011: Zeugenaussage im Rechtsstreit Forell gegen Ries
Aktenzeichen: FH/789/678-d/2011

Sehr geehrte Damen und Herren,

gestern erhielt ich Ihre Vorladung zur Zeugenaussage im oben genannten Verfahren.
Diesen Termin werde ich leider nicht wahrnehmen können, da ich mich vom 13.11.
bis 22.12.2011 zu einer ärztlich angeordneten Heilbehandlung in Bad Orb aufhalten
werde. Diese zu verschieben oder auch nur zu unterbrechen, bedeutete eine unzu-
mutbare Härte für mich.

Daher beantrage ich, mich von meiner Zeugenaussage zu entbinden oder den Termin
auf einen anderen Zeitpunkt zu legen.

Bitte bestätigen Sie den Eingang dieses Schreibens schriftlich und teilen Sie mir Ihre
Entscheidung mit.

Mit herzlichem Dank und freundlichen Grüßen

Stefan Oberhausen
Stefan Oberhausen

Anlagen Bewilligungsschreiben der Krankenkasse
Buchungsbestätigung der Klinik

Muster Bitten und Anträge

Katharina Mitterle
Sandweg 18
94625 Bergheim

Frau
Christa Hübner
Barenburger Nationale Krankenkasse
Regionaldirektion Beckeberg
Postfach 19 89 89
99956 Beckeberg

02.11.2011

Versicherungsnummer 144 872 592
Ihr Schreiben vom 28.10.2011
Antrag auf Verlängerung der Mitgliedschaft in der KVdS

Sehr geehrte Frau Hübner,

Sie informieren mich, dass meine Mitgliedschaft in der Krankenversicherung der
Studenten (KVdS) mit dem 31.12.2011 endet, weil ich dann die Altersgrenze ereicht
haben werde. Bitte prüfen Sie, ob eine Verlängerung bis zum Ende des Sommer-
semesters 2012 möglich ist. Der Abschluss meines Studiums hat sich wegen der
Geburt meiner drei Kinder (2004, 2006 und 2009) verzögert. Als Nachweis lege ich
Kopien der Geburtsurkunden bei.

Mit freundlichen Grüßen

Katharina Mitterle
Katharina Mitterle

Anlagen

Muster Bitten und Anträge

Gerhild Gebhard
Rosenstraße 4
99923 Budenberg

Schriek Spielzeug GmbH
Postfach 123 456
12323 Harghausen

07.09.2011

Badeente Jolli – Auskunft über besonders besorgniserregende Stoffe

Sehr geehrte Damen und Herren,

die Europäische Chemikalienagentur (ECHA) hat eine Liste besonders besorgnis-
erregender Stoffe erstellt. Hersteller von Produkten, die mehr als 0,1 Prozent eines
oder mehrerer dieser Stoffe enthalten sind nach der EU-Chemikalienverordnung
Nr. 1907/2006 (REACH-Verordnung) verpflichtet, auf Nachfrage innerhalb von
45 Tagen Auskunft über die enthaltenen Stoffe zu geben.

Bitte teilen Sie mir mit, ob die von Ihnen produzierte „Badeente Jolli" einen oder
mehrere dieser Stoffe enthält, und stellen Sie mir alle zur sicheren Verwendung des
Erzeugnisses erforderlichen Informationen zur Verfügung.

Mit freundlichen Grüßen

Gerhild Gebhard
Gerhild Gebhard

Anlage
Kopie des Kaufbelegs

Anträge an Behörden

Viele Antragsformulare findet man auch auf den Behörden-Webseiten zum Download.

Anträge auf Erstattung von Kosten, auf Befreiung von Gebühren, auf Zulassung zum Studium, auf Wohngeld – hierfür steht eine Flut von Formblättern bereit, die nur noch ausgefüllt und mit den dort geforderten Nachweisen und Belegen ergänzt werden müssen.

Die Formulare erhalten Sie bei den zuständigen Behörden auf schriftliche, telefonische oder persönliche Nachfrage. Meist genügt ein Anruf oder eine E-Mail. Schildern Sie kurz die Gründe für Ihren Antrag. Dann kann die Behörde das passende Formular auswählen und eventuell ergänzende Hinweise geben.

Wenn Sie sich direkt an eine Behörde wenden:

- Adressieren Sie Ihr Schreiben so genau wie möglich – meist lässt sich durch einen Anruf zumindest die zuständige Abteilung in Erfahrung bringen.
- Wenn Sie den Namen Ihres Sachbearbeiters kennen, sprechen Sie ihn mit seinem Namen an.
- Verzichten Sie auf Behördendeutsch.
- Formulieren Sie kurz und bündig.
- Schildern Sie kurz das Ereignis, die Umstände oder das Gesetz, auf das Sie sich beziehen.
- In wichtigen Angelegenheiten sollten Sie eine schriftliche Eingangsbestätigung verlangen (z. B. zum Nachweis der Einhaltung von Fristen).

Textbausteine »Anträge an Behörden«

Ich stelle einen Antrag auf ...

Bitte schicken Sie mir ein Antragsformular zu.

Daher beantrage ich, mich von *meiner Zeugenaussage* zu entbinden.

Bitte nennen Sie mir die für meinen Antrag erforderlichen Belege und Nachweise.

Bitte teilen Sie mir mit, an welche Stelle ich meinen Antrag richten muss.

Bitte leiten Sie meinen Antrag an die zuständige Behörde weiter.

Muster Privatkorrespondenz

Muster Bitten und Anträge

An: Finanzamt@Adolfingen.de
Cc:
Bcc:
Betreff: Ersatzlohnsteuerkarte

Sehr geehrte Damen und Herren,

meine Lohnsteuerkarte ist verloren gegangen. Bitte senden Sie mir ein
Antragsformular für die Ausstellung einer Ersatzlohnsteuerkarte oder
wenn möglich direkt die Ersatzlohnsteuerkarte.
Meine Steuernummer: 668 993 77.
Vielen Dank im Voraus.

Mit freundlichen Grüßen

Eva Erfurt
Heerstraße 7
12323 Adolfingen

Muster Bitten und Anträge

Harry Kegelmann
Fahrstraße 18
99985 Hörrhausen

GEZ Gebühreneinzugszentrale
Freimersdorfer Weg 6
50829 Köln

18. August 2011

Antrag auf Befreiung von der Rundfunkgebührenpflicht

Sehr geehrte Damen und Herren,

als Empfänger von Arbeitslosengeld II beantrage ich die Befreiung von der Rundfunkgebührenpflicht. Beigefügt finden Sie den Bewilligungsbescheid über den
Bezug von ALG II.

Mit freundlichen Grüßen

Harry Kegelmann
Harry Kegelmann

Anlage

Muster Privatkorrespondenz

Muster Bitten und Anträge

An: info@kreis-hockenberg.de
Cc:
Bcc:
Betreff: Fahrtkostenerstattung

Sehr geehrte Damen und Herren,

nach dem Gesetz über die Kostenfreiheit des Schulweges (Schulweg-kostenfreiheitsgesetz) möchte ich für meinen Sohn Ben Sieler einen Antrag auf Erstattung von Fahrtkosten für öffentliche Verkehrsmittel stellen.

Mein Sohn besucht die Jahrgangsstufe 11 des Schillergymnasiums in Hockenberg. Sein Schulweg ist länger als 3 km. Bitte schicken Sie mir das erforderliche Antragsformular per E-Mail zu.

Mit freundlichen Grüßen

Berta Sieler
Goethestr. 27 a
57483 Hockenberg

Muster Bitten und Anträge

An: rentenversicherung@berlina-assekurent.net
Cc:
Bcc:
Betreff: Versicherungsverlauf Vers. Nr. 786 456 345 HH

Sehr geehrte Damen und Herren,

bitte senden Sie mir eine Übersicht über den Verlauf meiner bisherigen Zahlungen in die Rentenversicherung.

Mit freundlichen Grüßen

Herbert Horst
Große Bleiche 8
99876 Kadorf

■ Dankschreiben

Dankesbriefe für Geschenke oder Glückwünsche sind allgemein üblich. Aber auch für ein gelungenes Fest, eine unerwartete Hilfe und Ähnliches kann man sich mit einem Brief, einer Karte oder auch einer E-Mail wirkungsvoller bedanken als mit einem raschen Telefonat. Viele Menschen neigen dazu, eine Hilfe mit einer Gegenleistung vergelten zu wollen. Das bleibt Ihnen unbenommen, es sollte aber nicht wie eine Art Bezahlung wirken. Konzentrieren Sie sich in Ihrem Schreiben darauf, Ihren aufrichtigen Dank so überzeugend wie möglich zu formulieren.

Das sollten Sie bei Dankschreiben beachten:
- Reagieren Sie schnell – und schreiben Sie möglichst umgehend.
- Fassen Sie sich kurz.
- Nehmen Sie so direkt wie möglich Bezug (besser als »Vielen Dank für die Blumen« ist »Vielen Dank für die Lilien, sie duften noch immer« oder »Vielen Dank für den schönen Sommerstrauß«).

Textbausteine »Dankschreiben«

Vielen Dank für *die Einladung*. Wir freuen uns schon sehr *auf das Fest*.

Wir bedanken uns ganz herzlich für *all die großzügigen Geschenke*.

Wir möchten Euch noch einmal für *die Einladung zu Eurer Feier* danken.

Wir sind sehr dankbar für *die große Hilfe*.

Muster Dankschreiben

Lotte und Franz Dernbach
Neuer Weg 21
04317 Leipzig

23. Juni 2011

Sehr geehrte Frau Heiner, sehr geehrter Herr Heiner,

vielen Dank für die Einladung. Wir freuen uns schon sehr auf den sicher wieder höchst anregenden und unterhaltsamen Abend bei Ihnen.

Mit den besten Grüßen

Lotte und Franz Dernbach

Hamburg, im Mai 2011

Liebe Freunde,
liebe Verwandte,

wir danken Euch herzlich für all die großzügigen Geschenke, die prächtigen Blumen und die guten Wünsche, mit denen Ihr uns an unserem Hochzeitstag verwöhnt habt.

Ihr habt uns einen wunderschönen Tag bereitet!

Mit vielen lieben Grüßen

Diana und Malte

Muster Privatkorrespondenz

Muster Dankschreiben

24. November 2011

Liebe Iris,
lieber Wolfgang,

wir möchten Euch noch einmal für die Einladung zu Eurer Feier
danken. Wir haben uns bei Euch sehr wohlgefühlt. Die alten
Freunde zu treffen, hat uns viel Spaß gemacht.

Eure Iris und Euer Wolfgang

Hausach, 3. August 2011

Liebe Judith,

vielen Dank für den schönen Abend gestern. Ich möchte Dir
einfach noch mal sagen, wie gut es getan hat, so offen und unver-
krampft über alles sprechen zu können. Und danke auch, dass Du
mir so ungeschminkt Deine Meinung dazu gesagt hast. Das hat
mir ganz neue Einsichten gebracht. Jetzt kann ich viel besser
entscheiden!

Viele liebe Grüße

Deine Babs

Muster Dankschreiben

12.11.2011

Lieber Ernst,

wir sind Dir sehr dankbar für die große Hilfe, die Du uns beim Polterabend warst. Bier zapfen, in der Küche helfen, aufräumen, den Überblick behalten – ohne Dich hätten wir den Abend wohl kaum so gut überstanden. Tausend Dank dafür!

Deine Biggi und Dein Klaus

Darmstadt, 24. Juni 2011

Liebe Sybille, lieber Baran,

vielen Dank für Euer tolles Hochzeitsgeschenk. Eine Käseglocke hatte ja auf unserer Wunschliste gestanden – aber wir wussten gar nicht, dass so ein praktischer Gegenstand gleichzeitig auch noch richtig schön sein kann!

Vielen herzlichen Dank – unser Käseverzehr wird enorm steigen!

Ganz herzliche Grüße

Biggi und Klaus

Muster Dankschreiben

Buxtehude, im März 2011

Lieber Herr Schwander,

Sie haben sehr trostreiche Worte zum Tode meines Bruders gefunden. Dafür danke ich Ihnen.

Mit herzlichen Grüßen

Ihre *Lisa Bips*

Friedrichshafen, im Mai 2011

Liebe Verwandte,
liebe Freunde,

mit Walters Tod ist eine schlimme Zeit für mich angebrochen. Ich habe noch nicht genügend Abstand gewonnen von diesem Schicksalsschlag, um Euch angemessen für Euren Beistand danken zu können. Bitte habt etwas Geduld mit mir.

Herzlichen Dank für all Eure Hilfe!

Eure Hilde

Einladungen

Zu einer ungezwunge-
nen Party können Sie
auch per E-Mail
einladen. Aber wirklich
nur, wenn es sich um
ein Fest in sehr
lockerer Atmosphäre
handelt!

Es ist ratsam, Einladungen möglichst früh zu verschicken.
Sie können dazu die verschiedensten vorgedruckten Einla-
dungskarten kaufen – witzige und ernste, bunte und seri-
öse, aufwendige und schlichte, stets aber passende! Sie
können Einladungen in Briefform verfassen, neutrale,
hochwertige Karten von Hand beschriften oder – vor allem
bei größeren Festen und besonderen Anlässen – Karten
drucken lassen. Auch mit dem Grafikprogramm auf dem
Computer erstellte Einladungen sind denkbar – wenn Sie
zu einem eleganten Anlass einladen möchten, sollten Sie
hierauf jedoch verzichten. Zwar ist die Bedienung dieser
Programme einfach, ohne Kenntnisse über Schrift- und
Layoutgestaltung erzielt man aber nur selten ein angemessenes Ergebnis.

Informieren Sie Ihren
Gast möglichst genau.
Das muss nicht mit
Worten geschehen;
auch aus dem Ton der
Einladung und aus
dem Stil der Karte
erfährt er eine Menge.

Bedenken Sie, dass der Gast von der Art Ihrer Einladung
auf die Art der Feier schließt und sich darauf einstellt: mit
dem Geschenk, mit der Kleidung und mit seiner Stimmung. Peinlich wird es, wenn er wegen des lockeren Tons
der Einladung mit einem ungezwungenen Abend rechnet
und dann als Einziger in Freizeitkleidung erscheint.

Falls Sie eine Zu- oder Absage erwarten, können Sie dies
mit der Angabe der Telefonnummer signalisieren oder einen entsprechenden kurzen Satz formulieren.

Für Kleidervorschriften empfiehlt es sich, eindeutig zu formulieren. Schreiben Sie nicht Tuxedo, Black Tie, White Tie
oder Cravatte Blanche, wenn Sie Smoking oder Frack meinen. Es ist üblich, die Kleidung des Herrn anzugeben, die
Damen sind in der Wahl ihrer Kleidung freier.

Die Abkürzung
u. A. w. g. (»um
Antwort wird gebe-
ten«) sollten Sie nicht
verwenden – nicht
jeder Empfänger kennt
diese Abkürzung.

Wenn Sie pünktliches Erscheinen erwarten, schreiben Sie
zum Beispiel »um 20 Uhr«. Bei der Formulierung »ab 20
Uhr« steht es dem Gast frei, auch später zu erscheinen.

Das sollten Sie bei einer Einladung beachten:

- In welchem Stil soll die Einladungskarte gestaltet sein?
- Kann die Einladung im Umgangston formuliert sein – vielleicht sogar humorvoll –, oder ist eine etwas gehobenere Sprache besser?
- Wann findet die Feier statt (Wochentag, Datum, Uhrzeit)?
- Was ist der Anlass der Einladung?
- Findet die Feier draußen oder drinnen statt (in welchem Raum des Hauses, im Restaurant)?
- Gibt es Kleidervorschriften?
- Gibt es Zusatzfragen, die geklärt werden müssen (Unterkunft, Anreise, Programmgestaltung)?
- Sollen die Eingeladenen antworten, ob sie kommen oder nicht?

Textbausteine »Einladungen«

Ich lade Sie zu *meinem Gartenfest* am *4. Juni 2011* ab *20 Uhr* ganz herzlich ein.

Am *13. August 2011* feiern wir im *Restaurant Goldener Engel* in *Budenhausen* unsere Silberhochzeit. Wir würden uns freuen, wenn Ihr ab *20 Uhr* dabei sein könntet.

Über Ihr Kommen würden wir uns sehr freuen.

Falls Sie nicht kommen können, geben Sie mir bitte Bescheid?

Muster Einladung

Wir heiraten!

Amelie Grüninger

∽೧೧೧೧ఠ

Lukas Grüninger, geb. Bergner

Die kirchliche Trauung wird

am 26. November 2011 um 11 Uhr
in der Hagedorfer Bergkirche stattfinden.

Dazu und zur anschließenden Hochzeitsfeier im Hotel „Biedener Hof" laden wir
Euch recht herzlich ein.
Um festliche Kleidung wird gebeten!
Wir bitten um Antwort bis zum 20. November (Telefon 09939 987654).

Wenn Ihr etwas zum Abendprogramm beitragen möchtet, wendet Euch bitte an
Liane Groß (Telefon 09946 123456).

Bei der Suche nach Unterkünften sind wir Euch gern behilflich.

Muster Einladung

Ursula und Dieter Zimmermann
Grenzweg 8
15517 Fürstenwalde

Herrn Hubert und
Frau Edith Gustav
Grenzweg 10
15517 Fürstenwalde

4. Februar 2011

Sehr geehrte Frau Gustav,
sehr geehrter Herr Gustav,

am Freitag, dem 18. März 2011, heiratet unsere Tochter
Birgit. Wir als Brauteltern möchten Sie ganz persönlich
zur Feier einladen, denn Sie haben über viele Jahre den
Lebensweg unserer Tochter begleitet. Es wäre eine große
Freude für uns, wenn Sie jetzt an ihrer Hochzeit teilnehmen
könnten.

Ursula und Dieter Zimmermann

Muster Einladung

Gertrud Degen
Schillerstraße 53
34317 Habichtswald

Habichtswald, im Januar 2012

Liebe Freunde,
liebe Verwandte,

am Sonntag, dem 16. Februar 2012, feiere ich meinen
90. Geburtstag!
Alle, die sich mit mir darüber freuen, lade ich ganz herz-
lich zu einem kleinen Sektempfang ein in das Gasthaus
„Zur Bogenmühle", Friedhofstr. 92 in Brückendorf (siehe
Anfahrtsskizze) zwischen 11 und 14 Uhr.

Den Rest des Tages bin ich leider nur telefonisch
erreichbar. Ich bitte um Verständnis!

Und noch etwas: Nachdem ich mich in meinem Leben
schon an so viel Schönem und so vielen Geschenken
erfreuen durfte, habe ich jetzt den Wunsch, anderen ein
bisschen Glück zu bereiten. Anstelle von Geschenken bitte
ich daher um eine Spende für die Hospiz-Stiftung Brückendorf, für die ich eine Spendendose aufstellen werde.

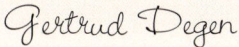

Muster Einladung

Bärbel und Gerhard Dehne
Am Amtsgericht 3
87600 Kaufbeuren

Frau
Anna Schmidt
Nürnberger Straße 98
87600 Kaufbeuren

24. April 2011

Liebe Frau Schmidt,

zu unserer silbernen Hochzeit am 28. Mai laden wir Sie
herzlich ein. Wir feiern ab 17 Uhr bei uns im Garten. Als
unsere Haushaltshilfe haben Sie uns in unseren ersten Ehe-
jahren treu begleitet. Deshalb wäre es schön, wenn wir Sie
an unserem Festtag begrüßen könnten.

Mit herzlichen Grüßen

Ihre Barbara Dehne

Ihr Gerhard Dehne

Muster Einladung

Ulla und Bernd Niederwald

bitten zur Cocktailparty

Samstag, 12. Februar 2006, ab 19 Uhr
in der Waldstraße 17, Dasseldorf

Geben Sie uns Bescheid, falls Sie nicht kommen können?
(Tel. 03456 12345)

An:	bertram.bisse@gmx.de
Cc:	
Bcc:	
Betreff:	Einladung zum Grillen

Lieber Bertram,

das Wetter ist in dieser Woche so schön, dass wir dringend unseren neuen Grill ausprobieren müssen. Hast Du Lust, am Freitagabend vorbeizukommen? Mitzubringen brauchst Du nichts, Claudia hat schon versprochen, ihren legendären Kartoffelsalat beizusteuern, und alles, was man sonst noch braucht, haben wir reichlich. Peter und Moni und die Frankfurter haben wir auch eingeladen.

Bis hoffentlich Freitag

Dina und Ralf

Einladungen zu Veranstaltungen

Auch im Privatleben gibt es Situationen, in denen man zu Veranstaltungen einladen möchte, sei es als Elternvertreter, als Vereinsmitglied oder als Vertreter eine Bürgerinitiative. Einzuladen sind dabei neben dem Interessentenkreis oder der Öffentlichkeit häufig auch Vertreter der Presse. Wichtig ist es hierbei, unmissverständlich deutlich zu machen, welche Person oder welche Gruppe einlädt und was das Ziel der Veranstaltung ist. Sinnvoll – und bei Einladungen zu Vereinssitzungen unerlässlich – ist die Angabe einer Tagesordnung. Hier bietet es sich an, per E-Mail einzuladen – wenn man über die entsprechenden Adressen verfügt. Bei Einladungen an einen bestimmten Adressatenkreis ist eine individuelle Anrede nicht unbedingt nötig – es genügt eine allgemeine Anrede wie *Liebe Mitglieder des Freundeskreises* oder *Liebe ehemalige Mitschüler.*

Muster Einladung

Nachbarschaftskreis Sumpfwiese
Wolfgang Leier
Am Alten Auwald 14
99904 Adorf

Adorfer Bote
Herrn Jürgen Filbel
Hauptstraße 50
99904 Adorf

25.03.2011

Sehr geehrter Herr Filbel,

am Montag, dem 11.04.2011, findet um 20:00 Uhr im Nebenraum der Gaststätte „Zum grünen Baum" eine Podiumsdiskussion zu dem Thema „Brunnenbohrungen – Chancen und Risiken" statt, zu der wir Sie herzlich einladen.

Zur Diskussion dieses aktuellen Themas haben wir eine Reihe angesehener Fachleute gewinnen können:

Prof. Dr. Herbert Spatner, Biologe an der Universität Erlangen
Dr. Gerda Dahlen-Weber, Geologin
Horst Gebedahn, Redakteur beim Westdeutschen Rundfunk
Dorothea Klein, Bundesanstalt für Agrarwirtschaft
Helmut Sager, Mitglied des Bundestags

Zur Gesprächsleitung hat sich Dieter Kajahn, Leiter des Adorfer Gymnasiums, bereit erklärt. Es wäre schön, wenn Sie in Ihrer Zeitung auf die Veranstaltung hinweisen könnten. Vielleicht können Sie auch anschließend darüber berichten?

Mit freundlichen Grüßen

Wolfgang Leier
Wolfgang Leier
für den Nachbarschaftskreis Sumpfwiese

Muster Einladung

Beate Müller
Hauptstr. 12
63796 Kahl am Main

Eltern der Klasse 10 c
des Friedrich-Ebert-Gymnasiums Kahl

25.02.2011

Einladung zum Elternstammtisch

Liebe Eltern,

wie geht es weiter nach der mittleren Reife? Ist das Abitur heute Pflichtprogramm,
oder bietet auch die mittlere Reife genügend Berufsperspektiven für diejenigen
Schüler, die eher praktisch begabt sind und keine Lust auf weiteres Büffeln haben?
Das ist nur ein Thema von vielen Themen, die wir beim nächsten Elternstammtisch
besprechen wollen.

Das Treffen findet am Montag, dem 14. März 2011, um 19:30 Uhr im Gasthof „Zum
goldenen Pflug" in Kahl statt.

Weitere Themen sind die geplante Musical-Aufführung zur Verabschiedung von
Rektor Dr. Paul Haller und der bevorstehende Endspurt zum Abitur, der nicht nur
den Schülern, sondern auch vielen Eltern einiges Kopfzerbrechen bereitet.
Ich freue mich auf einen regen Austausch von Erfahrungen und Meinungen.

Mit freundlichen Grüßen

Beate Müller
Beate Müller
Elternsprecherin der Klasse 10 c

Muster Einladung

Bettina Schmitz
Tilman-Riemenschneider-Straße 5
69226 Nussloch

An die Elternvertreter der Klassen 1 bis 4
der Schillerschule

Nussloch, 8. Januar 2011

Einladung zur Schulelternbeiratssitzung

Liebe Elternvertreter(innen) der Klassen 1 bis 4,

zur ersten Sitzung des Schulelternbeirats in diesem Jahr lade ich Sie herzlich ein.
Wir treffen uns

am Dienstag, dem 25. Januar 2011, um 20 Uhr in der Aula der Schillerschule.

Auf der Tagesordnung stehen folgende Punkte:

1. Wie bindend ist die Schulempfehlung der Lehrer?
2. Hausaufgabenbetreuung: Welche Fördermittel gibt es?
3. Änderungen im Fach Mathematik: Mathematiklehrer stellen den Lehrplan vor
4. Kooperation mit dem Kindergarten: das neue Übergangsprogramm
5. Frühlings-Schulfest am 14. Mai 2011: freiwillige Helfer gesucht!

Weitere Themenvorschläge können Sie mir gern noch bis zum 21. Januar 2011
mitteilen. Selbstverständlich werden Ihnen auch bei dieser Sitzung wieder Rektorin
Stephanie Neuss und Lehrer der Schillerschule Rede und Antwort stehen.

Auf Ihre Teilnahme freut sich

Bettina Schmitz
Bettina Schmitz
Vorsitzende des Elternbeirats der Schillerschule

Muster Privatkorrespondenz

■ Entschuldigungen

Machen Sie nicht zu viele Worte und versuchen Sie nicht, etwas zu beschönigen, sondern konzentrieren Sie sich auf das Wesentliche.

Der erste Bestandteil eines Entschuldigungsbriefes sollte klar sagen, was geschehen ist. Damit erkennen Sie an, welcher Schaden entstanden ist. Anschließend sollten Sie um Entschuldigung bitten.

Ein Sonderfall ist der Entschuldigungsbrief für das Fehlen in der Schule, den Sie – sofern es nur um wenige Tage geht – an den Klassenlehrer Ihres Kindes richten sollten. Der Brief muss nicht postalisch zugestellt werden, es genügt, wenn Ihr Kind oder – falls die Krankheit länger andauert – Sie selbst oder ein Klassenkamerad den Brief persönlich abgibt.

Das sollten Sie bei Entschuldigungen beachten:

- Benennen Sie klar den Fehler oder den Schaden, zu dem Sie sich bekennen. Falls aus dem Vorgang ein Versicherungsfall entsteht, könnten diese Informationen wichtig sein.
- Zeigen Sie Verständnis für die Situation des Geschädigten.
- Nehmen Sie nüchtern zu eventuell geäußerten Vorwürfen Stellung – selbst wenn Sie diese als unsachlich und ungerecht empfinden sollten.
- Verzichten Sie auf langatmige Erklärungsversuche.
- Schlagen Sie gegebenenfalls eine Lösung vor – oft genügt aber auch einfach die Entschuldigung.

Textbausteine »Entschuldigungen«

Entschuldigen Sie bitte *das Versehen*.

Wir bitten Sie ganz herzlich um Entschuldigung.

Können Sie den Fehler verzeihen?

Wir hoffen in dieser Sache auf Ihre Nachsicht.

Bitte sehen Sie über *die Ungeschicklichkeit* hinweg.

Es tut mit sehr leid, dass ich *Ihr schönes Gartentor ruiniert* habe.

Muster Entschuldigung

Ann-Kathrin Güsing
Peißer Straße 44
85653 Aying

Frau
Linda Schöbel
Am Leisrain 33
85653 Aying

23. April 2011

Sehr geehrte Frau Schöbel,

es tut mir sehr leid, dass unser Sohn Elias mit seinem Fußball eine Scheibe Ihres Wohnzimmerfensters eingeworfen hat. Selbstverständlich kommen wir für den Schaden auf. Geben Sie uns bitte nach der Reparatur die Rechnung; ich werde sie umgehend begleichen.

Für die Unannehmlichkeiten bitte ich Sie herzlich um Entschuldigung. Vielleicht hilft dieser Blumenstrauß Ihnen, den Ärger zu vergessen?

Mit freundlichen Grüßen

Ihre
Ann-Kathrin Güsing
Ann-Kathrin Güsing

Muster Entschuldigung

Olaf und Jenny Schubert
Waldstraße 89
64673 Zwingenberg

Herrn
Herbert Hallwachs
Gartenstraße 39
64673 Zwingenberg

9. Juli 2011

Sehr geehrter Herr Hallwachs,

wir haben am vergangenen Dienstag ziemlich lange Geburtstag gefeiert. Für uns und unsere Gäste war es ein sehr schöner Abend – und leider ist uns dabei das Gespür für Lautstärke und Uhrzeit völlig verloren gegangen. Wir wissen ja eigentlich, dass Sie morgens sehr früh aufstehen müssen. Es tut uns sehr leid, dass Sie wegen unseres Krachs kaum schlafen konnten. Wir bitten Sie für unser rücksichtsloses Benehmen vielmals um Entschuldigung und hoffen, dass Sie den versäumten Schlaf inzwischen nachholen konnten.

Mit freundlichen Grüßen

Olaf und Jenny Schubert
Olaf und Jenny Schubert

Muster Entschuldigung

Doris Katzenmeier
Erlenweg 61
14532 Kleinmachnow

Frau
Sigrid Rothemund
Birkensteig 11
14532 Kleinmachnow

12. August 2011

Sehr geehrte Frau Rothemund,

am vergangenen Sonntagabend habe ich beim Vorbeitragen von Sperrmüll an der Beifahrertür Ihres VW Sharans einen etwa 20 cm langen Kratzer verursacht. Ich habe mehrfach bei Ihnen geklingelt, aber möglicherweise sind Sie verreist?

Bitte entschuldigen Sie diesen Schaden – für die Reparatur komme ich selbstverständlich auf.

Ich bedauere sehr, dass ich Ihnen dieses Ärgernis bereite.

Mit freundlichen Grüßen

Doris Katzenmeier
Doris Katzenmeier

Muster Privatkorrespondenz

Muster Entschuldigung

Familie Lehrian
Sandstraße 128
64625 Bensheim

24. Februar 2011

Sehr geehrter Herr Simon,

meine Tochter Anna konnte vom 21. bis einschließlich 23. Februar
wegen einer fiebrigen Erkrankung nicht am Unterricht teilnehmen. Ich
bitte ihr Fehlen zu entschuldigen.

Mit freundlichen Grüßen

Sabine Lehrian
Sabine Lehrian

Familie Kienholz
Falkenstraße 61
92245 Haselmühl

15. September 2011

Sehr geehrter Herr Körber,

unsere Tochter Leonie hatte gestern Nachmittag starke Kopfschmerzen
und konnte deshalb ihre Hausaufgaben nicht machen. Ich bitte Sie, das
zu entschuldigen. Sie wird ihre Aufgaben heute nachholen.

Mit freundlichen Grüßen

Svenja Kienholz
Svenja Kienholz

Genesungswünsche

Zuspruch zu spenden fällt relativ leicht, solange es sich um eine zwar schmerzhafte oder langwierige, jedoch gut heilbare Krankheit handelt. Bei lebensbedrohlichen Zuständen ist es schwerer, ermutigende Worte zu finden. Versuchen Sie sich vorzustellen, wie der Erkrankte selbst mit seiner Krankheit umgeht. Spricht er offen darüber? Dann können auch Sie die Dinge beim Namen nennen. Andernfalls aber empfindet der Kranke den Umgang mit seiner Krankheit als etwas Intimes, das nicht mit Außenstehenden besprochen werden soll. Karten mit vorgedrucktem Text können unpersönlich wirken. Vielleicht finden Sie eine Karte mit einem Motiv, das einen Bezug zum Erkrankten hat. Auch ein passendes Zitat kann Trost spenden und Mut machen.

Das sollten Sie beim Schreiben von Genesungswünschen beachten:
- Suchen Sie eine Karte mit einem schönen, vielleicht auch lustigen Motiv aus.
- Falls der Kranke geschwächt ist, sollten Sie keinen zu langen Text schreiben. Lesen ermüdet.
- Schreiben Sie mit der Hand.
- Drücken Sie Sorge, aber auch Zuversicht aus.
- Bieten Sie, wenn Sie mögen, Ihre Hilfe an.

Textbausteine »Genesungswünsche«

Ich habe heute erfahren, dass Sie krank sind. Das tut mir sehr leid.
Gott sei Dank hast Du *Deine große Operation* gut überstanden.
Ich hoffe, dass es Dir schon wieder besser geht.
Alles Gute wünscht Dir …
Viel Kraft und Geduld im Ertragen Deiner Krankheit wünscht Dir
Gute Besserung wünscht Dir …
Wir hoffen, dass Sie schon bald wieder ganz gesund sein werden.

Muster Genesungswünsche

31. Januar 2012

Lieber Jörg,

ich hoffe, Du hast die vielen Untersuchungen gut überstanden. Jetzt drücke ich Dir die Daumen, dass die Therapie gut anschlägt. In der Franziskusklinik bist Du ja jedenfalls in guten Händen. Krebs ist eine schwere Krankheit, aber es gibt ständig Fortschritte in der Bekämpfung.

Ich weiß, dass Du die Kraft hast, die Krankheit zu besiegen.

Alles Gute wünscht Dir

Dein Bernd

01.10.2011

Sehr geehrter Herr Becker,

ich freue mich, dass Sie sich so schnell von Ihrem Herzinfarkt erholt haben. Nun sind Sie wohl in besten Händen und müssen vor allem darauf achten, sich auch einmal nur um sich selbst zu kümmern.

Herzliche Grüße und alles Gute für die nächsten Wochen!

Ihr Willi Hendrich

Muster Genesungswünsche

24. Juni 2011

Lieber Herr Kohl,

da haben wir uns so lange nicht gesprochen und jetzt erfahre ich so etwas. Ich wünsche Ihnen von ganzem Herzen gute Besserung!

Herzliche Grüße

Nina Thürauf

13. August 2011

Lieber Herr Krause,

von den Kollegen die allerbesten Genesungswünsche. Lassen Sie sich nicht unterkriegen. Wir drücken Ihnen alle die Daumen und hoffen, dass die Sache bald für Sie überstanden ist.

Ganz herzliche Grüße im Namen aller Kollegen

Ihre Ruth Bergner

Muster Privatkorrespondenz

■ Glückwünsche

Es kommt nicht darauf an, viel zu schreiben, sondern darauf, dass Ihre Wünsche ehrlich gemeint sind und einen persönlichen Bezug zum Empfänger ausdrücken.

Zitate und Textbausteine können eine gute Hilfe sein, um den Einstieg zu finden. Prüfen Sie aber, ob die ausgewählten Formulierungen wirklich zur jeweiligen Situation passen. Je weniger Floskeln Sie für Ihre Gratulation benutzen, desto persönlicher wirkt sie.

Am persönlichsten wirkt es, wenn die Glückwünsche auf einer entsprechend gestalteten Karte oder in einem Brief handgeschrieben werden. Es ist aber auch denkbar, eine spontane SMS zu verfassen, zum Beispiel, wenn die frisch gebackenen Eltern die Geburt ihres Kindes selbst auf diese Weise bekannt gegeben haben.

Die Geburt eines Kindes und eine Hochzeit sind sehr emotionale Situationen, hier sollten Sie beim Formulieren und bei der Auswahl von Zitaten nicht moralisieren, sondern eher Gefühle wie Freude oder Stolz ansprechen. Bei Anlässen wie Silberhochzeit oder Dienstjubiläum können Sie dagegen auch eher nachdenkliche Töne anschlagen. Auch besondere Erfolge eines Menschen, wie eine bestandene Prüfung, eine Beförderung oder ein Jubiläum, verdienen einen Glückwunsch in einem persönlichen Stil. Der Geburtstag, Weihnachten und viele andere Ereignisse finden jedes Jahr statt – ein Dienstjubiläum ist ein einzigartiger Tag für den Jubilar.

Nehmen Sie für Ihre Gratulation eine entsprechend gestaltete Karte oder einen neutralen Briefbogen. Die Karte sollten Sie mit der Hand schreiben, auf einen Bogen können Sie auch mit der Maschine schreiben – bedenken Sie jedoch, dass eine handschriftliche Gratulation immer persönlicher wirkt.

Das sollten Sie bei Glückwünschen beachten:

- Gratulieren Sie allein oder im Namen von mehreren Personen. Sollen alle unterschreiben?
- Wer ist der Empfänger, wie wichtig ist ihm das Ereignis, worauf ist er besonders stolz?

- Formell oder lässig – in welchem Stil wollen Sie schreiben?
- Welche persönlichen Beziehungen zwischen Ihnen und dem Empfänger gibt es – soll der Text eine Anspielung darauf enthalten?
- Was wünschen Sie dem Empfänger für die Zukunft?
- Geschenk: Gibt es eines, soll es erwähnt werden?

Glückwünsche zur Geburt

Textbausteine »Glückwünsche zur Geburt«

Wir gratulieren Ihnen ganz herzlich zur Geburt Ihres Sohnes!

Wir freuen uns mit Euch über die Geburt Eurer Tochter.

Wir wünschen Eurer Svea viel Glück und Gesundheit auf ihrem Lebensweg.

Alles Gute für Euch drei!

Mit den besten Wünschen für Sie und Ihren Sohn ...

Zitate zur Geburt

Durch Umgang mit Kindern gesundet die Seele.
(Fjodor M. Dostojewski)

Auch rücksichtsvolle Kinder kommen nicht darum herum, ihren Eltern eines Tages mitteilen zu müssen, was im Leben eigentlich gespielt wird. *(Robert Lembke)*

Jedes Baby, das das Licht der Welt erblickt, ist schöner als das vorhergehende. *(Charles Dickens)*

Ein Kind ist sichtbar gewordene Liebe. *(Novalis)*

Kinder und Uhren dürfen nicht beständig aufgezogen werden, man muss sie auch gehen lassen. *(Jean Paul)*

Wer kein Kind hat, hat kein Licht in seinen Augen. *(persisches Sprichwort)*

Jedes Kind ist kostbar. Jedes ist ein Geschöpf Gottes.
(Mutter Teresa)

Muster Glückwünsche zur Geburt

24. Mai 2011

Liebe Ines, lieber David,

wir freuen uns mit Euch über die Geburt Eurer Leah. Ein bisschen eifersüchtig sind wir aber schon, dass Ihr jetzt erst mal lange Nächte nur noch mit ihr verbringen werdet und wir ohne Euch unser Samstagabendprogramm gestalten müssen. Aber wir verlassen uns fest darauf, dass wir auch mal babysitten dürfen! Wir sind sehr neugierig darauf, Euer Töchterchen bald bewundern zu können, und wünschen Euch alles Gute

Ariana und Sebastian

29. November 2011

Liebe Familie Müller,

wir gratulieren Ihnen ganz herzlich zur Geburt Ihres Sohnes! Fjodor Dostojewski hat geschrieben: „Durch Umgang mit Kindern gesundet die Seele." Und so wünschen wir Ihnen viel Freude an Ihrem Kind – auch wir als Nachbarn sind froh über den Zuwachs in der Hausgemeinschaft!

Im Namen aller Bewohner des Amselwegs 19

Irmgard Hauenstein

Glückwünsche zur Erstkommunion und Konfirmation

Heute hast Du zum ersten Mal die heilige Kommunion empfangen./ Heute wurdest du konfirmiert.

Mit Deiner Konfirmation hast Du ein bewusstes Ja zum christlichen Glauben gesprochen.

Ich wünsche Dir einen schönen, festlichen Tag mit Deinen Eltern und Freunden.

Für Dein weiteres Leben wünsche ich Dir Glück und Erfolg.

Zitate zur Erstkommunion und Konfirmation

Wo das Wissen aufhört, fängt der Glaube an. *(Aurelius Augustinus)*

Der Glaube ist ein groß herrlich Werk. Wer glaubt, der ist ein Herr; und ob er gleich stirbt, so muss er doch wieder leben. Ist einer arm, so muss er doch reich sein; ist einer krank, so muss er doch wieder gesund werden.
(Martin Luther)

Alle Dinge sind möglich dem, der da glaubt.
(Markus 9, 24)

Es ist aber das Herz, das Gott spürt, und nicht die Vernunft. Das aber ist der Glaube: Gott im Herzen spüren und nicht in der Vernunft. *(Blaise Pascal)*

Muster Glückwünsche zur Erstkommunion/Konfirmation

22. Mai 2011

Liebe Alena,

nach Deiner Geburt konnte ich mit der Bitte Deiner Eltern nicht so recht umgehen. Patentante sollte ich werden? Und das, obwohl ich selbst noch so jung war! Aber als ich Dich besser kennenlernte, hat mir meine Aufgabe viel Spaß gemacht. Heute sind wir Freunde. Daran wird sich auch nach Deiner Konfirmation nichts ändern. Wenn Du einmal Hilfe brauchst, kannst Du immer auf mich zählen.

Für Dein weiteres Leben wünsche ich Dir Glück und Erfolg und dass viele Deiner Träume in Erfüllung gehen.

Es grüßt Dich

Deine Patentante Gerdi

22. Mai 2011

Liebe Alena,

mit Deiner Konfirmation hast Du ein bewusstes Ja zum christlichen Glauben gesprochen. Ich hoffe, dass Dir dieser Glaube Dein ganzes Leben lang Halt geben wird. Ich wünsche Dir einen schönen, festlichen Tag mit Deinen Eltern, Verwandten und Freunden.

Deine Reitlehrerin
Ruth Niederberger

Muster Glückwünsche zur Erstkommunion/Konfirmation

22. Mai 2011

Liebe Alena,

zu Deiner Konfirmation meine herzlichsten Glückwünsche. Jetzt hast
Du schon wieder einen großen Schritt auf dem Weg zum Erwachsensein
gemacht. Ich hoffe, dass ich Dir als Pferdenärrin mit meinem Geschenk
eine Freude gemacht habe.
Ich wünsche Dir weiter viel Glück und Erfolg im Leben und für den
heutigen Tag ein schönes Fest

Deine Tante Gitte

10. April 2011

Lieber Niklas,

heute hast Du zum ersten Mal die heilige Kommunion empfangen.
Ich freue mich für Dich, weil Du damit Jesus begegnet bist. Mit ihm an
der Seite kannst Du froh auf das große Abenteuer Leben zugehen.

Viel Glück und Erfolg dabei wünscht Dir

Dein Patenonkel *Ralf*

10. April 2011

Alle Dinge sind möglich dem, der da glaubt.
Markus 9, 24

Lieber Niklas,

zu Deiner Erstkommunion wünschen wir Dir alles Gute – und dass in
Deinem Leben alles Wünschenswerte möglich sein wird!

Familie Schröder

Muster Privatkorrespondenz

Glückwünsche zur Hochzeit und zum Hochzeitsjubiläum

Mit großer Freude habe ich die Nachricht von Eurer/Ihrer Hochzeit bekommen.

Zu Eurer/Ihrer Hochzeit gratuliere ich herzlich.

Die goldene/silberne Hochzeit kann heutzutage nicht mehr so oft gefeiert werden.

Ich wünsche Euch/Ihnen alles Gute für die Zukunft und dass viele Eurer/Ihrer gemeinsamen Wünsche in Erfüllung gehen.

Eine glückliche Ehe wünscht Ihnen von Herzen ...

(Weiter) viele glückliche gemeinsame Jahre wünscht Euch/Ihnen ...

Zitate zur Hochzeit und zum Hochzeitsjubiläum

Ehe ist der Versuch, zu zweit mit Problemen fertigzuwerden, die man alleine niemals gehabt hätte. *(Woody Allen)*

Liebe ist der Wunsch, etwas zu geben, nicht zu erhalten. *(Bertolt Brecht)*

Denn Liebe ist stark wie der Tod. *(Hohelied Salomos 8, 6)*

Liebe ist das Einzige, was nicht weniger wird, wenn wir es verschwenden. *(Ricarda Huch)*

Die Ehe ist ein höherer Ausdruck für Liebe. *(Søren Kierkegaard)*

Nun aber bleiben Glaube, Hoffnung, Liebe, diese drei; aber die Liebe ist die größte unter ihnen. *(Korinther 13, 2)*

Eine gute Ehe beruht auf dem Talent zur Freundschaft. *(Friedrich Nietzsche)*

Die Liebe ist vielleicht der höchste Versuch, den die Natur macht, um das Individuum aus sich heraus und zu dem anderen hinzuführen. *(José Ortega y Gasset)*

Das ist das Größte, was dem Menschen gegeben ist, dass es in seiner Macht steht, grenzenlos zu lieben. *(Theodor Storm)*

Muster Glückwünsche zur Hochzeit

Halle, im Juni 2011

Liebes Brautpaar,

„Liebe ist das Einzige, was nicht weniger wird, wenn wir es verschwenden."

Das hat Ricarda Huch einmal gesagt – und in diesem Sinn wünschen wir Ihnen, dass Sie ein besonders verschwenderisches Ehepaar werden.

Alles Gute für eine glückliche Zukunft!

Anna Arend und Sabine Salinger

17. Juli 2011

Liebe Anja, lieber Martin,

über die Nachricht von Eurer Hochzeit habe ich mich sehr gefreut. Auch wenn ich nicht zu Eurer Feier kommen kann – 2000 Kilometer sind einfach zu weit –, bin ich im Herzen ganz bei Euch. Ich bin besonders froh, dass Ihr als meine beiden besten Freunde aus der Studienzeit jetzt für immer zusammenbleiben wollt.

Viel Glück wünscht Euch von Herzen

Vivian

Muster Glückwünsche zur Hochzeit

24. April 2011

Sehr geehrte Braut, sehr geehrter Bräutigam,

gestern habe ich Ihre Heiratsanzeige in der Zeitung gelesen. Wie schön, dass Sie von nun an gemeinsam das Abenteuer Leben bestehen wollen!

Eine glückliche Ehe wünscht Ihnen von Herzen

Ihr *Hermann Bauer*

21. Dezember 2011

Liebe Maria, lieber Heinz,

die goldene Hochzeit kann nicht mehr wirklich oft gefeiert werden. Umso stolzer dürft Ihr beide sein, es so lange mitein-ander ausgehalten zu haben. Was ist bloß Euer Erfolgsrezept?

Weiter viele glückliche gemeinsame Jahre wünschen Euch

Bernd und Ingrid

Glückwünsche zum Geburtstag

Textbausteine »Geburtstag«

Ich gratuliere Dir/Ihnen ganz herzlich zum 50. Geburtstag.

Zu Deinem/Ihrem *runden* Geburtstag wünsche ich Dir/Ihnen alles Gute.

Es wünscht Dir/Ihnen viel Glück und Gesundheit ...

Alles Gutes für die Zukunft wünscht ...

Herzlichen Glückwunsch!

Zitate zum Geburtstag

Kummer, sei lahm! Sorge, sei blind! Es lebe das Geburtstagskind! *(Theodor Fontane)*

Die ersten 40 Jahre unseres Lebens liefern den Text, die folgenden 30 den Kommentar dazu. *(Arthur Schopenhauer)*

Es ist gut, wenn uns die verrinnende Zeit nicht als etwas erscheint, das uns verbraucht oder zerstört, sondern als etwas, das uns vollendet. *(Antoine de Saint-Exupéry)*

Alter ist eine herrliche Sache, wenn man nicht verlernt hat, was anfangen heißt. *(Martin Buber)*

Nicht die Jahre in unserem Leben zählen, sondern das Leben in unseren Jahren zählt. *(Adlai E. Stevenson)*

Es lebt nur der, der lebend sich am Leben freut. *(Menander)*

Jeder, der sich die Fähigkeit erhält, Schönes zu entdecken, wird nie alt werden. *(Franz Kafka)*

Wende dein Gesicht der Sonne zu, und du lässt die Schatten hinter dir. *(afrikanisches Sprichwort)*

Wer lange leben will, muss alt werden. *(unbekannter Autor)*

Muster Glückwünsche zum Geburtstag

2. August 2011

Liebe Tante Maria,

zu Deinem 80. Geburtstag gratuliere ich ganz herzlich.
Ich weiß ja, dass Dir in letzter Zeit Deine Hüfte sehr zu
schaffen gemacht hat, und kann mir vorstellen, dass Dir
im Moment nicht nach Feiern zumute ist. Aber lass Dich nicht
unterkriegen! Wenn Deine Behandlung abgeschlossen ist
und die Schmerzen endlich vorbei sind, dann stoßen wir miteinander an.

Bis dahin wünsche ich Dir erst mal alles Gute

Deine Claudia

21. September 2011

Lieber Herr Birkemayer,

ich weiß gar nicht, wer gesagt hat: „Es lebt nur der, der
lebend sich am Leben freut." Aber ich finde, an diesem
Satz ist viel Wahres. Zu Ihrem Geburtstag wünsche ich
Ihnen deshalb nicht nur alles Gute, sondern auch ganz
besonders viel Freude!

Ihr Christoph Mayer

Muster Glückwünsche zum Geburtstag

5. März 2011

Sehr geehrte Frau Gerlach,

zu Ihrem runden Geburtstag gratuliert Ihnen unsere ganze Familie herzlich. Wir wünschen Ihnen an diesem Ehrentag vor allem Gesundheit, Zufriedenheit und viel Spaß an Ihren Enkelkindern.

Ihre Ohlemüllers aus dem Nachbarhaus

13. November 2011

„Jeder, der sich die Fähigkeit erhält, Schönes zu entdecken, wird nie alt werden."

Lieber Robert,

das soll Franz Kafka gesagt haben. Obwohl Du eine Hilfe gegen das Altern gar nicht nötig hast – schaden kann es ja nicht: Mein Geschenk soll Dich bei der Suche nach Schönheit unterstützen. Ich bin gespannt, ob es Dir gefällt …

Zum Geburtstag gratuliere ich Dir ganz herzlich!

Deine Bettina

Muster Privatkorrespondenz

Muster Glückwünsche zum Geburtstag

4. Juli 2011

Liebe Jacky, lieber Samuel,

zu Eurem doppelten runden Geburtstag gratulieren wir ganz
herzlich. Weil Ihr ja bald umziehen werdet, wollten wir Euch
eigentlich gar nichts „Materielles" schenken. Dann ist uns aber
dieses Bild über den Weg gelaufen. Wir waren sofort überzeugt,
dass das was für Euch wäre. Beim Umzug ist es ja auch gar nicht
so sperrig. Und falls es Euch nicht gefällt: Es lässt sich auch eini-
germaßen platzsparend verstauen, während man darauf wartet, ob
es vielleicht einmal einen Sammlerwert bekommen wird …

Ganz herzliche Grüße und viel Glück für die Zukunft wünschen
Euch

Uwe und Eva

January 11, 2011

Happy birthday, Jenny.

I wish you a great birthday and a great year ahead.
I wish you all the best

Gregor

Grüße zu Weihnachten und Neujahr

Zu Weihnachten ist es üblich, vorgedruckte Karten zu versenden, die oft nur noch unterschrieben werden müssen. Das ist nicht falsch. Persönlicher wirkt es aber, wenn der Weihnachts- oder Neujahrsgruß handgeschrieben wird. Besonders freut sich der Empfänger, wenn der Schreiber sich in der Hektik der Vorweihnachtszeit die Zeit genommen hat, um eine ganz persönliche Weihnachtskarte zu formulieren. Außer auf die Festtage hinzuweisen, Besinnung, Muße, Liebe, Freude, Tradition, Friede, Glück und Ruhe anzusprechen, kann man auch Rückschau halten: Was hat Sie und den Empfänger im vergangenen Jahr besonders verbunden?

Textbausteine »Weihnachten und Neujahr«

Herzliche Grüße zum Weihnachtsfest und alles Gute für das neue Jahr!

Ein frohes Weihnachtsfest und ein gutes neues Jahr wünschen Ihnen ...

Frohe Weihnachten und einen guten Rutsch!

Ein besinnliches Weihnachtsfest im Kreis der Familie und einen schönen Ausklang des Jahres 20xx wünschen ...

Zitate zu Weihnachten und Neujahr

Viel Glück zum neuen Jahre. Lassen Sie uns dieses zubringen, wie wir das vorige geendigt haben, mit wechselseitiger Teilnahme an dem, was wir lieben und treiben. *(Johann Wolfgang von Goethe an Friedrich Schiller, 1795)*

Die besinnlichen Tage zwischen Weihnachten und Neujahr haben schon manchen um die Besinnung gebracht. *(Joachim Ringelnatz)*

Es liegt in diesem Vergänglichkeitsgedanken, der wohl jeden in der letzten Jahresstunde erfasst, etwas Ungeheueres, wovor unsere Seele erschrickt. *(Theodor Storm)*

Muster Weihnachtsgrüße

Weihnachten 2011

Lieber Stephan,

ich wünsche Dir ein glückliches neues Jahr und drücke ganz fest die Daumen, dass Deine Wünsche und Hoffnungen sich erfüllen.

Dein Georg

22. Dezember 2011

Liebe Johanna,
lieber Walter,

meine besten Wünsche begleiten Euch in das neue Jahr. Ganz besonders wünsche ich Eurer Tochter fürs Abitur viel Erfolg. Grüßt das „Kind" von mir bitte mit einem dicken Kuss.

Alles Gute wünscht Euch

Eure Liesel

Weihnachten 2011

Liebe Frau Müller-Lessing,

ich wünsche Ihnen und Ihrer Familie ein frohes Weihnachtsfest und ein gesundes, glückliches Jahr 2012! Ich danke Ihnen für Ihre Unterstützung in unserem Bauausschuss – nun wird Ihr Vorschlag ja auch schon umgesetzt!

Ihr Walter Korn

Muster Weihnachtsgrüße

20.12.2011

Liebe Veronika,
lieber Georg,

ein fröhliches Weihnachtsfest und ein glückliches neues Jahr
wünschen wir Euch und Euren Kindern von ganzem Herzen!
Schade, dass wir uns in letzter Zeit nicht treffen konnten. Aber
die Hektik des Alltags lässt einen die wirklich wichtigen Dinge
manchmal vergessen. Und das wäre auch schon ein erster Vorsatz
fürs neue Jahr: Wir würden uns gern gleich mit Euch verabreden.
Passt es Euch an einem der Wochenenden im Januar? Hoffentlich!

Wir freuen uns schon auf ein Treffen und wünschen Euch bis
dahin schöne, entspannte Tage

Ines und David

December 22, 2011

Dear Mr. Robinson,

I wish you a Merry Christmas and all the best in the New Year.
May joy be your gift at Christmas and may hope and love be
your treasures in the New Year. I hope I can come and see you
and your family in the USA next year.

Best regards

Emilia Goss

Muster Privatkorrespondenz

■ Hotelbuchungen

Wenn Sie über ein Faxgerät verfügen, können Sie Ihre Buchungsbestätigung direkt handschriftlich auf dem Angebot des Hotels vermerken – das spart Arbeit.

Für die Planung einer individuellen Reise ist es oft sinnvoll, Hotelzimmer im Voraus zu buchen. Ganz gleich, wie Sie die Zimmeranfrage gestaltet haben – per Telefon, E-Mail, Fax oder Brief – die Bestätigung einer Buchung sollte immer schriftlich erfolgen. Um Missverständnisse zu vermeiden, sollten sowohl die schriftliche Buchung als auch die Buchungsbestätigung alle wesentlichen Bedingungen noch einmal aufzählen.

Das sollten Sie bei einer Hotelbuchung beachten:

- Nennen Sie das Datum der gewünschten Übernachtung(en), um Missverständnisse zu vermeiden mit der Anzahl der geplanten Nächte.
- Sagen Sie, für wie viele Personen Sie das oder die Zimmer brauchen, ob Sie ein Kind oder einen Hund mitbringen.
- Nennen Sie Sonderwünsche wie Zustellbetten, Balkon etc.
- Führen Sie den vereinbarten Preis und die dafür gebotenen Leistungen auf.
- Klären Sie die Bedingungen, falls Sie von der Buchung zurücktreten müssen.
- Bitten Sie um eine schriftliche Buchungsbestätigung.

Textbausteine »Hotelbuchung«

Bitte buchen Sie für mich *ein Doppelzimmer* für *zwei* Personen für *drei* Übernachtungen vom *23.* bis *26. April 2011.*

Ich benötige *ein Zustellbett für meinen zweijährigen Sohn.*

Die Übernachtung *im Doppelzimmer mit WC/Dusche und Balkon* kostet *59 Euro pro Person, inklusive Frühstück.*

Ich hätte gern ein Doppelzimmer mit *zwei getrennten Betten.*

Bis zu welchem Zeitpunkt kann ich kostenlos von meiner Buchung zurücktreten?

Bitte schicken Sie mir eine schriftliche Bestätigung meiner Buchung.

Muster Hotelbuchung

An: hotelblauerbaer@t-online.de
Cc:
Bcc:
Betreff: Verbindliche Reservierung, 23. September 2011

Sehr geehrte Frau Winterberg,

wie telefonisch besprochen möchte ich hiermit für die Nacht vom 23.
auf den 24. September 2011 für zwei Personen buchen:

ein Doppelzimmer mit Dusche/WC zum Preis von 39 Euro pro Person
inklusive Frühstück und Benutzung des Hotelparkplatzes.

Bitte schicken Sie mir eine Bestätigung meiner Reservierung und Ihre
Stornobedingungen.

Mit freundlichen Grüßen

David Wallersen
Hügelstraße 12
98997 Bodenheim

An: hotelkitonda@email.com
Cc:
Bcc:
Betreff: availabilities 26 december 2011

Dear Sir or Madam,

we are looking for accomodation for 6 people for december 26. One
double, one single and one triple room would be perfect, but 3 doubles
or 2 triples would do equally. Do you have any free rooms for one night?

Yours sincerely

Anni Herzog
Rubensstr. 4
64625 Bensheim
Germany

Muster Privatkorrespondenz

■ Kondolenzschreiben

Die Verwendung von Briefpapier mit schwarzem Rand ist den Angehörigen des Verstorbenen vorbehalten.

Bei einem Todesfall sein Beileid auszusprechen, fällt meist nicht leicht. Wenn man den Verstorbenen gut kannte, ist es schwer, die eigene Betroffenheit in Worte zu fassen. Aber: Wenn Sie traurig über den Tod eines Menschen sind, dann sollten Sie versuchen, Ihre Gefühle in Ihrem Brief mit einfachen Worten zu beschreiben. Jeder kennt die üblichen Formulierungen wie *tiefes Beileid aussprechen, tief betroffen, zutiefst betroffen, mit tiefem Schmerz, aufrichtiges Beileid übermitteln, in tiefer Betroffenheit, in tiefer Trauer.* Lassen Sie bei diesen Floskeln – wenn Sie sie denn verwenden – die Adjektive weg, haben Sie Mut zum einfachen Wort, schreiben Sie nicht *Wir sind zutiefst betroffen,* sondern *Wir sind betroffen* oder besser noch *Wir sind traurig.* Das ist nicht floskelhaft und deshalb glaubwürdiger.
Schreiben Sie mit der Hand auf Trauerkarten, ruhig aber auch auf hochwertigem weißem Briefpapier. Verwenden Sie einen gefütterten Briefumschlag.

An wen sind Kondolenzschreiben zu adressieren?
Wenn die Todesanzeige mit einem Namen (im Namen aller Angehörigen) unterzeichnet ist, dann können Sie auch die Beileidskarte an diese Person adressieren. Oder aber Sie wenden sich an »Familie XY«. Achten Sie darauf, ob in der Todesanzeige eine Traueranschrift genannt ist. Wenn ja, ist dies die Adresse, an die Sie Ihr Kondolenzschreiben richten. Wenn Sie eine besonders enge Beziehung zu nur einem Mitglied der Familie haben, richten Sie Ihr Schreiben an diese Person und drücken Sie Ihr Mitgefühl auch für die übrige Familie aus.

Was sollten Sie bei einem Kondolenzschreiben beachten?
■ Teilen Sie zunächst mit, dass Sie von dem Todesfall erfahren haben und wie Sie die Nachricht aufgenommen haben.
■ Dann schreiben Sie über Ihr Beileid.

- Sagen Sie danach etwas über den Verstorbenen. Wenn Sie den Verstorbenen nicht oder nicht gut kannten, dann beschränken Sie sich darauf, Anteilnahme an der Trauer der Hinterbliebenen auszudrücken.
- Falls Sie ihn kannten: Schreiben Sie, dass Sie das Andenken an den Verstorbenen bewahren werden.
- Am Ende des Briefes können Sie trösten oder auch Ihre Hilfe anbieten.

Textbausteine »Kondolenzschreiben«	
Einleitung	■ Heute haben wir erfahren, dass *Ihr Vater* gestorben ist. Die Nachricht hat uns sehr traurig gemacht. ■ Gestern haben wir die Todesanzeige gelesen. Wir sind bestürzt.
Ausdruck der Anteilnahme	■ Zu dem schweren Verlust sprechen wir Ihnen und Ihrer Familie unsere Teilnahme aus. ■ Wir fühlen mit Ihnen. ■ Auch im Namen meiner Frau spreche ich Ihnen unser herzliches Beileid aus.
persönliche Würdigung	■ *Schreiben Sie hier etwas, was den Verstorbenen in Ihren Augen besonders gekennzeichnet hat.*
Andenken bewahren	■ Wir werden diesen einzigartigen Menschen nicht vergessen. ■ *Ihr Mann* wird in seinem Werk und im Andenken seiner Freunde weiterleben.
Trost und Hilfe	■ Mir bleibt nichts, als Ihnen meine Hilfe und meinen Beistand anzubieten. ■ Wenn Sie in dieser schweren Zeit Hilfe brauchen, rufen Sie uns bitte an. ■ Wir sind sicher, dass Sie die schwere Zeit mit innerer Kraft und durch den Beistand Ihrer Familie bestehen werden.
Grußformel	■ Mit herzlicher Anteilnahme ■ Wir trauern mit Ihnen. Ihre …

Zitate für Kondolenzschreiben

Und doch ist nie der Tod ein ganz willkommner Gast.
(Johann Wolfgang von Goethe)

Der Tod ist die uns zugewandte Seite jenes Ganzen,
dessen andere Seite Auferstehung heißt.
(Romano Guardini)

Niemand, den man liebt, ist jemals tot.
(Ernest Hemingway)

Jedem Ende wohnt ein Anfang inne. *(Hermann Hesse)*

Bedenkt, den eigenen Tod, den stirbt man nur, doch mit
dem Tod der anderen muss man leben. *(Mascha Kaléko)*

Alle weltlichen Dinge sind nur ein Traum im Frühling. Betrachte den Tod als Heimkehr. *(Konfuzius)*

Ich weiß nicht, wohin ich gehe, aber ich gehe nicht ohne
Hoffnung. *(Hans-Joachim Kulenkampff)*

Unser Leben ist ein Fluss, der sich ins Meer ergießt, das
Sterben ist. *(Federico García Lorca)*

Der Tod ist groß. / Wir sind die Seinen / lachenden
Munds. /
Wenn wir uns mitten im Leben meinen, /
wagt er zu weinen /
mitten in uns. *(Rainer Maria Rilke)*

Der wollte nicht leben, der nicht sterben will. Denn das Leben ist uns mit der Bedingung des Todes geschenkt; es ist
der Weg zu diesem Ziel. Unsinnig ist es daher, den Tod zu
fürchten; denn nur das Ungewisse fürchtet man, dem Gewissen sieht man entgegen. Der Tod bedeutet eine gerechte und unabwendbare Notwendigkeit. *(Seneca)*

Beweinet den, der leidet, nicht den, der scheidet.
(Talmud)

Nicht der Mensch hat am meisten gelebt, welcher die
höchsten Jahre zählt, sondern der, welcher sein Leben am
meisten empfunden hat. *(Jean-Jacques Rousseau)*

Muster Kondolenzschreiben

23. April 2011

Liebe Frau Haberer,

über den Tod Ihres Mannes sind wir sehr traurig. Wir haben mit ihm einen wirklichen Freund verloren, der – wenn auch nur über den nachbarlichen Gartenzaun hinweg – an unserem Leben immer freundlich Anteil nahm und uns nicht selten Trost und Rat spendete. Wir werden ihn vermissen.

Wir können uns vorstellen, dass Sie nun neben Ihrer Trauer auch eine ganze Reihe von praktischen Problemen zu bewältigen haben. Dafür möchten wir Ihnen unsere Hilfe anbieten. Bitte melden Sie sich bei uns, wenn wir etwas für Sie tun können.

Mit herzlicher Anteilnahme

Franz und Astrid Hotteberg

12. Dezember 2011

Sehr geehrter Herr Aichstädter,

gestern haben wir in der Zeitung gelesen, dass Ihre Frau gestorben ist. Wir können uns vorstellen, wie schwer das für Sie ist und fühlen uns in Ihrer Trauer mit Ihnen verbunden. Wir hoffen, dass Sie in Ihrer Familie die Unterstützung erfahren, die Ihnen helfen wird, über den großen Verlust hinwegzukommen.

Mit herzlichen Grüßen

Eva Berg und Uwe Neudorf

Muster Privatkorrespondenz

Muster Kondolenzschreiben

4. Mai 2011

*Nicht der Mensch hat am meisten gelebt,
welcher die höchsten Jahre zählt, sondern der,
welcher sein Leben am meisten empfunden hat.*
Jean-Jacques Rousseau

Liebe Hella,

es ist furchtbar, wenn man erlebt, dass ein noch junger Mensch sterben muss. Auch wenn ich ja schon seit einiger Zeit wusste, dass Torben nicht mehr lange leben würde, war ich gestern doch ganz erschlagen, als ich die Nachricht erhielt.

Es ist schwer zu akzeptieren, dass er nicht mehr da ist. Aber es tut gut, daran zu denken, wie aktiv er sein Leben gestaltet hat und wie viele schöne Dinge er erlebt hat.

Du weißt, dass Du Dich zu jeder Tages- und Nachtzeit an mich wenden kannst, wenn Du etwas brauchst?

Ich bin mit Dir traurig.

Deine Lydia

■ Kündigungen

Achten Sie darauf, die vertraglichen oder gesetzlichen Fristen einzuhalten. Wenn Sie sich bei den geltenden Fristen nicht sicher sind, kündigen Sie »zum nächstmöglichen Zeitpunkt«.

Die Wirksamkeit einer Vertragskündigung – sei es eines Arbeitsverhältnisses, eines Versicherungsvertrages oder eines Zeitungsabonnements – ist an formale und materielle Voraussetzungen geknüpft, die die Verlässlichkeit vertraglicher Beziehungen garantieren sollen.
Wichtig bei einer Kündigung ist die genaue Angabe aller relevanten Daten – insbesondere der Vertragsnummern und der Kündigungstermine. Bei Vertragsverletzungen zum Beispiel sind auch fristlose Kündigungen möglich.

Das ist bei einer Kündigung zu beachten:
- Nennen Sie in der Betreffzeile die Art der Kündigung (fristgerecht, außerordentlich etc.) und die Kunden- oder Versichertennummer.
- Kündigen Sie mit Angabe der Kündigungsfrist oder »zum nächstmöglichen Zeitpunkt« – gegebenenfalls auch außerordentlich, also fristlos.
- Bei der Kündigung von Arbeitsverträgen sollten Sie eine kurze Erklärung ihrer Gründe geben.
- Lassen Sie sich den Eingang der Kündigung schriftlich bestätigen oder schicken Sie die Kündigung per Einschreiben.

Textbausteine »Kündigungen«

Ich kündige fristgerecht *den Mietvertrag vom 01.09.2001* zum *31.05.2011*.

Versicherungsnummer 07/24/1.778316.9 – Kündigung (in der Betreffzeile)

Hiermit kündige ich *meine Mitgliedschaft im VCC* fristgerecht zum *31.12.2011*.

Muster Kündigung

Erdmuthe Wallmann
Uhlenbrink 1
41541 Dormagen

ABC-Club Deutschland
Mitgliederservice
Beckerstraße 27 a
10969 Berlin

27.09.2011

Mitgliedsnummer HE072289978, Kündigung der Mitgliedschaft

Sehr geehrte Damen und Herren,

hiermit kündige ich meine Mitgliedschaft im ABC-Club fristgerecht zum
Jahresende.

Mit freundlichen Grüßen

Erdmuthe Wallmann
Erdmuthe Wallmann

Muster Kündigung

Bert Schreiber
Hunsrückweg 16
61476 Kronberg

Adv Vertriebs GmbH
Postfach 11 02 32
20002 Hamburg

24.07.2011

Kündigung Abonnement „Das schöne Heim"
Abonnement 4110179571

Sehr geehrte Damen und Herren,

hiermit kündige ich mein Abonnement der Zeitschrift „Das schöne Heim" zum nächstmöglichen Zeitpunkt. Bitte bestätigen Sie die Kündigung schriftlich und teilen Sie mir mit, zu welchem Termin die Kündigung wirksam wird.

Mit freundlichen Grüßen

Bert Schreiber
Bert Schreiber

Muster Kündigung

Katharina Meißner
Johanniterstraße 32
99870 Budenhausen

ABC-Versicherung
Kreisstraße 8
40595 Düsseldorf

23. September 2011

Kündigung meiner Hausratsversicherung
Versicherungsschein-Nr.: 897/56/M/1995

Sehr geehrte Damen und Herren,

hiermit kündige ich meinen oben genannten Vertrag zum 31.12.2011.

Bitte schicken Sie mir eine schriftliche Bestätigung meiner Kündigung.

Mit freundlichen Grüßen

Katharina Meißner
Katharina Meißner

Muster Kündigung

Katharina Meißner
Johanniterstraße 32
99870 Budenhausen

ABC-Versicherung
Kreisstraße 8
40595 Düsseldorf

23. September 2011

Kündigung meiner privaten Haftpflichtversicherung
Versicherungsschein-Nr.: 667/56/M/1879

Sehr geehrte Damen und Herren,

aufgrund der angekündigten Beitragserhöhung mache ich von meinem Sonder-
kündigungsrecht Gebrauch und kündige meinen Versicherungsvertrag.

Bitte schicken Sie mir eine schriftliche Bestätigung meiner Kündigung.

Mit freundlichen Grüßen

Katharina Meißner
Katharina Meißner

Muster Kündigung

Andreas Bünte
Erlenweg 41
14532 Kleinmachnow

TM Service-Center
Postfach 80 03 09
53184 Bonn

23. Oktober 2011

Kündigung meines Mobilfunkvertrags
Kundennummer 16620453-2/919/0160
Mobilfunknummer 0179 8759299

Sehr geehrte Damen und Herren,

hiermit kündige ich meinen Vertrag für die Mobilfunknummer 0179 8759299 fristgerecht zum nächstmöglichen Termin.

Bitte senden Sie mir in den nächsten Tagen eine Kündigungsbestätigung mit Angabe des Datums des Vertragsendes.

Vielen Dank!

Mit freundlichen Grüßen

Andreas Bünte
Andreas Bünte

Muster Kündigung

Nicole Sieben
Ulfilasstraße 73
81739 München

Vorex Münster GmbH
Personalabteilung
Robert-Bosch-Straße 112
48153 Münster

München, den 1. März 2011

Kündigung meines Arbeitsvertrages vom 01.01.2009

Sehr geehrte Damen und Herren,

hiermit kündige ich meinen Arbeitsvertrag fristgerecht zum 30.04.2011.

Meine Mutter ist seit Kurzem pflegebedürftig. Ich möchte ihre Versorgung übernehmen und bin deshalb gezwungen, meine Arbeitsstelle aufzugeben.

Mir stehen noch 12 Tage Jahresurlaub zu, den ich hiermit beantrage. Mein letzter
Arbeitstag ist der 13.04.2011.

Gleichzeitig bitte ich Sie um meine Arbeitspapiere und ein qualifiziertes Zeugnis.

Vielen Dank im Voraus!

Mit freundlichen Grüßen

Nicole Sieben
Nicole Sieben

Kündigung: Mietvertrag über Wohnraum

Die ordentliche (fristgerechte) Kündigung

Beide Vertragspartner, Vermieter und Mieter, können den Mietvertrag kündigen. Die Kündigung muss schriftlich erklärt werden und aus dem Brief muss die Kündigungsabsicht des Vertragspartners eindeutig hervorgehen. *Ich kann mit Ihnen nicht mehr unter einem Dach wohnen* ist zum Beispiel keine unmissverständliche Kündigung. Solange der Mieter bei der Kündigung die gesetzliche oder vertraglich geregelte Kündigungsfrist einhält, muss er keinen Grund für die Kündigung angeben. Gibt er keinen Termin an, zu dem er das Mietverhältnis beenden möchte, endet das Mietverhältnis nach Ablauf der gesetzlichen Frist.

Anders verhält es sich bei der Kündigung durch den Vermieter. Er muss im Kündigungsschreiben seine Kündigung begründen, da diese nur dann wirksam ist, wenn er ein »berechtigtes Interesse« nachweisen kann. Andere als die im Kündigungsschreiben angegebenen Gründe werden bei einer gerichtlichen Überprüfung nicht berücksichtigt oder nur dann, wenn sie nachträglich entstanden sind. Wann von einem berechtigten Interesse des Vermieters auszugehen ist, wird durch das BGB bestimmt. Als Gründe werden dort anerkannt:

- wenn der Vermieter Eigenbedarf anmeldet, die Räume als Wohnung also für sich, seine Familienangehörigen oder Angehörige seines Haushaltes benötigt,
- wenn der Vermieter durch die Fortsetzung des Mietverhältnisses an einer angemessenen wirtschaftlichen Verwertung des Grundstückes gehindert und dadurch erhebliche Nachteile erleiden würde.

Ein Fall für die außerordentliche (fristlose) Kündigung wäre es, wenn der Mieter seine vertraglichen Pflichten schuldhaft nicht unerheblich verletzt hat (z. B. zwei Monate mit der Mietzahlung in Verzug ist).

Der Vermieter sollte seine Kündigungsgründe so deutlich wie möglich nennen. Zu ungenau wäre beispielsweise die

Für Mieter und Vermieter gilt: Ist man sich nicht sicher, ob man die gesetzlichen Fristen eingehalten hat, dann kann die Formulierung »zum nächstmöglichen Termin« nützlich sein und eine erneute Kündigung ersparen.

Begründung *Ich kündige den Mietvertrag wegen Eigenbedarfs.*

Der Vermieter muss – entweder am Ende seines Kündigungsschreibens oder in einem gesonderten Brief – darauf hinweisen, dass der Mieter der Kündigung innerhalb einer Frist von zwei Monaten vor Ablauf der Kündigungsfrist widersprechen kann. In diesem Hinweis muss stehen:

1) dass der Mieter Widerspruch erheben kann,
2) dass er dies schriftlich tun muss und
3) bis zu welchem Termin der Widerspruch beim Vermieter eingegangen sein muss.

Die Kündigung muss unterschrieben sein. Achten Sie darauf, dass alle im Mietvertrag genannten Vertragspartner im Brief stehen: die einen als Empfänger, die anderen als Absender (mit Unterschrift). Wird die Kündigung nicht vom Mieter oder Vermieter selbst, sondern von einem Bevollmächtigten ausgesprochen, dann muss eine schriftliche Vollmacht beiliegen.

Muster Kündigung

Ruth und Erwin Kopalski
Randstraße 9
68167 Mannheim

Einschreiben

Herrn
Karl Branter
Pestalozzistraße 45
76189 Karlsruhe

25.01.2011

Kündigung Ihres Mietvertrags

Sehr geehrter Herr Branter,

hiermit kündigen wir Ihren Mietvertrag fristlos zum 30.03.2011. Sollte die gesetzliche Frist nicht gewahrt sein, kündigen wir hilfsweise zum nächstmöglichen Termin.

Nach § 9 des Mietvertrags ist Tierhaltung in der Wohnung nicht gestattet. Dennoch halten Sie zwei große Hunde (Dobermänner) und mehrere Papageien in der Wohnung. Wir haben Sie am 13.10.2011 schriftlich aufgefordert, diesen Zustand zu ändern und angekündigt, andernfalls den Mietvertrag zu kündigen. Dennoch sind die Tiere noch immer im Haus. Die Fortsetzung des Mietvertrags ist daher für uns nicht mehr zumutbar.

Sind Sie mit der Kündigung nicht einverstanden, haben Sie nach § 574 BGB das Recht, Widerspruch einzulegen. Spätestens zwei Monate vor Beendigung des Mietverhältnisses muss Ihr Widerspruch uns gegenüber schriftlich erklärt werden. Er ist im Einzelnen damit zu begründen, worin in Ihrem Fall eine Härte in der Beendigung des Mietverhältnisses liegen würde.

Bitte bestätigen Sie mit Ihrer Unterschrift auf der Kopie dieses Schreibens, dass Sie die Kündigung erhalten haben. Vielen Dank!

Mit freundlichen Grüßen

Ruth Kopalski   *Erwin Kopalski*
Ruth Kopalski   Erwin Kopalski

Muster Kündigung

Erwin Metzger
Zoostraße 88
99869 Hochheim

Herrn
Joseph Franzen
Ötzweg 90
99869 Hochheim

29.12.2011

Kündigung des Mietvertrags vom 02.01.2000

Sehr geehrter Herr Franzen,

wie ich Ihnen bereits am Telefon sagte, wurde ich beruflich nach Köln versetzt.
Aus diesem Grund kündige ich den Mietvertrag vom 02.01.2000 fristgemäß zum
31.03.2012.

Mit freundlichen Grüßen

Erwin Metzger
Erwin Metzger

Muster Kündigung

Gerda Hess
Grunauer Str. 15
95500 Heinersreuth

Herrn
Martin Groß
Grunauer Str. 15
95500 Heinersreuth

27. November 2011

Sehr geehrter Herr Groß,

im Mai nächsten Jahres erwarten wir unser drittes Kind, und wir benötigen dann ein weiteres Kinderzimmer. Außerdem brauche ich künftig ein Arbeitszimmer in der Wohnung, weil ich mich beruflich verändert habe. Unsere kleine Wohnung unter dem Dach reicht deshalb nicht mehr aus – wir müssen die große Wohnung im Erdgeschoss beziehen.

Deshalb muss ich leider Ihren Mietvertrag wegen Eigenbedarf zum 31.03.2012 kündigen.

Beachten Sie, dass Sie gegen diese Kündigung schriftlich Widerspruch einlegen können. Ihr Widerspruch muss spätestens zwei Monate vor Ablauf der Kündigungsfrist bei mir eingehen.

Mit freundlichen Grüßen

Gerda Hess
Gerda Hess

Reklamationen

Formulieren Sie bestimmt, aber höflich.

Schreiben Sie Reklamationen nicht im ersten Zorn, sondern bemühen Sie sich um einen ruhigen, sachlichen Ton: Beschreiben Sie klar, was vorgefallen ist, und teilen Sie dem Empfänger mit, was Sie erwarten: Ihre Reklamation muss ein Ziel haben.

Es empfiehlt sich, die Reklamation oder Beschwerde schriftlich vorzubringen. Dann haben Sie einen Beleg in der Hand und der andere muss auf jeden Fall auf Ihren Brief antworten.

Schildern Sie im ersten Teil Ihres Briefes genau den Sachverhalt und fügen Sie dann Ihre Wünsche oder Forderungen an. Sie können auch mitteilen, was Sie tun werden, wenn der reklamierte Mangel nicht innerhalb einer bestimmten Frist beseitigt wird.

Das sollten Sie bei einer Reklamation beachten:

- Nennen Sie das Datum der Bestellung, das Datum und/oder die Nummer der Lieferung sowie die genaue Bezeichnung der Ware oder Dienstleistung.
- Geben Sie eine möglichst exakte Beschreibung des Mangels.
- Nennen Sie Ihre Ansprüche bzw. Forderungen oder bitten Sie um Vorschläge des Lieferanten.
- Anders als von den Herstellern mitunter behauptet, dürfen Sie auch ohne Originalverpackung reklamieren. Sie müssen nur, z. B. per Kassenzettel, beweisen können, wo Sie den Artikel gekauft haben.
- Haben Sie beim Händler Neuware gekauft, beträgt die Frist, innerhalb derer Sie reklamieren können, zwei Jahre, bei Gebrauchtware mindestens ein Jahr.

Muster Reklamation

Jürgen und Britta Schwarz
Fliederweg 48
77694 Kehl

OSR-Touristik
Im Waldweg 9
51103 Köln

12.06.2011

Reklamation wegen Reisemängeln – Rechnung Nr. 87654-321

Sehr geehrte Damen und Herren,

wir hatten unseren zweiwöchigen Ibiza-Urlaub vom 28. Mai bis 10. Juni 2011 als
Erholung geplant und deshalb schon bei der Buchung auf einem ruhigen Zimmer
bestanden. Wir wurden im Hotel Buenavista in Ibiza-Stadt einquartiert. Doch die
gewünschte Ruhe war uns nicht vergönnt. Direkt vor unserer Balkontür besserten
Bauarbeiter die Straße aus. Schon ab 7 Uhr morgens drang der Lärm von Press-
lufthämmern herein. Den Balkon konnten wir kaum nutzen, weil die Arbeiten bis
19 Uhr anhielten. Ihre Reisebetreuerin, Mona Schneider, versprach uns ein neues
Zimmer ohne Baulärm, konnte das aber nicht organisieren. Darüber waren wir
maßlos enttäuscht.

Laut Verbraucherzentrale ist für einen derart missglückten Urlaub eine Minderung
des Reisepreises recht und billig. Wir schlagen vor, Sie erstatten uns 15 Prozent per
Überweisung auf unser Konto, das entspricht 320 €. Fotos von den Bauarbeiten, eine
Kopie der Rechnung und unsere Bankverbindung fügen wir diesem Schreiben bei.

Wir hoffen, Sie können sich mit unserem Vorschlag anfreunden, und warten
gespannt auf Ihre Antwort.

Mit freundlichen Grüßen

Jürgen Schwarz   *Britta Schwarz*
Jürgen Schwarz   Britta Schwarz

Muster Reklamation

Paul Schneider
Am Friedhof 5
76327 Pfinztal
Tel.: 07240 33356

Einrichtungsstudio Küchenträume
Industriestr. 21
67059 Ludwigshafen

23.06.2011

Kundennummer 987654321
Reklamation wegen beschädigter Küchenarbeitsplatte

Sehr geehrte Damen und Herren,

ich habe mich sehr gefreut, dass Sie die von uns bestellte Küche termingerecht am
20. Juni lieferten und auch sofort einbauten.

Allerdings verursachten Ihre Monteure beim Einbau auf der neuen Arbeitsplatte
einen tiefen Kratzer von etwa 30 Zentimetern Länge. Auf meinen Hinweis darauf
reagierten die Monteure nicht. Da ich bei Ihnen telefonisch niemanden erreiche,
erhalten Sie meine Reklamation heute schriftlich.

Ich bin nicht bereit, mich mit einer Holzarbeitsplatte abzufinden, die von Anfang an
zerkratzt ist. Ich fordere Sie auf, die beschädigte Platte innerhalb von drei Wochen
durch eine neue zu ersetzen.

Bitte rufen Sie mich oder meine Frau so bald wie möglich an, um einen Termin für
den Austausch zu vereinbaren.

Besten Dank und freundliche Grüße

Paul Schneider
Paul Schneider

Muster Reklamation

Dr. Bernhard Biedermann
Am Viehmorgen 47
57389 Stadelberg

Saluna GmbH
Rübenacker 20
76139 Karlsruhe

07.05.2011

Kundennummer 12345
Ihre Lieferung vom 30.02.2011

Sehr geehrte Damen und Herren,

nachdem ich bereits Mitte März die Qualität eines Paares neuer Socken aus meiner Bestellung vom Februar reklamieren musste, sende ich Ihnen nun wiederum zwei Socken von mangelhafter Qualität zurück: Auch bei diesen ist der Übergang von der Sohle zur Ferse bereits beim ersten Tragen gerissen.

Bitte senden Sie mir kostenlos einwandfreien Ersatz.

Mit freundlichen Grüßen

Bernhard Biedermann
Bernhard Biedermann

◼ Widerrufe

Das Widerrufsrecht gibt Privatpersonen die Möglichkeit, einen Vertrag zu kündigen, unter anderem bei Haustürgeschäften, Fernabsatzverträgen, Ratenlieferungsverträgen und im Versicherungsrecht.

- Ein Widerrufsrecht gilt nicht bei Reiseleistungen wie Hotelübernachtungen oder Flug- und Bahntickets.
- Ein Widerruf bedarf keiner Begründung.
- Ein Widerruf kann in Textform per Brief, Fax oder E-Mail erfolgen oder aber per Rückgabe der Ware, gegebenenfalls mit zusätzlicher schriftlicher Widerrufserklärung.
- Die Widerrufsfrist beträgt in der Regel 14 Tage. Die Frist beginnt, sobald der Verbraucher eine gültige Widerrufsbelehrung und die Ware erhalten hat; zur Fristwahrung genügt die rechtzeitige Absendung.

Rücktritt vom Kaufvertrag

Der Rücktritt vom Kaufvertrag unterscheidet sich von dem gesetzlich geregelten Widerrufsrecht. Er ist nur möglich, wenn zum Beispiel eine fehlgeschlagene Nacherfüllung bei einem Sachmangel vorliegt oder eine Ware nicht die versprochenen Eigenschaften hat.

- Ein Rücktritt von einem rechtsgültig abgeschlossenen Kaufvertrag sollte schriftlich erfolgen, und zwar am besten per Einschreiben mit Rückschein.
- Sie müssen die Kaufsache an den Verkäufer zurückgeben.
- In einem Rücktrittsschreiben fordern Sie den Verkäufer zur Rückzahlung des Kaufbetrags auf. Setzen Sie eine Frist mit Datum von in der Regel 14 Tagen.
- Voraussetzung für den Rücktritt vom Kaufvertrag ist, dass Sie dem Verkäufer eine angemessene Frist zur Nacherfüllung setzen. Sie müssen also vom Verkäufer die Beseitigung des Mangels (Nachbesserung) oder die Lieferung einer mangelfreien Sache (Nacherfüllung) verlangen.

Muster Widerruf

Christian Koreff
Mozartstraße 27
15517 Fürstenwalde

Handymobil GmbH
Sonnentor 45
60389 Frankfurt am Main

29.11.2011

Widerruf: Vertrag 23456897809-789 vom 24.11.2011

Sehr geehrte Damen und Herren,

hiermit mache ich von meinem Widerrufsrecht Gebrauch und kündige meinen Mobilfunkvertrag innerhalb der gesetzlichen Frist.

Bitte senden Sie mir eine schriftliche Bestätigung.

Vielen Dank!

Mit freundlichen Grüßen

Christian Koreff
Christian Koreff

Muster Widerruf

Lorenz Sonnabend
Hallgartenstraße 98 b
60389 Frankfurt am Main

Bernd Müller Raumausstattung
Am Leisrain 89
65936 Frankfurt am Main

24. März 2011

Mangelhafte Lieferung und Montage einer Jalousie am 12. Februar 2011

Sehr geehrter Herr Müller,

am 12. Februar 2011 haben Sie in meinem Wohnzimmer eine Jalousie montiert. Die Maße hatten Sie selbst zuvor genommen. Dennoch passt die Jalousie nicht; es fehlen 30 cm in der Länge. Zunächst telefonisch (am 13. Februar) und später auch schriftlich (am 3. März) habe ich Sie zur Beseitigung des Mangels aufgefordert. Bis heute sind Sie dem nicht nachgekommen.

Daher fordere ich Sie auf, mir den Kaufpreis von 480,– Euro auf mein Konto 13 453 838, BLZ 609 500 89 bei der Geldsparbank Frankfurt zu erstatten. Die Jalousie holen Sie bitte umgehend bei mir ab. Ich erwarte, dass Sie auch die Montagespuren beseitigen.

Mit freundlichen Grüßen

Lorenz Sonnabend
Lorenz Sonnabend

Muster Widerruf

Kirsten Spreng
Flensburger Straße 224
24837 Schleswig

Versandhaus Teendream
Hofweg 12
04317 Leipzig

19. Juni 2011

Kundennr. 12243, Lieferung vom 13. Juni 2011
Rückgabe der Ware

Sehr geehrte Damen und Herren,

hiermit schicke ich Ihnen die meinem Sohn Patrick am 13. Juni 2011 zugestellten
Artikel zurück. Die Bestellung wurde von meinem minderjährigen Sohn ohne
meine Einwilligung aufgegeben. Der Kaufpreis von 268 Euro übersteigt deutlich ein
Taschengeldbudget – der Kauf ist demnach unwirksam.

Mit freundlichen Grüßen

Kirsten Spreng
Kirsten Spreng

Muster Widerruf

Kirsten Spreng
Flensburger Straße 224
24837 Schleswig

Einschreiben mit Rückschein
Lalarifa AG
Rechnungsstelle
Postfach 1 23
85055 Ingolstadt

26.03.2011

Ihre Rechnung vom 24.03.2011 Nr. 343 456 Az

Sehr geehrte Damen und Herren,

Zu Ihrer Rechnung vom 23.03.2011 stelle ich fest:
Mein Sohn Leon ist minderjährig. Auch wenn er sich am 24.02.2011 auf „Spick-
wunder.de" angemeldet haben sollte, wäre der Vertrag wegen §§ 107, 108 BGB
unwirksam, denn es lag keine Einwilligung von mir als gesetzlicher Vertreterin vor.
Da mein Sohn noch keine Leistungen erhalten hat, kann auch § 110 BGB („Taschen-
geldparagraf") nicht geltend gemacht werden. Deshalb werde ich den von Ihnen
geforderten Betrag nicht zahlen.

Mit freundlichen Grüßen

Kirsten Spreng
Kirsten Spreng

Muster Widerruf

Christian Koreff
Mozartstraße 27
15517 Fürstenwalde

Einschreiben mit Rückschein
Lalarifa AG
Rechnungsstelle
Postfach 1 23
85055 Ingolstadt

06.12.2011

Rechnung Nr. 345 567 890 vom 23.11.2011

Sehr geehrte Damen und Herren,

zu Ihrer Rechnung stelle ich fest:
Sollte ich mich tatsächlich am 27.10.2011 auf Ihrer Internet-Seite „schweinejagd.
com" angemeldet haben, war ich mir der damit verbundenen Kosten nicht bewusst.
Über diese wurde ich erst durch Ihr Schreiben aufgeklärt. Wegen der unzulänglichen
Preisinformation auf der Seite kam es daher nicht zu einem wirksamen Vertrags-
schluss.

Hilfsweise erkläre ich die Anfechtung einer etwaigen vertragsbezogenen Willens-
erklärung, weil von mir niemals eine kostenpflichtige Nutzung beabsichtigt war.
Hilfsweise mache ich auch von meinem Widerrufsrecht aus §§ 312d, 355 ff. BGB
Gebrauch. Eine den gesetzlichen Vorgaben entsprechende Widerrufsbelehrung in
Textform war nicht erteilt worden – daher ist der Widerruf auch nicht durch Fristab-
lauf ausgeschlossen.

Aus diesen Gründen werde ich keinerlei Zahlung leisten. Hilfsweise kündige ich das
Vertragsverhältnis.

Mit freundlichen Grüßen

Christian Koreff
Christian Koreff

Muster Widerruf

Dr. Lea Rinsum
Breitkopfstraße 29
04317 Leipzig

Einschreiben mit Rückschein
Lalarifa AG
Rechnungsstelle
Postfach 1 23
85055 Ingolstadt

14. Juli 2011

Rechnungs-Nr. 4567/89/Kunden-Nr. 8989345-23

Sehr geehrte Damen und Herren,

in Ihrem Schreiben vom 1. Juli 2011 verlangen Sie einen Betrag von 249 Euro für ein zweijähriges Abonnement Ihrer Leistungen. Ich bin nicht bereit, Ihre Forderung zu erfüllen, denn ich habe keinen Vertrag mit Ihnen geschlossen.

Sollten Sie vom Gegenteil überzeugt sein, dann erbringen Sie bitte den Nachweis, welches Angebot Sie mir in welcher Weise und wann gemacht haben und wie und wann ich dieses Angebot über eine kostenpflichtige Leistung angenommen habe – nur dann kann ich einen gültigen Vertrag gemäß den Bestimmungen des Fernabsatzrechtes und der BGB-Informationspflichten-Verordnung anerkennnen.

Hilfsweise widerrufe und kündige ich fristlos den Ihrer Meinung nach bestehenden Vertrag und fechte ihn auch hilfsweise wegen arglistiger Täuschung und wegen Irrtums über den Inhalt der abgegebenen Willenserklärungen an.

Ich bitte Sie um eine schriftliche Bestätigung.

Mit freundlichen Grüßen

Lea Rinsum
Dr. Lea Rinsum

■ Briefe an die Öffentlichkeit

Normalerweise enthält ein Brief eine persönliche Botschaft, die nur für einen Empfänger oder einen eingeschränkten Adressatenkreis gedacht ist. Es gibt jedoch Sonderformen, in denen sich ein Brief an einen unbegrenzten Leserkreis wendet – nämlich im Leserbrief und im offenen Brief als traditionsreichen Mitteln der öffentlichen Meinungsäußerung. Internetforen, Chats, Blogs und soziale Netzwerke wie Twitter stellen heute neue Medien der Meinungsbildung dar.

Leserbriefe

Ein Leserbrief reagiert meist auf Zeitungs- und Zeitschriftenartikel oder auf Beiträge eines Internetforums. Er stimmt zu und ergänzt oder er widerspricht und stellt richtig.

Nicht alle Leserbriefe werden auch veröffentlicht. Die Redaktionen wählen aus den Zuschriften je nach Nachrichtenwert, Aktualität, Bearbeitungsaufwand, Bekanntheitsgrad oder Status des Leserbriefschreibers. Auch Eingriffe in den Text wie die Änderung von Schreibweisen und Textkürzungen sind üblich.

Das sollten Sie beim Leserbrief beachten:
- Nutzen Sie die von den Zeitungen angebotenen Onlineformulare zum Einreichen Ihres Leserbriefes, oder schicken Sie den Leserbrief als E-Mail mit dem Betreff *Leserbrief zum Artikel ...*
- Gibt es einen konkreten Anlass für Ihren Leserbrief, dann senden Sie ihn möglichst umgehend ein.
- Geben Sie Erscheinungsdatum, Überschrift, Seitennummer und das betreffende Ressort an, wenn Sie sich auf einen konkreten Artikel beziehen.
- Die Länge eines Leserbriefs, der sich auf einen konkreten Artikel bezieht, sollte in Relation zu dessen Länge stehen. Prinzipiell gilt: Je kürzer und prägnanter, desto wahrscheinlicher ist eine Veröffentlichung.
- Beziehen Sie klar Position, aber verzichten Sie auf polemische Formulierungen, setzen Sie v.a. auf schlüssige Argumente.

- Betrachten Sie Ihr Thema aus einem originellen Blickwinkel; das erhöht die Aufmerksamkeit.
- Zuverlässig recherchierte Zahlen, Vergleiche, Daten und Fakten verleihen Ihnen Glaubwürdigkeit.
- Geben Sie sich als Autor Ihres Leserbriefes mit vollem Namen und Adresse zu erkennen und unterschreiben Sie ihn – anonyme Schreiben werden nicht veröffentlicht.
- Geben Sie zusätzlich Ihre Telefonnummer an, damit die Redaktion Sie bei Rückfragen erreichen kann.

Muster Privatkorrespondenz

Muster Leserbrief

An: leserbriefe@neustaedter-bote.de
Cc:
Bcc:
Betreff: Leserbrief zum Artikel „Rohrdorfer wissen, wie man feiert"

Sehr geehrte Damen und Herren,

Ihren Artikel „Rohrdorfer wissen, wie man feiert" auf der Lokalseite (S. 6) vom 23. Juli 2011 möchte ich nicht unkommentiert lassen.

„Ein unbeschwertes, fröhliches Fest haben die Rohrdorfer gefeiert", so berichtet es der Zeitungsartikel. Wirklich? Drei Tage dauerten die Aufbauarbeiten der Schausteller, Imbiss- und Budenbetreiber. Drei Tage, an denen die Anwohner mit ihrem Auto das eigene Grundstück nicht erreichen konnten. Drei Tage mit ständigem Lärm und Dieselgestank, mit unablässig rangierenden Lastwagen – bis 23 Uhr.
Endlich, am Samstag, konnte dann das Straßenfest beginnen: Die überwiegend jugendlichen Festbesucher fingen umgehend mit dem Komasaufen an, und der DJ sorgte bis nachts um drei mit seiner Musikanlage für kräftigen Bass, sodass Teller und Tassen in den Schränken der Anwohner tanzten – anders als die Festbesucher, denn die Tanzfläche blieb weitgehend leer.

Dafür wurden in alkoholisierter Stimmung Flaschen und Gläser herumgeworfen, es gab kleinere und größere Handgemenge, beschädigte Hofeinfahrten und wahre Pinkelorgien gegen die Hauswände. Am Sonntag bot sich dann ein beeindruckendes Bild aus Scherben, Abfall und Erbrochenem auf dem gesamten Rothmannplatz. Die Veranstalter unternahmen nichts. Die Anwohner kümmerten sich um eine notdürftige Reinigung, damit z. B. Kinder sich nicht verletzen konnten.

Aber Gott sei Dank ist ja nichts passiert – sonst hätte es leicht zur Katastrophe kommen können: Es wurden seitens der Veranstalter weder Anfahrtswege für Feuerwehrfahrzeuge noch für sonstige Rettungsfahrzeuge berücksichtigt. Die Feuerwehr wurde beim Aufbau der Stände und Fahrgeschäfte nicht gefragt – und so stand die „Dschungelbahn" tagelang genau über den Unterflurhydranten. Ein unbeschwertes Fest stelle ich mir anders vor!

Birgit Mastert
Hauptstraße 42
88999 Neustadt
Tel.: 07259 5647

Offener Brief

Wird ein Brief, der an einen bestimmten Empfänger gerichtet ist, gleichzeitig auch veröffentlicht, so handelt es sich um einen offenen Brief, der den Empfänger zu einer öffentlichen Stellungnahme herausfordert. Der offene Brief ist ein Instrument des politischen Engagements einzelner Bürger, häufiger aber von Interessengruppen.

Der offene Brief konfrontiert Personen des öffentlichen Interesses oder Unternehmen mit problematischen Aussagen, gebrochenen Versprechen oder Unwahrheiten mit dem Ziel, etwas zu verändern.

Das sollten Sie bei offenen Briefen beachten:

- Formulieren und adressieren Sie Ihren Text als Brief an eine bestimmte, einzelne Person, z. B. den Vorsitzenden eines Komitees oder den Präsidenten einer Einrichtung.
- Bleiben Sie sachlich, argumentieren Sie so, dass sowohl der eigentliche Empfänger als auch die Öffentlichkeit Ihrem Gedankengang folgen können.
- Unterschreiben Sie mit Ihrem vollen Namen. Ein offener Brief kann auch ähnlich wie eine Petition mit einer Unterschriftensammlung verbunden werden.
- Schicken Sie der angesprochenen Person den Brief rechtzeitig zu – der Adressat sollte den Brief nicht erst erhalten, nachdem er veröffentlicht wurde.
- Ein offener Brief wird nicht im redaktionellen Teil einer Zeitung oder Zeitschrift veröffentlicht, sondern muss in der Regel als bezahlte Anzeige aufgegeben werden.
- Andere Formen der Veröffentlichung können zum Beispiel die Plakatierung oder das Verteilen auf Flugblättern sein.
- Sie können Ihren Brief auch auf einer eigenen Internetseite oder einer anderen geeigneten Plattform online stellen. Auch hier darf die Veröffentlichung aber nicht anonym geschehen.

Muster Privatkorrespondenz

Muster offener Brief

Herrn
Walter Schrier
Leiter der Polizeidirektion
Neustadt

Oktober 2011

Sehr geehrter Herr Schrier,

in der Nacht auf den 12. Juli 2011 ist am Bahnhofsplatz der Kiosk von Baran Nemic durch ein Feuer vollständig zerstört worden. Nach Polizeiangaben ist ein Sachschaden von 65 000 Euro entstanden.

Der Kioskbetreiber war in den Monaten vor dem Brand unablässiger rassistischer Hetze ausgesetzt. Fast täglich fand er bei Ladenöffnung ausländerfeindliche Parolen auf die Wände seines Geschäftes gesprüht. Er erhielt anonyme Drohbriefe. Die örtliche NN-Partei behauptet auf ihrer Homepage: „Neustadt hat am Bahnhof ein Negerproblem." Über viele Wochen tauchten Neonazis im Laden auf, um Baran Nemic einzuschüchtern.

Obwohl dies in der Öffentlichkeit schon längere Zeit bekannt war (z. B. auch durch Berichte in der Presse), reagierte weder die Stadt noch die örtliche Polizei. Wenn Baran Nemic in bedrohlichen Situationen die Polizei rief, erschien diese oft erst Stunden später und versuchte durch Beschwichtigungen eine Anzeige zu verhindern. So nahmen die Bedrohungen bis zum Tag des Brandes stetig zu. Die Polizei blendete den geschilderten rassistischen Kontext jedoch aus ihrer Untersuchung aus. Schon vor Beginn der Ermittlungen ging sie von einem technischen Defekt als Brandursache aus. Inzwischen betrachtet sie ihre Vermutung als erwiesen und hat die Ermittlungen eingestellt.

Wir fordern die Polizeidirektion dazu auf, bei ihren Ermittlungen die rassistische Vorgeschichte des Brandes zur Kenntnis zu nehmen und Baran Nemic gegen die Bedrohung durch Neonazis Schutz zu gewähren.

Mit freundlichen Grüßen

Bündnis gegen Rassismus Budenhausen
Unterzeichner: Karl Brämstedt, Lore Dyckers, Dr. Bernd Häussler, Lisa Kornfeld, Dr. Helma Lauer, Judith Ofial, Fritz Sänger, Michel Schmitt

Chat, Blog, soziale Netzwerke, Twitter

Das Internet ist längst kein einseitiges Medium mehr, bei dem ein Nutzer Informationen lediglich aufnehmen und konsumieren kann. Chats, Blogs und soziale Netzwerke ermöglichen es dem Einzelnen, Informationen und Meinungen mit einer unbegrenzten Öffentlichkeit zu teilen. Anders als private Briefe oder E-Mails richten sich die im Internet veröffentlichten Texte prinzipiell an eine anonyme Öffentlichkeit – und können damit rechtliche Konsequenzen haben, wenn zum Beispiel Marken- oder Urheberrechte verletzt werden. Kostenpflichtige Abmahnungen oder Schadenersatzforderungen können die Folge sein.

Chat und Internetforen

Der Chat (englisch für »Plauderei«) ist der Meinungsaustausch im Internet in Echtzeit. Er kann eine reine Kontaktbörse sein, aber auch dem fachlichen oder wissenschaftlichen Meinungs- und Erfahrungsaustausch dienen. Ein Chat findet auf nach Themen geordneten Diskussionsplattformen – Chatrooms – statt. Gechattet wird meist unter falschem Namen. Jeder Teilnehmer legt sich einen Spitznamen (»Nickname«) zu. Die Anonymität verleitet manche Teilnehmer dazu, die Höflichkeit außer Acht zu lassen.

Internetforen, auf denen jeder auf eigene Initiative hin Beiträge abrufen und beantworten kann, funktionieren ähnlich wie ein Chat, aber nicht in Echtzeit. Die Beiträge werden archiviert und sind auch noch später aufrufbar. Die Reaktionen auf die Beiträge erfolgen meist zeitversetzt. Chats und Foren beruhen auf dem Gedanken des Austausches – wer die Beiträge anderer liest, kommentiert sie häufig auch und trägt mit seiner Meinung, seinen Erfahrungen, mit unterhaltsamen Beiträgen oder fachlichen Fragen und Anmerkungen zur gemeinsamen Diskussion bei.

Blog

Ein Blog (Kurzwort für »Weblog«, also »Internetlogbuch«) ist eine Art virtuelles Tagebuch, das der sogenannte Blog-

Vertrauliche Informationen von sich und anderen sollte man auch in vermeintlich völlig anonymen Chats und Internetforen nicht preisgeben. Über die IP-Adresse, die individuelle Kennung jedes Rechners, lässt sich der Verfasser eines Beitrags ermitteln.

ger im Internet veröffentlicht. Er teilt seine Gedanken und Erfahrungen den Lesern seines Blogs mit, das er laufend durch neue Einträge, sogenannte Postings, ergänzt. Beim Bloggen legt der Verfasser häufig seine Identität offen. Blogs finden sich meist auf einer Website, die der Blogger selbst betreibt. Es gibt aber auch Anbieter, die Bloggern eine Internetseite zur Veröffentlichung ihres virtuellen Tagebuchs zur Verfügung stellen. Dazu sind dank spezieller Software keine besonderen Kenntnisse nötig. Im Gegensatz zu einem Chat ist ein Blog eher einseitig ausgerichtet. Blogger schreiben über aktuelle Neuigkeiten und Nachrichten, ihren Alltag, ihre Erfahrungen und Erlebnisse, ihre persönliche Meinung, unterhaltsame Beobachtungen, Fachliches und Wissenswertes.

Jeder Eintrag kann für andere Nutzer verlinkt und damit zugänglich gemacht werden, ohne gleich den gesamten Weblog zu verlinken. So erreichen die in Blogs vertretenen Themen mitunter auch dann eine große Öffentlichkeit, wenn sie in den kommerziellen Massenmedien zuvor keine Beachtung gefunden hatten. Andererseits muss der Blogger sich sehr genau überlegen, welche Informationen er auf seiner Seite über sich veröffentlicht.

Das sollten Sie beim Chatten und Bloggen beachten:
- Bleiben Sie trotz des üblicherweise lässigen Sprachgebrauchs immer höflich.
- Vermeiden Sie Pauschalurteile.
- Wenn Sie eine Firma kritisieren, machen Sie dabei deutlich, dass es sich um Ihre persönliche Meinung handelt. Verwenden Sie dazu bewusst die Pronomen »ich« oder »wir«. Gebrauchen Sie Fügungen, die eine persönliche Meinung ausdrücken.
- Äußern Sie nicht pauschal Ihre Kritik an allen Leistungen oder Produkten eines Anbieters, sondern nur an denen, mit denen Sie schlechte Erfahrungen gemacht haben. Wenn nötig, nennen Sie die genaue Typenbezeichnung des kritisierten Produkts.

Oft fordern Blogger ihre Leser auf, ihre Texte zu kommentieren. Solche Rückmeldungen werden – anders als bei Chat und Forum – zwar häufig, aber nicht immer öffentlich gemacht.

Manche Rechtsanwälte gehen im Auftrag großer Firmen auf die Suche nach unbewiesenen und pauschalen Behauptungen in Chats, Foren und Blogs. Darauf kann eine kostenpflichtige Abmahnung folgen, mit der Forderung, die Behauptung zu unterlassen. Manchmal reichen die Anwälte auch Klage ein.

- Schildern Sie Ihre Erlebnisse konkret, um Ihre Aussage zu belegen, und vermeiden Sie dabei die Gegenwartsform.
- Verzichten Sie auf verallgemeinernde Adverbien wie »immer«, »dauernd«, »ständig«, »nie«.
- Wenn Sie andere zitieren, müssen Sie den Urheber nennen. Der Umfang des Zitats muss angemessen sein – also keinesfalls länger als Ihr eigener Beitrag.
- Vorsicht bei der Veröffentlichung von fremden Liedtexten, Melodien (Noten oder Audiodateien), Gedichten und Buchauszügen! Selbst wenn Sie den Urheber nennen: Viele Künstler und Autoren, Verlage und Plattenfirmen ahnden solche Verstöße mit einer kostenpflichtigen Abmahnung.

Vermeiden Sie problematische Formulierungen

Nicht	Sondern
ABC-Drucker sind miserabel.	Ich finde meinen ABC-Drucker miserabel.
Mustermann-Reisen in die Türkei sind eine Katastrophe.	Unsere Mustermann-Reise in die Türkei war eine Katastrophe.
Der Kundenservice von Beispielhofer ist unfreundlich. Da wird man einfach abgefertigt.	Als ich bei Beispielhofer anrief, war der Kundendienstmitarbeiter unfreundlich zu mir. Er hat mich einfach abgefertigt.
Ein Rechner von Exempel treibt einen zur Verzweiflung.	Mein XZR-Rechner von Exempel hat mich in den ersten Monaten nach dem Kauf zur Verzweiflung getrieben. Ständig stürzte er ab, und erst bei der zweiten Reparatur wurde der Fehler gefunden: Die Festplatte war von Anfang an defekt.
XY-Spielzeug gehört sofort verboten. Für kleine Kinder ist es viel zu gefährlich.	Meines Erachtens gehört XY-Spielzeug verboten. Die üble Erfahrung unserer Tochter hat gezeigt: Für kleine Kinder ist es viel zu gefährlich.
Faxgeräte von Beispielhofer sind dauernd kaputt.	Mein Faxgerät von Beispielhofer ist seit dem Kauf in diesem Frühjahr schon zum fünften Mal kaputt.
Wie blöd muss man eigentlich sein?!	Solche Formulierungen sollten Sie ersatzlos streichen.
Wer lesen kann, findet solche Angaben im Manual.	Im Manual auf Seite 13 wird das Problem erklärt.

Muster Privatkorrespondenz

Kopieren Sie etwa einen halben Satz eines lobenden Beitrags in das Suchfeld einer Suchmaschine. Setzen Sie davor und dahinter ein Anführungszeichen. Zeigt Ihnen die Suchmaschine weitere Treffer an, ist der Beitrag vermutlich ein manipuliertes Lob.

Twitter ist ein Mikroblog, der die Eigenschaften eines Blogs, einer SMS und einer Massen-E-Mail verbindet.

Nehmen Sie nicht jede Beurteilung eines Chatteilnehmers oder Bloggers für bare Münze, vor allem Lob für bestimmte Anbieter oder Produkte. In Chats und Blogs veröffentlichte Meinungen sind stets subjektiv. Es kann auch sein, dass die Beurteilung systematisch von einer PR- und Werbeagentur platziert wurde – sprachlich sind diese Werbeaussagen dem lockeren, umgangssprachlichen Ton anderer Beiträge angeglichen. Taucht eine positive Wertung gleich in mehreren Chats auf, könnte ein gezielter Beeinflussungsversuch des Anbieters dahinterstecken.

Twitter

Twitter ist ein elektronisches soziales Netzwerk, in dem die registrierten Benutzer per Computer oder Mobilfunk Kurznachrichten (Tweets) von bis zu 140 Zeichen eingeben können. Über Links werden aber auch umfangreichere Texte oder andere Webseiten angezeigt. Häufig wird Twitter genutzt, um auf Blogs oder Nachrichtenseiten hinzuweisen. Die Tweets sind für jedermann auf der ganzen Welt aufrufbar, es sei denn, der Nutzer gibt seine Nachrichten nur für einen bestimmten Personenkreis frei. Jeder Nutzer abonniert als »Follower« die Nachrichten einer beliebigen Anzahl von anderen Nutzern – deren Beiträge er dann chronologisch geordnet erhält.

Auf http://twitter.com/public_timeline werden alle neuen Beiträge aufgelistet – das meiste davon ist uninteressant. Mithilfe von bestimmten Tools, also Computer-Dienstprogrammen, die es kostenlos zum Download gibt, und von Suchfunktionen ist es jedoch leicht, die interessanten Nachrichten herauszufiltern. Suchen kann man zum Beispiel nach Namen, nach bestimmten Schlüsselwörtern, nach Interessengebieten und Branchen. Eine andere Möglichkeit ist es, in den eigenen Beiträgen Schlagworte mit einer direkt vorangestellten Raute (# »Hashtag«) zu kennzeichnen und damit leichter auffindbar zu machen.

Dass für sich genommen wenig bedeutsame Nachrichten bei Twitter relevant werden können, zeigt zum Beispiel der Einsatz bei aktuellen Ereignissen, über die die kommerzi-

Auf der Startseite von Twitter steht die Frage »What are you doing?« als Eingabeaufforderung. Entsprechend belanglos sind viele Beiträge.

ellen Nachrichtendienste nur mit Verzögerung berichten können. Wenn etwa mehrere Fußballfans aus dem Stadion aktuelle Meldungen zum Spiel abgeben, hat das die Wirkung eines bunt gemischten Livetickers. Andererseits kann die Möglichkeit der Wahlbeeinflussung durch auf Twitter veröffentlichte Prognosen zum Problem werden.

- Twitter ist nicht für vertrauliche Themen geeignet.
- Konzentrieren Sie sich – Sie haben nur 140 Zeichen!
- Nutzen Sie Kurz-URLs als Links zu anderen Webseiten. Twitter-Tools bieten die Kürzung von URLs an.
- Kennzeichnen Sie Schlagworte nur dann mit Hashtags, wenn Sie von der Wichtigkeit Ihres Beitrags für das betreffende Thema überzeugt sind.
- Antworten Sie auf Beiträge anderer mit @username in Ihrer Nachricht – dann wird diese dem adressierten Nutzer als Antwort angezeigt, ist aber dennoch auch für alle anderen sichtbar.
- Um eine direkte, nicht öffentliche Nachricht zu verschicken, stellen Sie dem Benutzernamen ein »d« voran – das geht aber nur bei Benutzern, die Ihre »Follower« sind.
- Wenn Sie auf eine interessante Nachricht eines anderen Benutzers aufmerksam machen wollen, nutzen Sie die »Retweet-Funktion« von Twitter.

Formulierungstipps für das Twittern

Nicht	Sondern besser	Kommentar
Bin im Internet im Blog von Jo Moller auf einen interessanten Link gestoßen: http://www.bildredaktion.com./kjl23/web2.htm	Bin im Blog von @bambleba auf http://tinyurl.com/ght8zg gestoßen.	Kurz-URLs verwenden
#Sternschnuppen gesehen, was gewünscht. Streng #geheim!	Kommende Nacht haben die #Sternschnuppen der #Perseiden ihr Maximum.	Hashtags sparsam einsetzen – nur bei wichtigen Stichworten und bei für das Stichwort interessanten Beiträgen

Muster Privatkorrespondenz

Formulierungstipps für das Twittern		
Nicht	**Sondern besser**	**Kommentar**
Nicht verzweifeln, bambleba, heute Abend hört der Regen auf. http://cli.gs/EdtB8	Nicht verzweifeln, @bambleba, heute Abend hört der Regen auf. http://cli.gs/EdtB8	Antworten mit dem @-Zeichen markieren
Was bambleba geschrieben hat, stimmt nicht.	RT@bambleba „Hunde sind so schlau wie kleine Kinder." Stimmt nicht.	Reaktionen auf Beiträge als Retweet kennzeichnen, Inhalt des Originalbeitrags kenntlich machen

Emoticons

Mit der Zeichenfolge Doppelpunkt, Bindestrich und schließende Klammer lässt sich im Schriftsatz ganz einfach ein lächelndes Gesicht erzeugen. Dreht man diese Zeichenfolge um 90 Grad nach rechts, ist es für jeden Betrachter offenkundig. Diese Emoticons haben sich in Chats und Blogs, aber auch in E-Mails mehr und mehr durchgesetzt. Mitunter werden sie sogar in geschäftlichen E-Mails verwendet, das aber nur

- bei einem ausgesprochen kameradschaftlichen, ungezwungenen Umgangston zwischen zwei Geschäftspartnern und
- in Branchen, die nicht allzu konservativ sind (beispielsweise in der Werbebranche, der Kreativbranche, der IT-Branche und in den Medien).

Es gibt eine Vielzahl fantasievoller Emoticons, deren Zeichenfolge die unterschiedlichsten Gefühle ausdrückt. Verwenden sollten Sie allerdings nur die gängigsten, denn bei allen anderen können Sie sich nicht darauf verlassen, dass der Empfänger sie versteht:

Emoticons in E-Mails und Chats	
Zeichenfolge	**Bedeutung**
:-) oder :)	Lächeln
:-))	vertieftes Lächeln
:-D	Lachen
;-)	Augenzwinkern
:-(oder :(	Weinen, Verdruss, Ärger

Internetabkürzungen

Im Netzjargon – in E-Mails, SMS, Chats und Foren – hat sich der Gebrauch von Abkürzungen eingebürgert. Verständlichkeit ist auch hier oberstes Gebot. Richtet sich eine Nachricht an versierte »User«, so werden diese wahrscheinlich auch wenig gebräuchliche Abkürzungen verstehen. Auf keinen Fall verwenden sollte man diese Abkürzungen im geschäftlichen E-Mail-Verkehr.

Internetabkürzungen			
2	too (zu)	g	grin (grinsen)
4	for (für)	gl	good luck (viel Glück)
4u	for you (für Dich)	gratz, gz	congratulations (Gratulation)
afk	away from keyboard (bin weg von der Tastatur)	HDL	hab dich lieb
atm	at the moment (im Moment)	k	ok
bb	be back (bin zurück)	ka	keine Ahnung
bg	big grin (breites Grinsen) oder bis gleich	kp	kein Problem
		lg	liebe Grüße
brb	be right back (bin gleich wieder da)	lol	laughing out loud (laut lachen)
btw	by the way (so nebenbei)	mb	mail back (antworte bitte)
cu	see you (man sieht sich)	mom	moment (Moment)
cya	see you again (man sieht sich)	msg	message (Mitteilung)
FAQ	frequently asked questions (häufig gestellte Fragen)	n1	nice one (der/die war gut)
		n8	night (Nacht)

Muster Privatkorrespondenz

omg	oh my god (oh, mein Gott)	u	you (du)
np	no problem (kein Problem)	w8	wait (warte)
pls, plz	please (bitte)	wb	welcome back (willkommen zurück)
rofl, rotl	rolling on the floor laughing (lachend auf dem Boden liegen)	we	weekend (Wochenende)
		X	Kuss
sry	sorry (Entschuldigung)	y?	why? (wieso?)
thx,tnx	thanks (danke)	yaw, yw	you are welcome (bitteschön)
ty	thank you (danke)		

■ Familienanzeigen

Familienanzeigen in der Zeitung werden von vielen gelesen. Während Geburts- und Heiratsanzeigen nur von Familien aufgegeben werden, die besonderen Wert auf die Bekanntmachung dieser Ereignisse legen, ist die Bekanntgabe des Todes eines Menschen durch eine Traueranzeige allgemein üblich.

Geburtsanzeigen

Für Geburtsanzeigen gibt es viele Formen. Es können sowohl die jungen Eltern als auch die Großeltern sein, die die Anzeige aufgeben oder verschicken. Denken Sie bei allem Einfallsreichtum aber daran, dass die Anzeige auch einige wichtige Angaben enthalten sollte:

- Name des Kindes (mehrere Vornamen trennt man dabei durch Kommata voneinander)
- Namen der Eltern (Vor- und Zuname)
- Tag der Geburt

Diese Informationen kann man erweitern um:

- Uhrzeit der Geburt
- Angabe von Größe und Gewicht des Neugeborenen
- Namen der Geschwister

Denkbar und üblich ist auch die Ergänzung der rein informierenden Angaben durch ein passendes Zitat.

Sprüche für Geburtsanzeigen

Manches fängt klein an, manches beginnt groß. Aber manchmal ist das Kleinste das Größte!

Für die ganze Welt bist du irgendjemand, aber für uns bist du die ganze Welt!

Da werden Hände sein, die dich tragen, / Arme, in denen du sicher bist, / und Menschen, die dir ohne Fragen / zeigen, dass du willkommen bist.

Sehr stolz und glücklich
sind wir über die Geburt unseres Sohnes

Lars

25. Januar 2012
49 cm – 3230 g

Bernd und Linde Osterholz

Solveig ist da!

*12. Juni 2012
2:54 Uhr – 51 cm – 3750 g

Es freuen sich Marnie und John Mollenhauer.

Wir sind glücklich, dass unsere Leah ein Schwesterchen
bekommen hat:

Ellen
*12. August 2011

Tanja und Sebastian Grieser

Hochzeitsanzeigen

Bei Hochzeitsanzeigen sollten Sie sich überlegen, ob und
welche Adresse Sie angeben: die private oder die Tagesad-
resse, also zum Beispiel den Namen und die Anschrift des
Restaurants, in dem gefeiert wird.

Wichtige Angaben in einer Hochzeitsanzeige sind:
- Tag der Eheschließung
- Ort der Eheschließung

Muster Privatkorrespondenz

Zitate zur Hochzeit

Die Liebe ist der Stoff, den die Natur gewebt und die Fantasie bestickt hat. *(Voltaire)*

Die Liebe allein versteht das Geheimnis, andere zu beschenken und dabei selbst reich zu werden. *(Clemens Brentano)*

Die Liebe erträgt alles, glaubt alles, hofft alles, hält allem stand. Die Liebe hört niemals auf. *(Korintherbrief 13, 7)*

- Namen der Brautleute
- ggf. Ort und Uhrzeit der kirchlichen Trauung

Wir heiraten heute!

Silvia Scherer   Heiko Lorenz

Uferstraße 23, 64673 Zwingenberg

Wir haben geheiratet

Torsten & Bettina Michel
geb. Müller

Eutin, 14. Mai 2011

Wir heiraten

Christopher Schmitt   Tanja Schmitt
geb. Bernhard

Die kirchliche Trauung findet am Samstag, 17. Mai 2003, um 14 Uhr in der Maria-Himmelfahrt-Kirche in Zwingenberg statt.

Traueranzeigen werden zunehmend individuell gestaltet.

Traueranzeigen

Bei Traueranzeigen greifen Bestatter und Anzeigenabteilungen der Zeitungen auf Musterbücher und Formulierungshilfen zurück. Aber auch ganz individuelle Gestaltungen sind zunehmend üblich. Meist gibt es neben der Zeitungsanzeige noch einen gedruckten Trauerbrief für besonders nahe stehende Personen und entfernt wohnende Bekannte und Verwandte, die entsprechend der Traueranzeige gestaltet ist. Durch eine dieser Trauerpost beiliegende Karte kann man zusätzlich einen eingegrenzten Personenkreis nach der Beisetzung in ein Café, eine Gaststätte oder in das Trauerhaus einladen. Ein Trauerbrief wird so gefaltet, dass die Schrift innen liegt. Die Zeitungsanzeige sollte am selben Tag erscheinen, an dem auch die Trauerpost bei den angeschriebenen Personen eingeht, außer wenn die Familie keine öffentliche Beerdigung wünscht. Die Leser versuchen aus den wenigen Worten unter anderem zu ergründen, wie eng die Beziehung der Hinterbliebenen zum Verstorbenen war, ob es ein Tod durch Krankheit, Unfall oder Selbsttötung war. Über die Neugier der Leser sollte man sich also im Klaren sein, wenn man nach individuellen Formulierungen sucht. Häufig findet man Anzeigen, in denen der Verstorbene direkt angesprochen wird (»Wir trauern um Dich«). Das widerspricht letztlich dem Gedanken, der hinter einer Todesanzeige steckt: Man möchte die Öffentlichkeit informieren, nicht aber eine Botschaft an den Verstorbenen richten.

Das sollten Sie bei einer Traueranzeige beachten:

- Unerlässliche Informationen sind Name, gegebenenfalls der Geburtsname und der Todestag des Verstorbenen.
- Akademische Grade können, müssen aber nicht aufgeführt werden, auch mit Zusätzen wie Dr. jur. oder Dr. med., ebenso besondere Auszeichnungen (z. B. Bundesverdienstkreuz). Falls der Beruf eng zur Persönlichkeit des Verstorbenen gehört hat, kann auch er genannt werden.
- Häufig wird auch das Geburtsdatum des Verstorbenen angegeben.
- Üblich ist auch die Angabe der Namen der Hinterbliebenen – in welcher Ausführlichkeit, das ist Geschmackssache.
- Wenn gewünscht: Ort, Termin und besondere Hinweise zur Beerdigung oder Trauerfeier
- Eventuell Ergänzungen durch Zitate, ausführlichere Schilderung der Todesumstände, Trauerbekundung etc.
- Die Angabe einer Traueranschrift sagt eindeutig, wohin Kondolenzbriefe adressiert werden sollen.

Muster Privatkorrespondenz

Bekanntgabe	■ Am 1. Januar ist Hans Kunz gestorben.
	■ Wir trauern um Hans Kunz, † 1. Januar 2012
	■ Traurig nehmen wir Abschied von Hans Kunz, * 23. Mai 1920, † 1. Januar 2012
Hinweise zur Todesursache	■ ... nach kurzer/langer Krankheit ...
	■ ... durch ein tragisches Unglück ...
	■ ... unerwartet ...
	■ ... nach langem Leiden ...
	■ ... hat uns verlassen ...
Ergänzung / Ausdruck der Trauer	■ ... der uns nach einem erfüllten Leben für immer verlassen hat.
	■ Dankbar für seine Fürsorge und Liebe nehmen wir Abschied.
	■ Nach langer Krankheit nahm Gott meinen liebevollen Vater, unseren Großvater und Onkel zu sich.
	■ In unseren Herzen lebt er weiter.
	■ Wir sind sehr traurig.
	■ Wir vermissen ihn sehr.
Hinweise zur Bestattung	■ Die Beisetzung findet am 16. Juli um 13.30 Uhr auf dem Friedhof in Schwerdthof statt.
	■ Anstelle von Blumen und Kränzen wünschte sich der Verstorbene eine Spende für den Hospizverein (Bankverbindung: ...).
	■ Von Beileidsbekundungen am Grab bitten wir abzusehen.
	■ Eine Kondolenzliste / ein Kondolenzbuch liegt aus.

Zitate für Traueranzeigen

Anfangs wollt ich fast verzagen / und ich glaubt, ich trüg es nie; / und ich hab es doch getragen – / aber fragt mich nur nicht wie? *(Heinrich Heine)*

Der Herr ist mein Hirte, mir wird nichts mangeln. Er weidet mich auf einer grünen Aue und führet mich zu frischem Wasser. Er erquickt meine Seele. Er führet mich auf rechter Straße um seines Namens willen. *(Bibel – Psalm 23)*

Der Tod ist gewissermaßen eine Unmöglichkeit, die plötzlich zur Wirklichkeit wird. *(Johann Wolfgang von Goethe)*

Was wir in Liebe bewahren, geht niemals verloren.

Muster Traueranzeigen

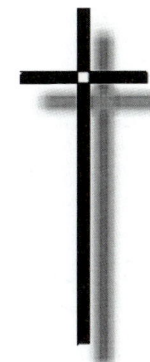

Schwer ist es,
einen geliebten Menschen zu verlieren.
Doch ein Trost ist es,
unseren Julius bei Gott geborgen zu wissen.

Durch einen tragischen Motorradunfall wurde unser
lieber Sohn, unser Bruder und Onkel

Julius Dornmeier

am 13. März 2007 im Alter von 19 Jahren aus
dem Leben gerissen. Er hatte noch so viel vor.

In tiefer Trauer
Eva und Dr. Hans Dornmeier
Felix Dornmeier
Ute Michels geb. Dornmeier
Sebastian und Felix

Osnabrück, den 15. März 2007

Die Beisetzung findet in aller Stille im engsten
Familienkreis statt. Im Sinne des Verstorbenen bitten
wir anstelle zugedachter Blumengaben um eine Spende
an WWF Deutschland, Konto 2000, BLZ 550 205 00.

Ein großes Herz hat aufgehört zu schlagen.

Wir nehmen Abschied von meiner lieben Schwester,
unserer lieben Tante.

Erna Schulze
geb. Hermann

wurde am 1. Februar 2007 nach langer, mit Geduld
ertragener Krankheit im Alter von 67 Jahren in die
Ewigkeit abgerufen.

Wir sind sehr traurig.

Gertrud und Yvonne

Traueradresse:
Gertrud Herzig, Am Wald 18, 16515 Oranienburg

Die Beerdigung findet am Mittwoch, den 7. Februar 2007,
um 14.30 Uhr auf dem Friedhof in Oranienburg statt.
Von Beileidsbezeugungen am Grab bitten wir Abstand
zu nehmen.

Muster Traueranzeigen

Auch wenn er nicht mehr unter uns ist,
so ist er doch immer bei uns.

Nach kurzer schwerer Krankheit verstarb
mein geliebter Mann, unser herzensguter
Vater und Schwiegervater

Frieder Esser

* 11. Juli 1953   **† 20. Juni 2007**

In Liebe und Dankbarkeit
Rosemarie Esser und Familie

Wir begleiten ihn am Donnerstag, den 28. Juni 2007, um
14 Uhr auf dem Friedhof in Uslar zu seiner letzten Ruhestätte.
Anschließend Seelenamt in der Heilig-Geist-Kirche.

Dankschreiben für Beileidsbekundungen

Spätestens einen Monat nach dem Tod sollte sich die Familie für die Beileidsbekundungen bedanken. Sowohl eine Anzeige in der Tageszeitung als auch gedruckte Karten oder Briefe – oder beides – kommen infrage. Je nach Anzahl der erforderlichen Dankschreiben kann man sich auch mit einem handgeschriebenen Brief bedanken. Zeitungsanzeigen werden meist gewählt, wenn die Angehörigen nicht über die Adressen des Bekanntenkreises des Verstorbenen verfügen. Der Versand gedruckter Dankschreiben ist jedoch höflicher, vor allem wenn die Empfänger persönlich kondoliert haben. Besonders gut wirkt es, wenn die gedruckten Dankschreiben per Hand unterschrieben und vielleicht sogar mit einigen persönlichen Worten ergänzt werden.

Das sollten Sie bei einem Dankschreiben für Beileidsbekundungen beachten:

- ■ Der Name des Verstorbenen kann im Textfluss stehen, abgesetzt gedruckt werden oder ganz fehlen.
- ■ Das Todesdatum kann noch einmal erwähnt werden – muss aber nicht.
- ■ Datiert wird das Dankschreiben nicht auf einen Tag, sondern auf den Monat.
- ■ Im Text wird entweder zusammenfassend für die verschiedenen Beileidsbekundungen gedankt, oder sie werden einzeln aufgezählt.

Muster Dankschreiben für Beileidsbekundungen

Werner Schmitz

Danksagung

Es ist schwer, einen geliebten Menschen zu verlieren, aber es ist tröstend zu erfahren, wie viel Liebe, Freundschaft und Wertschätzung ihm entgegengebracht wurden.

Wir danken allen, die ihre Anteilnahme in so vielfältiger Weise zum Ausdruck brachten, sowie all denen, die ihn auf seinem letzten Weg begleiteten.

Unser besonderer Dank gilt Frau Pfarrerin Siebler für ihre tröstenden Worte, dem evangelischen Kirchenchor Neuweiler für die Gestaltung der Trauerfeier, dem Radsportverein Neuweiler für den ehrenden Nachruf sowie unseren Verwandten und Freunden.

Brigitte, Ralf und Verena Schmitz

Neuweiler, im Februar 2007

Muster Privatkorrespondenz

Allen, die sich in der Trauer mit uns verbunden fühlen und ihre liebevolle Anteilnahme auf so vielfältige Art zum Ausdruck brachten, danken wir von Herzen.

Für die mitfühlende Anteilnahme, die uns beim Heimgang unserer lieben Verstorbenen durch Wort, Schrift, Kranz- und Blumenspenden zuteil wurde, sagen wir unseren herzlichen Dank.

Für die vielen Beweise herzlicher Anteilnahme durch Wort, Schrift, Geld-, Kranz- und Blumenspenden danken wir herzlich.

Nachrufe

Für einen Jahrgangs- oder Vereinskameraden wird neben Kondolenzbriefen häufig auch ein Nachruf in Form einer Traueranzeige verfasst. Achten Sie darauf, dass Sie in Ihrem Nachruf nicht Dinge veröffentlichen, die von der Familie in ihrer Todesanzeige nicht bekannt gegeben wurden. Details über die Todesursache nennen Sie daher besser nicht. Beschränken Sie sich auf die Würdigung des Verstorbenen – auf das, was Sie ihm »nachrufen«.

Das sollten Sie beim Verfassen eines Nachrufs beachten:

- Nennen Sie den Namen des Verstorbenen und gegebenenfalls auch seine Funktion in Ihrem Verein.
- Benennen Sie Ihre Beziehung zu dem Verstorbenen (unser Kollege/Vereinskamerad).
- Oft wird auch das Alter des Verstorbenen genannt.
- Formulieren Sie eine Würdigung, die seine Persönlichkeit möglichst ehrlich beschreibt.
- Drücken Sie Ihr Mitgefühl mit den Angehörigen aus.
- Es kann sinnvoll sein, im Nachruf einen Ort zu nennen, an dem sich Ihre Gruppe sammelt, um gemeinsam an der Trauerfeier oder der Bestattung teilzunehmen.

Muster Nachrufe

Der Wald steht schwarz und schweiget,
und aus den Wiesen steiget
der weiße Nebel wunderbar.
Matthias Claudius

Ein engagierter Naturschützer, unser
Gründungsmitglied und lieber Freund

Dr. phil. Manfred von Selmbach
Träger des Bundesverdienstkreuzes

ist am 29. Juli 2007 im Alter von fast 78 Jahren
aus einem erfüllten Leben abberufen worden. In
Respekt und Zuneigung gedenken wir eines
Menschen, der sich für die Erhaltung der
Waldgebiete in Nordbaden eingesetzt hat.
Durch sein umfassendes Fachwissen und seinen
großen persönlichen Einsatz hat er unsere Arbeit
entscheidend geprägt.
Wir trauern mit seinen Angehörigen.

**Der Vorstand und alle Mitglieder des Vereins
für den Erhalt des nordbadischen Waldes e.V.,
Weinheim**

Muster Nachrufe

Wir trauern um

Bert Bergner

Er war Gründer unseres Vereins, den er 1967 ins Leben
gerufen hat. Durch seinen Einsatz konnte unser Verein das
Gelände erwerben, auf dem er zu einem der größten in der
Region wurde. Mit seinem natürlichen und freundlichen
Wesen hat Bert den Verein 20 Jahre als Vorsitzender geleitet,
was ihm weit über die Grenzen Dreibergheims große Anerkennung einbrachte. Wir werden ihn in dankbarer Erinnerung behalten.

Seiner Frau, seinen Kindern und allen Angehörigen gilt
unsere herzliche Anteilnahme.

Reit- und Fahrverein Dreibergheim e. V.

Wir trauern um unseren Feuerwehrkameraden

Dirk Hamel
Oberlöschmeister

der im Alter von 66 Jahren verstorben ist.

Wir danken ihm für seine langjährige Treue zur Freiwilligen
Feuerwehr und zum Spielmannszug Neugriesheim.

In Trauer und Dankbarkeit nehmen wir von ihm Abschied.
Wir werden sein Andenken in Ehren halten.

Freiwillige Feuerwehr Neugriesheim

Beerdigung: Freitag, 13 Uhr, Friedhof Neugriesheim

Die Wehr trifft sich um 12:30 Uhr am Feuerwehrgerätehaus.

Zeitungsanzeigen

Immobilienanzeigen

Anzeigen in Zeitungen sind teuer. Bei privaten Anzeigen entscheidet man sich daher meist für Kleinanzeigen. Den häufig fett gedruckten Anfang sollten Sie sorgfältig formulieren, damit der Leser gleich erkennt, ob Sie eine Wohnung suchen oder ein Ladenlokal, ob Sie ein Haus verkaufen wollen oder eine Mietwohnung anbieten.

Beispiele für Wohnungsanzeigen

Nachmieter gesucht: DG-Wohnung, 4 Zi. und 2 Bäder, Balk., Einbauk., 880 € + NK. Tel.: 01234 987654
Dachwohnung: sehr komfortabel, 4 Zi., 2 Bäder, Balkon und Einbauküche für 900 € + 130 € NK. Tel.: 01234 987654 (Sa. ab 10 Uhr)
Lehrerin, 30 Jahre, sucht 1-Zi.-Apartment in Zentrumsnähe bis 300 € warm. Angebote bitte unter Chiffre AP 10325

- Die wichtigen Wörter sollten Sie möglichst nicht abkürzen: Bad, Balkon, Einbauküche.
- Manche Abkürzungen sind aber so verbreitet, dass man sie verwenden kann, etwa NK für Nebenkosten. Oft findet sich eine Liste mit gängigen Abkürzungen im Anzeigenteil, an der Sie sich orientieren können.

Verkaufsanzeigen

Die wichtigste Forderung für eine erfolgreiche Verkaufsanzeige ist: Sie muss informativ und genau sein. Dies erreichen Sie am besten, indem Sie den Text nach der W-Methode aufsetzen:

- Was? Was soll verkauft werden? (genaue Bezeichnung des Gegenstandes)
- Wie? In welchem Zustand ist der Gegenstand? Wie sieht der Gegenstand aus, wie groß, schwer, wertvoll ist er?

- Wie viel? Wie viel soll der Gegenstand kosten? (genauer Betrag oder »Verhandlungsbasis«, »Angebote erbeten«)
- Warum? Warum verkauft man den Gegenstand? Ein zusätzliches Wort wie »Notverkauf«, »Schnäppchen«, »Traumbett« kann weiteren Kaufanreiz bieten.
- Wie? Wie kann der Interessent den Verkäufer erreichen? (telefonisch, mit Brief oder unter Chiffre)
- Wann? Wann ist der Verkäufer zu erreichen? (Tag, Uhrzeit)

Beispiele für Verkaufsanzeigen

Bücherregal, weiß, 2 m x 3 m, neuwertig, 100 €,
Tel. 01234 9876, Samstag ab 15 Uhr
Notverkauf: Mercedes-Oldtimer 219, Bj. 58, TÜV 10/2012,
30350 EUR, Tel. 089 765412, nur Sonntag
Polstergarnitur bestehend aus 3-Sitzer, 2-Sitzer und 2 Sesseln, sehr gut erhalten, VB 450 EUR, Tel. 05613 9876, abends
Rosenthal „Kurfürstendamm", neuwert. Kaffeeservice für 6 Personen mit Kuchenplatte und Konfektschale. Angebote **unter Chiffre 043872**

Stellengesuche

Ein Stellengesuch ist eine Bewerbung im Miniaturformat.

Zunächst müssen Sie klären, wo Sie inserieren wollen: Regional, überregional oder in einem Fachmagazin? Sehen Sie sich die Stellengesuche und -angebote in der ausgewählten Zeitung genau an – sie sind meist eine gute Orientierungshilfe. Auch Fehler können Sie dort erkennen, um sie dann selbst zu vermeiden.

Das sollten Sie bei einem Stellengesuch beachten:
- Orientieren Sie sich an den drei Fragen: Wer bin ich? Was kann ich? Was will ich? Befinden Sie sich in ungekündigter Position, erwähnen Sie das in Ihrer Anzeige, nicht aber, dass Sie arbeitslos sind.
- Formulieren Sie eine aussagekräftige und interessante Überschrift, die das heraushebt, was Sie zu bieten haben – aber keine leere Floskel wie »Profi sucht Job«.

Die Überschrift muss das Interesse des Arbeitgebers wecken, damit er die Anzeige überhaupt liest.

■ Die Angabe einer Telefonnummer macht es dem Arbeitgeber leichter, sie zu kontaktieren, als eine Chiffreanzeige.

■ Die Größe des Stellengesuchs sollte zur gewünschten Position passen. Als Faustregel gilt, dass 10 bis 20 % des monatlichen Bruttogehaltes für die Anzeige ausgegeben werden sollten.

■ Nennen Sie die genaue Bezeichnung der gesuchten Stelle oder des Ausbildungsplatzes.

■ Geben Sie Ihr Alter an und auch Ihr Geschlecht, falls dies nicht aus der Berufsbezeichnung hervorgeht.

■ Machen Sie Angaben über Ihre derzeitige (bzw. letzte) Berufstätigkeit.

■ Umreißen Sie berufliche Kenntnisse, Ausbildung, Erfahrungen.

■ Nennen Sie den möglichen Eintrittszeitpunkt.

■ Geben Sie an, wie Sie für den Interessenten zu erreichen sind (z. B. Chiffre, E-Mail-Adresse oder Telefonnummer).

Beispiele für Stellengesuche

Küchenaushilfe, 24, 3 Jahre Berufserfahrung, hat an den Wochenenden noch Zeit zur Verfügung. Wem kann ich ab sofort in Mannheim-Innenstadt zur Hand gehen? Tel. 0621 31472
Arzthelferin-Ausbildungsplatz gesucht von Realschülerin, 17, zum 01.10.2011 im Raum Erlangen-Höchstadt. Zuschriften bitte unter AP 13 02 51
Kfz-Schlosser, 32, langjährige Berufserf. in d. Montage, sucht neue Aufgabe mit Kundennähe in kleiner Werkstatt. Örtlich ungebunden, Eintrittstermin nach Vereinbarung. Zuschriften erbeten an Chiffre 19-234
Friseurin mit Öko-Erfahrung
33 Jahre, pünktlich, zuverlässig, belastbar, seit 10 Jahren im Beruf, mehrere Fortbildungen Pflanzenhaarfarbe, sucht neue berufliche Perspektive in ganzheitlich orientiertem Friseursalon im Raum München. E-Mail an haarleben@gmx.de

Muster Privatkorrespondenz

Online-Stellengesuche
haben gegenüber
Zeitungsanzeigen den
Vorteil, schnell und
meist kostenlos zu
sein und mehr
potenzielle Leser zu
erreichen.

Online-Stellengesuche

Zahlreiche, oft auch auf Branchen oder Regionen begrenzte Internet-Stellenmärkte stehen für Ihr Stellengesuch meist kostenlos zur Verfügung.

- Achten Sie auf knappe, präzise Aussagen, auch wenn Sie sich in der Formulierung nicht aus Platz- und Kostengründen beschränken müssen.
- Nutzen Sie die Möglichkeit, Ihren Lebenslauf und besondere Qualifikationen zu beschreiben und einen persönlichen Text zu formulieren.
- Der Text sollte Ihre Kernqualifikationen, berufliche Erfahrungen und Ziele nennen.
- Stellen Sie offline alle nötigen Angaben zusammen und erstellen Sie daraus vorab eine Datei in Ihrem Textprogramm, aus dem Sie dann die jeweiligen Aussagen in die Eingabemaske im Internet eingeben. So können Sie Ihr Gesuch auf Vollständigkeit und Fehler prüfen.

Beispiel für ein Online-Stellengesuch

Organisationstalent gesucht?

Langjährige Berufserfahrung als Sekretärin in Assistenz und Projektarbeit (Schwerpunkte: Vertrieb, Öffentlichkeits- und Pressearbeit, Marketing, Assistenz)
Englisch fließend (Wort und Schrift)
Versiert im Termin- und Reisemanagement
Sicher in der Konzeption und Erstellung von Präsentationsunterlagen
Sicher in Texterstellung und Orthografie
Gute PC- und MS-Office-Kenntnisse (auch PowerPoint)
Strukturierte und selbstständige Arbeitsweise
Teamfähig, flexibel, belastbar, gute Umgangsformen

Ich (43 J., w) habe langjährige Berufserfahrung als Sekretärin und arbeite derzeit für die Geschäftsführung eines mittelständischen Unternehmens. Nach einer kaufmännischen Ausbildung habe ich durch ständige Weiterbildung v. a. meine Sprachkenntnisse erweitert und strategisches Verhalten im Umgang mit Mitarbeitern und Kunden erlernt. Eine hohe Identifikation mit dem Unternehmen, seinen Produkten und Zielsetzungen ist mir wichtig.

Muster
Geschäftskorrespondenz

Muster Geschäftskorrespondenz

Die Elemente eines Briefbogens

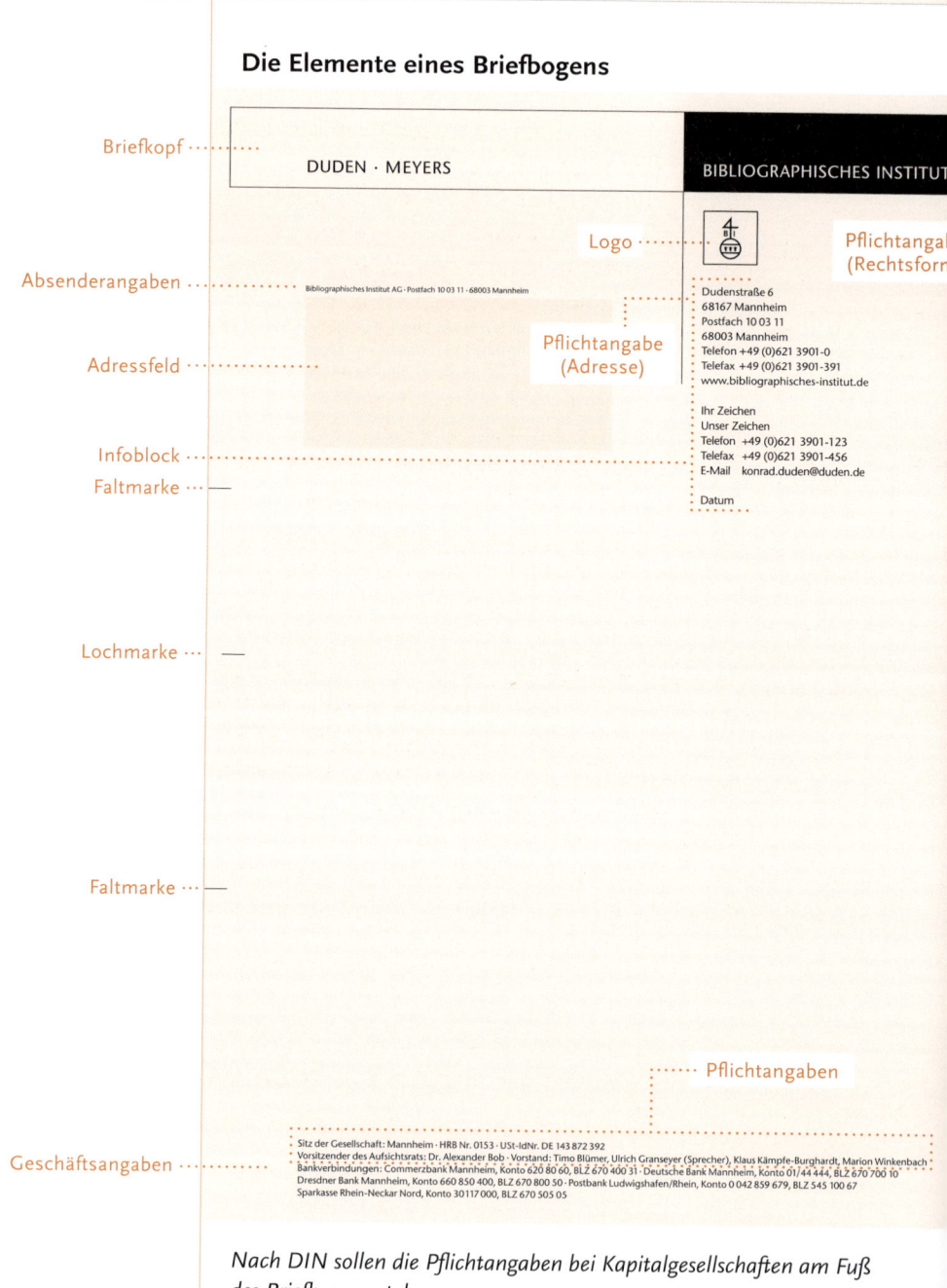

Briefkopf

DUDEN · MEYERS

BIBLIOGRAPHISCHES INSTITUT

Logo

Pflichtangab
(Rechtsform

Absenderangaben

Bibliographisches Institut AG · Postfach 10 03 11 · 68003 Mannheim

Adressfeld

Pflichtangabe
(Adresse)

Dudenstraße 6
68167 Mannheim
Postfach 10 03 11
68003 Mannheim
Telefon +49 (0)621 3901-0
Telefax +49 (0)621 3901-391
www.bibliographisches-institut.de

Ihr Zeichen
Unser Zeichen
Telefon +49 (0)621 3901-123
Telefax +49 (0)621 3901-456
E-Mail konrad.duden@duden.de

Infoblock

Faltmarke

Datum

Lochmarke

Faltmarke

Pflichtangaben

Geschäftsangaben

Sitz der Gesellschaft: Mannheim · HRB Nr. 0153 · USt-IdNr. DE 143 872 392
Vorsitzender des Aufsichtsrats: Dr. Alexander Bob · Vorstand: Timo Blümer, Ulrich Granseyer (Sprecher), Klaus Kämpfe-Burghardt, Marion Winkenbach
Bankverbindungen: Commerzbank Mannheim, Konto 620 80 60, BLZ 670 400 31 · Deutsche Bank Mannheim, Konto 01/ 44 444, BLZ 670 700 10
Dresdner Bank Mannheim, Konto 660 850 400, BLZ 670 800 50 · Postbank Ludwigshafen/Rhein, Konto 0 042 859 679, BLZ 545 100 67
Sparkasse Rhein-Neckar Nord, Konto 30117 000, BLZ 670 505 05

Nach DIN sollen die Pflichtangaben bei Kapitalgesellschaften am Fuß des Briefbogens stehen.

■ DIN-Normen: Gestaltung von Geschäftsbriefen

Die DIN 5008 entstand Ende der 1940er-Jahre und regelte bis 1996 nur das Maschinenschreiben; heute geht sie auch auf die rechnergestützte Textverarbeitung ein. Wo immer zwischen beiden Formen Differenzen bestehen, wurden im vorliegenden Band ausschließlich die Empfehlungen für die elektronische Textverarbeitung aufgeführt.

Das Deutsche Institut für Normung e. V. (DIN) mit Sitz in Berlin wurde 1917 unter dem Namen »Normalienausschuss für den Allgemeinen Maschinenbau« als Verein gegründet. Die Organisation erarbeitet als Dienstleistung Normen und Standards für Wirtschaft, Staat und Gesellschaft. Aufgrund eines Vertrages mit der Bundesrepublik Deutschland ist das DIN als die nationale Normungsorganisation in den europäischen und internationalen Normungsorganisationen anerkannt.

DIN-Normen dienen der Rationalisierung, der Sicherheit und der Qualitätssicherung; ihre Einhaltung ist allerdings rechtlich nicht Pflicht. Alle DIN-Normen regeln nur die jeweils wichtigsten Grundlagen. In keinem der vielen Bereiche, die durch DIN normiert werden, reichen die DIN-Normen aus, um alle Zweifelsfälle zu klären. Die **DIN 5008: Schreib- und Gestaltungsregeln für die Textverarbeitung** ist die wichtigste DIN-Norm für das Sekretariat. Sie regelt nicht die inhaltlichen Aspekte der Korrespondenz – sie bietet also auch keinerlei stilistische Hilfe –, sondern ausschließlich formale Belange: Sie ist nicht zuständig für das »Was«, sondern beschränkt sich auf das »Wie«.

In den Bereich der Korrespondenz fiel auch DIN 676: Geschäftsbrief – Einzelvordrucke und Endlosvordrucke, die den formalen Aufbau von Briefpapier regelte. Sie geht seit 2010 in Abschnitt 16 von DIN 5008 auf. DIN 678-1 und DIN 680 enthalten die Normen für Briefhüllen mit und ohne Fenster.

In einigen Fällen widerspricht die DIN-Norm der deutschen Rechtschreibung und/oder typografischen Prinzipien.

Muster Briefbogen Form A nach DIN mit Infoblock

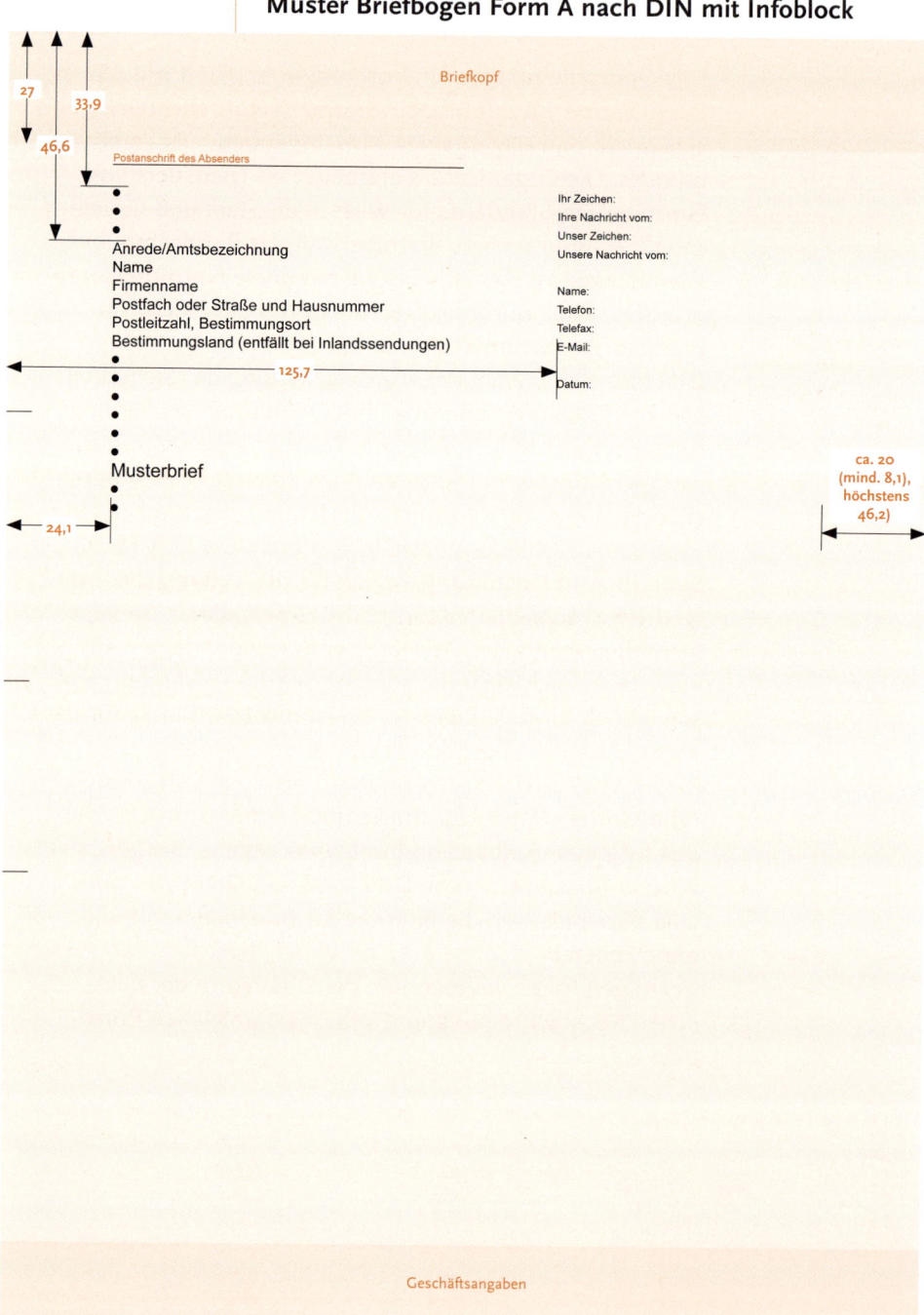

Briefkopf

27

33,9

46,6

Postanschrift des Absenders

Ihr Zeichen:
Ihre Nachricht vom:
Unser Zeichen:
Unsere Nachricht vom:

Anrede/Amtsbezeichnung
Name
Firmenname
Postfach oder Straße und Hausnummer
Postleitzahl, Bestimmungsort
Bestimmungsland (entfällt bei Inlandssendungen)

Name:
Telefon:
Telefax:
E-Mail:

125,7

Datum:

Musterbrief

ca. 20
(mind. 8,1),
höchstens
46,2)

24,1

Geschäftsangaben

Muster Briefbogen Form B nach DIN mit Infoblock

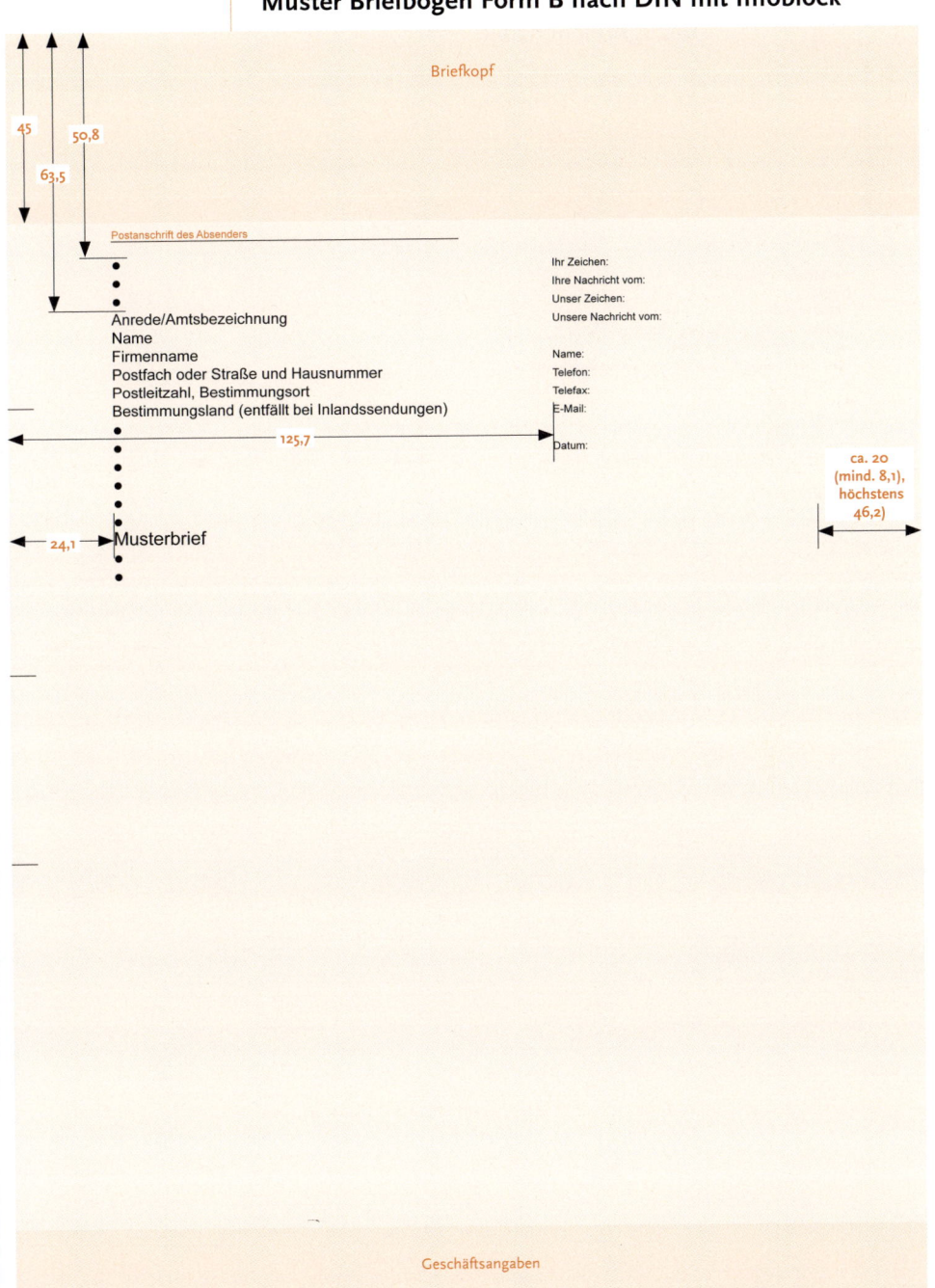

Briefkopf

45

50,8

63,5

Postanschrift des Absenders

Ihr Zeichen:
Ihre Nachricht vom:
Unser Zeichen:
Unsere Nachricht vom:

Anrede/Amtsbezeichnung
Name
Firmenname
Postfach oder Straße und Hausnummer
Postleitzahl, Bestimmungsort
Bestimmungsland (entfällt bei Inlandssendungen)

Name:
Telefon:
Telefax:
E-Mail:

125,7

Datum:

ca. 20
(mind. 8,1),
höchstens
46,2)

24,1

Musterbrief

Geschäftsangaben

Muster Briefbogen Form A nach DIN mit Bezugszeichenzeile

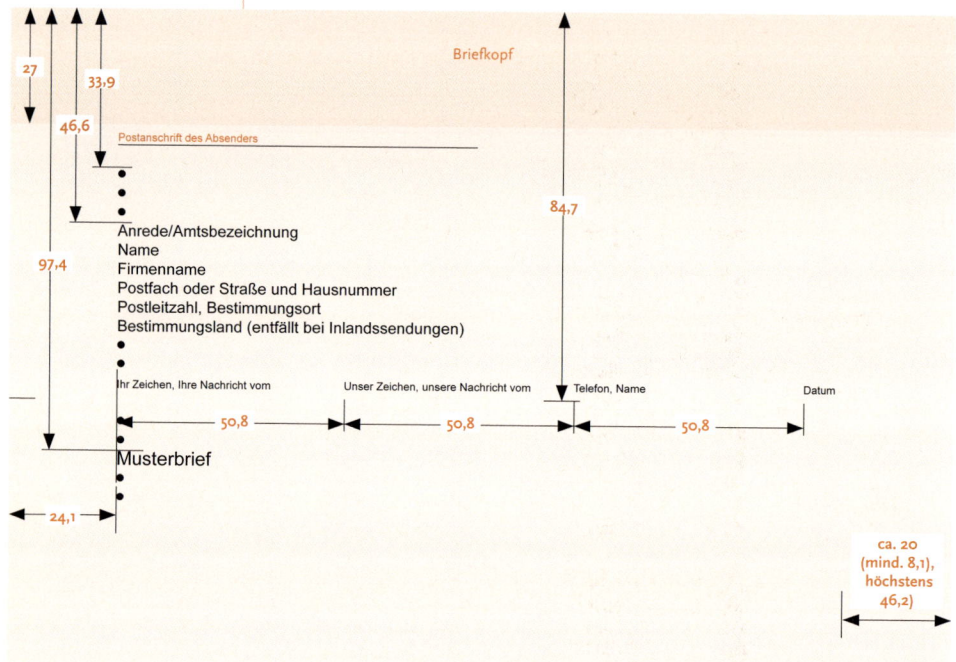

Muster Briefbogen Form B nach DIN mit Bezugszeichenzeile

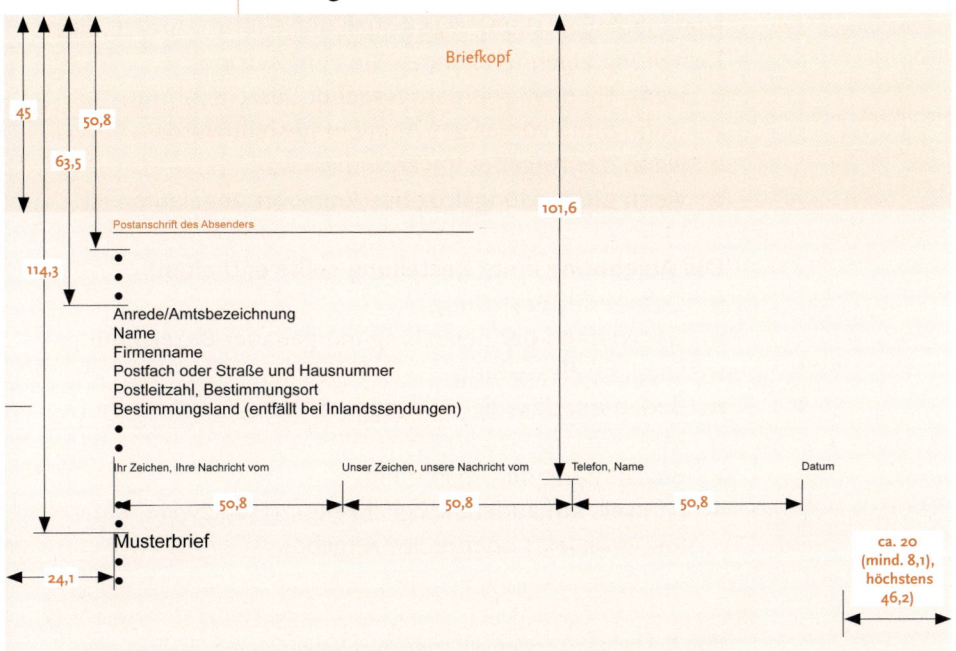

Briefkopf

45

50,8

63,5

101,6

114,3

Postanschrift des Absenders

Anrede/Amtsbezeichnung
Name
Firmenname
Postfach oder Straße und Hausnummer
Postleitzahl, Bestimmungsort
Bestimmungsland (entfällt bei Inlandssendungen)

Ihr Zeichen, Ihre Nachricht vom   Unser Zeichen, unsere Nachricht vom   Telefon, Name   Datum

50,8   50,8   50,8

Musterbrief

24,1

ca. 20
(mind. 8,1),
höchstens
46,2)

Geschäftsangaben

▪ Ablehnung von Bestellungen

Bestellungen, die innerhalb der Bindungsfrist auf ein verbindliches, persönliches Angebot hin vorgenommen wurden, dürfen nicht abgelehnt werden.

Nicht jede Bestellung muss auch ausgeführt werden. Eine Bestellung ablehnen können Sie zum Beispiel

- ▪ wenn sie nicht mit dem Angebot übereinstimmt,
- ▪ wenn ohne vorheriges Angebot bestellt wurde,
- ▪ wenn das Angebot unverbindlich war,
- ▪ wenn die Bindungsfrist des Angebots abgelaufen ist.

Die Ablehnung einer Bestellung sollte enthalten:

- ▪ Datum der Bestellung
- ▪ Gegenstand der Bestellung mit genauer Bezeichnung
- ▪ Dank für Bestellung
- ▪ Bedauern, dass der Auftrag nicht ausgeführt werden kann
- ▪ Begründung der Ablehnung
- ▪ Hinweis auf andere Möglichkeiten (Ersatzware, Katalog, Prospekt) oder neues Angebot

Textbausteine »Ablehnung von Bestelllungen«

Ihre Bestellung können wir leider nicht mehr zu den Bedingungen unseres unverbindlichen Angebotes ausführen.

Leider ist die Bindungsfrist unseres Angebotes inzwischen abgelaufen.

Alternativ können wir Ihnen folgendes Angebot machen: ...

Als Ersatz empfehlen wir folgende Produkte: ...

Muster Ablehnung

	Ihr Zeichen: Tp-ba
	Ihre Nachricht vom: 14.06.2011
	Unser Zeichen: Se-we
Eisenwaren Giesen & Co.	Unsere Nachricht vom:
Herrn Paul Kaiser	
Hohe Straße 56	Name: Sören Ekberg
42477 Radevormwald	Telefon: 02104 4369-255
	Telefax: 02104 4369-258
	E-Mail: ekberg-s@werkzeugs.com
	Datum: 2011-06-19

Ihr Auftrag vom 14.06.2011

Sehr geehrter Herr Kaiser,

Ihre Bestellung über 300 Bohr- und Fräswerkzeuge können wir leider zu den von Ihnen genannten Bedingungen nicht mehr ausführen. Die Bindungsfrist unseres Angebots ist am 31. Mai abgelaufen, die von Ihnen genannten Preise sind daher nicht mehr gültig.

Wegen der gestiegenen Materialpreise waren wir gezwungen, unsere Preise um durch-schnittlich etwa 5 % zu erhöhen. Die geänderten Preise können Sie dem beigefügten neuen Angebot entnehmen. Wir würden uns freuen, wenn Sie uns auch auf dieser Grund-lage den Auftrag erteilen.

Mit freundlichen Grüßen

Sören Ekberg
Sören Ekberg
Abteilungsleiter Verkauf

Anlage

Muster Ablehnung

Frau
Ilka von Verkoien
Heiligenstraße 80
55130 Mainz

Ihr Zeichen, Ihre Nachricht vom	Unser Zeichen, unsere Nachricht vom	Telefon, Name	Datum
IV-be 2011-07-18	Hw-bl 2011-07-01	06131 8273-98	2011-07-19

Ihre Bestellung vom 18.07.2011

Sehr geehrte Frau von Verkoien,

herzlichen Dank für Ihren Auftrag, den wir gern ausführen würden. Aber unser Angebot vom 01.07.2011 sieht 10 % Rabatt bei Abnahme von 250 Sortimenten vor. 200 Sortimente mit 15 % Rabatt – wie in Ihrer Bestellung – lässt unser enger Kalkulationsrahmen leider nicht zu.

Unser äußerstes Angebot sind 250 Sortimente mit 15 % Rabatt. Alle anderen Konditionen bleiben davon unberührt.

Dürfen wir liefern? Wir bitten um Ihre Bestätigung.

Mit freundlichen Grüßen

Helga Werner
Helga Werner

Muster Ablehnung englisch

Postanschrift des Absenders

Ihr Zeichen: Jg
Ihre Nachricht vom: 2011-09-09
Unser Zeichen: Sk-lm
Unsere Nachricht vom:

Mr. Jack Gaulder
Heating & Air Conditioning
1410 Second Street
MIDLAND, TEXAS 78699
USA

Name: Stella Knitter
Telefon: -342
Telefax: -990
E-Mail: s.knitter@pliza.de

Datum: 2011-09-30

Dear Mr. Gaulder:

Thank you for submitting specifications and a cost estimate for the heating on our Carrington Pliza project. Your references and list of previous clients are impressive.

We received over twenty bids. Each bid was carefully reviewed in light of our budget and the qualifications of each company.

Your firm was among five finalists we considered. After careful deliberation, however, we selected another company for our project. Their bid was closest to our budget.

We appreciate your interest in our project and the time and effort you took in preparing your bid. We hope you will consider bidding on future projects we supervise. Your firm's qualifications are excellent.

Truly yours,
Pliza Development, Inc.

Stella Knitter
Stella Knitter
Project Supervisor

Muster Geschäftskorrespondenz

■ Abmahnungen

Eine Abmahnung sollte möglichst sofort oder so schnell wie möglich nach dem Fehlverhalten erfolgen, auch wenn es hier keine rechtlich verbindlichen Fristen gibt.

Eine Abmahnung – in Österreich »Unterlassungsaufforderung« – gegenüber Arbeitnehmern hat sowohl arbeitsrechtliche als auch psychologische Effekte. Die Abmahnung ist Voraussetzung für eine verhaltensbedingte Kündigung. Sie muss das bemängelte Fehlverhalten genau beschreiben und dabei Ort und Zeitpunkt benennen. Sie muss eine ausdrückliche Missbilligung enthalten, korrektes Verhalten fordern und Konsequenzen für künftiges Fehlverhalten konkret benennen.

Bedenken Sie beim Formulieren aber auch die psychologischen Aspekte einer Abmahnung – einerseits möchten Sie deutlich machen, wie ernst Sie das Fehlverhalten nehmen, und sich zugleich die Möglichkeit einer Kündigung eröffnen. Wenn aber der Mitarbeiter sein Fehlverhalten einstellt, sollte er motiviert und ohne Gesichtsverlust weiter bei Ihnen arbeiten können. Bemühen Sie sich deshalb um einen nüchternen, sachlichen Ton.

Das sollten Sie bei einer Abmahnung beachten:
- Benennen Sie das Fehlverhalten präzise.
- Dokumentieren Sie den Verstoß unter Angabe von Ort und Zeitpunkt, eventuell auch unter Benennung von Zeugen.
- Weisen Sie darauf hin, dass Sie weitere Verstöße nicht dulden werden.
- Warnen Sie vor den Konsequenzen, z. B. Kündigung.
- Formulieren Sie, ohne zu verletzen: sachlich und ohne emotionale Kritik.
- Sinnvoll zur Dokumentation ist es, sich die Kenntnisnahme der Abmahnung von dem Mitarbeiter schriftlich bestätigen zu lassen.

Auch Arbeitnehmer können eine Abmahnung erteilen, wenn der Arbeitgeber die Pflichten aus dem Arbeitsvertrag verletzt und der Arbeitnehmer deshalb eine Kündigung beabsichtigt.

Textbausteine »Abmahnungen«	
Funktion	**Formulierung**
Dokumentieren	■ Am *24.11.2011 um 8.30 Uhr* sind Sie von *Ihrer Vorgesetzten Frau Schneider alkoholisiert* am Arbeitsplatz angetroffen worden.
	■ Am *13., 18., 19., 24., 25. und 27. August 2010* sind Sie jeweils mehr als 15 Minuten zu spät am Arbeitsplatz erschienen.
Hinweisen	■ Gegen die aus Ihrem Arbeitsvertrag resultierende Verpflichtung haben Sie damit verstoßen. Das kann unser Unternehmen nicht hinnehmen.
	■ Ich fordere Sie auf, Ihren Verpflichtungen aus dem bestehenden Arbeitsvertrag nachzukommen.
Warnen	■ Wir weisen darauf hin, dass wir bei einem weiteren Verstoß dieser Art Ihren Arbeitsvertrag kündigen werden.
	■ Sollten Sie künftig erneut gegen diese Verpflichtung verstoßen, müssen Sie mit der Kündigung Ihres Arbeitsverhältnisses rechnen.

Muster Abmahnung

Herrn
Alfred Merckle
Beinengutstraße 45
64272 Darmstadt

20. März 2011

Abmahnung

Sehr geehrter Herr Merckle,

Sie sind in der letzten Woche mehrfach zu spät gekommen. Das hat die elektronische Zeiterfassung dokumentiert, und zwar am

11. März 2011 um 8.45 Uhr
15. März 2011 um 8.33 Uhr
17. März 2011 um 8.58 Uhr

Laut Arbeitsvertrag beginnt Ihre Arbeitszeit um 8.00 Uhr. Die Firma kann Ihre Verspätung am Arbeitsplatz nicht hinnehmen. Im Interesse aller Mitarbeiter sind wir auf Pünktlichkeit angewiesen. Ich fordere Sie daher auf, die vereinbarte Arbeitszeit in Zukunft einzuhalten. Sollten Sie auch künftig verspätet an Ihrem Arbeitsplatz erscheinen, müssen Sie mit der Kündigung des Arbeitsverhältnisses rechnen.

Bitte bestätigen Sie auf der Kopie dieses Schreibens, dass Sie die Abmahnung gelesen und verstanden haben.

Mit freundlichen Grüßen

Hans Hurtig
Hans Hurtig
Geschäftsführer

Muster Abmahnung

Frau
Anna Müller
Herneweg 6
81739 München

Ihr Zeichen, Ihre Nachricht vom	Unser Zeichen, unsere Nachricht vom	Telefon, Name	Datum
	Bb-vo	-22	03.11.2011

Abmahnung

Sehr geehrte Frau Müller,

heute, am 3. November 2011, um 11:30 Uhr sind Sie von Ihren Mitarbeiterinnen Frau Bergner und Frau Häussler alkoholisiert an Ihrem Arbeitsplatz angetroffen worden. Sie hatten Mühe, Ihre Augen geradeaus zu richten, konnten kaum klar artikulieren und rochen stark nach Alkohol. Auf Nachfragen der Mitarbeiterinnen gaben Sie zu, mehrere Gläser Wodka getrunken zu haben.

Damit haben Sie gegen das betriebliche Alkoholverbot verstoßen. Ich mahne Sie hiermit ausdrücklich ab und fordere Sie auf, sich künftig an das betriebliche Alkoholverbot zu halten. Ich weise darauf hin, dass Sie andernfalls mit der Kündigung Ihres Arbeitsverhältnisses rechnen müssen.

Mit freundlichen Grüßen

Birgit Baumeister
Birgit Baumeister
Geschäftsführerin

Empfangsbestätigung:
Diese Abmahnung habe ich persönlich erhalten und gelesen.

Ort, Datum und Unterschrift des Arbeitnehmers

■ Absagen

Eine Absage – auf eine Einladung, ein Angebot oder eine Bewerbung – bedeutet immer eine Enttäuschung des Empfängers. Insbesondere bei Bewerbern auf eine Stelle sollten Sie umsichtig vorgehen.

Auch wenn Sie 250 oder mehr Bewerber abweisen müssen: Versetzen Sie sich in die Lage des Empfängers. Wie niederschmetternd ist es, wenn der bange Weg zum Briefkasten schon wieder mit einem dicken Umschlag *(... erhalten Sie Ihre Unterlagen zu unserer Entlastung zurück)* endet. Geben Sie auch dem abgelehnten Bewerber das Gefühl, individuell wahrgenommen worden zu sein. Versuchen Sie, ihm auch irgendeine positive Bewertung zu geben – natürlich sollte diese nicht unrealistisch sein. Oder vielleicht können Sie einen Tipp geben, wie er seine Chancen erhöhen kann?

Lieblose Absagen auf Bewerbungen schaffen immer auch ein negatives Image für Ihr Unternehmen.

Das sollten Sie bei der Formulierung einer Absage beachten:

- Danken Sie für die Bewerbung oder das Angebot.
- Sagen Sie etwas Positives über den Bewerber oder Anbieter und bedauern Sie die Ablehnung.
- Erklären Sie, warum Sie einen anderen bevorzugt haben.
- Falls denkbar: Schreiben Sie, dass Sie den Bewerber gern beim nächsten Mal wieder berücksichtigen möchten.
- Wünschen Sie dem Bewerber für die Zukunft alles Gute.
- Absage per E-Mail ausschließlich bei Online-Bewerbungen und Online-Angeboten!

Textbausteine »Absagen«

Einleitung	■ Ganz herzlichen Dank für Ihre Einladung.
	■ Vielen Dank für Ihr Interesse an einer Mitarbeit in unserer Firma.
	■ Wir bedanken uns für Ihr Angebot / Ihre Bewerbung.
Mittelteil	■ Wir würden uns aber freuen, wenn Sie sich auch künftig wieder bei uns bewerben würden.
	■ Bitte lassen Sie sich nicht entmutigen. Diesmal hat ein anderer Bewerber am besten zu der ausgeschriebenen Stelle gepasst – ein andermal könnten Sie das sein!
Schlussformel	■ Ich wünsche Ihnen eine gelungene Einweihungsfeier.
	■ Wir wünschen Ihnen viel Erfolg bei Ihren weiteren Bewerbungen.
	■ Wir wünschen Ihnen viel Erfolg und auch persönlich alles Gute.
	■ Wir hoffen, Ihnen bei einer künftigen Gelegenheit einen Auftrag erteilen zu können.

Muster Geschäftskorrespondenz

Muster Absage: unangemessene Formulierungen

Briefkopf

Postanschrift des Absenders

Herrn
Sven Oberdorfer
Karlstraße 20
78713 Gifizenmoos

Ihr Zeichen, Ihre Nachricht vom	Unser Zeichen, unsere Nachricht vom	Telefon, Name	Datum
	Hh-in	Helma Heidtkamp	29.07.201

Die saloppe Anrede wirkt unangemessen; nach der Begrüßungsfloskel sollte ein Komma folgen.

Hallo, Herr Oberdorfer!

Leider kann ich Ihnen keine Zusage für die ausgeschriebene Stelle geben, da ich den Eindruck gewonnen habe, dass Sie nicht in unser Team passen würden. Viel Glück bei Ihren anderen Bewerbungen.

Die Begründung für die Ablehnung ist verletzend formuliert.

Anliegend sende ich Ihnen Ihre Bewerbungsunterlagen zu unserer Entlastung zurück.

Umständliche Formulierungen

Vielen Dank für Ihr Verständnis.

Veraltete Floskel

Mit freundlichen Grüßen

Helma Heidtkamp
Helma Heidtkamp

Geschäftsangaben

236

Muster Absage

Herrn
Sven Oberdorfer
Karlstraße 20
78713 Gifizenmoos

Ihr Zeichen, Ihre Nachricht vom	Unser Zeichen, unsere Nachricht vom	Telefon, Name	Datum
2011-07-19	Hh-in	-776, Helma Heidtkamp	2011-07-29

Ein Dank für die Bewerbung sollte selbstverständlich sein.

Sehr geehrter Herr Oberdorfer,

ich danke Ihnen für Ihre Bewerbung und das Interesse, das Sie unserem Unternehmen entgegengebracht haben.

Die Begründung für die Ablehnung lässt dem Bewerber die Hoffnung, unter den Interessenten mit guten Voraussetzungen gewesen zu sein.

Es haben sich viele Bewerber für die Stelle gemeldet und so müssen wir leider auch Interessenten mit guten Voraussetzungen absagen – darunter auch Ihnen. Ihre Bewerbungsunterlagen erhalten Sie hiermit zu Ihrer weiteren Verfügung zurück.

Ich wünsche Ihnen, dass Sie bei Ihren nächsten Bewerbungen Erfolg haben.

Mit freundlichen Grüßen

Helma Heidtkamp
Helma Heidtkamp
Personalabteilung

»Ich« statt »wir« lässt den Wunsch persönlicher wirken.

Muster Geschäftskorrespondenz

Muster Absage

Frau
Beate Körner
Hugenstein GmbH
Solmsstraße 45
49377 Vechta

Ihr Zeichen, Ihre Nachricht vom	Unser Zeichen, unsere Nachricht vom	Telefon, Name	Datum
BK-bk, 2011-09-09	Sb-ek, 2011-08-31	-45	2011-09-21

Ihr Angebot Nr. 2011/674-ND

Sehr geehrte Frau Körner,

vielen Dank für Ihr Angebot. Ein Mitbewerber bietet uns günstigere Preise. Wir konnten uns deshalb nicht für Ihre Firma entscheiden.

Wir werden Sie jedoch auch künftig wieder bei Ausschreibungen kontaktieren, die in Ihren Produktbereich fallen.

Wir wissen Ihre sorgfältige Aufbereitung der Unterlagen zu schätzen und hoffen, Ihnen bei einer anderen Gelegenheit einen Auftrag erteilen zu können.

Mit freundlichen Grüßen

Sebastian Burkart
Sebastian Burkart
Einkauf

Muster Absage

Herrn
Ulrich Hürschel
Moltkestraße 7
19053 Schwerin

4. April 2011

Ihre Bewerbung vom 20.03.2011

Sehr geehrter Herr Hürschel,

vielen Dank für Ihre Unterlagen und Ihr Interesse an einer Ausbildung zum Einzelhandelskaufmann in unserem Betrieb.

Leider stellen wir in diesem Jahr keine Auszubildenden ein. Ihre Unterlagen erhalten Sie daher zurück. Ich wünsche Ihnen bei der weiteren Suche nach einem geeigneten Ausbildungsplatz viel Erfolg – mit Ihren guten Noten dürfte das ja kein Problem sein.

Ein Tipp: Achten Sie bei Ihrer Bewerbung auf eine optisch ansprechende Aufbereitung – dann werden Ihre Unterlagen – gerade wenn Sie sich gegen eine Flut von Mitbewerbern durchsetzen müssen – noch besser wahrgenommen.

Freundliche Grüße und alles Gute für die Zukunft

Sebastian Fürst
Sebastian Fürst
Personalabteilung

Muster Absage

Frau
Sabine Dreier
Haldenberg 4
49377 Vechta

16. September 2011

Ihre Bewerbung vom 28. August 2011

Sehr geehrte Frau Dreier,

wir bedanken uns ganz herzlich für Ihr Interesse an einer Mitarbeit in unserem Unternehmen. Auf die Stellenausschreibung haben wir sehr viele Bewerbungen erhalten, darunter auch von Bewerberinnen mit sehr guten Kenntnissen in drei und mehr Fremdsprachen. Diese Qualifikation ist für die zu besetzende Stelle besonders wichtig. Wir haben uns deshalb für eine Ihrer Mitbewerberinnen entschieden.

Dennoch ist Ihre Bewerbung für uns interessant, wir prüfen andere Einsatzmöglichkeiten für Sie. Wenn Sie damit einverstanden sind, möchten wir Ihre Bewerbung weiter behalten. Wir würden uns freuen, dann eventuell später wieder Kontakt aufnehmen zu können.

Mit freundlichen Grüßen

Peter Panter
Peter Panter
Personalleiter

Muster Absage

Frau
Bente Mitterer
An der Goldweide 7
88069 Tettnang

12. Mai 2011

Ihre Bewerbung vom 29. April 2011

Sehr geehrte Frau Mitterer,

über 150 Bewerbungen sind auf die von uns ausgeschriebene Stelle eingegangen. Die Auswahl und Gewichtung war nicht leicht. Viele der Bewerber zeichneten sich – wie Sie – durch hohe Qualifikation, aber auch durch Erfahrung aus. Beides ist für die zu besetzende Stelle unerlässlich.

Wenn Sie nun Ihre Bewerbungsunterlagen wieder in der Hand halten, sollte Sie das nicht entmutigen! Wir danken für Ihr Interesse an einer Mitarbeit in unserem Haus und wünschen wir Ihnen viel Erfolg für Ihren weiteren Berufsweg.

Mit freundlichen Grüßen

Corinna Bergemann
Corinna Bergemann
Human Resource Management

Muster Geschäftskorrespondenz

Muster Absage

Herrn
Harry Bonnertz
Neat & Clean
Hauptstraße 12
19065 Pinnow

Ihr Zeichen, Ihre Nachricht vom	Unser Zeichen, unsere Nachricht vom	Telefon, Name	Datum
Kb-lm, 2011-03-17	Sh-fj	-576	2011-03-20

Sehr geehrter Herr Bonnertz,

herzlichen Dank für Ihre freundliche Einladung! Leider kann ich nicht zur Eröffnung Ihrer neuen Geschäftsräume kommen.

Ich bin an diesem Tag auf der Messe in Düsseldorf, das lässt sich nicht mehr verschieben. Aber ich werde meinen Besuch auf jeden Fall nachholen – schließlich bin ich ja sehr gespannt auf Ihre neue Präsentation.

Ihnen und Ihren Gästen eine schöne Feier!

Herzliche Grüße

Solveig Hattemer
Solveig Hattemer
Vertrieb-Einzelhandel
Notteboom Hausgeräte GmbH

■ Anfragen

Allgemeine Anfragen

Anfragen werden versendet, um Angebote zu erhalten und auf dieser Grundlage aus einer großen Zahl von Anbietern den geeigneten auszuwählen.

Mit einer allgemeinen Anfrage verschaffen Sie sich einen ersten Überblick über die Waren oder Leistungen des Anbieters: Man bittet um Prospekte, Kataloge oder einen Vertreterbesuch.

Das sollte eine allgemeine Anfrage enthalten:

- in der Betreffzeile: *Anfrage*
- Information, wie Sie auf diesen Anbieter aufmerksam wurden
- Bitte um Katalog/Prospekte/Informationsmaterial
- Preisliste, Preisstaffel, Verkaufs- und Lieferbedingungen, d. h. die vollständigen Verkaufsunterlagen
- ggf. Hinweis auf erwünschte längerfristige Zusammenarbeit
- Dank im Voraus

Bestimmte Anfragen

Mit einer bestimmten Anfrage informieren Sie sich über eine bestimmte Ware oder Dienstleistung. Um möglichst genaue und somit vergleichbare Angebote zu erhalten, müssen Sie die Anfrage sorgfältig formulieren. Auch eine prägnante Formulierung der Betreffzeile ist wichtig, wenn Sie die Anfrage per E-Mail verschicken. Das hilft bei der Unterscheidung von Spam und erleichtert dem Adressaten die Zuordnung. Statt »Anfrage« also zum Beispiel »Anfrage Aluminiumgehäuse VZ 89«.

Das sollte eine bestimmte Anfrage enthalten:

- in der Betreffzeile: *Anfrage* oder *Angebotsanforderung;* falls Sie schon Kunde sind, auch Ihre Kundennummer
- beim Erstkontakt die Information, wie Sie auf diesen Anbieter aufmerksam wurden
- Aufforderung zum Angebot

- genaue Bezeichnung der gewünschten Ware (z. B. Menge, Qualität, Farbe) oder Dienstleistung (z. B. Umfang, Termin, Qualität); Termin, bis zu dem Sie das Angebot haben möchten
- Bitte um Nennung der Verkaufs- und Lieferbedingungen und um Zusendung der vollständigen Verkaufsunterlagen
- Angabe, wann Sie die Ware oder Dienstleistung benötigen
- ggf. Hinweis auf erwünschte längerfristige Zusammenarbeit
- Dank im Voraus

Diese Punkte können Sie zusätzlich in die Anfrage aufnehmen:
- Bitte um Preise von Verbrauchsmaterial und Ersatzteilen
- Frage nach Verpackungsart und -kosten
- Frage nach der Wartung
- Hinweis auf künftigen Bedarf
- Bitte um Referenzen und weitere Informationen

Muster Anfrage

An: vertrieb@koernerapparat.de
Cc:
Bcc:
Betreff: Kundennr. 996787, Anfrage Aluminiumgehäuse

Sehr geehrte Damen und Herren,

wir bitten um Ihr kostenloses, verbindliches Angebot mit Angabe Ihrer Rabatte sowie Ihrer Lieferzeit frei Haus über:

4500 Stück Aluminiumgehäuse VZ89, Artikelnummer 100103.

Vielen Dank im Voraus!

Mit freundlichen Grüßen

Sebastian Verl
Zentrale Dienste
Solaria AG
Münchener Straße 305-315
85051 Ingolstadt
Tel.: + 49 841 772044-81
Fax: + 49 841 772044-11
E-Mail: sebastian.verl@solaria-ag.de
www.solaria-ag.de

Sitz der Gesellschaft: Ingolstadt; Registergericht Ingolstadt, HRB 88269
Vorsitzende des Aufsichtsrates: Dr. Ursula Herriegel
Vorstand: Monika Herriegel (Vorsitzende), Klaus Schirrmacher,
Dipl.-Ing. Christian Sand

Muster Geschäftskorrespondenz

Muster Anfrage

An: info@wincowerk.de
Cc:
Bcc:
Betreff: Anfrage Werkzeugkästen

Sehr geehrte Damen und Herren,

durch Ihre Anzeige im „Werkmarkt", Ausgabe 6/2012, wurden wir auf
Ihr Unternehmen aufmerksam. Bitte schicken Sie uns den Katalog und
die Preisliste Ihres Sortiments einschließlich Verkaufs- und Lieferbedingungen. Außerdem benötigen wir den Preis für Abnahmemengen von
1 000,
3 000 und
5 000 Stück
sowie alternativ den Preis für einen Abrufauftrag für 5 000 Stück bei
einer Mindestabrufmenge von 500 Stück.

Herzlichen Dank im Voraus für Ihre Mühe.

Mit freundlichen Grüßen

Birgit Bangert
Abteilung Einkauf
Singer & Schneider GbR
Querstraße 68
19053 Schwerin
Tel.: + 49 385 772231-34
Fax: + 49 385 772231-99
E-Mail: birgit.bangert@singer-schneider.com
www.singer-schneider.com

Geschäftsführer: Dirk Singer, Tim Schneider
Sitz der Gesellschaft: Schwerin; Registergericht: Amtsgericht Schwerin,
HRB 0234

Muster Anfrage

Bergg GmbH
Behringer Straße 78
68794 Mannheim

Ihr Zeichen:
Ihre Nachricht vom:
Unser Zeichen: Er-cb
Unsere Nachricht vom:

Name: Carmen Becker
Telefon: 03456 78965-205
Telefax: 03456 78965-999
E-Mail: c.becker@padde.com

Datum: 21. August 2011

Anfrage Heizbänder und Regelgeräte

Sehr geehrte Damen und Herren,

wir bitten um Ihr Angebot für folgende Positionen:

4 Stück Heizband HBS 7 m, 1500 W, 450 °C, mit Stecker
2 Stück Regelgerät RH 12

Liefertermin: sofort
Zahlungsbedingungen: 14 Tage 2 % Skonto, 30 Tage netto
Lieferbedingungen: ab Werk

Mit freundlichen Grüßen

Carmen Becker
Carmen Becker

Muster Anfrage

BüroBerg
Werner-von-Siemens-Str. 18
86159 Augsburg

Ihr Zeichen, Ihre Nachricht vom	Unser Zeichen, unsere Nachricht vom	Telefon, Name	Datum
	Es-sb	-776	21.12.2011

Bitte um Angebot

Sehr geehrte Damen und Herren,

Sie wurden uns als zuverlässiger und preiswerter Lieferant von Büromaterial empfohlen. Wir sind ein Unternehmen mit 80 Mitarbeitern und benötigen monatlich etwa folgende Mengen an Büroartikeln:

- 2000 Blatt Kopierpapier
- 10 Aktenordner
- 400 Briefumschläge
- 50 CD-Rohlinge

sowie in unregelmäßigen Abständen Toner für Kopierer und Drucker, Präsentationsmappen sowie sonstiges Büromaterial wie Stifte und Kleber.

Bitte teilen Sie uns schriftlich mit, welche Preise und Rabatte Sie uns bei Lieferung innerhalb von 24 Stunden und frei Haus einräumen können.
Mit diesem Schreiben erhalten Sie unsere Einkaufsbedingungen, die Grundlage aller Aufträge sind. Für Ihre Fragen und weitere Informationen steht Ihnen Frau Sorge telefonisch zur Verfügung: 08345 89788-219

Schon im Voraus herzlichen Dank für Ihr Angebot!

Silke Bauernfreund
Silke Bauernfreund
Einkauf

■ Angebote

Ein Angebot kann
unaufgefordert an
einen möglichen
Kunden geschickt
werden (»Blindange-
bot«), es kann aber
auch auf Anfrage
erstellt sein.

Es gibt keine Vorschriften, in welcher Form ein Angebot erstellt werden muss, aber es ist sinnvoll, sich nach einem inhaltlichen Konzept zu richten, damit man nichts Wichtiges vergisst: Das Angebot auf Anfrage soll genau auf die Fragen des Kunden eingehen, das Blindangebot muss so genau und umfassend sein, dass der Kunde nicht weitere Informationen einholen muss.

Das sollte ein Angebot enthalten:

■ in der Betreffzeile: Datum und Nummer des Angebots (nur bei angeforderten Angeboten und auch dann nur, wenn es sich um einen größeren Geschäftsumfang handelt)

■ bei angeforderten Angeboten: Dank für das Interesse

■ bei Blindangeboten: einen interessanten Einleitungssatz, der zum Weiterlesen reizt

■ genaue Angaben über Art, Beschaffenheit, Güte, Menge und Preis (inkl./exkl. USt.) der Ware oder Dienstleistung

■ Befristung des Angebots: Abhängig von der Form des Angebots (Brief, Fax, E-Mail) kann der Anbieter eine Antwort innerhalb der üblichen Fristen erwarten. Das Angebot kann auch zeitlich begrenzt werden *(An dieses Angebot fühlen wir uns bis zum ... gebunden).*

■ Einschränkung des Angebots: Ein Angebot ohne Einschränkung bindet den Anbieter voll. Einschränken kann er es mit den Worten *unverbindlich, freibleibend* oder *ohne Obligo.* Eine andere Möglichkeit ist die ausdrückliche Einschränkung einzelner Angebotsteile.

■ Erfüllungsort (z. B. ab Werk) und Transportkosten (z. B. frei Haus oder zzgl. Versand)

■ Verkaufs- und Lieferbedingungen / Hinweis auf die umseitigen / beiliegenden Bedingungen

■ ggf. Hinweis auf besonders wichtige Teile der Anlage (z. B. auf eine bestimmte Seite in einem beiliegenden Prospekt)

Muster Geschäftskorrespondenz

Einleitung

- Vielen Dank für Ihre Anfrage. Für den von Ihnen beschriebenen Zweck ist *unser Produkt XYZ* besonders geeignet.
- Danke für Ihr Interesse an *unserem Produkt XYZ*. Wir bieten Ihnen an:
- Herzlichen Dank für Ihre detaillierte Anfrage. Speziell für Ihre Anforderungen haben wir folgendes Angebot ausgearbeitet:

Schluss

- Wir freuen uns, wenn unser Angebot Ihren Wünschen entspricht. Wenn Sie Fragen haben, stehe ich Ihnen jederzeit gern zur Verfügung.
- Unser günstiges Angebot können wir bis zum *31.10.2011* aufrechterhalten.
- Wir würden uns freuen, Sie in Zukunft zu unseren zufriedenen Kunden zählen zu können.

Muster Angebot

Ihr Zeichen:
Ihre Nachricht vom: 12.07.2011
Unser Zeichen: Da-gd
Unsere Nachricht vom:

Name: Dorit Amann
Telefon: 06347 45623-654
Telefax: 06347 45623-600
E-Mail: dorit.amann@ladenbau.info

Datum: 13.07.2011

Le Fromage
Herrn Julien Lefèvre
Marktstraße 4
54570 Densborn

Angebot 375 / Ladeneinrichtung und Lagersysteme

Sehr geehrter Herr Lefèvre,

wie telefonisch angekündigt, erhalten Sie heute unser Angebot über:

2 Verkaufstheken „Visa", je 3 m lang mit Glasvitrine und Kühlmaschine gemäß unserem Prospekt	8 300,00 EUR
4 Lagerregale Typ 230, 5 m × 2,30 m mit je 7 Einlegeböden	2 600,00 EUR
	10 900,00 EUR

Alle Preise zuzüglich Mehrwertsteuer. Lieferung frei Haus.

Dieses Angebot gilt bis zum 01.09.2011.
Wir liefern ab der 37. Kalenderwoche 2011.
Zahlung innerhalb von 14 Tagen: 2 % Skonto, innerhalb von 30 Tagen ohne Abzug.
Bitte beachten Sie auch unsere Verkaufs- und Lieferbedingungen, die wir Ihnen beifügen.

Mit freundlichen Grüßen

Dorit Amann
Dorit Amann
Verkauf

Muster Angebot: nachlässige Gestaltung

Briefkopf

Postanschrift des Absenders

Blizz GmbH
Roonstr. 98
99943 Baselheim

Ihr Zeichen: Fg-bn
Ihre Nachricht vom: 2011-09-12
Unser Zeichen: Kv-sb
Unsere Nachricht vom: 2011-08-29

Name: Kira Vanderwall
Telefon: 05432 87965
Telefax: 05432 87969
E-Mail: kira.vanderwall@bergg.de

Datum: 2011-09-13

Angebotsnummer fehlt

Angebot

Unpersönliche Anrede, obwohl schon ein persönlicher Kontakt besteht

Sehr geehrte Damen und Herren,

wunschgemäß erhalten sie ein Angebot wie folgt:

Rechtschreibfehler

Pos	VE	Art.-Nr.	Bezeichnung		EUR
1	1	425-123	Klammern	700,00	
2	1	998-124	VZ-108	150,00	
			Summe netto	850,00	
			MwSt. 19 %	161,50	
			Gesamtbetrag		1011,50

Unübersichtliche Gliederung, unzureichende Bezeichnungen

Lieferung freiHaus.
Zahlung innerhlb 14 Tagen ohne Abzug.

Tippfehler

Mit freundlichen Grüßen

Handschriftliche Unterschrift fehlt

Kira Vanderwall

Geschäftsangaben

Muster Angebot

Briefkopf

Postanschrift des Absenders

Ihr Zeichen: Fg-bn
Ihre Nachricht vom: 2011-09-12
Unser Zeichen: Kv-sb
Unsere Nachricht vom: 2011-08-29

Blizz GmbH
Roonstr. 98
99943 Baselheim

Name: Kira Vanderwall
Telefon: 05432 87965
Telefax: 05432 87969
E-Mail: kira.vanderwall@bergg.de

Datum: 13.09.2011

Angebot Nr. 231-2011

Dank und Hinweis auf individuelle Ausarbeitung · · · ·

Sehr geehrte Frau Dr. Grabenhorst,

herzlichen Dank für Ihr Interesse an unseren Spezialverschlüssen. Für Ihre Anwendungen haben wir folgendes Angebot ausgearbeitet:

Übersichtliche Gliederung · · · ·

Pos	VE	Art.-Nr.	Bezeichnung	EUR
1	1	425-123	500 Stck. Halteklammern PEG	700,00
2	1	998-124	500 Stck. Druckdichtungen VZ-108	150,00

Summe netto	850,00
MwSt. 19%	161,50
Gesamtbetrag	1011,50

Höfliche Schlussformel · · · ·

Lieferung frei Haus. Zahlung innerhalb 14 Tagen ohne Abzug.

Wir würden uns freuen, Sie in Zukunft zu unseren zufriedenen Kunden zählen zu können.

Mit freundlichen Grüßen

Kira Vanderwall
Kira Vanderwall

Geschäftsangaben

Muster Angebot

Autohaus Bermering
Herrn Gert Bermering
Rathausplatz 33 a
01824 Rathen

Ihr Zeichen, Ihre Nachricht vom	Unser Zeichen, unsere Nachricht vom	Telefon, Name	Datum
Be-lb 2011-03-03	St-ku	-673, Klaus Stapelt	2011-03-16

Angebot Nr. AN-9432

Sehr geehrter Herr Bermering,

vielen Dank für Ihre Anfrage. Für Ihr Umbauvorhaben eignet sich unsere Systemwand DEMOTEKEL besonders gut. DEMOTEKEL ist aufgrund eines Rastersystems äußerst variabel: Ob als reine Trennwand oder mit integrierten Regal- und Schrankelementen – immer passt sich das System genau Ihren Wünschen an. Wir haben dieses Angebot auf der Grundlage des DEMOTEKEL-Programms nach Ihren Zeichnungen erstellt. Zu unseren beiliegenden Verkaufs- und Lieferbedingungen bieten wir Ihnen freibleibend zur Lieferung ab 01.04.2011 an:

5,74 m × 3,50 m Trennwand, schalldämmend, Spanplatten, unlackiert, einschließlich Stützen und Kabelrohren gemäß Elektroplan, ohne Montage   4 800,00 EUR

2 Regalwände je 2,50 m × 3,50 m, lackierfertige Oberfläche, je Regal 5 Böden und 2 Prospektböden gemäß Zeichnung, ohne Montage   5 300,00 EUR

Alle Preise zuzüglich Mehrwertsteuer. Dieses Angebot ist gültig bis zum 31.05.2011. Lieferung: frei Haus innerhalb von 14 Tagen nach Auftragseingang. Zahlung: innerhalb von 20 Tagen nach Lieferung ohne Abzug oder innerhalb von 10 Tagen abzüglich 2 % Skonto.

Falls Sie noch Fragen haben, steht Ihnen Herr Bergner (Tel. -475) gern zur Verfügung.

Mit freundlichen Grüßen

Klaus Stapelt
Klaus Stapelt

Kostenvoranschlag

Ein Kostenvoranschlag
ist die fachmännische
Berechnung von
voraussichtlichen
Kosten und klar von
einem Angebot zu
unterscheiden.

Im Gegensatz zum Angebot ist der Kostenvoranschlag in Umfang und Höhe für den Unternehmer nicht bindend. Der genannte Preis für die beschriebene Leistung kann vom Unternehmer überschritten werden. Handelt es sich um eine unwesentliche Überschreitung der veranschlagten Gesamtsumme von bis zu 20 %, so muss dies in der Regel vom Kunden akzeptiert werden.

Ist eine Überschreitung darüber hinaus zu erwarten, so muss der Unternehmer dem Kunden dies unverzüglich mitteilen und dem Kunden sogar den entstandenen Schaden ersetzen, wenn die Mehrkosten vermeidbar gewesen wären oder wenn er den Kostenanschlag schuldhaft zu niedrig erstellt hat.

Bei wesentlicher Überschreitung steht dem Kunden ein außerordentliches Kündigungsrecht zu.

Der Unternehmer kann ein Entgelt für die Erstellung eines Kostenvoranschlags nur verlangen, wenn zuvor eine entsprechende Vereinbarung getroffen wurde – das gilt in der Regel auch für Ausarbeitungen, die einen besonderen Aufwand erfordern.

Muster Geschäftskorrespondenz

Muster Kostenvoranschlag

Herrn
Dipl.-Ing. Marius Klier
Wohnbau Regio eG
Postfach 17 24 88
10976 Berlin

Ihr Zeichen, Ihre Nachricht vom	Unser Zeichen, unsere Nachricht vom	Telefon, Name	Datum
Mk-mb, 17.04.2011	Jl-ss	030 178859-213	10.05.2011

Kostenvoranschlag
Objekt: Wohnanlage Berliner Allee, 13088 Berlin

Pos. 1:	Demontage und Entsorgung von 360 Kunststofffenstern	24.660,– €
Pos. 3:	Produktion und Lieferung von 240 Dreh-Kipp-Fenstern, 2-flg.,120 cm × 100 cm, Oregonpinie, farbig lackiert (RAL 1724), Wärmeschutzverglasung nach DIN EN 673	92.880,– €
Pos. 4:	Produktion und Lieferung von 120 Dreh-Kipp-Fenstern, 1-flg., 100 cm × 80 cm, Oregonpinie, farbig lackiert (RAL 1724), Wärmeschutzverglasung nach DIN EN 673	27.960,– €
Pos. 5:	Einbau der Fenster Pos. 3	17.520,– €
Pos. 6:	Einbau der Fenster Pos. 4	7.560,– €
	Gesamtpreis:	**170.580,– €**

Alle Preise sind Nettopreise.

Über Ihren Auftrag würden wir uns sehr freuen!

Auftragsbestätigungen

Eine schriftliche Auftragsbestätigung zu versenden ist im allgemeinen Geschäftsverkehr üblich, aber nicht vorgeschrieben. Bei einer abgeänderten Bestellung, bei zu später Bestellung, bei einer Bestellung ohne vorangegangenes Angebot oder bei freibleibendem Angebot allerdings ist sie zwingend. Bei telefonischer oder erstmaliger Bestellung dient sie dazu, Missverständnisse zu vermeiden und ist auch sinnvoll, wenn der Kunde die Lieferung erst nach Ablauf einer längeren Frist wünscht oder ausdrücklich um eine Auftragsbestätigung gebeten hat.
Die Auftragsbestätigung darf von den vorab verhandelten Vereinbarungen nicht abweichen. Andernfalls gilt sie als eine erneutes Vertragsangebot des Verkäufers, das durch den Käufer erneut bestätigt werden muss.

Das sollte eine Auftragsbestätigung enthalten:

- Datum der Bestellung
- Dank für die Bestellung
- Bezeichnung (Name, Artikelnummer) der bestellten Ware, Preise, Mengen, Größen
- Liefertermin
- Mitteilung, auf welcher Grundlage die Lieferung erfolgt

Textbausteine »Auftragsbestätigung«

Wir danken Ihnen für Ihre Bestellung.

Vielen Dank für Ihren telefonischen Auftrag, den wir wie folgt bestätigen:

Wir übernehmen gern Ihre Bestellung über ...

Wir haben Ihre Bestellung an die Versandabteilung weitergeleitet.

Die Lieferung wird wunschgemäß *zum 28.04.2011* erfolgen.

Die Lieferung erfolgt *in der 30. Kalenderwoche* ohne weitere Ankündigung frei Haus.

Die Lieferung erfolgt nach Zahlungseingang.

Wir werden Sie informieren, sobald die Lieferung versandfertig ist.

Muster Auftragsbestätigung: mangelhafte Ausarbeitung

Postanschrift des Absenders

Hotel Grabenbruch
Herrn Dieter Funke
Robert-Bosch-Straße 112
48153 Münster

Ihr Zeichen, Ihre Nachricht vom	Unser Zeichen, unsere Nachricht vom	Telefon, Name	Datum
Df-gt, 2011-11-04	Bb-sa, 2011-10-31	-16, Beate Boddenbinder	05.11.2011

Betreff mit Hinweis auf Angebot fehlt ·····

Sehr geehrter Herr Funke,

herzlichen Dank für Ihren Auftrag, den wir wie folgt bestätigen:

Beschaffenheit der Artikel wird nicht ausreichend beschrieben. ·····

5 Tischverkleidungen, dunkelblauer Stoff mit Glitzereffekt

Stückpreis EUR 189,00

4 Gardinen, 1,50 m × 1,20 m, Stoff „Venezia", einfach gerafft

Stückpreis EUR 234,00

Hinweis auf Mehrwertsteuer fehlt

Mit freundlichen Grüßen

Beate Boddenbinder
Beate Boddenbinder

Muster Auftragsbestätigung

Hotel Grabenbruch
Herrn Dieter Funke
Robert-Bosch-Straße 112
48153 Münster

Ihr Zeichen, Ihre Nachricht vom	Unser Zeichen, unsere Nachricht vom	Telefon, Name	Datum
Df-gt, 2011-11-04	Bb-sa, 2011-10-31	-16, Beate Boddenbinder	05.11.2011

Auftragsbestätigung zu Angebot Nr. 7898-11 D vom 31. Oktober 2011

Sehr geehrter Herr Funke,

herzlichen Dank für Ihren Auftrag, den wir wie folgt bestätigen:

Beschaffenheit der Ware und Zusatzleistungen werden genau beschrieben.

5 Tischverkleidungen, Höhe 0,70 m, fertige Breite 11,80 m, Material „Blue Moon" von KAB, Nr. KAB-231, doppelt gerafft

Stückpreis EUR 189,00

4 Gardinen, lichtundurchlässig, Höhe 1,50 m, fertige Breite 1,20 m, Material „Venezia" von Fa. Hüsch, Art. Nr. 45342, einfach gerafft

Stückpreis EUR 234,00

Hinweis auf Mehrwertsteuer vorhanden

Preise ohne Mehrwertsteuer.

Sie erhalten die Ware wie gewünscht fertig genäht und mit Befestigungsbändern versehen. Diese Konfektionierung ist im Stückpreis bereits enthalten.

Die Lieferkonditionen werden genannt.

Wie vereinbart liefern wir am 29. November 2011 ab 9.00 Uhr frei Haus.

Mit freundlichen Grüßen

Beate Boddenbinder
Beate Boddenbinder

Muster Geschäftskorrespondenz

Muster Auftragsbestätigung

Herrn
Georg Sankenfeld
Eichenweg 34
54533 Bettenfeld

Ihr Zeichen:
Ihre Nachricht vom:
Unser Zeichen: St-wi
Unsere Nachricht vom:

Name: Hans Harald Stetten
Telefon: 06531 1020-456
Telefax: 06531 1020-500
E-Mail: service@moebelhaus-ernst.de

Datum: 03.06.2011

Ihre Bestellung vom 28.05.2011
Polstergarnitur „Flandern"

Sehr geehrter Herr Sankenfeld,

wir danken Ihnen für Ihre Bestellung und bestätigen diese wie folgt:

1 Polstergarnitur „Flandern":
– 2 Sessel mit Armlehnen links und rechts, auf Rollen
– 1 Sofa zweisitzig, 140 cm breit
– 1 Sofa dreisitzig, 170 cm breit
Bezugsstoff aller Teile: „Flora" beige EUR 13,00/m
Mischgewebe 50 % Baumwolle, 50 % Acryl
Preis komplett inkl. gesetzlicher MwSt.: 2 389,00 EUR

Der volle Rechnungsbetrag ohne Abzug wird fällig 14 Tage nach Eingang der Rechnung bei Ihnen. Die Ware bleibt bis zur vollständigen Bezahlung unser Eigentum. Die Garnitur wird in der 30. Kalenderwoche 2011 geliefert. Den genauen Termin nennen wir Ihnen drei Tage im Voraus. Die Kosten für Lieferung einschließlich Aufstellung in Ihrer Wohnung übernehmen wir. Bitte sorgen Sie am Anliefertag für ausreichend Platz am Aufstellungsort. Vielen Dank!

Mit freundlichen Grüßen

Hans Harald Stetten
Hans Harald Stetten
Kundenservice

Muster Auftragsbestätigung

Briefkopf

Postanschrift des Absenders

Herrn
Peter Rabin
Hummelsterstraße 4
79365 Rheinhausen

Ihr Zeichen, Ihre Nachricht vom	Unser Zeichen, unsere Nachricht vom	Telefon, Name	Datum
	Bk-bk	-45 Britta Kühnel	14.05.2011

Kundennummer Ra 234-1
Ihre Bestellung vom 12.05.2011

Sehr geehrter Herr Rabin,

vielen Dank für Ihre Bestellung des Tischkopierers:

Kopierstar GTX-3000	
inklusive E-30-Toner für 4 000 Seiten:	719,00 EUR
Gesetzliche MwSt. 19 %:	115,04 EUR

	834,04 EUR

Liefertermin ist voraussichtlich der 25.05.2011 vormittags.
Die Lieferung erfolgt frei Haus.
Zum Lieferumfang gehört der funktionsfähige Anschluss des Kopierers und die Einweisung in die Bedienung durch unseren Techniker. Bitte beachten Sie unsere beigefügten Verkaufs- und Lieferbedingungen.

Mit freundlichen Grüßen

Britta Kühnel
Britta Kühnel
Vertrieb Privatkunden

Anlage

Geschäftsangaben

■ Automatische Abwesenheitsnotiz

Statt automatisch zu antworten, können Sie Ihre eingehenden Mails weiterleiten und von einer Vertretung bearbeiten lassen.

Wer eine E-Mail schickt, erwartet eine schnelle Antwort. Bei längerer Abwesenheit können Sie eine automatische Information verschicken, die mitteilt, wie lange Sie nicht da sein werden. Problematisch ist dabei aber, dass automatische Antworten auch auf eingehenden Spam erfolgen und dem Spammer damit sowohl die Gültigkeit der Adresse bestätigen als auch sämtliche Kontaktdaten weitergeben, denn prinzipiell müssen auch Abwesenheitsnotizen alle Pflichtangaben über das Unternehmen enthalten. Rechtliche Konsequenzen dürfte das Weglassen dieser Angaben in der Praxis vermutlich aber nicht haben.

Muster automatische Abwesenheitsnotiz

An: E-Mail-Empfänger
Cc:
Bcc:
Betreff: Ernst König ist außer Haus

Sehr geehrte Damen und Herren,

vielen Dank für Ihre E-Mail. Am 4. März bin ich wieder im Büro.
Während meiner Abwesenheit ist Frau Silke Kehlmann (0894 98989-52
oder silke.kehlmann@konigsernst.de) für Sie da.

Mit freundlichen Grüßen

Ernst König

Signatur

An: E-Mail-Empfänger
Cc:
Bcc:
Betreff: Ich werde am 4. März wieder im Büro sein

Sehr geehrte Damen und Herren,

Ihre E-Mail wird automatisch an meine Vertretung Frau Silke Kehlmann
(silke.kehlmann@konigsernst.de) weitergeleitet.

Mit freundlichen Grüßen

Ernst König

Signatur

Muster Geschäftskorrespondenz

Muster automatische Abwesenheitsnotiz englisch

An: E-Mail-Empfänger
Cc:
Bcc:
Betreff: Out of office reply

Dear Sir or Madam,

Thank you for your message. I will be back in the office 4 March.
During my absence please address any inquirires to Ms Silke Kehlmann
(+49 894 98989-52 or silke.kehlmann@konigsernst.de). Ms Kehlmann
will be pleased to assist you.

Ernst König

Signatur

An: E-Mail-Empfänger
Cc:
Bcc:
Betreff: I will be back in the office on October 12.

Dear Sir or Madam,

Your e-mail will be forwarded to Silke Kehlmann
(silke.kehlmann@konigsernst.de) automatically.

Sincerely,

Ernst König

Signatur

◼ Begleitschreiben

Waren, Kataloge, Anfragen oder Angebote – per Post oder
per E-Mail versendet – werden in der Regel von kurzen
Anschreiben begleitet. Diese können sachlich den Anhang
ankündigen, bieten aber auch Gelegenheit zur direkten
Ansprache und damit auch eine Chance, auf sich aufmerksam zu machen. Wenn sich die Geschäftspartner schon
kennen, dann eignet sich das Textfeld der E-Mail auch für
einen persönlicheren Austausch, der im eigentlichen Dokument unpassend wäre.

Das sollten Sie bei Begleitschreiben beachten:

- ◼ Sprechen Sie den Empfänger persönlich an.
- ◼ Fassen Sie sich kurz.
- ◼ Bei E-Mails: Formulieren Sie eine eindeutige Betreff-
  zeile.
- ◼ Sie können über weitere Produkte oder interessante
  Termine informieren.
- ◼ Sie können dem Kunden für sein Interesse oder seine
  Bestellung danken.

Textbausteine »Begleitschreiben«

Herzlichen Dank für Ihr Interesse an unseren Produkten.

Mehr über unsere Produkte erfahren Sie auf unserer Webseite *www.firmaxyz.de.*

Mit diesem Schreiben erhalten Sie *unser Angebot auf Ihre Anfrage.*

Hiermit erhalten Sie unseren Kostenvoranschlag. Über Ihren Auftrag würden wir uns
freuen.

Wir danken Ihnen für Ihr Interesse an unseren Leistungen. Die gewünschten Unterlagen
erhalten Sie mit diesem Schreiben.

Die wichtigsten Informationen habe ich in den Unterlagen für Sie markiert.

Hiermit erhalten Sie *unser Angebot.* Die einzelnen Positionen können wir gern gemeinsam
telefonisch durchgehen.

Herzlichen Dank für den wie immer interessanten Gedankenaustausch. Hiermit sende ich
Ihnen eine kurze Zusammenfassung unserer Ergebnisse.

Bitte entschuldigen Sie, dass Sie so lange auf das Angebot warten mussten.

Muster Geschäftskorrespondenz

Muster Begleitschreiben: überflüssige Floskeln

Postanschrift des Absenders

Finanzamt Xanten
Berliner Ring 35
46509 Xanten

Ihr Zeichen, Ihre Nachricht vom	Unser Zeichen, unsere Nachricht vom	Telefon, Name	Datum
		Klaus Schröter	30.06.2011

Weder Betreffzeile noch Bezugszeichenzeile erlauben die Zuordnung des Schreibens.

Unser Telefonat

Sehr geehrter Herr Kromer,

Bezug nehmend auf unser Telefonat, in dessen Verlauf Sie mich gebeten haben, Ihnen noch die Eingangsrechnungen für das Jahr 2010 zukommen zu lassen, erhalten Sie in der Anlage 5 Ordner, in denen alle in Betracht kommenden Rechnungen ihrem Eingangsdatum entsprechend sortiert sind.

Umständlich formulierter Text voller unnötiger Floskeln

Wenn Sie in obiger Angelegenheit noch Fragen haben sollten, rufen Sie mich bitte unter nachstehender Telefonnummer an: 0234 56789. Hinsichtlich aller den Vorgang betreffenden Klärungen seitens unserer Firma stehe ich Ihnen gern zur Verfügung und verbleibe

mit freundlichen Grüßen

Klaus Schröter
Klaus Schröter
Buchhaltung

Muster Begleitschreiben

Postanschrift des Absenders

Der Name des ····· Finanzamt Xanten
Zuständigen in der ····· Herrn Bernd Kromer
Adresse beschleunigt Berliner Ring 35
den Vorgang. 46509 Xanten

Ihr Zeichen, Ihre Nachricht vom	Unser Zeichen, unsere Nachricht vom	Telefon, Name	Datum
Bk, 28.06.2011		-789, Klaus Schröter	30.06.2011

Die Angabe der
Steuernummer ····· **Steuernummer 34 167 87655, Eingangsrechnungen 2010**
erleichtert die
Bearbeitung.

Sehr geehrter Herr Kromer,

Sie haben uns gebeten, Ihnen noch die Eingangsrechnungen für das Jahr 2010 zu senden.

Der klar gegliederte ····· Heute erhalten Sie 5 Ordner mit allen Rechnungen, sortiert nach Ausstellungsdatum.
Text informiert knapp
und sachlich.

Wenn Sie Fragen dazu haben, rufen Sie mich bitte an. Unter der Telefonnummer
0234 56789 stehe ich Ihnen gern zur Verfügung.

Mit freundlichen Grüßen

Klaus Schröter
Klaus Schröter
Buchhaltung

Geschäftsangaben

Muster Geschäftskorrespondenz

Muster Begleitschreiben

An: g.kueppers@bergg.de
Cc:
Bcc:
Betreff: Angebot 234/2011, Ihre Anfrage Nr. 123123 NT

Sehr geehrter Herr Küppers,

hiermit erhalten Sie nun unser Angebot auf Ihre Anfrage vom
27. August. Für die Verspätung bitte ich vielmals um Entschuldigung.

Mit freundlichen Grüßen

Marion Stammert

Signatur

An: d.flanders@bergg.de
Cc:
Bcc:
Betreff: Schaltgehäuse – Entwurf Nr. 98989-11

Sehr geehrter Herr Flanders,

im Anhang erhalten Sie unsere Entwurfsskizze für Schaltgehäuse nach
Ihren Spezifikationen vom 23. März 2011. Ich bin gespannt auf Ihre
Kommentare!

Herzliche Grüße

Fiona Berger

Signatur

Muster Begleitschreiben

Frau
Sigrid Gabler
Vorex Münster GmbH
Robert-Bosch-Straße 112
48153 Münster

Ihr Zeichen, Ihre Nachricht vom	Unser Zeichen, unsere Nachricht vom	Telefon, Name	Datum
Ks-ga, 2011-06-01		-234, Malte Kaiser	03.06.2011

Kataloge Ladenausstattung 03-11

Sehr geehrte Frau Gabler,

wir freuen uns, dass Sie sich für unser neues Ladenprogramm interessieren. Ich sende Ihnen hiermit unsere aktuellen Unterlagen zu. Wenn ich Sie recht verstanden habe, sind für Sie vor allem die feuchtraumgeeigneten Möbel interessant – ich habe Ihnen dazu das entsprechende Informationsmaterial zusammengestellt.

Es würde mich freuen, wenn etwas für Sie dabei wäre.

Mit freundlichen Grüßen

Malte Kaiser
Malte Kaiser
Kundenbetreuung

Muster Begleitschreiben

Frau
Gerhild Baumgarten
Sandstraße 12
19065 Pinnow

Ihr Zeichen, Ihre Nachricht vom	Unser Zeichen, unsere Nachricht vom	Telefon, Name	Datum
		-665, Manfred Stenger	29.03.2011

Sehr geehrte Frau Baumgarten,

herzlichen Dank für Ihre Erstbestellung von Pet Care Chips für Hunde. Ein kleines Geschenk ist als Zeichen unserer Anerkennung diesem Schreiben beigefügt.

Sie hatten inzwischen Gelegenheit, Ihre erste Lieferung zu testen – wir würden uns freuen, Sie und Ihren Hund auch in Zukunft mit unserem gesunden Tierfutter zu beliefern.

Wir wären stolz, Sie unserem Kundenkreis zurechnen zu dürfen, und hoffen, dass Sie die erstklassige Qualität unseres Tierfutters bestätigen können.

Mit freundlichen Grüßen

Manfred Stenger
Manfred Stenger
Pet Care Tierfutter GmbH

Muster Begleitschreiben englisch

Ms
Sally Winger
12 Milliwilly Drive
WELLINGTON
NEW ZEALAND

Ihr Zeichen, Ihre Nachricht vom	Unser Zeichen, unsere Nachricht vom	Telefon, Name	Datum
		-665, Manfred Stenger	2011-03-29

Dear Ms Winger,

Thanks so much for your initial order of Pet Care dog crisps. I'm enclosing your free gift to express our appreciation.

By now you have had a chance to enjoy your first shipping order. We look forward to providing you and your dog with healthy pet food for years to come.

We are certainly happy to have you join our family of customers and hope you'll find our animal food of superb quality.

Best regards,

Manfred Stenger
Manfred Stenger
Pet Care Tierfutter GmbH

Muster Geschäftskorrespondenz

Muster Begleitschreiben englisch

An: jenner@joejoe-org.tsn
Cc:
Bcc:
Betreff: Our price list

Dear Mr. Jenner,

You asked for our current price-list. Here it is!

Yours sincerely,

Bernd Niederhöfer

Signatur

An: hobo@darlington.swa
Cc:
Bcc:
Betreff: Summary 2011-12-12

Dear Ms Holland,

Thank you very much for your telephone call. By this e-mail I send you a short summary of our agreements.

Kind regards,

Svea Müller

Signatur

Bestellungen

Bestellungen sollten alle wichtigen Anforderungen – über die Beschaffenheit der Ware ebenso wie über die Liefer- und Zahlungsbedingungen so präzise wie möglich bündeln. Nur so lässt sich späteren Meinungsverschiedenheiten vorbeugen.

Das sollte eine Bestellung enthalten:

- in der Betreffzeile: *Bestellung von ..., Auftrag über ...* und eine genaue Angabe, worauf sich die Bestellung bezieht *(Angebot vom ..., Anzeige in ..., Vertreterbesuch)*
- Dank für Angebot oder Informationsmaterial
- Bestellsatz: *Wir bestellen ... gemäß ...*
- genaue Warenbezeichnung (Name des Produktes, Artikelnummer, Größe, Gewicht, Farbe, Qualität)
- genaue Angabe von Menge, Packungseinheiten, Verpackung
- Preis
- Lieferzeit (Termine, Abruf, Teillieferung):
  Wenn sich die Bestellung auf ein Angebot bezieht und der Besteller die Verkaufs- und Lieferbedingungen des Verkäufers ohne Änderung akzeptiert, dann genügt die Angabe von Menge und Preis.

273

Muster Geschäftskorrespondenz

Muster Bestellung

Ihr Zeichen: Lh-aa
Ihre Nachricht vom: 2011-03-08
Unser Zeichen: Bs-te
Unsere Nachricht vom:

Frau
Inge Hansweiler
Computerservice
Bismarckstraße 33
08352 Langenburg

Name: Berrit Simonis
Telefon: 01097 3344-555
Telefax: 01097 3344-577
E-Mail: simonis@seibert.com

Datum: 12.03.2011

Auftrag über 1 Notebook
Ihr Angebot Nr. 00126428 vom 08.03.2011

Sehr geehrte Frau Hansweiler,

wir bestellen gemäß Ihrem Angebot Nr. 00126428 vom 08.03.2011 und dem Telefonat mit Frau Zeiss am 11.03.2011:

1 Notebook Merkur 2012 XLS einschließlich
– Intel Pentium Dual-Core Prozessor mit 5,5 GHz
– 4096 MB 800 MHz Dual Channel DDR2 SDRAM
– 320-GB-Serial ATA-Festplatte
– CD-ROM- und DVD-Laufwerk
– TFT-Aktivmatrix-Bildschirm, 15", 1024 × 768 Pixel
– austauschbarem 12-Zellen-Li-Ion-Akku
– Integrierte GMA X4500 HD-Grafikkarte
– Betriebssystem „Porta XL" und Text- und
  Datenverarbeitungsprogramm Büro plus 2010   699,00 EUR
Als Zubehör:
– Maus, optisch – 3 Tasten – verkabelt – PS/2 – weiß   50,00 EUR

                                                          749,00 EUR

Alle Preise zuzüglich gesetzlicher Mehrwertsteuer.

Mit freundlichen Grüßen

Berrit Simonis
Berrit Simonis
Technischer Einkauf

Muster Bestellung mit Änderung

Briefkopf

Postanschrift des Absenders

	Ihr Zeichen: Ih-aa
	Ihre Nachricht vom: 2011-03-08
	Unser Zeichen: Bs-te
Frau	Unsere Nachricht vom:
Inge Hansweiler	
Computerservice	Name: Berrit Simonis
Bismarckstraße 33	Telefon: 01097 3344-555
08352 Langenburg	Telefax: 01097 3344-577
	E-Mail: simonis@seibert.com
	Datum: 12.03.2011

Auftrag über 1 Notebook
Ihr Angebot Nr. 00126428 vom 08.03.2011

Sehr geehrte Frau Hansweiler,

wir bestellen gemäß Ihrem Angebot Nr. 00126428 vom 08.03.2011
1 Notebook Merkur 2012 XLS einschließlich
– Intel Pentium Dual-Core Prozessor mit 5,5 GHz
– 4 096 MB 800 MHz Dual Channel DDR2 SDRAM
– 320-GB-Serial ATA-Festplatte
– CD-ROM- und DVD-Laufwerk
– TFT-Aktivmatrix-Bildschirm, 15", 1024 × 768 Pixel
– austauschbarem 12-Zellen-Li-Ion-Akku
– Integrierte GMA X4500 HD-Grafikkarte
– Betriebssystem „Porta XL"
mit folgender Änderung: Anstelle des Text- und Datenverarbeitungsprogramms
„Büro plus 2010" möchten wir das Programm „ProfiXXL"

      699,00 EUR

Als Zubehör:
– Maus, optisch – 3 Tasten – verkabelt – PS/2 – weiß   50,00 EUR

      749,00 EUR

Alle Preise zuzüglich gesetzlicher Mehrwertsteuer. Falls Sie den Gesamtpreis nicht aufrechterhalten können, erbitten wir ein neues Angebot.

Mit freundlichen Grüßen

Berrit Simonis
Berrit Simonis
Technischer Einkauf

Geschäftsangaben

Muster Geschäftskorrespondenz

■ Bitten und Anträge

Um eine Bitte – etwa um Information – zu formulieren, bedarf es keiner vorgeschriebenen Form.

Wichtig ist es, das Anliegen klar und unmissverständlich zu formulieren und besonders auf höflichen Dank zu achten – schließlich macht die Erfüllung einer Bitte dem Adressaten in der Regel eine gewisse Mühe.

Viele Anträge werden mit einem Formular gestellt, sodass sich die Formulierung des Antrags selbst erledigt. Es bleibt Ihnen nur, schriftlich – heute meist per E-Mail – oder telefonisch um die Formulare zu bitten. Sinnvollerweise schildern Sie kurz Ihr Anliegen und die Gründe, die Sie für Ihren Antrag haben. Dann kann die Behörde das passende Formular auswählen und eventuell ergänzende Hinweise geben. Viele Formulare können Sie auch per Download erhalten.

Das sollten Sie bei Bitten und Anträgen beachten:

- Kommen Sie gleich zur Sache.
- Formulieren Sie knapp und bündig.
- Bauen Sie Ihr Schreiben übersichtlich auf.
- Fügen Sie alle erforderlichen Unterlagen bei.
- Wenn Sie den Namen Ihres Sachbearbeiters kennen, sprechen Sie ihn mit seinem Namen an.
- Verzichten Sie auf Behördendeutsch.
- Bedanken Sie sich.
- In wichtigen Angelegenheiten sollten Sie eine schriftliche Eingangsbestätigung verlangen (z. B. zum Nachweis der Einhaltung von Fristen).

Textbausteine »Bitten und Anträge«	
Bitte	■ Deshalb bitten wir ...
	■ Ich bitte um *Verlängerung der Abgabefrist*.
	■ Bitte prüfen Sie, *ob der Termin verschoben werden kann*.
	■ Daher möchten wir beantragen, *unser Unternehmen in das Zuschussprogramm Solar 2020 aufzunehmen*.
Eingangsbestätigung	■ Bitte schicken Sie mir eine schriftliche Eingangsbestätigung.
Dank	■ Mit herzlichem Dank für Ihre Mühe!
	■ Ich bedanke mich für Ihr Verständnis.
	■ Vielen Dank für Ihr Entgegenkommen.

Muster Bitten und Anträge

An: n.horst@hinkebein-debel.de
Cc:
Bcc:
Betreff: Bitte um Anruf

Sehr geehrter Herr Horst,

wir möchten die Ausheizeinrichtung für unseren Halbkugelenergie-
analysator bei Ihnen fertigen lassen. Dafür lasse ich Ihnen in den
nächsten Tagen entsprechende Zeichnungen zukommen. Ich habe
auch noch ein paar Fragen, die ich gern telefonisch besprechen
möchte. Leider konnte ich Sie heute aber nicht persönlich erreichen.
Rufen Sie mich möglichst bald einmal an?

Mit freundlichen Grüßen

Selma Fröbel
Order Processing

Signatur

Muster Geschäftskorrespondenz

Muster Bitten und Anträge

An: info@harringer-trocken.de
Cc:
Bcc:
Betreff: Kataloganfrage

Sehr geehrte Damen und Herren,

bitte senden Sie mir Ihre aktuellen Kataloge, Preislisten und Lieferbedingungen für Trockengeräte. Danke!

Mit freundlichen Grüßen

Heinz Schilling
Bollberge GmbH
Münchener Straße 30
89143 Blaubeuren
Tel.: + 49 841 772044-81
Fax: + 49 841 772044-11
E-Mail: heinz.schilling@bollberge.de
www.bollberge.de

Sitz der Gesellschaft: Blaubeuren; Amtsgericht Blaubeuren, HRB 88269
Geschäftsführerin: Birte Neubert

Muster Bitten und Anträge

Frau
Gerhild Blessing
Finanzamt Bensdorf
Postfach 12 34 26
99900 Bensdorf

Ihr Zeichen: Bp-gb
Ihre Nachricht vom: 2011-07-14
Unser Zeichen: Sg-bb
Unsere Nachricht vom:

Name: Sigbert Grube
Telefon: 09945 78978-123
Telefax: 09945 78978-841
E-Mail: sigbert.grube@frostfutterkg-de

Datum: 17.07.2011

Steuernummer 09123456789 – Antrag auf Verschiebung der Betriebsprüfung

Sehr geehrte Frau Blessing,

Sie teilen uns mit, dass Sie am 28.08.2011 eine Betriebsprüfung in unserem Unternehmen durchführen möchten. Wir bitten Sie, den vorgesehenen Termin zu verschieben, denn unser Steuerberater, der Ihnen eventuell wichtige Fragen beantworten könnte, befindet sich zu dieser Zeit im Urlaub. Er ist ab dem 04.09.2011 wieder zurück.

Danach könnte die Betriebsprüfung jederzeit stattfinden.

Mit herzlichem Dank für Ihr Verständnis

Sigbert Grube
Sigbert Grube
Frost Futter KG

Muster Geschäftskorrespondenz

Muster Bitten und Anträge

Postanschrift des Absenders

Finanzamt Darrenstedt
Abteilung Gewerbesteuer
Postfach 20 34 20
99987 Darrenstedt

Ihr Zeichen:
Ihre Nachricht vom:
Unser Zeichen:
Unsere Nachricht vom:

Name: Markus Bemaier
Telefon: 09987 89788
Telefax: 09987 89788
E-Mail: bemaier@bemaier-korbwaren.de

Datum: 25.07.2011

Gewerbesteuernummer 1234567-B
Bitte um Anpassung der Vorauszahlungen

Sehr geehrte Damen und Herren,

aufgrund der angespannten Wirtschaftslage ist meine Gewinnerwartung für das Jahr 2011 stark rückläufig – ich erwarte einen Umsatzrückgang um etwa 30 %. Bitte prüfen Sie, ob eine Anpassung meiner Gewerbesteuer-Vorauszahlung für das 3. und 4. Quartal 2011 möglich ist, und teilen Sie mir mit, ob Sie noch Unterlagen von mir brauchen.

Mit freundlichen Grüßen

Markus Bemaier
Markus Bemaier
Bemaier Korbwarenhandel

◼ Dankschreiben

Nicht sehr häufig und daher umso wirkungsvoller sind
Dankschreiben im Geschäftsleben. Am geläufigsten ist
noch der Dankesbrief für Geschenke oder Glückwünsche.
Aber sowohl bei Mitarbeitern als auch bei Lieferanten
kann man mit einem herzlichen Dank Freude, neue Moti-
vation und einen nachhaltigen Eindruck hervorrufen.

Das sollten Sie bei Dankschreiben beachten:

- Reagieren Sie schnell – und formulieren Sie Ihren Dank
  möglichst umgehend.
- Fassen Sie sich kurz.
- Nehmen Sie so direkt wie möglich Bezug (besser als
  Vielen Dank für das schöne Geschenk ist *Vielen Dank
  für die schöne Wanduhr, wir haben sie schon aufge-
  hängt*).

Textbausteine »Dankschreiben«

Herzlichen Dank, dass Sie *sich um mein Anliegen so schnell gekümmert haben.*

Vielen Dank für *Ihr schönes Geschenk!*

Ich bedanke mich herzlich für *die zuvorkommende Bedienung.*

Dank Ihrer Unterstützung konnten wir *unseren Auftrag doch noch
fertigstellen.*

Dafür danke ich Ihnen herzlich.

Muster Dankschreiben

An: p.dingeldein@allerlei-waren.de
Cc:
Bcc:
Betreff: Auftragsnummer 567890 – Reklamation

Sehr geehrter Herr Dingeldein,

es ist nicht selbstverständlich, dass man mit einer Reklamation auf Verständnis trifft. Und nur ganz ausnahmsweise wird auf eine Beschwerde so professionell reagiert wie in Ihrem Unternehmen.

Herzlichen Dank, dass Sie sich um mein Anliegen so schnell gekümmert und eine akzeptable Ersatzlösung gefunden haben!

Auf die weitere Zusammenarbeit freut sich

Sebastian Probst
Einkauf

Signatur

Muster Dankschreiben

An: g.moeller@firma-moeller.de
Cc:
Bcc:
Betreff: Auftragsnummer 567844 – vorgezogener Liefertermin

Sehr geehrter Herr Möllner,

Sie haben uns vergangene Woche mit der vorgezogenen Teillieferung sehr geholfen. Dafür danke ich Ihnen ganz herzlich. Wir wissen selbst, wie unangenehm es ist, Mitarbeiter zu Überstunden verpflichten zu müssen. Aber ohne Ihr Engagement wäre unser Projekt gescheitert! Bitte richten Sie auch den beteiligten Mitarbeitern meinen allergrößten Dank aus.

Mit freundlichen Grüßen

Anton Binder
Technische Entwicklung

Signatur

Muster Geschäftskorrespondenz

Muster Dankschreiben

Frau
Jenny Merzig
Semper GmbH
Lilienthalstraße 10
67435 Neustadt an der Weinstraße

17.04.2012

Herzlichen Dank!

Liebe Frau Merzig,

herzlichen Dank für den schönen Blumenstock, den Sie uns zu unserer Einweihungsfeier mitgebracht haben. Der Philodendron passt sehr gut zum Stil unserer neuen Einrichtung, und er hat einen schönen Platz im Foyer gefunden!

Mit freundlichen Grüßen

Philipp Gurst
Philipp Gurst

Muster Dankschreiben

Feinkost Harnung
Valerie Harnung
Mannheimer Straße 22 b
67098 Bad Dürkheim

17.04.2012

Vielen Dank!

Sehr geehrte Frau Harnung,

für das leckere Fingerfood, den professionellen Service und die charmante Bedienung bei der Einweihung unserer neuen Firmenräume möchten wir uns ganz herzlich bedanken. Das Gelingen einer Feier steht und fällt mit der Bewirtung – und wir hatten ein sehr schönes Fest, nicht zuletzt dank Ihrer Unterstützung!

Mit freundlichen Grüßen

Philipp Gurst
Philipp Gurst
Gurst Gerätebau GmbH

■ Eingangsbestätigungen

Die Eingangs- oder Empfangsbestätigung ist ein kurzer schriftlicher Nachweis, der bestätigt, dass man eine Ware, eine Briefsendung oder ein Schreiben erhalten hat.

Das sollte eine Eingangsbestätigung enthalten:

- Beschaffenheit der Ware oder des Schreibens
- Ort und Datum der Übergabe oder des Eingangs
- Namen und Unterschrift des Empfängers
- ggf. mit dem Empfang verbundene Pflichten

Textbausteine »Eingangsbestätigung«

Hiermit bestätige ich, *die Satzung in der Fassung vom 31. Dezember 2010* erhalten zu haben.

Wir haben *Ihren Antrag mit den kompletten Unterlagen* erhalten.

Wir haben folgende Artikel in einwandfreiem Zustand erhalten:

Ich, *Wolfgang Mier*, bestätige hiermit, *die Kündigung* am *13.11.2011* erhalten zu haben.

Ihr Schreiben ist am *24. Februar 2011* bei uns eingegangen.

Muster Eingangsbestätigung

Herrn
Moritz Schiller
Friedrich-Ludwig-Jahn-Straße 3
21073 Hamburg

Ihr Zeichen, Ihre Nachricht vom	Unser Zeichen, unsere Nachricht vom	Telefon, Name	Datum
10.07.2011	e_734-09	04599 112334-412	12.07.2011

Eingangsbestätigung

Hiermit bestätigen wir Herrn Moritz Schiller, dass sein Antrag auf Zulassung zum
Studium an der SGG Fachhochschule am 12.07.2011 bei uns eingegangen ist.
Diese Eingangsbestätigung beinhaltet keine Prüfung auf Vollständigkeit oder auf Richtig-
keit des Antrags.

Svenja Hansen
Svenja Hansen
Studierendensekretariat
SGG Fachhochschule

Muster Geschäftskorrespondenz

Muster Eingangsbestätigung: umständliche Formulierungen

Postanschrift des Absenders

Ihr Zeichen:
Ihre Nachricht vom: 2011-04-14
Unser Zeichen: Mp-ac
Unsere Nachricht vom:

Frau
Sabrina Bünte
Erlenweg 41
14532 Kleinmachnow

Name: Monika Path
Telefon: 0331 8089-140
Telefax: 0331 8089-149
E-Mail: monika.path@terrasun-energy-zukunft.de

Datum: 2011-04-16

Betreffzeile nicht fett hervorgehoben ┄┄ Ihr Auftrag zum Abschluss eines Dienstleistungsverhältnisses

Sehr geehrte Frau Bünte,

Unübersichtliche Gestaltung ┄┄ Ihren Auftrag zum Abschluss eines Dienstleistungsverhältnisses für die Liegenschaft Erlenweg 41–43, 14532 Kleinmachnow
haben wir erhalten. Wir danken für das Vertrauen, das Sie unserem Unternehmen entgegenbringen. Ihr Auftrag wird unter der Nummer B 15-799-9940/0 bearbeitet. Für alle Rückfragen bitten wir Sie, sich auf diese Nummer zu beziehen.

Umständlicher Hauptwortstil ┄┄ Wir werden den von Ihnen gewählten Leistungsumfang unter Berücksichtigung der Gegebenheiten des Liegenschaftsobjekts prüfen. Wenn hieraus und im Hinblick auf gesetzliche Bestimmungen einer Annahme nichts entgegensteht, erhalten Sie von uns eine Bestätigung über die Annahme Ihres Auftrags.

Mit freundlichen Grüßen

Unterschrift fehlt ┄┄

Terrasun Energy Services GmbH & Co. KG

Muster Eingangsbestätigung

Ihr Zeichen:
Ihre Nachricht vom: 2011-04-14
Unser Zeichen: Mp-ac
Unsere Nachricht vom:

Name: Monika Path
Telefon: 0331 8089-140
Telefax: 0331 8089-149
E-Mail: monika.path@terrasun-energy-zukunft.de

Datum: 2011-04-16

Frau
Sabrina Bünte
Erlenweg 41
14532 Kleinmachnow

Ihr Auftrag zum Abschluss eines Dienstleistungsverhältnisses

Sehr geehrte Frau Bünte,

vielen Dank für Ihren Auftrag zum Abschluss eines Dienstleistungsverhältnisses für die Liegenschaft **Erlenweg 41–43, 14532 Kleinmachnow.**

Wichtiges wird hervorgehoben.

Ihr Auftrag wird unter der Nummer **B 15-799-9940/0** bearbeitet. Bitte geben Sie diese Nummer bei allen Fragen zu diesem Auftrag an – dann können wir diese schnell beantworten.

Verzicht auf Hauptwortstil erhöht die Verständlichkeit.

Wir werden nun prüfen, ob wir die von Ihnen gewählten Leistungen bei Ihrer Liegenschaft erbringen können und ob diese Leistunges den gesetzlichen Anforderungen entsprechen. Danach erhalten Sie eine Auftragsbestätigung oder – falls der Leistungskatalog angepasst werden muss – einen Änderungsvorschlag.

Für das Vertrauen, das Sie unserem Unternehmen entgegenbringen, bedanken wir uns ganz herzlich.

Mit freundlichen Grüßen

Monika Path
Monika Path
Terrasun Energy Services GmbH & Co. KG

Muster Geschäftskorrespondenz

Muster Eingangsbestätigung

Arbeitsgemeinschaft „Sprache und Industrieentwicklung" e. V.
Herdweg 1, 57462 Olpe

Eingangsbestätigung für Ihren Aufnahmeantrag

Wir haben Ihren Aufnahmeantrag erhalten, vielen Dank. Bei der nächsten Mitgliederversammlung am 2. Mai 2011 wird über Ihre Aufnahme abgestimmt werden. Wir werden Ihnen danach sofort alle erforderlichen Unterlagen zusenden.
Wir freuen uns darauf, Sie schon bald als neues Mitglied begrüßen zu dürfen!

Mit freundlichen Grüßen

Karen Pollberg
Dr. Karen Pollberg
Schriftführerin

Empfangsbestätigung

Ich bestätige, den Schlüssel für die Sanitäranlage am Grillplatz Bodendorfer Sand am 23.06.2011 erhalten zu haben.

Ich verpflichte mich, den Schlüssel ausschließlich zu den im Mietvertrag vereinbarten Zwecken zu verwenden, sorgfältig aufzubewahren und keiner unbefugten Person zu überlassen.

Außerdem erkläre ich, dass ich einen Verlust des Schlüssels unverzüglich schriftlich anzeigen werde.

Düsseldorf, den

_____

(Unterschrift)

■ Einladungen

Auch wenn Einladungen an einen großen Adressatenkreis gerichtet sind, sollte jeder Empfänger das Gefühl haben, dass Ihrem Unternehmen an seinem persönlichen Erscheinen etwas liegt.

Einladungen kommen im Geschäftsleben zu den unterschiedlichsten Anlässen vor: Zu Feiern wird ebenso eingeladen wie zum Vorstellungsgespräch, zu einer Sitzung, zum Messebesuch oder zum Tag der offenen Tür.
In jedem Fall sollte die Einladung etwa sechs Wochen vor dem geplanten Termin verschickt werden.
Je nach Anlass empfiehlt es sich, auf Geschäftspapier zu schreiben (z. B. bei einer Einladung zum Vorstellungsgespräch oder zum Messebesuch) oder auch auf einem speziell gestalteten Flyer (z. B. zu einem Tag der offenen Tür). Zu internen Routinebesprechungen wie Abteilungsmeetings, Projektbesprechungen und Einzelgesprächen, aber auch zu Vorstands- und Aufsichtsratsitzungen können Sie per E-Mail einladen.

Das sollten Sie bei Einladungen beachten:

- Was findet statt?
- Wann findet der Termin statt und wo?
- Was ist der Anlass?
- Wer unterschreibt? Geschäftsführer oder i. A.?
- Ist eine Anfahrtsskizze/Zimmerreservierung nötig?
- Was erwartet die Gäste?
- Handelt es sich um eine Werbeveranstaltung? Um einen kleinen Umtrunk oder um ein mehrstündiges Programm?
- Sind alle wichtigen Informationen übersichtlich angeordnet? Entweder am Anfang des Schreibens oder z. B. durch Einrücken oder Fettdruck herausgehoben?

Textbausteine »Einladungen«	
Einleitung	*Hier sollten Sie schnell zur Sache kommen: Was findet wann wo statt?*
Einladungsformeln	■ Auf Ihre Teilnahme freuen wir uns. ■ Wir freuen uns auf Ihren Besuch und wünschen Ihnen eine angenehme Anreise. ■ Wir freuen uns auf Sie!

Muster Einladung

Aachen, 1. Februar 2011

Sehr geehrte Geschäftsfreunde, liebe Mitarbeiter,

vor 25 Jahren wurde unsere Firma als Zweimannbetrieb gegründet. Heute gehören
wir mit unseren Erzeugnissen zu den Marktführern in Deutschland.
Wir laden Sie ein, den gemeinsam erarbeiteten Erfolg und unser Jubiläum

am 23. März 2011 ab 16 Uhr

in unseren Firmenräumen bei einem kalt-warmen Buffet zu feiern!

Sabine Förster
Sabine Förster

Saroni GmbH Aachen
Lagerhausstraße 25–27
52064 Aachen

München, 1. September 2011

Sehr geehrter Herr Heidenreich,

am 21. Oktober 2011, 16 Uhr,

wird unsere neue Filiale in München-Schwabing, Ursulastr. 2, mit einem

Sektempfang

eröffnet. Dazu laden wir Sie herzlich ein!

Bernd Bolling
Geschäftsleitung der Bolling Brillenmode GmbH

Muster Einladung

Frau
Dipl.-Ing. Anna Kreidel
ERG Deutschland AG
Zentrale Entwicklung
Postfach 88 65
01189 Dresden

Ihr Zeichen:
Ihre Nachricht vom:
Unser Zeichen: Gm-hs
Unsere Nachricht vom:

Name: Gehard Merckenroth
Telefon: 0351 772549-552
Telefax: 0351 772549-550
E-Mail: mackenroth@rehberg-maschinenbau.de

Datum: 01.02.2011

Einladung zur Messe Plast in Mailand vom 24. bis 28. März 2011

Besuchen Sie uns in Halle 22, Stand F 03
und erleben Sie unsere neuen energiesparenden Produkte!

Am Messestand stellen wir Ihnen unter anderem unseren diskontinuierlichen Vorschäumer FOMIX 250 SL vor. Informieren Sie sich auch über unsere Formteilautomaten und unseren Formwerkzeugbau.

Senden Sie uns bitte die beiliegende Antwortkarte bis zum 15. März 2011 zurück. Dann erhalten Sie von uns kostenlose Eintrittskarten. Und wenn Sie einen Termin mit uns vereinbaren, nehmen wir uns viel Zeit für ein persönliches Gespräch.

Wir freuen uns auf Ihren Besuch!

Ihre Rehberg Maschinenbau GmbH

Gerhard Merckenroth
Gerhard Merckenroth
Geschäftsführer

Muster Geschäftskorrespondenz

Muster Einladung

Briefkopf

Postanschrift des Absenders

Herrn
Robert Kannegießer
Silvio Silviones Vertriebs-GmbH
Gladbacher Str. 578
41179 Mönchengladbach

Ihr Zeichen:
Ihre Nachricht vom:
Unser Zeichen: Dt-si
Unsere Nachricht vom:

Name: Dirk Trappert
Telefon: 0341 88567-339
Telefax: 0341 88567-338
E-Mail: trappert@flaggertex-leipzig.de

Datum: 28.03.2011

Tag der offenen Tür am 3. Mai

Liebe Kunden,

an unserem Tag der offenen Tür können Sie hinter die Kulissen unseres Unternehmens schauen.

Besuchen Sie uns am 3. Mai 2011 zwischen 9 und 19 Uhr.

An diesem Tag können Sie alle Mitarbeiter persönlich treffen, mit denen Sie bisher nur telefonisch Kontakt hatten.

Selbstverständlich können Sie auch unsere Produktionsanlagen besichtigen, und Sie haben Gelegenheit, unsere Kollektion für die kommende Saison vorab kennenzulernen.

Für einen Imbiss ist gesorgt.

Meine Mitarbeiter und ich freuen uns auf Ihren Besuch!

Dirk Trappert
Dirk Trappert
Geschäftsführer

Bitte senden Sie die beiliegende Antwortkarte bis zum 23. April 2011 an uns zurück. Sie nehmen damit an der Verlosung von über 50 attraktiven Preisen teil. Machen Sie mit!

Geschäftsangaben

Muster Einladung

An alle
Mitarbeiter

2. Dezember 2011

Einladung zur Weihnachtsfeier

Liebe Mitarbeiterinnen und Mitarbeiter,

wie in jedem Jahr gehörten auch dieses Jahr die Herbstwochen zur anstrengendsten Zeit des Jahres. Sie haben unzählige Überstunden geleistet. Dafür möchte ich Ihnen ganz herzlich danken!

Deshalb lade ich Sie alle zu einem gemeinsamen Essen ein, und zwar

am **16. Dezember, um 20 Uhr** im Restaurant „Sterneck".

Hier kocht Hans Müller, der für seine beschwingten und leichten, sinnlich präsentierten Gerichte überregional bekannt ist. Damit Sie unbeschwert genießen können, habe ich für die Heimfahrt einen Taxidienst organisiert.

Ich freue mich auf Sie!

Ihre
Amelie Grüneberg

Muster Geschäftskorrespondenz

Einladungen an Bewerber

Einladungen an Bewerber zu schreiben, ist leichter und angenehmer als das Formulieren von Absagen. Dennoch: Ein Vorstellungsgespräch oder ein Einstellungstest ist für den Bewerber sehr anstrengend. Geben Sie ihm deshalb eine möglichst genaue Beschreibung dessen, was ihn erwartet.

Das sollte die Einladung an den Bewerber enthalten:

- Bedanken Sie sich zunächst für die Bewerbung.
- Teilen Sie dem Bewerber dann mit, dass er in die engere Auswahl gekommen ist.
- Nennen Sie den Anlass für die Einladung: Vorstellungsgespräch, Fachtest, psychologischer Test oder anderes.
- Geben Sie den Ort an, an dem das Gespräch oder der Test stattfindet (Gebäude, Etage, Raum).
- Nennen Sie die Personen, die beim Gespräch anwesend sein werden.
- Schlagen Sie einen Termin vor, bitten Sie um einen Gegenvorschlag, nennen Sie einen Ansprechpartner oder setzen Sie einen festen Termin.
- Thematisieren Sie die Fahrtkosten: Anreise mit Pkw oder öffentlichen Verkehrsmitteln? Höhe der Erstattung?
- Thematisieren Sie die Unterbringungskosten: Hotel selbst reservieren oder durch das Unternehmen reservieren lassen? Höhe der Erstattung?
- Wünschen Sie eine gute Anreise.
- Evtl.: Informationsmaterial zum Unternehmen, Hinweise zur Anreise (ggf. Anfahrtskizze), Parkmöglichkeit, Personalbogen oder Bewerberfragebogen mit der Bitte, ihn auszufüllen und zurückzusenden.

Textbausteine »Einladungen an Bewerber«

Herzlichen Dank für Ihre Bewerbung.

Ihre Bewerbung und Ihre Zeugnisse haben uns gut gefallen.

Wir laden Sie zu einem Vorstellungsgespräch ein.

Wir freuen uns auf Ihren Besuch.

Muster Einladung an Bewerber

An: ofenkoede@smail.at
Cc:
Bcc:
Betreff: Ihre Bewerbung vom 20.05.2011 als Pressereferentin

Sehr geehrte Frau Ofenkoede,

herzlichen Dank für Ihre ausführliche Bewerbung! Ihre Zeugnisse und Unterlagen machen einen sehr guten Eindruck. Wir möchten Sie gern näher kennenlernen und laden Sie daher zu einem Vorstellungsgespräch ein.

In diesem Gespräch, bei dem außer mir auch ein Mitglied der Geschäftsleitung anwesend sein wird, möchten wir Sie mit unserem Unternehmen bekannt machen und mit Ihnen über Ihre Bewerbung sprechen.

Als Termin schlagen wir den 17.06.2011, 10:30 bis 12:00 Uhr, vor. Wenn Ihnen dieser Tag nicht zusagen sollte, vereinbaren Sie bitte mit Frau Schneider (Telefon: -253) möglichst schnell einen anderen Termin. Falls Sie am Vortag anreisen möchten, wird Ihnen Frau Schneider gern ein Hotelzimmer reservieren.

Wir freuen uns auf Ihren Besuch und wünschen Ihnen eine angenehme Anreise.

Mit freundlichen Grüßen

Paul Mohr
Personalabteilung

Signatur

Muster Geschäftskorrespondenz

Muster Einladung an Bewerber

An: jana.doersam@jjmail.com
Cc:
Bcc:
Betreff: Einladung zum Vorstellungsgespräch

Sehr geehrte Frau Dörsam,

Ihre Bewerbung als Herstellungsleiterin gefällt uns sehr gut. Daher laden wir Sie herzlich zu einem Vorstellungsgespräch ein, und zwar am 02. März 2011 um 11:00 Uhr in unserem Frankfurter Büro, Vischer-straße 23.

An diesem Gespräch, für das wir rund zwei Stunden veranschlagen, werden die Geschäftsführerin, Frau Dr. Elke Baier, und unser Personalchef, Herr Heiner Gast, teilnehmen. Bitte informieren Sie uns bis zum 14. Februar 2011, falls Ihnen dieser Termin nicht passt.

Eine ausführliche Anfahrtskizze finden Sie auf unserer Website.
Mit freundlichen Grüßen

Silke Burmester
Personalabteilung

Signatur

Muster Einladung an Bewerber

Ihr Zeichen:
Ihre Nachricht vom: 10.02.2012
Unser Zeichen: Es-ma
Unsere Nachricht vom:

Herrn
Ralf Felden
Henkenheide 45
55494 Wahlbach

Name: Erik Sondermann
Telefon: 06322 57982-211
Telefax:
E-Mail: personal@textilien-reinelt.de

Datum: 20.02.2012

Einladung zum Bewerbertag

Sehr geehrter Herr Felden,

wir danken Ihnen für Ihre Bewerbung! Ihre Qualifikation entspricht genau unseren Erwartungen; wir laden Sie deshalb zusammen mit weiteren 14 Bewerbern zur Teilnahme an unserem Bewerbertag ein:

15.03.2011, 10:00 Uhr in unserer Hauptverwaltung,
Hansahaus, Gertrudisstraße 10, 79400 Kandern.

Bitte bringen Sie alle wichtigen Unterlagen, die Zeugnisoriginale und Ihren Personalausweis mit. Das Auswahlverfahren beginnt um 10:15 Uhr im Raum 103, 3. Etage, mit circa zwei Stunden dauernden Tests zu Ihrer Allgemeinbildung, Ihrem Zahlenverständnis und Ihrer Stilsicherheit in der deutschen Sprache. Nach einem gemeinsamen Mittagessen in unserem Casino bitten wir alle Bewerber zu Einzelgesprächen, die jeweils rund eine Stunde dauern werden. Die Abreise ist gegen 17 Uhr vorgesehen.

Die Reisekosten erstatten wir Ihnen in Höhe der Kosten für öffentliche Verkehrsmittel. Falls Sie bereits am Vorabend anreisen möchten, werden wir im Hotel Stern, Felsenstraße 30, ein Zimmer reservieren. Kontaktieren Sie bitte deswegen in den nächsten Tagen Frau Klee (Tel.-Durchwahl -143, E-Mail: anja.klee@textil-reinelt.de).

Wir freuen uns auf Ihren Besuch!

Mit freundlichen Grüßen

Erik Sondermann
Erik Sondermann
Personalleiter

Muster Geschäftskorrespondenz

■ Entschuldigungen

Bedenken Sie bei Ihrer Antwort: Wie würde ich selbst auf diesen Brief reagieren?

Antworten auf Reklamationen und Beschwerden

Auf eine Reklamation kann man auf dreierlei Weise eingehen:

1) Die Reklamation wird als berechtigt angesehen. Die Forderung des Kunden wird erfüllt: Wandlung, Minderung, Ersatzlieferung oder Schadenersatz.

2) Die Reklamation wird als teilweise berechtigt angesehen. Man macht einen Gegenvorschlag zur Bereinigung der Angelegenheit.

3) Die Reklamation wird als nicht berechtigt angesehen. Sie wird entweder zurückgewiesen oder aber aus anderen Gründen – zum Beispiel wegen übergeordneter geschäftlicher oder persönlicher Interessen – anerkannt.

Wenn Sie die Kundenreaktionen vorher durchdenken, sparen Sie sich Ärger.

Ob die Beschwerde des Kunden berechtigt ist oder nicht, versuchen Sie immer, den Fall als gemeinsames Problem zu behandeln, an dessen Lösung Sie ebenso interessiert sind wie der Kunde.

Gehen Sie auf unsachliche Vorwürfe nicht ein.

Signalisieren Sie Verständnis für die Situation des Kunden. Eröffnen Sie dem Kunden die Möglichkeit, ohne Gesichtsverlust seine Meinung zu der Reklamation zu ändern. Es geht nicht darum, dass er auf Ihre Antwort zur Reklamation sagt: »Ja, ich bin im Unrecht«, sondern: »Im Grunde stimmt es, was ich gesagt habe, aber unter diesem Aspekt habe ich die Sache noch nicht gesehen«. Vermeiden Sie deutliche Belehrungen. Versuchen Sie, ein falsches Verhalten des Kunden – zum Beispiel fehlerhafte Behandlung der Ware – diplomatisch zu behandeln. Bedenken Sie immer, dass ein verständnisvoller Brief auf eine Kundenbeschwerde auch eine Chance bedeutet, die Kundenbeziehung zu festigen.

Das sollten Sie bei Antworten auf Reklamationen beachten:

- Geben Sie in der Betreffzeile an, auf welche Lieferung sich die Reklamation bezieht und nennen Sie das Datum der Reklamation.
- Wiederholen Sie in Ihren Worten, um welchen Mangel es nach Beschreibung des Kunden geht.
- Nennen Sie die Punkte, in denen Sie mit dem Kunden übereinstimmen.
- Nehmen Sie sachlich zu der Reklamation Stellung und verzichten Sie auf langatmige Erklärungsversuche.
- Gehen Sie auf den Wunsch des Kunden ein oder schlagen Sie eine andere Lösung vor.

Textbausteine »Antworten auf Reklamationen«

Mängelfeststellung mit eigene Worten wiederholen

Sie schreiben, dass unser Produkt *nicht die im Katalog aufgeführten Eigenschaften besitzt.*

Sie beanstanden *die mangelnde Frische der gelieferten Orangen.*

Sie berichten, dass *die Ware beschädigt bei Ihnen eingetroffen ist.*

Mangel bestätigen

Wenn *ein Drittel der Früchte Schimmel aufweist,* dann ist das selbstverständlich nicht akzeptabel.

Ein ungleichmäßiger Farbauftrag entspricht nicht unserem Qualitätsanspruch.

Mangel verneinen

In den von Ihnen beanstandeten Punkten können wir keinen Mangel erkennen.

Variationen im Farbton sind produktionsbedingt und nicht vermeidbar. Sie stellen deshalb keinen Mangel dar.

Der Schaden hätte durch die Inbetriebnahme gemäß der Bedienungsanleitung vermieden werden können. Wir können Ihrer Forderung daher nicht entsprechen.

Muster Geschäftskorrespondenz

Lösungsvorschlag

Sind Sie mit einer kostenfreien Ersatzlieferung einverstanden?

Wenn Sie uns die beanstandete Ware mit beigelegter Rechnungskopie an die unten aufgeführte Adresse zurücksenden, werden wir Ihnen den Kaufpreis einschließlich aller Portokosten erstatten. Bitte nennen Sie uns dazu Ihre Kontoverbindung.

Wir wollen aber vor allem, dass Sie als Kunde zufrieden sind, und kommen Ihnen deshalb freiwillig mit folgendem Vorschlag entgegen: ...

Wir schlagen vor, dass wir das Gerät reparieren und lediglich das nötige Ersatzteil berechnen. Der Arbeitsaufwand von geschätzt einer Stunde ginge auf unsere Kosten.

Entschuldigung

Es tut uns leid, dass unser Produkt nicht Ihren Vorstellungen entspricht.

Entschuldigen Sie das Versehen bitte.

Wir bitten Sie ganz herzlich um Entschuldigung.

Wir hoffen auf Ihre Nachsicht.

Wir bedauern sehr, dass Sie mit unserem Unternehmen diesmal nicht zufrieden sind, und hoffen, Sie künftig wieder durch unsere Leistung überzeugen zu können.

Muster Entschuldigung

Briefkopf

Postanschrift des Absenders

Elektrofachgeschäft Gabel & Schnee
Herrn Thomas Singer
Schulstraße 40–42
39606 Flessau

Ihr Zeichen: Be-er
Ihre Nachricht vom: 2011-07-02
Unser Zeichen: Sb-mü
Unsere Nachricht vom: 2011-06-30

Name:
Telefon: 0391 95437-2
Telefax: 0391 95437-6
E-Mail: Service@CPLU.com

Datum: 2011-07-05

Ihre Reklamation zu unserer Lieferung Nr. 3810/A

Sehr geehrter Herr Singer,

haben Sie herzlichen Dank für Ihre offenen Worte!

Es ist für uns wichtig zu erfahren, wenn einmal etwas nicht so gelaufen ist, wie wir es wünschen.

Die beanstandeten Schalter wurden irrtümlich an Sie geliefert statt wie geplant als Rücksendung an den Hersteller. Das hätte nicht passieren dürfen!

Wir bedauern das Versehen sehr und bitten Sie vielmals um Entschuldigung. Selbstverständlich nehmen wir die Schalter zurück, und Sie erhalten umgehend einwandfreie Ware.

Mit freundlichen Grüßen

Solveig Bergmann
Solveig Bergmann

Geschäftsangaben

Muster Geschäftskorrespondenz

Muster Entschuldigung

Postanschrift des Absenders

Ihr Zeichen: Sd
Ihre Nachricht vom: 20.09.2011
Unser Zeichen: Bm-ir
Unsere Nachricht vom:

Frau
Lea Schauland
Restaurant Rheinterrassen
Uferstraße 23
56564 Neuwied

Name: Barbara Meister
Telefon: 02161 3742-47
Telefax: 02161 3742-40
E-Mail: b-meister@linnentext.com

Datum: 29.09.2011

Ihre Reklamation: Verfärbungen an Tischtüchern

Sehr geehrte Frau Schauland,

die angekündigte Rücksendung mit elf Tischtüchern Artikelnummer 44-234GG4 aus unserer Lieferung vom 31.08.2011 haben wir am 22.09.2011 erhalten.

Sie beanstanden, dass die gelieferte Ware Verfärbungen aufweist. Wir haben sie geprüft und können das bestätigen. Wir haben aber auch bemerkt, dass die Tischtücher bereits gewaschen wurden. Vermutlich wurden sie bei der Wäsche durch ausfärbende andere Stücke verfärbt. Dafür sprechen die typischen „Knitterflecken".

Sie werden verstehen, dass wir die Tischtücher unter diesen Umständen nicht zurücknehmen können. Noch heute senden wir sie Ihnen zurück. Das Porto übernehmen wir.

Mit freundlichen Grüßen

Barbara Meister
Barbara Meister
Kundenservice

Muster Entschuldigung

Briefkopf

Postanschrift des Absenders

Ihr Zeichen: Bestell
Ihre Nachricht vom: 24.10.2012
Unser Zeichen: Sl-mi
Unsere Nachricht vom:

Herrn
Alfons Sandenfeld
Im Loch 3
29361 Höfer

Name: Hanna Schmidt-Leineweber
Telefon: 069 7862-653
Telefax: 069 7862-655
E-Mail: vertrieb@calendarium.com

Datum: 2012-10-30

Ihre Reklamation zu unserer Lieferung vom 15.10.2012:
200 Kalender mit individuellem Firmenaufdruck

Sehr geehrter Herr Sandenfeld,

Sie beanstanden das dünne Papier der gelieferten Kalender. In der Tat handelt es sich bei dem verwendeten Papier um eine preiswerte Qualität (100 g/m²). Darauf machen wir allerdings in unserem Katalog aufmerksam. Gleichzeitig bieten wir auch ein stabileres Papier (200 g/m²) an.

Es tut uns leid, dass unser Produkt nicht Ihren Vorstellungen entspricht. Sie werden aber hoffentlich verstehen, dass wir die Kalender, die ja individuell für Sie bedruckt wurden, nicht zurücknehmen können.

Um Sie davon zu überzeugen, dass wir auch die von Ihnen gewünschte Qualität im Programm haben, senden wir Ihnen in den nächsten Tagen gratis fünf Kalender mit stärkerem Papier zu.

Vielleicht geben Sie uns im kommenden Jahr noch einmal eine Chance?

Mit freundlichen Grüßen

Hanna Schmidt-Leineweber
Hanna Schmidt-Leineweber
Kundenbetreuung

Geschäftsangaben

Muster Geschäftskorrespondenz

Muster Entschuldigung

Postanschrift des Absenders

Herrn
Walter Steinmann
Am Salusbach 123
65936 Frankfurt am Main

Ihr Zeichen: Fk-st
Ihre Nachricht vom: 14.05.2012
Unser Zeichen:
Unsere Nachricht vom:

Name:
Telefon: 069 239956-333
Telefax: 069 239956-333
E-Mail: info@dachdeckerei-kuehn.de

Datum: 19.05.2012

Ihr Schreiben vom 14.05.2012

Sehr geehrter Herr Steinmann,

am 12. Mai 2012 haben unsere Mitarbeiter in Ihrem Treppenhaus ein Dachfenster repariert und dabei versehentlich mehrere Treppenstufen beschädigt.
Ich bitte dafür um Entschuldigung.

Wenn Sie den Schaden durch einen Fachbetrieb beheben lassen, kommt unsere Versicherung für die Kosten auf. Bitte senden Sie uns dazu das Rechnungsoriginal.

Es tut mir leid, dass Sie durch unser Verschulden einige Unannehmlichkeiten haben werden.

Mit freundlichen Grüßen

Fritz Kühn
Fritz Kühn

Muster Entschuldigung

An: karl.knecht@firmaxx.de
Cc:
Bcc:
Betreff: Auftrag 12345, Reklamation vom 12.11.2011

Lieber Herr Knecht,

gestern habe ich Ihnen eine aufgebrachte E-Mail geschickt und Ihnen unrecht getan. Nicht Sie, wie ich unterstellt habe, sondern wir selbst haben den Fehler verursacht.

Ich bitte Sie ganz herzlich um Entschuldigung!

Mit freundlichen Grüßen

Margit Brunnengräber

Signatur

An: lisa.wuellmers@brechtundpartner.de
Cc:
Bcc:
Betreff: Unser Angebot: Büroausstattung

Sehr geehrte Frau Wüllmers,

im Anhang erhalten Sie nun unser Angebot. Für die Verzögerung bei der Erstellung entschuldige ich mich, und ich danke Ihnen für Ihre Geduld!

Mit freundlichen Grüßen

Uwe Berg

Signatur

Muster Geschäftskorrespondenz

Muster Entschuldigung englisch

An: b.baxter@hunter-bloomingdale.net
Cc:
Bcc:
Betreff: documents #BA-mm 7645

Dear Mr. Baxter,

I would like to apologize for the delay of the documents. I am sending the letters through fax and e-mail with affixed signatures. Attached is the letter requesting budget realignment. Also included is the new production schedule.

I would like to thank you for the consideration and support you have given our company.

Sincerely yours,

Maike Rohwedder

Signatur

An: g.granger@hunter-bloomindale.net
Cc:
Bcc:
Betreff: incomplete information

Dear Ms. Granger,

I'd like to apologize for sending you the incomplete information on the electric system. There was a slight miscommunication on our end. I have now thoroughly checked the details and I am sending you the correct and updated information with this e-mail.

I'm sorry for any inconvenience this may have caused. I appreciate your understanding. Please call me if you have any questions. I can be reached.

Sincerely,

Stefan Vierkötter

Signatur

Genesungswünsche

Wenn es um einen Mitarbeiter geht, prüfen Sie sorgfältig, ob Ihre Formulierungen nicht den Eindruck erwecken, Sie wollten den Mitarbeiter vor allem bald wieder als Arbeitskraft zur Verfügung haben.

Wenn ein Mitarbeiter oder ein Geschäftspartner ernsthaft erkrankt, kann es schwerfallen, die richtigen, ermutigenden Worte zu finden. Genesungswünsche müssen persönlich und glaubwürdig formuliert sein.

Das sollten Sie bei Genesungswünschen beachten:
- Schreiben Sie auf einer schönen Motivkarte oder einem hochwertigen, neutralen Briefbogen.
- Verwenden Sie weder Frankiermaschine noch Adressaufkleber oder Sichtfensterumschläge.
- Schreiben Sie mit der Hand.
- Sagen Sie, dass Sie den Erkrankten vermissen.
- Drücken Sie Sorge, aber auch Zuversicht aus.

Textbausteine »Genesungswünsche«

Ich habe heute erfahren, dass Sie im Krankenhaus sind. Das tut mir sehr leid.

Es tut mir so leid, dass dieser dumme Unfall passiert ist.

Wir sind froh zu hören, dass es Ihnen schon wieder besser geht.

Ich wünsche Ihnen Kraft und Mut, die Krankheit zu besiegen.

Wir wünschen Ihnen gute Besserung.

Alles Gute wünscht Ihnen ...

Wir hoffen, dass Sie schon bald wieder ganz gesund sein werden.

Zitate
Es gibt tausend Krankheiten, aber nur eine Gesundheit. *(Ludwig Börne)*

Freude ist eine gesunde Kost. *(chinesisches Sprichwort)*

Gesundheit ist der größte Reichtum. *(deutsches Sprichwort)*

Mut hat mehr Mittel gegen das Unglück als die Vernunft. *(Luc de Clapiers, Marquis de Vauvenargues)*

Geduld wird alle Schmerzen heilen. *(Publilius Syrus)*

Gehabte Schmerzen, die hab ich gern. *(Wilhelm Busch)*

Nur die Ruhe ist die Quelle jeder großen Kraft. *(Fjodor M. Dostojewski)*

Muster Geschäftskorrespondenz

Muster Genesungswünsche

Kiel, 28. März 2011

Liebe Frau Hoffmann,

wir freuen uns zu hören, dass es Ihnen jetzt schon wieder besser geht.
Sie haben uns einen richtigen Schrecken eingejagt!
Von Ihrem Mann wissen wir, dass Sie sich darum sorgen, so lange nicht
arbeiten zu können. Das müssen Sie nicht! Wir haben alle Ihre Aufgaben im
Team aufgeteilt. Einmal die Woche kommt Frau Feil und kümmert sich um
die Dinge, die dennoch liegen bleiben. Sie können sich also beruhigt so viel
Zeit nehmen, wie Sie für Ihre Genesung brauchen.
Damit es Ihnen nicht langweilig wird, schicken wir Ihnen ein Buch, das Sie
hoffentlich noch nicht kennen.
Wir wünschen Ihnen gute Besserung!

Im Namen der ganzen Abteilung
Stefan Hülsenbeck

17. Oktober 2011

Sehr geehrter Herr Becker,

das Schlimmste haben Sie nach Auskunft Ihrer Frau hinter sich. Jetzt geht
es mit Sicherheit bergauf!
In den nächsten Tagen verlassen Sie bereits das Krankenhaus, um Ihren
Reha-Aufenthalt zu beginnen. Ich freue mich wirklich, dass Sie sich so
schnell erholt haben. Vielleicht können Sie die kommenden Wochen auch
nutzen, um etwas zu entspannen. Wir wünschen es Ihnen!

Herzliche Grüße und die besten Wünsche für Ihre Genesung!

Ihr
Willi Hendrich

Muster Genesungswünsche

Greifswald, 18. März 2012

Liebe Frau Kiefer,

hoffentlich haben Sie Ihre Operation gut überstanden und sind bald wieder fit.

Ich vermisse Sie und Ihre engagierte Mitarbeit sehr, aber lassen Sie sich davon nicht drängen: Am allerwichtigsten ist es jetzt, dass Sie sich vollständig erholen!

Weiterhin gute Besserung wünscht Ihnen

Joachim Kellermann

15. August 2012

Lieber Herr Kluge,

es tut mir sehr Leid, dass Sie bei einem Unfall verletzt wurden – und auch noch ausgerechnet, während Sie für uns arbeiteten. Selbstverständlich sind wir schon dabei zu prüfen, ob so etwas in Zukunft vermieden werden kann.

Ich hoffe, Sie sind im Marienkrankenhaus gut versorgt. Wenn Sie, in welcher Form auch immer, meine Unterstützung brauchen – lassen Sie es mich wissen. Wenn es Ihnen recht ist, komme ich Sie in den nächsten Tagen einmal besuchen.

Ich hoffe, dass Sie schon bald wieder ganz gesund sein werden.

Ihr
Hendrick Skaida

Muster Geschäftskorrespondenz

■ Glückwünsche

Am persönlichsten wirkt es, wenn die Glückwünsche auf einer entsprechend gestalteten Karte oder in einem Brief auf gutem Papier handgeschrieben werden.

Auch wenn Glückwünsche, die man im Namen eines Unternehmens versendet, naturgemäß auf einer anderen persönlichen Beziehung beruhen als private Gratulationen, gilt auch hier: Je persönlicher ein Glückwunsch formuliert ist, desto besser kommt er beim Empfänger an.

- Verwenden Sie kein normales Geschäftspapier.
- Verzichten Sie auf Empfängeranschrift und Betreffzeile.
- Datieren Sie auf den Tag des Ereignisses, auch wenn Sie das Schreiben schon vorher abschicken.
- Frankieren Sie mit Briefmarken, nicht mit der Frankiermaschine.

Gerade im Geschäftsleben kommen neben den üblichen Glückwünschen zum Geburtstag oder Weihnachten Gratulationen zu besonderen beruflichen Erfolgen und Ereignissen vor, wie zu einer bestandenen Prüfung, der Berufung in ein Amt, der Beförderung, einem Jubiläum oder dem Ruhestand. Diese Situationen verdienen einen besonderen Glückwunsch. Ein Dienstjubiläum zum Beispiel ist ein großer Tag für den Jubilar und verlangt die Würdigung der jeweiligen persönlichen Leistung ebenso wie die Versetzung in den Ruhestand, wo letztlich die Bilanz eines ganzen Arbeitslebens gezogen wird.

Das sollten Sie bei Glückwünschen beachten:

- In welcher Beziehung stehen Sie zum Empfänger? Sind Sie Arbeitgeber, Lieferant oder Kunde?
- Wenn Sie im Namen von mehreren Personen schreiben: Sollen alle unterschreiben?
- Wer ist der Empfänger, wie wichtig ist ihm das Ereignis, worauf ist er besonders stolz?
- Was hat die Beziehung ihres Unternehmens zum Empfänger in der Vergangenheit geprägt?
- Was wünschen Sie dem Empfänger für die Zukunft?
- Geschenk: Gibt es eines, soll es erwähnt werden?

Glückwünsche zur Geburt

Textbausteine »Geburt«

Wir gratulieren Ihnen ganz herzlich zur Geburt Ihrer Tochter!

Wir freuen uns mit Ihnen über die Geburt Ihres Sohnes.

Wir wünschen Ihrem Kind viel Glück und Gesundheit auf seinem Lebensweg.

Alles Gute für Ihre Familie!

Mit den besten Wünschen für Sie und Ihren Sohn

Zitate zur Geburt

Kinder erfrischen das Leben und erfreuen das Herz. *(Friedrich Schleiermacher)*

Wir können die Kinder nicht nach unserem Sinn formen; so wie Gott sie uns gab, muss man sie haben und lieben. *(Johann Wolfgang von Goethe)*

Erst wenn man eigene Kinder hat, weiß man, wie groß die Liebe der Eltern war. *(japanisches Sprichwort)*

Der grundlegende Fehler von Vätern besteht darin, von ihren Kindern zu erwarten, dass sie ihnen Ehre machen. *(Bertrand Russell)*

Kinder müssen mit Erwachsenen sehr viel Nachsicht haben. *(Antoine de Saint-Exupéry)*

Muster Glückwünsche zur Geburt

Januar 2011

Lieber Bernd Kemper,

ein bisschen haben wir ja alle mitgefiebert in den vergangenen Wochen. Jetzt ist der kleine Erdenbürger da und wir können uns vorstellen, dass Ihr Leben nun ganz neu organisiert werden muss. Vielleicht wird auch die eine oder andere durchwachte Nacht dabei sein. Aber wir sind sicher, dass die glücklichen Stunden und die stolzen Momente stärker sind als alle Mühe! Im Namen aller Kolleginnen und Kollegen gratuliere ich Ihnen herzlich und wünsche auch Ihrer Frau alles Gute!

Eva Kornfeld

17. September 2011

Sehr geehrter Herr Kemper,

wir freuen uns mit Ihnen über die Geburt Ihres Töchterchens. Wie wir gehört haben, ist alles gut verlaufen und die Kleine ist ebenso wie Ihre Frau wohlauf. Ein guter Grund, stolz und zufrieden zu sein!

Wir wünschen Ihnen und Ihrer Frau weiter alles Gute und viel Freude mit dem Nachwuchs!

Charlotte Licht

Wo Kinder sind, da ist ein goldenes Zeitalter.
Novalis

Liebe Frau Neu,

auch Ihnen ist mit der Geburt Ihres Sohnes ein „goldenes Zeitalter" beschieden. Darüber freue ich mich sehr!
Ich wünsche Ihnen, dem stolzen Vater, und vor allem auch dem kleinen Vinzenz alles erdenklich Gute!

Gerhard Wiedemann

Glückwünsche zum Geburtstag

Ich gratuliere Ihnen ganz herzlich zum *50.* Geburtstag.

Zu Ihrem *runden* Geburtstag wünsche ich Ihnen alles Gute.

Es wünscht Ihnen viel Glück und Gesundheit ...

Alles Gutes für die Zukunft wünscht ...

Wir freuen uns auf die weitere gute Zusammenarbeit!

Wir wünschen Ihnen ein schönes Fest!

Zitate zum Geburtstag

Die ersten 40 Jahre unseres Lebens liefern den Text, die folgenden 30 den Kommentar dazu. *(Arthur Schopenhauer)*

Kummer, sei lahm! Sorge, sei blind! Es lebe das Geburtstagskind! *(Theodor Fontane)*

Es ist gut, wenn uns die verrinnende Zeit nicht als etwas erscheint, das uns verbraucht oder zerstört, sondern als etwas, das uns vollendet. *(Antoine de Saint-Exupéry)*

Alter ist eine herrliche Sache, wenn man nicht verlernt hat, was anfangen heißt. *(Martin Buber)*

Nicht die Jahre in unserem Leben zählen, sondern das Leben in unseren Jahren zählt. *(Adlai E. Stevenson)*

Es lebt nur der, der lebend sich am Leben freut. *(Menander)*

Jeder, der sich die Fähigkeit erhält, Schönes zu entdecken, wird nie alt werden. *(Franz Kafka)*

Wende dein Gesicht der Sonne zu, und du lässt die Schatten hinter dir. *(afrikanisches Sprichwort)*

Wer lange leben will, muss alt werden. *(unbekannter Autor)*

Muster Glückwünsche zum Geburtstag

Briefkopf

Frau
Ines Martens
im Hause

12. Mai 2011

Gratulation

Liebe Frau Martens,

zu Ihrem 50. Geburtstag gratulieren wir Ihnen ganz herzlich!

Einen guten Teil der vergangenen 50 Jahre haben Sie in unserem Unternehmen verbracht, und wir danken Ihnen heute ganz herzlich dafür. Als Sie zu uns kamen, sah hier vieles noch ganz anders aus. Sie haben dazu beigetragen, der Firma ihr heutiges Gesicht zu geben. Als langjährige Mitarbeiterin sind Sie dabei immer auch ein Garant für Kontinuität gewesen, ohne dass Sie sich sinnvollen Neuerungen verschlossen hätten – gerade auch in der Zeit der Umstrukturierung.

Auf die weitere Zusammenarbeit freuen wir uns sehr!

Ralf Kabel

Muster Glückwünsche zum Geburtstag

Briefkopf

Dietlind Gerlach
Uhlandstraße 37
63477 Maintal-Bischofsheim

27. August 2011

Herzlichen Glückwunsch zum Geburtstag!

Sehr geehrte Frau Gerlach,

zu Ihrem runden Geburtstag gratuliere ich Ihnen ganz herzlich!

Seit vielen Jahren verbinden uns eine intensive Geschäftsbeziehung und manche anregende Gespräche über das Geschäftliche hinaus. Vor allem von Ihren interessanten Reiseerlebnissen bin ich immer wieder fasziniert und auch schon zu eigenen Fahrten inspiriert worden.

Weil man auf Reisen ja nie so genau weiß, wie das Wetter sein wird, und zugleich der Koffer nie groß genug ist, soll Ihnen das leichte Wolltuch ein unauffälliger und doch zuverlässig wärmender Begleiter sein.

Ich wünschen Ihnen weiter Gesundheit, Zufriedenheit und schöne Reisen

Ihre
Marisa Mollenhauer

Muster Geschäftskorrespondenz

Muster Glückwünsche zum Geburtstag

Herrn
Bernd Birkemayer
im Haus

22. November 2011

Lieber Herr Birkemayer,

zu Ihrem 60. Geburtstag wünscht Ihnen die Belegschaft der Versandabteilung alles Gute!

Als unser Qualitätsbeauftragter sehen Sie uns nun schon seit sieben Jahren auf die Finger und sorgen dafür, dass wir ordentliche Arbeit abliefern. Das ist manchmal unbequem – aber nie unnütz! Wir sind sicher, dass sich ohne Ihre Unerbittlichkeit schon längst so manche Nachlässigkeit eingeschlichen hätte.

Ihre Frau hat uns verraten, dass auch Sie nicht ohne Fehler sind. Damit Sie in Zukunft nicht mehr verschlafen und ohne Hektik das Haus verlassen können, schenken wir Ihnen diesen unfehlbaren Wecker.

Wir freuen uns darauf, weiterhin pünktlich von Ihnen angespornt zu werden

Bernd Eilers   Marion Starkefeld   Nina Schütte   Harry Röder

Ingo Mertiny   Sabine Bauer   Uwe Nitz

Muster Glückwünsche zum Geburtstag

Briefkopf

Herrn
Heinrich Nathusius
Flensburger Straße 224
24837 Schleswig

9. Januar 2012

Lieber Herr Nathusius,

zu Ihrem 80. Geburtstag übermittle ich die Glückwünsche der
gesamten Firma.
Wir danken Ihnen für die vielen Jahre, in denen Sie Ihre Arbeitskraft
unserem Unternehmen zur Verfügung gestellt haben, und freuen uns,
dass Sie Ihren Ruhestand bei guter Gesundheit genießen können.
Auch wenn nur noch einige Ihrer damals „ganz jungen" Kollegen
hier arbeiten – vielleicht wäre es für Sie doch interessant, das aktuelle
Gesicht Ihrer alten Arbeitsstelle wieder einmal zu sehen? Wenn Sie
mögen, können Sie jederzeit einmal hereinschauen. Wir würden uns
freuen!

Inge Klein
Inge Klein
Personalabteilung

Muster Glückwünsche zum Geburtstag englisch

Happy birthday, Mr. Roberts!

We wish you all the best.

Gerd Flach
Imlex Transport
Gerd Flach

Dear Ms. Bean,

Congratulations on your birthday! I hope that all your years to come will
be happy.
I am sending you a little gift as a token of appreciation, which I hope
you will enjoy.

Sincerely yours,

Berrit Söderbaum
Berrit Söderbaum

Dear John,

Accept our sincere congratulations on your marriage. We heard of it by your
colleague Mary.
We want for you to be happy.

From us all, we wish you all the best in life!

Sincerely,

Werner Bauer
Werner Bauer

Glückwünsche zur Hochzeit

Herzlichen Glückwunsch zu Ihrer Hochzeit!

Zu Ihrer Vermählung gratulieren wir ganz herzlich.

Ich wünsche Ihnen alles Gute für die Zukunft und dass viele Ihrer gemeinsamen Wünsche in Erfüllung gehen.

Eine glückliche Ehe wünscht Ihnen von Herzen ...

Viele glückliche gemeinsame Jahre wünschen Ihnen ...

Zitate zur Hochzeit

Die Liebe ist der Stoff, den die Natur gewebt und die Fantasie bestickt hat. *(Voltaire)*

Da, wo die Herzen weit sind, da ist das Haus nicht zu eng. *(Johann Wolfgang von Goethe)*

Das eigene Glück kann man nur multiplizieren, wenn man es teilt. *(Albert Schweitzer)*

Der Mensch allein ist unvollkommen. Er braucht einen zweiten, um glücklich zu sein. *(Blaise Pascal)*

Muster Glückwünsche zur Hochzeit

Potsdam, 10. Dezember 2012

Sehr geehrte Braut, sehr geehrter Bräutigam,

wir freuen uns, dass Sie jetzt gemeinsam in die Zukunft gehen!
Eine glückliche Ehe wünscht Ihnen von Herzen

Ihr
Hermann Bauer

Das eigene Glück kann man nur multiplizieren, wenn man es teilt.
Albert Schweitzer

Liebes Brautpaar,
die Worte des Friedensnobelpreisträgers Albert Schweitzer scheinen uns ein guter
Wahlspruch für eine Ehe zu sein. Aber auch über die Ehe hinaus teilt sich das Glück
einer harmonischen Beziehung an die Umwelt mit. Deshalb freuen wir uns heute ganz
besonders mit Ihnen.
Alles Gute für eine glückliche Zukunft!

Augsburg, 18. Juli 2012

Gerhard Schäfer

Riesa, 29. April 2012

Liebe Frau Hildesheimer, lieber Herr Hildesheimer,

die Bekanntgabe Ihrer Hochzeit hat mich sehr gefreut. Dass Sie Ihre Partnerschaft
auf diese Weise bekräftigen, ist ein Signal, das auch auf all diejenigen wirkt, die in
der Routine des Alltags den Wert von Beständigkeit, Zuverlässigkeit und Liebe zu
vergessen drohen.

Viel Glück wünscht Ihnen von Herzen

Hans Hansen
Hans Hansen
Geschäftsführer

Bestandene Prüfung

Eine bestandene Prüfung zeugt immer von einem zielstrebigen Verhalten eines Mitarbeiters. Insbesondere auch höher qualifizierende Abschlüsse sind – zum Beispiel neben einer Vollzeitbeschäftigung – meist nur mit großem persönlichen Einsatz und Verzicht auf Freizeit zu erreichen. Entsprechend sollte der Erfolg vom Arbeitgeber auch gewürdigt werden.

Das sollten Sie bei Glückwünschen zur bestandenen Prüfung beachten:

- Gratulieren Sie dem Mitarbeiter zu seinem Erfolg.
- Bezeugen Sie Ihre Hochachtung vor den erbrachten Anstrengungen.
- Heben Sie die Besonderheit der Leistung hervor.
- Drücken Sie den Stolz Ihres Unternehmens auf den Mitarbeiter aus.
- Formulieren Sie die Hoffnung auf die weitere Mitarbeit des Betreffenden.
- Wünschen Sie dem Mitarbeiter auch für die Zukunft alles Gute und Erfolg.

Textbausteine »bestandene Prüfung«

Herzlichen Glückwunsch zur bestandenen Prüfung.

Ihrem Erfolg gilt unsere ganze Hochachtung.

Wir sind beeindruckt von Ihren Fähigkeiten, Ihrem Fleiß und Ihrem Durchhaltevermögen.

Wir hoffen, in unserem Betrieb noch lange von Ihrer Kompetenz profitieren zu dürfen.

Wir sind stolz, einen Mitarbeiter wie Sie in unserer Belegschaft zu haben.

Muster Glückwünsche zur bestandenen Prüfung

Briefkopf

Postanschrift des Absenders

Herrn
Stephan Iwanic
im Hause

11. August 2011

Glückwünsche zur Meisterprüfung!

Sehr geehrter Herr Iwanic,

Sie haben Ihre Prüfung zum Elektromeister mit Erfolg bestanden. Dafür gilt Ihnen unsere ganze Hochachtung. Wir wissen, dass es sehr viel persönliche Disziplin und Ausdauer erfordert, neben der Berufstätigkeit eine derart anspruchsvolle Weiterbildung zu absolvieren. Von Ihrer erweiterten Qualifikation profitiert nicht zuletzt auch unsere Firma – unsere Anerkennung dafür möchten wir mit dem beigelegten Geschenk zum Ausdruck bringen.

Mit den besten Wünschen

Hans-Peter Graichen
Hans-Peter Graichen

Muster Glückwünsche zur bestandenen Prüfung

Briefkopf

Postanschrift des Absenders

Herrn
Frank Steiger
im Hause

Juli 2012

Glückwünsche zur Meisterprüfung!

Sehr geehrter Herr Steiger,

nach bestandener Meisterprüfung werden neue und größere Aufgaben auf Sie zukommen. Wir freuen uns, dass Sie diese übernehmen wollen!

Unser Unternehmen ist auf tatkräftige Mitarbeiter wie Sie angewiesen, wenn wir unsere Marktstellung auch in Zukunft behaupten wollen. Nur durch gemeinsame Anstrengungen können wir unsere Ziele erreichen.

Sie kennen unser Unternehmen nun seit acht Jahren. Während dieser Zeit haben wir Ihre Zuverlässigkeit und Sorgfalt schätzen gelernt. Wir sind sicher, auch für Ihren neuen Arbeitsbereich werden Sie sich mit dem gleichen Engagement einsetzen wie bisher.

Wir gratulieren Ihnen von Herzen zur bestandenen Meisterprüfung und wünschen Ihnen für die künftigen Aufgaben Glück und Erfolg!

Jost Klinger
Jost Klinger
Personalleiter

Glückwünsche zum Dienst- oder Firmenjubiläum

Vielen Dank für 25 Jahre Engagement in unserem Unternehmen.

Heute sind Sie genau 25 Jahre bei uns!

Herzlichen Glückwunsch zum *zehnjährigen* Jubiläum.

Wir freuen uns auf die weitere gute Zusammenarbeit!

Wir danken Ihnen dafür ganz herzlich und freuen uns auf die weitere Zusammenarbeit.

Wir wünschen Ihnen für die Zukunft alles Gute!

Zitate zum Dienst- oder Firmenjubiläum

Das Holz ist gut – wenn es zum richtigen Zimmermann kommt. *(deutsches Sprichwort)*

Man ist viel wert in der Welt, wenn man sein Fach versteht! *(Adolph Freiherr von Knigge)*

Man muss nicht lang nachdenken, um ein Huhn zu kochen, und doch sehen wir Menschen, die ihr ganzes Leben lang schlechte Köche bleiben. *(Luc de Clapiers, Marquis de Vauvenargues)*

Muster Glückwünsche zum Dienst- oder Firmenjubiläum

Berlin, 1. Oktober 2011

Lieber Horst,

25 Jahre arbeitest Du nun schon hier!
Wir bedanken uns für Deine Kollegialität, die netten Gespräche,
Deine Hilfe mit Rat und Tat und auch für manche heitere
Kaffee-Pause.

Birgit Hanne **Dieter** Simon **Norbert** Anja

Solingen, 1. März 2012

Liebe Susi,

zehn Jahre hast Du hier geschafft,
mit Fleiß und Schweiß und Nervenkraft.
Dass wir Dich haben, ist ein Segen,
dafür nimm unsern Dank entgegen.
Wir alle sind heut mit Dir froh
und rufen ganz laut: „Weiter so!"

Alles Gute für die Zukunft wünscht die Versandabteilung!

Muster Glückwünsche zum Dienst- oder Firmenjubiläum

Briefkopf

Iris Schneider
im Hause

Hameln, 15. April 2011

Sehr geehrte Frau Schneider,

am 15. Mai 2011 werden Sie 25 Jahre Mitarbeiterin unseres Unternehmens gewesen sein. Sie haben die Entwicklung unseres Unternehmens miterlebt, vor allem aber auch mitgestaltet. Dafür wollen wir Ihnen im Rahmen einer kleinen Feier herzlich danken. Deshalb laden wir Sie, Ihre Familie und die Kollegen Ihrer Abteilung

am 15. Mai 2011 um 16 Uhr

in den Besprechungsraum unseres Verwaltungszentrums ein.

Wir danken Ihnen schon an dieser Stelle ganz herzlich für die geleistete Arbeit und freuen uns auf die weitere Zusammenarbeit.

Bettina Heuer
Bettina Heuer

Muster Glückwünsche zum Dienst- oder Firmenjubiläum

Briefkopf

Herrn
Dipl-Ing. Ferdinand Walter
im Hause

30. September 2011

Zum Jubiläum die herzlichsten Glückwünsche!

Sehr geehrter Herr Walter,

seit nun 25 Jahren arbeiten Sie in unserem Unternehmen an verantwortlicher Stelle. Durch überragende Einsatzbereitschaft konnten Sie die Entwicklung der Dehmer KG maßgeblich mit beeinflussen. Was aus unserer gemeinsamen Leistung während dieses Vierteljahrhunderts entstanden ist, darauf dürfen wir – und Sie! – stolz sein. Viele wesentliche Erneuerungen beruhen auf Ihrem Ideenreichtum und Ihrer Weitsicht. So war die Dehmer KG den wechselnden Anforderungen des Marktes stets gewachsen. Für das konstruktive Engagement sind wir Ihnen sehr dankbar. Sie in unserer Mitte zu wissen, ist uns eine große Freude.

Auf eine weiterhin erfolgreiche Zusammenarbeit!

Mit besten Wünschen

Rolf Ortenau
Rolf Ortenau, Geschäftsführer

Muster Glückwünsche zum Dienst- oder Firmenjubiläum

Herrn
Peter Zimmermann
im Hause

31. März 2012

Lieber Herr Zimmermann,

heute sind Sie genau 10 Jahre bei uns!

Ich kann mich noch sehr gut daran erinnern, wie Sie als junger Berufsanfänger in unsere Firma gekommen sind. Damals bestand unsere Entwicklungsabteilung noch aus einem einzigen Schreibtisch – der stand in der Schlosserwerkstatt.
Wenn diese Abteilung heute auf zehn Vollzeitstellen angewachsen ist, so liegt das nicht zuletzt auch an Ihren Ideen und Ihrem Organisationstalent. Nicht umsonst ist Ihr Lieblingsspruch „Da kann man mehr draus machen" zu einem geflügelten Wort in unserer Firma geworden.

Ich hoffe, dass Sie an unserem Geschenk Spaß haben. Ich freue mich auf die weitere Zusammenarbeit und noch möglichst viele von Ihren – manchmal ja durchaus unkonventionellen – Anregungen.

Ihre Gisela Viehbrandt
Geschäftsführerin

Muster Glückwünsche zum Dienst- oder Firmenjubiläum

Briefkopf

Herrn
Herbert Samstag
Prokat GmbH
Ulrichstraße 77
70182 Stuttgart

Freising, im Juni 2012

Sehr geehrter Herr Sonnabend,

herzlichen Glückwunsch zum 25-jährigen Bestehen Ihres Unternehmens. Es muss ein ganz besonderes Gefühl für Sie sein, auf die gute Entwicklung Ihrer Firma zurückzublicken. Für Freude und Stolz haben Sie jedenfalls allen Anlass: Ihr Erfolg liegt nicht nur in der hervorragenden Qualität Ihrer Produkte, sondern sicher auch in der großen Kundenfreundlichkeit Ihrer Firma begründet.

Wir bedanken uns für die hervorragende Zusammenarbeit in den vergangenen Jahren und wünschen Ihnen, dass der Erfolg Ihnen auch in Zukunft treu bleibt.

Herzliche Grüße

Ihre Gerlinde Sommer
Gerlinde Sommer
Bodenhoff & Sommer KG, Freising

Glückwünsche zum Eintritt in den Ruhestand

Der Eintritt in den Ruhestand ist für die meisten Menschen ein bedeutender Einschnitt im Leben. Mit der Vorfreude auf mehr Freizeit mischt sich bei vielen ein Gefühl der Unsicherheit oder des Verlustes, denn die Berufstätigkeit nimmt nicht nur einen Großteil der Lebenszeit in Anspruch, sondern sie prägt oft darüber hinaus auch das Selbstbild des Arbeitnehmers. Der Wegfall der Berufstätigkeit bedeutet für manchen auch einen Verlust an Selbstwertgefühl. Umso einfühlsamer sollten Sie die Worte für den Abschied wählen.

Das sollten Sie bei der Formulierung von Glückwünschen für den Ruhestand beachten:

- Sprechen Sie Ihre Glückwünsche für das lange und erfolgreiche Berufsleben aus.
- Bemühen Sie sich um eine individuelle Würdigung, die über das Floskelhafte hinausgeht.
- Beschränken Sie Ihre Würdigung nicht nur auf die berufliche Funktion, sondern drücken Sie auch Ihre Wertschätzung der Person aus.
- Schreiben Sie, dass die Verabschiedung auch einen Verlust für Ihr Unternehmen bedeutet.
- Wünschen Sie Glück und Gesundheit für die Zukunft.

Textbausteine »Eintritt in den Ruhestand«

Zu Ihrem langen und erfolgreichen Berufsleben gratulieren wir Ihnen ganz herzlich.

Sie werden uns fehlen!

Es wird einige Zeit dauern, bis die Lücke geschlossen sein wird, die Sie hinterlassen.

Wir hoffen, dass Sie Ihre neu gewonnene freie Zeit in vollen Zügen genießen.

Wir wünschen Ihnen viel Glück und Gesundheit.

Alles Gutes für die Zukunft!

Muster Glückwünsche zum Eintritt in den Ruhestand

Briefkopf

Herrn
Herbert Steuber
im Hause

29. Juni 2011

Sehr geehrter Herr Steuber,

Sie werden uns fehlen! Als Verkaufsleiter haben Sie ein gutes Jahrzehnt unsere Produkte mit Geschick auf dem Markt platziert. Ihre Erfolge lassen sich an unseren Bilanzen ablesen.

Dass wir sehr gern mit Ihnen gearbeitet haben, liegt freilich nicht allein an den erfreulichen Umsätzen. Ihre Integrität, die von Mitarbeitern und Kunden gleichermaßen gelobt wurde, machte Sie zu einem verlässlichen Partner.

Wir danken Ihnen für die Arbeit, die Sie im Dienst der Intell GmbH geleistet haben, und wünschen Ihnen für den Ruhestand alles Gute!

Mit freundlichen Grüßen

Johannes Offermann
Johannes Offermann
Intell GmbH

Muster Glückwünsche zum Ruhestand

Briefkopf

Frau
Annelie Langer
im Hause

Herschberg, 30. Juni 2011

Sehr geehrte Frau Langer,

wir bedauern sehr, dass Sie in den Ruhestand gehen. Wir hätten Sie, Ihr Wissen und Ihre Erfahrung noch viele Jahre brauchen können. Selbstverständlich gönnen wir Ihnen aber dennoch den verdienten Rückzug aus dem Geschäftsleben von ganzem Herzen.

Sie haben während Ihrer Tätigkeit einen erheblichen Beitrag zum Gedeihen unserer Firma geleistet. Ihre mitreißende Energie und außerordentliche Gestaltungskraft werden uns sehr fehlen.

Wir schulden Ihnen Dank!

Mit den besten Wünschen für die Zukunft

Ihr Sebastian Groß
Sebastian Groß
Meyer-Werke AG, Herschberg

Grüße zu Weihnachten und Neujahr

Damit sich Ihre Grüße von der Masse abheben, kann es sinnvoll sein, eigene Karten zu entwerfen und drucken zu lassen – das ist meist auch schon bei geringen Stückzahlen bezahlbar. Diese Karten können Sie mit eingedruckten Weihnachtswünschen versehen, die dann nur noch unterschrieben werden müssen und die bei Bedarf mit persönlichen Zusätzen versehen werden können. Insbesondere bei wichtigen Kontakten sollten Sie den Empfänger seine besondere Bedeutung durch einen handgeschriebenen, persönlich formulierten Zusatz spüren lassen. Hier können Sie an Ereignisse des vergangenen Jahres erinnern, konkrete Wünsche für das kommende Jahr aussprechen oder auch Grüße an Angehörige entrichten.

Kleine Geschenke können in einem gesonderten Schreiben kommentiert werden, in denen Sie zum Beispiel erläutern, warum Sie sich für ein bestimmtes Geschenk entschieden haben – gegebenenfalls auch, warum Sie auf Geschenke verzichten und stattdessen eine Spende an eine gemeinnützige Organisation gemacht haben.

Das sollten Sie bei Weihnachtsgrüßen beachten:

- Verschicken Sie Ihre Post rechtzeitig – vor Weihnachten müssen Sie mit längeren Postwegen rechnen.
- Verzichten Sie auf Adressaufkleber.
- Verwenden Sie Briefmarken anstelle der automatischen Frankierung.
- Besser als die unpersönliche Anrede »Liebe Geschäftsfreunde« ist die – möglichst handgeschriebene – Anrede mit dem Namen.
- Unterzeichnen Sie handschriftlich – wenn die Weihnachtskarte von der ganzen Abteilung kommt, dann sollten nur diejenigen Mitarbeiter unterschrieben, die der Adressat tatsächlich kennt.

Muster Geschäftskorrespondenz

Herzliche Grüße zum Weihnachtsfest und alles Gute für das neue Jahr!

Ein frohes Weihnachtsfest und ein gutes neues Jahr wünscht Ihnen ...

Frohe Weihnachten und einen guten Rutsch ins neue Jahr!

Ein besinnliches Weihnachtsfest im Kreis der Familie und einen schönen Ausklang des Jahres wünschen ...

Wir danken für die gute Zusammenarbeit und Ihr Vertrauen und wünschen Ihnen einen erholsamen Jahresausklang.

Wir freuen uns auf die weitere gute Zusammenarbeit im neuen Jahr und wünschen Ihnen alles Gute!

Ein frohes Weihnachtsfest und ein gesundes, glückliches neues Jahr wünscht ...

Zitate zu Weihnachten und Neujahr

In der Heiligen Nacht tritt man gern einmal aus der Tür und steht allein unter dem Himmel, nur um zu spüren, wie still es ist, wie alles den Atem anhält, um auf das Wunder zu warten. *(Heinrich Waggerl)*

»Wird's besser? Wird's schlimmer?« / fragt man alljährlich. / Seien wir ehrlich: / Leben ist immer / lebensgefährlich. *(Erich Kästner)*

Es gibt bereits alle guten Vorsätze, wir brauchen sie nur noch anzuwenden. *(Blaise Pascal)*

Erst in der letzten Minute des Jahres merkt man, wie viele Tage ein Jahr hat! *(Carlo Schmid)*

Muster Weihnachtsgrüße

Bonn, im Dezember 2011

Sehr geehrte Kunden und Geschäftsfreunde,

herzliche Grüße zum Weihnachtsfest und alles Gute für das neue Jahr!
Als kleinen Dank für die gute Zusammenarbeit im vergangenen
Jahr senden wir Ihnen diese Auswahl weihnachtlicher Pralinen. Sie
sind von Konditormeister Threch aus Königswinter ohne künstliche
Zusatzstoffe handgefertigt und scheinen uns geeignet, Ihnen die Feier-
tage zu versüßen.

Ihnen und Ihrer Familie wünschen wir frohe Festtage!

Jens Wilkes
Jens Wilkes
Koppermann Bürobedarf GmbH

Bonn, im Dezember 2011

Sehr geehrte Frau Sollmann,

herzliche Grüße zum Weihnachtsfest und alles Gute für das neue Jahr!
Anstelle der üblichen Weihnachtsgeschenke haben wir in diesem Jahr
dem Verein „Hilfe in der Not" eine Geldspende zukommen lassen.
Der Verein kümmert sich seit Jahrzehnten erfolgreich vor allem um in
Not geratene Kinder. Wir glauben, auch in Ihrem Sinne zu handeln,
wenn wir auf diese Weise die Arbeit des Vereins unterstützen.

Ihnen und Ihrer Familie wünschen wir frohe Festtage!

Clemens Schubert

Muster Geschäftskorrespondenz

Muster Weihnachtsgrüße

December 2011

Dear Mr. Brown,
May we wish you and your staff a Happy Christmas and a
Prosperous New Year.
Yours sincerely,
Olaf Fischer
Olaf Fischer
Datajob Int., Hamburg

Ein frohes Weihnachtsfest und ein gesundes, glückliches
Jahr 2012 wünscht Ihnen

Groß Elektrogeräte

Thomas Groß
Thomas Groß

Sehr geehrte Frau Beier,

vielen Dank für die vertrauensvolle und inspirierende
Zusammenarbeit im vergangenen Jahr! Ich würde mich
freuen, wenn wir bald mit neuen gemeinsamen Projekten
daran anknüpfen könnten.

Ihr Thomas Groß
Groß Elektrogeräte

Hotelbuchungen

Für die Planung von Geschäftsreisen, Messen und Konferenzen müssen Hotelzimmer und Tagungsräume meist weit im Voraus reserviert werden. In der Regel werden Sie den Kontakt zu den Hotels zunächst per Telefon oder über die Eingabemaske einer Internet-Seite aufnehmen. Die Bestätigung einer Buchung und der ausgehandelten Konditionen sollte aber immer schriftlich erfolgen. Dabei sollten alle wesentlichen Bedingungen noch einmal aufgezählt werden.

Das sollten Sie bei einer Hotelbuchung beachten:

- Nennen Sie das Datum der gewünschten Übernachtung(en); um Missverständnisse zu vermeiden, nennen Sie auch die Anzahl der Übernachtungen.
- Sagen Sie, für wie viele Personen Sie das oder die Zimmer brauchen.
- Nennen Sie Sonderwünsche, wie Zustellbetten oder Balkon etc.
- Führen Sie den vereinbarten Preis und die Leistungen auf.
- Klären Sie die Bedingungen, falls Sie von der Buchung zurücktreten müssen.
- Bitten Sie um eine schriftliche Buchungsbestätigung.

Textbausteine »Hotelbuchungen«

Bitte buchen Sie für uns *14 Einzelzimmer* für *drei* Übernachtungen. Anreise: *23. April*, Abreise: *26. April 2011*.

Bitte reservieren Sie uns Ihren *Gartensaal* für *30* Personen am *23. April 2011 von 8 bis 18 Uhr*.

Für die Einzelzimmer berechnen Sie uns bei Buchung von mindestens *10 Zimmern* *59* € pro Person, inklusive Frühstück.

Welche Bedingungen gelten für den Rücktritt von der Buchung oder für den Fall, dass das bestellte Kontingent nicht ausgeschöpft wird?

Bitte schicken Sie mir eine schriftliche Bestätigung meiner Buchung.

Muster Geschäftskorrespondenz

Muster Hotelbuchung

Hotel
Heidelberger Hof
Frau Sabine Stötzner
Büdinger Straße 33
61118 Bad Vilbel

Ihr Zeichen:
Ihre Nachricht vom:
Unser Zeichen: Kä-bor
Unsere Nachricht vom:

Name: Bernd Kästner
Telefon: 0511 8765-433
Telefax: 0511 8765-430
E-Mail: personal@voss.com

Datum: 27.10.2011

Reservierung

Sehr geehrte Frau Stötzner,

wie eben telefonisch besprochen, möchten wir hiermit verbindlich reservieren:

Clubraum „Siena" für 70–80 Personen am 24. November 2011 von 10 bis 16 Uhr zum Preis von 30 Euro pro Person. Im Preis inbegriffen sind Tee, Kaffee und Mineralwasser nach Bedarf.

Mit freundlichen Grüßen

Bernd Kaiser
Bernd Kaiser
Personalreferent

Muster Hotelbuchung

Postanschrift des Absenders

Herrn
Björn Sickensen
Landhotel Buchenhain
Außerhalb 45
52134 Herzogenrath

Ihr Zeichen, Ihre Nachricht vom	Unser Zeichen, unsere Nachricht vom	Telefon, Name	Datum
	Cb-ch	-887, Brenningkmeier	2011-03-21

Reservierungsbestätigung

Sehr geehrter Herr Sickensen,

hiermit bestätige ich meine gestrige telefonische Reservierung für unsere Seminare:

jeweils 20 Einzelzimmer und ein Schulungsraum für 20 Personen

am 14./15. Mai 2011
am 27./28. Juni 2011
am 1./2. September 2011

Für den Aufbau steht der Schulungsraum jeweils am ersten Seminartag ab 7 Uhr zur Verfügung. Vereinbart ist, dass die angegebene Zimmerzahl zunächst als Kontingent aufzufassen ist; die konkreten Buchungen teilen wir Ihnen spätestens fünf Tage vor Seminarbeginn mit.

Mit freundlichen Grüßen

Christa Brenningkmeier
Christa Brenningkmeier

Muster Geschäftskorrespondenz

Muster Hotelbuchung

Frau
Gisela Silberberg
Hotel C7
Donnersbergring 289
71034 Böblingen

Ihr Zeichen, Ihre Nachricht vom	Unser Zeichen, unsere Nachricht vom	Telefon, Name	Datum
Si-hh	Telefonat vom 2011-07-12	-12, Gaby Blast	2011-07-13

Reservierungsbestätigung

Sehr geehrte Frau Silberberg,

ich freue mich, Ihnen folgende Reservierung zu bestätigen:

4 Einzelzimmer zum Sonderpreis von 99,– EUR pro Person und Tag inklusive Frühstück
Anreise: 27.07.2011
Abreise: 28.07.2011

Tagungsraum für 24 Personen am 27.07.2011 von 10.00 bis 20.00 Uhr
Bestuhlung: Block
Technik: Beamer, Stellwand und Flipchart
Erfrischungsgetränke, Kaffee und Gebäck nach Bedarf

Das Mittagessen wird von den Tagungsteilnehmern in Ihrem Restaurant à la carte und auf eigene Rechnung eingenommen.

Die Bereitstellungskosten für den Tagungsraum betragen 480,– EUR. Falls der Umsatz durch Übernachtung und Restaurantbestellungen unter 2 120,– EUR bleiben sollte, berechnen Sie von der Umsatzdifferenz 15 % als Raummiete.

Wir freuen uns schon auf den Aufenthalt in Ihrem Haus.

Mit freundlichen Grüßen

Gaby Blast
Gaby Blast
Public Relations

Muster Hotelbuchung englisch

The Regional Tourist Office
3 Virgin Road
CANTERBURY
CT1A 3AA
GROSSBRITANNIEN

Ihr Zeichen, Ihre Nachricht vom	Unser Zeichen, unsere Nachricht vom	Telefon, Name	Datum
	Gg-bh	-707, Gernot Göbel	2011-12-09

Dear Sir or Madam,

Request for hotel list and coach tours

I'm organising our company outing for 20 people.
Please send me a list of local hotels and guest houses in the medium price range.
Please also send me details of local coach tours available during the last two weeks in
January 2012.

Thanking you in advance,
Yours faithfully,

Gernot Göbel
Gernot Göbel
HR

343

Muster Geschäftskorrespondenz

Muster Hotelbuchung englisch

Postanschrift des Absenders

Little Borland Hotel
2 Emerslade Road,
Borland
Mumbles
SWANSEA
SA3 4QN
GROSSBRITANNIEN

Ihr Zeichen:
Ihre Nachricht vom:
Unser Zeichen: Gg-bh
Unsere Nachricht vom:

Name: Gernot Göbel
Telefon: 0049 54543 9828-771
Telefax: 0049 54543 9828-99
E-Mail: g.goebel@bergg.de

Datum: 2011-12-07

Dear Sir or Madam,

Booking of rooms

I would like to book 1 double and 8 single rooms in your hotel for 5 nights.
We will be arriving on monday, 24 january at approximately 16:30. Departure will be on saturday, 29 january at 9:00.
There will be 1 couple, 2 single men and 6 single women.
At least two of the rooms should have a high speed internet connection.

The rate per room will be GBP 79 for bed and breakfast according to your tariff and rooming list. Please give me a short written confirmation.

I'm looking forward to staying at your hotel.

Yours sincerely,

Gernot Göbel
Gernot Göbel
HR

Kondolenzschreiben

Verfassen Sie Ihren Kondolenzbrief möglichst sofort, nachdem Sie von dem Trauerfall erfahren haben. Schreiben Sie am besten mit der Hand – aber nicht auf Geschäftspapier mit Bezugszeichenzeile oder Infoblock oder gar mit eingedruckter Bankverbindung. Wenn Sie kein solches Geschäftspapier haben, dann schreiben Sie auf neutralem Papier guter Qualität oder auf einer Karte. Wählen Sie keinesfalls einen Fensterumschlag und frankieren Sie mit einer Briefmarke. Verwenden Sie religiöse Zitate nur, wenn Sie sicher sein können, damit dem religiösen Empfinden des Verstorbenen oder der Angehörigen zu entsprechen. Versuchen Sie, in eigenen Worten Ihren persönlichen Verlust auszudrücken. Übertreiben Sie aber nicht. Verzichten Sie auf Floskeln wie »Zum Tode Ihres lieben Mannes«, wenn Sie nicht wissen, ob das der Beziehung gerecht wird.

Das sollten Sie bei Kondolenzschreiben beachten:

- Drücken Sie Ihr Beileid aus.
- Sagen Sie etwas über den Verstorbenen, über seine Bedeutung für die Firma. Erinnern Sie an sein Wesen oder an bestimmte gemeinsame Erlebnisse.
- Schreiben Sie, dass Sie das Andenken an den Verstorbenen bewahren werden (aber nur, falls Sie ihn kannten).
- Am Ende des Briefes können Sie trösten oder auch Ihre Hilfe anbieten.
- Unterzeichnen Sie mit Ihrem Namen, wenn Sie zum Verstorbenen und/oder den Hinterbliebenen in einer freundschaftlichen Beziehung standen/stehen. Unterschreiben Sie auch mit dem Firmennamen, wenn das nicht der Fall ist – die Angehörigen wissen sonst vielleicht nicht, mit wem Sie es zu tun haben. Kondolieren ein oder mehrere Repräsentanten des Unternehmens in dessen Auftrag, ohne einen direkten persönlichen Bezug zum Trauernden gehabt zu haben, sollten Sie

den Kondolenzbrief mit den Namen und den dazugehörigen Funktionen unterschreiben.

- Auch wenn mehrere Personen schreiben, z. B. der Kol-
legenkreis, sollte jeder handschriftlich mit seinem Namen unterschreiben.

Textbausteine »Kondolenzschreiben«	
Einleitung	▪ Gestern haben wir erfahren, dass *Ihr Mann* gestorben ist. Wir sind bestürzt. ▪ Gerade hat uns *Frau Maier* vom Tod *Ihrer Frau* berichtet. Das muss ein großer Verlust für Sie sein.
Ausdruck der Anteilnahme	▪ Zu dem schweren Verlust sprechen wir Ihnen und Ihrer Familie unsere Teilnahme aus. ▪ Wir fühlen mit Ihnen. ▪ Auch im Namen der Mitarbeiter spreche ich Ihnen unser herzliches Beileid aus.
persönliche Wertschätzung	▪ Schreiben Sie hier etwas, was Sie mit dem Verstorbenen verbindet, was ihn für Sie / Ihre Firma unvergesslich macht.
Andenken bewahren	▪ Wir werden diesen besonderen Menschen nicht vergessen. ▪ *Ihr Mann* wird in unserer Firma noch lange vermisst werden.
Trost und Hilfe	▪ Wenn wir in dieser schweren Zeit etwas für Sie tun können, rufen Sie uns bitte an. ▪ Wir hoffen, dass Sie die schwere Zeit mit innerer Kraft bestehen werden.
Grußformel	▪ Mit herzlicher Anteilnahme ...

Wer im Gedächtnis seiner Lieben lebt, der ist nicht tot, der ist nur fern; tot ist nur, wer vergessen wird.
(Immanuel Kant)

Das einzig Wichtige im Leben sind die Spuren von Liebe, die wir hinterlassen, wenn wir weggehen.
(Albert Schweitzer)

Zitate für Kondolenzschreiben

Je schöner und voller die Erinnerung, desto schwerer ist die Trennung. Aber die Dankbarkeit verwandelt die Erinnerung in eine stille Freude. Man trägt das vergangene Schöne nicht wie einen Stachel, sondern wie ein kostbares Geschenk in sich. *(Dietrich Bonhoeffer)*

Die Erinnerung ist das einzige Paradies, aus dem wir nicht vertrieben werden können. *(Jean Paul)*

Muster Kondolenzschreiben

Adorf, im März 2011

Sehr geehrter Herr Bieri,

der plötzliche Tod Ihrer Frau macht uns sehr traurig. Wir möchten Ihnen unser Beileid aussprechen.
Ihre Frau war mehr als 20 Jahre bei uns beschäftigt. Ihr Engagement, ihre Ideen und ihre Zuverlässigkeit haben alle Kollegen hier sehr geschätzt. Sie fehlt uns schon jetzt.
Wir trauern mit Ihnen um einen warmherzigen Menschen.

Die Belegschaft der Adorfer Baugesellschaft

Lübbenau, im Dezember 2012

Sehr geehrte Frau Gerber,

Sie haben Ihren Mann verloren. Dazu möchte ich Ihnen mein Mitgefühl aussprechen. Dass er nicht mehr unter uns weilt, ist mir noch immer unfassbar.

Jürgen Gerber war nicht nur ein zuverlässiger Mitarbeiter, sondern immer auch ein guter Ratgeber. Ich vermisse ihn sehr.

Ihr
Jürgen Holzer
Architekturbüro Holzer

Muster Kondolenzschreiben

Briefkopf

Kevin Müller
Hauptstr. 42
23744 Schönwalde a. B.

Dessau, im November 2011

Sehr geehrter Herr Müller,

heute Morgen erfuhr ich vom Tod Ihrer Frau. Ich möchte Ihnen – auch im Namen aller Mitarbeiterinnen und Mitarbeiter – mein herzliches Beileid aussprechen.

Ich habe Ihre Frau, die eine langjährige Kundin unseres Hauses war, sehr geschätzt. Vor mehr als 15 Jahren lernte ich sie als Einkaufsleiterin der Firma Braade kennen. Schnell war ich beeindruckt von ihrer strukturierten Arbeitsweise und ihrem großen Fachwissen.

Auch in harten Verhandlungen behielt sie einen kühlen Kopf, Sinn für Fairness und Humor. Der Kontakt mit ihr war stets angenehm. Sie wird mir und meinen Mitarbeitern und Mitarbeiterinnen fehlen.

Mit herzlicher Anteilnahme

Brigitte Harding

Muster Kondolenzschreiben englisch

11 May 2011

Dear Mrs. Flanders,

It was a great shock to hear of the death of your husband.
Mr. Flanders was always such a likeable person to meet.
We would like to say how sorry we are.

With our deepest sympathies,

Maria Bergner   **Klaus Viehleck**

January 2012

Dear Mr. Dean,

I am very sorry to hear about the death of your son
Richard.

Please accept my sincere condolences on the tragic
loss of him.

You are in my thoughts and heart.

Heartfelt sympathy,

Jennifer Förster

Muster Geschäftskorrespondenz

Muster Kondolenzschreiben englisch

Mrs Jane Cargoe
Green House
Hughes Lane
Redglove Hill
SUSSEX
GROSSBRITANNIEN

January 2011

Dear Mrs Cargoe,

I would like to send you my deepest sympathies on your sad loss. It came as
a great shock to hear of Dr Robinson's illness, and he will be greatly missed
by everybody who knew him. He was an inspiring person.

I can only guess at your feelings. If there is anything I can do please do not hesitate
to let me know.

With kindest regards,
Yours sincerely,

Bert Kaltenbeck
Bert Kaltenbeck

◼ Kündigungen

Eine Kündigung im juristischen Sinn ist die einseitige Beendigung eines Dauerschuldverhältnisses – das ist ein Schuldverhältnis, das auf einen fortlaufenden Leistungsaustausch gerichtet ist, wie zum Beispiel ein Abonnement, Miet- und Pachtverhältnis oder ein Dienstvertrag. Für eine Kündigungserklärung ist grundsätzlich keine besondere Form erforderlich. Ausnahmen sind aber das Arbeits- und Wohnraummietverhältnis, hier ist die Schriftform vorgeschrieben. Dennoch ist auch in jedem anderen Fall die Schriftform angeraten.

Kündigung eines Arbeitsvertrages

Eine Kündigung des Arbeitsvertrages ist nur dann rechtswirksam, wenn sie schriftlich und in Papierform erklärt wurde. E-Mail, Fax oder gar SMS gelten nicht als schriftlich.

Kündigungsgründe müssen bei einer ordentlichen Kündigung nicht unbedingt mitgeteilt werden, außer wenn es im Tarifvertrag, in einer Betriebsvereinbarung oder einzelvertraglich vorgeschrieben worden ist.

Eine fristlose Kündigung muss durch die Nennung eines wichtigen Grundes begründet sein. Allerdings muss der Kündigungsgrund in der Kündigungserklärung nicht enthalten sein. Erst wenn etwa der Arbeitnehmer die Bekanntgabe der Kündigungsgründe verlangt, muss der Arbeitgeber diesem Verlangen unverzüglich schriftlich nachkommen. Meist einfacher: Führen Sie Ihre Kündigungsgründe schon im Kündigungsschreiben an und benennen Sie Zeugen oder legen Sie Beweismittel bei.

- ◼ Sagen Sie klar, dass und zu welchem Zeitpunkt das Arbeitsverhältnis enden soll. Bedingungen machen die Kündigung unwirksam (wie z. B.: »Wenn Sie Ihr Fehlverhalten nicht einstellen ....«).

- ◼ Eine Kündigung durch den Arbeitgeber muss von einem Bevollmächtigten (z. B. dem Geschäftsführer oder einem Prokuristen) von Hand unterschrieben werden. Eine automatische Unterschrift oder ein Unterschriftenstempel reichen nicht aus.

- ◼ Der Kündigende muss sicherstellen und eventuell auch später vor Gericht beweisen, dass die Kündigungserklärung dem Arbeitnehmer beziehungsweise Arbeitgeber zugegangen ist. Am sichersten ist es daher, wenn er die Kündigung persönlich übergibt und sich den Erhalt schriftlich bestätigen lässt. Zumindest aber sollte die Kündigung per Einschreiben zugestellt werden, um den Zugang beweisen zu können.

- Sofern vorhanden, muss der Betriebsrat zu der Kündigung gehört werden. Die Erfüllung dieser Bedingung muss im Kündigungsschreiben erwähnt werden.

Textbausteine »Kündigungen Arbeitsvertrag«

Hiermit kündige ich den mit Ihnen bestehenden Arbeitsvertrag fristgerecht zum ...

Der Betriebsrat ist gemäß § 102 Absatz 1 des Betriebsverfassungsgesetzes gehört worden.

Ich weise Sie darauf hin, dass es zur Sicherung Ihrer Ansprüche auf Arbeitslosengeld unerlässlich ist, dass Sie sich unverzüglich nach Zustellung der Kündigung persönlich bei der Agentur für Arbeit arbeitsuchend melden.

Bitte bestätigen Sie mit Ihrer Unterschrift auf der Kopie dieses Schreibens, dass Sie die Kündigung erhalten haben, und senden Sie uns diese bis zum 15. Juni 2011 unterschrieben zurück.

Muster Kündigung Arbeitsvertrag

Herrn
Franco Zipse
Uferstraße 87
80796 München

20. Januar 2011

Fristlose Kündigung

Sehr geehrter Herr Zipse,

hiermit kündige ich Ihren seit 15.01.2010 bestehenden Arbeitsvertrag fristlos. Hilfsweise spreche ich gleichzeitig die fristgerechte Kündigung zum 31.03.2011 aus. Sollte die Frist nicht eingehalten worden sein, kündige ich das Arbeitsverhältnis hilfsweise zum nächstmöglichen Termin.

Trotz zweimaliger Abmahnung (am 24.05.2010 und am 11.11.2010) haben Sie am 19.01.2011 an Ihrem Arbeitsplatz erneut Alkohol getrunken; das bezeugen Ihre Kollegen Frau Grüninger und Herr Flach. Damit haben Sie erneut gegen das betriebliche Alkoholverbot verstoßen. Ihr Verhalten macht eine Fortsetzung des Arbeitsverhältnisses für unsere Firma unzumutbar.

Der Betriebsrat ist gemäß § 102 Absatz 1 des Betriebsverfassungsgesetzes gehört worden. Ich weise Sie darauf hin, dass es zur Sicherung Ihrer Ansprüche auf Arbeitslosengeld unerlässlich ist, dass Sie sich unverzüglich nach Zustellung der Kündigung persönlich bei der Agentur für Arbeit arbeitsuchend melden.

Bitte bestätigen Sie mit der Kopie dieses Schreibens, dass Sie die Kündigung erhalten haben und senden Sie diese bis zum 03. Februar 2011 unterschrieben an mich zurück.

Ralf Matern
Ralf Matern, Geschäftsführer

Ich bestätige, dass ich die Kündigung erhalten und zur Kenntnis genommen habe.

Datum   Unterschrift

Muster Kündigung Arbeitsvertrag

Briefkopf

Postanschrift des Absenders

Herrn
Max Reißler
Gerhart-Hauptmann-Str. 12
33100 Paderborn

Ihr Zeichen:
Ihre Nachricht vom:
Unser Zeichen: Hw-be
Unsere Nachricht vom:

Name: Helga Weidmann
Telefon: 040 67342-331
Telefax: 040 67342-300
E-Mail: weidmann@weidmann.com

Datum: 11.02.2011

Kündigung unseres Arbeitsvertrages vom 01.12.2010

Sehr geehrter Herr Reißler,

hiermit kündige ich Ihr Arbeitsverhältnis während der Probezeit zum 25.02.2011.

Der Betriebsrat wurde ordnungsgemäß gehört.

Ich weise Sie darauf hin, dass Sie sich zur Sicherung Ihrer Ansprüche auf Arbeitslosengeld unverzüglich nach Zustellung der Kündigung persönlich bei der Agentur für Arbeit arbeitsuchend melden müssen.

Mit freundlichen Grüßen

ppa. Helga Weidmann
Helga Weidmann

Geschäftsangaben

Muster Kündigung Arbeitsvertrag

Einschreiben
Frau
Maxi Bergmann
Am weißen Berg 3
98617 Meiningen

Ihr Zeichen:
Ihre Nachricht vom:
Unser Zeichen: Cp-wk
Unsere Nachricht vom:

Name: Christine Pfeiffer
Telefon: 030 728472-554
Telefax: 030 728472-100
E-Mail: c.pfeiffer@elecelec.de

Datum: 12.04.2012

Kündigung Ihres Arbeitsvertrages

Sehr geehrte Frau Bergmann,

hiermit kündige ich Ihr seit dem 30. August 2003 bestehendes Arbeitsverhältnis fristgemäß zum 31. Juli 2011. Sollte die Kündigungsfrist wider Erwarten nicht gewahrt sein, kündige ich hilfsweise zum nächstzulässigen Termin.

Die Kündigung ist aus betriebsbedingten Gründen nötig. Unsere Branche war im vergangenen Jahr von einem erheblichen Auftragsrückgang betroffen, insbesondere in der Sparte Elektronik. Damit ist die Abteilung, in der Sie tätig sind, besonders betroffen; hier ist der Auftragseingang gegenüber dem Vorjahr um 30 Prozent zurückgegangen. Dadurch verringert sich der Mitarbeiterbedarf. Leider können wir Ihnen auch keine alternative Beschäftigung anbieten.

Der Betriebsrat wurde vor Ausspruch der Kündigung ordnungsgemäß gehört. Ich weise Sie darauf hin, dass Sie sich zur Sicherung Ihrer Ansprüche auf Arbeitslosengeld unverzüglich nach Zustellung der Kündigung persönlich bei der Agentur für Arbeit arbeitsuchend melden müssen.

Mit freundlichen Grüßen

ppa. *Christine Pfeiffer*
Christine Pfeiffer
Personalleiterin

355

Muster Geschäftskorrespondenz

Achten Sie darauf, die vertraglichen oder gesetzlichen Fristen einzuhalten. Wenn Sie sich bei den geltenden Fristen nicht sicher sind, kündigen Sie »zum nächstmöglichen Zeitpunkt«.

Kündigungen weiterer Verträge

Die Wirksamkeit einer Vertragskündigung auch von Versicherungsverträgen oder Abonnements ist an formale und materielle Voraussetzungen geknüpft, die die Verlässlichkeit vertraglicher Beziehungen garantieren sollen.

Wichtig bei einer Kündigung ist die genaue Angabe aller relevanten Daten – insbesondere der Vertragsnummern und der Kündigungstermine.

Was ist bei einer Kündigung zu beachten?

- Nennen Sie in der Betreffzeile die Art der Kündigung (fristgerecht, außerordentlich etc.) und die Kunden- oder Versichertennummer.
- Kündigen Sie mit Angabe der Kündigungsfrist oder *zum nächstmöglichen Zeitpunkt.*
- Lassen Sie sich den Eingang der Kündigung schriftlich bestätigen oder schicken Sie die Kündigung per Einschreiben.

Textbausteine »Kündigungen«

Ich kündige *den Mietvertrag vom 01.09.2001* fristgerecht zum *31.05.2011.*

Versicherungsnummer 07/24/1.778316.9 – Kündigung (in der Betreffzeile)

Hiermit kündige ich *meine Mitgliedschaft im Technikerverband* fristgerecht zum *31.12.2011.*

Muster Kündigung

ABC-Versicherung
Kreisstraße 8
42399 Wuppertal

Ihr Zeichen, Ihre Nachricht vom	Unser Zeichen, unsere Nachricht vom	Telefon, Name	Datum
	Kk-eb	0721 4538-388, kk@kunkelwerke.de	31.10.2011

Versicherung Nr. ERP 26-895563: Kündigung der Kfz-Versicherung

Sehr geehrte Damen und Herren,

hiermit machen wir von unserem Recht auf Kündigung bis zum 30.11. Gebrauch und
kündigen das Versicherungsverhältnis fristgerecht zum 31.12.2011. Schicken Sie uns bitte
in den nächsten Tagen den Nachtrag zum Versicherungsschein, der die Vertragsbeendigung dokumentiert.

Mit freundlichen Grüßen

Klaus Kunkel
Klaus Kunkel
Geschäftsführer

Muster Geschäftskorrespondenz

Muster Kündigung

ABC-Versicherung
Kreisstraße 8
42399 Wuppertal

Ihr Zeichen, Ihre Nachricht vom	Unser Zeichen, unsere Nachricht vom	Telefon, Name	Datum
Ws-la, 17.10.2011	Kk-eb	0721 4538-388, kk@kunkelwerke.de	31.10.2011

Versicherung Nr. LVV-1704-95674: Kündigung

Sehr geehrte Damen und Herren,

hiermit mache ich von meinem Kündigungsrecht nach Beitragserhöhung innerhalb eines Monats nach Mitteilung Gebrauch und kündige das Versicherungsverhältnis fristgerecht zum Termin der Erhöhung. Den Nachtrag zum Versicherungsschein, der die Vertragsbeendigung dokumentiert, senden Sie mir bitte zu.

Für Ihre Bemühungen vielen Dank.

Mit freundlichen Grüßen

Klaus Kunkel
Klaus Kunkel
Geschäftsführer

Mahnungen

Je nach Langmut des Lieferanten und der Wichtigkeit des Kunden mahnt man unterschiedlich oft: Manche Firmen schreiben vier bis fünf Mahnbriefe, bevor sie die Sache einem Anwalt übergeben.

Vermeiden Sie moralisierende Vorwürfe. Sagen Sie aber klipp und klar, was passiert, wenn der Kunde nicht zahlt.

Wenn Ihr Kunde nicht gezahlt hat, erinnern Sie zunächst neutral an die Zahlung des Betrages. Diese Zahlungserinnerung kann auch einfach eine Kopie der Rechnung sein.

Das sollte eine Zahlungserinnerung enthalten:

- in der Betreffzeile: Bezeichnung der gelieferten Ware oder der Dienstleistung
- freundliche Erinnerung mit Datum der Rechnung. Bedenken Sie: Es könnte auch ein Versehen Ihres Unternehmens sein, z. B. eine falsche Verbuchung

Das sollte eine Mahnung enthalten:

- in der Betreffzeile: die Bezeichnung der gelieferten Ware
- Rechnungsnummer, Datum und den Begriff *Mahnung*
- Datum der Zahlungserinnerung oder früherer Mahnungen, Datum der Rechnung, Fälligkeitstermin
- Aufforderung zur Zahlung
- neuer Zahlungstermin
- Hinweis auf Beantragung des Mahnbescheides, auf den Gerichtsweg oder auf die Rechtsabteilung

Textbausteine »Zahlungserinnerung und Mahnung«

Für unsere Lieferung konnten wir noch keinen Zahlungseingang verbuchen.

Bislang ist das Geld bei uns nicht eingegangen.

Vielleicht haben Sie die Zahlung der Rechnung übersehen?

Bitte prüfen Sie, ob Sie die Zahlung veranlasst haben.

Vielleicht ist bei Ihnen oder bei uns ein Fehler passiert. Falls Sie noch nicht überwiesen haben sollten, veranlassen Sie dies bitte.

Sollte der Betrag nicht bis zum 20.05.2011 bei uns eingegangen sein, werden wir einen Mahnbescheid beantragen. Damit kommen weitere Kosten auf Sie zu.

Sollte der Betrag nicht bis zum 20.05.2011 bei uns eingegangen sein, werden wir ein Inkassobüro beauftragen. Das bedeutet für Sie erhebliche Kosten.

Muster Geschäftskorrespondenz

Muster Zahlungserinnerung

Klaus Kaiser OHG
Herrn Kaiser
Hammurabiring 35
92369 Sengenthal

Ihr Zeichen: Ek-sm
Ihre Nachricht vom: 28.12.2010
Unser Zeichen: Rs-kl
Unsere Nachricht vom: 08.01.2011

Name:
Telefon: 04729 88420-122
Telefax: 04729 88420-200
E-Mail: r.silch@carriere.com

Datum: 08.02.2011

Auftrag 789/2011 – Zahlungserinnerung
Lieferung 5 Bürostühle „Komfort" vom 08.01.2011

Sehr geehrter Herr Kaiser,

für unsere Lieferung konnten wir noch keinen Zahlungseingang verbuchen.
Bitte prüfen Sie, ob Sie die Zahlung schon veranlasst haben. Falls nicht, überweisen
Sie den Betrag von 1 178,10 Euro bitte bis zum 15.02.2011 unter Angabe der Auftrags-
nummer auf eines unserer unten genannten Konten.

Mit freundlichen Grüßen

Rebekka Silch
Rebekka Silch

Muster Mahnung

Postanschrift des Absenders

	Ihr Zeichen:
	Ihre Nachricht vom:
	Unser Zeichen:
Frau	Unsere Nachricht vom: 07.03.2011
Petra Schliefen	
Merkurallee 75	Name: Frau Kalb
31029 Banteln	Telefon: 05121 6655-4
	Telefax: 05121 6655-3
	E-Mail: Fiona.Kalb@Fahrrad-Reiss.de
	Datum: 28.03.2011

Mahnung
Rechnungsnummer 1234/2011

Sehr geehrte Frau Schliefen,

das Trekkingrad „Stadt & Land" haben Sie am 29.11.2010 von uns pünktlich erhalten. In den vergangenen Monaten haben wir Sie bereits mehrfach an die Begleichung der Rechnung vom 30.11.2010 erinnert, die bis zum 15.01.2011 zahlbar war. Bislang ist das Geld bei uns nicht eingegangen.

Sollte der Betrag von 598,00 € inkl. MwSt. nicht bis zum 24.04.2011 auf unserem Konto 11 233 234 bei der Geldsparbank Banteln (BLZ 123 123 12) eintreffen, werden wir den Erlass eines Mahnbescheids beantragen. Damit werden weitere Kosten auf Sie zukommen.

Mit freundlichen Grüßen

Fiona Kalb
Fiona Kalb

Anlage
Rechnungskopie

Muster Geschäftskorrespondenz

Muster Mahnung englisch

Mr Jun Mizuno
Leefung Plastics Ltd
78 Hennessy Road
HONG KONG
CHINA

Ihr Zeichen, Ihre Nachricht vom	Unser Zeichen, unsere Nachricht vom	Telefon, Name	Datum
Jm-hb	Nw-jh, 2011-03-01	-345, Norbert Würsching	2009-03-21

Dear Mr Mizuno

Reminder letter

We have appreciated your business in the past and would like to keep you as a customer. However, the current balance of your account, 670 EUR, is now 120 days overdue.

We have sent two reminders requesting payment or an explanation for the delay. So far, we have had no response regarding the overdue balance.

Mr Mizuno, please do not jeopardise your fine credit record. Please notify us when we may expect payment.

We value our customers and make every effort to accomodate their needs. Please take care of this matter so we may restore your credit account.

Yours sincerely,

Norbert Würsching
Norbert Würsching
Credit Manager

Mahnungen wegen Lieferverzug

Ein Lieferverzug liegt vor, wenn der Lieferant einen Liefertermin nicht einhält. Wichtig ist, dass dieser Liefertermin
eindeutig zu bestimmen ist. Ist er nicht eindeutig bestimmt, so tritt der Verzug ein, wenn der Kunde schriftlich
oder mündlich mahnt. Die schriftliche Form empfiehlt sich
wegen der Beweiskraft. In der Mahnung setzt der Kunde
eine Nachfrist. Diese Frist kann je nach Warenart und
Branche unterschiedlich lang sein. Zu berücksichtigen
ist die vorher vereinbarte Lieferzeit: War sie kurz, kann
auch die Nachfrist kurz bemessen werden. Weiter sollten
die Postlaufzeit der Mahnung und der Transportweg der
Ware in die Frist einbezogen werden.

Das sollte die Mahnung wegen Lieferverzug enthalten:

- Datum der Bestellung, Nummer der Bestellung
- genaue Bezeichnung der bestellten Waren, Artikelnummer, Datum der Auftragsbestätigung
- den vereinbarten Liefertermin
- die Mitteilung, dass die Ware bisher nicht eingetroffen
  ist
- den Hinweis auf die Folgen, die der Lieferverzug für
  den Kunden hat
- eine angemessene Nachfrist, bis zu der die Lieferung
  spätestens zu erfolgen hat
- die Ankündigung von Konsequenzen, falls innerhalb
  der Nachfrist nicht geliefert wird (entweder: dass Sie
  vom Kaufvertrag nach Ablauf der Nachfrist zurücktreten – oder: dass Sie auf der Lieferung bestehen und
  Schadenersatz wegen verspäteter Lieferung verlangen
  werden)

Textbausteine »Mahnungen wegen Lieferverzug«

In Ihrer Auftragsbestätigung haben Sie als Liefertermin den
20.05.2011 zugesagt.

Die Ware ist bis heute nicht bei uns eingetroffen.

Bitte schicken Sie uns die Ware bis zum 24.06.2011

Muster Geschäftskorrespondenz

Muster Mahnung wegen Lieferverzug

Postanschrift des Absenders

Gebr. Schneider GmbH
Herrn Schneider
Zeppelinallee 70–72
99330 Gräfenroda

Ihr Zeichen: Sn-ro
Ihre Nachricht vom: 06.06.2011
Unser Zeichen: Pc-do
Unsere Nachricht vom:

Name: Herr Carstens
Telefon: 0361 9876-543
Telefax: 0361 9876-544
E-Mail: Paul.Carstens@Schuett.com

Datum: 14.06.2011

Unsere Bestellung vom 31.05.2011 über PVC-Rohre
Ihre Auftragsbestätigung vom 06.06.2011

Sehr geehrter Herr Schneider,

seit dem 08.06.2011 warten wir auf Ihre Lieferung von PVC-Rohren (Typ-Nr. 234/A).
Unsere Lagerbestände sind aufgebraucht, sodass auch wir in Lieferverzug geraten. Bitte
schicken Sie uns die Ware bis zum 24.06.2011. Wenn Sie diesen Termin nicht einhalten,
treten wir von unserem Auftrag zurück.

Mit freundlichen Grüßen

Paul Carstens
Paul Carstens

■ Nachrufe

Nachrufe von Firmen, Behörden und Vereinen können als Anzeige in den Tageszeitungen veröffentlicht werden. Familien- und Nachrufanzeigen sollten möglichst am selben Tag erscheinen.

Einen Nachruf auf einen Mitarbeiter, Kollegen oder Vorgesetzten zu verfassen, ist eine traurige Aufgabe, die den meisten Menschen sehr schwerfällt. Gleichwohl sollten Sie sich Zeit nehmen: Lieblose Worte können die Angehörigen verletzen. Versuchen Sie also, dem Verstorbenen mehr als nur Pflichtbewusstsein und Pünktlichkeit zu bescheinigen.

Das sollte ein Nachruf enthalten:

- Namen des Verstorbenen (ggf. mit Geburtsnamen). Akademische Grade können, müssen aber nicht aufgeführt werden, auch mit Zusätzen wie Dr. jur. oder Dr. med., ebenso besondere Auszeichnungen (z. B. Bundesverdienstkreuz)
- Funktion des Verstorbenen in Ihrer Firma/Behörde
- Datum des Todes, evtl. auch das Alter oder den Geburtstag des Verstorbenen
- Würdigung, die seine Persönlichkeit möglichst ehrlich beschreibt
- Ausdruck des Mitgefühls mit den Angehörigen
- Name der Firma, der Behörde oder Institution, die den Nachruf aufgibt (nicht größer oder auffälliger gesetzt als der Name des Verstorbenen)
- Anschrift Ihrer Firma (bei Behörden oder Vereinen wird meistens keine Anschrift angegeben)

Textbausteine »Nachrufe«

Wir trauern um *Hans Müller*.

Wir nehmen Abschied von *Hans Müller*.

Wir behalten *ihn* als *zuverlässigen und hilfsbereiten Kolleg*en in Erinnerung.

Wir werden *seine Aufrichtigkeit* sehr vermissen.

Obwohl *Frau Maier* schon seit einigen Jahren im Ruhestand war, ist *sie* uns noch immer mit *ihrem Humor und ihren guten Ideen* in Erinnerung.

Wir erinnern uns an *sie* mit großem Respekt.

Unser Mitgefühl gilt *ihrer* Familie.

Muster Nachruf

Wir trauern um unseren ehemaligen Schulleiter, Herrn

Professor Dr. Norbert Keller

Oberstudiendirektor i. R.

† 12.10.2011

Sein Einsatz und die Entschlossenheit,
mit der er unsere Schule zum Erfolg führte,
werden uns immer in Erinnerung bleiben.

Wir gedenken seiner mit Hochachtung und Dankbarkeit.

Schulleitung, Personalrat, Kollegium,
Schülerinnen und Schüler,
Eltern und Elternbeirat und Förderverein
der Eduard-Spranger-Schule
Hunnenheim, im Oktober 2011

Unser ehemaliger Mitarbeiter

Jürgen Hellmer

ist am 21. Juni 2007 im Alter
von 66 Jahren verstorben.
Herr Hellmer war bis zu seinem Eintritt
in den Ruhestand als Lackierer in
unserem Unternehmen tätig.

Wir danken Herrn Hellmer für seine
langjährige Mitarbeit und werden ihm
stets ein ehrendes Andenken
bewahren.

Geschäftsführung, Betriebsrat
und Belegschaft
Franz Münchner GmbH

■ Rechnungen

Rechnungspflichtanga-
ben müssen in allen
Rechnungen mit
einem Gesamtbetrag
von mehr als 150 €
netto enthalten sein,
damit die in der
Rechnung enthaltene
Umsatzsteuer als
Vorsteuer abgezogen
werden kann.

Eine Rechnung kann in Papierform oder als elektronisches Dokument übermittelt werden. Die steuerliche Anerkennung von Rechnungen ist an bestimmte Bedingungen geknüpft. Bei elektronischer Übermittelung muss die Echtheit der Rechnung durch eine qualifizierte elektronische Signatur und eine adäquate Aufbewahrung überprüfbar sein, die den durch das Bundesfinanzministerium erstellten Grundsätzen ordnungsgemäßer DV-gestützter Buchführungssysteme (GoBS) entspricht.

Das muss eine Rechnung enthalten:

Bauhandwerker, die
für Privatkunden
Leistungen an Grund-
stücken und Gebäu-
den erbringen,
müssen den Kunden
an die gesetzliche
Aufbewahrungspflicht
erinnern.

- Namen, Anschrift, Steuernummer oder (bei Auslandsaufträgen) Umsatzsteuer-Identifikationsnummer des Unternehmers
- Namen und Anschrift des Leistungsempfängers
- Ausstellungsdatum der Rechnung
- fortlaufende Rechnungsnummer
- Zeitpunkt der Lieferung oder Leistung (Monatsangabe)
- Menge und Art der Lieferung oder Umfang und Art der Leistung
- Netto-Entgelt (nach Steuersätzen aufgeschlüsselt) oder – wenn Sie nicht umsatzsteuerpflichtig sind – Brutto-Entgelt
- anzuwendenden Umsatzsteuersatz oder Hinweis auf eine Umsatzsteuerbefreiung
- Umsatzsteuerbetrag
- Angaben über Skonti und andere Preisnachlässe

Das sollten Sie bei Ihrer Rechnung beachten:

- Formulieren Sie knapp und achten Sie auf Übersichtlichkeit.
- Listen Sie Ihre Leistungen verständlich und vollständig auf.
- Gestalten Sie die Zusammensetzung des Rechnungsbetrags nachvollziehbar.
- Legen Sie einen Zahlungstermin fest.

Muster Geschäftskorrespondenz

Textbausteine »Rechnungen«	
Einführung	Für unsere Leistungen berechnen wir Ihnen vereinbarungsgemäß: ...
Hinweis auf die Aufbewahrungspflicht in der Baubranche	Das Gesetz schreibt vor, dass Sie diese Rechnung zwei Jahre lang aufbewahren müssen. Die Frist beginnt mit Beginn des nächsten Kalenderjahres.
Formulierung eines Zahlungsziels	Bitte überweisen Sie den Rechnungsbetrag ohne Abzüge bis zum 13. Mai 2011.
Einräumen von Skonti	Bei Zahlung bis zum 6. Mai 2011 können Sie 3 % Skonto vom Rechnungsbetrag abziehen.
Angabe eines Lieferzeitpunkts, wenn z. B. keine physische Übergabe erfolgt ist.	Der Leistungsmonat entspricht dem Rechnungsmonat.
Ausweis von Lohnkosten bei haushaltsnahen Dienstleistungen für Privatkunden	Der Lohnkostenanteil beträgt einschließlich Mehrwertsteuer 678 €.

Muster Rechnung

Postanschrift des Absenders

Holzwurm GmbH
Mahnstraße 19
64646 Heppenheim

Ihr Zeichen:
Ihre Nachricht vom: 15.10.2011
Unser Zeichen: Hw-66562011
Unsere Nachricht vom:

Name: Marie Jordan
Telefon: 06252 883451
Telefax: 06252 883452
E-Mail: info@holzwurm-heppenheim.de

Datum: 05.12.2011

Rechnung Nr. 109044

Für Ausführung, Lieferung und Einbau im Monat November 2011 berechnen wir gemäß Ihrem Auftrag vom 15.10.2011:

1 Einbaugarderobe Buche furniert, geölt, Maße: 219 cm × 163 cm × 50 cm mit drei Schubladen und einer Schiebetür mit Spiegel (Rahmenkonstruktion auf Buche)

Nettobetrag	1 890,00 €
+ 19 % MwSt.	359,10 €
Rechnungsbetrag	**2 249,10 €**

Bitte überweisen Sie den Rechnungsbetrag bis spätestens 28.12.2011 ohne Abzug.

Wir weisen Sie darauf hin, dass Sie diese Rechnung nach dem Umsatzsteuergesetz, § 14b, zwei Jahre lang aufbewahren müssen. Die Frist beginnt mit Beginn des nächsten Kalenderjahres.

Herzlichen Dank für Ihren Auftrag!

USt.-IdNr.: DE798324033
Bankverbindung: Geldbank Süd, Kto.-Nr. 12 877 382, BLZ: 244 771 98

■ Reklamationen

Reklamationen, im Geschäftsleben und im Gesetz als Mängelrügen bezeichnet, werden dann nötig, wenn einer der Geschäftspartner mit einer Leistung oder Lieferung des anderen nicht einverstanden ist. Der Mangel kann schriftlich oder mündlich mitgeteilt werden. Die schriftliche Form empfiehlt sich jedoch wegen der Beweiskraft: Kommt es später zum Rechtsstreit, so haben Sie aussagefähige Unterlagen zur Hand.

Das ist bei Reklamationen zu beachten:

- Eine Reklamation sollte das Datum der Bestellung, das Datum und/oder die Nummer der Lieferung sowie die genaue Bezeichnung der Ware oder Dienstleistung enthalten.
- Beschreiben Sie den Mangel so genau wie möglich.
- Geben Sie Ihre Ansprüche an oder bitten Sie den Lieferanten um Lösungsvorschläge.
- Formulieren Sie bestimmt, aber höflich.

Textbausteine »Reklamationen«	
Nennung des Mangels	
Menge	Statt der bestellten *1 000 Stück* haben Sie *nur 500 Stück* geliefert.
Art	Wir hatten laut Auftragsbestätigung *Artikel A* bestellt, Sie haben uns aber *Artikel B* geliefert.
Qualität	Die von Ihnen gelieferten Artikel weisen nicht die zugesicherte *Farbfestigkeit* auf.
Beschaffenheit	Die gelieferten *Kisten* haben nicht *den im Katalog abgebildeten und beschriebenen Aufdruck*.
Nacherfüllung verlangen	
	Bitte tauschen Sie die beanstandeten Artikel bis zum *23. März 2012* gegen einwandfreie ein.

Textbausteine »Reklamationen«

Bei fehlgeschlagener Nacherfüllung

Rücktritt   Wir möchten hiermit vom Kaufvertrag zurücktre-
                   ten, die gelieferte Ware nehmen Sie bitte zurück.

Minderung   Die verminderte Qualität können wir nur gegen
                   einen Preisnachlass *von 30%* akzeptieren.

Bitte um Erledigung

Bitte teilen Sie uns bis *zum 14.02.2011* mit, wann
wir mit der Lieferung der einwandfreien Ware
rechnen können.

Bitte teilen Sie uns bis *zum 14.02.2011* mit, welche
Lösung Sie für das Problem vorschlagen.

Bitte teilen Sie uns bis *zum 14.02.2011* mit, ob Sie
unseren Vorschlag akzeptieren.

Da wir in unserer Produktion auf das bestellte
Material angewiesen sind, müssen wir auf eine
Neulieferung spätestens bis *zum 14.02.2011* be-
stehen.

Muster Geschäftskorrespondenz

Muster Reklamation: ungenaue Beschreibung

Briefkopf

Formulierung ist veraltet ····

Postanschrift des Absenders

Das Länderkenn-
zeichen wird nicht
mehr verwendet. ······

Tim Schneider
····· im Hause Singer & Schneider GbR
Querstraße 68
·· D-19053 Schwerin

Bezugszeichenzeile
falsch ausgefüllt ····

Ihr Zeichen, Ihre Nachricht vom	Unser Zeichen, unsere Nachricht vom	Telefon, Name	Datum
		2011-03-21	

Die persönliche
Anrede fehlt. ·····

····· Guten Tag,

Der Schaden wird
nicht exakt beschrie-
ben, stattdessen
Unerhebliches.

einer Ihrer Arbeiter hat bei der Gardinenmontage die Wand abgekratzt. Ich war gleich
beunruhigt, als ich gesehen habe, mit welchem Werkzeug er sich an die Arbeit machte.
Um meine Kommentare hat er sich aber nicht weiter gekümmert. Da hätte ich mir das
Neutapezieren auch sparen können. Den Schaden kann ich so nicht hinnehmen.

Es sind keine
konkreten Erwartun-
gen formuliert.

Birgit Schröter

Die handschriftliche
Unterschrift wird
nicht in lesbarer
Maschinenschrift
wiederholt.

Geschäftsangaben

372

Muster Reklamation

Tim Schneider
Singer & Schneider GbR
Querstraße 68
19053 Schwerin

Ihr Zeichen, Ihre Nachricht vom	Unser Zeichen, unsere Nachricht vom	Telefon, Name	Datum
		-777, Birgit Schröter	2011-03-15

Klar formulierte
Betreffzeile, mit
Datum der bemän-
gelten Dienstleistung ······ **Montageschaden vom 9. März 2011**

Sehr geehrter Herr Schneider,

an den von Ihnen gelieferten neuen Gardinen in meinem Büro habe ich große Freude.

Der Mangel wird ······ Leider hat einer Ihrer Arbeiter bei der Montage die Wand beschädigt. Nun ist an der
genau beschrieben. rechten Wand neben der Gardine ein fast 30 cm langer, mehrere Millimeter tiefer Kratzer
in der Tapete.

Höflicher, aber ······ Bitte kommen Sie doch so rasch wie möglich einmal in meinem Büro vorbei, um sich ein
bestimmter Ton Bild von dem Schaden zu machen. Gemeinsam finden wir dann sicher einen Weg, wie Sie
den Schaden beheben können.

Mit freundlichen Grüßen

Birgit Schröter
Birgit Schröter

Muster Reklamation

Johannes Wöhner
Gartencenter
Dahlienweg 90–94
08538 Burgstein

Ihr Zeichen: So-lf
Ihre Nachricht vom: 08.02.2012
Unser Zeichen: Wo-sl
Unsere Nachricht vom: 18.01.2012

Name: Ingo Larsen
Telefon: 03741 9756-514
Telefax: 03741 9756-510
E-Mail: ingo.larsen@blumenland-goldt.de

Datum: 22.02.2012

Unsere Bestellung vom 18.01.2012 über Rosenstöcke und Umtöpfe
Ihre Lieferung vom 08.02.2012

Sehr geehrter Herr Wöhner,

leider müssen wir zwei Positionen aus Ihrer letzten Lieferung reklamieren.
Im einen Fall haben Sie nicht die gewünschte Menge geliefert, im anderen Fall ist die
Ware nicht einwandfrei.

Statt der bestellten 20 Rosenstöcke „Graf Baudeck", Katalognummer 130/3, erhielten wir
nur 16 Stück. Der Lieferschein weist 16 Stück aus, berechnet sind 20 Stück.
Die 4 Umtöpfe für Blumenkübel, Katalognummer 420/1, Farbe 12, kamen beschädigt an:
Drei sind an mehreren Stellen gesprungen, am vierten sind Ecken abgebrochen.

Wir bitten Sie um Lieferung der fehlenden Rosenstöcke und einwandfreier Umtöpfe. Ihr
Fahrer kann bei dieser Gelegenheit die beschädigten Töpfe mitnehmen.

Bitte teilen Sie uns bis zum 14.03.2012 mit, wann wir mit der Ware rechnen können.

Mit freundlichen Grüßen

Ingo Larsen
Ingo Larsen

Muster Reklamation

	Ihr Zeichen: Ki-sl
	Ihre Nachricht vom: 02.10.2011
	Unser Zeichen: We-fr
	Unsere Nachricht vom:
Archivmöbel GmbH	
Herrn Ernst Kilander	Name: Gudrun Weichsel
Poststraße 12	Telefon: 07222 54387-120
76437 Rastatt	Telefax: 07222 54387-121
	E-Mail: gudrun.weichsel@datarchiv.net
	Datum: 05.10.2011

Unsere Bestellung vom 23.09.2011
Ihre Lieferung von Archivkästen

Sehr geehrter Herr Kilander,

die Eingangsprüfung Ihrer Lieferung von 100 Archivkästen des Typs AV 34-2 ergab
Mängel: An 80 Kästen sind an der Oberfläche Farbstreifen zu sehen, die nur durch inten-
sives Reinigen zu beseitigen sind.

Wir sind bereit, diese Kästen zu behalten, falls Sie uns einen angemessenen Preisnachlass
in Höhe von 6,– € je Kasten einräumen.

Wenn Sie damit einverstanden sind, senden Sie uns bitte bis zum 20.10.2011 eine neue
Rechnung über 45,90 € inkl. Mehrwertsteuer. Andernfalls erbitten wir zum gleichen
Termin einen Gegenvorschlag.

Mit freundlichen Grüßen

Gudrun Weichsel
Gudrun Weichsel

Muster Reklamation englisch

Ms Charlotte McEnvoy
Sun Express
20 Gloucester Place
CROYDON
CR 1 2DH
UNITED KINGDOM

Ihr Zeichen, Ihre Nachricht vom	Unser Zeichen, unsere Nachricht vom	Telefon, Name	Datum
	RW/ts	-110, Renate Weiss	2011-03-21

Dear Ms McEnvoy

brochure 1/2011

After receiving 4 000 copies of our brochure 1/2011, we discovered several typos and a major content error in the text.

We feel that these errors resulted from an oversight on both our parts. While we gave final approval to the graphic design and copy that your staff developed, careful proofreading of the text was included as part of your services.

The brochures must be corrected and reprinted at an estimated cost of 3 000 EUR. We believe that your firm and ours should share the cost of the correction. As a result, we will deduct one half of the printing charges (1 500 EUR) from the invoice you submitted to us.

Should you have an alternative suggestion, I will be happy to dicuss the matter with you.

We realise that mistakes can happen. This situation will not affect the fine relationship we have enjoyed in the past.

Yours sincerely,

Renate Weiss
Renate Weiss
Creative Director

■ Versandanzeigen

Mit der Versandanzeige bestätigt der Lieferant, dass er die Ware an den Kunden abgesandt hat oder dass sie zu einem bestimmten Zeitpunkt abgesandt werden wird.

Eine Versandanzeige ist üblich

- bei Sendungen in größeren Mengen,
- bei Sendungen, die in mehreren Stücken gleichzeitig verschickt werden,
- bei Teillieferungen oder Abrufbestellungen,
- wenn ein spezieller Versandweg mitgeteilt werden soll,
- wenn der Kunde ausdrücklich darum gebeten hat.

Eine Versandanzeige enthält in der Regel folgende Angaben:

- Datum der Bestellung und Angaben über die gelieferte Ware
- genaue Warenbezeichnung mit Artikelnummer
- Anzahl und Bezeichnung der Teile, die zum genannten Termin geliefert werden
- Termin der Lieferung
- Versandweg
- evtl. Angaben zur Versicherung der Ware

Textbausteine »Versandanzeigen«

Wir haben Ihre bestellte Ware heute an Sie versandt.

Ihre bestellte Ware wird am *22.04.2011* bei Ihnen eintreffen.

Muster Geschäftskorrespondenz

Muster Versandanzeige

HANSA MÖBELCENTER
Frau Karoline Winter
Westring 90
26452 Sande

Ihr Zeichen: Kw-go 1722
Ihre Nachricht vom: 2011-03-14
Unser Zeichen: Fd
Unsere Nachricht vom:

Name: Frank Deichmann
Telefon: 06131 8273-733
Telefax: 06131 8273-100
E-Mail: f.deichmann@moebel-krafft.de

Datum: 2011-03-31

Ihre Bestellung Nr. 1722 vom 14.03.2011

Sehr geehrte Frau Winter,

nochmals herzlichen Dank für Ihren Auftrag!

Wie vereinbart, haben wir heute die bestellten Polstergarnituren per Spedition an Sie versandt:
3 Garnituren „Rotunda", Stoff „Gran Sasso", bestehend aus
– je einem Sofa 1,45 m,
– einem Sofa 2,00 m und
– zwei Sesselelementen.

Die Garnituren werden durch die Spedition SEC, Hausmannallee 2, 25575 Beringstedt, am 05.04.2011 angeliefert.

Die mit gleichem Auftrag bestellten 4 Esstische „Hanseat" mit je 6 Stühlen werden am 15.04.2011 an Sie abgehen.

Mit freundlichen Grüßen

Frank Deichmann
Frank Deichmann

Muster Versandanzeige

	Ihr Zeichen: Lü-fe
	Ihre Nachricht vom: 28.05.2011
	Unser Zeichen: Ei-zo
Frau	Unsere Nachricht vom:
Sigrid Lühr	
Hankenhof 75	Name: Frau Eisenhardt
87490 Haldenwang	Telefon: 089 35363-377
	Telefax: 089 35363-388
	E-Mail: llo@raumland.com

Datum: 02.06.2011

Ihr Auftrag: Bücherregale Ordo 27/4 weiß

Sehr geehrte Frau Lühr,

vielen Dank für Ihren Auftrag!

Die bestellten vier Bücherregale werden am 20.06.2011 vormittags bei Ihnen eintreffen.
Es handelt sich um 2 Kartons zu je 27 kg. Die Lieferung erfolgt durch unseren Spediteur.
Die Montage und die Aufstellung der Regale sind im Kaufpreis nicht enthalten.

Mit freundlichen Grüßen

Ilona Eisenhardt
Ilona Eisenhardt

Muster Geschäftskorrespondenz

Muster Versandanzeige

An: k.reibold@bergg.de
Cc:
Bcc:
Betreff: Ihre Bestellung Nr. 03-122345-67 wurde versandt

Sehr geehrte Frau Reibold,

unsere Versandabteilung hat die unten aufgeführten Artikel aus
Ihrer Bestellung, eingegangen am 22.07.2011, heute verschickt:

VPE-Artikelnummer	Bezeichnung
10 567	Wild Cherry Gums
50 121	Quakie Mint Pastillen
50 393	Kokostaler

Versendet mit Deutsche Post
Paketverfolgungsnummer: 116650348346

Die Sendung geht an:
Reibold Kiosk Service
Roonstr. 4
64625 Bensheim
Deutschland

Ihre Bestellung ist damit vollständig ausgeführt.

Mit freundlichen Grüßen

Annika Richter

Signatur

Voranfragen und Antworten auf Voranfragen

Voranfragen

Wenn die Anfrage für den Interessenten sehr aufwendig ist oder wenn die Ausarbeitung des Angebots für den möglichen Anbieter sehr viel Arbeit macht, kann man zunächst eine Voranfrage an verschiedene Anbieter versenden. Damit wird geklärt, welche Anbieter überhaupt bereit und in der Lage sind, ein Angebot auszuarbeiten.

Das sollte eine Voranfrage enthalten:

- Anschrift
- Datum
- Anrede
- evtl. eine Erklärung, wie man auf den Anbieter aufmerksam geworden ist
- Vorstellung des eigenen Unternehmens
- Art und Umfang des bevorstehenden Auftrags
- Art der Ware oder Dienstleistung
- Terminplan: Angebotsabgabe, Liefertermin
- Frage, ob der Anbieter zur Angebotsabgabe bereit ist
- Termin, bis zu dem die Antwort vorliegen muss
- Gruß

Wenn Sie Ihre Anforderungen listenartig aufführen, kann der Anbieter diese bei der Beantwortung der Reihe nach durchgehen.

Achten Sie auf Übersichtlichkeit in Ihrer Voranfrage. Wenn Sie Ihre Anforderungen als Liste führen, wird der Anbieter diese wahrscheinlich der Reihe nach durchgehen. So erhalten Sie eine übersichtliche und vollständige Antwort.

Antworten auf Voranfragen

Mit der Voranfrage klärt der Interessent, welche Anbieter für ihn infrage kommen. Damit er sich ein klares Bild von Ihrer Leistungsfähigkeit machen kann, sollten Sie alle Fragen möglichst genau beantworten. Die Antwort auf eine Voranfrage ist Information und Selbstdarstellung zugleich; sie sollte daher immer auch einige Worte über das eigene Unternehmen, die Angebotspalette oder die Leistungsfähigkeit und vor allem über die Leistungsbereitschaft enthalten.

Wenn Sie in der Absage nur schreiben: »Wir können zurzeit keine weiteren Aufträge annehmen«, dann ist die Aussicht auf eine zweite Voranfrage sehr gering. Bedauern Sie ausdrücklich, dass Sie nur dieses Mal Angebot abgeben können, und erklären Sie Ihre Bereitschaft für die Zukunft.

Das sollte eine Zusage auf die Voranfrage enthalten:

- Interesse an dem Auftrag
- Antworten auf alle Detailfragen aus der Voranfrage (bei Unklarheiten telefonisch nachfragen)
- Nachweis der Leistungsfähigkeit:
  Bestätigen Sie ggf. die prinzipielle Kompetenz, und weisen Sie auf etwaige Spezialkompetenzen hin.
  Nennen Sie Referenzen: Kunden, bereits ausgeführte Arbeiten ähnlicher Art.
  Legen Sie passendes Informationsmaterial bei.
  Geben Sie grob Lieferzeiten bzw. den frühestmöglichen Beginn und Abschlusstermin an.

Das sollte eine Absage auf die Voranfrage enthalten:

- Interesse an der anfragenden Firma
- Grund der Absage
- Bedauern über die Absage
- evtl. Hinweis auf Alternativen
- ggf. Ausdruck der prinzipiellen Bereitschaft, in Zukunft Angebote auszuarbeiten
- Informationsmaterial

Muster Voranfrage

Benner PC-Service
Gartenstraße 4
25776 Schlichting

Ihr Zeichen:
Ihre Nachricht vom:
Unser Zeichen: Js
Unsere Nachricht vom:

Name: Judith Schneider
Telefon: 04836 77582
Telefax: 04836 77580
E-Mail: judith.schneider@morag-corporation.com

Datum: 27.05.2012

Voranfrage

Sehr geehrte Damen und Herren,

von einem Geschäftspartner erhielten wir eine Empfehlung für Ihr Unternehmen.
Wir bitten um Ihr Angebot für 12 PCs, die unsere Geräte im Kundendienst ersetzen sollen.
Unsere Erwartungen:

– Netzwerklösung für alle PCs (mit DVD-Laufwerken)
– Datensicherungseinrichtung (Streamer)
– Flachbildschirme, 24 Zoll
– Laserdrucker
– Unix-Betriebssystem
– Textverarbeitungssoftware (bevorzugt Open Source)
– Einbindung unserer Kundendatenbanken sowie unserer Buchhaltungssoftware und
  unseres Warenwirtschaftssystems (Details auf Anfrage)
– Schulung unserer Mitarbeiter

Bitte erstellen Sie uns bis zum 10.06.2012 ein Angebot. Sollten Sie daran kein Interesse
haben, sind wir Ihnen für eine kurze Nachricht, gern auch per E-Mail, dankbar.

Mit freundlichen Grüßen

Judith Schneider
Judith Schneider

Muster Geschäftskorrespondenz

Muster Antwort auf Voranfrage

Briefkopf

Postanschrift des Absenders

Wohnbau eG
Frau Galaer
Postfach 1 30
87534 Oberstaufen

Ihr Zeichen: Ga-si
Ihre Nachricht vom: 12.06.2011
Unser Zeichen: Bo-de
Unsere Nachricht vom:

Name: Leo Bormann
Telefon: 089 885365-994
Telefax: 089 885365-900
E-Mail: Bormann@roland-rollladen.de

Datum: 18.06.2011

Ihre Voranfrage über rund 290 Vorsatzrollläden

Sehr geehrte Frau Galaer,

für Ihr Interesse an unseren Produkten danken wir Ihnen. Ihren Auftrag können wir zuverlässig und schnell ausführen.

Unser Unternehmen nimmt, obwohl es erst seit 1998 besteht, bereits eine führende Stellung ein: Unsere Kunden schätzen uns wegen unserer Zuverlässigkeit und Innovationskraft. Wesentliche Neuerungen in der Branche wurden von uns entwickelt.

Aufträge in einem Umfang, wie Sie ihn ankündigen, haben wir mehrfach erfolgreich ausgeführt. Durch unsere neue Fertigungshalle ist eine noch effektivere und kostengünstigere Fertigung möglich.

Eine Referenzliste haben wir Ihnen beigelegt.

Haben Sie Interesse an einer Zusammenarbeit? Dann erstellen wir gern unser Angebot für Sie.

Mit freundlichen Grüßen

Leo Bormann
Leo Bormann

Geschäftsangaben

384

Muster Antwort auf Voranfrage

Briefkopf

Postanschrift des Absenders

	Ihr Zeichen: Sc-mo
	Ihre Nachricht vom: 15.06.2011
	Unser Zeichen: Kr-be
Hermann Weier & Co.	Unsere Nachricht vom:
Herrn Ludger Schulz	
Erasmusstraße 34–36	Name:
49843 Wielen	Telefon: 05151 567432-664
	Telefax: 05151 567432-660
	E-Mail: Krey@vsglas.de
	Datum: 22.06.2011

Ihre Voranfrage: Verbundsicherheitsglas für Pfosten-Riegel-Konstruktionen

Sehr geehrter Herr Schulz,

bevor wir ausführlich auf Ihre Voranfrage eingehen, danken wir Ihnen herzlich für Ihr Interesse.

Seit sechs Jahren stellen wir Verbundsicherheitsglas her. Die Qualität unseres Glases übertrifft sogar die Anforderungen der DIN EN 356 für die Widerstandskraft gegen Durchwurf, Durchbruch und Durchschuss. Zudem ist es schallschluckend und durch den Wärmeschutz energiesparend. Wir fertigen das Glas in jeder gewünschten Größe bis 4 × 4 Meter. Auf dem Bausektor haben wir uns mit rationellen, kostengünstigen und pfiffigen Lösungen für die Altbausanierung im privaten und gewerblichen Bereich einen Namen gemacht. Einige Fotos von ausgeführten Aufträgen der letzten Monate liegen diesem Brief bei. Sie sehen darauf, dass gerade die individuellen Arbeiten unsere Spezialität sind.

Selbstverständlich können Sie die Sicherheitsgläser mit einer Alarmanlage verbinden: Drahteinlagen oder eingebrannte Schleifen, je nach Ihren Wünschen und den Gegebenheiten der Anlage, lösen den Alarm aus.

Bitte senden Sie uns Ihre detaillierte Anfrage – wir erstellen Ihnen umgehend ein interessantes Angebot.

Mit freundlichen Grüßen

Lorenz Krey
Lorenz Krey

Geschäftsangaben

385

Muster Geschäftskorrespondenz

■ Werbebriefe

Eine Mailing-Aktion ist ein schnelles Werbemittel, mit dem Sie einen bestimmten Kundenkreis gezielt ansprechen können.

Das gelingt aber nur, wenn sich Ihr Werbebrief von der Flut derartiger Schreiben abhebt, die täglich im Briefkasten landen. Dazu muss der Empfänger den Eindruck gewinnen, dass der Brief ihn und seine Interessen direkt anspricht. Die Entscheidung, ob der Empfänger sich die Mühe machen wird, Ihren Brief zu lesen, fällt innerhalb weniger Sekunden. Ein wesentliches Kriterium für diese Entscheidung ist die leichte Lesbarkeit und die Kürze eines Briefes – eine Seite genügt!

Der bekannteste Vorschlag für den Aufbau eines Werbebriefes heißt AIDA. Jeder Buchstabe steht für einen Begriff:

A – ATTENTION (Aufmerksamkeit)

I – INTEREST (Interesse)

D – DESIRE OF POSSESSION (Besitzwunsch)

A – ACTION (Aktion)

Wem es nicht gelingt, auf Anhieb den Leser aufmerksam zu machen, der wird ihn auch kaum interessieren, seine Wünsche wecken oder ihn zu Handlungen bewegen können. Denn denken Sie daran: Was der Briefempfänger zuerst liest, ist am wichtigsten – der erste Eindruck zählt.

- Der erste Teil (A) des Briefes soll also die Aufmerksamkeit des Lesers wecken. Das kann zum Beispiel mit einer interessanten Briefüberschrift oder mit einem geschickten Briefanfang geschehen.

- Im zweiten Teil (I) sprechen Sie das Interesse des Lesers an: Wofür interessiert er sich, was erwartet er von Ihrem Brief ? Wer hier nur von sich redet, wird kaum das Interesse des Lesers wecken.

- Im dritten Teil (D) versucht der AIDA-Werbebrief, den Wunsch des Lesers zu wecken, die angebotene Ware zu besitzen, sich Informationsmaterial kommen zu lassen oder die angebotene Dienstleistung in Anspruch zu nehmen. An dieser Stelle weisen AIDA-Briefe auf die

Briefe, die den Empfänger auffordern, etwas zu tun – rubbeln, kleben, ausschneiden, aufklappen, eintragen, lochen, abreißen, riechen –, nennt man RIC-Briefe (Readership Involvement Commitment: den Leser in eine Tätigkeit verwickeln).

Einfachheit hin, mit der man in den Besitz gelangt, sie sprechen von der Aktualität des Angebotes und davon, warum es gerade jetzt wichtig ist zu handeln.

- Im vierten Teil schließlich (A) soll der Leser etwas tun: Er muss die Bestellkarte zurückschicken, einen Coupon abschneiden und einsenden, ein kleines Rätsel lösen, anrufen oder vieles andere.

Aufbau eines Werbebriefes	
Anrede	Wenn Sie den Namen des Empfängers kennen, sollten Sie ihn in der Anrede nennen. Die Anrede »Sehr geehrter Kunde« oder »Sehr geehrte Damen und Herren« sollte wegen ihrer unverbindlichen Wirkung die Ausnahme sein.
Betreffzeile	Diese »Anmacherzeile« kann ein Wortspiel sein, ein Spruch, ein erster Hinweis auf den Inhalt des Briefes. Der Text sollte nicht zu lang sein: 1 bis 2 kurze Zeilen genügen.
Datum	Das Datum macht den Brief persönlicher und aktueller. Besser als *Im Februar 2012* ist *14.02.2012* oder *14. Februar 2012*.
Hervorhebungen	Unterstreichen und Fettdruck – diese sind vorteilhafter als Kursiv-, Versal- und Sperrschriften – können in Werbebriefen einzelne Textteile hervorheben. Übertreiben sollten Sie aber nicht: Nur die wichtigsten Nutzenformulierungen sollten hervorgehoben werden.
Fragen	Alle Aussagen im Werbebrief müssen Antworten auf folgende Fragen des Adressaten sein: Wer schreibt mir? Kann ich das brauchen? Habe ich von dem Angebot einen Nutzen?
Postskriptum	Das Postskriptum (abgekürzt PS) hat einen hohen Aufmerksamkeitswert: Oft ist es der einzige Text in einem Werbebrief, der überhaupt gelesen wird. Das können Sie nutzen, um hier z. B. wichtige Vorteile des Angebotes zu verstärken. Anstatt *PS* können Sie auch Formulierungen wie z. B. *Übrigens* oder *Bitte beachten Sie* verwenden.
Unterschrift	Ein unterschriebener Brief ist ein persönlicher Brief. Die Unterschrift sollte möglichst lesbar sein; ein Schnörkel, den man nicht entziffern kann, weckt Misstrauen. Durch Ergänzung mit dem Vornamen und der Funktion im Unternehmen erhält die Unterschrift mehr Glaubwürdigkeit.

Stil

Vermeiden Sie plumpe Übertreibungen und leere Versprechungen. Nennen Sie in kurzen, klaren Sätzen die Vorteile Ihres Angebots für den Kunden, heben Sie hervor, wie problemlos einfach es ist, Ihr Angebot zu nutzen.

Vermeiden Sie den Konjunktiv (Möglichkeitsform) und das Futur (Zukunft), wenn Sie von den Vorteilen sprechen.

Nicht	Sondern
Mit dieser Maschine könnten Sie Zeit sparen. Der Alpha 2 wird Ihnen die Arbeit erleichtern.	Mit dieser Maschine sparen Sie Zeit. Der Alpha 2 erleichtert Ihnen die Arbeit.

Der Leser des Briefes ist wichtiger als der Schreiber. Deshalb ist es ganz selbstverständlich, dass Sie weniger von sich selbst als vom Empfänger sprechen.

Im Brief sollte öfter »Sie« stehen als »wir« oder »ich«.

Nicht	Sondern
Wir schicken Ihnen ...	Sie erhalten ...
Wir weisen darauf hin ...	Wichtig für Sie: ...
Wir haben ...	Sie bekommen ...
Wir sind ...	Nutzen Sie ...

Formulieren Sie einfach, kurz und verständlich!

Kurze Sätze von maximal 15 Wörtern sind leichter lesbar als lange verschachtelte Satzkonstruktionen. Grundsätzlich sind kurze Wörter leichter zu lesen als lange. Deshalb ist es sinnvoll, in Werbebriefen kurze Wörter zu verwenden. Selbstverständlich gibt es Ausnahmen: Fremdwörter oder unbekannte Wörter zum Beispiel. So ist Larynx schwerer zu lesen als seine deutsche Übersetzung Kehlkopf, auch wenn dieses Wort länger ist. Wichtig: Zwischen vielen kurzen Wörtern fällt ein längeres Wort auf, der Leser widmet ihm größere Aufmerksamkeit.

Muster Werbebrief

Frau
Myriam Hutsch
Uhlenhorst 19
69469 Weinheim

März 2011

Kein Unkrautjäten mehr auf Ihrem Gehweg!

Sehr geehrte Frau Hutsch,

als Grundstücksbesitzerin kennen Sie das Ärgernis: Mit den ersten schönen Tagen sprießt das lästige Grün aus allen Ritzen und Fugen. Chemische Mittel dürfen und wollen Sie nicht benutzen: Der Einsatz von „Hausmitteln" wie Essigreiniger und Salzwasser ist aus gutem Grund durch das Pflanzenschutzgesetz verboten und kann ein Bußgeld von bis zu 50 000 € nach sich ziehen.

Auch vermeintliche Wundermittel wie Hochdruckreiniger und Abflämmgeräte sind teuer und halten nicht, was sie versprechen. Was tun?

Nutzen Sie unseren Unkrautfrei-Service!

Wir kümmern uns während der Wachstumsphase von Mai bis Oktober um den Gehweg vor Ihrem Grundstück und halten ihn frei von Unkraut. Durch den Einsatz eines von uns entwickelten Spezialwerkzeugs können wir schnell und kostengünstig arbeiten.

Sie werden staunen, wie preiswert unser Service ist. Für ein unverbindliches Angebot kommen wir gern bei Ihnen vorbei. Rufen Sie uns an: Tel. 06251 982976.

Mit herzlichen Grüßen

Roland Berg
Roland Berg
Landschaftsgärtner

PS: Die ersten 20 Interessenten erhalten auf unser Angebot 20 % Rabatt!

◼ Widerrufe von Bestellungen

Bestellungen kann man noch in letzter Minute widerrufen.

Voraussetzung für die Wirksamkeit eines Widerrufes ist, dass er vor oder gleichzeitig mit der Bestellung beim Lieferanten eintrifft. Für den Widerruf bieten sich E-Mail oder Fax an. Auch der telefonische Widerruf ist möglich, er sollte aber unbedingt durch einen schriftlichen Widerruf ergänzt oder schriftlich bestätigt werden. Empfehlenswert ist es, sich den Namen des Gesprächspartners geben zu lassen und sich im schriftlichen Widerruf auf ihn zu beziehen.

Das sollte der schriftliche Widerruf enthalten:

- ◼ Datum und Nummer der Bestellung
- ◼ ggf. Bezug auf telefonischen Widerruf
- ◼ die Erklärung des Widerrufs
- ◼ Ausdruck des Bedauerns
- ◼ Bitte um Verständnis
- ◼ Bitte um eine schriftliche Bestätigung des Widerrufs

Textbausteine »Widerrufe«

Hiermit widerrufe ich meine heutige Bestellung.

Leider muss ich meine Bestellung stornieren.

Vielen Dank für Ihr Verständnis.

Bitte bestätigen Sie mir den Widerruf der Bestellung schriftlich.

Muster Widerruf

An: verkauf@knappgenohg.de
Cc:
Bcc:
Betreff: Stornierung der Bestellung Nr. 4098/12

Sehr geehrte Damen und Herren,

hiermit storniere ich unsere Bestellung über Adressaufkleber und Fensterumschläge, die heute per Post an Sie verschickt wurde.

Die Bestellung war aufgrund einer falschen Auskunft unseres Warenwirtschaftssystems aufgegeben worden. Es tut mir leid, dass ich Ihnen diese Umstände mache, und ich hoffe auf Ihr Verständnis.

Können Sie mir bitte die Stornierung schriftlich bestätigen?

Mit freundlichen Grüßen

Marlene Schuster

Signatur

Muster Geschäftskorrespondenz

Muster Widerruf

Postanschrift des Absenders

Knappgen OHG
Brehmsstraße 67
82349 Pentenried

Ihr Zeichen:
Ihre Nachricht vom:
Unser Zeichen: Ms
Unsere Nachricht vom: 2011-06-22

Name: Marlene Schuster
Telefon: 089 3987-417
Telefax: 089 3987-581
E-Mail: marl.schuster@brandt.com

Datum: 2011-06-22

Unsere Bestellung Nr. 4098/12 vom 22.06.2011 über Adressaufkleber und Fensterumschläge

Sehr geehrter Herr Reußer,

wie eben telefonisch besprochen, storniere ich unsere Bestellung hiermit auch schriftlich. Umgekehrt bitte ich Sie ebenfalls um eine schriftliche Bestätigung.

Mit freundlichen Grüßen

Marlene Schuster
Marlene Schuster

Zahlungsavise

Im Zahlungsverkehr kann es geraten sein, eine Zahlung schriftlich anzukündigen, zum Beispiel, um dem Empfänger einer Zahlung die finanzielle Planung oder die Zuordnung von mehreren Zahlungen zu erleichtern. Dazu werden im Zahlungsavis alle mit der betroffenen Zahlung ausgeglichenen Posten aufgelistet.

Ein Zahlungsavis enthält folgende Rechnungsdetails:

- Rechnungsdatum
- Rechnungsnummer
- Empfängerkonto
- Skontoabzug
- Währung
- Zahlungsbetrag je bezahlter Rechnung
- Gesamtbetrag
- ggf. die Verrechnung von Gutschriften

Muster Geschäftskorrespondenz

Muster Zahlungsavis

Runkelberg Co.
Metallwaren GmbH
Postfach 12 54
67146 Deidesheim

Ihr Zeichen, Ihre Nachricht vom	Unser Zeichen, unsere Nachricht vom	Telefon, Name	Datum
LNR 803546	Avisnr. 5026547	-567, Wendula Cordes	2011-05-21

Zahlungsavis Nr. 5026547

Sehr geehrte Damen und Herren,

wir haben folgende Posten auf Ihr Konto
Kto.-Nr. 12 877 382 bei der Geldbank Nord, BLZ: 244 771 98 überwiesen.

Beleg-Nr.	Rechng.-Nr.	vom	Währung	Brutto	Skonto	Zahlbetrag
11-23415	452314	23.04.11	EUR	345,00	0,00	345,00
11 38654	452389	30.04.11	EUR	763,78	0,00	763,78
11 38999	452397	03.05.11	EUR	630,00	18,90 (3 %)	648,90

Die Gesamtsumme in EUR beträgt   **1 757,68**

Wir bitten Sie, das Zahlungsavis zu prüfen und uns bei Umstimmigkeiten zu benachrich-
tigen. Ohne Ihren Gegenbericht innerhalb von 30 Tagen erklären Sie sich mit der Zahlung
einverstanden.

Mit freundlichen Grüßen

Wendula Cordes
Wendula Cordes
Financial Services

Zahlungsbestätigungen

Die Bestätigung von Zahlungseingängen ist zum Beispiel erforderlich, wenn Missverständnisse entstehen könnten, wenn vom Kunden die Zahlungsart »Vorkasse« verlangt wurde oder wenn der Kunde ausdrücklich darum bittet.

Das sollte die Zahlungsbestätigung enthalten:

- Betrag, der gezahlt wurde
- Datum des Zahlungseingangs und Rechnungsnummer
- Zahlungsart (z. B. Überweisung oder Scheck)
- Anlass für die Zahlung (Auftrag, Kaufvertrag, Aufforderung)
- Bestätigung, dass der Betrag vollständig gezahlt wurde (falls zutreffend)

Textbausteine »Zahlungsbestätigungen«

Der Rechnungsbetrag ist bei uns *am 24.02.2011 per Banküberweisung* eingegangen.

Die vereinbarte Anzahlung *von 400 Euro* haben wir *per Scheck am 12.12.2011* erhalten.

Muster Zahlungsbestätigung

Frau
Angelina Morawia
Autohaus Morawia
Kirchhellener Straße 177
46145 Oberhausen

Ihr Zeichen: Mo-fe
Ihre Nachricht vom: 14.11.2011
Unser Zeichen: Be-cs
Unsere Nachricht vom: 01.11.2011

Name: Carsten Berger
Telefon: 04725 88752-559
Telefax: 04725 88752-559
E-Mail: carsten-berger@precht-ag.com

Datum: 01.12.2011

Zahlungsbestätigung: Rechnung Nr. 1027-2011 vom 01.11.2011

Sehr geehrte Frau Morawia,

den Eingang ihrer Überweisung von 7 235,72 € am 26.11.2011 bestätigen wir Ihnen gern. Ihre Rechnung ist damit vollständig beglichen.

Mit freundlichen Grüßen

Carsten Berger
Carsten Berger

■ Zwischenbescheide

Ein Zwischenbescheid ist immer dann sinnvoll, wenn abzusehen ist, dass die Bearbeitung eines Vorganges längere Zeit in Anspruch nehmen wird, und man den Geschäftspartner nicht so lange warten lassen will.
Neben der Kontaktpflege haben Zwischenbescheide eine vorbeugende Funktion: Sie vermeiden Kundenanfragen über den Stand der Angelegenheit.

Man versendet einen Zwischenbescheid auf:

- Voranfragen
- Anfragen
- Angebote
- Bestellungen
- Reklamationen
- Bewerbungen

Das sollte der Zwischenbescheid enthalten:

- Angabe, worauf sich der Zwischenbescheid bezieht
- Dank für die Anfrage, Bestellung, Bewerbung usw.
- Grund für die längere Bearbeitungszeit, z. B. große Nachfrage, genaue Prüfung, Einhaltung von Fristen, Urlaubszeit
- Bitte um Verständnis
- Termin, zu dem der Empfänger die Antwort erhalten wird

Textbausteine »Zwischenbescheide«

Über *Ihren Auftrag* haben wir uns sehr gefreut.

Vielen Dank für Ihr Interesse *an der von uns ausgeschriebenen Stelle*.

Es tut uns sehr leid, dass wir *Ihre Bewerbung* nicht schneller prüfen können.

Da wir *Ihre Anfrage* so ausführlich wie möglich beantworten wollen, bitten wir Sie noch um einige Tage Zeit.

Unsere Antwort wird Ihnen bis *zum 12. August 2011* zugehen.

Bitte haben Sie Verständnis, ...

Vielen Dank für Ihre Geduld und Ihr Verständnis!

Muster Zwischenbescheid

An: schulz@schulz-schulz.net
Cc:
Bcc:
Betreff: Ihre Anfrage nach Tauchfiltern

Sehr geehrter Herr Schulz,

wir freuen uns über Ihr Interesse an unseren Tauchfiltern!
Da wir Ihre Anfrage so umfassend wie möglich beantworten wollen,
brauchen wir noch einige Tage Zeit. Bitte haben Sie dafür Verständnis.
Sie erhalten alle Informationen spätestens am 17. Oktober 2011.

Mit freundlichen Grüßen

Sabine Christ

Signatur

Muster Zwischenbescheid

Ihr Zeichen: Gu-se
Ihre Nachricht vom: 08.03.2012
Unser Zeichen: Sc-ro
Unsere Nachricht vom: .

Herrn
Martin Günzler
Astra GmbH & Co KG
Postfach 12 76
99423 Weimar

Name: Jakob Schwertfeger
Telefon: 03643 77220-411
Telefax: 03643 77220-411
E-Mail: j.schwertfeger@holsst.com

Datum: 14.03.2012

Thermoelement NiCr-Ni (K) – Artikelnummer FK9002

Sehr geehrter Herr Günzler,

herzlichen Dank für Ihre Anfrage und das Vertrauen zu unserem Unternehmen!

Um Ihnen die nötigen Daten zusammenzustellen, werden wir – auch urlaubs- und krankheitsbedingt – etwas länger brauchen, als Sie wünschen. Wir sichern Ihnen aber zu, dass Sie alle Informationen spätestens am 22. März 2012 erhalten werden.

Wir hoffen, dass sich unser Termin mit Ihrem Zeitplan vereinbaren lässt und bitten um Ihr Verständnis für die Verzögerung.

Mit freundlichen Grüßen

Jakob Schwertfeger
Jakob Schwertfeger

Muster Geschäftskorrespondenz

Muster Zwischenbescheid

Briefkopf

Postanschrift des Absenders

Herrn
Patrick Fahlke
Arbero GmbH
Postfach 24 24
26161 Oldenburg

Ihr Zeichen: Fa-rf
Ihre Nachricht vom: 15.05.2011
Unser Zeichen: Re-do
Unsere Nachricht vom:

Name: Roger Regnery
Telefon: 0441 6538-259
Telefax: 0441 6538-513
E-Mail: roger.regnery@Sonne.com

Datum: 23.05.2011

Ihr Angebot vom 15.05.2011

Sehr geehrter Herr Fahlke,

vielen Dank für die schnelle Ausarbeitung Ihres Angebotes!

Die Abgabefrist für Angebote läuft noch bis zum 30.06.2011. Erst danach können wir das Auswahlverfahren beginnen.

Bitte haben Sie Verständnis dafür, dass wir Ihnen daher frühestens Mitte Juli über das Ergebnis Bescheid geben können.

Mit freundlichen Grüßen

Roger Regnery
Roger Regnery
Leiter Einkauf

Geschäftsangaben

Innerbetriebliche Korrespondenz

Eindeutigkeit, Sachlichkeit und Nachvollziehbarkeit sind wesentliche Merkmale gelungener Informationsvermittlung, die ja zugleich meist auch der Datensicherung und der Dokumentation dient. Entscheidend ist – gerade auch bei per E-Mail verbreiteten Nachrichten – eine konsequente, durchdachte Formulierung des Betreffs. Bei Korrespondenz zu einem Auftrag zum Beispiel geben Sie die Auftragsnummer immer in der Betreffzeile ein. Bei allgemeineren Nachrichten benennen Sie diese so kurz und doch so präzise wie möglich.

Das sollten Sie vor dem Verfassen einer Nachricht klären:
- Wie offiziell ist der Charakter meiner Nachricht?
- Für wen ist meine Nachricht wirklich interessant?
- Welches Kommunikationsmittel wähle ich für diesen speziellen Anlass?

Notiz und Aktennotiz

Notizen sollten Sie immer so verfassen, dass sie eindeutig sind und auch von Dritten verstanden werden können. Auch als Verfasser selbst ist man nach einiger Zeit meist nicht mehr so gut informiert wie zu dem Zeitpunkt, an dem man die Notiz verfasst hat.
- Eine Notiz sollte knapp und präzise informieren. Nicht immer reichen dazu Stichworte, es ist meist besser, den Telegrammstil zu wählen.
- Abkürzungen können verhängnisvoll sein!
- Fertigen Sie Ihre Notiz immer so bald wie möglich an.
- Sichern Sie Ihre Notiz konsequent und sorgen Sie für die sachgerechte Ablage – solange die Notiz wichtig ist. Danach sollten Sie sie löschen oder wegwerfen – außer wenn es sich um Aktennotizen handelt.
- Notizen können sowohl auf Papier als auch mit elektronischen Medien angefertigt werden. Der Vorteil elektronisch verfasster Notizen ist, das man sie in bestehende

Dokumente einbinden, als E-Mail verschicken und mit Anwendungen verknüpfen kann.

■ Aus der Notiz sollte hervorgehen, wer sie wann verfasst hat, ob/welche Aufgaben zu erledigen sind und was mit ihr geschehen soll.

Ideennotiz

Wenn in Ihrem Unternehmen häufig Notizen abgelegt oder weitergereicht werden, ist ein Formblatt oder eine entsprechende E-Vorlage nützlich.

Das Ziel einer Ideennotiz ist, dass die Idee nicht verloren geht, auch wenn sie nicht sofort umgesetzt werden kann. Auch nach einem Monat muss man also noch verstehen können, worum es geht. Nützlich sind ein prägnanter Titel und die Angabe von Autor und Datum.

Beispiel für eine Ideennotiz

Weihnachtskarten

Entwurf mit Firmenlogo, BH-Design kostengünstig (Tel. 09989 767689)

eho, 12.04.2011

Gesprächsnotiz

Bei wichtigen Telefonaten empfiehlt es sich, Gesprächsnotizen anzufertigen; sie können auch an die Gesprächsteilnehmer verteilt werden, um ihnen die Möglichkeit zur Stellungnahme zu geben.

Schon während des Telefonats sollten Sie sich Stichpunkte notieren und im Anschluss Fakten und Ergebnisse ausformulieren.

Der Hinweis »hausinterne Notiz« oder »vertrauliche Aktennotiz« kennzeichnet bei Bedarf den inoffiziellen Charakter einer Mitteilung.

Das sollte eine Gesprächsnotiz enthalten:

■ Kommunikationspartner, ggf. mit Kontaktdaten
■ Datum und Ort
■ Thema
■ Ergebnis, ggf. mit daraus resultierenden Aufgaben

Das sollte eine Notiz enthalten, die als Aktennotiz abgelegt wird:

Wenn Aktennotizen als Beweisstücke dienen sollen, müssen sie unterschrieben sein.

- Verfasser
- Abteilung
- Datum
- Verteiler
- Betreff
- Unterschrift oder Kürzel

Beispiel für eine hausinterne Notiz

Hausinterne Notiz
an: Fred Mager, Karla Bodenbender, Heino Sachse
von: Monika Schneider, Abt. GH

09.05.2011

Verunreinigung an Pfandglas
09.05.2011, 10:30 Uhr, Anruf verärgerter Kunde: Lackspuren in Joghurtglas, Glas geht per Post zu, bitte an QS weitergeben.

MS

Formulieren Sie klar und deutlich	
Nicht	**Sondern besser**
Lieferung soll erst in KW 12 erfolgen.	Herr Schneider hat entschieden: Lieferung von Auftrag Nr. 823 an Firma Buse erst in KW 12.

Auch momentan Selbstverständliches muss später nachvollziehbar sein. Formulieren Sie klar, wer wann was entschieden hat.

Memo

Als Faustregel gilt: Nur ein Thema pro Memo.

Oberstes Gebot beim Verfassen von Memos (Hausmitteilungen): sparsam verschicken und nur an wirklich am Vorgang Beteiligte. Formulieren Sie kurz, prägnant und eindeutig, achten Sie auf einen hohen Informationsgehalt. Aber bedenken Sie, dass die Aufmerksamkeit der Leser beschränkt ist.

Beispiel für ein Memo

Memo
von Claudia Seib, Budenhausen, 02.08.2011
Vorbereitung Infostand in Berlin, 21.10.2011
Arbeitsgruppe: Seib, Schneider, Schmitt, Gehrke

Beschluss:
3 EZ – Hotel soll Sekretariat buchen
Betreuung Infostand: Schneider, Friedrich, Gehrke
Infomaterial wie Aktionstag, Bedarf 2 000 Sets – Menge
noch ausreichend?
Getränke: Wasser, 200 Fläschchen zu 0,2 l
Infomaterial prüfen: Gehrke, ggf. bei GHD nachbestellen
Sekretariat wegen Hotel beauftragen: Seib
Caterer wegen Wasser beauftragen: Schmitt

Rundschreiben

Ein Rundschreiben informiert eine große Empfänger-
gruppe. Werden häufig Rundschreiben verfasst, sollten sie
nummeriert werden, um den Empfängern den Überblick
und die Ablage zu erleichtern. Idealerweise sind Standards
im Unternehmen für Rundschreiben festgelegt.
Wichtig ist der Kopf: Hier sollten Verfasser, Ort, Datum,
Verteiler und Nummer des Rundschreibens enthalten sein.
Im Übrigen (Anrede, Grußformel) folgt ein Rundschreiben
den Regeln, die für das Verfassen eines Briefes gelten.

Rundschreiben sollten einen festen, immer gleichbleibenden Aufbau haben und übersichtlich gegliedert sein. Termine sollten Sie hervorheben.

Muster Rundschreiben

An: alle@publifex-partner.de
Cc:
Bcc:
Betreff: Publifex Info Nr. 2, 2011

Sehr geehrte Publifex-Partner,

es gibt einige Neuerungen zu beachten:

1. Angebot
Die Preisentwicklung auf dem Papiermarkt zwingt uns, das Angebot
CV 23 aus dem Programm zu nehmen. Die Änderung wird zum
1. September 2011 wirksam. Bitte geben Sie diese Information auch an
Ihre Kunden weiter.

2. Filialen
In den letzten Monaten wurden neue Publifex-Filialen in Hattingen,
Schwerte und Bottrop eröffnet. Unser Publifex-Partner in Lüdenscheid
möchte in den Ruhestand gehen und sucht einen Vertragsnachfolger.
Interessenten können jederzeit Kontakt mit mir aufnehmen.

3. Termine
Auf der Interdruck in München vom 3. bis 5. Oktober sind wir mit einem
Stand vertreten (Halle 7, Stand H3-H4).

Wir wünschen Ihnen für die zweite Hälfte des Jahres weiter viel Erfolg!

Mit freundlichen Grüßen

Klaus Schröter

Signatur

Ein Intranet bietet
neben dem E-Mail-
Verkehr und der
Bereitstellung von
Informationen in
Dateien und Anwen-
dungen viele Möglich-
keiten der internen
Kommunikation.

Intranet-Kommunikation

In einem Intranet lassen sich Fachforen für unterschiedliche Benutzergruppen einrichten, und Projektgruppen können Diskussionsräume im Portal einrichten. Über Instant-Messaging-Dienste können die Mitarbeiter in Echtzeit Nachrichten austauschen und Webkonferenzen einrichten, bei denen mehrere Mitarbeiter gleichzeitig miteinander kommunizieren. Der Nutzen ist besonders für große Unternehmen hoch, wo direkte Gespräche schwierig zu organisieren sind. Selbstverständlich gelten im Intranet dieselben Gebote der Höflichkeit und Angemessenheit wie etwa in Telefonaten; anders als diese bleiben Forenbeiträge auch noch lange später aufrufbar.

Das sollten Sie bei der Intranet-Kommunikation beachten:

- Verzichten Sie auf Inhalte, die verletzend für andere sind.
- Bleiben Sie auch bei Meinungsverschiedenheiten sachlich.
- Beachten Sie die Regeln der deutschen Rechtschreibung.
- Verzichten Sie auf persönliche Nachrichten.
- Formulieren Sie knapp und präzise.
- Konzentrieren Sie sich auf Ihr jeweiliges Thema.

Bewertungen müssen
von der Darstellung
der Fakten im Bericht
deutlich getrennt
werden – am besten
auch räumlich und
typografisch.

Berichte

Der Bericht fordert die konzentrierte Auseinandersetzung mit seinem Thema: Er soll so knapp wie möglich verfasst sein und dabei doch chronologisch und vollständig informieren und dokumentieren. In vielen Unternehmen gibt es standardisierte Formen des Berichts.

Das sollten Sie bei einem Bericht beachten:

- Schreiben Sie grundsätzlich in der Gegenwartsform (Präsens), Abschlussberichte aber in der Vergangenheit.
- Berichte sind keine Verlaufsprotokolle. Wenn Sie auf bestimmte wörtliche Zitate etc. nicht verzichten wollen, bringen Sie diese im Anhang.
- Vermeiden Sie umgangssprachliche Formulierungen.
- Schaffen Sie eindeutige Bezüge.
- Schreiben Sie in kurzen, leicht verständlichen Sätzen.
- Kennzeichnen Sie den Bericht mit Ihrem Namen und/ oder unterschreiben Sie ihn.
- Bestandteile eines umfangreicheren Berichts sind:
  Titel,
  ggf. Inhaltsverzeichnis,
  ggf. Zusammenfassung bzw. Abstract (vor- oder nachgestellt),
  Einleitung, Hauptteil, Ergebnisse und Folgerungen,
  Kommentar, Einordnung in Zusammenhang, Ausblick.

Muster Besuchsbericht

Besuchsbericht, von Heinrich Griesebach:

Besuch bei der Firma FGH, Aachen
am 23.02.2011, 10:30–13:00 Uhr
Gesprächspartner: Martin Fischer, Leiter des Einkaufs
Der Termin wurde durch Vermittlung von Frau Hinze (Bergemann GmbH) vereinbart.

Thema: Möglichkeiten des Einsatzes unserer Betriebseinheiten Thermo XCY bei FGH.

Das potenzielle Auftragsvolumen umfasst etwa 500 Einheiten pro Jahr. Bislang werden bei FGH die Geräte unseres Mitbewerbers Foxitron verwendet. Laut Herrn Fischer ist FGH aber unzufrieden mit der Lieferzuverlässigkeit von Foxitron. Herr Fischer führt mich durch die Produktionshalle und gibt mir die Möglichkeit, die Montage zu besichtigen.

Nach meiner Einschätzung ist die Bereitschaft von FGH hoch, den Anbieter zu wechseln. Technisch entspricht das Foxitron-Gerät m. E. genau unserem Thermo XCY. Ich schlage vor, drei Mustergeräte zur Verfügung zu stellen.

Protokolle

Ein Protokoll dient dazu, Besprechungen und deren Ergebnisse festzuhalten. Nichtteilnehmer können sich anhand eines Protokolls über die Ergebnisse informieren und den Verhandlungsverlauf nachvollziehen. Teilnehmer können bei Differenzen oder ungenauer Erinnerung den Verhandlungsverlauf nachlesen.

Das Protokoll hält auch Aufgaben fest, die sich aus der Besprechung ergeben. So kann später geprüft werden, ob die Anweisungen eingehalten worden sind. Je nach Art des Protokolls sind alle Beschlüsse, in bestimmten Protokollarten auch alle Äußerungen der Teilnehmer nachweisbar festgehalten.

Ein Protokoll sollte

- vollständig und unmissverständlich,
- inhaltlich und sprachlich neutral,
- verständlich, übersichtlich, gut gegliedert sein,
- einen der Besprechung angemessenen Umfang haben,
- von den Besprechungsteilnehmern anerkannt werden.

Übersicht über verschiedene Protokollarten

Anforderung	Protokollart
Man braucht später nur die Ergebnisse der Besprechung: Anweisungen, Aufgaben und Beschlüsse.	**Beschluss- bzw. Ergebnisprotokoll:** Protokollkopf, Tagesordnungspunkte, Beschlüsse
Es soll später nachzulesen sein, wie die Beschlüsse im Wesentlichen zustande gekommen sind.	**Kurz- bzw. Stichwortprotokoll:** Protokollkopf, Tagesordnungspunkte, Namen der wichtigsten Redner, Redebeiträge in Stichworten; Beschlüsse meist wörtlich
Der ganze Verlauf der Besprechung mit den Beschlüssen soll festgehalten werden.	**Verlaufsprotokoll:** Protokollkopf, Tagesordnungspunkte, alle Redebeiträge mit Namen der Redner sinngemäß zusammengefasst wiedergeben; die Beschlüsse werden auch protokolliert.

Muster Geschäftskorrespondenz

Übersicht über verschiedene Protokollarten

Anforderung	Protokollart
Alle Redebeiträge und alle Bemerkungen sollen im vollen Wortlaut festgehalten werden.	**Wörtliches Protokoll:** Protokollkopf, Tagesordnungspunkte, jedes Wort wird protokolliert.
Das Protokoll ist nicht sehr wichtig. Während der Besprechung ist kein offizieller Protokollant anwesend, alle Teilnehmer wollen sich voll auf die Besprechung konzentrieren. Keine Beweiskraft erforderlich.	**Gedächtnisprotokoll:** Protokollkopf, Tagesordnungspunkte, die wichtigsten Beschlüsse in Stichworten

Protokollkopf

Das Datum der Erstellung des Protokolls kann auch an das Ende gesetzt werden.

Allen Protokollarten gemeinsam ist der informative und übersichtliche Protokollkopf. Hier stehen die wichtigen Angaben über Ort und Zeit der Besprechung, Thema, Teilnehmer und einiges mehr.

Elemente des Protokollkopfes

Was?	Besprechungsthema oder Hauptgesprächspunkt, Tagesordnung
Wer?	Bezeichnung der Gruppe oder Bezeichnung der Versammlung; Teilnehmerliste (anwesend – nicht anwesend, nur zu bestimmten Tagesordnungspunkten oder in Vertretung anwesend); Verteiler (Wer bekommt ein Exemplar des Protokolls? Wer bekommt Ausschnitte in Kopie?); Name des Protokollanten
Wann?	Datum, Uhrzeit (von – bis), Datum der Protokollerstellung, Datum und Uhrzeit der nächsten Sitzung
Wo?	Ort, Gebäude, Raum

Muster Protokollköpfe

Protokoll der Abteilungsleiterbesprechung vom 15.06.2011

16.06.2011
Verteiler: Teilnehmer(innen)
Protokollant: Gert Brauchten
Betr.: Monatliche Abteilungsleiterbesprechung
Datum: 15.06.2011, 10:30–12:30 Uhr
Besprechungszimmer: II, Zi. 218
Teilnehmer(innen):   Dr. Vera Singer
                     Sven Betterfeld
                     Markus Hansen
                     Beate Klarendorf
Tagesordnung:
1. ...

Protokoll der Abteilungsleiterbesprechung

Datum	15.06.2011, 10:30–12:30 Uhr
Ort	II, Zi. 218
Teilnehmer(innen)	Dr. Vera Singer
	Sven Betterfeld
	Markus Hansen
	Beate Klarendorf
Verteiler	Teilnehmer(innen)
Protokollant	Gert Brauchten

TOP 1 ...

16.06.2011

Muster Geschäftskorrespondenz

Sprache des Protokolls

Schreiben Sie ein Protokoll stets in der Gegenwartsform; das unterstreicht seine Genauigkeit: Es wird mitgeschrieben, während die Teilnehmer sprechen. Der Schreiber gibt nur wieder, was gesagt worden ist. Es darf keine Unklarheit darüber entstehen, wessen Meinung hier wiedergegeben wird. Daher verwendet man im Protokoll nicht die Wirklichkeitsform (den Indikativ), sondern die Möglichkeitsform. Zu unterscheiden ist zwischen 1. Möglichkeitsform (Konjunktiv I) und 2. Möglichkeitsform (Konjunktiv II).

Wirklichkeitsform	1. Möglichkeitsform	2. Möglichkeitsform
ich schreibe	ich schreibe	ich schriebe
er schreibt	er schreibe	er schriebe
sie sagen	sie sagen	sie sagten

Ob in der Besprechung etwas in der Gegenwart oder in der Vergangenheit gesagt wurde – man benutzt zunächst immer die 1. Möglichkeitsform. Nur wenn diese von der Wirklichkeitsform nicht zu unterscheiden ist, weicht man auf die 2. Möglichkeitsform aus. Wenn auch die 2. Möglichkeitsform mit der Wirklichkeitsform identisch ist, dann können Sie sich mit *würde* helfen. Auch wenn Ihnen eine Möglichkeitsform zu altertümlich erscheint, können Sie auf die Umschreibung mit *würde* ausweichen.

Anwendung von Gegenwartsform und Möglichkeitsform

Nicht	Sondern
Frau Gilles sagte, die Mitarbeiter hätten keine Pausen gehabt.	Frau Gilles sagt, die Mitarbeiter hätten keine Pausen gehabt.
Herr Schneider sagt, dass der Zustand des Fuhrparks unbeschreiblich ist. Die meisten Mitarbeiter im Fahrdienst lassen ihre Autos verkommen.	Herr Schneider sagt, der Zustand des Fuhrparks sei unbeschreiblich. Die Mitarbeiter des Fahrdienstes ließen ihre Autos verkommen.
Frau Schröder sagt, die Mitarbeiter haben sich bereits mehrfach beschwert.	Frau Schröder sagt, die Mitarbeiter hätten sich bereits mehrfach beschwert.

Muster Beschlussprotokoll

Protokoll
Besprechung der Planungsgruppe „Korrespondenz"

Thema: Rationalisierung der Antworten an Stellenbewerber
Datum: 07.01.2011, 11 Uhr
Ort: Kleiner Besprechungsraum, Zi. 3
Teilnehmer(innen): Anette Barkowitz, Thorsten Schulz, Christian Weiß
Verteiler: Teilnehmer(innen), Gerrit Sager
Protokoll: Christian Weiß
Datum des Protokolls: 10.01.2011

Beschluss:
Frau Barkowitz trifft bis zur nächsten Besprechung am 15.01.2006 eine Vorauswahl
von Briefen, die sich zur Speicherung eignen. Herr Schulz prüft, ob die Briefe an
Bewerber, die in der engsten Wahl sind, mit Textbausteinen erstellt werden können.
Das nächste Treffen findet am 14.07.2011 statt.

Muster Verlaufsprotokoll

Protokoll
Besprechung der Planungsgruppe „Korrespondenz"

Thema: Rationalisierung der Antworten an Stellenbewerber
Datum: 07.01.2011, 11 Uhr
Ort: Kleiner Besprechungsraum, Zi. 3
Teilnehmer(innen): Anette Barkowitz, Thorsten Schulz, Christian Weiß
Verteiler: Teilnehmer(innen), Gerrit Sager
Protokoll: Christian Weiß
Datum des Protokolls: 10.01.2011

Frau Barkowitz weist darauf hin, dass die ersten Bewerbungen bereits am 23.02.2011 einträfen und dass in der Besprechung ein Beschluss zustande kommen müsse. Frau Weiß gibt einen Überblick über die Korrespondenz mit Bewerbern bei der letzten Ausschreibung:

Gesamtzahl der Bewerber: 342
Weitere Unterlagen wurden angefordert: 124
Zwischenbescheide: 342
Absagen: 302
Einladungen zum Test: 40
Absagen: 30
Einladungen zum Vorstellungsgespräch: 10
Einstellungen: 4
Absagen: 6

Herr Schulz stellt fest, dass der größte Teil dieser 856 Briefe – die Zwischenbescheide und die ersten Absagen – standardisiert seien. Zu klären sei, was mit den anderen Brieftexten gemacht werde. Frau Barkowitz ist der Meinung, man könne auch in der Phase der Vorauswahl Standardtexte versenden. Dies betreffe alle Einladungen zum Test und die anschließenden Absagen. Nur in der Endphase solle individuell formuliert werden.

Herr Schulz fasst zusammen, dass damit weitere 80 individuelle Briefe gespart würden.

Beschluss: Frau Barkowitz trifft bis zur nächsten Besprechung am 15.01.2011 eine Vorauswahl von Briefen, die sich zur Speicherung eignen. Herr Schulz prüft, ob die Briefe an Bewerber, die in der engsten Wahl sind, mit Textbausteinen erstellt werden können.

■ Öffentlichkeitsarbeit

Presseinformation

Die Mitteilungen eines Unternehmens – oder einer Einzelperson – an die Presse sind ein Teil der Öffentlichkeitsarbeit. Anlässe können z. B. die Einführung neuer Produkte auf dem Markt, Personalveränderungen, Jubiläen und Jahresabschlüsse sein, aber auch besonderes Engagement, wichtige Besuche oder die Reaktion auf kritische Veröffentlichungen zu Ihrem Unternehmen in den Medien.

Um Ihrem Unternehmen Glaubwürdigkeit zu verleihen, sollte Ihr Text nur wahre Informationen enthalten. Verzichten Sie auch auf Werbesprache und geben Sie die für einen großen Leserkreis berichtenswerten Fakten prägnant wieder. Wenn Sie in Ihrem Pressetext Meinungen wiedergeben wollen, machen Sie diese als solche kenntlich und ordnen Sie sie der Person oder dem Personenkreis zu, die diese vertritt.

Verschicken Sie lieber mehrere kurze Pressemitteilungen – notfalls auch an einem Tag – als einen langen Text, der mehrere Themen zugleich behandelt. Faustregel: Eine Nachricht pro Pressemitteilung.

Tipps für das Verfassen von Presseinformationen: Aufbau

Je professioneller eine Pressemitteilung verfasst ist, desto größer ist die Chance auf eine journalistische Verwertung. Bauen Sie Ihre Pressemitteilung wie einen Zeitungsartikel auf. Viele Redaktionen sind dankbar für druckfertige Artikel, die sie nicht mehr oder nur wenig bearbeiten müssen. Am leichtesten gelingt das, wenn Sie sich an den klassischen sechs W orientieren:

- Wer?
- Wo?
- Wann?
- Was?
- Wie?
- Warum?

Schätzen Sie die Bedeutung Ihrer Nachricht realistisch ein. Die meisten Nachrichten sind nur für einen sehr begrenzten Personenkreis interessant. Verschicken Sie Mitteilungen von eher lokalem Interesse daher nicht bundesweit – Ihr Unternehmen kommt sonst bei den meisten Redaktionen in den Ruf, weitgehend uninteressante Nachrichten zu versenden.

Beantworten Sie diese Fragen am Anfang Ihrer Meldung, dann weiß der Leser, ob sich das Lesen des Artikels für ihn lohnt, oder ob der Inhalt für ihn uninteressant ist.

Überschrift

- Geben Sie Ihrer Pressemitteilung eine prägnante, sprechende Überschrift, eventuell noch mit einer Unterzeile.
- Vermeiden Sie reißerische Überschriften, Wortspiele und Gags.
- Wichtig ist die Überschrift v. a., um den Redakteur für Ihr Anliegen zu interessieren: Stellen Sie das allgemeine Interesse an ihrem Inhalt heraus und formulieren Sie informativ.
- Die Überschrift wird meist vom Zeitungsredakteur neu verfasst – auch, weil die Länge von der Erscheinungsweise des Artikels abhängig ist: ein zweispaltiger Artikel verlangt eine kürzere Überschrift als ein dreispaltiger Artikel.

Begleitschreiben

- Das Begleitschreiben nennt dem Redakteur seinen Ansprechpartner: Geben Sie eine Adresse, Namen und Telefonnummer an, unter der er weitere Informationen abrufen kann.
- Wenn nötig, bietet das Begleitschreiben auch Hintergrundinformationen – fassen Sie sich aber auch hier so kurz wie möglich.
- Begleitschreiben stehen auf dem Firmenbogen und sollten persönlich an den zuständigen Redakteur adressiert sein. Den Namen entnehmen Sie dem Impressum der Zeitung oder Zeitschrift oder der Webseite der Zeitung im Internet.

Form

- Wenn Sie den Text in Papierform übermitteln wollen: Schreiben Sie den Text auf spezielle Briefbogen für Presseinformationen, beschriften Sie sie in der Breite nur zu etwa zwei Dritteln und lassen Sie zwischen den Zeilen größere Abstände (mindestens 1,5-zeilig), damit Platz für mögliche Änderungen vorhanden ist.
- Sinnvoller ist das Verschicken des Pressetextes als E-Mail oder als Textdatei im Anhang zu einer E-Mail, die das Begleitschreiben enthält – das spart Ihnen und

den Redaktionen Zeit. Gut ist auch ein Download-Angebot für Journalisten auf der firmeneigenen Website – insbesondere für das Angebot von Bildmaterial.

■ Ihr Text darf keine Formatierungsanweisungen enthalten, weil diese die Weiterverarbeitung in den Redaktionssystemen behindern. Schreiben Sie also ohne Unterstreichung, Fettschrift oder Ähnliches und verwenden Sie keine ausgefallenen oder gar unterschiedliche Schriftarten.

Umfang

Je knapper und präziser ein Text ist, desto eher wird er unverändert abgedruckt oder desto besser kann er als Vorlage für einen eigenen Artikel des Redakteurs dienen. Mehr als 1500 bis 1800 Anschläge (25 bis 30 Zeilen mit 60 Anschlägen) sollte er nur in Ausnahmefällen haben. Wenn Sie die Anzahl der Anschläge (inklusive Leerzeichen) Ihres Textes mitteilen, ist für den Redakteur die Positionierung noch einfacher.

Fotos

Ein gutes Foto ist schneller als ein guter Text: Die Information wird sofort aufgenommen, die Neugierde des Betrachters geweckt und er liest den Text mit größerer Aufmerksamkeit.

Versenden Sie keine großen Bilddateien, die den E-Mail-Eingang des Empfängers blockieren, sondern niedrig aufgelöste Bilder und bieten Sie an, auf Wunsch höher aufgelöste Bilder zu schicken, oder stellen Sie sie auf Ihrer Webseite zum Download bereit.

■ Zum Foto gehört eine informative Bildunterschrift, die die Abbildung möglichst exakt beschreibt. Geben Sie den Namen des Fotografen an – und stellen Sie sicher, dass Sie Verwertungsrechte für die Bilder haben.

■ Üblich ist die Übermittlung des Bildmaterials an die Redaktionen in digitalisierter Form.

■ Als Dateiformat empfiehlt sich das JPEG/JPG-Format.

■ Die Auflösung für den Offsetdruck, wie er in Zeitschriften und Magazinen verwendet wird, beträgt meist 300 dpi, (Tages-)Zeitungen arbeiten in der Regel mit 200 dpi. Ein Bild müsste für den Abdruck in einer Tageszeitung für ein gängiges Bildformat von z. B. 10 × 15 cm demnach etwa 800 × 1200 Pixel groß sein – in einer Zeitschrift könnte diese Bilddatei dann nur als etwa 6,6 × 10 cm großes Bild abgedruckt werden.

Muster Geschäftskorrespondenz

Muster Öffentlichkeitsarbeit

An: bernd.bungert@watel-ag.de
Cc:
Bcc: s.lehmann@allgrundschau.de, feuilleton@anzeiger.de,
Betreff: Werner-Grau-Preis 2012 geht an Prof. Dr. Peter Müller

Werner-Grau-Preis 2012 geht an Prof. Dr. Peter Müller (Universität Essen)
Forscher für Arbeiten auf dem Gebiet der Genanalyse geehrt

Sigmaringen, 2. November 2011 – Der Werner-Grau-Preis gilt als eine der angesehensten und begehrtesten Ehrungen für Naturwissenschaftler in Deutschland. Nun steht sein diesjähriger Preisträger fest: Kuratorium und Stiftungsrat der Watel Science & Education Foundation haben Professor Dr. Peter Müller die mit 30 000 Euro dotierte Auszeichnung für die Entwicklung molekularbiologischer Verfahren zuerkannt.

Der 48-jährige Forscher der Universität Essen habe wesentlich zur Beschleunigung der Genanalyse beigetragen, sagte Dr. Norbert Wund, Vorstandsmitglied der Watel AG und Vorstand der Stiftung.
Müller studierte Chemie in Heidelberg, München und Cambridge. Er wurde 1991 bei Professor Hugo Vossen am Laboratorium für Molekularbiologie in Genf promoviert. Danach folgte ein Postdoc-Aufenthalt an der Yale University, wo er erste Arbeiten zur Chromosomen-Kartierung durchführte. Von den USA ging er an die Universität Essen, wo er im Jahr 2000 im Alter von 37 Jahren auf den Lehrstuhl für Biochemie berufen wurde.

Mit dem Werner-Grau-Preis werden Wissenschaftler geehrt, die wegweisend und innovativ auf dem Gebiet der Biologie gearbeitet haben. Er wird seit dem Jahr 2005 im Andenken an den Preisstifter Prof. Dr. Werner Grau verliehen. Der verstorbene ehemalige Vorstands- und Aufsichtsratsvorsitzende der Watel AG hatte 2003 den Preis, der zu den höchstdotierten Wissenschaftspreisen in Deutschland gehört, aus „Dankbarkeit für ein erfüllendes und erfülltes Forscherleben" gestiftet. Die feierliche Verleihung durch die Vorstandsvorsitzende der Watel AG, Dr. Sabine Maier, findet am 21. Januar 2012 in München im Rahmen eines Festaktes statt.

Hinweis an die Redaktionen:
Bildmaterial kann per Download aus dem Internet unter
http://www.presse.watel.de abgerufen werden.
Ansprechpartner:
Dr. Bernd Bungert, Tel. 07571 55923-881
E-Mail: bernd.bungert@watel-ag.de

Signatur

Pressemappe

Eine mehrteilige Pressemappe – digital oder gedruckt – bietet Hintergrundinformationen, die über den Umfang einzelner, auf fest umrissene Themen und Anlässe beschränkter Pressemitteilungen hinausgehen. Sie gibt Journalisten die Möglichkeit, sich einen Überblick über das Unternehmen zu verschaffen. Packen Sie aber nicht zu viel Material in Ihre Pressemappe!

Inhalt und Aufbau der Pressemappe

- Der »Backgrounder« bietet auf meist drei bis vier Seiten Hintergrundinformationen zum Unternehmen, z. B. über die Unternehmensgeschichte, über die Branche allgemein, über die Alleinstellungsmerkmale oder über die neuesten Entwicklungen.
- Ein »Factsheet« ist ein Datenblatt, das alle wichtigen Unternehmensdaten übersichtlich auf einer Seite präsentiert. Dazu gehören das Jahr der Firmengründung, der Unternehmenssitz, die Mitarbeiterzahl, die Namen der Geschäftsführer und eine Auflistung der Tätigkeitsschwerpunkte des Unternehmens.
- Nützlich ist auch ein Interview, z. B. mit dem Unternehmensgründer, das die Redaktionen nach Wahl komplett oder als Zitatefundus verwenden können.
- Außerdem kann die Pressemappe Produktblätter, aktuelle Pressemitteilungen, Porträts von Führungskräften und v. a. auch Bildvorlagen enthalten.

Die gedruckte Pressemappe hat gegenüber der digitalen Form Vorteile, z. B. bei Pressekonferenzen, weil die Journalisten die Informationen vor Ort unmittelbar nutzen können. Die Kosten für eine gedruckte Pressemappe sind recht hoch. Aktualisierungen sind nur über eine Neuauflage von zumindest einzelnen Bestandteilen möglich.

Die digitale Pressemappe bietet dagegen erhebliche Vorteile bei der Verarbeitung von Texten und Bildern durch die Redaktionen. Die Inhalte können kostengünstig und schnell aktualisiert werden, und Videos und Animationen können das Informationsangebot erweitern.

Stellen Sie Ihre Pressemappe auch zum Download oder auf CD bereit – das erleichtert es den Redaktionen, Texte und Bilder zu übernehmen.

Muster Geschäftskorrespondenz

Muster Öffentlichkeitsarbeit: Factsheet

CCC AG 2011

Gründungsjahr: 1994 (als Neumann & Partner GbR), seit 2002 Aktiengesellschaft
Anschrift: Nicolaus-Otto-Straße 227, 89079 Ulm
Personalien: Dirk Meier, Vorstand Operations, Jahrgang 1971, Diplom-Kaufmann
mit Schwerpunkt Organisation und Personal
Bernhard Gunkel, Vorstand Technik, Jahrgang 1962, Wirtschaftsingenieur mit
Schwerpunkt Bauwesen
Services: Gebäudewartung und Sicherheitslösungen
Schwerpunkt: Die CCC AG betreibt in Ulm eines der modernsten Gebäudewar-
tungsunternehmen in Deutschland. Als Spezialist mit dem Fokus auf Sicherheit
und Zuverlässigkeit stellt CCC dem Kunden eine Rundumbetreuung für mittlere
und größere Betriebe bereit. Die Kernkompetenz ist die individuelle Betreuung von
Betrieben der Motorenproduktion.
Einsatzgebiet: Süddeutschland, Schweiz
Kundenzahl: CCC ist Partner von über 200 Firmenkunden, darunter z. B.:
• Deutsche Karosserie AG, Freiburg
• lpo Aero Engines, München
• Berta Digital, München
• Winora Semiconductor Holding AG, Genf
• Kuflang AG, Waldkirch
• Kick AG, München
• Isocare GmbH, Bad Homburg / Freiburg
• Mullinger GmbH, Starnberg
• motive services GmbH, Ludwigsburg
• EFT, Dortmund
Zielgruppe: Industrie

Handelsregistereintrag: AG Ulm, HRB 16682
USt.-ID Nr.: DE 743855291
Aufsichtsrat: Prof. Christa Dernbach, Dr. Werner Brölisch, Gerd Henninger
Vorstand: Dirk Meier, Bernhard Gunkel

Muster Öffentlichkeitsarbeit: Backgrounder

Briefkopf

Die RestoCard AG

Die RestoCard AG wurde im Jahr 2003 von der Wirtschaftswissenschaftlerin
Dr. Luise Sundmann und dem Koch Kevin Huber gegründet. Zunächst regional
für den Kreis Hinterberg konzipiert, erwies sich die Idee schnell als Selbstläufer.
Obwohl die Gastronomie nicht als ideale Branche für Neueinsteiger in wirtschaftlich
turbulenten Zeiten gilt, gelang es der RestoCard AG, sich schon innerhalb der ersten
zwölf Monate ausgesprochen positiv zu entwickeln. Durch die konsequente Ver-
folgung der strategischen Ziele und die ständige Optimierung der Prozesse – nicht
zuletzt durch das enorme Wachstum des Unternehmens – konnten die anteiligen
Kosten kontinuierlich gesenkt werden.

Die RestoCard

Die RestoCard wird von der RestoCard AG herausgegeben. Sie dient in Restaurants als Bargeld- und Kreditkartenersatz und als Rabattsystem. Die RestoCard
kann am Geldautomaten der meisten Banken und Sparkassen mit bis zu 2 000 Euro
aufgeladen werden – seit 2010 auch bequem via Internet. Mit der RestoCard kann
man bargeldlos in allen dem System angeschlossenen Restaurants, Bars und Cafés
bezahlen. Das Symbol der RestoCard am Eingang kennzeichnet die RestoCard-
Partnerbetriebe.

Das Symbol der RestoCard

Das Symbol der RestoCard wurde von dem international renommierten Künstler
JoJo Betunias im Jahr 2005 geschaffen. Der gebürtige Mexikaner Betunias, der seit
1999 im Kreis Hinterberg lebt, griff mit seiner Gestaltung einer abstrahierten grünen
Erbse in einem kupferfarbenen Kreis auf einfache Formen zurück, die vielfältige
Assoziationen zu Natur, Gesundheit, Gemeinschaft oder Kochen erlauben. JoJo
Betunias berät auch die dem RestoCard-System angeschlossenen Resaurants in
innenarchitektonischen Fragen und er verleiht den Anzeigenkampagnen der Resto-
Card AG ihr unverwechselbares Gesicht.

Vorteile für RestoCard-Partnerbetriebe

Für den RestoCard-Partnerbetrieb ist die Zahlung per RestoCard garantiert und
damit gleichbedeutend mit einer Barzahlung. Verglichen mit anderen Zahlungs-
arten profitiert er von einer sehr viel günstigeren Gebührenstruktur sowie von einer
deutlichen Senkung des Bargeldbestands und der damit verbundenen Risiken. Das
RestoCard-Rabattsystem wirkt sich für die Partnerbetriebe als Wettbewerbsvorteil
aus. RestoCard-Partner profitieren außerdem von den regelmäßigen regionalen
Marketingkampagnen der RestoCard AG.

Geschäftsangaben

Muster Öffentlichkeitsarbeit: Backgrounder (Forts.)

Vorteile für Karteninhaber

Für den Kunden vereint sich der Vorteil des bargeldlosen Zahlungsverkehrs mit einem attraktiven Rabattsystem und der Speicherung von Bonuspunkten. Durch Verwendung des sicheren Chipkartenlesers ist die Möglichkeit von Phishing-Attacken ausgeschlossen. RestoCard bietet aber noch mehr: Die Partnerbetriebe werden nach einem Kriterienkatalog ausgewählt, der Frische und Qualität der von den Restaurants verarbeiteten Lebensmittel ebenso bewertet wie die Originalität und Kunstfertigkeit der Köche. So ist das gedruckte Verzeichnis der RestoCard-Partnerbetriebe mit seinen Kommentaren und Hinweisen inzwischen zugleich ein verlässlicher Restaurantführer für ganz Deutschland.

Erfolg in Zahlen

Mehr als 3 Millionen RestoCards sind im Umlauf. Im Jahr 2010 wurde die Resto-Card fast sechs Millionen Mal geladen und rund 32 Millionen Mal in Partnerbetrieben eingesetzt. Die Nutzung der RestoCard nimmt kontinuierlich zu. Die mittlere Wachstumsrate der Ladetransaktionen pro Jahr beträgt über 10 Prozent.
Immer häufiger kommt die RestoCard auch in der Kantine zum Einsatz: 8 Prozent der Nutzer bezahlen mittags mit dem Chip. Und bereits etwa 180 Schulen in Deutschland nutzen die RestoCard in der Schulverpflegung.

Zukunft

In den kommenden Jahren möchte sich die RestoCard AG weiter entwickeln. Nach der Ausdehnung des Geschäftsbereichs auf den nationalen Bereich hat die Unternehmensführung inzwischen auch die Erschließung des europäischen Marktes in Angriff genommen. Für außereuropäische Interessenten wird die Erteilung von Lizenzen erwogen. Dabei wird die RestoCard dem Grundsatz verplichtet bleiben, dem Kunden höchstmöglichen Komfort zu bieten und zugleich durch eine sorgfältige Auswahl der Partnerbetriebe ein verlässliches Qualitätsniveau und ein breites Spektrum zu garantieren.

Informationen auch auf der Website unter www.RestoCard.de
Stand: Mai 2011

Kurzmeldung

Aber nicht jede Mitteilung an die Presse muss umfang-
reich sein. Einladungen und knapp formulierte Hinweise
können Anlass für eigene Recherchen der Redaktionen
sein oder als Hinweis zur Veröffentlichung im Veranstal-
tungskalender der regionalen Zeitungen dienen.

Beispiel für eine Kurzmeldung

Am 28. März 2011 feiert der Inhaber der Kasibold-Werke,
Herr Michael Kasibold, seinen 65. Geburtstag. Aus diesem
Anlass findet am Samstag, dem 1. April 2011, ab 15 Uhr auf
dem Werksgelände ein Tag der offenen Tür statt, zu dem die
Bevölkerung herzlich eingeladen ist. Neben der Möglichkeit
zur Werksbesichtigung werden Essen und Trinken sowie ein
Gewinnspiel geboten. Ab 18 Uhr spielt die Band Akkra be-
kannte Swingmelodien.

Gegendarstellung

Nach dem Presserecht gibt eine Gegendarstellung den
von einem Bericht über ihre Person oder Organisation Betroffenen die Möglichkeit, an vergleichbarer Stelle und in
vergleichbarer Aufmachung kostenlos Stellung zu den auf-
gestellten Behauptungen zu nehmen – gegebenenfalls
auch auf der Titelseite.

- Die Gegendarstellung darf nur Tatsachenbehauptungen
  enthalten und sie darf sich ausschließlich auf Tatsachenbehauptungen in dem beanstandeten Text beziehen, nicht auf Vermutungen, Kommentare oder Urteile.
- Eine Gegendarstellung muss als solche gekennzeichnet werden und im Umfang dem beanstandeten Text-
  teil des Originaltextes ungefähr entsprechen.
- Die Gegendarstellung beginnt mit einer Bezugnahme
  auf den ursprünglichen Bericht.
- Die eigentliche Gegendarstellung wird in der Regel mit
  den Worten *Hierzu stelle ich fest ...* eingeleitet, gefolgt
  von der Darstellung der Sichtweise des Betroffenen.
- Die Redaktion darf diesen Text nicht verändern. Lediglich im Anschluss an die Gegendarstellung darf sie sich
  zu der Gegendarstellung äußern.

Muster Geschäftskorrespondenz

Beispiel für eine Gegendarstellung

Gegendarstellung
In der »Allgemeinen Zeitung« vom 25./26. Juli 2011, S. 8,
heißt es in dem Artikel »Die Milch macht's« Ihres Redakteurs Hanno Volz unter anderem über unsere Firma: »Die
Firma Humann zielt mit ihrem für Kinder konzipierten
Milchmischgetränk ›Frizzi frisch‹ auf das Gesundheitsbe-
wusstsein der Eltern. Mit irreführenden Werbeaktionen sug-
geriert die Firma, ihr Produkt enthalte überdurchschnittlich
viel Milch. Dabei enthält ›Frizzi frisch‹ lediglich den gesetzlich vorgeschriebenen Anteil Milch.«
Hierzu stellen wir fest: »Frizzi frisch« enthält 80 % Milch.
Der Gesetzgeber verlangt nur einen Anteil von 70 % Milch in
Milchmischgetränken. Damit überschreitet »Frizzi frisch«
die vorgeschriebene Menge deutlich.

Carla Humann
Meißen, 29. Juli 2011

Websites und Blogs

Zur Selbstdarstellung können Sie neben den traditionellen Medien auch das Internet nutzen.

Mit der Gestaltung von Websites und Blogs dienen Sie der
Werbung, der Kundenbindung und der Präsentation der eigenen Kompetenz.

Blogs haben eine wichtige Funktion beim Suchmaschinen-
Marketing, also bei dem Bestreben, die eigene Website in
den Ergebnislisten der Suchmaschinen so weit oben wie
möglich anzeigen zu lassen. Die meisten Suchmaschinen
bewerten häufigen Besucherverkehr positiv. Auch die ständige Änderung von Inhalten führt bei einer Website in der
Regel zu einer besseren Bewertung. Ein interessanter Blog
sorgt für beides. Beim Bloggen legt der Verfasser häufig
seine Identität offen. Als Betreiber einer gewerbsmäßigen
Website, auf der er sein virtuelles Tagebuch veröffentlicht,
verpflichtet ihn in Deutschland das Teledienstgesetz dazu
(Impressumspflicht § 6 TDG). Lediglich auf den Blogseiten
von Fremdanbietern können Sie Ihre Blogbeiträge auch
unter einem Pseudonym veröffentlichen.

Ein Blog lebt von aktuellen Inhalten und ist wesentlich
pflegeintensiver als eine Webseite. Während diese meist
eher nüchtern werbende Informationen bereitstellen, basieren Blogs auf einer wachsenden Ansammlung von ganz

unterschiedlichen Artikeln, die z. B. auch von verschiedenen Mitarbeitern des Unternehmens geschrieben werden können und nicht unbedingt nur auf das Unternehmen und seine Produkte bezogen sein müssen. Die Darstellung des eigenen Unternehmens steht im Blog aber meist im Vordergrund.

Das sollten Sie beim Blog beachten:

- Gestalten Sie Ihren Blog aktuell.
- Bloggen Sie nur, wenn Sie auch gern schreiben.
- Nutzen Sie die Möglichkeit, den persönlichen Kontakt zu den Lesern herzustellen.
- Gestatten Sie, dass auch einmal Informationen in den Blog geraten, die für andere Medien keine Freigabe erhalten hätten.
- Schreiben Sie im Idealfall täglich einen neuen Eintrag.

Beispiele für Blogbeiträge von Vertretern von Wirtschaftsunternehmen

Das K-Label: In den Kühlschrank oder ins Regal?
Geschrieben von Frank Holte am Montag, 23. Mai 2011
Seit einiger Zeit haben unsere Produkte ein K-Label. Jetzt fragen sich wahrscheinlich einige von euch, was das denn ist ...
Das K-Label – ein großes K auf grünem Grund zeigt auf den ersten Blick, wie das Produkt gelagert werden sollte: mit dunkelblauem K im Null-Grad-Fach, mit hellblauem K im normalen Kühlschrank und weißes K heißt: »Nicht kühlen«.

Aufgeregt ...
Geschrieben von Hanne Strothmann-Gehrke am Freitag, 20. Mai 2011
Heute Morgen war ein Team vom Fernsehen bei mir im Büro und hat mich für das DR4 Regionalmagazin interviewt. Thema war Zucker in Erfrischungsgetränken – mein erstes Fernsehinterview! Natürlich war ich ziemlich nervös – ich wollte ja unseren Ansatz, auf jeglichen Zuckerzusatz zu verzichten, gut rüberbringen. Es gab zwar ein paar kleine Versprecher, aber der Produktonsleiter hat gesagt, dass man das im fertigen Beitrag nicht merkt ... Ich hoffe es mal. Wie es tatsächlich im Fernsehen wirkt, kann man nächsten Mittwoch im DR4 Regionalmagazin um 13.00 Uhr sehen. Also: reingucken und hier gnadenlos kommentieren!

Erfrischung pur
Geschrieben von Hegolf Seibert am Mittwoch, 18. Mai 2011
Am Wochenende ist mir ein Rezept von Großmuttern über
den Weg gelaufen – das ist einen Blogeintrag wert:
1 Liter kalter Hagebuttentee
1 Liter Apfelsaft
100 ml Quittendicksaft
100 ml Zitronensaft
Sieht nicht nur super aus, sondern schmeckt ... tja... probie-
ren müsst ihr schon selbst. Kann man übrigens gut mit unseren GEHRKE-Fruchtprodukten nachmixen!

Chat

Vorsicht:
Schneller als im realen
Verkaufsgespräch
zieht sich im Chat ein
potenzieller Kunde
zurück, wenn er sich
bedrängt fühlt.

Insbesondere für Unternehmen, die ihre Produkte über
das Internet vertreiben, aber auch für alle anderen bietet
der Chat eine Möglichkeit, mit dem Kunden ins (Ver-
kaufs-)Gespräch zu kommen. Bewährt hat sich der Chat
auch zur Kundenbetreuung, z. B. als Live-Support.

Soziale Netzwerke

Immer mehr Unternehmen kommunizieren auch über soziale Netzwerke mit den Kunden.

- Geben Sie den Kunden die Gelegenheit, zu kommentieren und zu bewerten – so betreiben Sie Marktforschung
  und Sie geben dem Kunden die Möglichkeit, aktiv zu
  sein und sich mit Ihrem Unternehmen zu identifizieren.
- Greifen Sie neue Produktideen und Denkanstöße für
  Marketing und Vertrieb auf – damit nutzen Sie die Kreativität der Mitglieder Ihres Netzwerks.
- Nutzen Sie das soziale Netzwerk auch intern für den
  Wissensaustausch zwischen den Abteilungen.

Auch politische
Gruppierungen
können Twitter für ihre
Zwecke nutzen – so
erwies sich bei den
Wahlen im Iran 2009
Twitter als wichtiges
Medium der Opposi-
tion, die trotz Zensur
ihre Informationen so
weltweit verbreiten
konnte.

Viele Unternehmen führen, zum Beispiel bei Twitter, mehrere Accounts für jeweils bestimmte Projekte und für die
interne Kommunikation oder bei Konferenzen. Öffentliche
Einrichtungen stellen Informationen bereit, etwa die NASA
oder Universitäten.
Von Firmen wird Twitter zum Beispiel genutzt, um auf ihre
Produkte aufmerksam zu machen:

> Wir haben neue Designs für Euch: http://bit.ly/hbg65 –
> Viel Spaß beim Kreativsein!

Durch Antworten auf Beiträge anderer Nutzer machen Unternehmen in Twitter auf sich aufmerksam:

> @Bambleba Sternschnuppenzeit: Falls es bewölkt ist, gibt es
> ja immer noch www.starship-lifetime.com

Auch durch exklusive Services, Rabatte und Previews für ihre Leser nutzen Unternehmen Twitter:

> 15 % auf alle BUBU Sommerschuhe auf
> http://bit.ly/GpKWd – Code eingeben: XCJT8NNHQCWKDB

Zunehmend stehen die Kommunikation und der Ideenaustausch mit den Nutzern im Vordergrund.

- Publizieren Sie nicht, sondern kommunizieren Sie. Auf Ihre Beiträge wird es Reaktionen und Antworten geben – spielen Sie den Ball zurück.
- Verzichten Sie auf Pressemitteilungen, die Sie mit nicht mehr als der Überschrift und dem dazugehörigen Link twittern.
- Sprechen Sie den Kunden über Twitter direkt an und antworten Sie zumindest gelegentlich auf einen Tweet.
- Antworten Sie auf Direct Messages so schnell wie möglich. Eine schnelle Antwort stärkt die Zufriedenheit des Kunden.
- Veröffentlichen Sie längere Beiträge gegebenenfalls in Ihrem Blog und verlinken Sie diese in Twitter.
- Twittern Sie auf Englisch, wenn Sie ein internationales Unternehmen sind und Ihre Leser englischsprachig sind. Ansonsten twittern Sie deutsch.
- Verzichten Sie auf das Siezen nur, wenn Ihre Zielgruppe sehr jung ist.
- Auf Reaktionen zu Ihren Beiträgen sollten Sie schnell reagieren. Planen Sie diesen Zeitaufwand ein, bevor Sie für Ihr Unternehmen einen Account einrichten.

Muster Geschäftskorrespondenz

■ Stellenanzeigen

Als diskriminierend werden alle Ausschreibungen angesehen, die sich – z. B. in der Formulierung der Berufsbezeichnung – nur an männliche oder weibliche Bewerber wenden, ebenso Angebote, die etwa nur für Studenten gelten.

Stellenanzeigen dürfen nach dem Allgemeinen Gleichbehandlungsgesetz keine Diskriminierungen wegen der Rasse, der ethnischen Herkunft, des Geschlechts, der Religion, der Weltanschauung, einer Behinderung, des Alters oder der sexuellen Identität eines potenziellen Bewerbers enthalten (§ 11 AGG). Formulierungen wie »Sie sind jung und dynamisch«, »körperlich belastbar«, »nicht älter als«, »flexibel« oder »rüstiger Rentner« können somit nicht mehr verwendet werden, denn Sie würden Bewerber mit einem bestimmten persönlichen Merkmal bevorzugen oder ausschließen.

Ausnahmen sind allerdings zulässig, wenn das persönliche Merkmal eine entscheidende berufliche Anforderung darstellt (»Suche männliches Unterwäschemodel«). Auch zugunsten der Gleichstellung einer allgemein benachteiligten Gruppe von Arbeitnehmern sind diskriminierende Formulierungen erlaubt (z. B. bei den Frauenquoten).

- Verlangen Sie keine »vollständigen« oder »üblichen« Bewerbungsunterlagen, die ja u. a. Angaben zu Geburtsort, Familienstand enthalten – bitten Sie einfach um »Bewerbungsunterlagen«.
- Bitten Sie nicht um ein Foto, weil man darauf die Hautfarbe und das Alter erkennen kann.
- Wählen Sie als Stellenbezeichnung in Ihrem Inserat die Bezeichnung, die Sie auch in Ihrem Betrieb verwenden – suchen Sie nicht nach einem Account-Manager, wenn Sie eigentlich von einem Vertriebsrepräsentanten sprechen wollen, nicht nach einem Purchasing Manager, hinter dem sich ein einfacher Einkäufer verbirgt – denn vom Titel schließt der Bewerber auf Ihr Selbstverständnis als Unternehmen und auf das zu erwartende Arbeitsumfeld.

Wenn Sie nach einem »Cleaning Assistant« suchen, wird die gewünschte Reinigungskraft Ihr Inserat vermutlich gar nicht erst lesen.

Mit Anglizismen und schwammigen Formulierungen mogeln sich viele Personalchefs um eine präzise Stellenbeschreibung herum. Besser, als »Teamfähigkeit« zu fordern, ist die konkrete Formulierung »Sie werden in einer Gruppe von fünf Personen arbeiten«.

Formulieren Sie so aussagekräftig wie möglich	
Nicht	**Sondern**
Teamfähigkeit gefordert	Sie werden in einer Gruppe von fünf Personen arbeiten.
Global Players im Health-Care-Bereich	international tätiger Konzern im Gesundheitswesen
Facility-Manager	Hausmeister
Wir erwarten zeitliche und räumliche Flexibilität,	Ihre Arbeitszeit wechselt im Rahmen unserer Ladenöffnungszeiten von 8 bis 20 Uhr. Während der Urlaubszeiten erwarten wir auch Ihre Bereitschaft, in einer unserer bis zu 20 km entfernten Filialen Vertretungen zu übernehmen.
hohe Belastbarkeit	Sie sollten in der Lage sein, einen hohen Termindruck zu tolerieren.

Das sollte eine Stellenanzeige enthalten:

Je genauer Sie Ihre Anforderungen beschreiben, desto geringer ist der Aufwand beim Auswahlprozess.

- Darstellung Ihres Unternehmens – Standort, Größe, Branche und Produktpalette, Standort und Infrastruktur am Standort
- Bezeichnung der Stelle und Information über die Stellung in der Unternehmenshierarchie, Aufgabenbereich, Verantwortung
- Art der Stelle (befristet oder unbefristet)
- besondere Arbeitsbedingungen (z. B. Reisen)
- besondere Anreize (Karrierechancen, überdurchschnittliches Gehalt, Fortbildungsmöglichkeiten, Firmenwagen, Kantine etc.)
- Einstellungstermin
- erwartete und erwünschte Qualifikationen (Ausbildung, Berufserfahrung, Sprachkenntnisse etc.)
- Bewerbungsmodalitäten (Bewerbung per E-Mail, telefonische oder schriftliche Bewerbung, Fristen, besondere Anforderungen an die Bewerbungsunterlagen, Arbeitsproben oder -zeugnisse gewünscht oder nicht)
- Kontaktmöglichkeiten (Name, Telefonnummer, E-Mail-Adresse)

Muster Geschäftskorrespondenz

Nicht zu vergessen:
Eine Stellenanzeige ist immer auch Öffentlichkeitsarbeit für das Unternehmen.

Wir wollen weiter wachsen. Als bekanntes Unternehmen der Grabmalindustrie mit Produktionsstätten in Deutschland und Indien suchen wir eine(n) erfahrene(n)

Verkäufer(in)

für den Innen- und Außendienst.

Ihr Aufgabengebiet umfasst die eigenverantwortliche Betreuung unserer Kunden und die Gewinnung von neuen Kunden. Ihr Einsatzgebiet ist der gesamte süddeutsche Raum.
Wir setzen Führerschein und eine abgeschlossene kaufmännische Ausbildung voraus. Unerlässlich sind außerdem Kontaktfreude und Zuverlässigkeit.
Wir bieten ein Festgehalt, zusätzliche leistungsorientierte Vergütung sowie einen Firmenwagen.
Bitte senden Sie Ihre Bewerbung per Post an:
Bernd Rohling, Igedo Natursteinwerk GmbH
Siegfriedstraße 234 in 87700 Memmingen

Online-Stellenangebote

Online-Stellenangebote sind schnell und kostengünstig. Kleineren Unternehmen garantieren Sie mehr Aufmerksamkeit als eine aus Kostengründen klein gedruckte Anzeige, die sich gegen die großen Anzeigen der Konzerne und Großunternehmen durchsetzen muss.
Um in der Informationsflut der Online-Medien angemessen wahrgenommen zu werden, sollte der Text knapp, präzise und übersichtlich abgefasst sein – die potenziellen Bewerber müssen das Wesentliche mit wenigen Blicken erfassen können.

Ein Stellenangebot ist immer zugleich auch eine Unternehmensdarstellung. Fassen Sie sich hierbei aber kurz und verweisen Sie auf Ihre Webseite.

- Der Text sollte nicht länger als eine Bildschirmseite sein.
- Alle wichtigen Schlüsselwörter sollten enthalten sein – häufig suchen Bewerber nicht bei den einzelnen Rubriken der Stellenbörsen, sondern über eine Suchmaschine.
- Suchen die Bewerber über die nach Berufsfeldern gegliederten Rubriken der Online-Jobportale, müssen die Anzeigen den richtigen Kategorien zugeordnet werden.

Schöpfen Sie dabei alle Möglichkeiten der Online-Portale aus: Je konkreter die Angaben sind, desto besser erreichen Sie Ihre anvisierte Bewerbergruppe.

■ Aufzählungen sind online besser wahrzunehmen als Fließtext, gerade bei einem großen Aufgabenfeld. Aber auch hier gilt: Beschreiben Sie die Stelle bei aller Knappheit so genau und so plastisch wie möglich.

■ Verwenden Sie keine unternehmensinternen Bezeichnungen, v. a. nicht in der Titelzeile. Diese sind für Außenstehende nicht nur schwer verständlich, sie werden auch kaum als Suchbegriff eingegeben – Ihr Stellenangebot wird damit seltener gefunden.

■ Im Anzeigentext finden sich im Idealfall nur Worte mit Bezug zur angebotenen Stelle. Alle Informationen zur Selbstdarstellung Ihrer Firma können als Text enthaltende Grafik eingefügt werden – die Wörter werden damit von den Suchmaschinen nicht erkannt und es kommt zu genaueren Suchergebnissen für Bewerber.

Muster Online-Stellenangebot

ANDANTE ist Deutschlands führender Dienstleister für die Sanierung von Gebäuden in Gewerbe und Industrie. Jährlich betreuen wir über 50 000 Projekte, bei denen wir modernste Technik und Verfahren einsetzen. Mehr als 100 Versicherungen zählen zu unseren Kunden.

Zu unseren Leistungen gehören
die Ersthilfe- und Notdienstorganisation und die
die Sanierung nach Brand-, Wasser- und Sturmschäden.

Wir verstärken unser Team!

Für unsere Niederlassung Paderborn suchen wir eine/-n

Kaufmännische/-n Mitarbeiter/-in

Ihre Aufgaben
Einsatz und Kontrolle der Mitarbeiter und Subunternehmer
Terminplanung und -überwachung
Kontrolle von Zeitvorgaben, Material- und Maschinen-
einsätzen
Aktualisierung der EDV-Daten der Objekte
Rechnungsprüfung

Ihr Profil
abgeschlossene kaufmännische Berufsausbildung
gute EDV-Kenntnisse
Durchsetzungsvermögen und Verhandlungssicherheit
selbstständige, flexible Arbeitsweise, Organisationsfähigkeit
Bereitschaft zum Einsatz an unterschiedlichen Orten
Führerschein
Wir bieten Ihnen einen interessanten Arbeitsplatz, ein gutes
Arbeitsklima, eine leistungsgerechte Vergütung und eine
umfassende Aus- und Weiterbildung.
Senden Sie bitte Ihre aussagefähigen Bewerbungsunterlagen
mit Ihrer Gehaltsvorstellung an
ANDANTE Sanierung GmbH, Herrn Kemmerer,
Tel.: 05251 86767-56, 33100 Paderborn.

Muster Online-Stellenangebot

Dipl.-Ing. Elektrotechnik (m/w) Entwicklung und Produktmanagement „24VDC-Gleichstromantriebe"

Farndorf, Bieber & Söhne ist ein inhabergeführtes mittelständisches Familienunternehmen im Raum Frankfurt am Main. Seit mehr als 20 Jahren beschäftigen wir uns mit hochwertigen elektronischen Steuerungen. Mit moderner technischer Ausstattung sowie einer Belegschaft von mehr als 80 Mitarbeitern entwickeln wir individuelle Funktionseinheiten nach Kundenwünschen. Unser Erfolg beruht auf der Zufriedenheit unserer Kunden, die unsere hohe Leistungsbereitschaft, Zuverlässigkeit und Qualität schätzen.

Zu Ihrem Aufgabengebiet gehören die technische Verbesserung von bestehenden 24VDC-Getriebemotormodellen sowie deren Neuentwicklung. Sie treffen die Entscheidungen zur Fertigungsfreigabe und sorgen für die markt- und normengerechte Produktentwicklung. Durch den Einsatz von Produkttests und Prüfsystemen tragen Sie zur Verbesserung der Antriebe und zur Kostenkontrolle maßgeblich bei. Sie sind verantwortlich für Verhandlungen mit Lieferanten sowie für deren Betreuung. Den Vertrieb unterstützen Sie in technischen Fragen. Nach Bedarf führen Sie auch technische Schulungen für interne Mitarbeiter durch, um so die Markteinführung und die Erfolgsaussichten neuer Antriebe zu unterstützen.

Sie sind Ingenieur der Elektrotechnik, und Sie haben mehrere Jahre Berufserfahrung im Bereich 12/24V-Getriebemotoren. Ihr Arbeitsstil ist auf den Kunden ausgerichtet und vertriebsorientiert. Wir erwarten eine kontaktfreudige, aufgeschlossene Persönlichkeit mit der Bereitschaft, Erfolge sowohl in eigenständiger, strukturierter Arbeitsweise als auch in der Gruppe zu erreichen. Ein ausgeprägtes analytisches Denkvermögen, eine große Portion Kreativität und gute Englischkenntnisse vervollständigen Ihr Profil.

Sie erwartet eine verantwortungsvolle und vielseitige Position mit Perspektive, die ihrer Bedeutung entsprechend dotiert ist. Fühlen Sie sich angesprochen?
Für eine erste Beurteilung reicht uns ein tabellarischer Lebenslauf mit einer Beschreibung der bisherigen Tätigkeiten, den Sie uns gern per E-Mail senden können (personal@fbsoehne.com). Sollten Sie Fragen haben, wenden Sie sich an Nicole Bergmann (06905 3216-246).

Farndorf, Bieber & Söhne
Personalabteilung
Norbert Schmitt
Otto-Hahn-Straße 122
62887 Naumheim
www.fbsoehne.com

433

Muster Geschäftskorrespondenz

Fremdsprachliche Floskeln und Textbausteine

Deutsch	Englisch
Sehr geehrter Herr Lang	Dear Mr Lang
Lieber Herr Lang	Dear Mr. Lang (amerikan.)
Lieber Robert	Dear Robert
Sehr geehrte Frau Lang	Dear Ms Lang
Liebe Frau Lang	Dear Ms. Lang (amerikan.; »Mrs« wird nur verwendet, wenn man sicher ist, dass die Frau verheiratet ist)
Liebe Julie	Dear Julie
Sehr geehrter Herr Lang, sehr geehrte Frau Lang	Dear Mr and Mrs Lang
Lieber Herr Lang, liebe Frau Lang	Dear Mr. and Mrs. Lang (amerikan.)
Sehr geehrte Damen und Herren (formal)	Dear Sir or Madam (üblichste Form)
	Dear Sirs or Mesdames
	Dear Ladies and Gentlemen
	Ladies and Gentlemen
	Gentlemen (amerikan.)
Sehr geehrte Damen und Herren (allgemeiner, an größeren Adressatenkreis, z. B. Rundbrief)	To whom it may concern
	Dear customer/supplier/reader ...
Hallo, Leo	Hi Leo
Ich gratuliere Ihnen/Dir herzlich zum Geburtstag.	I would like to wish you a very happy birthday.
Frohe Weihnachten und ein erfolgreiches neues Jahr.	Wishing you a Merry Christmas and and a prosperous New Year
Wir wünschen Ihnen/Dir gute Besserung.	We hope you will get well soon.
Ich möchte Ihnen/Dir zum Tod von ... mein herzliches Beileid aussprechen.	May I offer you my sincere condolences on the death of ...
Herzlichen Dank für Ihre Einladung.	Thank you for your kind invitation.
Für Ihre Bemühungen bedanke ich mich im Voraus.	Thanking you in advance for your trouble.
Hochachtungsvoll (sehr formell, veraltend)	Yours faithfully (im britischen Englisch nur, wenn die Anrede ohne Namen erfolgt ist, dann aber zwingend)
	Very truly yours
	Respectfully yours
Mit freundlichen Grüßen	Yours sincerely
	Sincerely
	Best regards
Viele liebe Grüße	Yours
	Best regards (amerikan.)

...nisch	Französisch
Estimado señor Estimado señor Lang Estimado Sr. Lang Distinguido Señor (sehr förmlich) Querido Robert (privat)	Monsieur Cher Monsieur Lang Cher Robert
Estimada señora Estimada señora Lang Estimada Sra. Lang Distinguida Señora (sehr förmlich) Querida Julie (privat)	Madame Chère Madame Chère Julie
Estimados señora Lang y señor Lang Estimados Sra. Lang y Sr. Lang Querida señora Lang, querido señor Lang (privat)	Madame, Monsieur Chère Madame, cher Monsieur (Der Name entfällt in der Anrede.)
Estimados señores Estimados señoras y señores	Mesdames, Messieurs
Estimados señores Estimados señoras y señores	Cher client/fournisseur/lecteur ... Chère cliente/lectrice, cher client/lecteur ....
Hola Leo!	Salut Léo
Quisiera felicitarle por su cumpleaños.	Je vous/te souhaite un joyeux anniversaire.
Feliz Navidad y prospero Año Nuevo!	Je vous souhaite un joyeux Noël et une bonne année!
Le deseamos una pronta recuperación!	Nous vous/te souhaitons un prompt rétablissement.
Quisiera expresarle a usted mi más sincero pésame a a muerte de	Je vous/te présente mes très sincères condoléances.
Muchas gracias por la invitación.	Merci beaucoup de votre invitation.
Les agradecemos todos su esfuerzos de antemano.	Je vous remercie à l'avance.
Soy de Vd. Con todo respeto y consideración (sehr formell, veraltend)	Je vous prie de croire, Madame/Monsieur/Messieurs, à l'expression de mes sentiments respectueux.
Atentamente Atentos saludos	In französischen Geschäftsbriefen sollten Sie auf die ausführliche Formel »Je vous prie ...« nicht verzichten: Je vous prie/Nous vous prions d´agréer, Madame/Monsieur/Messieurs, l´expression de mes (nos) salutations distinguées. Recevez, Madame/Monsieur, mes salutations distinguées.
Con mis/nuestros mejores deseos	Amicalement Cordialement

Muster Geschäftskorrespondenz

■ Fremdsprachige Korrespondenz

Die britische Tradition ist für englischsprachige Briefe in der ganzen Welt außer in den USA gebräuchlich.

Besonderheiten britischer und amerikanischer Briefe

Die **Absenderadresse** steht – falls nicht im Briefkopf – rechts oben. Der Name wird erst am Ende des Briefes (in der Unterschrift) geschrieben.

Das **Datum** steht unter dem Briefkopf rechts oben, in den USA auch linksbündig. Im britischen Englisch übliche Formen für das Datum sind *24 January 2011, 24th January 2011, January 24th, 2011* oder *24/1/2011*. In den USA werden Monat und Tag in umgekehrter Reihenfolge angegeben: Es empfiehlt sich daher zur Vermeidung von Missverständnissen, den Monatsnamen auszuschreiben.

Schreibt man an eine bestimmte Person in einer Firma, dann steht deren Name vor dem der Firma oder Organisation.

Die **Empfängeradresse** wird in Großbritannien und in den USA auf die linke Seite geschrieben. Unterhalb von Namen und Firma werden Postfach oder Hausnummer mit Straße angegeben. Die Hausnummer wird zuerst genannt und nicht mit einem Komma abgetrennt: *24 Wolesley Rd, 7 Highbury Hill oder 224 East 83rd Street.*

Es folgt in **Großbritannien** darunter der Name der Stadt, bei kleineren Ortschaften in der nächsten Zeile die Grafschaft. Darunter kommt der aus zwei Teilen aufgebaute Postcode, z. B. *N8 8RR.* In den **USA** wird der Name der Stadt gefolgt von dem Kürzel des US-Bundesstaates und dem ZIP-Code, z. B. *Boston, MA 02117.*

Die **Anrede** endet ohne Zeichen oder mit einem Komma (Großbritannien) oder mit einem Doppelpunkt (USA), danach beginnt der Text mit einem Großbuchstaben.

Der **Betreff** wird in Großbritannien eingeleitet von Re: und steht nach der Anrede und vor dem Haupttext *(Re: Your Request for Information).* Eine modernere Variante ist es, Re: wegzulassen und den Betreff fett zu drucken.

In den USA wird der Betreff eingeleitet von *Subject:* und steht unterhalb der Empfängeradresse *(Subject: Inquiry for Selling Agents).*

Der **Anlagenvermerk** *Encl:* oder *Enclosures:* leitet die Aufzählung der beigefügten Unterlagen ein und steht unter der Unterschrift.

Muster britischer Brief

Adresse des Absenders: im Briefkopf ·· Vorex Münster GmbH
oder oben rechts

Robert-Bosch-Straße 112
48153 Münster
Germany

Datum: rechts,
unterhalb der ·· 16 March 2011
Absenderadresse

Empfängeradresse: ····· Mr George Noran
linksbündig

Immo Company
88 Onslow Gardens
Muswell Hill
LONDON

Zweiteiliger Post- ····· N10 3JU
code: unter dem

GROSSBRITANNIEN

Namen der Stadt

Anrede: endet ohne
Zeichen oder mit
Komma ····· Dear Mr Noran

Betreff: steht nach ····· **Request for catalogue**
der Grußformel, vor

dem Haupttext fett
hervorgehoben
(traditioneller noch
eingeleitet von Re:)

I got your address from a customer who recommended your products to me.
Would you please send me a copy of your catalogue?

Yours sincerely,

Text beginnt in
Großschreibung

Rabea Singer
Rabea Singer
Manager, Sales Department

Muster Geschäftskorrespondenz

Muster amerikanischer Brief

Datum: unter der Absenderadresse, rechts oder linksbündig · · · · ·

Vorex Münster GmbH
Robert-Bosch-Straße 112
48153 Münster
Germany
March 16, 2011

In den USA ist es üblich, nach dem Namen die Position in der Firma anzugeben. · · · · ·

Mr. George Noran
Key Account Manager
Immo Inc.
356 North Camden Drive
BEVERLY HILLS, CA 90210
USA

Betreff: unter der Empfängeradresse, über der Grußformel, eingeleitet von »Subject:« · · · · ·

Subject: Request for Catalog

Anrede: endet mit Doppelpunkt · · · · ·

Dear Mr. Noran:

Text beginnt in Großschreibung · · · · ·

I got your address from a customer who recommended your products to me.
Would you please send me a copy of your catalog?

Sincerely,

Rabea Singer
Rabea Singer
Manager, Sales Department

Verteiler: Es ist üblich, mit »cc:« oder »Copies:« auf die Personen hinzuweisen, die eine Kopie des Schreibens erhalten. · · · · ·

cc: Michael Gordon

438

Besonderheiten spanischer Briefe

Die Angaben gelten v. a. für Spanien; in den spanischsprachigen Ländern Südamerikas gibt es zum Teil andere Regeln.

Die **Absenderadresse** steht – falls nicht im Briefkopf – oben auf der linken Seite des Briefbogens.
Traditionell steht das **Datum** im Spanischen zwischen Absender- und Empfängeradresse rechtsbündig. Nach und nach aber setzt sich die auch im Deutschen übliche Position nach der Empfängeradresse durch. Das Datum wird in den Grundzahlen, ohne Punkt, angegeben, und der (kleingeschriebene) Monatsname meist ausgeschrieben: *Madrid, 24 de enero de 2011* oder *24/01/2011* oder *24-1-2011.*

Die Hausnummer steht mit einem Komma abgetrennt nach dem Straßennamen.

In der **Empfängeradresse** wird *Señor, Señora* mit Punkt abgekürzt: *Sr. Julio Martínez Fuentes, Sra. María Rodero Sanchez.* Die spanischen Wörter für Straße, Allee oder Platz werden meist abgekürzt (und z. T. mit einem Schrägstrich ergänzt); falls nicht, werden sie am Zeilenanfang in der Adresse großgeschrieben: *Calle (C/), Paseo (P/ oder P°), Avenida (Av.* oder *Avda.) Carretera (Ctra.), Rambla (Rbla.)* und *Plaza (Pl.),* z. B.: *C/ Naranjo, 18.*
Die fünfstellige Postleitzahl steht vor der Ortsangabe: *28039 Madrid.*
Wie im Deutschen wird im **Betreff** auf das Leitwort (Asunto) heute meist verzichtet und der linksbündig platzierte Betrefftext fett hervorgehoben.
Nach der **Anrede** kommt ein Doppelpunkt, und der Text beginnt in einer neuen Zeile in Großschreibung.
Der **Anlagenvermerk** *Anexo:* leitet die Aufzählung der beigefügten Unterlagen ein und steht unter der Unterschrift. Das Leitwort wird meist fett hervorgehoben: *Anexo: Copias de facturas.*

Muster Geschäftskorrespondenz

Muster spanischer Brief

Vorex Münster GmbH
Robert-Bosch-Straße 112
48153 Münster
Alemania

Sr. Pedro Perez
Director de Márketing
Banco PESETAS S.A.
C/ Castellana, 1
28004 MADRID
ESPANA

20 de mayo de 2011

Petición de catálogo

Estimado Sr. Perez:

Un cliente nuestro nos ha recomendado vuestra gama de productos. Le rogamos que nos manden su catálogo vigente por favor.

Le agradecemos de antemano su cooperación.

Reciba un saludo cordial,

Rabea Singer
Rabea Singer
Gerenta de ventas

Besonderheiten französischer Briefe

Die Angabe »Cedex« in der Adresse bedeutet, dass die Post an ein Sammelpostamt für gesondert zugestellte Firmen- und Behördenpost geht.

Die **Absenderadresse** steht – falls nicht im Briefkopf – oben auf der linken Seite des Briefbogens.

Das **Datum** steht oben rechts, noch über der Empfängeradresse. Es wird in den Grundzahlen, ohne Punkt, angegeben. Nur der Monatserste wird als Ordnungszahl geschrieben: *1er.* Vor das Datum kommt der Ortsname, gefolgt von einem Komma und le: *Paris, le 24 janvier 2011* (aber: *le 1er janvier).* Die abgekürzte Form (24/1/2011) sollten Sie in Briefen nicht verwenden.

In der **Empfängeradresse** werden Madame, Monsieur etc. ausgeschrieben: *Monsieur Jacques Gauthier, Madame Anne Moulinier.* Die Hausnummer steht mit einem Komma abgetrennt vor dem Straßennamen. Die Bezeichnungen *rue, place (pl.), avenue (av.), boulevard (bd)* oder *route (rte)* werden klein-, der folgende Name wird großgeschrieben: *20, rue Condorcet/3, place Pigalle.* Abkürzungen werden erst gebraucht, wenn eine Zeile sonst mehr als 38 Zeichen umfassen würde: *1495bis, av. de la Porte-de-la-plaine.*

Die fünfstellige Postleitzahl steht vor der Ortsangabe: *21000 Dijon.*

Der **Betreff** steht – meist fett gedruckt – unter der Datumsangabe, aber linksbündig, und beginnt mit dem großgeschriebenen Wort *Objet,* gefolgt von einem Doppelpunkt. Nach dem Doppelpunkt wird großgeschrieben: *Objet: Votre commande.*

In der **Anrede** lässt man den Namen des Adressaten weg, es steht also zum Beispiel nur *Monsieur* oder *Madame* mit einem Komma, danach beginnt der Text in Großschreibung.

Die Unterschrift steht in französischen Briefen rechtsbündig.

Der **Anlagenvermerk** steht meist am linken Rand unter der Unterschrift, kann aber auch oben, nach der Betreffzeile, angefügt sein. Man verwendet die Abkürzung *P. J.* (für *pièces jointes)* oder *Annexe,* gefolgt von einem Doppelpunkt: *P. J.: 1 curriculum.*

441

Muster Geschäftskorrespondenz

Muster französischer Brief

Vorex Münster GmbH
Robert-Bosch-Straße 112
48153 Münster
Allemagne

Münster, le 16 mars 2011

Georges Noran
Immo S. A. R. L.
34, avenue de la République
38000 GRENOBLE
FRANKREICH

Objet: Demande de catalogue

Monsieur,

Un client nous a recommandé vos produits en nous donnant votre adresse. Je serais heureuse de recevoir votre catalogue. Je vous remercie à l'avance.

Je vous prie d'agréer, Monsieur, l'expression de mes salutations distinguées.

Rabea Singer
Rabea Singer
Direction des ventes

Sprachtipps

Sprachtipps

A

ab

1. Beugung nach *ab:* Bei einer Raumangabe steht nach *ab* nur der Wemfall: *ab unserem Werk; ab allen deutschen Flughäfen.* Bei einer Zeitangabe oder Mengenangabe kann nach *ab* auch der Wenfall stehen: *ab erstem Mai* oder: *ab ersten Mai; ab Mittwoch, dem 3. April* oder: *ab Mittwoch, den 3. April; ab 50 Exemplaren* oder: *ab 50 Exemplare; ab 12 Jahren* oder: *ab 12 Jahre.* Steht bei einer solchen Zeit- oder Mengenangabe ein Geschlechtswort (Artikel) oder ein Fürwort, dann ist nur der Wemfall richtig: *ab dem 15. Mai; ab meinem 18. Geburtstag.*

2. ab / von – an: Das Verhältniswort (die Präposition) *ab* ist besonders in der Kaufmanns- und Verwaltungssprache gebräuchlich: *ab Hannover; ab 50 Kisten; ab 1. September.* Stilistisch neutral ist *von – an: von Hannover an; von 50 Kisten an; vom 1. September an.*

Abend

Groß schreibt man das Hauptwort: *am Abend; gegen Abend; vom Morgen bis zum Abend; zu Abend essen;* auch in den folgenden Fällen: *gestern, heute, morgen Abend; von morgen Abend an.*

abends

Siehe »mittags«

aber

Vor dem Bindewort (der Konjunktion) *aber* steht **immer** ein Komma, gleichgültig ob es Sätze oder nur Satzteile miteinander verknüpft: *Es war gut,*

aber teuer. Ich habe davon gehört, aber ich glaube es nicht.

Abgeordnete, der und die

Man beugt das Wort in folgender Weise: *der Abgeordnete, ein Abgeordneter, zwei Abgeordnete, die Abgeordneten, einige Abgeordnete, alle Abgeordneten, solche Abgeordnete* und *solche Abgeordneten, beide Abgeordneten* und seltener auch *beide Abgeordnete, genanntem Abgeordneten, die Versorgung ausscheidender Abgeordneter.* Als Beisatz (Apposition): *mir (dir, ihm) als Abgeordneten* und: *mir (dir, ihm) als Abgeordnetem; ihr als Abgeordneten* und: *ihr als Abgeordneter.*

In Verbindung mit *Herr* oder *Frau* heißt es: *Ich habe mit Herrn Abgeordneten Meyer gesprochen. Ich habe mit Frau Abgeordneten Meyer* oder: *mit Frau Abgeordneter Meyer gesprochen.*

Ohne *Herr* oder *Frau* muss es heißen: *Ich habe mit Abgeordnetem Schmidt gesprochen. Ich habe mit Abgeordneter Schmidt gesprochen.*

abgesehen davon

Nach *abgesehen davon* oder *davon abgesehen* **kann** ein Komma stehen, um die Gliederung des Satzes deutlich zu machen: *Abgesehen davon[,] gab es keine Störungen. Davon abgesehen[,] gab es keine Störungen.* Folgt ein *dass,* dann kann zwischen *abgesehen davon* und *dass* ebenfalls ein Komma stehen, wenn man diese Teile der Fügung nicht als Einheit ansieht: *Abgesehen davon[,] dass uns einmal das Benzin ausging, verlief alles gut. Davon abgesehen[,] dass ...*

abhalten

Weil das Zeitwort *abhalten* schon verneinenden Sinn hat (= nicht tun lassen), darf man einen von ihm abhängenden Satz nicht zusätzlich verneinen. Also **nicht:** *Sie hielt ihn davon ab, nicht noch mehr zu trinken.* **Richtig** heißt es: *Sie hielt ihn davon ab, noch mehr zu trinken.*

Abhilfe

An das Hauptwort *Abhilfe* (das zu dem Zeitwort *abhelfen* gehört) kann man die Sache, der abgeholfen werden soll, nicht im Wesfall anschließen. Also **nicht richtig:** *die Abhilfe eines Mangels, eines Fehlers* o. Ä. Man muss ausweichen auf eine andere Formulierung, etwa: *einem Mangel, einem Fehler abhelfen* oder: *die Beseitigung eines Mangels, eines Fehlers, eines Übelstandes.*

Abiturient

Das Hauptwort *Abiturient* erhält – außer im Werfall – die Endung *-en: der Abiturient, des Abiturienten* (**nicht:** *des Abiturients*), *dem Abiturienten* (**nicht:** *dem Abiturient*), *den Abiturienten* (**nicht:** *den Abiturient*), Mehrzahl: *die Abiturienten.*

Abkürzungen

Siehe Kasten Seite 446

Absolvent

Das Hauptwort *Absolvent* erhält – außer im Werfall – die Endung *-en: der Absolvent, des Absolventen* (**nicht:** *des Absolvents*), *dem Absolventen* (**nicht:** *dem Absolvent*), *den Absolventen* (**nicht:** *den Absolvent*), Mehrzahl: *die Absolventen.*

abwägen

Die Formen der Vergangenheit lauten: *wog ab, hat abgewogen.* Seltener, aber auch richtig sind die Formen: *wägte ab, hat abgewägt.*

abwenden

Die Formen der Vergangenheit lauten sowohl *wendete ab, hat abgewendet* als auch *wandte ab, hat abgewandt.*

abzüglich

Nach *abzüglich* steht üblicherweise der Wesfall: *abzüglich des gewährten Rabatts, abzüglich der genannten Getränke.* Steht aber das Hauptwort, das von *abzüglich* abhängt, allein, also ohne ein Begleitwort, dann bleibt es in der Einzahl im Allgemeinen ungebeugt: *abzüglich Rabatt.* In der Mehrzahl aber weicht man bei allein stehenden Hauptwörtern auf den Wemfall aus, wenn der Wesfall nicht erkennbar ist: *abzüglich Getränken.*

Adjektiv

Siehe »Eigenschaftswort«

AG

Kommasetzung: Tritt die Abkürzung *AG* in Firmennamen auf, dann ist sie Bestandteil des Namens und wird nicht durch Komma abgetrennt: *Badenwerk AG, Vereinigte Stahlwerke AG.* **Geschlecht:** Steht bei einem solchen Firmennamen ein Geschlechtswort (Artikel), dann richtet sich dieses meistens nicht nach dem Namensbestandteil *AG.* Es heißt also z. B.: *das Badenwerk AG* (**nicht:** *die Badenwerk AG*). Dagegen heißt es *Bilanz der Deutschen Milchhof AG,* weil hier *AG* das Grund-

Sprachtipps

Abkürzungen

1. Abkürzungen mit Punkt:

Der Punkt steht im Allgemeinen nach Abkürzungen, die nur geschrieben, nicht aber gesprochen werden, z. B.: *betr.* (für: *betreffend, betreffs*), *Dr.* (für: *Doktor*), *Ggs.* (für: *Gegensatz*), *i. A.* (für: *im Auftrag*), *Frankfurt a. M.* (für: *Frankfurt am Main*), *a. G.* (für: *als Gast*), *ü. d. M.* (für: *über dem Meeresspiegel*), *usw.* (für: *und so weiter*), *z. T.* (für: *zum Teil*), *Ztr.* (für: *Zentner*). Das gilt auch für die Abkürzungen der Zahlwörter: *Tsd.* (für: *Tausend*), *Mio.* (für: *Million[en]*), *Mrd.* (für: *Milliarde[n]*), ferner für (insbesondere fremdsprachige) Abkürzungen, die man heute – vor allem in der Alltagssprache – gewöhnlich nicht mehr im vollen Wortlaut spricht, z. B.: *a. D.* (für: *außer Dienst*), *i. V.* (für: *in Vertretung*), *ppa.* (für: *per procura*), *h. c.* (für: *honoris causa*).

2. Abkürzungen ohne Punkt:

Der Punkt steht im Allgemeinen nicht nach Abkürzungen, die als solche auch gesprochen werden: *BGB, AG, Kripo, Akku, UNO*. Abkürzungen für Maß- und Gewichtseinheiten, chemische Grundstoffe, Himmelsrichtungen und die meisten Münzbezeichnungen sind Symbole oder Zeichen und werden – bis auf herkömmliche Einheiten wie *Pfd.* (= Pfund) und *Ztr.* (= Zentner) – ohne Punkt geschrieben: *m, km, kg, l*. Ohne Punkt stehen auch die Zeichen für die Himmelsrichtungen, für die chemischen Elemente und für die meisten Münzbezeichnungen: *SW* (= Südwesten), *Cl* (= Chlor), *EUR* (= Euro) usw. Alle diese Abkürzungen bleiben stets unverändert: *5 m, über 10 000 EUR, die Eigenschaften des Cl*.

Schwankungsfälle: Bei ausländischen Maß- und Münzbezeichnungen wird im Deutschen gewöhnlich die landesübliche Form der Abkürzung gebraucht: *ft.* (= Foot), *ya.* (= Yard), *Fr.* und *sFr.* (= Schweizer Franken). Es kommen – z. B. im Bankwesen – auch andere Schreibungen vor: *sfr* (= Schweizer Franken). Ein Sonderfall ist die Abkürzung *Co.* (= Compagnie/Kompanie), die heute im Allgemeinen nur [ko:] ausgesprochen wird. Sie kommt fast ausschließlich in Firmennamen vor und kann je nach der Schreibung des Firmennamens mit oder ohne Punkt stehen.

3. Beugung von Abkürzungen, die nicht gesprochen, sondern nur geschrieben werden:

Bei diesen Abkürzungen wird die Beugungsendung im Schriftbild oft nicht wiedergegeben: *am 2. Dezember lfd. J.* (= laufenden Jahres); *gegen Ende d. M.* (= dieses Monats). Setzt man die Beugungsendung jedoch, gilt Folgendes: Endet eine Abkürzung mit dem letzten Buchstaben der Vollform, hängt man die Endung unmittelbar an: *Hrn.* (= Herrn), *Bde.* (= Bände); sonst steht sie nach dem Abkürzungspunkt: *mehrere Jh.e* (= Jahrhunderte), *B.s* (= Bismarcks) *Reden*. Die Mehrzahl wird gelegentlich durch Buchstabenverdopplung ausgedrückt: *Mss.* (= Manuskripte), *Jgg.* (= Jahrgänge), *ff.* (= folgende).

Abkürzungen (Fortsetzung)

4. Beugung von Abkürzungen, die als solche gesprochen werden:
Grundsätzlich ist es auch bei diesen Abkürzungen (*Pkw, BGB* usw.) nicht nötig, die Beugungsendung im Schriftbild wiederzugeben: *des Pkw* (seltener: *des Pkws*), *des BGB* (seltener: *des BGBs*).
In der Mehrzahl erscheint allerdings häufiger die Endung *-s;* und zwar auch bei solchen Abkürzungen, deren Vollform in der Mehrzahl nicht so ausgeht: *die Pkws* (neben: *die Pkw; nicht: Pkwen*), *die MGs* (neben: *die MG; nicht: die MGe*), *die AGs* (*nicht: AGen*), *die THs* (*nicht: THen*). Bei weiblichen Abkürzungen sollte in der Mehrzahl immer dann ein *-s* angefügt werden, wenn eine Verwechslung mit der Einzahl

möglich ist: *die GmbHs* (**nicht gut,** da mit der Einzahl übereinstimmend: *die GmbH*).
Abkürzungen, die auf Zischlaute enden, bleiben stets unverändert: *50 PS.*
5. Zusammensetzungen mit Abkürzungen:
Zwischen der Abkürzung und dem Grundwort steht immer ein Bindestrich: *Kfz-Papiere, UKW-Sender.* Zusammensetzungen, bei denen das letzte abgekürzte Wort noch einmal ausgeschrieben wird, sind stilistisch unschön (etwa: *ABM-Maßnahme, ISBN-Nummer*). Man sollte in der geschriebenen Sprache entweder nur die Abkürzung verwenden oder die ganze Abkürzung auflösen.

wort des Firmennamens bildet. Allerdings sollte man dann die Abkürzung ausschreiben: *die Produktion der Dichtungsring-Aktiengesellschaft.*

ähnlich
1. Rechtschreibung: Man schreibt das Eigenschaftswort immer dann **groß,** wenn es als Hauptwort gebraucht wird, z. B.: *Ähnliches und Verschiedenes; etwas/nichts Ähnliches; das/alles Ähnliche; er hat Ähnliches erlebt; Zeitschriften und Ähnliches.*
2. Beugung nach *ähnlich:* Ein Eigenschaftswort oder Mittelwort (Partizip), das auf *ähnlich* folgt, erhält (auch wenn es als Hauptwort gebraucht wird) die gleichen Endungen wie *ähnlich* selbst: *ähnliche schöne Bilder, ein*

ähnliches gestelltes Foto, mit ähnlichen alten Bildern; mit ähnlichem Gescheitem; ähnliche Bekannte.

all
1. Rechtschreibung: Das Wort *all* schreibt man **immer** und in allen seinen Formen **klein,** außer in der Fügung *mein Ein und Alles.*
2. Beugung von *all:* a) Steht *all* vor einem Hauptwort, dem nicht *der, die, das* beigefügt ist, lauten die Formen im Werfall: *aller Schmerz, alle Freude, alles Gefühl; alle Schmerzen, Freuden, Gefühle.* Im Wesfall lauten die heute üblichen Formen: *die Ursache allen Schmerzes, aller Freude, allen Gefühls.* Bei Hinzutreten eines Eigenschaftswortes sind zwei Formen korrekt: *trotz al-*

len oder *alles bösen Schmerzes; trotz allen* oder *alles guten Gefühls*. Wird das Hauptwort auf ein Eigenschaftswort zurückgeführt, ist dagegen nur eine Form richtig: *der Urheber alles Bösen*. In der Mehrzahl ist wiederum nur eine Form üblich: *der Urheber aller (bösen) Schmerzen, Freuden, Gefühle*. Im Wemfall lauten die Formen: *bei allem Schmerz, aller Freude, allem Gefühl; bei allen Schmerzen, Freuden, Gefühlen*. Im Wenfall heißt es: *für allen Schmerz, alle Freude, alles Gefühl; für alle Schmerzen, Freuden, Gefühle*.

b) Nach Fürwörtern beugt man *all* folgendermaßen: *das alles, dieses alles; die alle, diese alle; ihr alle, euer aller Wohl, unser aller Wohl; was alles; welche alle*. Im Wemfall jedoch treten Fälle auf, in denen zwei Formen üblich sind: *dem allem* oder häufiger: *dem allen; diesem allem* oder *diesem allen*.

3. Beugung nach *alle:* **a)** Die Beugung des folgenden Wortes bereitet oftmals Schwierigkeiten, zumal wenn es sich bei diesem Wort um ein Hauptwort handelt, das auf ein Mittelwort (Partizip) oder Eigenschaftswort zurückzuführen ist wie z. B. *der Anwesende* (auf *anwesend*), *der Verwandte* (auf *verwandt*), *der Abgeordnete* (auf *abgeordnet*), *das Fremde* (auf *fremd*) usw. In den einzelnen Fällen lauten die Formen in der Einzahl folgendermaßen: Werfall: *alles Schöne, Störende*; Wesfall: *die Beseitigung alles Schönen, Störenden*; Wemfall: *bei allem Schönen, Störenden*; Wenfall: *für alles Schöne, Störende*. In der Mehrzahl kommen dagegen für die einzelnen Fälle – außer dem Wemfall – zwei Formen vor, wobei die zweiten Formen al-

lerdings selten sind. Werfall: *alle Abgeordneten* / (selten:) *Abgeordnete*; Wesfall: *die Pässe aller Abgeordneten* / (selten:) *Abgeordneter*; Wemfall: *mit allen Abgeordneten*; Wenfall: *für alle Abgeordneten* / (selten:) *Abgeordnete*.

b) Probleme bereiten auch die Formen des Eigenschaftswortes oder Mittelwortes, das auf *all* folgt und das sich auf ein folgendes Hauptwort bezieht. Auch hier gibt es neben den üblichen Formen solche, die selten sind *(aller übertriebener Aufwand; die Beteiligung aller interessierter Kreise)*. Die üblichen Formen lauten in der Einzahl: Werfall: *aller übertriebene Aufwand*; Wesfall: *die Vermeidung alles übertriebenen Aufwandes*; Wemfall: *mit allem übertriebenen Aufwand*; Wenfall: *für allen übertriebenen Aufwand*. In der Mehrzahl: Werfall: *alle engen Freunde*; Wesfall: *die Beteiligung aller engen Freunde*; Wemfall: *mit allen engen Freunden*; Wenfall: *für alle engen Freunde*. Tritt zu diesen Formen noch ein Fürwort (z. B.: *alle seine engen Freunde; für alle diese engen Freunde*), erhält es die gleiche Endung wie *alle*.

4. all oder alle: Vor einem Hauptwort, das mit Geschlechtswort *(der, die, das)* oder Fürwort *(mein, dein* usw.) steht, kann sowohl *all* als auch *alle* stehen: *all* oder *alle meine Hoffnungen; das Kreischen all* oder *aller ihrer Fans; all* oder *alle die Leute*. In einigen Fällen ist die Form *all* die üblichere: *mit all seinem Fleiß; bei all dem Ärger; all dieser Arbeit war er überdrüssig*.

5. alles, was: Einen Nebensatz, der mit dem Wort *alles* angekündigt ist, leitet man mit *was* (**nicht** mit *das*) ein: *Sie glaubte alles, was er ihr erzählte*.

allgemein

Steht *allgemein* in Verbindung mit einem Hauptwort, wird es **kleingeschrieben**: *die allgemeine Wehrpflicht; allgemeine Geschäftsbedingungen.* Nur als Bestandteil eines Namens wird es **großgeschrieben**: *Frankfurter Allgemeine Zeitung; Allgemeiner Deutscher Automobil-Club.* Man schreibt es aber auch dann **groß,** wenn es als Hauptwort gebraucht wird, z. B. *etwas Allgemeines sagen; er bewegt sich stets im Allgemeinen* (=ohne das Besondere zu beachten). Im Sinne von »ganz gewöhnlich« schreibt man *im Allgemeinen* ebenfalls **groß**: *Im Allgemeinen verhält es sich so.*

als

Vor dem Bindewort (der Konjunktion) *als* steht ein Komma, wenn es einen Nebensatz einleitet: *Er kam erst, als die anderen schon gegangen waren. Es dauerte länger, als man erwartet hatte. Er war noch zu klein, als dass er es hätte wissen können. Er tut, als ob er nichts von der Sache wüsste. Hans ist größer, als Andreas im gleichen Alter war.* Vor *als* muss ein Komma gesetzt werden, wenn es vor einer Wortgruppe mit der Grundform eines Zeitworts (Infinitivgruppe) steht: *Es ist besser, zu gehen, als noch länger zu warten.* Kein Komma steht vor *als* in den folgenden Fällen: *Hans ist größer als Andreas. Das ist mehr als genug. Hier hilft nichts als geduldiges Warten.* Mit oder ohne Komma kann ein Beisatz (eine Apposition) mit *als* stehen: *Herr Müller als Vertreter der Firma sprach über die Geschäftsentwicklung. Herr Müller, als Vertreter der Firma, sprach über die Geschäftsentwicklung.*

als oder wie

Nach der ersten Steigerungsstufe (dem Komparativ) eines Eigenschaftswortes steht immer *als*, nicht *wie*. **Richtig** heißt es: *Er ist größer als du. Die Schwierigkeiten waren größer, als wir angenommen hatten.* **Nicht richtig** ist: *Er ist größer wie du. Die Schwierigkeiten waren größer, wie wir angenommen hatten.*

Auch nach *anders, niemand, keiner, nichts* und *umgekehrt* steht *als*: *Es kam anders als erwartet. Niemand als er kann mir helfen. Ich habe mit keinem Menschen als ihm darüber gesprochen. Das verursacht nichts als Unruhe. Es war umgekehrt, als man es dargestellt hatte.*

als dass

Vor *als dass* steht immer ein Komma: *Das Wetter war zu schlecht, als dass man hätte spazieren gehen können.*

also

Vor *also* steht ein Komma, wenn es ein Eigenschaftswort, das ein vorangehendes anderes Eigenschaftswort näher bestimmt, einleitet: *Das ist ein veraltetes, also ungebräuchliches Wort.* Vor *also* steht auch ein Komma, wenn es einen beigeordneten Satz anschließt: *Sie antwortete, also schien sie interessiert zu sein.* Auch das bekräftigend aus dem Satz herausgehobene *also* wird durch ein Komma abgetrennt: *Also, es bleibt dabei! Also, bis morgen!* In Kommas eingeschlossen wird ein durch *also* beigefügtes Eigenschaftswort, das

Sprachtipps

seinem Hauptwort nachgestellt ist, wenn der Satz weitergeht: *Er hat alle Kinder, also auch die frechen, gerngehabt.*

am Montag (Dienstag, Mittwoch usw.), dem/den

Beide Formen sind richtig. Man kann sagen: *Die Konferenz findet am Montag, dem 1. März 2006[,] statt* oder: *Die Konferenz findet am Montag, den 1. März 2006 statt.* Zu beachten ist aber, dass im ersten Beispielsatz *dem 1. März 2006* ein Beisatz (eine Apposition) ist, der in Kommas eingeschlossen werden kann. Im zweiten Beispielsatz dagegen ist *den 1. März 2006* eine Aufzählung im Wenfall, nach der kein Komma steht. Wird der Satz noch um die Angabe der Uhrzeit erweitert, wird diese jedoch in beiden Fällen durch Komma abgetrennt: *Wir treffen uns am Montag, dem oder den 4. Mai 2006, um 16 Uhr.* Hinter der Uhrzeitangabe kann ein Komma stehen, wenn der Satz danach weitergeht: *Die Konferenz findet am Montag, dem 1. März, [um] 11 Uhr[,] statt.*

Amt

Es heißt richtig: *von Amts wegen.*

Amtmännin/Amtfrau

Die weibliche Entsprechung zu *Amtmann* lautet entweder *Amtmännin* oder *Amtfrau.*

an oder zu

Der Gebrauch von *an* oder *zu* in Verbindung mit den Namen von Festen ist landschaftlich verschieden. Während man besonders in Süddeutschland *an*

Ostern, an Pfingsten, an Weihnachten usw. sagt, ist in Norddeutschland *zu* gebräuchlich: *zu Ostern, zu Pfingsten, zu Weihnachten* usw. Beide Ausdrucksweisen sind richtig.

an die

Wenn *an die* so viel bedeutet wie »etwa, ungefähr«, hat es keinen Einfluss auf die Beugung des folgenden Hauptworts. Dies kann man erkennen, wenn man *an die* zur Probe weglässt: *Sie half 50 Kindern,* deshalb: *Sie half an die 50 Kindern. Gemeinden von 10 000 Einwohnern,* deshalb: *Gemeinden von an die 10 000 Einwohnern. Er bereiste 50 Städte,* deshalb: *Er bereiste an die 50 Städte.*

an was oder woran

Vor allem in der Umgangssprache ersetzen viele *woran* durch *an was: An was denkst du? Ich frage mich, an was du denkst.* Stilistisch besser ist *woran: Woran denkst du? Ich frage mich, woran du denkst.*

analog

Nach *analog* kann das Verhältniswort (die Präposition) *zu* stehen: *analog zu diesem Fall.* Genauso richtig ist der Anschluss ohne Verhältniswort, nur mit dem Wemfall: *analog diesem Fall.*

anbei

Ein Hauptwort in Verbindung mit *anbei* kann im Werfall stehen: *Anbei gewünschter Verrechnungsscheck* oder im Wenfall: *Anbei gewünschten Verrechnungsscheck.* Das zuletzt genannte Beispiel könnte vollständiger lauten: *Anbei übersenden wir Ihnen den gewünschten*

Verrechnungsscheck. Beide Ausdrucksweisen treten besonders im geschäftlichen Briefwechsel und in der Amtssprache auf.

anderer, andere, anderes

1. Rechtschreibung: Das Wort *anderer* usw. schreibt man im Allgemeinen **klein:** *der andere, eine andere, alles andere, nichts anderes, kein anderer, zum einen – zum andern.* Wird *anderer* wie ein Hauptwort verwendet, kann es auch großgeschrieben werden: *der, die, das Andere.*

2. Beugung nach *andere*: Ein Eigenschaftswort oder Mittelwort (Partizip), das auf *anderer* usw. folgt, beugt man (auch wenn es als Hauptwort gebraucht wird) in gleicher Weise wie *anderer* usw. selbst: *anderes gedrucktes Material, bei anderer seelischer Verfassung, eine Menge anderer wertvoller Gegenstände; ein anderer Abgeordneter, die anderen Beamten, die Forderungen anderer Betroffener.* Eine Abweichung gibt es im Wemfall, wenn es beispielsweise für *aus anderem wertvollem Material* oder *mit anderem Neuem* häufig auch heißt: *aus anderem wertvollen Material* oder *mit anderem Neuen.*

3. jemand anders / jemand anderer: In Verbindung mit den Wörtern *jemand, niemand* und *wer* gebraucht man üblicherweise die Form *anders: es war jemand anders; wer anders, mit wem anders; sie kennt hier niemand anders.* Daneben tritt besonders im Süddeutschen und im Österreichischen auch die Form *anderer* mit den entsprechenden Beugungsformen auf: *jemand anderer, mit jemand anderem,*
ich meine wen anderen, ich kenne hier niemand anderen.

4. nicht viel anders: Nach *nicht viel* wird immer die Form *anders* verwendet: *das ist heute nicht viel anders.*

5. Vergleich: Bei einem Vergleich steht nach *anderer* usw. das Wort *als* (**nicht:** *wie*): *Er war alles andere als schön. Es war ganz anders als beim ersten Mal.*

anderes als

Wenn die Angabe nach *anderes als* in der Mehrzahl steht, dann kann das zugehörige Zeitwort in der Einzahl oder in der Mehrzahl stehen, die Mehrzahl wird im Allgemeinen bevorzugt: *Anderes als leere Kartons fand sich nicht,* häufiger: *fanden sich nicht in dem Verschlag.*

anerkennen

Die Formen von Gegenwart und Vergangenheit dieses Zeitworts sind: *erkennt an / erkannte an.* Seltener, aber auch richtig sind die nicht getrennten Formen: *anerkennt/anerkannte: Er erkennt (erkannte) die Forderungen der Gläubiger an.* Seltener: *Er anerkennt (anerkannte) die Forderungen der Gläubiger.*

anfällig

Nach *anfällig* steht meist das Verhältniswort (die Präposition) *für,* seltener *gegen: Er ist anfällig für Erkältungen,* seltener auch: *Er ist anfällig gegen Erkältungen.* Beides ist richtig.

Anfang/anfangs

Bei dem Hauptwort *Anfang* kann ein Monatsname, eine Jahreszahl oder eine Zeitangabe wie *Jahr, Monat, Woche* stehen: *Anfang Februar, Anfang 2001, Anfang des Jahres.* Das Umstandswort (Adverb) *anfangs* dagegen steht ohne weitere zeitliche Angabe: *Anfangs war alles noch in Ordnung.* Nicht richtig ist die Verbindung von *anfangs* mit einer Zeitangabe, wie sie bisweilen in der Umgangssprache vorkommt (etwa: *Anfangs des Jahres besucht Sie unser Vertreter*).

anfangen

1. Wortstellung: Bei der Bildung von Sätzen mit dem Zeitwort *anfangen* ergeben sich oft Schwierigkeiten bei der Wortstellung. **Richtig** gebildet sind beispielsweise die Sätze: *Danach fing sie an bitterlich zu weinen* und: *Danach fing sie bitterlich zu weinen an.* **Nicht richtig** hingegen wäre: *Danach fing sie bitterlich an zu weinen.* **Nicht richtig** ist die Stellung auch im folgenden Beispiel: *Man wird uns entdecken, wenn der Hund an zu bellen fängt.* **Richtig** ist: *... wenn der Hund zu bellen anfängt* oder: *... wenn der Hund anfängt zu bellen.*

2. haben oder sein: Standardsprachlich richtig ist nur: *Ich habe bei ihm angefangen.* **Nicht richtig** hingegen ist die landschaftliche Form: *Ich bin bei ihm angefangen.*

3. Komma: Wenn das Zeitwort *anfangen* mit einer Wortgruppe, die die Grundform eines anderen Zeitwortes enthält, verbunden ist (Infinitivgruppe), dann kann man ein Komma setzen, um die Gliederung des Satzes deutlich zu machen oder um Missverständnisse auszuschließen: *Er fing sofort an, die Steine zu sortieren* oder *Er fing sofort an die Steine zu sortieren.* Beides ist richtig.

anfragen

Das Zeitwort *anfragen* steht mit dem Verhältniswort (der Präposition) *bei*, wenn die befragte Person genannt wird. Richtig muss es also heißen: *Sie fragte telefonisch bei ihm wegen der Bücher an.* (**Nicht:** *Sie fragte ihn telefonisch wegen der Bücher an.*)

Angebot

Das Wort hat mehrere Bedeutungen, nach denen jeweils andere Verhältniswörter (Präpositionen) folgen. In der Bedeutung »angebotene Warenmenge« verbindet man es mit *von* oder *an*: *Das Angebot von Gemüse* oder *an Gemüse war gering.* Hat es die Bedeutung »Offerte, Kaufangebot«, dann kann es mit *über* oder *für* stehen: *Wir bitten Sie um Ihr Angebot über die Lieferung von ...* oder *für die Lieferung von ...* Im Sinne von »Anerbieten, Preisvorschlag« schließlich kann *Angebot* die Verhältniswörter *auf*, seltener auch *für* nach sich haben: *Er hat ein günstiges Angebot auf das Haus* oder auch *für das Haus erhalten.*

Angehörige, der und die

Man beugt das Wort in folgender Weise: *der Angehörige, ein Angehöriger, zwei Angehörige, die Angehörigen, einige Angehörige, alle Angehörigen, solche Angehörige* und *solche Angehörigen, beide Angehörigen* und seltener auch *beide Angehörige; genanntem Angehörigen, die Teilnahme ehemaliger Angehöriger.*

Als Beisatz (Apposition): *mir (dir, ihm) als Angehörigen* und *mir (dir, ihm) als Angehörigem; ihr als Angehörigen* und *ihr als Angehöriger.*

angenommen

Vor und nach *angenommen* steht **im Allgemeinen** ein Komma: *Können wir, angenommen, er kommt, die Angelegenheit gleich klären?* In der Fügung *angenommen dass* kann vor dem *dass* ein Komma stehen; wird die Fügung aber als Einheit verstanden, kann das Komma auch entfallen: *Wohin wollen wir fahren, angenommen[,] dass morgen schönes Wetter ist?*

Angestellte, der und die

Man beugt das Wort in folgender Weise: *der Angestellte, ein Angestellter, zwei Angestellte, die Angestellten, einige Angestellte, alle Angestellten, solche Angestellte* und *solche Angestellten, beide Angestellten* und seltener auch *beide Angestellte; besagtem Angestellten, die Aufgabe leitender Angestellter.*

Als Beisatz (Apposition): *mir (dir, ihm) als Angestellten* und *mir (dir, ihm) als Angestelltem; ihr als Angestellten* und *ihr als Angestellter.*

anhand

1. Rechtschreibung: Nur die Zusammenschreibung ist richtig: *Er prüfte anhand Ihrer Unterlagen.*

2. Beugung: Neben dem Wesfall ist auch der Anschluss mit *von* möglich: *anhand der Unterlagen* oder aber *anhand von Unterlagen.*

ankommen

In Sätzen wie *Es kommt ganz auf das Wetter an. Auf dich allein kommt es jetzt an* o. Ä. fügen viele fälschlich *darauf* oder *drauf* hinzu. (**Nicht richtig:** *Es kommt ganz auf das Wetter darauf an* oder: *Auf dich allein kommt es jetzt drauf an.*)

Anlage

Anlage 1 und 2 enthält/enthalten alles Wichtige: Bei Formulierungen dieser Art kann das Zeitwort in der Einzahl oder in der Mehrzahl stehen, beides ist richtig. Entsprechend also auch: *Anlage 1 bis 3* (oder *Anlage 1 bis Anlage 3*) *enthält* oder *enthalten alles Wichtige.* Dagegen aber: *Die Anlagen 1 und 2 enthalten alles Wichtige.* In diesem Fall ist nur die Mehrzahl möglich, weil *Anlagen* auch in der Mehrzahl steht.

anlässlich

Das Verhältniswort (die Präposition) *anlässlich* ist besonders in der Amts- und Verwaltungssprache gebräuchlich und steht mit dem Wesfall: *anlässlich seines Besuches, anlässlich des Jahrestages, anlässlich ihres Jubiläums.* Andere Möglichkeiten, die stilistisch besser sind, sind *bei, zu* und *aus Anlass,* die je nach Zusammenhang an die Stelle von *anlässlich* treten können: *Er sprach bei seinem Besuch auch mit dem Oppositionsführer. Zum Jahrestag der Befreiung waren alle Gebäude beflaggt. Aus Anlass ihres Jubiläums erhielt sie ein Geschenk.*

Nicht richtig ist eine Vermischung: *die uns anlässlich zu unserer Hochzeit übermittelten Glückwünsche.* **Richtig**

ist nur: *anlässlich unserer Hochzeit* oder besser noch: *zu unserer Hochzeit*.

anliegend

Die Formel *Anliegend übersenden wir Ihnen ...* ist besonders im geschäftlichen Briefwechsel üblich. Man kann sie leicht missverstehen. Daher weicht man besser auf die eindeutigeren Formulierungen *als Anlage* oder *anbei* aus.

anrufen

Richtig ist in der Standardsprache die Verbindung mit dem Wenfall: *Ich rufe dich später an.* Die Verbindung mit dem Wemfall *(Ich rufe dir später an)* gehört der landschaftlichen Umgangssprache, besonders der Schweiz und Südwestdeutschlands, an.

anscheinend/scheinbar

Auf den Bedeutungsunterschied zwischen den beiden Wörtern achten viele Sprecher in der Umgangssprache oft nicht und gebrauchen *scheinbar* fälschlich im Sinne von *anscheinend*. Das Eigenschaftswort *scheinbar* sagt aus, dass etwas nur dem äußeren Eindruck nach, nicht aber in Wirklichkeit so ist, wie es sich darstellt: *Die Zeit stand scheinbar still. Der Widerspruch ist nur scheinbar.* Mit *anscheinend* hingegen drückt man die Vermutung aus, dass etwas so ist, wie es erscheint: *Er ist anscheinend krank. Anscheinend ist niemand im Haus.* Will man eine Vermutung zum Ausdruck bringen, dann ist der Gebrauch von *scheinbar* falsch: *Du hast mich scheinbar* (statt richtig: *anscheinend*) *vergessen. In diesem Gehege sind scheinbar* (statt richtig: *anscheinend*) *Mufflons.*

ansehen, sich

Bei *sich ansehen als* steht das Hauptwort, das auf *als* folgt, gewöhnlich im Werfall: *Er sieht sich als guter Kollege an.* Der Wenfall *(Er sieht sich als guten Kollegen an)* ist weniger gebräuchlich, aber auch richtig.

Ansehen

Nach Ausdrucksweisen wie *das Ansehen des Kunsterziehers, des Unternehmers; das Ansehen von Kunsterzieher Müller, von Direktor Meyer* steht gelegentlich eine Ergänzung mit *als*: *das Ansehen des Kunsterziehers als Lehrer; das Ansehen von Kunsterzieher Müller als Lehrer.* Dabei ist Folgendes zu beachten: *Das Ansehen des Kunsterziehers als ...*: Folgt nach *als* eine Ergänzung mit *der, die, das, ein, eine* usw., setzt man diese üblicherweise in den gleichen Fall wie das Wort, auf das sie sich bezieht (hier: *des Kunsterziehers*; Wesfall): *Das schadet dem Ansehen des Kunsterziehers als des beliebtesten Lehrers der Schule.* Folgt jedoch die Ergänzung nach *als* ohne *der, die* usw., ist es heute üblich, den Werfall zu verwenden: *Das schadet dem Ansehen des Kunsterziehers als beliebtester Lehrer der Schule.* Das Gleiche gilt für Beispiele mit Fürwort: *Das ist der Kunsterzieher seinem Ansehen als beliebtester Lehrer schuldig.*

Das Ansehen von Kunsterzieher Müller als ...: In solchen Sätzen bezieht man die auf *als* folgende Ergänzung üblicherweise auf *von* und setzt sie deshalb in den Wemfall (Frage: von wem?): *das Ansehen von Kunsterzieher Müller als dem beliebtesten Lehrer / als beliebtestem Lehrer der Schule.* Es ist jedoch auch möglich, die Ergänzung in den Werfall zu setzen: *das Ansehen von Kunsterzieher Müller als beliebtester Lehrer der Schule. Das schadet dem Ansehen von Direktor Meyer als erfolgreicher Unternehmer.*

anstatt

1. Beugung: Das Wort *anstatt* kann entweder Verhältniswort (Präposition) oder Bindewort (Konjunktion) sein. Als Verhältniswort bedeutet es so viel wie »anstelle« und hat nach sich den Wesfall: *Anstatt des Geldes gab sie ihm ihren Schmuck. Anstatt einer Krawatte trug er eine Fliege.* Eine Ausnahme macht man jedoch bei den Hauptwörtern, die im Wesfall genauso aussehen wie im Werfall (*[die] Worte – [der] Worte*). Statt des Wesfalles verwendet man dann den Wemfall: *Anstatt Worten will ich Taten sehen.*

Anstatt lässt sich jedoch auch als Bindewort verwenden. Es hat dann die Bedeutung »und nicht«. In dieser Bedeutung hat *anstatt* **keinen** Einfluss auf das folgende Wort und seine Beugung: *Er half ihr anstatt ihrem Begleiter* (=und nicht ihrem Begleiter). *Man zeichnete sie anstatt ihn* (=und nicht ihn) *aus.*

In manchen Sätzen kann man *anstatt* sowohl als Verhältniswort wie auch als Bindewort verwenden. Deshalb sind im folgenden Beispielsatz beide Formen richtig: *Er traf den Pfahl anstatt der Konservendose* (=anstelle der Konservendose). *Er traf den Pfahl anstatt die Konservendose* (=und nicht die Konservendose).

2. Komma: Einen mit *anstatt dass* eingeleiteten Satz trennt man immer durch Komma ab: *Sie lobte ihn, anstatt dass sie ihn tadelte. Anstatt dass der Minister kam, erschien sein Staatssekretär.* Eine Fügung mit *anstatt zu* muss ebenfalls durch ein Komma abgetrennt werden: *Er spielte, anstatt zu arbeiten. Anstatt sich zu beeilen, bummelte sie.*

anstelle oder an Stelle

1. Rechtschreibung: Beide Schreibungen sind richtig: *Sie machte anstelle* oder *an Stelle des Gemüses einen Salat.*

2. Beugung: Neben dem Wesfall ist auch der Anschluss mit *von* möglich: *anstelle / an Stelle des Gemüses* oder aber *anstelle / an Stelle von Gemüse.*

Antrag

Das Hauptwort *Antrag* steht mit dem Verhältniswort (der Präposition) *auf* (**nicht** mit *um* oder *nach*): *Er stellte einen Antrag auf Fahrpreisermäßigung.*

anwenden

Das Zeitwort *anwenden* hat die Vergangenheitsformen *wendete an, hat angewendet* und *wandte an, hat angewandt*. Die Formen *wandte an, hat angewandt* werden häufiger gebraucht.

Anwesende, der und die

Man beugt das Wort in folgender Weise: *der Anwesende, ein Anwesender, zwei Anwesende, die Anwesenden, einige Anwesende, alle Anwesenden, solche Anwesende* und *solche Anwesenden, beide Anwesenden* und seltener auch *beide Anwesende; besagtem Anwesenden, die Mehrheit stimmberechtigter Anwesender.*

Als Beisatz (Apposition): *mir (dir, ihm) als Anwesenden* und *mir (dir, ihm) als Anwesendem; ihr als Anwesenden* und *ihr als Anwesender.* In der Anrede: *Verehrte Anwesende!* (nicht: *Anwesenden*), aber: *Meine verehrten Anwesenden!*

Anzahl

1. Eine Anzahl Tippfehler fand/fanden sich in dem Brief: Im Allgemeinen bezieht man das Zeitwort auf *Anzahl* und setzt es in die Einzahl: *Eine Anzahl Tippfehler fand sich in dem Brief. Bei dem Einbruch wurde eine Anzahl kostbarer Gemälde gestohlen. Eine Anzahl Studenten demonstrierte vor dem Gebäude.* Gelegentlich bezieht man das Zeitwort aber nicht auf *Anzahl*, sondern auf das Gezählte und setzt es in die Mehrzahl (d. h., man konstruiert nach dem Sinn): *Eine Anzahl Tippfehler fanden sich in dem Brief. Bei dem Einbruch wurden eine Anzahl kostbarer Gemälde gestohlen. Eine Anzahl Studenten demonstrierten vor dem Gebäude.* Beides ist richtig.

2. eine Anzahl hübscher/hübsche Sachen: Üblicherweise steht nach *Anzahl* die folgende Angabe im Wesfall: *eine Anzahl hübscher Sachen; für eine Anzahl Abgeordneter; mit einer Anzahl Schafe, kleiner Kinder.* Es ist jedoch auch möglich, die Angabe, die dem Mengenbegriff *Anzahl* folgt, in den gleichen Fall zu setzen wie *Anzahl: eine Anzahl hübsche Sachen; für eine Anzahl Abgeordnete; mit einer Anzahl Schafen, kleinen Kindern.* Beides ist richtig.

Anzahl oder Zahl

Zahl bedeutete früher die Gesamtzahl, die Gesamtmenge, *Anzahl* dagegen einen Teil davon: *Eine größere Anzahl Mitglieder ist ausgetreten. Die Zahl der verbliebenen Mitglieder beträgt 3 497.*

Apposition

Siehe »Beisatz«

Architekt

Das Hauptwort *Architekt* erhält – außer im Werfall – die Endung *-en: der Architekt, des Architekten* (**nicht:** *des Architekts*), *dem Architekten* (**nicht:** *dem Architekt*), *den Architekten* (**nicht:** *den Architekt*), Mehrzahl: *die Architekten.* In der Anschrift ist auch die ungebeugte Form *Architekt* zulässig: *[An] Herrn Architekt Meyer* neben *[An] Herrn Architekten Meyer.*

Art

1. eine Art Salats / Salat / von Salat: Eine Ergänzung, die sich der Fügung *eine Art ...* anschließt, kann folgendermaßen aussehen: *eine Art Salats, eine Art Salat, eine Art von Salat.* Alle drei Formen sind richtig. Die erste Form klingt allerdings gehoben und tritt selten auf. Steht bei dem Hauptwort (hier: *Salat*) eine Beifügung, heißt es: *eine Art italienischen Salats, eine Art italienischer Salat, eine Art von italienischem Salat.* Im Wemfall: *Der Wirt kam mit einer Art italienischen Salats, mit einer Art italienischem Salat, mit einer Art von italienischem Salat.* Ist die Ergänzung jedoch nicht (wie *der Salat*) männlich oder sächlich, sondern weiblich (z. B. *die Glasur*), lauten die Formen: *eine Art Glasur, eine Art von*

Glasur. Mit Beifügung: *eine Art blauer Glasur, eine Art von blauer Glasur*. Im Wemfall: *mit einer Art blauer Glasur, mit einer Art von blauer Glasur*. Neben *mit einer Art blauer Glasur* ist auch *mit einer Art blauen Glasur* richtig.

2. Diese Art Übungen ist/sind zu absolvieren: Im Allgemeinen bezieht man das Zeitwort auf *Art* und setzt es in die Einzahl: *Diese Art Übungen ist zu absolvieren. Welche Art Übungen wird absolviert?* Gelegentlich wird das Zeitwort aber nicht auf *Art*, sondern auf das Gezählte bezogen und in die Mehrzahl gesetzt (d. h., man konstruiert nach dem Sinn): *Diese Art Übungen sind zu absolvieren. Welche Art Übungen werden absolviert?* Beides ist richtig.

Assistent

Das Hauptwort *Assistent* erhält – außer im Werfall – die Endung *-en*: *der Assistent, des Assistenten* (**nicht:** *des Assistents*), *dem Assistenten* (**nicht:** *dem Assistent*), *den Assistenten* (**nicht:** *den Assistent*), Mehrzahl: *die Assistenten*.

auch wenn

Einen mit *auch wenn* eingeleiteten Satz trennt man immer durch Komma ab: *Er freut sich über jede Nachricht, auch wenn du ihm nur eine Karte schreibst. Auch wenn sie hervorragende Zeugnisse gehabt hätte, hätte sie die Stelle nicht bekommen.* Bildet jedoch *auch wenn* keine Einheit, sondern leitet nur *wenn* den Nebensatz ein, während *auch* zum Hauptsatz gehört, steht das Komma zwischen *auch* und *wenn*: *Er freut sich auch, wenn du ihm nur eine Karte schreibst.*

auf

1. Rechtschreibung: Richtig ist *auf und ab gehen*, aber: *auf- und absteigen*. Die unterschiedliche Schreibweise hat folgenden Grund: Im ersten Beispiel ist *auf und ab* ein zusammengehörendes Wortpaar in der Bedeutung »ohne bestimmtes Ziel«. Im zweiten Beispiel handelt es sich um zwei unabhängige Zusammensetzungen, nämlich *aufsteigen* und *absteigen*. Beim ersten Wort ersetzt nun der Bindestrich *-steigen*: *auf-* (= aufsteigen). Die Zusammensetzung *absteigen* schließt sich an.

2. auf oder in: Bei Inselnamen steht *auf*: *auf Sylt, auf der Mainau, auf Capri*. Ist dieser Name jedoch auch Ländername (z. B. bei Jamaika), ist *auf* und *in* richtig: *auf Jamaika* oder *in Jamaika*.

auf was oder worauf

Vor allem in der Umgangssprache ersetzen viele *worauf* durch *auf was*: *Auf was stützt sich Ihre Annahme? Ich weiß nicht, auf was sich Ihre Annahme stützt.* Stilistisch besser ist *worauf*: *Worauf stützt sich Ihre Annahme? Ich weiß nicht, worauf sich Ihre Annahme stützt.*

auffallen

Nach *auffallen* steht gewöhnlich das Verhältniswort (die Präposition) *durch*: *Er fiel durch sein sonderbares Benehmen auf.* Neben *durch* ist in einigen Fällen auch das Verhältniswort *mit* möglich und richtig: *Sie fiel überall durch ihre laute* oder *mit ihrer lauten Stimme auf.*

Sprachtipps

auffallend oder auffällig

Das Eigenschaftswort *auffällig* wird meist dann verwendet, wenn man etwas Ungünstiges, Unerfreuliches, Negatives ausdrücken möchte. *Sie trug auffällige* (d. h. kräftige, grelle) *Farben. Er benimmt sich auffällig* (d. h. merkwürdig).

Dagegen lässt sich *auffallend* gut mit Günstigem, Erfreulichem, Positivem verbinden: *eine Frau von auffallender Schönheit; ein auffallend intelligentes Kind.* Man sagt aber auch: *auffallend hässlich sein.*

aufgrund oder auf Grund

1. Rechtschreibung: Beide Schreibungen sind richtig: *Er wurde aufgrund* oder *auf Grund der Indizien verurteilt.*

2. Beugung: Neben dem Wesfall ist auch der Anschluss mit *von* möglich: *aufgrund / auf Grund der Indizien* oder aber *aufgrund / auf Grund von Indizien.*

aufgrund/durch/wegen

Diese Wörter werden oft falsch angewendet oder verwechselt. *Aufgrund* gibt den Ausgangspunkt oder die Grundlage für ein bestimmtes Handeln an: *Aufgrund bestimmter Aussagen wurde er verhaftet. Sie wurde aufgrund meines Vorschlags beauftragt.* Dagegen nennt *durch* das Mittel oder Werkzeug: *Durch den Blitzschlag wurde das Haus zerstört* (**nicht:** *Aufgrund des Blitzschlags ...*). *Wir haben durch die Zeitung von dem Unglück erfahren.* Jedoch **nicht:** *Durch den Kälteeinbruch haben sich die Arbeiten verschoben.* Sondern: *Wegen des Kälteeinbruchs haben sich die Arbeiten verschoben.* Denn

hier fragt man nicht nach dem Mittel, sondern nach der Ursache, und *wegen* drückt diese Ursache aus: *Wegen Umbau ist das Geschäft geschlossen. Sie fehlte wegen Krankheit.*

Aufnahmeprüfung

Bei Formulierungen wie *die Aufnahmeprüfung in die Schauspielschule* macht man fälschlicherweise *in die Schauspielschule* von *-prüfung* abhängig statt von *Aufnahme.* Richtig muss es heißen: *die Prüfung zur Aufnahme in die Schauspielschule* oder *die Aufnahmeprüfung für die Schauspielschule.*

aufnehmen

Nach *jemanden* oder *etwas aufnehmen in/unter/auf ...* kann sowohl der Wenfall (Frage: wohin?) als auch der Wemfall (Frage: wo?) stehen; der Wenfall ist häufiger: *Ich werde das Gedicht in meine* (seltener: *in meiner*) *Sammlung aufnehmen. In die Frachtbriefe* (seltener: *In den Frachtbriefen*) *ist folgender Vermerk aufzunehmen.* Häufig ist jedoch nur einer der beiden Fälle möglich. Während der Wenfall im Allgemeinen eine enge Verbindung ausdrückt, bezeichnet der Wemfall eine weniger enge Bindung. Man vergleiche: *Ich nahm den jungen Mann als Schwiegersohn in meine Familie auf.* **Aber:** *Ich nahm ihn als Feriengast in meiner Familie auf.* In beiden Beispielen sind die Fälle nicht austauschbar. Beispiele für den Wenfall: *jemanden in die eigenen Reihen, in einen Chor, unter die Heiligen, in den Schoß der Familie aufnehmen; Angaben in ein Adressbuch, in eine Liste, in einen Text, in ein Stenogramm, in die Ladepapiere aufnehmen;*

ein Theaterstück in das Repertoire aufnehmen; etwas in seinen Plan aufnehmen; etwas auf [ein Ton-]Band aufnehmen. Beispiele für den Wemfall: in
keinem Krankenhaus aufgenommen
werden; einen Flüchtling in der Wohnung, im Haus aufnehmen; Tote in einem Gemeinschaftsgrab aufnehmen.
Ich werde zu so später Stunde in keinem Hotel mehr aufgenommen.

aufwenden

Die Formen der Vergangenheit lauten
sowohl wendete auf, hat aufgewendet
als auch wandte auf, hat aufgewandt.

August

Steht August im Wesfall, dann ist sowohl die Form mit -[e]s (des August[e]s)
als auch die Form ohne -s (des August)
richtig.

aus oder von

Länder- und Städtenamen stehen mit
dem Verhältniswort (der Präposition)
aus, wenn sie der Angabe des Lebens-
bereiches oder des Geburtsortes eines
Menschen dienen: Ich komme aus Berlin, die Familie stammt aus Ostpreu-
ßen, er ist aus Schwaben. Das Verhältniswort von anstelle von aus ist nicht
standardsprachlich, sondern nur landschaftlich üblich. Nennt man jedoch
eine Stadt oder ein Land als Ausgangspunkt einer Reise o. Ä., dann kann man
den Orts- oder Ländernamen sowohl
mit aus als auch mit von verbinden:
Die Maschine kommt aus Stuttgart.
Wir kommen gerade von Stuttgart.

aus aller Herren Länder oder Ländern

Die heute gebräuchliche Form lautet:
aus aller Herren Länder.

aus was oder woraus

Vor allem in der Umgangssprache ersetzen viele woraus durch aus was: Aus
was schließt du das? Aus was wird dieser Kuchen hergestellt? Stilistisch besser ist woraus: Woraus schließt du das?
Woraus wird dieser Kuchen hergestellt?

Ausbildungsplatz

Will man dieses Wort z. B. in einem Be-
werbungsschreiben verwenden, dann
kann man auf verschiedene Weise formulieren: Ich bewerbe mich um / suche
einen Ausbildungsplatz zur Erlernung
des Friseurhandwerks, ... einen Ausbildungsplatz für den Beruf des Friseurs.

ausbleiben

Wenn man das Zeitwort ausbleiben
verneint gebraucht (Es konnte nicht
ausbleiben, dass ..., es blieb nicht aus,
dass ...), dann darf der ihm folgende
Nebensatz nicht mehr verneint werden. **Nicht richtig** ist darum: Es konnte
nicht ausbleiben, dass er sich nicht erkältete. **Richtig** ist: Es konnte nicht
ausbleiben, dass er sich erkältete.

ausführen oder durchführen

Die beiden Zeitwörter sind in ihrer Bedeutung zwar ähnlich, doch nicht
gleich. Sie sind in den meisten Fällen
nicht gegeneinander austauschbar. Das
Zeitwort ausführen bedeutet »etwas
(nach Plan, nach einer Weisung) in die
Tat umsetzen, verwirklichen«. Man
kann beispielsweise Reparaturen, bestimmte Arbeiten, einen Befehl, eine

Sprachtipps

Bestellung, einen Auftrag ausführen. Das Zeitwort *durchführen* bedeutet ebenfalls »etwas in die Tat umsetzen«. Im Gegensatz zu *ausführen* betont *durchführen* den Vorgang, den Ablauf oder das Organisatorische bei der Handlung, die in die Tat umgesetzt wird / werden soll. Man kann beispielsweise *Wahlen, eine Volkszählung, eine Werbeaktion, eine Messung durchführen.* Das Zeitwort *ausführen* spricht dagegen nur an, dass tatsächlich eine Handlung in die Tat umgesetzt wird. In den aufgezählten Beispielen lassen sich beide Wörter deshalb nicht gegeneinander austauschen.

ausgenommen

Das Hauptwort oder Fürwort (Pronomen) vor *ausgenommen* steht meist im Wenfall: *Ich muss dem ganzen Buch widersprechen, den Schluss ausgenommen.* Es steht im Werfall, wenn das Wort, auf das es sich bezieht, ebenfalls im Werfall steht: *Alle waren gekommen, ihr Bruder ausgenommen.* (Das Bezugswort ist hier *alle*.) Steht ein Hauptwort oder Fürwort hinter *ausgenommen*, hängt seine Beugung von dem Zeitwort des Satzes ab: *Seinen Freunden hatte er nichts davon gesagt, ausgenommen einem einzigen.* (Das Zeitwort *sagen* hat den Wemfall bei sich: *jemandem etwas sagen.* Nach *ausgenommen* steht darum hier der Wemfall: *einem einzigen.*) *Er hatte alle Teilnehmer begrüßt, ausgenommen einen, der zu spät gekommen war.* (Das Zeitwort *begrüßen* hat den Wenfall bei sich. Nach *ausgenommen* steht darum hier der Wenfall: *ausgenommen einen.*)

Ausrufezeichen

Siehe Kasten Seite 461

ausschließlich

1. Falsche Steigerung: Das Eigenschaftswort *ausschließlich* (=alleinig) ist nicht steigerbar. **Nicht richtig** ist also: *das ausschließlichste Recht, die ausschließlichste Verwendung.*

2. Beugung: Das Verhältniswort (die Präposition) *ausschließlich* (=ohne) steht mit dem Wesfall, wenn vor dem Hauptwort, das auf *ausschließlich* folgt, noch ein weiteres Wort steht. Es heißt also: *die Kosten ausschließlich des genannten Betrages, die Miete ausschließlich der Heizungskosten.* Steht das Hauptwort, das auf *ausschließlich* folgt, in der Einzahl allein, dann hat es keine Beugungsendung. Es heißt dann: *der Preis ausschließlich Porto.* Steht das Hauptwort, das auf *ausschließlich* folgt, in der Mehrzahl allein, dann muss es im Wemfall stehen. Es heißt dann: *der Preis ausschließlich Getränken.*

Außenstehende, der und die

Man beugt das Wort in folgender Weise: *der Außenstehende, ein Außenstehender, zwei Außenstehende, die Außenstehenden, einige Außenstehende, alle Außenstehenden, solche Außenstehende* und *solche Außenstehenden, beide Außenstehenden* und seltener auch *beide Außenstehende; besagtem Außenstehenden, die Meinung unabhängiger Außenstehender.*

Als Beisatz (Apposition): *mir (dir, ihm) als Außenstehenden* und *mir (dir, ihm) als Außenstehendem; ihr als Außenstehenden* und *ihr als Außenstehender.*

Ausrufezeichen

1. Nach Aufforderungs- und Wunschsätzen:
Ein Ausrufezeichen steht nach Sätzen und Satzstücken, die einen Wunsch, eine Aufforderung, einen Befehl oder ein Verbot ausdrücken:

Komm sofort zurück!
Nehmen Sie doch bitte Platz!
Rauchen verboten!
Ruhe!
Guten Appetit!
Vorsicht, bissiger Hund!

Ein Ausrufezeichen steht nicht, wenn man Aufforderungssätze ohne besonderen Nachdruck spricht:

Geben Sie mir bitte das Buch.

2. Nach Ausrufen und Ausrufesätzen:
Ein Ausrufezeichen steht nach Ausrufen, die die Form eines vollständigen oder eines verkürzten Satzes (auch eines Fragesatzes) haben oder nur aus einem Wort bestehen:

Das ist ja großartig! So ein Unsinn!
Was erlauben Sie sich!
Kein Kommentar! Gesperrt!

3. Nach Grußformeln:
Grußformeln sind stark verkürzte Sätze, nach ihnen steht ein Ausrufezeichen:

Guten Tag! Frohe Feiertage!
Auf Wiedersehen!

4. Nach Ausrufewörtern und Ausrufelauten:
Nach Ausrufewörtern und Ausrufelauten steht ein Ausrufezeichen:

Ach! Oh! Au! Hallo! Pfui! Pst!

Stehen mehrere Ausrufewörter nebeneinander, die nicht besonders betont sind, dann steht zwischen ihnen ein Komma:

Nein, nein, nein! Doch, doch!

5. Nach der Briefanrede:
Nach der Anrede in Briefen kann ein Ausrufezeichen stehen. (Im Brieftext schreibt man danach groß.) Anstelle des Ausrufezeichens ist heute jedoch ein Komma üblich.
(Der Brieftext beginnt klein.)

Sehr geehrter Herr Schmidt!
Gestern erhielt ich Ihren Brief ...
Sehr geehrter Herr Schmidt,
gestern erhielt ich Ihren Brief ...

6. Ausrufezeichen und Fragezeichen:
Stellt eine Frage zugleich einen Ausruf dar, dann kann man hinter das Fragezeichen noch ein Ausrufezeichen setzen:

Warum denn nicht?!

7. Ausrufezeichen in Klammern:
Gelegentlich kann man nach Angaben, die man bezweifeln oder hervorheben möchte, ein eingeklammertes Ausrufezeichen setzen:

Der Einbrecher hatte früher als Schweißer (!) gearbeitet.

außer

1. Verhältniswort oder Bindewort: Man kann *außer* in der Bedeutung »ausgenommen« als Verhältniswort (Präposition) oder als Bindewort (Konjunktion) auffassen. Sieht man es als Verhältniswort an, dann steht danach der Wemfall: *Er besaß nichts mehr außer einem*

Koffer mit Kleidern. Niemand konnte es wissen außer mir. Sieht man außer dagegen als Bindewort an, dann steht danach immer derjenige Fall, den das Bezugswort hat. Es kann also auch heißen: Wenfall: *Er besaß nichts mehr außer einen Koffer mit Kleidern.* Werfall: *Niemand konnte es wissen außer ich.* Und im Wesfall: *Ich entsinne mich all dieser Vorfälle nicht mehr außer eines einzigen.*

2. Ich geriet außer mir / außer mich: In der Fügung *außer sich geraten* kann das Fürwort (Pronomen) im Wemfall oder im Wenfall stehen: *Ich geriet außer mir vor Freude.* Oder: *Ich geriet außer mich vor Freude.* Beides ist richtig.

3. Komma: Wenn *außer* eine (nachgetragene) Einschränkung anschließt, trennt man diese durch ein Komma ab: *Niemand kann mir helfen, außer ich selbst.* Ohne Komma wird der Ausdruck mit *außer* in den Satz einbezogen: *Niemand außer mir selbst kann mir helfen.* Manchmal ist beides möglich: *Sie können mich[,] außer in der Mittagszeit[,] immer erreichen.*

auszeichnen, sich
Bei *sich auszeichnen als* steht das Hauptwort, das auf *als* folgt, heute im Werfall: *Er zeichnete sich als umsichtiger Mitarbeiter aus.*

Auszubildende, der und die
Man beugt das Wort in folgender Weise: *der Auszubildende, ein Auszubildender, zwei Auszubildende, die Auszubildenden, einige Auszubildende, alle Auszubildenden, solche Auszubildende und solche Auszubildenden, beide Auszubildenden* und seltener auch *beide Auszubildende; besagtem Auszubildenden, die Einstellung junger Auszubildender.*

Als Beisatz (Apposition): *mir (dir, ihm) als Auszubildenden* und *mir (dir, ihm) als Auszubildendem; ihr als Auszubildenden* und *ihr als Auszubildender.*

B

Bad
Die von Ortsnamen mit *Bad* (z. B. *Bad Hersfeld*) gebildeten Formen auf -*er* kann man mit oder ohne Bindestrich schreiben: *Bad Hersfelder Festspiele* oder *Bad-Hersfelder Festspiele*. Bei Benennungen wie *Bad-Ems-Straße* wird mit Bindestrichen durchgekoppelt.

bald
1. Steigerung: Das Umstandswort (Adverb) *bald* lässt sich steigern. Die Formen sind unregelmäßig und lauten: *bald – eher – am ehesten.*

2. Komma: Bei *bald ... bald ...* (das Satzteile oder Sätze verbindet) steht vor dem zweiten *bald* (und auch vor jedem weiteren) immer ein Komma: *Bald ist er hier, bald dort. Bald lachte das Kind, bald weinte es, bald schrie es erbärmlich.*

baldmöglichst
Dieses Wort, das aus der Fügung *so bald wie möglich* zusammengezogen ist, wird hauptsächlich in der Amtssprache verwendet. Stilistisch besser ist *möglichst bald*: *Antworten Sie bitte möglichst bald.*

Bank

Zusammengesetzte Wörter wie *Blut-bank, Organbank* oder auch *Daten-bank* (die Aufbewahrungsstellen für be-stimmte, auf Abruf verfügbare Dinge bezeichnen) schließen sich bei der Bil-dung der Mehrzahl an *Bank* im Sinne von »Geldinstitut« (also *Banken*) an, nicht an *Bank* im Sinne von »Sitzgele-genheit« *(Bänke)*. Also: *Blutbanken, Organbanken, Datenbanken*. Dagegen aber: *Muschelbänke, Sandbänke, Aus-ternbänke*.

basieren

Nach *basieren auf* im Sinne von »fu-ßen, beruhen, sich stützen auf« steht der Wemfall (Frage: auf wem oder was?): *Ihre Ausführungen basierten auf genauer Kenntnis. Der Text basiert auf einem genauen Vergleich.*

bayerisch, bayrisch oder bairisch

Das Eigenschaftswort zu *Bayern* lautet *bayerisch* oder *bayrisch*. Die Form mit -e- kommt standardsprachlich häufiger vor: *der Bayerische Wald; Bayerisch Ei-senstein;* Ausnahme: *Bayrischzell*. Das Eigenschaftswort schreibt man mit -i- *(bairisch)*, wenn man damit die Spra-che des Dialektraumes in Bayern und Österreich bezeichnet.

Beamte

Man beugt das Wort in folgender Weise: *der Beamte, ein Beamter, zwei Beamte, die Beamten, einige Beamte, alle Beamten, solche Beamte* und *sol-che Beamten, beide Beamten* und sel-tener auch *beide Beamte; genanntem Beamten, die Versorgung ausscheiden-der Beamter.*

Als Beisatz (Apposition): *mir (dir, ihm) als Beamten* und: *mir (dir, ihm) als Beamtem.*

Beantwortung

Im amtlichen und kaufmännischen Be-reich steht am Briefanfang häufig die Formulierung *in Beantwortung Ihres Schreibens*. Dieser Ausdruck ist stilis-tisch unschön und meist auch über-flüssig, denn der Bezug ist ja bei sol-chen Schreiben in der Regel bereits angegeben. Will man trotzdem noch einen Bezug formulieren, dann besser in der Form: *Auf Ihr Schreiben ...* oder: *Zu Ihrem Schreiben vom ... teilen wir Ihnen mit ...*

Bedarf

Es heißt richtig *Bedarf an* (**nicht:** *für*) etwas: *Der Bedarf an Arbeitskräften ist gestiegen. Wir haben keinen Bedarf an Getränken.* In der Kaufmannssprache wird auch mit *in* angeschlossen: *Bedarf in Kohlen haben.*

bedeuten

Steht das Hauptwort, das auf *bedeuten* folgt, mit einem Geschlechtswort (Arti-kel), kann es nur im Wenfall stehen: *Dieser Roman bedeutete für ihn den ersten* (**nicht:** *der erste*) *Erfolg. Das be-deutet einen* (**nicht:** *ein*) *Eingriff in meine Rechte.* In Sätzen ohne *der, die, das, ein, eine* usw. kommt auch der Werfall vor (der Wenfall ist jedoch übli-cher): *Mord bedeutet elektrischer* (Wen-fall: *elektrischen*) *Stuhl. Abitur bedeutet nicht reiner* (Wenfall: *reinen*) *Zeitver-lust.* Verwendet man den Werfall, drückt *bedeuten* im Sinne von »so viel sein wie« eine Gleichsetzung aus.

Sprachtipps

bedeutend oder bedeutsam

Das Wort *bedeutend* drückt aus, dass jemand oder etwas bemerkenswert, hervorragend ist: *Sie ist eine bedeutende Wissenschaftlerin. Dies war ein bedeutendes Ereignis.* Das Wort *bedeutsam* drückt dagegen aus, dass etwas wichtig, von großer Tragweite ist. Es wird in der Regel nicht auf Personen bezogen: *Das ist eine bedeutsame Entdeckung. Die Rede des Präsidenten war für uns alle bedeutsam.*

Bedeutung

Nach Ausdrucksweisen wie *die Bedeutung des Lehrers, der Sportlerin; die Bedeutung von Lehrer Müller, von Dr. Meyer* steht gelegentlich eine Ergänzung mit *als: die Bedeutung des Lehrers als Erzieher; die Bedeutung von Lehrer Müller als Erzieher.* Dabei ist Folgendes zu beachten: *Die Bedeutung des Lehrers als ...:* Folgt nach *als* eine Ergänzung mit *der, die, das, ein, eine* usw., setzt man diese in den gleichen Fall wie das Wort, auf das sie sich bezieht (hier: *des Lehrers;* Wesfall): *Er erkannte die Bedeutung des Lehrers als eines einflussreichen Erziehers seiner Kinder. Sie unterschätzte die Bedeutung der Krebsvorsorge als einer sozialen Maßnahme.* Folgt jedoch die Ergänzung nach *als* ohne *der, die* usw., ist es üblich, den Werfall zu verwenden: *Er erkannte die Bedeutung des Lehrers als einflussreicher Erzieher seiner Kinder. Sie unterschätzte die Bedeutung der Krebsvorsorge als soziale Maßnahme.* Auch richtig, allerdings seltener ist hier der Wesfall: *Er erkannte die Bedeutung des Lehrers als einflussreichen Erziehers seiner Kinder.*

Sie unterschätzte die Bedeutung der Krebsvorsorge als sozialer Maßnahme. Mit Fürwort (Pronomen) ist Werfall üblich: *Er erkannte seine Bedeutung als einflussreicher Lehrer der Kinder. Sie unterschätzte ihre Bedeutung als soziale Maßnahme.*

Die Bedeutung von Lehrer Müller als ...: In solchen Sätzen bezieht man die Ergänzung, die auf *als* folgt, üblicherweise auf *von* und setzt sie deshalb in den Wemfall (Frage: von wem?): *die Bedeutung von Lehrer Müller als einem einflussreichen / als einflussreichem Erzieher der Kinder.* Es ist jedoch auch möglich, die Ergänzung in den Werfall zu setzen: *die Bedeutung von Lehrer Müller als einflussreicher Erzieher der Kinder. Die Bedeutung von Frau Dr. Meyer als großer Kunstmäzenin wurde besonders gewürdigt.*

befassen

Neben *sich mit etwas befassen* kommt heute auch *jemanden* oder *etwas mit etwas befassen* vor: *Er befasste die Gerichte mit Anklagen. Ein junger Beamter wurde mit dieser Aufgabe befasst.*

befindlich

Das Eigenschaftswort *befindlich* gehört zwar zu *sich befinden*, man darf es aber nicht mit *sich* verbinden: *der in der Auslage befindliche Schmuck* oder (stilistisch weniger schön): *der sich in der Auslage befindende Schmuck.* **Nicht richtig** ist die Vermischung: *der sich in der Auslage befindliche Schmuck.*

beginnen

1. Gebrauch des Mittelworts: Das Mittelwort der Vergangenheit (2. Partizip) von *beginnen* (es lautet *begonnen*) lässt sich nur unter bestimmten Voraussetzungen als Beifügung eines Hauptwortes verwenden. **Richtig** ist: *Sie hat die begonnene Arbeit fortgesetzt.* **Falsch** dagegen ist: *Der im April begonnene Konjunkturaufschwung hat sich nicht fortgesetzt.* Das erste Beispiel ist richtig, denn man kann auflösen: *die begonnene Arbeit = Arbeit, die begonnen worden ist.* Wendet man dieses Schema im zweiten Beispiel an *(der begonnene Konjunkturaufschwung = der Konjunkturaufschwung, der begonnen worden ist)*, wird der inhaltliche Fehler deutlich: Der *Konjunkturaufschwung* ist nämlich nicht begonnen worden, sondern er hat begonnen. Deshalb kann es nur heißen: *Der Konjunkturaufschwung, der im April begonnen hat, hat sich nicht fortgesetzt.* Richtig ist auch: *Der im April beginnende Konjunkturaufschwung hat sich nicht fortgesetzt.*

2. Komma: Wenn das Zeitwort *beginnen* mit einer Wortgruppe, die die Grundform eines anderen Zeitworts enthält, verbunden ist (Infinitivgruppe), dann kann man ein Komma setzen, um die Gliederung des Satzes deutlich zu machen oder um Missverständnisse auszuschließen: *Er begann sofort[,] ein Loch zu bohren* oder *Er begann[,] sofort ein Loch zu bohren.* Beides ist richtig.

beharren

Nach *beharren auf* steht der Wemfall. Es muss also heißen: *Ich beharre auf meinem* (**nicht:** *auf meinen*) *Anspruch.*

behindern/hindern/verhindern

Manchmal ist es schwierig, diese Wörter richtig zu gebrauchen. Das Zeitwort *behindern* bedeutet »hemmen; störend aufhalten«; es drückt aus, dass etwas erschwert wird, aber nicht, dass es unmöglich gemacht wird: *Der Betrunkene behinderte den Verkehr. Die Spielerinnen behinderten sich gegenseitig.* Das Wort *verhindern* bedeutet dagegen »bewirken, dass etwas nicht geschieht oder getan wird«. Wer etwas verhindert, macht es unmöglich: *Sie verhinderte ein Unglück. Der Torwart verhinderte einen Rückstand.* Das einfache *hindern* schließlich kann sowohl im Sinne von »behindern« als auch im Sinne von »verhindern« stehen: *Der Verband hinderte sie sehr bei der Hausarbeit. Der Nebel hinderte ihn, schneller zu fahren.* In Verbindung mit *an* hat *hindern* immer die Bedeutung »verhindern«: *Der Lärm hinderte mich am Einschlafen. Niemand kann mich daran hindern, abzureisen.*

behindert

Die Formen des Eigenschaftswortes, die eine körperliche oder geistige Behinderung als einen medizinischen Tatbestand ausdrücken, werden unterschiedlich geschrieben. *Geistig behindert* und *körperlich behindert* schreibt man immer getrennt. *Schwerbehindert* wird zusammengeschrieben, wenn es die Bedeutung »durch schwere körperliche Behinderung dauernd geschädigt« hat und *schwer* nicht gesteigert oder erweitert ist: *Seit dem Unfall ist sie schwerbehindert.* Aber: *Besonders schwer behinderte Kinder bedürfen einer individuellen Förderung.* Immer zusammen schreibt man dagegen *körperbehindert* und *mehrfachbehindert*. In Verbindung mit *nicht* wird in der Regel getrennt geschrieben: *ein nicht behindertes Kind; diese Kinder sind nicht behindert.* Die Zusammenschreibung ist aber auch zulässig: *ein nichtbehindertes Kind.*

bei

1. Wemfall: Nach *bei* steht der Wemfall: *Bei dir fühle ich mich wohl. Sie beschwerte sich bei der Geschäftsführerin.* Standardsprachlich **nicht richtig** sind Formen (mit dem Wenfall) wie: *Die Fliegen gehen bei die Wurst. Heute gehen wir bei Oma.* Statt *bei* muss hier *an* beziehungsweise *zu* stehen: *Die Fliegen gehen an die Wurst. Heute gehen wir zu Oma.*

2. bei was oder wobei: Vor allem in der Umgangssprache ersetzen viele *wobei* durch *bei was: Bei was hast du dich verletzt? Ich weiß nicht, bei was er sich verletzt hat.* Stilistisch besser ist *wobei: Wobei hast du dich verletzt? Ich weiß nicht, wobei er sich verletzt hat.*

beide

1. Rechtschreibung: Das Wort *beide* wird immer und in allen seinen Formen kleingeschrieben: *Einer von den beiden war es. Es kamen beide.*

2. a) beide oder die beiden: Sowohl *beide* als auch *die beiden* bezieht sich auf zwei schon bekannte oder genannte Wesen oder Dinge. Die Form *beide* ist im Satz besonders betont und drückt aus, dass die Aussage die zwei Wesen oder Dinge in gleicher Weise betrifft: *Beide Brüder* (= nicht nur einer) *sind gefasst worden.* Die Form *die bei-*

den ist weniger betont: *Die beiden Brüder sind gefasst worden* (= sie sind nicht mehr frei). **b) die zwei beiden:** Da *zwei* und *beide* das Gleiche bedeuten, sind Fügungen wie *die zwei beiden* und *wir zwei beide* (oder *wir zwei beiden*) nicht standardsprachlich. Sie finden sich manchmal verstärkend oder scherzhaft in der nord- und mitteldeutschen Umgangssprache.

3. beide oder beides: Statt *beide* kann in bestimmten Fällen auch *beides* stehen, wenn es allein steht und sich auf Dinge und nicht auf Personen bezieht: *Das Werk und die Aufführung, beides gab den Kritikern Rätsel auf* neben: *... beide gaben den Kritikern Rätsel auf.*

4. die beiden Ersten oder die ersten beiden: Die Fügung *die beiden Ersten* bezieht sich jeweils auf das erste Glied zweier verschiedener Größen: *Die beiden Ersten der zwei Vorläufe liefen die gleiche Zeit.* Im Gegensatz dazu bezieht sich *die ersten beiden* auf das erste und das zweite Glied einer einzigen Größe: *Die ersten beiden jedes Vorlaufs kommen weiter.*

5. Beugung: siehe Kasten S. 467

beigefügt

Die im geschäftlichen Briefwechsel häufig verwendete Formulierung *Beigefügt erhalten Sie ...* ist zwar vom grammatischen Standpunkt aus nicht eindeutig. Es ist jedoch klar, dass hier nicht der Empfänger »beigefügt« ist. Wem dieses *beigefügt* jedoch missverständlich oder unschön vorkommt, kann es weglassen oder auf *hiermit, anbei* oder auf *als Anlage* ausweichen.

Schwierigkeiten der Beugung bei *beide*

1. Beugung von beide:

a) In Verbindung mit persönlichen Fürwörtern (Personalpronomen) beugt man folgendermaßen:

(Werfall:)	*Sie beide kamen.*
(Wesfall:)	*Das ist unser (euer, ihrer) beider Eigentum.*
(Wemfall:)	*Er kennt uns (euch, sie) beide.*

b) wir/ihr beiden, wir/ihr beide

In Verbindung mit *wir* und *ihr* sind im Wemfall zwei Formen üblich: Neben *wir beide* gibt es auch die seltenere, aber ebenfalls richtige Form *wir beiden.*
Nach *ihr* heißt es meist, zumal wenn es als Anrede herausgehoben ist,

Ihr beiden:
Ihr beiden, seid ihr wieder versöhnt?
Seid ihr beiden / (aber auch:)
ihr beide wieder versöhnt?

Steht *beide* zwischen *wir (ihr)* und einem Hauptwort, beugt man es wie ein gewöhnliches Eigenschaftswort:

wir beiden Anfänger
ihr beiden Diebe.

In Verbindung mit Fürwörtern (Pronomen) anderer Art beugt man *beide* folgendermaßen:

Dies[es] beides / alles beides gefällt mir.
Alle beide kamen.

Jedoch: *Diese (jene) beiden kamen.*
Man bedarf aller beider. Jedoch: *Man bedarf dieser (jener) beiden. Sie hilft allen (diesen, jenen) beiden. Er kennt alle (diese, jene) beiden.*

2. Beugung des Eigenschaftsworts nach beide:

Steht *beide* vor einem Eigenschaftswort, dem noch ein Hauptwort folgt, beugt man dieses Eigenschaftswort in der Regel schwach, d. h., es endet auf *-en:*

(Werfall:)	*beide großen Parteien*
(Wesfall:)	*die Mitglieder beider großen Parteien*
(Wemfall:)	*mit beiden großen Parteien*

Die starke Beugung:

(Werfall:)	*beide großen Parteien*
(Wesfall:)	*die Mitglieder beider großer Parteien*

ist ebenfalls richtig, allerdings seltener.

---

beiliegend

Die im geschäftlichen Briefwechsel häufig verwendete Formulierung *Beiliegend übersende ich Ihnen ...* ist zwar vom grammatischen Standpunkt aus nicht eindeutig. Es ist jedoch klar, dass hier nicht der Absender »beiliegt«. Wem dieses *beiliegend* jedoch missverständlich oder unschön vorkommt, kann es weglassen oder auf *hiermit, anbei* oder auf *in der / als Anlage* ausweichen.

Beisatz (Apposition)
Unter einem Beisatz versteht man ein Hauptwort oder eine Wortgruppe, die einem anderen Hauptwort erklärend beigefügt ist.

1. Komma: Der Beisatz wird meist nachgestellt und in Kommas eingeschlossen: *Klaus, dem besten Schüler, wurde ein Buchpreis überreicht. Der Tod dieses Gelehrten, des Begründers der Strahlenheilkunde, ist ein großer Verlust für die Wissenschaft.* Nach dem letzten Bestandteil eines Beisatzes (wenn der Text danach weitergeht) ist das Komma freigestellt, da man mehrteilige Angaben als Aufzählung oder Beisatz verstehen kann. Dies gilt in den folgenden Fällen: nach einer mehrteiligen Wohnungsangabe *(Herr Meier ist von Bonn, Königstr. 20[,] nach Köln umgezogen)*, nach mehrteiligen Stellenangaben aus Büchern o. Ä. *(Die Regeln sind im Duden, Rechtschreibung, S. 10[,] erschienen)*, nach mehrteiligen Datums- oder Zeitangaben *(Sie kommt am Samstag, dem 10. Oktober, 15 Uhr[,] in Bonn an)*. Wenn der Name dem Beisatz folgt, können beide Kommas entfallen: *Dem besten Schüler[,] Klaus[,] wurde ein Buchpreis überreicht.*

2. Beugung: Üblicherweise stehen der Beisatz und das Hauptwort, zu dem er gehört, im gleichen Fall. Es gibt aber auch Fälle, in denen der Beisatz im Werfall steht, obwohl das Bezugswort im Wesfall steht: *das Wirken dieses Mannes, Vorkämpfer (selten: Vorkämpfers) für die Rassengleichheit; der Tod dieses Gelehrten, Begründer (selten: Begründers) der Strahlenheilkunde.*

Falsch hingegen ist es, den Beisatz in den Wemfall zu setzen, obwohl das Bezugswort in einem anderen Fall steht. Richtig muss es heißen: *Der Preis für Brot, das* (**nicht:** *dem*) *Grundnahrungsmittel der Bevölkerung, ist ge-*

stiegen. *Dies lässt sich am besten am Beispiel Brasiliens, des größten Landes* (**nicht:** *dem größten Land*) *Südamerikas, zeigen.*

3. Anschluss mit *als/wie*: Beisätze kann man auch mit *als* oder *wie* anschließen: *Unternehmungen wie einen Ausflug oder eine Wanderung schätzt er nicht besonders. Ihm als dem Leiter dieser Schule war so etwas noch nicht begegnet. Für Sie als leitenden Angestellten kommt das nicht in Betracht.*

Steht das Bezugswort im Werfall, Wemfall oder Wenfall, dann müssen diese Beisätze im Fall übereinstimmen, also: *mir als Verantwortlichem* (**nicht:** *als Verantwortlicher*).

Nur bei einem Bezugswort im Wesfall kann der Beisatz unter bestimmten Umständen auch im Werfall stehen: *Die Bedeutung des Passes als wichtige* (auch: *wichtiger*) *Handelsstraße hat sich abgeschwächt.* **Aber nur:** *die Würdigung Georges als eines großen Schauspielers. Das schadete dem Ansehen des Kunsterziehers als des beliebtesten Lehrers der Schule.*

bekannt wegen/für/durch

Nach *bekannt* kann man mit den Verhältniswörtern *wegen*, *für* oder *durch* anschließen: *Das Restaurant ist wegen seiner guten Küche bekannt. Sie ist für ihre Freigebigkeit bekannt. Er ist durch seine Auftritte im Fernsehen bekannt geworden.* Zu beachten ist, dass *durch* nur dann stehen darf, wenn ein Vorgang, nicht wenn ein Zustand angesprochen ist. **Nicht möglich:** *Das Restaurant ist durch seine gute Küche bekannt.*

Bekannte, der und die

Man beugt das Wort in folgender Weise: *der Bekannte, ein Bekannter, zwei Bekannte, die Bekannten, einige Bekannte, alle Bekannten, solche Bekannte* und *solche Bekannten, beide Bekannte* und seltener auch *beide Bekannten; erwähntem Bekannten, der Besuch alter Bekannter.*

Als Beisatz (Apposition) *mir (dir, ihm) als Bekannten* und *mir (dir, ihm) als Bekanntem; ihr als Bekannten* und: *ihr als Bekannter.*

bekennen, sich

Bei *sich bekennen als* steht das Hauptwort, das dem *als* folgt, heute gewöhnlich im Werfall: *Er bekannte sich als eigentlicher Urheber.* Der Wenfall *(Er bekannte sich als eigentlichen Urheber)* veraltet allmählich.

benutzen oder benützen

Die beiden Zeitwörter sind gleichbedeutend. Während *benutzen* häufiger in Norddeutschland gebraucht wird, ist *benützen* im süddeutschen Raum gebräuchlicher: *Er benutzt nur Seife* oder: *Er benützt nur Seife.*

berichten über oder berichten von

Der Unterschied in der Bedeutung der beiden Verhältniswörter (Präpositionen) ist nur gering. Man kann sagen, dass *über jemanden, über etwas berichten* einen umfassenden, eingehenden Bericht meint, während *von jemandem, von etwas berichten* sich mehr auf Einzelheiten bezieht.

Berufstätige, der und die

Man beugt das Wort in folgender Weise: *der Berufstätige, ein Berufstätiger, zwei Berufstätige, die Berufstätigen, einige Berufstätige, alle Berufstätigen, solche Berufstätige* und *solche Berufstätigen, beide Berufstätigen* und seltener auch *beide Berufstätige; besagtem Berufstätigen, die Erfassung pflichtversicherter Berufstätiger.*

Als Beisatz (Apposition): *mir (dir, ihm) als Berufstätigen* und *mir (dir, ihm) als Berufstätigem; ihr als Berufstätigen* und *ihr als Berufstätiger.*

berühmt wegen/für/durch

Nach *berühmt* können die Verhältniswörter (Präpositionen) *wegen, für* oder *durch* stehen: *Das Restaurant ist wegen seiner guten Küche berühmt. Er war für seine Schlagfertigkeit berühmt. Sie ist durch ihre Moderationen im Fernsehen berühmt geworden.* Zu beachten ist, dass *durch* nur dann stehen darf, wenn man einen Vorgang, nicht wenn man einen Zustand anspricht. **Nicht möglich:** *Das Restaurant ist durch seine gute Küche berühmt.*

besagt

Das Wort *besagt* ist wie ein gewöhnliches Eigenschaftswort zu behandeln. Folgt auf *besagt* ein weiteres Eigenschaftswort, dann erhalten beide Wörter die gleichen Endungen, z. B.: *die besagten neuen Bücher; die Umschläge besagter neuer* (**nicht:** *neuen*) *Bücher; besagtes neues* (**nicht:** *neue*) *Buch; besagtem neuem* (aus lautlichen Gründen auch noch: *neuen*) *Buch.*

Beschäftigte, der und die

Man beugt das Wort in folgender Weise: *der Beschäftigte, ein Beschäftigter, zwei Beschäftigte, die Beschäftigten, einige Beschäftigte, alle Beschäftigten, solche Beschäftigten, beide Beschäftigten* und seltener auch *beide Beschäftigte; ausscheidendem Beschäftigten, die Belange ausländischer Beschäftigter.*

Als Beisatz (Apposition): *mir (dir, ihm) als Beschäftigten* und *mir (dir, ihm) als Beschäftigtem; ihr als Beschäftigten* und *ihr als Beschäftigter.*

Bescheid

Das Wort *Bescheid* wird **immer** großgeschrieben, auch in Verbindungen wie *Bescheid wissen, Bescheid sagen, Bescheid geben, Bescheid tun* usw.

besitzen

1. Gebrauch des Mittelworts: Das Mittelwort der Vergangenheit (2. Partizip) von *besitzen* (es lautet *besessen*) ist nicht als Beifügung eines Hauptwortes zu verwenden. Also **nicht:** *Er verkaufte das zwanzig Jahre besessene Haus,* sondern: *Er verkaufte das Haus, das er zwanzig Jahre lang besessen hatte.*

2. besitzen oder haben: Das Zeitwort *besitzen* bezieht sich auf alles, was man als materiellen oder geistigen Besitz erwerben und worüber man mehr oder minder frei verfügen kann. Dazu gehören auch Eigenschaften meist positiver, aber auch negativer Art, sofern sie nur fest mit dem betreffenden Menschen verbunden sind und ihn auf Dauer oder wenigstens für eine gewisse Zeit charakterisieren: *viele Bücher, ein Auto, die Mittel besitzen, Talent, Fantasie, je-*

mandes *Vertrauen, die Frechheit besitzen.* Das Zeitwort *haben* stellt zunächst nur ein Vorhandensein fest und sagt über den Besitz als solchen nichts aus: *Er hat Geld bei sich* (= dabei), aber: *Er besitzt viel Geld* (= er ist reich). Es tritt überall dort auf, wo die Vorstellung eines Besitzes (gleich welcher Art) nicht zutreffend ist. So sagt man **nicht:** *Er besitzt einen guten Posten,* sondern: *Er hat einen guten Posten.* **Nicht:** *Er besitzt eine nette Frau,* sondern: *Er hat eine nette Frau.* Nicht richtig ist es, *besitzen* statt *haben* zu verwenden, wenn die Vorstellung des Besitzes offensichtlich sinnwidrig erscheint oder wo nur ein zufälliges oder einmaliges Vorhandensein ausgedrückt werden soll, das nicht wesensmäßig zur Person oder Sache gehört. Man kann also **nicht** sagen: *Er besaß Schulden. Er besitzt blaue Augen. Er besitzt Feinde,* sondern: *Er hat Schulden. Er hat blaue Augen. Er hat Feinde.*

besondere

Man schreibt das Eigenschaftswort **groß,** wenn es als Hauptwort gebraucht wird, z. B.: *Sie liebt das Besondere. Sie hat etwas Besonderes.* Dies gilt auch für *im Besonderen: Im Besonderen interessiere ich mich für amerikanische Literatur.*

besonders

Vor *besonders* steht ein Komma, wenn es einen Zusatz einleitet. *Äpfel und Nüsse, besonders aber Feigen isst er gern.* Der Zusatz *besonders aber Feigen* ist ein Aufzählungsglied. Als Zusatz kann jedoch auch eine nähere Erläuterung zum Vorangehenden stehen: *Al-*

*kohol, besonders aber Rotwein, verträgt
er nicht.* Hier ist der Zusatz *besonders
aber Rotwein* kein Aufzählungsglied,
sondern eine nähere Bestimmung, ein
Beisatz von *Alkohol.* Diese Bestimmung ist ein Einschub, der durch Kommas vom übrigen Satz abgetrennt
wird. (**Ausnahme:** *Ausländische, besonders aber holländische und belgische
Firmen traten als Bewerber auf.* Man
setzt kein schließendes Komma, um
den Zusammenhang der Fügung nicht
zu stören.) Tritt zu diesem *besonders*
noch ein *wenn* (*als, weil* o. Ä.), dann
kann zwischen *besonders* und *wenn* ein
Komma stehen: *Er geht gern spazieren,
besonders[,] wenn die Sonne scheint.*

besser

1. Rechtschreibung: Man schreibt das
Eigenschaftswort, wenn es als Hauptwort gebraucht wird, in der Regel **groß**,
z. B.: *jemanden eines Besseren belehren; sich eines Besseren besinnen; ich
habe etwas Besseres.* Auch *das Bessere*
wird großgeschrieben: *Es ist das Bessere, wenn ...*

2. bessere oder bessre: Bei den gebeugten Formen von *besser* wird das
zweite -e- gewöhnlich nicht ausgesto
ßen. Wenn man es aber tut, steht
auch in diesen Formen ss: *eine bessre
Ernte.*

Bestätigung

Nach Formulierungen wie *die Bestätigung des Fraktionsführers; die Bestätigung von Fraktionsführer Müller* steht
gelegentlich eine Ergänzung mit *als:
die Bestätigung des Fraktionsführers als
Präsident; die Bestätigung von Fraktionsführer Müller als Präsident.* Dabei
ist Folgendes zu beachten: *Die Bestätigung des Fraktionsführers als ...:* Folgt
nach *als* eine Ergänzung mit *der, die,
das, ein, eine* usw., setzt man diese üblicherweise in den gleichen Fall wie das
Wort, auf das sie sich bezieht (hier: *des
Fraktionsführers;* Wesfall): *Er konnte
die Bestätigung des Fraktionsführers als
des neuen Präsidenten nicht verhindern.* Folgt jedoch die Ergänzung nach
als ohne *der, die* usw., ist es heute üblich, den Werfall zu verwenden: *Er
konnte die Bestätigung des Fraktionsführers als neuer Präsident nicht verhindern.* Das Gleiche gilt für Beispiele mit
Fürwort (Pronomen): *Er konnte dessen
Bestätigung als neuer Präsident nicht
verhindern.*

*Die Bestätigung von Fraktionsführer
Müller als ...:* In solchen Sätzen bezieht man die Ergänzung, die auf *als*
folgt, üblicherweise auf *von* und setzt
sie deshalb in den Wemfall (Frage: von
wem?): *die Bestätigung von Fraktionsführer Müller als dem neuen Präsidenten / als neuem Präsidenten.* Es ist jedoch auch möglich, die Ergänzung in
den Werfall zu setzen: *die Bestätigung
von Fraktionsführer Müller als neuer
Präsident.*

bestbezahlt

Da das Eigenschaftswort *bestbezahlt*
bereits eine höchste Steigerungsstufe
(*best...*) enthält, ist es nicht mehr steigerbar: *der bestbezahlte* (**nicht:** *bestbezahlteste*) *Job.*

beste

Man schreibt das Eigenschaftswort,
wenn es als Hauptwort gebraucht wird,
im Allgemeinen groß, z. B.: *das Beste in*

seiner Art, *der Beste in seiner Klasse; das Beste aus etwas machen.* Dies gilt auch für die folgenden Wendungen: *jemanden zum Besten haben/halten; etwas zum Besten geben; nicht zum Besten stehen.* Man schreibt ebenfalls **groß,** wenn man *das Beste* durch »am besten« ersetzen kann. *Es ist das Beste, du schweigst!* Im folgenden Fall kann man groß- oder kleinschreiben: *Ich bin aufs beste/Beste vorbereitet.*

bestehen

Das Mittelwort der Vergangenheit (2. Partizip) von *bestehen* (es lautet *bestanden*) kann man nur unter bestimmten Voraussetzungen als Beifügung eines Hauptwortes verwenden.

1. die bestandene Prüfung: Richtig ist: *Wir feierten die bestandene Prüfung.* **Falsch** dagegen ist: *der bestandene Prüfling* oder *der 50 Jahre bestandene Verein.* Das erste Beispiel ist richtig, denn man kann auflösen: *die bestandene Prüfung = die Prüfung, die bestanden worden ist.* Wendet man dieses Muster bei den anderen beiden Beispielen an *(der bestandene Prüfling = der Prüfling, der bestanden worden ist; der 50 Jahre bestandene Verein = der Verein, der 50 Jahre bestanden worden ist),* wird der inhaltliche Fehler deutlich. Hier kann es nur heißen: *der Prüfling, der bestanden hat; der Verein, der 50 Jahre lang bestanden hat.*

2. der bestandene Platz: Richtig sind auch Formen wie *der mit Bäumen bestandene Platz; das mit Schilf bestandene Ufer.* Hier gehört *bestanden* zu einer sonst nicht mehr gebräuchlichen Verwendungsweise von *bestehen.*

Bestellung

Das Wort *Bestellung* steht mit *auf, über, von,* seltener mit *für.* Für darf man nicht verwenden, wenn vor dem Bestellten eine Zahlenangabe steht: *Wir bestätigen Ihre Bestellung von 5 000 Exemplaren. Wir haben eine Bestellung auf* oder *über 3 000 Liter Heizöl erhalten* (**nicht:** *für 3 000 Liter*). Aber ohne Zahlenangabe: *Es sind viele Bestellungen für Bücher eingegangen.*

bestmöglich

Da das Eigenschaftswort *bestmöglich* bereits eine höchste Steigerungsstufe *(best...)* enthält, ist es nicht mehr steigerbar: *die bestmögliche* (**nicht:** *bestmöglichste*) *Methode.*

Beteiligte, der und die

Man beugt das Wort in folgender Weise: *der Beteiligte, ein Beteiligter, zwei Beteiligte, die Beteiligten, einige Beteiligte, alle Beteiligten, solche Beteiligte* und *solche Beteiligten, beide Beteiligten* und seltener auch *beide Beteiligte; genanntem Beteiligten, die Vernehmung besagter Beteiligter.*

Als Beisatz (Apposition): *mir (dir, ihm) als Beteiligten* und: *mir (dir, ihm) als Beteiligtem; ihr als Beteiligten* und: *ihr als Beteiligter.*

betrachten, sich

Bei *sich betrachten als* steht das Hauptwort, das dem *als* folgt, gewöhnlich im Werfall: *Ich betrachte mich als dein Kamerad.* Der Wenfall *(Ich betrachte mich als deinen Kameraden)* kommt seltener vor, ist aber auch richtig.

Betrag

Es heißt richtig *ein Betrag von* (**nicht:** *über*) *200 €*. Wohl aber kann man sagen *ein Scheck über 200 €*.

betreffend

1. Wortstellung: Das Wort, das von *betreffend* abhängt, steht im Wenfall. Es kann *betreffend* vorangestellt sein, aber auch folgen: *Unser letztes Schreiben den Vertragsbruch betreffend ...* oder: *Unser letztes Schreiben betreffend den Vertragsbruch ...*

    2. Komma: Diese Fügungen mit *betreffend* **kann** man durch Komma abtrennen, um die Gliederung des Satzes deutlich zu machen: *Unser letztes Schreiben[,] den Vertragsbruch betreffend[,] ist ...* und: *Unser letztes Schreiben[,] betreffend den Vertragsbruch[,] ist ...*

betreffs

Dieses Wort der Verwaltungs- und Kaufmannssprache steht mit dem Wesfall: *Betreffs Ihrer Forderung ...* Stilistisch besser ist: *Was Ihre Forderung [an]betrifft, ...* oder: *Wegen Ihrer Forderung ...*

betroffen

Wenn *betroffen* zu der heute nicht mehr üblichen Verwendungsweise von *betreffen* im Sinne von »widerfahren, heimsuchen« gehört, kann man es nur unter bestimmten Voraussetzungen als Beifügung eines Hauptwortes verwenden. **Richtig** ist: *In den vom Erdbeben betroffenen Gebieten droht Seuchengefahr.* **Falsch** dagegen ist: *das die Familie betroffene Unglück.* Das erste Beispiel ist richtig, denn man kann auflö-

sen: *die betroffenen Gebiete = die Gebiete, die betroffen worden sind.* Wendet man dieses Muster im zweiten Beispiel an *(das betroffene Unglück = das Unglück, das betroffen worden ist)*, wird der inhaltliche Fehler deutlich. Der Bezug ist hier nicht richtig. Statt *das die Familie betroffene Unglück* kann es nur heißen: *das Unglück, das die Familie betroffen hat.*

Betroffene, der und die

Man beugt das Wort in folgender Weise: *der Betroffene, ein Betroffener, zwei Betroffene, die Betroffenen, einige Betroffene, alle Betroffenen, solche Betroffene* und *solche Betroffenen, beide Betroffenen* und seltener auch *beide Betroffene; besagtem Betroffenen, die Einsprüche enttäuschter Betroffener.*

    Als Beisatz (Apposition): *mir (dir, ihm) als Betroffenen* und: *mir (dir, ihm) als Betroffenem, ihr als Betroffenen* und: *ihr als Betroffener.*

Bevollmächtigte, der und die

Man beugt das Wort in folgender Weise: *der Bevollmächtigte, ein Bevollmächtigter, zwei Bevollmächtigte, die Bevollmächtigten, einige Bevollmächtigte, alle Bevollmächtigten, solche Bevollmächtigte* und *solche Bevollmächtigten, beide Bevollmächtigten* und seltener auch *beide Bevollmächtigte; besagtem Bevollmächtigten, die Maßnahmen erfahrener Bevollmächtigter.*

    Als Beisatz (Apposition): *mir (dir, ihm) als Bevollmächtigten* und: *mir (dir, ihm) als Bevollmächtigtem; ihr als Bevollmächtigten* und: *ihr als Bevollmächtigter.*

Sprachtipps

bevor

1. Verneinung: Das Bindewort (die Konjunktion) *bevor* leitet einen Nebensatz ein. Dieser Nebensatz kann dem Hauptsatz vorangehen, er kann ihm aber auch folgen. Ist der vorangehende Hauptsatz verneint, kann in dem Nebensatz, der mit *bevor* eingeleitet ist, keine Verneinung stehen. Verneinungen drückt man mit *nicht, kein, nie* usw. aus. Also heißt es **richtig:** *Ich treffe keine Entscheidung, bevor ich mit ihm gesprochen habe.* **Nicht:** *..., bevor ich nicht mit ihm gesprochen habe.* Steht jedoch der Nebensatz vor dem Hauptsatz (und drückt er außer der zeitlichen Aussage auch eine Bedingung aus), setzt man die Verneinung: *Bevor du nicht unterschrieben hast, lasse ich dich nicht fort.*

2. Komma: Einen Nebensatz, der mit *bevor* eingeleitet ist, trennt man immer durch Komma vom Hauptsatz. Schwierigkeiten können jedoch auftreten, wenn zu *bevor* eine weitere Bestimmung tritt. Diese bildet mit *bevor* im Allgemeinen eine Einheit, die man nicht durch Komma trennt: *Sie rief mich an, schon bevor du kamst. Denn bevor er schreiben konnte, musste er sich erst Papier suchen.* Zu unterscheiden sind jedoch die beiden folgenden Sätze: *Drei Wochen bevor der Sohn zurückkehrte, starb die Mutter. Ein ganzes Jahr, bevor ich die Rente bekam, habe ich von meinen Ersparnissen gelebt.* Im ersten Satz gehört die Zeitangabe *drei Wochen* nicht zum Hauptsatz (**nicht:** *Die Mutter starb drei Wochen, bevor ...*), sondern zum Nebensatz (*Die Mutter starb, drei Wochen bevor der Sohn ...*). Hier bilden Zeitangabe und *bevor* eine Einheit, die man nicht durch ein Komma trennt. Im zweiten Satz dagegen gehört die Zeitangabe *ein ganzes Jahr* zum Hauptsatz (*Ein ganzes Jahr habe ich von meinen Ersparnissen gelebt*), der Nebensatz lautet allein *bevor ich die Rente bekam.* Dieser Nebensatz ist in den Hauptsatz eingeschoben und muss durch Kommas abgetrennt werden.

bewahren

Weil das Zeitwort *bewahren* schon verneinenden Sinn hat (= nicht zulassen), darf man einen von ihm abhängenden Satz nicht zusätzlich verneinen. **Nicht richtig** ist darum: *Sie bewahrte ihn davor, keinen falschen Schritt zu tun.* **Richtig** ist: *Sie bewahrte ihn davor, einen falschen Schritt zu tun.*

bewähren, sich

Bei *sich bewähren als* steht das Hauptwort, das dem *als* folgt, heute im Werfall: *Er hat sich als treuer Gefährte bewährt.* Der Wenfall (*Er hat sich als treuen Gefährten bewährt*) ist veraltet.

bezeichnen, sich

Nach *sich bezeichnen* kann nur *als*, nicht *für* stehen: *Sie bezeichnete sich als* (**nicht:** *für*) *zuständig.* Bei *sich bezeichnen als* steht das Hauptwort, das dem *als* folgt, gewöhnlich im Werfall: *Er bezeichnete sich als Präsident aller Bürger.* Der Wenfall (*Er bezeichnete sich als Präsidenten aller Bürger*) kommt seltener vor, ist aber auch richtig.

beziehungsweise

Für *beziehungsweise* (auch für die Abkürzung *bzw.*) gelten die gleichen Kom-
maregeln wie für *oder*. Siehe »oder«.

bezüglich

Dieses Wort ist besonders in der Amtssprache üblich. Man kann es oft durch
wegen, in, über, nach, von usw. ersetzen. Falls man es verwenden will, steht
es in der Regel mit dem Wesfall: *Ihre
Anfrage bezüglich der Bücher. Bezüglich dieser Angelegenheit können wir
nichts sagen.* In der Mehrzahl weicht
man jedoch auf den Wemfall aus, wenn
der Wesfall nicht eindeutig erkennbar
ist (sondern mit dem Werfall und dem
Wenfall übereinstimmt): *bezüglich Geschäften* (**nicht:** *Geschäfte*), *bezüglich
fünf Büchern* (**nicht:** *Bücher*).

binnen

Nach *binnen* steht gewöhnlich der
Wemfall: *binnen wenigen Augenbli-
cken, binnen drei Jahren, binnen kur-
zem/Kurzem.* In gehobener Ausdrucksweise verwendet man den
Wesfall: *binnen knapper zwei Stunden,
binnen eines Jahres.*

bis

1. Zeitangaben: Gewöhnlich stehen
Zeitangaben im Wenfall: *bis kommenden Sonntag, bis nächste Woche, bis
dritten April; bis Dienstag, den dritten
April; vom 1. (ersten) bis 15. (fünfzehn-
ten) April.*

2. von 1 000 bis 5 000 Einwohnern:
Keinerlei Einfluss übt *bis* auf die Wahl
des Falles aus in Beispielen wie: *Gemeinden von 1 000 bis 5 000 Einwohnern; in zwei bis drei Stunden; mit 20*

bis 30 Jahren. Der Wemfall ist hier abhängig von *von, in, mit.* Auch in Beispielen wie *Dichter des 17. bis 19. Jahrhunderts; Artikel 22, erster bis dritter
Absatz* ist *bis* ohne Einfluss auf die
Beugung der nachfolgenden Wörter.

3. bis zu: Nach der Verbindung *bis
zu* und einer Zahlenangabe steht das
folgende Hauptwort gewöhnlich im
Wemfall, der von *zu* abhängig ist: *Dies
gilt für Gemeinden bis zu 10 000 Einwohnern. Jugendlichen bis zu 18 Jahren ist der Zutritt verboten. Darauf
steht Gefängnis bis zu zehn Jahren.*
Lässt man das *zu* weg – was besonders in der gesprochenen Sprache
häufig vorkommt –, steht nach *bis* der
Wenfall: *Kinder bis 12 Jahre zahlen die
Hälfte.* Es kommen jedoch auch Sätze
vor, in denen *bis zu* keinen Einfluss
auf die Beugung des folgenden Wortes
ausübt; allein das Zeitwort bestimmt
dann den Fall: *Der Vorstand kann bis
zu 8 Mitglieder umfassen.* Dass *bis zu*
hier keinen Einfluss hat, erkennt man
daran, dass man es ohne Weiteres
weglassen könnte; der Satz bliebe
trotzdem vollständig erhalten: *Der
Vorstand kann 8 Mitglieder umfassen.*
Weiteres Beispiel: *(Bis zu) sechs Kinder schlafen in einem Zimmer.*

4. bis [einschließlich] 19. Juli: Bei
Zeitangaben ist es heute allgemein üblich, *bis* einschließend zu verstehen:
Urlaub bis [zum] 19. Juli (der 19. Juli ist
der letzte Urlaubstag). *Die Ausstellung
ist noch bis Oktober geöffnet* (im Oktober ist sie noch geöffnet). Man kann
hier mit einem zusätzlichen *einschließlich* den Sachverhalt verdeutlichen: *Urlaub bis einschließlich 19. Juli.*

5. Verneinung: Das Wort *bis* kann die Aufgabe haben, einen Nebensatz einzuleiten: *Warte nicht, bis ich komme.* Neben der zeitlichen Aussage kann der *bis*-Nebensatz nach einem verneinten Hauptsatz jedoch auch eine Bedingung zum Ausdruck bringen. Nur in diesem Fall ist es zulässig, aber nicht notwendig, auch den *bis*-Satz zu verneinen: *Du darfst nicht gehen, bis [nicht] die Arbeit gemacht ist.* Steht in dem vorangehenden Hauptsatz ein Wort in der zweiten Steigerungsstufe, das außerdem verneint ist, dann tritt bei der Einleitung des Nebensatzes noch *als* vor *bis*: *Das Kind hörte nicht eher zu weinen auf, als bis es vor Müdigkeit einschlief.*

bitte

1. Komma: Das Wort *bitte* trennt man durch ein Komma ab oder schließt es in Kommas ein, wenn man ihm Nachdruck verleihen möchte: *Bitte, kommen Sie einmal herüber. Legen Sie, bitte, einige Entwürfe vor. Unterschreiben Sie, bitte!* Gebraucht man *bitte* aber als reine Höflichkeitsform, dann steht es ohne Komma: *Bitte kommen Sie einmal herüber. Legen Sie bitte einige Entwürfe vor. Unterschreiben Sie bitte!* Beide Möglichkeiten sind also richtig.

2. Bitte Tür schließen: In Sätzen dieser Art, in denen *bitte* formelhaft in Verbindung mit der Grundform (dem Infinitiv) eines Zeitworts steht, setzt man kein *zu*. (Also **nicht:** *Bitte Tür zu schließen.* Dagegen aber: *Ich bitte Sie, die Tür zu schließen.*) Weitere Beispiele für die richtige Form ohne *zu*: *Bitte Rückseite beachten. Bitte nicht rau-*

chen. Beim Verlassen der Kabine bitte die Tür offen lassen.

bitten

1. Komma: Wenn das Zeitwort *bitten* mit einer Wortgruppe, die die Grundform eines anderen Zeitwortes enthält (Infinitivgruppe), verbunden ist, dann kann man ein Komma setzen, um die Gliederung des Satzes deutlich zu machen oder um Missverständnisse auszuschließen: *Er bittet sie die Türen zu schließen* oder *Er bittet sie, die Türen zu schließen.* Beides ist richtig.

2. Alle werden gebeten, pünktlich zu erscheinen: In einem solchen Satz darf man *werden* nicht durch *sind* ersetzen (also **nicht:** *Alle sind gebeten ...*).

Block

Dieses Hauptwort hat zwei verschiedene Mehrzahlformen: *die Blöcke* und *die Blocks*. Dabei zeigt sich, dass die Form *Blöcke* meist für klotzförmige Gegenstände oder massive Brocken verwendet wird, die Form *Blocks* dagegen eher für zusammengesetzte, komplexe Dinge, insbesondere für zusammengeheftete, geschichtete Papiere jeder Art und für Gebäudekomplexe. Vergleichen Sie bitte auch die mit *-block* zusammengesetzten Stichwörter.

Bogen

Die Mehrzahl von *Bogen* lautet *die Bogen* oder *die Bögen*. Vor allem in Süddeutschland, Österreich und der Schweiz ist *die Bögen* gebräuchlich.

brauchen

1. Du brauchst nicht zu kommen: In Sätzen dieser Art lassen die Sprecher das *zu* häufig weg: *Du brauchst nicht kommen.* Sie verhalten sich dabei, als hätten sie statt *brauchen* Wörter wie *müssen, sollen, können* oder *dürfen* verwendet, die in entsprechenden Fällen ohne *zu* stehen: *Du musst nicht kommen, sollst nicht kommen, kannst nicht kommen, darfst nicht kommen.* Im Gegensatz zu der gesprochenen Alltagssprache, wo die Verwendung von *brauchen* ohne *zu* sehr verbreitet ist (und in gewisser Weise auch als gerechtfertigt erscheint), wird in der geschriebenen Sprache *brauchen* jedoch noch mit *zu* verwendet. Also: *Du brauchst nicht zu kommen. Er braucht erst morgen anzufangen.*

2. brauchen oder gebraucht: Das Mittelwort der Vergangenheit (2. Partizip) von *brauchen* heißt *gebraucht: Sie haben das Geld nicht gebraucht. Ich habe dazu zwei Stunden gebraucht.* Steht aber vor *brauchen* noch ein weiteres Zeitwort in der Grundform (im Infinitiv), so steht nicht *gebraucht,* sondern *brauchen.* Es stehen dann beide Zeitwörter in der Grundform, also **nicht:** *Das hätte er nicht zu tun gebraucht,* sondern richtig nur: *Das hätte er nicht zu tun brauchen.*

3. ich brauchte, du brauchtest, er brauchte: Die Möglichkeitsform (der Konjunktiv) von *brauchen* in Sätzen wie *Er tat, als ob er sie nicht brauchte* hat keinen Umlaut (also **nicht:** *ich bräuchte, du bräuchtest* usw., wie es besonders in Süddeutschland oft heißt).

Bruchteil

Richtig ist *der Bruchteil.* Es heißt also: *Die Einnahmen deckten nur einen Bruchteil* (**nicht:** *ein Bruchteil*) der Kosten.

Bruchzahlen

1. ein Viertel des Weges / ein viertel Zentner: Groß schreibt man, wenn man die Bruchzahl als Hauptwort gebraucht: *ein Drittel, drei Fünftel, ein Zwanzigstel, drei Hundertstel, ein Achtel des Betrages, ein Viertel des Weges, drei Tausendstel von dieser Summe* usw. **Klein** schreibt man, wenn die Bruchzahl vor Maß- und Gewichtsbezeichnungen als Beifügung gebraucht wird: *ein viertel Zentner Mehl, ein achtel Kilo, drei tausendstel Sekunden* usw.

2. drei achtel Liter / drei Achtelliter: Zusammen schreibt man, wenn Bruchzahlen vor allgemein gebräuchliche feste Maßbezeichnungen getreten sind: *ein Viertelpfund, drei Achtelliter, eine Viertelstunde, drei Zehntelsekunden* usw. Die Getrenntschreibung bleibt trotzdem immer möglich, wenn man einzelne Bruchteile zählen will: *drei achtel Liter; zwei viertel Zentner.*

C

Cent

1. Mehrzahl: In Verbindung mit Zahlwörtern bleibt *Cent* häufig ungebeugt, d. h. unverändert: *Das kostet 20 Cent.* Es wird aber gebeugt, wenn die einzelnen Münzen gemeint sind: *Es sind nur dreißig einzelne Cents im Sparschwein.*

Sprachtipps

2. Achtzig Cent reicht/reichen nicht: Von diesen beiden Formen ist standardsprachlich die Mehrzahl vorzuziehen: *Achtzig Cent reichen nicht, sind zu wenig, wurden noch abgezogen.* (In der Umgangssprache besteht allerdings die Neigung, das Zeitwort in die Einzahl zu setzen: *Achtzig Cent reicht nicht.*)

Chemie
Die Wörter *Chemie, chemisch, Chemiker, Chemikalien* usw. spricht man in der Standardsprache nicht mit »k«, sondern mit dem Ichlaut (dem Laut, wie er in dem Wort *ich* gesprochen wird).

chic/schick
In den ungebeugten Formen sind beide Schreibungen möglich: *Der Mantel ist sehr chic* oder *ist sehr schick.* In den gebeugten Formen (*ein schicker Mantel, die Farbe eines schicken Kleides*) ist jedoch die Schreibung *chic* nicht möglich.

China
Die Wörter *China, chinesisch, Chinese* usw. spricht man in der Standardsprache nicht (wie in manchen Landschaften üblich) mit »k«, sondern mit dem sogenannten Ichlaut (dem Laut, wie er in dem Wort *ich* gesprochen wird).

City
Die Mehrzahl von *City* lautet *die Citys.*

Club oder Klub
Die eingedeutschte Schreibung *Klub* ist heute üblich. Die Schreibung *Club* ist aber nicht falsch. Sie hat sich besonders in Vereinsnamen erhalten (da sie zur Zeit der Vereinsgründung üblich war). Auch in Barnamen ist diese Schreibung üblich.

D

da
1. Komma: Einen mit *da* eingeleiteten Nebensatz muss man **immer** durch Komma abtrennen: *Er konnte nicht laufen, da er sich verletzt hatte. Jetzt, da er alles verloren hat, kümmert sich niemand um ihn. Da er schon älter war, wollte ihn niemand einstellen.* Das Bindewort *da* tritt auch in Fügungen wie *besonders da* auf. Hier kann man auch zwischen *besonders* und *da* ein Komma setzen, wenn *besonders* und *da* nicht als Einheit empfunden werden: *Er konnte nicht laufen, besonders[,] da er sich verletzt hatte.*

2. Abtrennung von *da* bei zusammengesetzten Wörtern wie *dabei, dafür, davon* usw.: Besonders in der norddeutschen Umgangssprache kommt diese Trennung häufig vor. Sie ist standardsprachlich nicht richtig. Es muss also heißen: *Dabei habe ich mir nichts gedacht* (**nicht:** *Da habe ich mir nichts bei gedacht*). *Dafür kann ich nichts* (**nicht:** *Da kann ich nichts für*). *Davon habe ich noch nichts gehört* (**nicht:** *Da habe ich noch nichts von gehört*). *Dagegen habe ich nichts* (**nicht:** *Da habe ich nichts gegen*).

3. da oder weil: Die beiden Wörter stimmen in ihrer Bedeutung weitgehend überein. Ein feiner Unterschied im Gebrauch ergibt sich jedoch aus der unterschiedlichen Aussagekräftigkeit. Man gebraucht eher *da,* wenn in dem Nebensatz, den es einleitet, etwas weniger Wichtiges, etwas bereits Bekanntes steht (dieser Nebensatz steht dann meist auch **vor** dem Hauptsatz): *Da heute ja Freitag ist, können wir früher nach Hause gehen. Da du ohnehin zur Post gehst, kannst du auch meinen Brief einwerfen.* Wenn in dem Nebensatz etwas verhältnismäßig Wichtiges, etwas Neues steht, dann verwendet man überwiegend *weil* (der Nebensatz steht dann meist **nach** dem Hauptsatz): *Mein Sohn konnte gestern nicht am Unterricht teilnehmen, weil er eine Magenverstimmung hatte.* Wenn im Hauptsatz durch Wörter wie *deswegen, deshalb, darum, besonders* o. Ä. verstärkt auf die Bedeutung des Grundes hingewiesen wird, dann steht nur *weil: Wir können deshalb früher nach Hause gehen, weil heute Freitag ist.*

dahin gehend / dahingehend

Diese Verbindung schreibt man getrennt oder zusammen: *Er äußerte sich dahin gehend / dahingehend, dass …*

dank

Das Verhältniswort (die Präposition) *dank* kann den Wemfall oder den Wesfall nach sich haben: *dank seinem Fleiß* oder *dank seines Fleißes.* In der Mehrzahl steht jedoch überwiegend der Wesfall: *dank besonderer Verfahren; dank der Fortschritte moderner Hygiene.* In der Mehrzahl weicht man dann auf den Wemfall aus, wenn der Wesfall nicht eindeutig erkennbar ist, sondern mit dem Werfall und dem Wenfall übereinstimmt. Dies ist immer dann der Fall, wenn vor dem Hauptwort kein Begleitwort steht: *Dank Regalen habe ich mehr Platz,* aber *Dank neuer Regale habe ich mehr Platz.*

danke/Danke schön oder Dankeschön

Man schreibt die Dankesformel getrennt in Sätzen wie: *Du musst danke schön,* (auch möglich:) *Danke schön sagen. Ich möchte ihr nur danke schön,* (auch möglich:) *Danke schön sagen. Er sagte: »Danke schön!«* Groß und zusammen schreibt man, wenn die Formel zu einem Hauptwort geworden ist in Fällen wie: *Er sagte ein herzliches Dankeschön. Richte an deinen Bruder ein Dankeschön für seine Hilfe aus.*

dann oder denn

Besonders in der norddeutschen Umgangssprache setzen viele Sprecher in Sätzen wie: *Na, dann geht es eben nicht* oder: *Dann bis morgen* statt *dann* fälschlich *denn.* Sätze wie: *Na, denn geht es eben nicht. Denn bis morgen* sind standardsprachlich nicht richtig.

darüber hinaus

Die Fügung *darüber hinaus* schreibt man immer getrennt: *Sie haben darüber hinaus noch manches erlebt.* Getrennt- und Zusammenschreibung ist im folgenden Fall möglich: *darüber hinausgehende* oder *darüberhinausgehende Informationen.*

darunter

Ein mit *darunter* gebildeter Satz kann lauten: *Dies geschah in vielen Ländern, darunter der Bundesrepublik* (Wemfall) oder *darunter die Bundesrepublik* (Werfall). Welchen Fall man wählt, hängt

Sprachtipps

nicht von *darunter* ab, sondern davon, ob und wie man den Satz im Stillen ergänzt. Wiederholt man nach *darunter* im Stillen ein *in*, dann lautet der Satz: *Dies geschah in vielen Ländern, darunter [in] der Bundesrepublik.* Ergänzt man aber nach *darunter* etwa *befindet sich*, dann heißt es: *Dies geschah in vielen Ländern, darunter [befindet sich] die Bundesrepublik.* Beide Satzbildungen sind richtig. Ähnlich ist es in folgenden Fällen: *Er suchte mehrere Läden auf, darunter einen Antiquitätenladen* oder *darunter [war auch] ein Antiquitätenladen. Mehreren Schülern, darunter zwei Zehnjährigen* oder *darunter [befanden sich auch] zwei Zehnjährige, wurden Buchpreise verliehen.*

das oder dass
Viele verwechseln die beiden Wörter *das* und *dass.* Wer unsicher ist, der sollte sich eine einfache Regel merken: Lässt sich für das Wort auch *dieses* oder *welches* einsetzen, dann handelt es sich um das nur mit einem »s« zu schreibende *das.* Ergibt diese Einsetzprobe keinen Sinn, so muss es sich um das mit Doppel-s zu schreibende *dass* handeln. Auf diese Weise lässt sich beispielsweise eindeutig feststellen, dass in Sätzen wie *Was glaubst du, dass sie gesagt hat? Was ratet ihr, dass ich tun soll?* nur *dass* richtig sein kann. Ähnlich verhält es sich bei der Redensart: *Was du nicht willst, dass (!) man dir tu, das (=dieses) füg auch keinem andern zu.*

das oder was
Es heißt richtig: *Das Boot, das* (**nicht:** *was*) *gekentert ist. Das Kleine, das*

(**nicht:** *was*) *ich im Arm hielt. Das Hoheitsvolle, das* (**nicht:** *was*) *von ihrer Gestalt ausging.* Dagegen aber heißt es: *All das Schöne, was* (**nicht:** *das*) *wir gesehen haben. Es ist das Tollste, was* (**nicht:** *das*) *ich je erlebt habe. Es gibt vieles, was* (**nicht:** *das*) *mich interessiert.* Man gebraucht also *das,* wenn es sich auf eine bestimmte Person oder Sache, auf etwas Einzelnes bezieht, hingegen gebraucht man *was,* wenn es sich auf eine Gesamtheit, auf etwas Allgemeines, Unbestimmtes bezieht.

das gleiche / dasselbe
Siehe »der gleiche / derselbe«

das heißt (d. h.)
Vor *das heißt* steht **immer** ein Komma: *Es war nur ein schwacher, d. h. untauglicher Versuch. Wir werden den Vorfall nicht weitermelden, d. h. keine Strafanzeige erstatten.* Unmittelbar **nach** *das heißt* steht ein zweites Komma, wenn ein ganzer Satz folgt: *Am frühen Abend, d. h., sobald die Büros geschlossen haben, ist der Verkehr am stärksten. Wir werden den Fall nicht weitermelden, d. h., wir haben kein Interesse an einer Strafanzeige.* Das zweite Komma **kann** auch stehen, wenn anstelle des ganzen Satzes nach *das heißt* eine Wortgruppe mit der Grundform eines Zeitwortes (Infinitivgruppe) steht: *Er versuchte den Ball zu passen, d. h.[,] ihn seinem Nebenmann zuzuspielen.*

dasjenige, was
Einen Nebensatz, der mit dem hinweisenden Wort *dasjenige* angekündigt ist, leitet man mit *was* ein (**nicht** mit *das*):

Dasjenige, was sie am liebsten tun, ist ihnen verboten.

dass

Ein mit *dass* eingeleiteter Nebensatz muss **immer** durch Komma abgetrennt werden: *Die Hauptsache ist, dass du kommst. Die Nachricht, dass er zugestimmt hat, kam schon gestern. Dass du so schnell kommst, hätte ich nicht gedacht.*

Vor Fügungen mit *dass* (z. B. *auch dass, sodass, als dass*) muss ein Komma stehen: *Ich bin zu müde, als dass ich dies noch erledigen könnte.* Werden die Teile dieser Fügungen nicht als feste Einheit gesehen, kann vor dem *dass* ein zusätzliches Komma stehen: *Ich habe alles gesehen, auch[,] dass er das Geld eingesteckt hat.* Siehe auch »das oder dass«

dasselbe

Siehe »derselbe, dieselbe, dasselbe«

davon, dass

Bei der Verbindung *davon, dass* steht nach *davon* immer ein Komma: *Das hast du nun davon, dass du so lange weggeblieben bist. Davon, dass du schreist, wird es auch nicht besser.* Zu dem Ausdruck *abgesehen davon, dass* lesen Sie bitte unter »abgesehen davon« nach.

de

Diesen Namenszusatz (z. B. in *de Gaulle, de Sica*) schreibt man am Satzanfang und in Aneinanderreihungen wie *De-Gaulle-Rede, De-Sica-Film* groß.

dein, deine

Das besitzanzeigende Fürwort (Possessivpronomen) *dein, deine* schreibt man üblicherweise klein: *dein Buch, deine Geigen.* In Briefen kann *dein* groß- oder kleingeschrieben werden: *Vielen Dank für Deine/deine Nachricht.*

Groß schreibt man *dein, deine,* wenn es zum Hauptwort geworden ist in Fällen wie: *das Dein und das Mein, Mein und Dein verwechseln, ein Streit über Mein und Dein.* Wenn es zum Hauptwort geworden ist, kann man *dein* (entsprechend auch *deinig*) groß- oder kleinschreiben: *Du musst das dein[ig]e oder das Dein[ig]e tun; Grüße die dein[ig]en oder die Dein[ig]en.* Immer klein schreibt man dagegen, wenn sich *dein, deine* auf ein vorangehendes Hauptwort bezieht: *Wessen Bücher sind das? Sind es die deinen?*

Delegierte, der und die

Man beugt das Wort in folgender Weise: *der Delegierte, ein Delegierter, zwei Delegierte, die Delegierten, einige Delegierte, alle Delegierten, solche Delegierte* und *solche Delegierten, beide Delegierten* und seltener auch *beide Delegierte; gewähltem Delegierten, die Reden verschiedener Delegierter.*

Als Beisatz (Apposition): *mir (dir, ihm) als Delegierten* und *mir (dir, ihm) als Delegiertem; ihr als Delegierten* und *ihr als Delegierter.*

dem oder den

Man kann sowohl sagen *Die Konferenz findet am Montag, dem 1. März 2006, statt* als auch: *Die Konferenz findet am Montag, den 1. März 2006 statt.* Bei der Fügung mit *dem* kann das zweite Komma entfallen: *Die Konferenz findet am Montag, dem 1. März 2006[,] statt,* während bei dem zweiten Beispiel nie ein zweites Komma steht. Wird der Satz noch um eine Angabe der Uhrzeit erweitert, wird diese jedoch in beiden Fällen durch Komma abgetrennt: *Die Konferenz findet am Montag, dem* oder *den 1. März 2006, um 11 Uhr[,] statt.* Hinter der Uhrzeit kann ebenfalls ein Komma stehen.

der gleiche / derselbe

Besonders in der Umgangssprache verwechseln viele Sprecher *der gleiche (die gleiche, das gleiche)* mit *derselbe (dieselbe, dasselbe).* Zwischen beiden Ausdrücken besteht aber ein feiner Unterschied. *Derselbe* (entsprechend auch *dieselbe, dasselbe*) bedeutet *der nämliche* und zeigt eine völlige Übereinstimmung an: *Er trägt denselben Anzug wie gestern,* d. h., er trägt diesen einen und keinen anderen Anzug. Andere typische Beispiele für *derselbe (dieselbe, dasselbe)* sind: *Sie stammt aus demselben Dorf wie ich. Es war ein und derselbe Schauspieler. Es war dieselbe Stadt wie damals.*

Der gleiche (die gleiche, das gleiche) bedeutet eine Übereinstimmung in allen Merkmalen oder eine Vergleichbarkeit: *Er fordert das gleiche Recht für alle,* d. h. ein merkmalsgleiches Recht für alle. Als Beispiel für die Bedeutung der Vergleichbarkeit kann folgender Satz dienen: *Sie hat die gleiche Figur wie ihre Schwester,* d. h., sie hat eine vergleichbare Figur. Ein anderes typisches Beispiel für *der gleiche (die glei-*

che, das gleiche) ist: *Sie trug beim Ball das gleiche Kleid wie ihre Freundin.*

Um Missverständnisse zu vermeiden, sollte man den Unterschied berücksichtigen: *Die Monteure der Firma fahren den gleichen Wagen* bedeutet, dass sie einen Wagen desselben Fabrikats benutzen. *Die Monteure der Firma fahren denselben Wagen* bedeutet, dass sie den einen Firmenwagen gemeinsam bzw. abwechselnd benutzen. Oft ergibt sich allerdings auch aus dem Zusammenhang, wie eine Aussage gemeint ist.

derartig

Ein Eigenschaftswort oder Mittelwort (Partizip), das auf *derartig* folgt, beugt man (auch wenn es als Hauptwort gebraucht wird) in gleicher Weise wie *derartig* selbst: *derartiges gedrucktes Material, bei derartiger seelischer Verfassung, mit derartigem frechem Betragen* (die Form *mit derartigem frechen Betragen* ist heute nicht mehr üblich), *derartige schlimme Fehler, die Vermeidung derartiger persönlicher Beschuldigungen; ein derartiger Abgeordneter, derartige Kranke, die Meinung derartiger Betroffener.*

Oft steht *derartig* auch unverändert vor einem Eigenschaftswort: *mit einem derartig frechen Betragen.* Diese Form ist ebenfalls richtig.

deren

1. Beugung nach *deren:* Ein Eigenschaftswort oder Mittelwort (Partizip), das auf *deren* folgt, beugt man (auch wenn es als Hauptwort gebraucht wird) stark: *Ich sprach mit Maria und deren nettem* (**nicht:** *netten*) *Mann.*

Das ist nur für Mitglieder und deren Angehörige (**nicht:** *Angehörigen*). *Mit Ausnahme unserer Mitarbeiter und deren Angehöriger* (**nicht:** *Angehörigen*) ...

2. Falsch gebildete Form *derem:* Eine Form, die *derem* lautet, gibt es nicht, denn man kann *deren* nicht in den Wemfall setzen. Es heißt also **richtig** nur: *Sie sprach mit Maria und deren* (**nicht:** *derem*) *Mann. In Bezug auf die Wirtschaft, in deren* (**nicht:** *derem*) *Rahmen* ...

3. deren oder derer: Die Formen *deren* und *derer* werden oft verwechselt. Bei Rückweisung heißt es immer *deren: Die Frau, deren* (**nicht:** *derer*) *er sich annahm. Die Taten, deren* (**nicht:** *derer*) *sie sich rühmen. Die Beweise, aufgrund deren* (**nicht:** *derer*) *er verurteilt wurde. Punkte, anhand deren* (**nicht:** *derer*) *er sich orientierte.* Die Form *derer* kommt nur als Hinweis auf etwas Folgendes und nur noch als Form der Mehrzahl vor: *Sie erinnerte sich derer* (**nicht:** *deren*)*, die ihr früher so nahegestanden hatten.*

derselbe, dieselbe, dasselbe

1. Anstelle von *er, sie, es:* Es ist stilistisch unschön, *derselbe* usw. anstelle des persönlichen Fürworts (Personalpronomens) zu gebrauchen, also etwa: *Nachdem die Äpfel geerntet worden waren, wurden dieselben auf Horden gelagert.* Dafür **besser:** ... *wurden sie auf Horden gelagert.*

2. anstelle von *sein, ihr:* Ebenso unschön ist es, *derselbe* usw. anstelle von *sein, ihr* zu gebrauchen: *Das höchste Bauwerk in der Gegend ist ein alter Turm. Die Höhe desselben ist etwa 100*

Meter. Dafür **besser:** ... *Seine Höhe ist etwa 100 Meter.*

dessen

1. Beugung nach *dessen:* Ein Eigenschaftswort oder Mittelwort (Partizip), das auf *dessen* folgt, beugt man (auch wenn es als Hauptwort gebraucht wird) stark: *Ich sprach mit Hans und dessen nettem* (**nicht:** *netten*) *Freund. Vor dem Denkmal und dessen breitem* (**nicht:** *breiten*) *Sockel* ... *Für den Kranken und dessen Angehörige* (**nicht:** *Angehörigen*) ... *Mit Ausnahme des Kranken und dessen Angehöriger* (**nicht:** *Angehörigen*) ...

2. Falsch gebildete Form *dessem:* Eine Form, die *dessem* lautet, gibt es nicht, denn man kann *dessen* nicht in den Wemfall setzen. Es heißt also **richtig** nur: *Sie sprach mit Hans und dessen* (**nicht:** *dessem*) *Freund. Im Hinblick auf den Wirtschaftsplan, in dessen* (**nicht:** *dessem*) *Rahmen* ...

deutsch/Deutsch

Man schreibt *deutsch* in Verbindung mit einem Zeitwort dann **klein,** wenn es mit »wie?« erfragt werden kann. *Er denkt und fühlt deutsch. Sie wollen sich deutsch unterhalten. Redet sie jetzt deutsch oder holländisch?* Ebenfalls **klein** schreibt man in der festen Verbindung *mit jemandem deutsch reden* (= jemandem deutlich die Meinung sagen).

Man schreibt jedoch **groß,** wenn *Deutsch* im Sinne von »deutsche Sprache« verwendet wird und mit »was?« erfragt werden kann: *Sein Deutsch ist schlecht. Sie spricht kein Wort / nur gebrochen Deutsch. Im älteren*

Deutsch ...; aus dem Deutschen ins Englische übersetzen. Er hat eine Vier in Deutsch. Sie kann/lernt/versteht Deutsch. Jetzt spricht sie zwar englisch (wie?), aber ihre Muttersprache ist Deutsch (was?). Eine Zusammenfassung in Deutsch (= in der Sprache Deutsch) ... Der Prospekt erscheint in Deutsch und Englisch. In den folgenden Fällen schreibt man ebenfalls **groß:** *auf gut Deutsch* (= unverblümt, ohne Beschönigung). *Sie hat ihren Aufsatz auf Deutsch geschrieben. Der Brief ist in Deutsch geschrieben.*

Deutsche, der und die
Man beugt das Wort in folgender Weise: *der Deutsche, ein Deutscher, zwei Deutsche, die Deutschen, einige Deutsche, alle Deutschen, solche Deutsche* und *solche Deutschen, beide Deutschen* und seltener auch *beide Deutsche; unbekanntem Deutschen, die Namen prominenter Deutscher.*

Als Beisatz (Apposition): *wir Deutschen* und seltener auch *wir Deutsche; mir (dir, ihm) als Deutschen* und *mir (dir, ihm) als Deutschem; ihr als Deutschen* und *ihr als Deutscher.*

Dezember
Steht *Dezember* im Wesfall, dann ist sowohl die Form mit -s *(des Dezembers)* als auch die Form ohne -s *(des Dezember)* richtig. Die Form mit -s ist häufiger.

Dezernent
Das Hauptwort *Dezernent* erhält – außer im Werfall – die Endung *-en: der Dezernent, des Dezernenten* (**nicht:** *des Dezernents*), *dem Dezernenten* (**nicht:** *dem Dezernent*), *den Dezernenten* (**nicht:** *den Dezernent*), Mehrzahl: *die Dezernenten.*

die oder sie
Es gilt als umgangssprachlich, gelegentlich auch als unhöflich, wenn man in bestimmten Zusammenhängen in Bezug auf eine weibliche Person *die* gebraucht und nicht *sie,* wie es standardsprachlich wäre: **Richtig** also: *Das muss sie doch selber wissen.* **Nicht:** *Das muss die doch selber wissen.* **Richtig:** *Meine Mutter ist sehr altmodisch, mit ihr kann ich nicht darüber sprechen.* **Nicht:** *... mit der kann ich nicht darüber sprechen.*

die gleiche / dieselbe
Siehe »der gleiche / derselbe«

Dienstagabend
Nur die Schreibweise *Dienstagabend* ist richtig: *Am nächsten Dienstagabend treffen wir uns. Meine Dienstagabende sind alle belegt.* Man kann für *Dienstag* selbstverständlich alle anderen Wochentage einsetzen. Ebenso wie *Abend* wird auch *Morgen, Mittag, Vormittag, Nachmittag* und *Nacht* behandelt: *Ich hatte Dienstagnacht einen Autounfall. Am Dienstagvormittag hat er einen Arzttermin.* Das nachgetragene *früh* schreibt man dagegen nur getrennt: *[am] Dienstag früh.*

dienstagabends oder dienstags abends
Beide Schreibweisen sind richtig und bedeuten »an jedem wiederkehrenden Dienstag zur Abendzeit«. Ebenso wie *Dienstag* werden alle anderen Wochen-

tage behandelt; statt *abends* kann es auch *morgens, nachmittags* usw. heißen.

dieser, diese, dieses

1. Anfang dieses Jahres: Es heißt richtig: *Anfang dieses* (**nicht:** *diesen*) *Jahres; am 10. dieses Monats; ein Gerät dieses Typs.*

2. dies/dieses: Anstatt *dieses* kann man auch das ungebeugte *dies* in gleicher Bedeutung gebrauchen, vor allem wenn man es allein stehend verwendet: *Dies ist richtig. Dies alberne Geschwätz widert mich an.*

3. mit diesem seinem Buch: Folgt auf *dieser* usw. ein besitzanzeigendes Fürwort (*mein, dein, sein* usw.), erhält es die gleiche Endung wie *dieser* usw.: *mit diesem seinem Buch, von diesem deinem Freund, von dieser seiner Schöpfung.*

Andere Endungen haben jedoch Eigenschaftswörter, die zusätzlich hinzugefügt werden: *von dieser seiner neuesten Schöpfung; von diesem deinem engen Freund; mit diesem seinem besten Buch.*

Diplomat

Das Hauptwort *Diplomat* erhält – außer im Werfall – die Endung -*en*: *der Diplomat, des Diplomaten* (**nicht:** *des Diplomats*), *dem Diplomaten* (**nicht:** *dem Diplomat*), *den Diplomaten* (**nicht:** *den Diplomat*), Mehrzahl: *die Diplomaten.*

doch

Vor *doch* steht ein Komma, wenn es Zusätze einleitet: *Er probierte es oft, doch vergebens.* Es steht auch ein Komma, wenn *doch* Sätze einleitet: *Sie*

versprach[,] mir zu helfen, doch sie kam nicht.

Doktor

Steht das Wort *Doktor* (oder die Abkürzung *Dr.*) in Verbindung mit einem Familiennamen, dann bleibt es – im Gegensatz zum Namen – ungebeugt, d. h., es wird nicht verändert: *der Bericht [Herrn] Doktor Schulzes; die Praxis Dr. Müllers; die Villa des Doktor Meier.*

Donnerstagabend

Siehe »Dienstagabend«

Doppelpunkt

Siehe Kasten Seite 486

Dozent

Das Hauptwort *Dozent* erhält – außer im Werfall – die Endung -*en*: *der Dozent, des Dozenten* (**nicht:** *des Dozents*), *dem Dozenten* (**nicht:** *dem Dozent*), *den Dozenten* (**nicht:** *den Dozent*), Mehrzahl: *die Dozenten.* In der Anschrift ist jedoch auch die ungebeugte Form *Dozent* zulässig: *[An] Herrn Dozent Meyer* neben *[An] Herrn Dozenten Meyer.*

drei viertel

1. Rechtschreibung: Man schreibt *drei viertel* immer getrennt: *eine drei viertel Stunde* (oder: *eine Dreiviertelstunde*), *ein drei viertel Liter* (oder: *ein Dreiviertelliter*), *in drei Viertel der Länge.* Getrennt schreibt man immer, wenn eindeutig *viertel* (oder: *Viertel*) gezählt wird: *in drei viertel Stunden* (oder: *in drei Viertelstunden* = dreimal einer Viertelstunde), *ein Viertel des Kuchens*

Doppelpunkt

1. Bei der direkten Rede:

Der Doppelpunkt steht vor der direkten Rede, wenn *diese vorher angekündigt ist:*

Der Präsident sagte: »Ich werde meinem Land treu dienen.«
Der Vater verkündete: »Morgen machen wir einen Ausflug.«

Der Doppelpunkt steht auch dann, wenn der ankündigende Satz nach der direkten Rede weitergeführt wird:

Er fragte mich: »Weshalb darf ich das nicht?«, und begann zu schimpfen.

(Die wörtliche Rede beginnt nach dem Doppelpunkt immer mit großem Anfangsbuchstaben.)

2. Bei Aufzählungen:

Der Doppelpunkt steht vor angekündigten Aufzählungen. Das erste Wort schreibt man nur dann groß, wenn es ein Hauptwort ist:

Sie hat schon mehrere Länder besucht: Frankreich, Spanien, Polen, Ungarn.
Die üblichen Leistungsnoten in der Schule lauten: sehr gut, gut, befriedigend, ausreichend, mangelhaft, ungenügend.
Folgende Teile werden nachgeliefert: gebogene Rohre, Muffen, Schlauch- klemmen und Dichtungen.

Der Doppelpunkt steht nicht, wenn einer Aufzählung Wörter wie *nämlich, d. h., d. i., z. B.* vorausgehen.
In diesen Fällen steht ein Komma:

Der Teilnehmerkreis setzt sich aus verschiedenen Gruppen zusammen, nämlich Arbeitern, Angestellten und Unternehmern.
Wir werden Ihnen alle durch die Dienstreise entstehenden Kosten, d. h.

Fahrgeld, Auslagen für Übernachtung und Verpflegung, ersetzen.

3. Bei Sätzen, Satzstücken, Einzelwör- tern:

Der Doppelpunkt steht vor vollständigen Sätzen, Satzstücken oder einzelnen Wörtern, die ausdrücklich angekündigt sind. Dabei schreibt man das erste Wort eines vollständigen Satzes immer groß, das Einzelwort bzw. das erste Wort des Satzstücks jedoch nur dann groß, wenn es ein Hauptwort ist:

Das Sprichwort lautet: Der Apfel fällt nicht weit vom Stamm.
Haus und Hof, Geld und Gut: Alles ist verloren.
Rechnen: sehr gut.
Nächste TÜV-Untersuchung: 30. 09. 2014.

Auch nach den Angaben in Firmen- briefköpfen wie

Ihr Zeichen, Ihre Nachricht vom, Unser Zeichen, Tag, Datum, Betreff/Betr., Bankkonto, Telefon u. a.

kann, wenn die folgende Mitteilung in die gleiche Zeile kommt, ein Doppelpunkt gesetzt werden. Dasselbe gilt für Hinweise auf Vordrucken und Formularen wie

Erfüllungsort: ...; Lieferadresse: ...; Der Direktor: ...; Die Erziehungs- berechtigten: ...

4. Doppelpunkt und Ziffernschreibung:

In der Mathematik verwendet man den Doppelpunkt bei Teilungsaufgaben:

$16 : 4 = 4; 1 : 2 = 0,5.$

Bei der Angabe von Sport- und

Doppelpunkt (Fortsetzung)

Wahlergebnissen, kartografischen Angaben u. a. drückt der Doppelpunkt ein (Zahlen)verhältnis aus:

SSV Ulm – Bayern München 2:2. Ein klarer 5:1-Sieg. Der deutsche Tennismeister schlug den Spanier in drei Sätzen 6:2, 6:3, 7:5. Die Erfolgsaussichten stehen 50:50. Die Wahlprognosen zeigen ein Verhältnis von 60:40 für die Kandidatin der konservativen Partei. Die Karte ist im Maßstab 1:5 000 000 angelegt.

Schließlich steht der Doppelpunkt als Gliederungszeichen zwischen Stunden, Minuten und Sekunden bei genauen Zeitangaben (Sekunden und Zehntelsekunden trennt man durch ein Komma):

Die Zeit des Siegers im Marathonlauf beträgt 2:35:30,2 Stunden (= 2 Stunden, 35 Minuten, 30,2 Sekunden). Mit 8:41,7 Minuten (= 8 Minuten, 41,7 Sekunden) stellte sie einen neuen Rekord auf. (Anstelle des Doppelpunktes steht hier gelegentlich auch nur ein Punkt: 13.58 Minuten; 4.25.30,9 Stunden; aber nicht: 4:25.30,9 Stunden.)

und drei Viertel des Kuchens. Auch bei Uhrzeitangaben wird getrennt geschrieben: *Es ist drei viertel zwölf.*

2. Groß-/Kleinschreibung: Klein schreibt man *drei viertel* immer, wenn Maßangaben folgen: *ein drei viertel Kilo, in einer drei viertel Stunde.* Außerdem schreibt man es in Uhrzeitangaben vor einer Zahl klein: *um drei viertel fünf.* Groß schreibt man *drei Viertel* in allen anderen Fällen: *um drei Viertel größer, ein drei Viertel des Umsatzes, um drei Viertel vor fünf.*

3. drei Viertel der Einwohner sind katholisch: Folgt auf die Bruchzahl ein Hauptwort im Wesfall (*der Einwohner, der Bevölkerung, des Weges* usw.), steht das Zeitwort gewöhnlich in der Mehrzahl: *Abgestimmt haben drei Viertel der Bevölkerung. Drei Viertel der Bauern sind unzufrieden. In diesem Monat werden drei Viertel der Autobahn fertig. Drei Viertel aller Mitglieder erschienen.*

Steht das Hauptwort nach *drei Viertel* in der Einzahl, ist manchmal auch das Zeitwort in der Einzahl: *Drei Viertel des Weges ist zurückgelegt.*

Drittel

1. Beugung: Steht *Drittel* im Wemfall der Mehrzahl, dann verwendet man heute meist die gebeugte Form *Dritteln*, wenn das Gemessene nicht folgt oder ein Artikel vor der Maßzahl steht: *zu zwei Dritteln fertig sein; mit den zwei Dritteln musst du auskommen.* Folgt das Gemessene, ist die ungebeugte Form üblicher: *mit zwei Drittel der Summe.*

2. Ein Drittel der Schüler ist/sind krank: Folgt der Angabe *ein Drittel* ein Hauptwort in der Einzahl, dann steht auch das Zeitwort in der Einzahl: *Ein Drittel der Klasse ist krank.* Folgt auf *ein Drittel* ein Hauptwort in der Mehrzahl, dann steht das Zeitwort üblicherweise in der Einzahl, es kann jedoch auch in der Mehrzahl stehen: *Ein Drittel der Schüler ist krank,* seltener: *Ein Drittel der Schüler sind krank.*

Wenn die Bruchzahl in der Mehrzahl steht *(zwei Drittel),* verwendet man beim Zeitwort meistens die Mehrzahl, und zwar unabhängig davon, ob das Hauptwort, das der Bruchzahl folgt, in der Mehrzahl oder in der Einzahl steht: *Zwei Drittel der Klasse / der Schüler sind krank.* Steht das Hauptwort nach der Bruchzahl in der Einzahl, steht manchmal auch das Zeitwort in der Einzahl: *Zwei Drittel der Klasse ist krank.*

du

Das persönliche Fürwort *du* (und auch *deiner, dir, dich*) wird üblicherweise **kleingeschrieben.** In Briefen kann man groß- oder kleinschreiben: *Wie geht es Dir/dir? Ich harre Deiner/deiner.*

durch was oder wodurch

Vor allem in der Umgangssprache ersetzen viele *wodurch* durch *durch was: Durch was ist sie berühmt geworden? Weißt du, durch was sie berühmt geworden ist?* Stilistisch besser ist *wodurch: Wodurch ist sie berühmt geworden? Weißt du, wodurch sie berühmt geworden ist?*

dürfen

1. dürfen oder gedurft: Das Mittelwort der Vergangenheit (2. Partizip) von *dürfen* heißt *gedurft: Er hat es nicht gedurft.* Steht aber vor dem Zeitwort *dürfen* noch ein zweites Zeitwort, und zwar in der Grundform (im Infinitiv),

dann steht nicht *gedurft,* sondern *dürfen: Sie hat mitkommen dürfen.*

2. doppelte Ausdrucksweise: Man sollte vermeiden, *dürfen* zusammen mit anderen Wörtern, die eine Erlaubnis ausdrücken, zu gebrauchen. Also **nicht:** *Ich bitte um die Erlaubnis, das tun zu dürfen.* **Sondern:** *... die Erlaubnis, das zu tun.*

Dutzend

1. Groß- oder Kleinschreibung: Das Wort *Dutzend* kann bei Angaben unbestimmter Mengen groß- oder kleingeschrieben werden: *Es gab Dutzende* oder *dutzende von Reklamationen.*

2. Getrennt- oder Zusammenschreibung in Verbindung mit *Mal/-mal:* *Dutzend* ist vom folgenden Wort *Mal* getrennt zu schreiben, wenn *Mal* auf irgendeine Weise (besonders durch die Beugung seiner Beiwörter) als Hauptwort erkennbar ist: *zwei Dutzend Mal; viele Dutzend/dutzend Male.* Wird *dutzendmal* als Adverb verwendet, muss dagegen zusammengeschrieben werden: *Das habe ich dir doch schon dutzendmal* (= sehr oft) *gesagt.*

3. Beugung von *Dutzend:* Hat *Dutzend* die Bedeutung »12 Stück«, bleibt es in der Mehrzahl ungebeugt, d. h., es verändert sich nicht: *mit zwei Dutzend frischen Eiern.* Bezeichnet es dagegen eine unbestimmte Menge, wird es gebeugt, d. h. verändert: *Dutzende* (oder: *dutzende) von Fehlern; zu Dutzenden* (oder: *dutzenden).* Eine Ausnahme ist, wenn ein beigefügtes Wort durch seine gebeugte Form bereits die Mehrzahl und den entsprechenden Fall anzeigt; dann bleibt *Dutzend* wiederum unge-

beugt: *einige Dutzend* (oder: *dutzend*)
Fehler.

4. Beugung nach *Dutzend:* Nach
Dutzend steht das Gezählte im gleichen Fall wie *Dutzend: ein/zwei Dutzend frische Eier, der Preis eines Dut-
zends / zweier Dutzend frischer Eier,
mit einem/zwei Dutzend frischen Eiern,
für ein/zwei Dutzend frische Eier.* Steht
Dutzend im Wemfall (*mit einem Dutzend ...*), wird das Gezählte häufig
auch in den Wesfall oder auch in den
Werfall gesetzt: *mit zwei Dutzend frischer Eier* oder: *mit zwei Dutzend frische Eier.* Bei der Bedeutung »unbestimmte Menge« wird das Gezählte
heute meist mit *von* angeschlossen:
Dutzende (oder: *dutzende*) *von kleinen
Fahnen.* Ohne das Verhältniswort *von*
setzt man das Gezählte meist ebenfalls
in den gleichen Fall wie *Dutzende: mit
Dutzenden* (oder: *dutzenden*) *kleinen
Fahnen.* Richtig, wenn auch seltener ist
der Wesfall: *mit Dutzenden* (oder: *dutzenden*) *kleiner Fahnen.*

5. Ein Dutzend Eier kostet/kosten:
Im Allgemeinen bezieht man das Zeitwort auf *Dutzend* und setzt es in die
Einzahl. *Ein Dutzend Eier kostet
1,99 €, war zerbrochen, wird verschenkt, ist abzuholen.* Gelegentlich
wird das Zeitwort aber nicht auf *Dutzend,* sondern auf das Gezählte bezogen und in die Mehrzahl gesetzt (d. h.,
man konstruiert nach dem Sinn): *Ein
Dutzend Eier kosten 1,99 €, waren zerbrochen, werden verschenkt, sind abzuholen.* Beides ist richtig. Steht *Dutzend*
aber in der Mehrzahl (*zwei Dutzend,
drei Dutzend* usw.), muss auch das
Zeitwort in der Mehrzahl stehen:
5 Dutzend Eier kosten 9,95 €.

E

ebenso

Es heißt **richtig:** *Das Buch ist ebenso
spannend wie lehrreich.* **Nicht richtig**
ist: *... als lehrreich.*

ebensolcher, ebensolche, ebensolches

Ein Eigenschaftswort oder Mittelwort
(Partizip), das auf *ebensolcher* usw.
folgt, beugt man (auch wenn es als
Hauptwort gebraucht wird) im Allgemeinen in gleicher Weise wie *ebensolcher* usw. selbst, d. h., es erhält die
gleichen Endungen: *mit ebensolchem
verbogenem Fahrrad, nach ebensolcher
exakter Zeitnahme, zu ebensolchem
Schönem; ebensolche Beamte; ebensolche schöne Dinge.*

ehe

1. Verneinung: Das Bindewort (die
Konjunktion) *ehe* leitet einen Nebensatz ein. Dieser Nebensatz kann dem
Hauptsatz vorangehen, er kann ihm
aber auch folgen. Ist ein vorangehen-
der Hauptsatz verneint, darf in dem
ehe-Nebensatz keine Verneinung stehen. Verneinungen drückt man durch
Wörter wie *nicht, kein, nie* usw. aus.
Also heißt es **richtig:** *Man darf die Wa-
gentür nie öffnen, ehe man sich umgesehen hat.* **Nicht:** *... ehe man sich nicht
umgesehen hat.* Steht jedoch der Nebensatz vor dem Hauptsatz (und
bringt er außer der zeitlichen Aussage
auch eine Bedingung zum Ausdruck),
setzt man die Verneinung: *Ehe ihr
nicht still seid, kann ich euch das Mär-
chen nicht vorlesen.*

Sprachtipps

2. Komma: Einen *ehe*-Nebensatz trennt man immer durch Komma vom Hauptsatz. Schwierigkeiten können jedoch auftreten, wenn zu *ehe* eine weitere Bestimmung hinzutritt. Diese bildet mit *ehe* im Allgemeinen eine Einheit, die nicht durch Komma getrennt wird: *Er überschaute alle Möglichkeiten des Spiels, noch ehe der Gegner einen Zug tat. Mein Zug fuhr ab, eine halbe Stunde ehe der ihre kam.* Die Zeitangabe *eine halbe Stunde* gehört hier nicht zum Hauptsatz, sondern zum Nebensatz, sie bildet mit *ehe* eine Einheit.

Eigenschaft

In der Fügung *in seiner Eigenschaft als* steht nach *als* immer der Werfall: *Ich sprach mit ihm in seiner Eigenschaft als Vorsitzender* (**nicht:** *als Vorsitzendem*).

Eigenschaftswort

Beugung (Deklination) des Eigenschaftswortes: Man unterscheidet die starke, schwache und gemischte Beugung des Eigenschaftswortes. Die drei Beugungsarten sind gekennzeichnet durch unterschiedliche Endungen, die in den einzelnen Fällen an das Eigenschaftswort treten. Dabei unterscheiden sich zusätzlich die Endungen in der Einzahl je nachdem, ob es sich um eine männliche, weibliche oder sächliche Form handelt.

Im Unterschied zum Hauptwort ist jedes beigefügte Eigenschaftswort nach Bedarf stark oder schwach oder gemischt beugbar. Wenn ein Geschlechtswort (Artikel) oder ein stark gebeugtes Fürwort (Pronomen) deutlich macht, in welchem Fall das Haupt-

wort steht, dann wird das Eigenschaftswort schwach gebeugt: *der junge Mann, des jungen Mannes; mit diesem kleinen Kind.* Steht aber das Eigenschaftswort allein oder hat das vorangehende Begleitwort keine starke Endung, so wird das Eigenschaftswort stark gebeugt: *lieber Freund; ein junger Mann; unser kleines Kätzchen.* Steht vor dem Eigenschaftswort *ein, kein* oder ein besitzanzeigendes Fürwort *(mein, dein, sein)*, dann wird es gemischt gebeugt: *ein schnelles Auto, kein guter Schüler, seine neue Freundin.* Stehen bei einem Hauptwort zwei oder mehrere Eigenschaftswörter, dann beugt man sie im Allgemeinen in gleicher Weise: *ein breiter, tiefer Graben; mit dunklem bayrischem Bier; nach langem, schwerem Leiden.* Die frühere Regel, nach der das zweite Eigenschaftswort im Wemfall der Einzahl schwach gebeugt werden müsse *(mit dunklem bayrischen Bier)*, gilt nicht mehr, wird aber aus lautlichen Gründen häufig doch noch befolgt *(mit tief angesetztem, weiten Rock).*

einander oder gegenseitig

Es kann entweder heißen *Sie schaden einander* oder *Sie schaden sich gegenseitig* (aber **nicht:** *Sie schaden einander gegenseitig*).

einbegriffen

1. der/den Attentäter einbegriffen: Das Wort *einbegriffen* (auch *inbegriffen*) steht nach dem Wort, das die Person oder Sache, die eingeschlossen werden soll, bezeichnet. Dieses Wort steht im Werfall (z. B. *der Attentäter*), wenn es an ein Wort anschließt, das ebenfalls im

Werfall steht: *Alle Menschen, der Attentäter einbegriffen, kamen ums Leben.* In allen übrigen Fällen steht *einbegriffen* mit dem Wenfall: *Er nahm sich der Verletzten an, den Attentäter einbegriffen. Er misstraute der Mannschaft, den späteren Attentäter einbegriffen. Er kannte alle, den Attentäter einbegriffen.*

2. einbegriffen in: Nach *einbegriffen in* ist sowohl der Wemfall als auch der Wenfall richtig: *Alle Extras sind in diesem Preis* oder *in diesen Preis einbegriffen.* Häufiger ist allerdings der Wemfall: *Bedienung ist im Preis einbegriffen.*

eindeutig oder unzweideutig

Das Wort *eindeutig* bedeutet »völlig klar, unmissverständlich«. Es drückt aus, dass keine andere Deutung möglich ist: *Die Sachlage war eindeutig. Wir erhielten eine eindeutige Anordnung.* Hier steht *eindeutig* im Gegensatz zu »unklar, missverständlich«. Dagegen steht *unzweideutig* im Gegensatz zu »zweideutig«; es setzt die Möglichkeit einer anderen Deutung voraus, verneint sie aber ausdrücklich: *Gib mir bitte eine unzweideutige Antwort. Das war endlich eine unzweideutige Stellungnahme.*

einem oder einen

Da man das unbestimmte Fürwort (Indefinitpronomen) *man* nicht beugen kann, wird es im Wemfall durch *einem*, im Wenfall durch *einen* ersetzt: *Je älter man ist, umso rätselhafter ist einem das Leben. Das kann einen doch ärgern!* **Nicht richtig** ist, im Wenfall statt *einen* die Form *einem* zu verwenden. Es heißt also: *Das kann einen* (**nicht:** *einem*) *doch ärgern!*

einer oder man
Siehe »man«

einer, eine, eines
1. der Besuch eines unserer Vertreter: Der Wesfall heißt *eines* bei Bezug auf ein männliches (oder sächliches) Hauptwort: *der Besuch eines unserer Vertreter* (**nicht:** *einer unserer Vertreter*); *die Rückkehr eines meiner Mitarbeiter* (**nicht:** *einer meiner Mitarbeiter*); *durch den Ausfall des Abteilungsleiters sowie eines von drei Sachbearbeitern. Ein neuer Bestseller steht auf dem Programm eines der erfolgreichsten Verleger der Welt.* Es heißt aber *einer* bei Bezug auf ein weibliches Hauptwort: *der Besuch einer unserer Vertreterinnen; die Rückkehr einer meiner Mitarbeiterinnen* usw.

2. durch den Ausfall des Abteilungsleiters sowie eines von drei Sachbearbeitern: Fälschlicherweise verwenden einige Sprecher hier statt der Fortführung des Wesfalls *(sowie eines)* den Wemfall *(sowie einem)*. Dies ist **nicht richtig.**

3. einer der schönsten Filme, die ...: Wird ein Einzelner oder ein Einzelnes in dieser Weise aus einer Gesamtheit herausgehoben, dann steht im nachfolgenden Nebensatz das Fürwort (Pronomen) in der Mehrzahl, nicht in der Einzahl: *Es ist einer der schönsten Filme, die ich gesehen habe* (**nicht:** *..., den ich gesehen habe*). *Er ist einer der ersten Menschen, die im Weltraum waren* (**nicht:** *..., der im Weltraum war*). *Frankfurt ist eine der wenigen Großstädte, in denen es eine solche Einrichtung gibt* (**nicht:** *..., in der es eine solche Einrichtung gibt*).

Sprachtipps

einerseits – andererseits

Die Entsprechung von *einerseits* ist *andererseits* (auch richtig: *andrerseits, anderseits*), aber **nicht**: *im anderen Fall*. Das Wort *einerseits* kann allerdings auch fehlen. Zwischen *einerseits – andererseits* steht immer ein Komma, gleichgültig ob nur Satzglieder oder ob vollständige Sätze miteinander verbunden werden: *Er war [einerseits] sehr fleißig, andererseits auch verspielt. Sie wollte sich einerseits nicht binden, hatte aber andererseits großes Interesse an einem schnellen Abschluss der Verhandlungen.* Vollständige Sätze kann man auch durch einen Punkt trennen: *Einerseits wollte sie sich nicht binden. Andererseits aber hatte sie großes Interesse an ...*

einführen

Nach *einführen in* kann sowohl der Wenfall (Frage: wohin?) als auch der Wemfall (Frage: wo?) stehen. Hat man die Vorstellung, dass etwas oder jemand irgendwohin gebracht oder mitgebracht wird, dann gebraucht man den Wenfall: *Waren, Rohstoffe in ein Land einführen; jemanden in eine Gesellschaft einführen, in ein neues Amt einführen. Der Arzt führt eine Sonde in den Magen ein.* Will man aber den Ort nennen, wo etwas oder jemand eingeführt wird, wo etwas Neues üblich wird, so steht nach *einführen in* der Wemfall: *In diesem Land wurde eine neue Währung eingeführt. Du hast dich im Klub sehr geschickt eingeführt.*

eingeschlossen

Nach *eingeschlossen in* ist sowohl der Wemfall als auch der Wenfall richtig:

Alle Extras sind in diesem Preis oder *in diesen Preis eingeschlossen.* Häufiger ist der Wemfall.

einhundert oder hundert

Soweit es nicht auf besondere Genauigkeit ankommt, lässt man bei der Wiedergabe der Zahlen von 100 bis 199 das *ein-* gewöhnlich weg: *183 = hundertdreiundachtzig.* Steht aber eine größere Einheit davor, muss *ein-* mitgesprochen und mitgeschrieben werden: *3 183 = dreitausendeinhundertdreiundachtzig.* Entsprechendes gilt für *eintausend* und *tausend.*

einiger, einige, einiges

Das Eigenschaftswort, das auf *einiger* usw. folgt, erhält in der Mehrzahl gewöhnlich die gleichen Endungen wie das Wort *einiger* usw. selbst: *einige gute Menschen, einiger guter Menschen* (gelegentlich auch: *einiger guten Menschen*), *einigen guten Menschen.* Die Beugung in der Einzahl dagegen schwankt: Werfall: *einiger poetischer Geist, einiges poetische Verständnis* und seltener: *einiges poetisches Verständnis; einige poetische Begabung.* Wesfall: *einigen poetischen Geistes/Verständnisses; das Vorhandensein einiger poetischer Begabung.* Wemfall: *bei einigem poetischen Geist/Verständnis; bei einiger poetischer Begabung.* Wenfall: *für einigen poetischen Geist; für einiges poetische Verständnis* und seltener: *für einiges poetisches Verständnis; für einige poetische Begabung.* Folgt auf *einiger* usw. ein Hauptwort, das auf ein Eigenschaftswort oder Mittelwort (Partizip) zurückgeht, beugt man es wie ein beigefügtes Eigenschaftswort:

einiges Neue (gelegentlich: *einiges Neues*), *mit einigem Neuen, einige Angestellte, die Entlassung einiger Angestellter* (gelegentlich auch: *einiger Angestellten*).

einiges, was

Einen Nebensatz, der mit dem Wort *einiges* angekündigt wird, leitet man mit *was* ein (**nicht** mit *das*): *Sie hat einiges, was ich unbedingt kaufen möchte.*

einladen

Richtig sind die Formen *du lädst ein, er lädt ein* (**nicht**: *du ladest ein, er ladet ein*).

einschließlich

1. Beugung nach *einschließlich:* Nach *einschließlich* steht der Wesfall, wenn das Hauptwort, das von *einschließlich* abhängt, ein Begleitwort aufweist: *die Aufwendungen einschließlich aller Reparaturen; einschließlich des Portos; einschließlich täglicher Spesen.* Das gilt auch, wenn Orts- oder Ländernamen folgen: *Europa einschließlich Englands.* Steht das abhängige Hauptwort jedoch ohne Begleitwort, bleibt es in der Einzahl im Allgemeinen ungebeugt, d. h. unverändert: *einschließlich Porto; einschließlich Helga; einschließlich Auf- und Abladen. Das Buch hat 700 Seiten, einschließlich Vorwort.* In der Mehrzahl weicht man dagegen auf den Wemfall aus: *einschließlich Tischen und Stühlen; einschließlich Gläsern.* Die Verbindung von *einschließlich* mit einem persönlichen Fürwort (z. B. *einschließlich deiner*) kann man vermeiden; z. B.: *Alle meine Freunde, du eingeschlossen, wa-*

ren verreist. Oder: *Alle meine Freunde, auch du, waren verreist.*

2. einschließlich oder zuzüglich: Die zwei Wörter stehen sich insofern nahe, als beide etwas anschließen, was nicht als selbstverständliches Zubehör empfunden wird. Deshalb sind Sätze denkbar, in denen beide Wörter gegeneinander austauschbar sind, ohne dass sich der Sinn des Satzes ändert: *Er beansprucht den Ersatz seiner Aufwendungen, einschließlich* oder *zuzüglich der Fahrtkosten.* Ein Beispiel wie *eine Summe von 10 Euro zuzüglich Portokosten* zeigt aber, dass bei bestimmten festgelegten Beträgen und Leistungen die beiden Wörter nicht austauschbar sind. Denn bei *zuzüglich* muss man noch einen Betrag hinzurechnen, während er bei *einschließlich* bereits enthalten ist.

einstellen

Nach *einstellen in* kann sowohl der Wenfall (Frage: wohin?) als auch der Wemfall (Frage: wo?) stehen: *Wir müssen die Bücher in dieses* oder *in diesem Regal einstellen. Wir stellen Sie ab 1. September 2006 in unserem* (seltener: *in unseren*) *Betrieb ein.*

einstufen

Nach *einstufen in* kann sowohl der Wenfall (Frage: wohin?) als auch der Wemfall (Frage: wo?) stehen. Der Wenfall ist häufiger: *Er wurde in eine,* seltener auch: *in einer anderen Gehaltsklasse eingestuft.*

eintragen

Nach *eintragen in* steht überwiegend der Wenfall (Frage: wohin?): *Die Hypo-*

thek wurde in das Grundbuch eingetragen. Die Verbindung mit dem Wemfall (Frage: wo?) ist seltener: *Die Hypothek wurde in dem Grundbuch eingetragen.*

einzeln

Ein Eigenschaftswort oder Mittelwort (Partizip), das auf *einzeln* folgt, erhält (auch wenn es als Hauptwort gebraucht wird) die gleichen Endungen wie *einzeln* selbst: *einzelnes gedrucktes Material, bei einzelnem geglücktem Versuch, einzelne mittlere Betriebe; die Anstrengungen einzelner mittlerer Betriebe; einzelnes Gutes, die einzelnen Abgeordneten, die Forderungen einzelner Abgeordneter.*

einzig

Um besonders zu betonen, dass etwas wirklich nur einmal und nicht mehrfach vorhanden ist, wird häufig fälschlicherweise die Form *einzigste* (als Steigerung von *einzig*) gebraucht. Das Wort *einzig* ist aber nicht steigerbar. **Falsch** also: *die einzigste Möglichkeit;* oder: *das Einzigste, was du tun kannst …* **Richtig** nur: *die einzige Möglichkeit;* oder: *das Einzige, was du tun kannst …*

empfähle oder empfehle

Beide Formen sind Möglichkeitsformen (Konjunktive). Die Form *empfehle* steht vor allem in der indirekten Rede: *Sie fragte ihn, welchen Wein er ihr empfehle.* Auch *empfähle* kann in der indirekten Rede auftreten, z. B. wenn die Form *empfehle* nicht eindeutig als Möglichkeitsform erkennbar ist: *Sie sagten, sie empfählen* (für nicht eindeutiges *empfehlen*) *mir diesen Wein nicht.* Oder auch, wenn der Sprecher

das, was er berichtet, für zweifelhaft hält: *Sie sagte zwar, sie empfähle es ihm[, aber ich glaube es nicht].* Sonst steht *empfähle* vor allem in Bedingungssätzen: *Ich würde sofort fahren, wenn er mir das Klima empfähle.*

empfehlen

Bei *sich empfehlen als* steht das Hauptwort, das dem *als* folgt, gewöhnlich im Werfall: *Er empfahl sich als geeigneter Mann, … als der geeignete Mann.* Der Wenfall *(Er empfahl sich als geeigneten Mann, … als den geeigneten Mann)* kommt seltener vor, ist aber auch richtig.

Entgelt

Das Hauptwort *Entgelt* hat weder etwas mit *Ende* noch mit *Geld* zu tun, es hängt vielmehr mit dem Wort *entgelten* (= vergüten, entschädigen) zusammen und wird daher wie dieses zweimal mit *t* geschrieben.

enthalten, sich

Wenn man *sich enthalten* in der verneinten Verbindung *sich nicht enthalten können* gebraucht, darf man die davon abhängende Aussage nicht auch noch verneinen. Also **nicht richtig:** *Sie konnte sich nicht enthalten, nicht darüber zu spotten.* Sondern **richtig** nur: *Sie konnte sich nicht enthalten, darüber zu spotten.*

entlang

Das Verhältniswort (die Präposition) *entlang* kann vor oder nach dem abhängigen Hauptwort stehen. Wenn es vor dem Hauptwort steht, so hat es gewöhnlich den Wemfall, nur noch vereinzelt den Wesfall nach sich: *entlang dem Ufer, entlang den Hecken* (selten: *entlang des Ufers, entlang der Hecken*). Wenn *entlang* nach dem Hauptwort steht, so wird es gewöhnlich mit dem Wenfall, nur noch gelegentlich mit dem Wemfall verbunden: *das Ufer entlang, die Hecken entlang* (selten: *dem Ufer entlang, den Hecken entlang*).

entnehmen

Es kann entweder heißen: *einer Sache etwas entnehmen* oder: *aus einer Sache etwas entnehmen*. Beide Formulierungen sind richtig. Also: *Er entnahm ihren Worten, dass ...* oder: *Er entnahm aus ihren Worten, dass ... Ihrem Schreiben entnehmen wir ...* oder: *Aus Ihrem Schreiben entnehmen wir ...*

entscheiden, *sich* oder **entschließen,** *sich*

Es heißt zwar richtig: *sich entschließen zu etwas,* aber *sich entscheiden für etwas.* Fälschlicherweise verbinden manche Sprecher *sich entscheiden* bisweilen mit *zu* statt mit *für.* Also **richtig** nur: *Ich entscheide mich für diese* (**nicht:** *zu dieser*) *Möglichkeit.*

Sich entscheiden kann auf Personen, Sachen und Handlungen bezogen werden: *Er entschied sich für diesen Kandidaten, für dieses Buch, für sofortigen Aufbruch.* Dagegen kann man *sich entschließen* nicht auf Personen und Sachen, sondern nur auf Handlungen beziehen. **Richtig** ist also: *Er entschloss sich zu sofortigem Aufbruch.* Oder auch: *Er entschloss sich zum Studium, zur Scheidung.* **Nicht richtig** hingegen: *Er entschloss sich zu diesem Kandidaten, zu diesem Buch.*

entschuldigen

Die Formel *Entschuldigen Sie vielmals* ist unsinnig. Man kann zwar jemanden vielmals bitten, etwas zu entschuldigen, aber man kann nicht von ihm verlangen, dass er etwas vielmals (also mehr als nur einmal) entschuldigt. Also richtig: *Ich bitte vielmals um Entschuldigung.*

entsprechend

Das Verhältniswort (die Präposition) *entsprechend* kann vor oder nach dem abhängigen Hauptwort stehen. Es wird aber immer mit dem Wemfall (**nicht** mit dem Wesfall) verbunden: *entsprechend unseren* (**nicht:** *unserer*) *Anordnungen* oder *unseren Anordnungen entsprechend.*

entstehen

In der zweiten Möglichkeitsform (dem Konjunktiv II) kann man *entstünde* oder *entstände* gebrauchen. Die Form *entstände* ist seltener.

entweder – oder

1. Entweder er oder sie hat Schuld: In solchen mit *entweder – oder* gebildeten Sätzen steht das Zeitwort in der Einzahl, nicht in der Mehrzahl. (Also **nicht richtig:** *Entweder er oder sie haben Schuld.*) In der Person richtet sich das Zeitwort dabei nach der Person des Satzgegenstandes, die ihm am nächsten steht. Also: *Entweder er oder ich gebe* (**nicht:** *gibt*) *klein bei. Entweder gehst du oder wir zuerst* (**nicht:** *gehen du oder wir zuerst*).

2. Komma: Wenn *entweder – oder* ganze Sätze verbindet, dann **kann** vor *oder* ein Komma stehen, muss aber nicht: *Entweder schläft er schon[,] oder er ist ausgegangen. Sie liest entweder ein Buch[,] oder sie hört Musik[,] oder sie träumt.* Kein Komma steht dagegen, wenn *entweder – oder* nur Satzteile verbindet: *Er sagt jetzt entweder Ja oder Nein. Sie liest entweder ein Buch oder eine Zeitschrift.*

erachten

Nach *erachten* kann mit *als* oder mit *für* angeschlossen werden: *Ich erachte dies als,* auch: *für notwendig. Er erachtete es als,* auch: *für seine Pflicht.*

Erachten

Die beiden Fügungen *meines Erachtens* und *meinem Erachten nach* (oder *nach meinem Erachten*) vermischen manche Sprecher fälschlicherweise miteinander zu *meines Erachtens nach.* **Richtig** also nur: *Meines Erachtens hatte er Angst. Meinem Erachten nach hatte er Angst.* (Oder: *Nach meinem Erachten hatte er Angst.*) Aber **nicht richtig:** *Meines Erachtens nach hatte er Angst.*

erinnern

In der Hochsprache heißt es: *Ich erinnere mich an diesen Vorfall* (in gehobener Sprache auch: *Ich erinnere mich dieses Vorfalls*). Die Verwendung von *erinnern* mit dem Wenfall *(Ich erinnere diesen Vorfall)* gehört der Umgangssprache an und kommt besonders in Norddeutschland vor. Standardsprachlich also: *Erinnerst du dich daran?* (oder in gehobener Sprache: *Erinnerst du dich dessen?*), aber **nicht:** *Erinnerst du das?*

erklären, sich

Bei *sich erklären als* steht das Hauptwort, das dem *als* folgt, gewöhnlich im Werfall: *Er erklärte sich als der eigentliche Schuldige.* Der Wenfall (*Er erklärte sich als den eigentlichen Schuldigen*) kommt seltener vor, ist aber auch richtig.

Ermessen

Richtig ist nur die Fügung *nach meinem Ermessen.* **Nicht möglich** dagegen ist die Formulierung *meines Ermessens* oder gar *meines Ermessens nach.*

ernst oder Ernst

Klein schreibt man das Eigenschaftswort, zum Beispiel: *Sie nimmt die Sache nicht ernst. Die Lage wird ernst. Das ist das ernsteste ihrer Bücher.* Das Hauptwort *der Ernst* steht in Fällen wie: *Er machte Ernst, nahm Scherz für Ernst. Es ist mir [vollkommener] Ernst damit. Aus dem Spiel wurde Ernst. Er sagte es allen Ernstes, im Ernst.* **Groß** schreibt man auch das zum Hauptwort gewordene Eigenschaftswort in Fällen wie: *Heiteres und Ernstes; etwas/nichts/viel/wenig Ernstes; alles Ernste; das Ernsteste, was ihm je begegnet ist.*

erscheinen oder scheinen

Die beiden Wörter haben unterschiedliche Bedeutung. Nur in einem ganz bestimmten Anwendungsbereich stimmen sie inhaltlich überein, und zwar dann, wenn sie im Sinne von »einen bestimmten Eindruck erwecken, sich in bestimmter Weise darstellen« gebraucht werden. Die beiden Wörter sind austauschbar in Sätzen wie: *Dies erschien/schien ihr unmöglich* oder:

Die Lage erscheint/scheint aussichtslos. Es gibt aber auch in diesem Anwendungsbereich Sätze, in denen man nur *scheinen* verwenden kann, z. B.: *Das scheint* (**nicht:** *erscheint*) *mir richtig zu sein.* In Zweifelsfällen ist stets das einfache *scheinen* vorzuziehen.

erste

1. Rechtschreibung: Man schreibt *erste* in allen folgenden Fällen **groß:** *Er war der Erste im Ziel. Sie war die Erste, die es erwähnte. Das ist das Erste, was ich höre. Die beiden Ersten kommen weiter. In Berlin war dies mein Erstes.* Dies gilt auch für Verbindungen wie *als Erstes* (= zuerst), *fürs Erste* (= vorerst) oder *zum Ersten* (= erstens). **Groß** schreibt man ebenso in den folgenden Verwendungen: *Sie ist die Erste in der Klasse* (= der Leistung nach). *Er wurde Erster* (= Sieger). *Heute ist der Erste* (= Monatstag). *Die Ersten werden die Letzten sein.*

2. Beugung nach *erste*: Ein Eigenschaftswort oder Mittelwort (Partizip), das auf *erste* folgt, erhält (auch wenn es als Hauptwort gebraucht wird) die gleichen Endungen wie *erste* selbst: *erstes gedrucktes Material, nach erstem geglücktem Versuch, erste zaghafte Versuche; erstes Geglücktes, die ersten Gefangenen, die Forderungen erster Betroffener.*

ersterer – letzterer, erstere – letztere, ersteres – letzteres

Das Wortpaar *ersterer – letzterer* usw. kann man inhaltlich nur auf zwei Personen oder Sachen beziehen (ähnlich wie bei dem Wortpaar *dieser – jener* usw.). Es kann, wie Eigenschaftswörter, bei zwei Hauptwörtern stehen, dann schreibt man klein: *Die erstere Bedeutung des Wortes ist allgemein bekannt, die letztere Bedeutung nicht.*

Man schreibt *ersterer* usw. bzw. *letzterer* usw. groß, wenn sie wie ein Hauptwort verwendet werden: *Er sagte, er sei zu Hause gewesen und habe keinen Alkohol getrunken. Ersteres konnte ich bezeugen, Letzteres leider nicht.*

Nicht richtig ist es, *letzterer* usw. einfach im Sinne von *dieser* usw. zu verwenden: *Die lange vermissten Akten waren in einem zugestaubten Schrank eingeschlossen; Letzterer* (**richtig:** *dieser*) *stand in einem kleinen, dunklen Raum.*

erstklassig

Da *erstklassig* bereits einen höchsten Grad ausdrückt, ist es nicht mehr steigerbar. Also **nicht:** *erstklassigste,* sondern **nur:** *erstklassige Ausführung.*

erweisen, sich

1. sich erweisen als: Bei *sich erweisen als* steht das Hauptwort, das dem *als* folgt, heute immer im Werfall: *Er erwies sich als hilfsbereiter Kollege.*

2. Gebrauch des Mittelworts: Das Mittelwort der Vergangenheit (2. Partizip) von *sich erweisen* (es lautet *erwiesen*) kann man nicht als Beifügung eines Hauptwortes verwenden. Also **nicht:** *die sich als dringend erwiesene Maßnahme,* sondern: *die Maßnahme, die sich als dringend erwiesen hat.*

es

Nach Verhältniswörtern (Präpositionen) wie *auf, über, durch, neben* usw. sollte nicht *es* stehen. Besser ist, stattdessen *darauf, darüber, dadurch, daneben* usw. zu verwenden: *Das Unglück ist jetzt passiert. Ich habe schon lange darauf* (**nicht:** *auf es*) *gewartet.* Es können jedoch Sätze vorkommen, in denen man die Konstruktion Verhältniswort + *es* nicht auf diese Weise umgehen kann – z. B., wenn *es* eine Person vertritt oder bei *es* in Verbindung mit *ohne.* Hier sollte man versuchen, die unschöne Konstruktion auf andere Weise zu umgehen: *Ein Kind saß auf der Bank; eine Frau setzte sich neben das Kind* (**statt:** *neben es*). *Sie wartete immer noch auf das Mädchen; sie wollte nicht ohne die Kleine* oder *ohne das Kind* (**statt:** *ohne es*) *gehen.*

Es gibt nichts Besseres als ein/einen Krimi

Beide Formen sind richtig. Man setzt entweder den fraglichen Ausdruck in unmittelbare Beziehung zu *nichts Besseres.* Dann heißt es: *Es gibt nichts Besseres als einen Krimi.* Beide Glieder stehen dann im Wenfall. Oder man sieht *als ein Krimi* als die Verkürzung eines Nebensatzes an, der vollständig etwa lauten würde: *als ein Krimi ist.*

Es ist/sind zwei Jahre her

Beide Formen sind richtig. Häufiger ist heute: *Es ist zwei Jahre her, dass er geschrieben hat.*

etlicher, etliche, etliches

In der Mehrzahl erhält das Wort, das auf *etlicher* usw. folgt, in der Regel die gleichen Endungen wie *etlicher* usw. selbst: *etliche erfolgreiche Abschlüsse, mit etlichen Verletzten.* Im Wesfall gibt es zwei Formen: *die Behebung etlicher*

kleiner Mängel* oder selten: *... etlicher kleinen Mängel.* Auch in der Einzahl gilt meist gleiche Beugung: *etlicher politischer Zündstoff.*

etwas, was

Einen Nebensatz, der mit dem hinweisenden Wort *etwas* angekündigt ist, leitet man in der Regel mit *was* ein: *Er tat etwas, was man ihm nicht zugetraut hatte.* Gelegentlich wird auch *das* gesetzt: *Ich habe etwas von ihr gehört, das ich einfach nicht glauben kann.*

euer

1. Rechtschreibung: Das besitzanzeigende Fürwort *euer* wird üblicherweise kleingeschrieben: *Achtet auf eure Fahrräder! Wann beendet ihr endlich euren Streit?* In Briefen kann groß- oder kleingeschrieben werden: *Mit herzlichen Grüßen Eure/eure Inge.*

Groß schreibt man *euer* in Titeln: *Euer Hochwürden, Euer (Ew.) Exzellenz.* Groß oder klein schreibt man *euer* (entsprechend auch *eurig*), wenn es zum Hauptwort geworden ist in Fällen wie: *Ihr müsst das Eure* (oder: *das eure*) oder *das Eurige* (oder: *das eurige*) *tun. Grüßt die Euern/Euren* (oder: *die euern / die euren*) oder *die Eurigen* (oder: *die eurigen*) (= eure Angehörigen)! Jedoch schreibt man immer klein, wenn es sich auf ein Hauptwort bezieht: *Wessen Bücher sind das? Sind es die euren?*

2. Beugung: Nach *euer* erhält das folgende Eigenschaftswort oder Mittelwort (Partizip) in der Regel die gleichen Endungen wie *euer* selbst: *euer netter* (**nicht:** *nette*) *Brief; für euren von mir selbst abgeschickten Bericht.*

F

f oder ph

Die eindeutschende *f-/F*-Schreibung für *ph-/Ph-* ist besonders in allgemein gebräuchlichen Wörtern mit den Wortbestandteilen »fon«, »fot« und »graf« zulässig: *Mikrofon, Fotograf, Geografie.* Auch in einigen anderen Wörtern ist die eingedeutschte Schreibung neben der nicht eingedeutschten möglich wie z. B. bei *Delfin* (auch *Delphin*).

fähig

Nach *fähig sein* kann das Verhältniswort (die Präposition) *zu* stehen: *zu keinem Gedanken mehr fähig sein.* Oder, in gehobener Ausdrucksweise, mit dem Wesfall: *keines Gedankens mehr fähig sein.*

falls

Nebensätze, die mit *falls* beginnen und unvollständig sind (z. B. *falls möglich* für vollständig: *falls es möglich ist*), kann man durch Komma abtrennen. Also: *Ich werde falls nötig selbst kommen.* Oder: *Ich werde, falls nötig, selbst kommen.*

Farbbezeichnungen

1. Beugung: Neben den Bezeichnungen für die Grundfarben (*rot, grün* usw.) gibt es mehrere Farbbezeichnungen, die fast alle aus Substantiven hervorgegangen sind und aus anderen Sprachen stammen: *rosa, lila, orange, beige, bleu, creme, chamois, oliv, ocker, pensee, reseda, cognac, türkis* usw. Diese Adjektive können nicht gesteigert werden und dürfen standard-

sprachlich nicht gebeugt werden: *ein rosa Kleid, die lila Hüte, ein orange Chiffontuch, die beige Schuhe* usw. In der Umgangssprache werden jedoch immer häufiger Formen mit eingeschobenem *-n-* verwendet: *ein rosanes Kleid, die lilanen Hüte.* Wer diese Formen nicht verwenden will, kann ausweichen auf die Zusammensetzung mit *-farben* oder *-farbig: ein orange[n]farbenes/ orange[n]farbiges Kleid, die cremefarbigen/cremefarbenen Hüte, ein beigefarbenes Kleid* usw.

2. blaurot oder blau-rot: Farbbezeichnungen dieser Art kann man mit oder ohne Bindestrich schreiben. Die Schreibung ist in diesen Fällen unabhängig von der Bedeutung der Farbbezeichnung: *ein blaugrünes Kleid* (»ein Kleid in den Farben Blau und Grün« oder »ein Kleid, das einen grünen Farbton besitzt, der ins Blaue spielt«).

3. Groß- und Kleinschreibung: Klein schreibt man die Farbbezeichnung, wenn sie als Eigenschaftswort verwendet wird: *ein blaues/grünes/rotes Kleid, den Stoff blau/rot färben, der Stoff ist rot gestreift, der Stoff ist rot/blau/grün, Augenfarbe: blau, grau in grau, schwarz auf weiß, er ist mir nicht grün* (= nicht gewogen). **Groß** schreibt man als Hauptwörter verwendete Substantive und solche, die Teil eines Namens sind: *ins Blaue reden, Fahrt ins Blaue, die Farbe Blau, mit Blau bemalt, Stoffe in Blau, das Blau des Himmels, die/der Blonde* (= Person), *die Farben Gelb und Rot, bei Gelb ist die Kreuzung zu räumen, dasselbe in Grün, ins Grüne fahren, bei Grün darf man die Straße überqueren, die Ampel steht auf / zeigt Grün/Gelb/Rot, das erste Grün, er*

Sprachtipps

spielt Rot aus, bei Rot ist das Überqueren der Straße verboten, Rot auflegen, aus Schwarz Weiß machen wollen; die Blaue Grotte von Capri, das Rote Kreuz, das Schwarze Meer. In einigen Fällen ist **sowohl Groß- als auch Kleinschreibung** möglich: *Die Farben der italienischen Flagge sind Grün, Weiß, Rot / grün, weiß, rot. Seine Lieblingsfarbe ist Gelb/gelb.*

farbig oder farblich

Das Eigenschaftswort *farblich* lässt sich im Sinne von »die Farbe betreffend« verwenden: *Die Dekorationen müssen farblich aufeinander abgestimmt werden. Die Sachen passen farblich nicht zusammen.* Dagegen bedeutet *farbig* sowohl »bunt« als auch »Farbe aufweisend, nicht schwarzweiß«: *farbige Abbildungen, farbige Flecke; ein farbiger Einband.* An den zuletzt genannten Wortgebrauch schließt sich die Verwendung von *-farbig* in Zusammensetzungen an: *orangefarbig, cremefarbig* usw. Für Zusammensetzungen wird heute aber im Allgemeinen *-farben* gewählt: *orangefarben, beigefarben, fliederfarben, türkisfarben* usw.

Favorit

Das Hauptwort *Favorit* erhält – außer im Werfall – die Endung *-en*: *der Favorit, des Favoriten* (**nicht:** *des Favorits*), *dem Favoriten* (**nicht:** *dem Favorit*), *den Favoriten* (**nicht:** *den Favorit*), Mehrzahl: *die Favoriten.*

Februar

Steht *Februar* im Wesfall, dann ist sowohl die Form mit *-s* (*des Februars*) als auch die Form ohne *-s* (*des Februar*) richtig.

fehlschlagen

Die zusammengesetzten Vergangenheitsformen von *fehlschlagen* werden mit *sein* gebildet: *Der Versuch ist* (**nicht:** *hat*) *fehlgeschlagen.*

fern

Das Verhältniswort (die Präposition) *fern* hat den Wemfall nach sich, **nicht** den Wesfall: *fern dem Heimathaus* (**nicht:** *des Heimathauses*).

finden

Es heißt richtig: *etwas schön, gut, richtig, nötig finden.* Nicht richtig ist es, in solchen Fällen nach *finden* mit *für* anzuschließen. Also **nicht:** *etwas für schön, für gut, für richtig, für nötig finden.*

folgend

1. Rechtschreibung: Man schreibt *folgend* nur dann klein, wenn es als Eigenschaftswort auftritt: *die folgenden Seiten, folgendes politisches Bekenntnis.* In allen anderen Fällen schreibt man groß: *Wir möchten Ihnen Folgendes mitteilen. Alle Folgenden werden nicht mehr abgefertigt. Mit Folgendem teilen wir Ihnen mit, dass ...; alles Folgende; aus/in/mit/nach/von/zu Folgendem; in Folgendem / in Folgenden. Die Folgenden wichen zurück. Wir konnten das Folgende nicht voraussehen.*

2. Beugung nach *folgend*: Nach *folgend* beugt man ein Eigenschaftswort oder ein Mittelwort (Partizip) – auch wenn es zum Hauptwort geworden ist

wie *Angestellte, Abgeordnete* usw. –
meist auf diese Weise: (in der Einzahl:)
Werfall: *folgender wichtige Gedanke,
folgendes wichtige Prinzip, folgende
wichtige Erfahrung;* Wesfall: *die Ablehnung folgenden wichtigen Gedankens/
Prinzips, folgender wichtiger Erfahrung;*
Wemfall: *bei folgendem wichtigen Ge-
danken/Prinzip, folgender wichtiger
Erfahrung;* Wenfall: *für folgenden wichtigen Gedanken, folgendes wichtige
Prinzip, folgende wichtige Erfahrung.*
In der Mehrzahl erhält das Eigenschaftswort nach *folgend* überwiegend
die gleichen Endungen wie *folgend*
selbst: *folgende wichtige Ereignisse, wegen folgender wichtiger Ereignisse, bei
folgenden wichtigen Ereignissen, für folgende wichtige Ereignisse.* Es kommen
jedoch auch andere Formen vor: *folgende wichtigen Ereignisse, wegen folgender Abgeordneten, wegen folgender
wichtigen Ereignisse.*

Forderung an/gegen/nach
Das, was man fordert, schließt man
mit *nach* an: *die Forderung nach
Selbstbestimmung* (**nicht:** *die Forderung der Selbstbestimmung*). Die Person oder die Institution, an die die
Forderung gerichtet ist, schließt man
gewöhnlich mit *an* an: *Forderungen an
die Gläubiger, an die Atommächte, ans
Leben.* Der juristische Sprachgebrauch
verwendet statt *an* auch *gegen,* wodurch eine Rechtsbeziehung deutlicher
ausgedrückt werden soll und das Ziel,
die Richtung auf eine andere Partei
stärker betont wird: *Forderungen gegen
die Gläubiger.*

Forschung
An das Hauptwort *Forschung,* das zu
dem Zeitwort *forschen* gebildet ist, darf
man das, wonach geforscht werden
soll, nicht im Wesfall anschließen. Also
nicht richtig: *die Forschung der Wahrheit.* Möglich ist in diesem Fall nur ein
Anschluss mit *nach: die Forschung
nach der Wahrheit.*

Fortgeschrittene, der und die
Man beugt das Wort in folgender
Weise: *der Fortgeschrittene, ein Fortgeschrittener, zwei Fortgeschrittene, die
Fortgeschrittenen, einige Fortgeschrittene, alle Fortgeschrittenen, solche
Fortgeschrittene* und *solche Fortgeschrittenen, beide Fortgeschrittene* und
seltener auch *beide Fortgeschrittenen;
genanntem Fortgeschrittenen, die
Gruppe besagter Fortgeschrittener.*
  Als Beisatz (Apposition): *mir (dir,
ihm) als Fortgeschrittenen* und *mir (dir,
ihm) als Fortgeschrittenem; ihr als
Fortgeschrittenen* und *ihr als Fortgeschrittener.*

Fotograf
Das Hauptwort *Fotograf* erhält – außer
im Werfall – die Endung *-en: der Fotograf, des Fotografen* (**nicht:** *des Foto-
grafs*), *dem Fotografen* (**nicht:** *dem
Fotograf*), *den Fotografen* (**nicht:** *den
Fotograf*), Mehrzahl: *die Fotografen.*

Fragebogen
Die Mehrzahl von *Fragebogen* lautet
die Fragebogen oder *die Fragebögen.*
Vor allem in Süddeutschland, Österreich und der Schweiz ist *die Fragebögen* gebräuchlich.

Sprachtipps

fragen

Die Formen des regelmäßigen Verbs lauten *fragen, fragte, gefragt.* Die ursprünglich niederdeutsche Form *frug,* die im 19. Jahrhundert vorübergehend auch in der Literatur häufiger auftrat, ist heute nur noch selten – vor allem landschaftlich – in Gebrauch. Dasselbe gilt für die Formen *frägst* und *frägt:* Auch sie sind standardsprachlich nicht richtig.

Fragezeichen

siehe Kasten Seite 503

Frau

1. Frau + Name: In der Verbindung *Frau* + Name beugt man im Wesfall den Namen (d. h., er erhält die Endung -s): *Frau Meyers Tochter, Frau Müllers Schreiben* usw. Nicht gebeugt wird er, wenn ein Geschlechtswort (Artikel) vorangestellt ist: *die Tochter der Frau Meyer, das Schreiben einer gewissen Frau Müller* usw. Auch bei *seitens,* das vor allem in der Amtssprache gebräuchlich ist, bleibt der Name in der Regel ungebeugt: *Seitens Frau Meyer wurden keine Bedenken erhoben.*

2. Frau Rechtsanwalt oder Frau Rechtsanwältin usw.: Bei akademischen Graden und bei Berufsbezeichnungen sind in der Anrede heute meist noch die männlichen Bezeichnungen üblich, obwohl es oft auch die weiblichen Formen gibt: *Frau Doktor* (seltener: *Frau Doktorin*), *Frau Professor* (seltener: *Frau Professorin*). Bei Titeln, bestimmten Funktions- oder Berufsbezeichnungen besteht dagegen die Neigung, die weiblichen Formen zu benutzen, da dies von vielen Frauen selbst so gewünscht wird (z. B. *Frau Bundes-*kanzlerin, Frau Staatssekretärin, Frau Rechtsanwältin*). Manchmal sind nur die weiblichen Formen üblich (z. B. *Frau Kammersängerin*). Es ist heute nicht nur ein Gebot der Höflichkeit, sondern auch der Gleichbehandlung von Mann und Frau, Frauen mit den weiblichen Formen anzusprechen.

Nur noch gelegentlich stellt man zur besonderen Kennzeichnung des Geschlechts einem akademischen Grad oder einer Berufsbezeichnung die nähere Bestimmung *weiblich* voran: *Sie war der erste weibliche Minister, der erste weibliche Ministerpräsident ihres Landes.* In der Anrede gebraucht man mehr und mehr die weiblichen Bezeichnungen: *Frau Ministerin* (neben: *Frau Minister*), *Frau Professorin* (neben: *Frau Professor*), *Frau Rechtsanwältin* (neben: *Frau Rechtsanwalt*) usw.

Freitagabend

Siehe »Dienstagabend«

fremdsprachig oder fremdsprachlich

Das Eigenschaftswort *fremdsprachig* bedeutet »sich in einer fremden Sprache bewegend«: *fremdsprachige Bevölkerungsteile, Literatur, Wörterbücher.* Das Eigenschaftswort *fremdsprachlich* bedeutet »eine fremde Sprache betreffend«: *Der muttersprachliche Unterricht findet im Raum 106 statt, der fremdsprachliche im Sprachlabor.* Außerdem gebraucht man *fremdsprachlich* im Sinne von »zu einer fremden Sprache gehörend, daraus stammend«: *fremdsprachliche Wörter und Wendungen im Deutschen; Bewahrung der fremdsprachlichen Schreibung eines Wortes.*

Fragezeichen

1.a) Das Fragezeichen kennzeichnet einen Satz als Frage.

Was gibt es zu essen? Wann? Warum? »Weshalb darf ich das denn nicht?«, fragte sie.
Kommt er bald nach Hause?
Sie heißen auch Meier?

b) Es kann auch nach frei stehenden Zeilen, z.B. nach einer Überschrift, stehen.

Wer hat Angst vor Virginia Woolf?

2. Aneinandergereihte Fragen oder Fragewörter können mit Komma verbunden werden. Das Fragezeichen steht dann nur am Ende der Aneinanderreihung.

Was höre ich, wie viele Mitglieder sind aus dem Verein ausgetreten? (Oder: Was höre ich? Wie viele Mitglieder sind aus dem Verein ausgetreten?)
Wie denn, wo denn, was denn? (Oder: Wie denn? Wo denn? Was denn?)
Soll man sich ärgern, soll man sich den Tag verderben lassen? (Oder: Soll man sich ärgern? Soll man sich den Tag verderben lassen?)

froh

Standardsprachlich heißt es: *Sie ist frohen* (**nicht:** *frohes*) *Mutes, frohen Sinnes; froh sein über* (**nicht:** *um*) *etwas.*

früh

Bei der Nennung eines Wochentages in Verbindung mit der zeitlichen Angabe *früh* schreibt man *früh* **immer getrennt** vom Wochentagsnamen: *Dienstag früh, am Sonntag früh.* Ebenso: *gestern früh, heute früh, morgen früh.*

fühlen

1. sich fühlen als: Bei *sich fühlen als* (oder *wie*) steht das Hauptwort, das dem *als* (oder *wie*) folgt, heute im Werfall: *Er fühlt sich als Held. Sie fühlte sich wie ein Fisch im Wasser.*

2. fühlen oder gefühlt: Nach der Grundform (dem Infinitiv) eines anderen Zeitwortes können heute sowohl *fühlen* als auch *gefühlt* stehen: *Er hat sein Ende kommen fühlen* oder *kommen gefühlt.*

Fülle

Im Allgemeinen bezieht man das Zeitwort auf *Fülle* und setzt es in die Einzahl: *Eine Fülle von Modellen ist zu besichtigen, wurde angeboten, befand sich noch im Lager.* Gelegentlich wird das Zeitwort aber nicht auf *Fülle*, sondern auf das Gezählte bezogen und in die Mehrzahl gesetzt (d.h., man konstruiert nach dem Sinn): *Eine Fülle von Modellen sind zu besichtigen, wurden angeboten, befanden sich noch im Lager.* Beides ist richtig.

für oder gegen

Die Verwendung von *für* in Beispielen wie *ein Mittel für den Husten* ist heute umgangssprachlich. Standardsprachlich verwendet man *gegen: Ich brauche ein Mittel gegen den Husten.*

für was oder wofür

Vor allem in der Umgangssprache ersetzen viele *wofür* durch *für was: Für was hast du dich entschieden? Ich weiß nicht, für was er sich entschieden hat.*

Stilistisch besser ist *wofür: Wofür hast du dich entschieden? Ich weiß nicht, wofür er sich entschieden hat.*

Für 25 Jahre treue Mitarbeit / treuer Mitarbeit

Beide Formulierungen sind richtig. Die zweite Form *(... treuer Mitarbeit)* klingt gehobener als die erste.

G

gäbe oder gebe

Beide Formen sind Möglichkeitsformen (Konjunktive) des Zeitwortes *geben*. Die Form *gebe* steht vor allem in der indirekten Rede: *Sie sagte, es gebe keine andere Möglichkeit. Sie fragte, was es zu essen gebe.* Auch *gäbe* kann in der indirekten Rede auftreten, z. B., wenn die Form *gebe* nicht eindeutig als Möglichkeitsform erkennbar ist: *Er sagte, sie gäben* (für nicht eindeutiges *geben*) *ein Fest.* Oder auch, wenn der Sprecher das, was er berichtet, für zweifelhaft hält: *Sie sagte zwar, es gäbe keine andere Möglichkeit[, aber ich glaube es nicht].* Sonst steht *gäbe* vor allem in Bedingungssätzen: *Wenn es eine andere Möglichkeit gäbe, wäre ich sofort bereit. Gäben meine Eltern mir das Geld, könnte ich verreisen.*

ganz

1. als Ganzes: Um etwas in seiner Gesamtheit, um die natürliche Einheit einer Sache auszudrücken, verwendet man heute das Hauptwort *das Ganze.* Es heißt also: *die Schule als Ganzes* (**nicht:** *die Schule als ganze,* unvollständig für: *... als ganze Schule*). Hier-

bei richtet sich *das Ganze* in der Beugung nach seinem Bezugswort, sodass es z. B. im Wemfall heißen muss: *von der Schule als Ganzem* (**nicht:** *als Ganzes*).

2. die ganzen / alle Kinder: In der gesprochenen Sprache verwenden viele Sprecher *ganze* anstelle von *alle* (*die ganzen Kinder, Bewohner, Fußgänger* usw.). **Richtig** ist: *alle Kinder, Bewohner, Fußgänger* usw.

gar

Man schreibt das Wort *gar* (= überhaupt) vor *kein* und *nicht* oder *nichts* **immer** getrennt: *Das hat gar keinen Wert. Das hat gar nichts zu sagen. Er ist gar nicht zufrieden.*

geboren

1. Komma: Den Geburtsnamen (Mädchennamen), der dem Familiennamen eines Ehepartners mit der Abkürzung *geb.* hinzugefügt wird, fasst man heute gewöhnlich als Bestandteil des Namens auf und schließt ihn ohne Komma an. Er kann aber auch als nachgestellter Beisatz (Apposition) behandelt und mit Komma abgetrennt werden: *Frau Martha Schneider geb. Kühn wurde als Zeugin vernommen.* Oder: *Frau Martha Schneider, geb. Kühn, wurde als ...* Auf gleiche Weise sind die mit *verh.* (=verheiratet[e]), *verw.* (=verwitwet[e]), *gesch.* (=geschieden[e]) angeschlossenen Zusätze zu behandeln. Zwei oder mehrere nachgestellte Namen trennt man immer mit Komma ab: *Frau Martha Schneider, geb. Kühn, verw. Schulz, wurde als Zeugin vernommen.*

2. ich bin/wurde geboren: Beide Formen sind möglich: In (ausführlichen) Lebensläufen verwendet man gewöhnlich *ich wurde geboren*, weil damit außer der Angabe des Ortes auch noch andere Angaben gemacht werden können. *Am 1. Juni 1960 wurde ich als zweites Kind der Eheleute ... in Berlin geboren.* Dagegen kann man bei *ich bin geboren* nur den Ort angeben, also: *Ich bin in Berlin geboren,* aber **nicht:** *Ich bin am 1. Juni 1960 in Berlin geboren* oder: *Ich bin als zweites Kind der Eheleute ... geboren.*

3. geboren oder gebürtig: Es heißt: *geboren in München,* aber *gebürtig aus München,* wobei *gebürtig* die Bedeutung »stammend aus« hat. Wer also in München lebt und auch dort geboren ist, ist im Unterschied zu dem in München lebenden, aber dort nicht geborenen Münchner ein *geborener* Münchner. Wer in München geboren ist, aber nicht mehr dort lebt, ist ein *gebürtiger* Münchner.

gebrauchen oder brauchen

In richtigem Deutsch hat *gebrauchen* ausschließlich die Bedeutung »verwenden, benutzen«: *einen Hammer gebrauchen; ein gebrauchtes Auto.* Auch das Wort *brauchen* kann in dieser Bedeutung vorkommen: *seine Ellenbogen, seinen Verstand brauchen.* Das Zeitwort *brauchen* kann aber auch »nötig haben« bedeuten. Diese Bedeutung hat *gebrauchen* nicht. Es kann also nur heißen: *Ich brauche* (**nicht:** *gebrauche*) *noch etwas Geld zum Ankauf des Grundstückes. Ich brauche* (**nicht:** *gebrauche*) *einen neuen Wintermantel.* In Verbindung mit *können* lassen sich

beide Wörter unterschiedslos verwenden: *Das kann ich gut gebrauchen* oder *brauchen.*

gedenken

Wenn das Zeitwort *gedenken* mit einer Wortgruppe, die die Grundform eines anderen Zeitwortes enthält, verbunden ist (Infinitivgruppe), dann kann man ein Komma setzen, um die Gliederung des Satzes deutlich zu machen oder um Missverständnisse auszuschließen: *Sie gedachte ein Wollgeschäft zu eröffnen.* Oder: *Sie gedachte, ein Wollgeschäft zu eröffnen.* Beides ist richtig.

gegeben

Gebraucht man *gegeben* als Hauptwort, dann muss man es **großschreiben:** *Er nahm das Gegebene gern.* Dies gilt auch für die feste Verbindung *das Gegebene sein* (= am besten, das Nächstliegende sein).

gegenüber

Das Verhältniswort (die Präposition) *gegenüber* hat den Wemfall, nicht den Wesfall nach sich: *gegenüber dem Bahnhof* (**nicht:** *des Bahnhofs*). Bei Ortsnamen kann man nach *gegenüber* auch mit *von* anschließen: *Gegenüber von Mannheim liegt Ludwigshafen.* In der Umgangssprache wird auch in anderen Fällen mit *von* angeschlossen. Dies sollte man in der Hochsprache vermeiden (also **nicht:** *gegenüber vom Bahnhof*).

gegen was oder wogegen

Vor allem in der Umgangssprache ersetzen viele *wogegen* durch *gegen was: Gegen was wendest du dich? Ich weiß *nicht, gegen was du dich wendest.* Stilistisch besser ist *wogegen: Wogegen wendest du dich? Ich weiß nicht, wogegen du dich wendest.*

gehabt

Die drei Vergangenheitsformen des Zeitwortes *haben* lauten: *ich hatte; ich habe gehabt; ich hatte gehabt,* so z. B.: *Ich hatte Kopfschmerzen; ich habe Kopfschmerzen gehabt; ich hatte Kopfschmerzen gehabt.*

In der gesprochenen Sprache verwenden manche Sprecher (besonders im süddeutschen Sprachraum) aber *gehabt* auch in Verbindung mit anderen Zeitwörtern: *Ich habe gegessen gehabt. Ich hatte geschlafen gehabt.* Diese Verwendung ist standardsprachlich **nicht richtig.** Stattdessen muss es heißen: *Ich hatte gegessen. Als er eingetreten war, hatte ich bereits gegessen.*

Gehalt

Gehalt in der Bedeutung »Arbeitsentgelt, Besoldung« ist ein sächliches Hauptwort: *das Gehalt,* Mehrzahl: *die Gehälter.* In der Bedeutung »Inhalt, Wert« ist *Gehalt* ein männliches Hauptwort: *der Gehalt,* Mehrzahl: *die Gehalte.*

gehörend oder gehörig

Das Wort *gehörend* ist das Mittelwort der Gegenwart (1. Partizip) zu *gehören: die mir gehörenden* (**nicht:** *gehörigen*) *Bücher; die in den Schrank gehörende* (**nicht:** *gehörige*) *Wäsche.* Dagegen ist *gehörig* ein Eigenschaftswort und bedeutet entweder »gebührend« (*jemandem den gehörigen Respekt erweisen*)

oder »beträchtlich« (*eine gehörige Portion Sahne*).

gelangen

Die Konstruktion *gelangen + zu +* Hauptwort verwendet man zur Umschreibung der Leideform (des Passivs): *Die Lebensmittel gelangten zur Verteilung* (=wurden verteilt). *Die Beschlüsse gelangten zur Ausführung* (=wurden ausgeführt). *Das Geld soll in den nächsten Tagen zur Auszahlung gelangen* (=ausgezahlt werden). Diese Fügungen kommen hauptsächlich im Amts- und Geschäftsdeutsch und in der Zeitungssprache vor. Sie sind manchmal berechtigt, wenn sie der besonderen Verstärkung einer Aussage dienen. Als Ersatz für die Leideform sind sie stilistisch unschön: *Dieser Punkt ist noch nicht zur Erörterung gelangt.* Besser: *Dieser Punkt wurde noch nicht erörtert.*

gemäß

Das Verhältniswort (die Präposition) *gemäß* wird mit dem Wemfall, nicht mit dem Wesfall verbunden und steht meist nach, seltener vor dem Hauptwort, auf das es sich bezieht: *ihrem Wunsch* (**nicht:** *ihres Wunschs*) *gemäß,* seltener: *gemäß ihrem Wunsch.*

genannt

Ein Eigenschaftswort, das auf *genannt* folgt, erhält die gleichen Endungen wie *genannt* selbst: *die genannten neuen Bücher; genanntes neues Buch; mit genannter weiblicher Person; bei genanntem älterem* (hier auch möglich: *älteren*) *Kollegen.*

gering

Wird *gering* als Hauptwort gebraucht, dann wird es **großgeschrieben:** *Es entging ihm nicht das Geringste. Es ist das Geringste, was du tun kannst. Auch der Geringste hat Anspruch darauf.* Man schreibt *gering* auch in den folgenden festen Verbindungen **groß:** *Das geht dich nicht das Geringste* (= gar nichts) *an. Ich denke nicht im Geringsten* (= gar nicht) *daran. Die Preise wurden um ein Geringes* (= wenig) *erhöht.*

geschäftig oder geschäftlich

Das Eigenschaftswort *geschäftig* bedeutet »unentwegt tätig«: *geschäftiges Treiben; geschäftig hin und her laufen.* Dagegen gebraucht man *geschäftlich* im Sinne von »das Geschäft betreffend, dienstlich«: *geschäftlich unterwegs sein. Sie hat geschäftlich hier zu tun.*

Geschäftsmann

Die Mehrzahl von *Geschäftsmann* lautet *die Geschäftsleute.*

geschähe oder geschehe

Beide Formen sind Möglichkeitsformen (Konjunktive). Die Form *geschehe* steht vor allem in der indirekten Rede: *Er fragte sie, wann es geschehe.* Auch *geschähe* kann in der indirekten Rede auftreten, z. B., wenn die Form *geschehe* nicht eindeutig als Möglichkeitsform erkennbar ist: *Er sagte, solche Verbrechen geschähen* (für nicht eindeutiges *geschehen*) *häufiger.* Oder auch, wenn der Sprecher das, was er berichtet, für zweifelhaft hält: *Er sagte zwar, eine solche Tat geschähe nicht wieder[, aber ich glaube es nicht].*

Sonst steht *geschähe* vor allem in Bedingungssätzen: *Er würde sofort abreisen, wenn es doch geschähe.*

gesetzt

In der festen Verbindung *gesetzt den Fall* darf nur der Wenfall, nicht der Werfall stehen: *Gesetzt den Fall* (**nicht:** *der Fall*)[,] *es machte mir jemand ein Angebot …*

gesinnt oder gesonnen

Das Eigenschaftswort *gesinnt* bedeutet »von einer bestimmten Gesinnung«: *Er ist mir treu gesinnt* (**nicht:** *treu gesonnen*). *Er ist gut gesinnt. Ein gleich gesinnter, anders gesinnter, übel gesinnter Mensch.* Demgegenüber bedeutet *gesonnen* »willens, gewillt« und steht nur in Verbindung mit *sein: Ich bin nicht gesonnen, das zu tun.*

gespalten oder gespaltet

Bei *spalten* im wörtlichen Sinn »in zwei oder mehrere Teile zerteilen« kann das Mittelwort der Vergangenheit (2. Partizip) *gespalten* oder *gespaltet* lauten. Beide Formen sind richtig, die Form *gespaltet* ist allerdings seltener: *Der Blitz hat den Baum gespalten,* auch: *gespaltet. Ein gespaltener,* selten auch: *gespalteter Fels.* Bei *spalten* in der übertragenen Bedeutung »bewirken, dass etwas seine Einheit verliert« ist das Mittelwort der Vergangenheit nur in der Form *gespalten* üblich: *eine gespaltene Partei einen. Der Bürgerkrieg hat das Land in zwei feindliche Lager gespalten.*

Sprachtipps

gewahr werden

An *gewahr werden* kann man sowohl mit dem Wesfall als auch mit dem Wenfall anschließen: *Er ging an ihr vorüber, ohne ihrer* oder *sie gewahr zu werden.*

Gewähr leisten oder gewährleisten

Bei *Gewähr leisten* wird mit *für* angeschlossen: *Ich leiste Gewähr für Ihre Sicherheit. Man leistet Gewähr dafür, dass ...* Demgegenüber steht *gewährleisten* ohne *für: Ich gewährleiste Ihre Sicherheit. Man gewährleistet, dass ...*

gewesen

Die drei Vergangenheitsformen des Zeitwortes *sein* lauten: *ich war; ich bin gewesen; ich war gewesen,* so z. B.: *Ich war krank; ich bin krank gewesen; ich war krank gewesen.*

In der gesprochenen Sprache verwendet man besonders in Süddeutschland aber *gewesen* auch in Verbindung mit Zeitwörtern: *Ich bin eingeschlafen gewesen. Ich war eingeschlafen gewesen.* Diese Verwendung ist **nicht richtig.** Es muss heißen: *Ich war eingeschlafen. Als es geklingelt hatte, war ich schon längst eingeschlafen.*

gewiss

Ein Eigenschaftswort oder Mittelwort (Partizip), das auf *gewiss* folgt, erhält (auch wenn es zum Hauptwort geworden ist) die gleiche Endung wie *gewiss* selbst: *gewisse notwendige Einrichtungen, die Wünsche gewisser Kranker, bei gewissen national gesinnten Kreisen.*

gewohnt oder gewöhnt

Die Fügung *etwas gewohnt sein* bedeutet »eine bestimmte Gewohnheit haben«: *Ich bin gewohnt, früh aufzustehen.* Die Fügung *an etwas gewöhnt sein* hat die Bedeutung »mit etwas Bestimmtem durch Gewöhnung vertraut sein«: *Ich bin an das frühe Aufstehen gewöhnt. Ich bin daran gewöhnt, dass er immer zu spät kommt.*

glatt

Die Steigerungsformen von *glatt* können sowohl *glatter, glatteste* als auch *glätter, glätteste* lauten. Bevorzugt werden heute aber die Formen *glatter, glatteste.*

glauben

Wenn das Zeitwort *glauben* mit einer Wortgruppe, die die Grundform eines anderen Zeitwortes enthält, verbunden ist (Infinitivgruppe), dann kann man ein Komma setzen, um die Gliederung des Satzes deutlich zu machen oder um Missverständnisse auszuschließen: *Ich glaube fast den Mann zu kennen.* Oder: *Ich glaube fast, den Mann zu kennen.* Beides ist richtig.

Gläubige, der und die

Man beugt das Wort in folgender Weise: *der Gläubige, ein Gläubiger, zwei Gläubige, die Gläubigen, einige Gläubige, alle Gläubigen, solche Gläubige* und *solche Gläubigen, beide Gläubigen* und seltener auch *beide Gläubige; genanntem Gläubigen, die Segnung anwesender Gläubiger.*

Als Beisatz (Apposition): *mir (dir, ihm) als Gläubigen* und *mir (dir, ihm) als Gläubigem; ihr als Gläubigen* und *ihr als Gläubiger.*

gleich

Wird das Eigenschaftswort *gleich* als Hauptwort gebraucht, dann schreibt man es **groß**: *Gleiches mit Gleichem vergelten. Ich wünsche Ihnen ein Gleiches, das Gleiche. Er lebt als Gleicher unter Gleichen.* Dies gilt entsprechend auch in den folgenden Fällen: *Er ist der Gleiche geblieben. Es kommt auf das / aufs Gleiche hinaus.* Auch in den folgenden festen Verbindungen gilt die **Großschreibung:** *etwas ins Gleiche bringen; Gleich und Gleich gesellt sich gern.*

gleichzeitig oder zugleich

Das Eigenschaftswort *gleichzeitig* bedeutet eigentlich nur »zur gleichen Zeit« *(Sie redeten gleichzeitig)*, während *zugleich* darüber hinaus – ohne zeitliche Komponente – »in gleicher Weise, ebenso, auch noch« bedeutet: *Diesen Teller können Sie zugleich als Untersatz verwenden.* Im heutigen Sprachgebrauch findet sich aber auch *gleichzeitig* öfter in dieser nicht zeitlichen Bedeutung: *Das Rauchertischchen ist gleichzeitig ein Schachspiel.* Stilistisch besser ist jedoch: *Das Rauchertischchen ist zugleich ein Schachspiel.*

GmbH

1. Beugung: Grundsätzlich ist es nicht notwendig, die Abkürzung *GmbH* mit Beugungsendungen zu versehen. Es empfiehlt sich aber, ein -s in der Mehrzahl anzufügen, wenn eine Verwechslung mit der Einzahl möglich ist: *das Stammkapital der GmbH* (Einzahl)

und *das Stammkapital der GmbHs* (Mehrzahl).

2. *GmbH* **in Firmennamen:** Tritt *GmbH* in Firmennamen auf, dann ist die Abkürzung Bestandteil des Namens und wird **nicht** durch ein Komma abgetrennt. Steht bei einem solchen Firmennamen ein Geschlechtswort (Artikel), dann richtet sich dieses meistens nicht nach dem Namensbestandteil *GmbH.* Es heißt also z. B.: *das deutsche Reiseunternehmen GmbH; mit den Vereinigten Stahlwerken GmbH.* Dagegen heißt es *Bilanz der Vereinigten Stahlwerke GmbH,* weil hier *GmbH* das Grundwort des Firmennamens ist. Allerdings sollte man dann die Abkürzung besser ausschreiben: *Bilanz der Vereinigten Stahlwerke-Gesellschaft mbH.*

Graf

Das Hauptwort *Graf* erhält – außer im Werfall – die Endung -en: *der Graf, des Grafen* (**nicht:** *des Grafs*), *dem Grafen* (**nicht:** *dem Graf*), *den Grafen* (**nicht:** *den Graf*), Mehrzahl: *die Grafen.* In der Anschrift wird jedoch nur die ungebeugte Form *Graf* gebraucht: *Herrn Graf Manfred von Senden* bzw. *Herrn Manfred Graf von Senden.*

grob

Die Steigerungsformen von *grob* lauten *gröber, gröbste* (**nicht:** *grober, grobste*).

groß

Wird das Eigenschaftswort *groß* als Hauptwort gebraucht, dann schreibt man es **groß**: *die Großen und die Kleinen, Große und Kleine; im Großen wie im Kleinen treu sein; etwas, nichts,* *viel, wenig Großes.* Dies gilt auch für die folgenden festen Verbindungen: *im Großen [und] Ganzen, im Großen und im Kleinen betreiben; im Großen* (= en gros) *einkaufen, Groß und Klein* (= jedermann); *um ein Großes* (= viel, sehr) *verteuert; der Größte von allen.*

Großteil

Richtig ist *der Großteil:* Es heißt also: *Die Einnahmen deckten einen* (**nicht:** *ein*) *Großteil der Kosten.*

größtmöglich

Da das Eigenschaftswort *größtmöglich* bereits eine höchste Steigerungsstufe *(größt...)* enthält, ist es nicht mehr steigerbar: *in größtmöglicher* (**nicht:** *größtmöglichster*) *Eile.*

grundsätzlich

Das Eigenschaftswort *grundsätzlich* hat zwei Bedeutungen: 1. Bedeutung: »einem Grundsatz entsprechend, ihn betreffend; ohne Ausnahme«: *Es ist grundsätzlich* (=ohne Ausnahme) *verboten, auf dem Schulhof zu rauchen.* 2. Bedeutung: »im Großen und Ganzen, meist, eigentlich, im Allgemeinen« (oft in Verbindung mit einschränkendem *aber*): *Ich habe grundsätzlich [zwar] nichts dagegen, möchte aber darauf hinweisen, dass ... Ich bin grundsätzlich auch dafür, will aber nicht verschweigen, dass Schwierigkeiten zu überwinden sind. Dagegen ist grundsätzlich nichts zu sagen, wenn die anderen einverstanden sind.* Eine Rolle spielt im Übrigen auch die Betonung des Wortes: *Ich habe grundsätzlich nichts dagegen* kann heißen »Ich habe

im Großen und Ganzen nichts dagegen, gewisse Vorbehalte sind jedoch nicht ausgeschlossen« (Betonung: *grundsätzlich*). Es kann aber auch bedeuten »Ich habe prinzipiell, aus Grundsatz nichts dagegen, z. B. um mir keinen Ärger zu machen« (Betonung: *grundsätzlich*).

Gruppe

1. Eine Gruppe Kinder stand/standen dort: Im Allgemeinen bezieht man das Zeitwort auf *Gruppe* und setzt es in die Einzahl: *Eine Gruppe Kinder stand dort, wurde empfangen, ist abgereist, hat sich abgesetzt.* Gelegentlich wird das Zeitwort aber nicht auf *Gruppe,* sondern auf das Gezählte bezogen und in die Mehrzahl gesetzt (d. h., man konstruiert nach dem Sinn). *Eine Gruppe Kinder standen dort, wurden empfangen, sind abgereist, haben sich abgesetzt.* Beides ist richtig.

2. eine Gruppe netter/nette Leute: Üblicherweise steht nach *Gruppe* die folgende Angabe im Wesfall: *eine Gruppe netter Leute; für eine Gruppe Abgeordneter; mit einer Gruppe Studenten, kleiner Kinder.* Es ist jedoch auch möglich, die Angabe, die dem Mengenbegriff *Gruppe* folgt, in den gleichen Fall zu setzen wie *Gruppe.* Dies kommt jedoch selten vor: *eine Gruppe nette Leute; für eine Gruppe Abgeordnete; bei einer Gruppe jungen Studenten, kleinen Kindern.* Beides ist richtig.

gut

1. gut für/gegen: Die Verwendung von *für* (*Das Mittel ist gut für den Husten*) ist umgangssprachlich. Standardsprachlich verwendet man *gegen: Das Mittel ist gut gegen den Husten.*

2. Seien Sie so gut: Diese Höflichkeitsformel ist **richtig. Falsch** ist: *Sind Sie so gut und ...*

gutschreiben

Nach *gutschreiben auf* kann sowohl der Wenfall (Frage: wohin?) als auch der Wemfall (Frage: wo?) stehen. Der Wemfall ist seltener: *Wir werden den Betrag auf Ihr,* seltener: *auf Ihrem Konto gutschreiben.*

H

habe oder hätte

Beide Formen sind Möglichkeitsformen (Konjunktive) des Zeitwortes *haben.* Die Form *habe* steht vor allem in der indirekten Rede: *Sie sagte, sie habe wenig Zeit. Sie fragte, ob er schon gegessen habe.* Auch *hätte* kann in der indirekten Rede stehen. Dies ist zum einen dann der Fall, wenn *habe* nicht eindeutig als Möglichkeitsform erkennbar ist, d. h., wenn es in dem jeweiligen Satz mit der Wirklichkeitsform (dem Indikativ) übereinstimmt: *Ich sagte, ich hätte* (für nicht eindeutiges *habe) ihn nicht gesehen.* Zum anderen steht *hätte* statt *habe,* wenn der Sprecher ausdrücken will, dass ihm das, was er berichtet, nicht glaubhaft erscheint: *Sie sagte, sie hätte wenig Zeit.* Sonst steht *hätte* vor allem in Bedingungssätzen: *Wenn ich das gewusst hätte, wäre ich früher gekommen. Hätte er das gesehen, wäre er sicher wütend geworden.*

halb

Nach *alle* (= jede) kann man *halb* in der Mehrzahl auf zweierlei Weise beugen: *alle halbe Stunden* oder *alle halben Stunden* (in der Einzahl: *alle halbe Stunde), alle halbe Meter* oder *alle halben Meter.* In bestimmten formelhaften Verbindungen braucht *halb* nicht gebeugt zu werden: *ein halb Dutzend* oder *ein halbes Dutzend.*

halber

Das Verhältniswort (die Präposition) *halber* wird mit dem Wesfall verbunden und steht immer nach dem Hauptwort, auf das es sich bezieht: *des guten Beispiels halber, der politischen Umstände halber.*

halbjährig oder halbjährlich

Das Eigenschaftswort *halbjährig* bedeutet entweder »ein halbes Jahr alt« oder »ein halbes Jahr dauernd«. Eine *halbjährige Kündigung* ist also eine Kündigungsfrist, die auf ein halbes Jahr festgesetzt ist. *Halbjährlich* bedeutet dagegen »alle halbe Jahre wiederkehrend, stattfindend«. Demnach besagt *halbjährliche Kündigung,* dass sich die Möglichkeit der Kündigung jedes halbe Jahr ergibt.

Hälfte

Im Allgemeinen bezieht man das Zeitwort auf *Hälfte* und setzt es in die Einzahl: *Die Hälfte der Bücher lag auf dem Boden, wurde verkauft, ist zerfleddert.* Gelegentlich wird das Zeitwort aber nicht auf *Hälfte,* sondern auf das Gezählte bezogen und in die Mehrzahl gesetzt (d. h., man konstruiert nach dem Sinn): *Die Hälfte der Bücher la-*

gen auf dem Boden, wurden verkauft, sind zerfleddert. Beides ist richtig.

Hand nehmen, an die

Üblich ist nur der Wenfall *(jemanden an die Hand nehmen).* Es kann auch heißen *jemanden bei der Hand nehmen,* unüblich ist aber der Wemfall nach *an* (**nicht:** *jemanden an der Hand nehmen*).

Handel, handeln

Nach dem Hauptwort *Handel* schließt man ebenso wie nach dem Zeitwort *handeln* gewöhnlich mit dem Verhältniswort (der Präposition) *mit* an: *der Handel mit Textilien; handeln mit Textilien.* In der Kaufmannssprache steht manchmal auch das Verhältniswort *in: der Handel in Textilien; handeln in Textilien.*

hängen

Die Vergangenheitsformen des regelmäßigen Zeitwortes *hängen* (=*hängte, gehängt*) und des unregelmäßigen Zeitwortes (=*hing, gehangen*) sollte man nicht miteinander verwechseln. Hat *hängen* eine Ergänzung im Wenfall bei sich, gelten die regelmäßigen Formen: *Er hängte seinen Anzug auf einen Bügel. Du hattest deinen Mantel in den Schrank gehängt.* Steht *hängen* jedoch ohne eine Ergänzung im Wenfall, dann sind die unregelmäßigen Formen anzuwenden: *Ein Bild hat über der Couch gehangen. Schmutz hing an seinen Schuhen. Im Zimmer hing noch der Zigarettenrauch vom Vortag.*

heißen

1. geheißen oder gehießen: Die Form *gehießen* gehört der landschaftlichen Umgangssprache an. Standardsprachlich verwendet man *geheißen: Man hat ihn das geheißen. Früher hatte sie Meyer geheißen.*

2. geheißen oder heißen: Nach der Grundform (dem Infinitiv) eines anderen Zeitwortes verwendet man im gehobenen Stil heute überwiegend *heißen: Sie hat mich kommen heißen.* Richtig, wenn auch seltener ist *geheißen: Sie hat mich kommen geheißen.*

3. Er hieß ihn einen anständigen Menschen / ein anständiger Mensch werden: Beide Formen sind richtig und gehören dem gehobenen Stil an. Üblicher ist ... *ein anständiger Mensch werden.* Die Form ... *einen anständigen Menschen werden* veraltet allmählich.

helfen

1. helfen oder geholfen: Steht vor dem Zeitwort *helfen* ein anderes Zeitwort, und zwar in der Grundform (im Infinitiv), dann kann man sowohl *helfen* als auch *geholfen* verwenden: *Ich habe ihm das Auto waschen helfen* oder *waschen geholfen.*

2. Gebrauch des Mittelworts: Das Mittelwort der Vergangenheit (2. Partizip) von *helfen* (es lautet *geholfen*) ist nicht als Beifügung eines Hauptwortes zu verwenden. Also **nicht:** *ein geholfenes Waisenkind,* sondern: *ein Waisenkind, dem geholfen wurde.*

3. etwas tun oder zu tun helfen: Ein Zeitwort, das ohne irgendeinen Zusatz auf *helfen* folgt, schließt man ohne *zu* an: *Sie hilft ihm aufräumen.* Tritt zu diesem Zeitwort eine Ergänzung, dann kann *zu* stehen, es muss aber nicht stehen: *Sie hilft ihm, die Spielsachen aufräumen.* Oder: *Sie hilft ihm, die Spielsachen aufzuräumen.* Treten mehrere Glieder zu dem Zeitwort, dann steht im Allgemeinen *zu*: *Sie hilft ihm, die in der ganzen Wohnung verstreuten Spielsachen und Kleidungsstücke aufzuräumen.*

4. Komma: Wenn das Zeitwort *helfen* mit einer Wortgruppe, die die Grundform eines anderen Zeitwortes enthält, verbunden ist (Infinitivgruppe), dann kann man ein Komma setzen, um die Gliederung des Satzes deutlich zu machen oder um Missverständnisse auszuschließen: *Sie hilft mir die Spielsachen aufzuräumen.* Oder: *Sie hilft mir, die Spielsachen aufzuräumen.* Beides ist richtig.

herausstellen

Bei *sich herausstellen als* steht das Hauptwort, das dem *als* folgt, heute nur noch im Werfall: *Seine Rede stellte sich als übler Angriff auf die Opposition heraus.*

Herr

Siehe Kasten Seite 514

hindern

Weil das Zeitwort *hindern* schon verneinenden Sinn hat (= nicht tun lassen), darf man einen von ihm abhängenden Satz nicht verneinen. **Nicht richtig** ist darum: *Ich hindere ihn daran, nicht noch mehr zu trinken.* **Richtig** ist: *Ich hindere ihn daran, noch mehr zu trinken.*

hinnehmen

Nach *hinnehmen* kann das folgende Eigenschaftswort oder Hauptwort mit *als* oder auch mit *wie* angeschlossen werden (wobei sich die Aussage etwas ändert). Der Anschluss mit *für* ist veraltet: *etwas als selbstverständlich,* auch: *wie selbstverständlich* (veraltet: *für selbstverständlich*) *hinnehmen.*

hinsichtlich

Das Verhältniswort (die Präposition) *hinsichtlich* steht üblicherweise mit dem Wesfall: *hinsichtlich seines Briefes, hinsichtlich des Angebotes, der Preise.* Nur in der Mehrzahl weicht man bei allein stehenden Hauptwörtern auf den Wemfall aus: *hinsichtlich Angeboten und Preisen.* Aber: *hinsichtlich der Angebote, hinsichtlich Ihrer Preise.*

höchstens

Man kann sagen: *Das trifft in höchstens drei Fällen zu* oder: *Das trifft höchstens in drei Fällen zu.* Im ersten Satz liegt die Betonung stärker auf der Anzahl *(höchstens drei)* als im zweiten Satz. Beides ist richtig.

höchstens nur

Die Verwendung von *höchstens nur* ist **nicht** richtig. Da die Wörter *höchstens* und *nur* – trotz inhaltlicher Berührungen – Unterschiedliches ausdrücken, ist jeweils nur eines von beiden richtig in einem Satz: Je nachdem, was man zum Ausdruck bringen will, kann es also heißen: *Es waren höchstens* (= keinesfalls mehr als) *10 Leute gekommen.* Oder: *Es waren nur* (= bedauerlicherweise nicht mehr als) *10 Leute gekommen.* Aber **nicht**: *Es waren höchstens*

Sprachtipps

1. Beugung von Herr:
In der Einzahl lauten die Formen
  (Werfall:) *der Herr*
  (Wesfall:) *des Herrn*
  (Wemfall:) *dem Herrn*
  (Wenfall:) *den Herrn*
  (nicht: *Herren*)
Mehrzahl:
  (Werfall:) *die Herren*
  (Wesfall:) *der Herren*
  (Wemfall:) *den Herren*
  (Wenfall:) *die Herren*
  (nicht: *Herrn*).

2. Beugung nach Herr:
Herr wird vor Namen und Titeln immer gebeugt:
  Ich werde Herrn Müller anrufen.
  An Herrn Erwin Meyer.

a) Herr + Name:
Der Name erhält im Wesfall die Endung *-s*:
  Herrn Müllers Besuch
  Herrn Meyers Geburtstag
Steht jedoch vor *Herr* noch *des, eines* oder ein Fürwort (Pronomen), dann bleibt der Name unverändert:
  der Besuch des Herrn Müller, eines gewissen Herrn Müller
  der Geburtstag jenes Herrn Meyer

Steht statt des Namens eine Verwandtschaftsbezeichnung, wird diese jedoch gebeugt:
  zum Tode Ihres Herrn Vaters
  (nicht: *Vater*).

b) Herr + Titel + Name:
Der Name, jedoch nicht der Titel erhält im Wesfall die Endung *-s*:
  Herrn Professor Müllers Besuch
  Herrn Regierungsrat Meyers Geburtstag
Steht jedoch vor *Herr* noch *des, eines* oder ein Fürwort, erhält meist der Titel eine Beugungsendung, der Name jedoch nicht:
  die Rede des Herrn Ministers Müller
  die Ausführungen eines gewissen Herrn Rechtsanwaltes Dr. Meyer
  (*Doktor* bleibt ungebeugt!).
Als Beisatz (Apposition) jedoch:
die Rede des Herrn Präsidenten, Professor Müller oder Müllers.

c) Herr + Titel:
Folgt kein Name, erhält der Titel die Beugungsendung:
  im Namen des Herrn Oberbürgermeisters
  die Anschrift des Herrn Intendanten
  die Arbeit mit dem Herrn Diplomaten

---

nur 10 Leute gekommen. Auch in einem Zusammenhang, in dem die beiden Wörter sich inhaltlich stärker gleichen oder dieselbe Bedeutung haben, darf nur eines von beiden stehen: *Er geht nicht aus, nur gelegentlich ins Kino.* Oder: *... höchstens gelegentlich*

ins Kino. Aber **nicht:** *... höchstens nur ins Kino.*

höchstmöglich
Da das Eigenschaftswort *höchstmöglich* bereits eine höchste Steigerungsstufe (*höchst...*) enthält, ist es nicht

mehr steigerbar: *die höchstmögliche* (**nicht:** *höchstmöglichste*) *Punktzahl.*

hoffen

Wenn das Zeitwort *hoffen* mit einer Wortgruppe, die die Grundform eines anderen Zeitwortes enthält, verbunden ist (Infinitivgruppe), dann kann man ein Komma setzen, um die Gliederung des Satzes deutlich zu machen oder um Missverständnisse auszuschließen: *Wir hoffen sehr die Kinder am Montag zu sehen.* Oder: *Wir hoffen sehr, die Kinder am Montag zu sehen.* Beides ist richtig.

hundert

Klein schreibt man das Zahlwort *hundert* (das immer ungebeugt auftritt): *hundert Zigaretten; an die hundert Zigaretten; der dritte Teil von hundert; eins zu hundert. Sie fuhr hundert [Kilometer pro Stunde]. Sie kauft nur vier von hundert. Er zählt bis hundert. Er wird hundert [Jahre alt].*
Klein- oder Großschreibung ist dann richtig, wenn *hundert* unbestimmte (nicht in Ziffern schreibbare) Mengen bezeichnet: *Die Summe geht in die hunderte* oder *Hunderte. Viele hunderte* oder *Hunderte begehrten Einlass. Sie lagerten zu hunderten* oder *Hunderten auf der Wiese. Es geschah trotz des Einsatzes hunderter* oder *Hunderter Freiwilliger / hunderten* oder *Hunderten von Freiwilligen. Er kaufte einige hundert* oder *Hundert Nägel* (= Packungen von je hundert Stück).
Groß schreibt man, wenn das Zahlwort als Hauptwort gebraucht wird (das dann auch in gebeugter Form

auftreten kann): *mit der Hundert* (= Straßenbahnlinie 100) *fahren.* Als Maßangabe für hundert Einheiten: *ein halbes Hundert, vier vom Hundert, das zweite Hundert, des dritten Hunderts.*

hüten, sich

Weil das Zeitwort *sich (vor etwas) hüten* in der Bedeutung »etwas vermeiden, etwas mit Bedacht nicht tun« schon verneinenden Sinn hat, darf man einen von ihm abhängenden Satz nicht zusätzlich verneinen. **Nicht richtig** ist darum: *Sie hütete sich (davor), nicht zu schnell zu fahren.* Oder: *Sie hütete sich (davor), dass sie nicht zu schnell fuhr.* **Richtig** ist: *Sie hütete sich (davor), zu schnell zu fahren.* Oder: *Sie hütete sich (davor), dass sie zu schnell fuhr.* Hat *sich hüten* jedoch die Bedeutung »auf etwas achten, sich vorsehen, aufpassen«, dann wird ein von ihm abhängender Satz verneint: *Hüte dich, dass du keinen Fehler machst. Hüte dich, dass man dich nicht übervorteilt.*

I

ich, der ich mich oder ich, der sich …

Beide Formen sind möglich und grammatisch richtig: *Ich, der ich immer um ein gutes Verhältnis bemüht habe …* Oder: *Ich, der sich immer um ein gutes Verhältnis bemüht hat … Ich, die ich mich immer um ein gutes Verhältnis bemüht habe …* Oder: *Ich, die sich immer um ein gutes Verhältnis bemüht hat …*

Sprachtipps

ich würde sagen, ich möchte sagen

Diese Floskeln, die besonders in der gesprochenen Sprache auftreten, sind vielfach inhaltlich entbehrlich und stilistisch blass. Da sie eine Äußerung entgegenkommender und weniger selbstsicher erscheinen lassen, sind sie jedoch nicht immer überflüssig.

ideal oder ideell

Die beiden Wörter sollte man nicht verwechseln. Das Eigenschaftswort *ideal* bedeutet »vollkommen, musterhaft«: *ein idealer Partner, ideale Voraussetzungen, die ideale Waschmaschine. Diese Waschmaschine ist ideal.* Das Eigenschaftswort *ideell* bedeutet dagegen »auf einer Idee beruhend, geistig«: *ideelle Ziele, Bedürfnisse, die ideelle Grundlegung eines Systems. Es geht hier um ideelle, nicht um materielle Werte.*

ihrerseits, ihresgleichen, ihrethalben, ihretwegen, ihretwillen

Beziehen sich diese Wörter auf eine mit *Sie* anzuredende Person, dann werden sie großgeschrieben: *Sie Ihrerseits dürften das nicht tun. Wir teilen Ihnen mit, dass wir die Bücher Ihrethalben nicht verkauft haben. Für Ihresgleichen müsste das eine Kleinigkeit sein.*

Ihretwegen oder wegen Ihnen

In der Umgangssprache ersetzen viele Sprecher *Ihretwegen* durch *wegen Ihnen. Ich habe das nur wegen Ihnen getan.* Standardsprachlich heißt es jedoch: *Ich habe das nur Ihretwegen getan.*

im Falle, dass / im Falle dass

Bei diesen Wortverbindungen kann die Kommasetzung unterschiedlich sein: *Ich komme nur, im Falle dass ich eingeladen werde.* Oder: *Ich komme nur im Falle, dass ich eingeladen werde.*

im Voraus

Man schreibt *voraus* in dieser Verbindung groß.

in

1. in Blau usw.: Eine Farbbezeichnung in Verbindung mit *in* schreibt man groß: *in Blau, in Grün,* ebenso: *in Hell, in Matt.*

2. in 2006: Diese Form *in* + Jahreszahl stammt aus dem Englischen. Im Deutschen steht die Jahreszahl ohne vorangehendes *in* oder aber in der Fügung *im Jahre* + Jahreszahl. *Wir wollen 2006 (oder: im Jahre 2006) dieses Ziel erreichen.*

in oder im

Man kann sowohl sagen: *Die Firma ist seit 1830 in Familienbesitz* als auch: *... im Familienbesitz.* Ebenso: *Sie ist in Urlaub* oder: *Sie ist im Urlaub.* In diesen Beispielen empfindet man zwischen *in* und *im* kaum noch einen Unterschied, sodass man beide Formen unterschiedslos gebrauchen kann.

in oder nach

Wenn man diese Verhältniswörter (Präpositionen) in Verbindung mit Ortsangaben und Ländernamen verwendet, um die Richtung (auf die Frage: wohin?) anzugeben, sind Unterschiede zu beachten. Das Verhältniswort *in* steht bei Hauptwörtern und Ländernamen, die ein Geschlechtswort (den Artikel *der, die* oder *das*) bei sich haben: *in den Wald, ins Stadion gehen, in die Stadt fahren, in die Schweiz reisen, in die USA fliegen.* Vor Orts- und Ländernamen, die kein Geschlechtswort bei sich haben, steht *nach: nach Berlin, nach Frankreich fahren, nach Österreich reisen.*

in Bälde
Statt dieser Fügung, die besonders in der Amtssprache auftritt, sollte man das einfache *bald* verwenden: *Er wird bald* (**nicht:** *in Bälde*) *hier sein.*

in Beantwortung, in Erwartung
Fügungen dieser Art gehören der Verwaltungs- und Kaufmannssprache an: *In Beantwortung Ihres Schreibens vom 15.03.2006 teilen wir Ihnen mit, ... In Erwartung Ihrer Zusage verbleiben wir ...* Sie sind stilistisch unschön und sollten – zumal außerhalb der Geschäfts- und Verwaltungssprache – ersetzt werden. Stilistisch besser z. B.: *Wir erwarten Ihre Zusage und ...* oder: *Wir hoffen, dass sie zusagen, und ...* Auf keinen Fall sollten wesentliche Mitteilungen auf diese Weise zur Nebensache gemacht werden, also **nicht:** *In Ablehnung Ihres Gesuches teilen wir Ihnen mit ...,* sondern etwa: *Wir mussten Ihr Gesuch leider ablehnen. Sie können aber ...*

in der Annahme/Erwartung/Hoffnung, dass ...
In Fügungen dieser Art steht vor *dass* immer ein Komma: *In der Annahme, dass du am Wochenende kommst, habe ich ein Zimmer bestellt. Ich habe in der Erwartung, dass du am Wochenende kommst, ein Zimmer bestellt.*

in einem Fall wie diesem / wie dieser
Beide Formulierungen sind richtig. Entweder man bezieht das Wort *dieser* unmittelbar auf das Wort *Fall,* und beide stehen im Wemfall: *in einem Fall wie diesem.* Oder man sieht *wie dieser* als Verkürzung eines Nebensatzes an, der vollständig etwa lauten würde: *wie dieser es ist.*

in etwa
Die Fügung *in etwa* im Sinne von »ungefähr« kann nicht (wie *ungefähr* selbst) bei Zahlenangaben stehen. Also **nicht:** *Das Gespräch dauerte in etwa drei Stunden. Sie waren in etwa 40 km vom nächsten Ort entfernt.* In diesen Fällen ist nur *ungefähr* oder ein einfaches *etwa* möglich. Dagegen ist die Fügung *in etwa* in Verbindung mit entsprechenden Zeitwörtern richtig. Sie hat die Bedeutung »ungefähr, mehr oder weniger, in gewisser Hinsicht« und drückt stärker als *ungefähr* oder *etwa* eine Einschränkung, einen Vorbehalt aus: *Die Angaben der Zeugen stimmten in etwa überein. Das ist in etwa das, was ich auch sagen wollte.*

in Gänze, zur Gänze
Die beiden Fügungen sind besonders in gehobener Sprache üblich. Sie lassen sich in den meisten Fällen durch einfaches *ganz* oder *gänzlich* ersetzen.

in Kraft treten, in Kraft sein
In Fügungen dieser Art schreibt man *in Kraft* immer getrennt (und *Kraft* groß):

Sprachtipps

Die Verfügung tritt sofort in Kraft. Seit heute ist das Gesetz in Kraft.

in Kürze

Dies ist die richtige Schreibung. Jedoch lässt sich diese stilistisch unschöne Fügung in den meisten Fällen durch einfaches *bald* oder *demnächst* ersetzen.

in was oder worin/worein

Vor allem in der Umgangssprache ersetzen viele *worin* und *worein* durch *in was: In was besteht der Unterschied? Ich frage mich, in was du den Wein aufbewahren, in was du den Wein füllen willst.* Stilistisch besser sind *worin* und *worein: Worin besteht der Unterschied? Ich frage mich, worin du den Wein aufbewahren, worein du den Wein füllen willst.*

indem

1. Komma: *Indem* leitet einen Nebensatz ein, der **immer** durch Komma abgetrennt wird: *Indem er sprach, öffnete sich die Tür. Er trat zurück, indem er erblasste. Er ordnete, indem er das sagte, die Blumen.*

2. indem / dadurch[,] dass / weil: Man kann *indem* im Sinne von »dadurch[,] dass« gebrauchen (man darf dabei nur nicht den Fehler machen, wie es in der Umgangssprache öfter geschieht, *indem[,] dass* zu sagen). Richtig ist also: *Man ehrte die Autorin, indem man sie in die Akademie aufnahm.* Dagegen kann man *indem* nicht für *weil* einsetzen: *Weil* (**nicht:** *indem*) *er eine Magenverstimmung hatte, konnte er nicht teilnehmen.*

infolge

Nach *infolge* steht üblicherweise der Wesfall: *infolge schlechten Wetters; infolge Versagens der Bremsen.* Wo dieser Wesfall nicht deutlich erkennbar wird, wie z. B. in der Mehrzahl (*die Fehler,* Wesfall: *der Fehler*), wählt man besser die Konstruktion mit *von: infolge von Materialfehlern.*

infrage oder in Frage kommen

In Fügungen dieser Art kann man zusammen- oder getrennt schreiben (und *Frage* großschreiben): *Dieser Vorschlag kommt nicht infrage* oder *in Frage. Wer das infrage* oder *in Frage stellt, ...*

inklusive

Anstelle von *einschließlich* findet sich im geschäftlichen Bereich häufig *inklusive,* und wie nach *einschließlich* steht auch nach *inklusive* normalerweise der Wesfall: *inklusive aller Versandkosten, inklusive des Portos, inklusive der erwähnten Gläser.* Steht aber das abhängige Hauptwort allein, also ohne ein Begleitwort, dann bleibt es in der Einzahl im Allgemeinen ungebeugt: *inklusive Porto, inklusive Behälter.* In der Mehrzahl aber weicht man bei allein stehenden Hauptwörtern auf den Wemfall aus: *inklusive Gläsern, inklusive Behältern.*

innerhalb

Nach *innerhalb* steht üblicherweise der Wesfall: *innerhalb des Hauses, innerhalb dreier Monate, innerhalb Berlins.* Bei Orts- und Ländernamen kann man auch *innerhalb von* verwenden: *innerhalb von Berlin, innerhalb von Bayern.* In der Mehrzahl jedoch weicht man dann auf den Wemfall aus, wenn der Wesfall nicht eindeutig erkennbar ist, sondern mit dem Werfall und dem Wenfall übereinstimmt: *innerhalb fünf Monaten* (**nicht:** *Monate;* **aber:** *innerhalb mehrerer Monate*). Der Wemfall wird auch dann gesetzt, wenn man dadurch das Nebeneinanderstehen zweier Hauptwörter im Wesfall vermeiden kann: *innerhalb meines Bruders neuen Hauses, innerhalb des neuen Hauses meines Bruders.* Dafür: *innerhalb meines Bruders neuem Haus.*

insofern

1. insofern – als: Richtig ist nur *insofern – als* und **nicht,** wie es besonders in der gesprochenen Sprache häufig heißt, *insofern – dass* oder *insofern – weil: Er hatte insofern einen richtigen Instinkt bewiesen, als* (**nicht:** *dass*) *er schon zwei Tage vorher darauf hinwies. Er hat insofern unklug gehandelt, als* (**nicht:** *weil*) *er zu voreilig war.*

2. Komma: Zwischen *insofern* und *als* kann ein Komma stehen, wenn *insofern – als* nicht als Einheit angesehen wird: *Er hatte einen richtigen Instinkt bewiesen, insofern, als er schon zwei Tage vorher darauf hinwies.* Das Komma muss aber nicht stehen, wenn *insofern* und *als* als Einheit empfunden werden: *Er hat unklug gehandelt, insofern als er zu voreilig war.* Wenn *als* ganz wegfällt, leitet *insofern* den Nebensatz ein, der durch Komma abgetrennt wird: *Er hat unklug gehandelt, insofern er zu voreilig war.*

insoweit

Siehe »insofern«

instand oder in Stand

In Verbindung mit einem Zeitwort schreibt man *instand / in Stand* immer **getrennt:** *Er hat die Maschine instand / in Stand gesetzt. Er hat den Auftrag, den Garten instand / in Stand zu halten.* Die Verbindung mit einem Mittelwort (Partizip) als Beifügung zu einem Hauptwort wird ebenfalls immer getrennt geschrieben: *das instand / in Stand gebrachte Gerät, der instand / in Stand zu setzende Motor.*

Interesse

Es heißt **richtig:** *Interesse an* oder *Interesse für* (**nicht:** *Interesse nach* oder *Interesse auf*). Also: *Bei Interesse an diesen Artikeln fordern Sie bitte Prospekte an.* Oder: *Bei Interesse für diese Artikel* ... (**aber nicht:** *Bei Interesse nach diesen Artikeln* ... oder: *Bei Interesse auf diese Artikel* ...).

investieren

Nach *investieren in* kann sowohl der Wenfall als auch der Wemfall stehen. Wenfall: *Er hat sein Geld in das Unternehmen investiert.* Hier bedeutet *investieren* »sein Geld in das Unternehmen hineinstecken«. Mit Wemfall: *Er hat sein Geld in dem Unternehmen investiert.* In diesem Fall hat *investieren* die Bedeutung »sein Geld in dem Unternehmen anlegen«. In der übertragenen Bedeutung »etwas auf jemanden oder auf etwas verwenden« wird *investieren in* nur mit dem Wenfall verbunden: *Er hat sein ganzes Gefühl in diese* (**nicht:** *dieser*) *Beziehung investiert. In die* (**nicht:** *der*) *Karriere investierte er seine ganze Kraft.*

irgendwelcher, irgendwelche, irgendwelches

Ein Eigenschaftswort oder Mittelwort (Partizip), das auf *irgendwelcher* usw. folgt, kann man (auch wenn es als Hauptwort gebraucht wird) auf zweierlei Weise beugen: *irgendwelcher alter* oder *alte Plunder, irgendwelches dummes* oder *dumme Zeug, mit irgendwelchem altem* oder *alten Plunder, von irgendwelcher tierischer* oder *tierischen Herkunft, irgendwelche kluge* oder *klugen Leute, die Meinung irgendwelcher kluger* oder *klugen Leute; irgendwelches Gutes* oder *Gute, irgendwelche Abgeordnete* oder *Abgeordneten, die Meinung irgendwelcher Angestellter* oder *Angestellten.*

J

Januar

Steht *Januar* im Wesfall, dann ist sowohl die Form mit -s *(des Januars)* als auch die Form ohne -s *(des Januar)* richtig.

je

1. Beugung nach *je:* Nach dem Verhältniswort (der Präposition) *je* mit der Bedeutung »für, pro« steht der Wenfall: *Die Kosten betragen 15 € je beschäftigten Arbeiter.* Gelegentlich wird *je* auch wie ein Umstandswort (Adverb) gebraucht und hat dann keinen Einfluss auf die Beugung anderer Wörter: *Die Kosten betragen 15 € je beschäftigter Arbeiter.*

2. je ein: Bei Sätzen mit der Verbindung *je ein* darf das Zeitwort nur in der Einzahl stehen: *Je ein Exemplar wurde*

(nicht: *wurden) an die Buchhandlungen geschickt.*

3. Komma bei *je – desto, je – umso* und *je – je:* Zwischen den mit *je* und *desto,* mit *je* und *umso* oder mit *je* und *je* verbundenen Sätzen oder Satzteilen steht **immer** ein Komma: *Je länger er sie kennt, desto mehr schätzt er sie. Er wird umso bescheidener, je älter er wird.* Bei Sätzen dieser Art steht *je – je* nur noch selten. Geläufig ist es nur noch in kurzen Verbindungen: *je länger, je lieber. Wir sind je länger, je mehr von seiner Ehrlichkeit überzeugt.*

je nachdem

Zwischen *je nachdem* und *ob* bzw. *wie* kann ein Komma stehen, wenn diese Fügungen nicht als Einheit gesehen werden, es muss aber keins stehen: *Wir entscheiden uns, je nachdem[,] ob er kommt. Das geschieht, je nachdem[,] wie du willst.* Steht vor *je nachdem* kein Komma, dann muss vor *ob* bzw. *wie* ein Komma stehen: *Er ruft an je nachdem, ob er Zeit hat oder nicht. Das Ausflugsprogramm läuft je nachdem, wie ihr wollt.*

jeder, jede, jedes

1. jedes Monats / jeden Monats: Beide Formen des Wesfalls (in der Einzahl bei männlichen und sächlichen Hauptwörtern) sind richtig: *am 10. jedes* oder *jeden Monats, bar jedes* oder *jeden Einflusses, jedes* oder *jeden Tieres.* Steht aber vor *jeder* das unbestimmte Geschlechtswort (der unbestimmte Artikel) *ein,* dann heißt es nur *jeden: am 10. eines jeden Monats.* Folgt hingegen auf *jeder* noch ein Eigenschaftswort, dann darf es nur *jedes* heißen: *am 10. jedes neuen Monats.*

2. Beugung nach *jeder, jede, jedes:* Ein Eigenschaftswort oder Mittelwort (Partizip), das auf *jeder* usw. folgt, hat (auch wenn es als Hauptwort gebraucht wird) in allen Fällen, außer im Werfall, die Endung *-n* oder *-en: jeder weitere Versuch, die Rinde jedes alten Baumes, bei jedem schönen Buch; jeder Angestellte, ein jedes Seiende, die Meinung jedes Betroffenen, bei jedem Abgeordneten.*

3. jeder, der: Einen Nebensatz, der auf *jeder* bezogen ist, leitet man **nicht** mit *wer*, sondern mit *der* ein: *Jeder, der* (**nicht:** *wer*) *hierherkommt* ... Entsprechend auch: *Jedes Messer, das* (**nicht:** *was*) *sie in die Hand nimmt* ...

4. Jedes Haus und jeder Baum war/ waren ihm vertraut: Bei Sätzen dieser Art steht das Zeitwort meist in der Einzahl: *Jeder Junge und jedes Mädchen bekommt einen Luftballon.* Die Mehrzahl ist jedoch auch möglich, aber seltener: *Jeder Junge und jedes Mädchen bekommen einen Luftballon.*

jeher

Es heißt **richtig** *von jeher* oder *seit je.* Eine Vermischung der beiden Fügungen ist nicht zulässig. Also **nicht:** *seit jeher.* Richtig ist nur: *Das haben wir von jeher so gemacht.* Oder: *Das haben wir seit je so gemacht.*

jemand

1. Beugung: Der Wesfall von *jemand* lautet *jemandes* oder *jemands.* Der Wemfall und der Wenfall können ungebeugt sein: *jemand* oder gebeugt, Wemfall: *jemandem,* Wenfall: *jeman-*den: *Es war nichts, was jemand oder jemandem etwas bedeuten könnte.* Im Wenfall wird die ungebeugte Form oft vorgezogen: *Haben Sie jemand* (seltener: *jemanden*) *getroffen?*

2. jemand anders, jemand Fremdes: In Fügungen wie diesen (also *jemand* in Verbindung mit *anders* oder mit einem Eigenschaftswort, das als Hauptwort gebraucht wird) bleibt *jemand* meist ungebeugt: *Sie sprach von jemand* (selten: *jemandem*) *anders. Sie sprach mit jemand* (selten: *jemandem*) *Fremdes.* Die Fügungen können als Ganzes in allen Fällen unverändert stehen: *von jemand anders, an jemand anders, von jemand Fremdes, an jemand Fremdes.* Das Eigenschaftswort, das als Hauptwort gebraucht wird, ist in solchen Fällen jedoch häufiger gebeugt: *mit jemand Fremdem, an jemand Fremden.*
Siehe auch »andere«, Punkt 3

3. jemand, der: Schließt sich an *jemand* ein Nebensatz an, der mit einem bezüglichen Fürwort (mit einem Relativpronomen) beginnt, dann wählt man standardsprachlich immer *der,* und zwar unabhängig davon, ob männliche oder weibliche Personen gemeint sind: *Ich kenne jemanden, der Friseuse ist. Sie ist jemand, der gut rechnen kann.*

jener, jene, jenes

1. Beugung von *jener, jene, jenes:* Das Fürwort (Pronomen) *jener, jene, jenes* beugt man immer stark, d. h., es hat dieselben Endungen wie die Beugungsformen von *der, die, das: an jenem Tag* (wie: *an dem Tag*), *die Mutter jenes Kindes* (wie: *des Kindes*), *wegen jener Frau* (wie: *wegen der Frau*). Es heißt

demnach: *Ich erinnere mich jenes Tages*
(**nicht:** *jenen Tages*). *Die Form jenes Ti-sches* (**nicht:** *jenen Tisches*).

2. Beugung nach *jener, jene, jenes:*
Das Eigenschaftswort, das auf *jener*
usw. folgt, beugt man immer schwach,
d. h., es hat in der Regel die Endung
-en: jenes alten Hutes, jenem alten
(**nicht:** *altem*) *Hut, von jenem schönen*
Buch, jenes hübsche Kleid, wegen jenes
hübschen Kleides, jene hübschen Klei-der.

Journalist

Das Hauptwort *Journalist* erhält – au-ßer im Werfall – die Endung *-en: der*
Journalist, des Journalisten (**nicht:** *des*
Journalists), *dem Journalisten* (**nicht:**
dem Journalist), *den Journalisten*
(**nicht:** *den Journalist*), Mehrzahl: *die*
Journalisten.

Jubiläum

Im Grunde ist es falsch, von einem
z. B. *vierzigjährigen Jubiläum* zu spre-chen, weil damit eigentlich ausge-drückt wird, das Jubiläum sei vierzig
Jahre alt. Diese Fügung hat sich jedoch
so sehr eingebürgert, dass viele Spre-cher sie nicht mehr als falsch empfin-den. Besser ist es aber, stattdessen zu
sagen: *das Jubiläum der vierzigjährigen*
Zugehörigkeit, des fünfundzwanzigjäh-rigen Bestehens u. Ä.

Juli

Die Form *Julei* kann man verdeutli-chend beim Sprechen gebrauchen, um
einer Hörverwechslung zwischen *Juli*
und *Juni* vorzubeugen. In geschriebe-nem Text ist sie sinnlos.

Juni

Die Form *Juno* kann man verdeutli-chend beim Sprechen gebrauchen, um
einer Hörverwechslung zwischen *Juni*
und *Juli* vorzubeugen. In geschriebe-nem Text ist sie sinnlos.

Jurist

Das Hauptwort *Jurist* erhält – außer im
Werfall – die Endung *-en: der Jurist, des*
Juristen (**nicht:** *des Jurists*), *dem Juris-ten* (**nicht:** *dem Jurist*), *den Juristen*
(**nicht:** *den Jurist*), Mehrzahl: *die Juris-ten.*

K

Kandidat

Das Hauptwort *Kandidat* erhält – au-ßer im Werfall – die Endung *-en: der*
Kandidat, des Kandidaten (**nicht:** *des*
Kandidats), *dem Kandidaten* (**nicht:**
dem Kandidat), *den Kandidaten* (**nicht:**
den Kandidat), Mehrzahl: *die Kandida-ten.*

kassieren

Im Sinne von »Geld einziehen, einneh-men« steht *kassieren* mit dem Wenfall.
Dabei kann es sich jedoch nur um
Dinge, Sachen, nicht um Personen
handeln: *Beträge, Miete o. Ä. kassieren.*
Die Verbindung *jemanden kassieren* für
jemanden abkassieren ist umgangs-sprachlich und sollte deshalb in der
Standardsprache vermieden werden.

Katholik

Das Hauptwort *Katholik* erhält – außer
im Werfall – die Endung *-en: der Katho-lik, des Katholiken* (**nicht:** *des Katho-*

liks), *dem Katholiken* (**nicht:** *dem Katholik*), *den Katholiken* (**nicht:** *den Katholik*), Mehrzahl: *die Katholiken.*

kaufen

Die Formen *du käufst, er käuft* sind
nicht standardsprachlich. **Richtig** ist:
du kaufst, er kauft.

Kauffrau/Kaufmann

Die weibliche Entsprechung zu *Kaufmann* lautet offiziell *Kauffrau.* In der
Mehrzahl heißen mehrere Kauffrauen
und Kaufmänner *Kaufleute.*

kaum dass / kaum, dass

Die Fügung *kaum dass* leitet einen untergeordneten Nebensatz ein, der
durch Komma abzutrennen ist. Zwischen *kaum* und *dass* kann ein Komma
stehen, wenn die Fügung nicht als Einheit verstanden wird, es muss aber
keins stehen: *Ich habe alle Namen vergessen, kaum[,] dass ich mich noch an
die Landschaft erinnere.* Von Sätzen
mit der Fügung *kaum dass* zu unterscheiden sind Beispiele, in denen *dass*
einen Nebensatz einleitet und *kaum*
zum Hauptsatz gehört: *Ich glaube
kaum, dass sie noch kommt* (zur
Probe: *Ich kann es kaum glauben, dass
sie noch kommt*).

kein, keine / keiner, keine, keines

1. Beugung: Nach einer gebeugten
Form von *kein, keine* (z. B. *keines* usw.)
erhält das folgende Eigenschaftswort
(auch wenn es zum Hauptwort geworden ist) in der Regel die Endung *-en*
bzw. *-n*: *keines bösen Gedankens fähig,
mit keiner guten Absicht, keine schönen*

*Bilder, bei keinem Bekannten, Frem-
den, Verliebten.*

2. keiner, der: Richtig heißt es: *Da
war keiner, der* (**nicht:** *welcher*) *ihm
half. Es gab keine, die* (**nicht:** *welche*)
in Betracht kam.

3. kein + als: Als Vergleichswort
nach *kein* steht *als,* **nicht** *wie: Es
kommt kein [anderes] Haus in Betracht
als dieses.*

4. in keiner Weise: Dies ist die standardsprachlich richtige Form. Das *in
der* Umgangssprache gelegentlich
scherzhaft gebrauchte *in keinster Weise*
ist nicht richtig, da *kein* nicht steigerbar ist.

kennen

1. Vergangenheitsformen: Das Zeitwort *kennen* hat die Vergangenheitsformen: *kannte, gekannt.*

2. Zweite Möglichkeitsform: Die 2.
Möglichkeitsform (der Konjunktiv II)
lautet: *kennte* (**nicht:** *kännte*): *Wenn du
sie kenntest, würdest du anders urtei-
len. Er tat so, als ob er mich nicht
kennte.*

Kenntnis

Es muss heißen *Kenntnisse in* (**nicht:**
über oder *für*): *Sie hat gute Kenntnisse
in diesem Fach. Kenntnisse in Statistik
werden vorausgesetzt.*

Kilogramm

1. Beugung nach *Kilogramm*: Nach *Kilogramm* steht in der Regel das, was
gewogen wird, im selben Fall wie *Kilogramm* selbst: *5 kg neue Kartoffeln* (selten und gehoben: *neuer Kartoffeln*); *der
Preis eines Kilogramms neuer Kartoffeln;* aber im Wemfall: *bei 5 kg neuer*

Kartoffeln oder *neue Kartoffeln,* selten: *neuen Kartoffeln;* für 5 kg neue Kartoffeln (selten und gehoben: *neuer Kartoffeln*).

2. 1 kg Äpfel kostet/kosten ...: Folgt der Angabe *1 kg* (die Mengenangabe ist hier Einzahl) ein Hauptwort ebenfalls in der Einzahl, steht auch das Zeitwort in der Einzahl: *1 kg Fleisch kostet 4,98 €.* Folgt auf *1 kg* ein Hauptwort in der Mehrzahl, steht das Zeitwort üblicherweise in der Einzahl, es kann jedoch auch in der Mehrzahl stehen: *1 kg Äpfel kostet 1,50 €,* seltener: *1 kg Äpfel kosten 1,50 €.* Wenn allerdings die Mengenangabe selbst in der Mehrzahl steht (*2 kg, 3 kg* usw.), verwendet man auch beim Zeitwort die Mehrzahl, wenn das, was als Menge angegeben wird, ebenfalls in der Mehrzahl steht: *2 kg Äpfel kosten 3 €.* Steht dagegen das, was als Menge angegeben wird, in der Einzahl *(3 kg Fleisch),* richtet sich das Zeitwort im Allgemeinen nach der Mengenangabe *(3 kg)* und steht deswegen meist in der Mehrzahl: *3 kg Fleisch kosten,* (selten:) *kostet 13,94 €.*

Kilometer

1. Geschlecht: Im Unterschied zu *der* und *das Meter* heißt es bei *Kilometer* nur *der Kilometer.*

2. Beugung: Ist *Kilometer* Mehrzahl (*2, 3, 4* usw. *Kilometer*), heißt es im Wemfall: *ein Stau von 10 Kilometern.* Folgt aber auf die Längenangabe noch die Angabe des Gemessenen, wird die ungebeugte, häufig auch die gebeugte Form verwendet: *Ein Stau von 10 Kilometer Länge / ein Stau von 10 Kilometern Länge.* Unabhängig davon, ob das Gemessene angegeben ist oder nicht,

steht bei vorangestelltem Geschlechtswort (Artikel) die gebeugte Form *Kilometern* (im Wemfall): *Nach den 10 Kilometern [Stau] ging es wieder zügig weiter.*

klar

Man schreibt das Eigenschaftswort **groß,** wenn es als Hauptwort gebraucht wird: *einen Klaren* (= klaren Schnaps) *trinken; etwas, nichts, viel Klares.* Dies gilt auch für die folgenden festen Verbindungen: *ins Klare kommen* (= sich über etwas klar werden); *sich über etwas im Klaren* (= klar) *sein.*

klasse oder Klasse

Das umgangssprachlich häufig verwendete Wort *klasse/Klasse* kann sowohl als Eigenschaftswort als auch als Hauptwort gebraucht werden. Um das kleinzuschreibende Eigenschaftswort handelt es sich, wenn es als nähere Bestimmung zu einem Substantiv tritt: *Das ist ein klasse Auto!* Ebenfalls kleinzuschreiben ist es, wenn es als Umstandswort verwendet wird: *Sie hat klasse gespielt. Der Film ist klasse gemacht.* Auch in Verbindung mit Zeitwörtern wie *sein, werden* und *bleiben* ist nur die Kleinschreibung richtig: *Das ist/wird klasse!* Wird *Klasse* jedoch durch eine Beifügung (z. B. *groß, einsam, absolut*) näher bestimmt, muss man es großschreiben: *Der Film war einsame Klasse.*

klein

Man schreibt das Eigenschaftswort **groß,** wenn es als Hauptwort gebraucht wird: *Kleine und Große; die Kleinen und die Großen; es wäre ein*

Kleines (= eine kleine Mühe) *für ihn; etwas, nichts, viel, wenig Kleines.* Dies gilt auch für die folgenden festen Verbindungen: *etwas im Kleinen* (= en détail) *verkaufen; über ein Kleines* (= bald); *um ein Kleines* (= beinahe); *bis ins Kleinste* (= bis in alle Einzelheiten). **Klein** schreibt man dagegen: *die kleinste meiner Töchter.*

klug

Man schreibt das Eigenschaftswort **groß,** wenn es als Hauptwort gebraucht wird: *alle Klugen, die Klugen; er ist der Klügste; der Klügere gibt nach.* Dies gilt auch für die folgende Verwendung: *Es wäre das Klügste* (= klug) *zu schweigen.*

Komma

Siehe Kasten Seite 526 ff.

konfrontieren

Das Zeitwort *konfrontieren* wird gewöhnlich mit dem Verhältniswort (der Präposition) *mit* verbunden: *Man hat den Angeklagten mit seinem Opfer konfrontiert.* Das Verhältniswort kann aber auch entfallen. Es heißt dann: *Man hat den Angeklagten seinem Opfer konfrontiert.* Beides ist richtig.

Konjunktiv

Siehe »Möglichkeitsform«

Konkurrent

Das Hauptwort *Konkurrent* erhält – außer im Werfall – die Endung *-en: der Konkurrent, des Konkurrenten* (**nicht:** *des Konkurrents*), *dem Konkurrenten* (**nicht:** *dem Konkurrent*), *den Konkur-* *renten* (**nicht:** *den Konkurrent*), Mehrzahl: *die Konkurrenten.*

können

1. nichts dafür können: Es heißt: *nichts dafür können,* **nicht:** *nichts dazu können: Sie kann nichts dafür, dass die Vase umgefallen ist.*

2. können oder gekonnt: Das Mittelwort der Vergangenheit (2. Partizip) von *können* heißt *gekonnt: Sie haben die Aufgabe nicht gekonnt.* Steht aber vor dem Zeitwort *können* noch ein weiteres Zeitwort, und zwar in der Grundform (im Infinitiv), so steht nicht *gekonnt,* sondern *können.* Es stehen dann beide Zeitwörter in der Grundform, also **nicht:** *Er hat die Aufgabe nicht lösen gekonnt,* sondern **nur:** *Er hat die Aufgabe nicht lösen können.*

Konservative, der und die

Man beugt das Wort in folgender Weise: *der Konservative, ein Konservativer, zwei Konservative, die Konservativen, einige Konservative, alle Konservativen, solche Konservative* und *solche Konservativen, beide Konservativen* und seltener auch *beide Konservative;* genanntem *Konservativen, die Meinung führender Konservativer.*

Als Beisatz (Apposition): *mir (dir, ihm) als Konservativen* und *mir (dir, ihm) als Konservativem; ihr als Konservativen* und *ihr als Konservativer.*

Konstante

Das Wort *Konstante* kann man in der Einzahl auf zweierlei Weise beugen. Es kann in allen Fällen ohne Endung bleiben: *die Konstante, der Konstante.* Oder es kann im Wesfall und im

Sprachtipps

Komma

1. Komma bei Aufzählungen:

Die einzelnen Glieder einer Aufzählung trennt man durch Komma, wenn sie unverbunden nebeneinanderstehen:

> *Feuer, Wasser, Luft, Erde.*
> *Wir fanden eine herrlich gelegene, gar nicht teure Wohnung mit großem, sonnigem Balkon.*

Ebenso trennt man sie durch Komma, wenn sie durch Bindewörter wie *aber, sondern, und zwar, jedoch, bald – bald, teils – teils, nicht nur – sondern auch* u. Ä. verbunden sind:

> *Er ist intelligent, aber faul.*
> *Nicht mein, sondern sein Vorschlag wurde angenommen.*

Auch Ort und Datum trennt man durch Komma. Nach dem letzten Bestandteil (bei weitergeführtem Satz) kann ein Komma stehen:

> *Mannheim, den 8. Mai 2006;*
> *München, im Juli 2006;*
> *am Mittwoch, den 23. November 2006, 20 Uhr[,] findet die Sitzung statt.*

Ebenso trennt man Orts- und Wohnungsangaben (mit Ausnahme von eng zusammengehörenden Bezeichnungen) durch Komma. Auch hier kann nach dem letzten Bestandteil (bei weitergeführtem Satz) ein Komma stehen:

> *Weidendamm 4, Hof rechts,*
> *1 Treppe links bei Müller;*
> *Herr Franz Meier wohnt in 68167 Mannheim, Feldbergstraße 21, VI. Stock, Wohnung 28[,] in einer 3-Zimmer-Wohnung.*

2. Aufzählungen ohne Komma:

Kein Komma steht, wenn die einzelnen Glieder einer Aufzählung durch die Bindewörter *und, oder, als, wie, sowie, sowohl – als auch, entweder – oder, weder – noch* verbunden sind:

> *Heute oder morgen wird er dich besuchen. Die Kinder essen sowohl Fleisch als auch Obst gerne. Weder mir noch ihm ist das Experiment gelungen.*

Folgen weitere Aufzählungsglieder, werden diese nicht durch Komma abgetrennt:

> *Ich weiß weder seinen Namen noch seinen Vornamen noch sein Alter noch seine Anschrift.*

Kein Komma steht, wenn von zwei oder mehr aufgezählten Eigenschaftswörtern das letzte mit dem zugehörigen Hauptwort einen Gesamtbegriff bildet:

> *ein Glas dunkles bayrisches Bier* (= das bayrische Bier ist dunkel, nicht: das Bier ist dunkel und bayrisch); *wichtige wissenschaftliche Versuche; ich wünsche dir ein glückliches, gesegnetes* (= glückliches und gesegnetes) *Weihnachtsfest,* aber: *ich wünsche dir ein glückliches neues Jahr.*

3. Komma bei Einschüben und Zusätzen:

Den nachgetragenen Beisatz trennt man durch Komma ab:

> *Gutenberg, der Erfinder der Buchdruckerkunst, wurde in Mainz geboren.*

Komma (Fortsetzung)

Beide Kommas können entfallen, wenn der Name dem Beisatz folgt:

> *Der Vorsitzende[,] Herr Direktor Meyer[,] hielt einen Vortrag.*

Nachgetragene genauere Bestimmungen und Einschübe trennt man ebenfalls durch Komma ab, besonders solche, die durch *und zwar, und das, nämlich, namentlich, besonders, insbesondere* u. a. eingeleitet sind:

> *Das Flugzeug fliegt wöchentlich einmal, und zwar samstags.*
> *Er liebte die Musik, namentlich die Lieder Schuberts.*
> *Sie können mich immer, außer in der Mittagszeit, im Büro erreichen.*

Vor Fügungen wie *d. h.* oder *z. B.* steht immer ein Komma; nach ihnen kann es nur dann stehen, wenn ein Satz folgt:

> *Ich sehe sie oft auf der Straße, z. B. beim Einkaufen.*
> Aber: *Ich sehe sie oft auf der Straße, z. B., wenn sie einkaufen geht.*

4. Komma bei Anreden und Empfindungswörtern (Interjektionen):

Anrede und Empfindungswort trennt man durch Komma ab:

> *Du, hör mal zu! Was halten Sie davon, Frau Schmidt? Ach, das ist schade! Ja, daran ist nicht zu zweifeln.*

Das Gleiche gilt auch für einen herausgehobenen Satzteil, der durch ein Fürwort oder Umstandswort erneut aufgenommen wird:

> *Deinen Vater, den habe ich gut gekannt. Ihr sollt ihn nicht ärgern, den armen Kerl! Am Anfang, da glaubte ich noch ...*

5. Komma bei Zeitwörtern mit zu:

Die Grundform (den Infinitiv) mit *zu* kann man durch Komma abtrennen, um die Gliederung des Satzes deutlich zu machen oder um Missverständnisse auszuschließen:

> *Wir versuchten[,] die Torte mit Sahne zu verzieren. Den Gedanken[,] auszuwandern[,] hatte er schon lange ins Auge gefasst. Die Frau versprach[,] zu helfen.*
> *Ich riet[,] ihm zu folgen.*
> Oder: *Ich riet ihm[,] zu folgen.*

Ein Komma ist aber nicht sinnvoll,

- wenn die Grundform mit *zu* mit dem Hauptsatz verschränkt ist: *Diesen Vorgang wollen wir zu erklären versuchen.* Hauptsatz: *Wir wollen versuchen ...;*
- wenn ein Glied der Grundform mit *zu* an den Anfang des Satzes tritt und der Hauptsatz dadurch von der Grundform mit *zu* eingeschlossen wird: *Diesen Betrag bitten wir auf unser Konto zu überweisen.* Hauptsatz: *Wir bitten ...;*
- wenn die Grundform mit *zu* auf die Zeitwörter *sein, haben, brauchen, pflegen, scheinen* folgt: *Die Spur war deutlich zu sehen. Sie haben nichts zu verlieren. Er braucht nicht zu kommen. Sie pflegt Pfeife zu rauchen. Er scheint geschwächt zu sein.*

Kommas müssen stehen:

- wenn ein hinweisendes Wort (oder eine hinweisende Wortgruppe) auf die Grundform mit *zu* zielt:
  > *Zu tanzen, das war ihre größte*

Sprachtipps

Freude. Seine Absicht ist es, zu kündigen. Und dieser Gedanke, bald zu gehen, ließ ihn nicht in Ruhe.

■ wenn ein Hauptwort auf die Grundform mit *zu* zielt: *Er fasste den Gedanken, den Arbeitsplatz zu wechseln. Sie hat den Wunsch, nach Amerika auszuwandern.*

■ wenn die Grundform mit *zu* eingeleitet wird durch *als, [an]statt, außer, ohne, um: Er konnte nichts tun, als zu warten. Sie spielte, [an]statt zu arbeiten. Sie hatten nichts zu tun, außer die Nachbarn zu beobachten.*

6. Komma zwischen Sätzen:

Hauptsätze trennt man in der Regel nicht durch ein Komma, wenn sie durch die Bindewörter *und, oder, beziehungsweise, weder – noch, entweder – oder* verbunden sind. Man kann in diesen Fällen aber auch ein Komma setzen, wenn man die Gliederung der Satzverbindung verdeutlichen will:

Sie machten es sich bequem, die Kerzen wurden angezündet[,] und der Gastgeber versorgte sie mit Getränken. Schreibe den Brief sofort[,] und bringe ihn zur Post! Fährst du heute[,] oder bleibst du noch einen Tag? Sie bestiegen den Wagen[,] und sie fuhren nach Hause.

Diese Regel gilt auch für Fälle, in denen mit *und* oder *oder* ein Satzgefüge anschließt, das mit einem Nebensatz oder einer Grundform (einem Infinitiv)

mit *zu* beginnt:

Ich habe ihn oft besucht[,] und wenn er gute Laune hatte, saßen wir lange zusammen. Es waren schlechte Zeiten[,] und um zu überleben, nahm man es oft nicht so genau.

7. Komma zwischen Haupt- und Nebensätzen:

Haupt- und Nebensätze trennt man immer durch Komma:

Wenn es möglich ist, erledigen wir den Auftrag. Hunde, die bellen, beißen nicht. Ich weiß, dass er unschuldig ist.

Ein Nebensatz, der mit *und* an eine Aufzählung angeschlossen ist, wird nur am Ende des Nebensatzes durch ein Komma getrennt, wenn der Hauptsatz danach weitergeht:

Sie hatte ihrer Nichte ein Buch, einen Füller und was sie sonst für die Schule brauchte, gekauft.

8. Komma zwischen Nebensätzen:

Nebensätze, die nicht durch *und* oder *oder* verbunden sind, trennt man durch Komma voneinander:

Er war zu klug, als dass er in die Falle gegangen wäre, die man ihm gestellt hatte.

Nebensätze, die durch *und, oder, beziehungsweise, weder – noch, entweder – oder* verbunden sind, trennt man nicht durch ein Komma:

Du kannst mir glauben, dass ich deinen Vorschlag ernst nehme und dass ich ihn sicher verwirkliche. Er sagte, er wisse es und der Vorgang

Komma (Fortsetzung)

sei ihm völlig klar.
Wir erwarten, dass er die Ware liefert
oder dass er das Geld zurückzahlt.
Er wusste nicht, wer angerufen hatte
und was der Kunde wollte.

9. Komma bei einfachen Mittelwörtern (Partizipien):
Einfache Mittelwörter trennt man im Allgemeinen nicht durch Komma ab:
Lachend stand er in der Tür.

Man kann eine Wortgruppe um ein Mittelwort (Partizip) durch Komma abtrennen, um die Gliederung des Satzes deutlich zu machen oder um Missverständnisse auszuschließen:
Er kam[,] aus vollem Halse lachend[,]
auf mich zu.
Seinem Vorschlag entsprechend[,] ist
das Haus verkauft worden.
Seit mehreren Jahren kränklich
(seiend)[,] hat er sich ganz
zurückgezogen.

Wemfall die Endung -*n* erhalten: *der Konstanten.* In der Fachsprache der Mathematik werden die Formen mit -*n* bevorzugt. In der Mehrzahl erhält das Wort im Allgemeinen die Endung -*n*, die aber auch weggelassen werden kann, wenn *Konstante* ohne Geschlechtswort (Artikel) [in Verbindung mit einer Zahl] steht: *zwei Konstanten* oder *zwei Konstante.*

kosten

Hat *kosten* die Bedeutung »einen bestimmten Preis haben«, dann steht eine genannte Person im Wenfall: *Die Renovierung der Wohnung kostete den Vermieter 6 000 €, kostet dich nicht viel, hat meinen Nachbarn einiges gekostet.* Hat *kosten* die Bedeutung »von jemandem etwas Bestimmtes verlangen«, dann steht die genannte Person ebenfalls im Wenfall: *Das kostet den Minister nur einen Anruf. Es kostet dich keine fünf Minuten. Es kostet meinen Sohn große Überwindung.* Hat *kosten* hingegen die Bedeutung »jemanden

um etwas Bestimmtes bringen«, dann kann die genannte Person im Wenfall, aber auch im Wemfall stehen: *Der Sturz kostete die alte Frau* oder *der alten Frau das Leben. Das kann ihn* oder *ihm die Freiheit kosten.* Auch in der Wendung *sich eine Sache etwas kosten lassen* sind beide Fälle richtig: *Ich lasse mich,* auch: *mir die Sache etwas kosten.*

kraft

Das Verhältniswort (die Präposition) *kraft* steht mit dem Wesfall: *Kraft [seines] Amtes konnte er helfen.*

Kranke, der und die

Man beugt das Wort in folgender Weise: *der Kranke, ein Kranker, zwei Kranke, die Kranken, einige Kranke, alle Kranken, solche Kranke* und *solche Kranken, beide Kranken* und seltener *beide Kranke; genanntem Kranken; die Versorgung bettlägeriger Kranker.*

Als Beisatz (Apposition): *mir (dir, ihm) als Kranken* und: *mir (dir, ihm) als Krankem; ihr als Kranken* und *ihr als Kranker.*

kündigen

In der Standardsprache steht *kündigen* mit dem Wemfall: *Der Betrieb, der Vermieter hat ihm gekündigt. Ihm ist gekündigt worden.* In der Umgangssprache kommt häufiger der Wenfall vor: *Der Betrieb hat ihn, hat sie gekündigt.* Umgangssprachlich ist auch der Gebrauch des Mittelworts der Vergangenheit (des 2. Partizips) *gekündigt* in Bezug auf Personen: *die gekündigten Mitarbeiter.*

kurz

Groß schreibt man das Eigenschaftswort, wenn es als Hauptwort gebraucht wird: *ein Kurzer* (= ein hochprozentiges alkoholisches Getränk; Kurzschluss in einer elektrischen Leitung); *etwas, nichts Kurzes, alles Kurze.* Dies gilt auch für die feste Verbindung *den Kürzeren ziehen.* **Klein** oder **groß** schreibt man in den Verbindungen: *binnen, in, seit, vor kurzem/Kurzem.* Nur **klein** schreibt man dagegen in der Verbindung: *über kurz oder lang.*

kürzlich

Das Umstandswort (Adverb) *kürzlich* darf nicht wie ein Eigenschaftswort bei einem Hauptwort stehen. **Nicht richtig** ist also: *die kürzliche Vereinbarung, der kürzliche Besuch.* Richtig ist nur: *die Vereinbarung, die kürzlich getroffen wurde; der Besuch, der kürzlich stattfand.*

L

laden

Das Zeitwort *laden* im Sinne von »beladen« und »aufladen« hat die Formen: *du lädst, er lädt* (**nicht:** *du ladest, er ladet*), die Vergangenheitsform heißt: *er lud* (**nicht:** *er ladete*). Das Mittelwort der Vergangenheit lautet: *geladen* (**nicht:** *geladet*): *Er lud das Gepäck auf den Wagen, hat das Gepäck auf den Wagen geladen.*

Lager

Die Mehrzahl von *Lager* heißt *die Lager,* in der Kaufmannssprache ist auch die Form *die Läger* üblich.

lang, lange

Das Eigenschaftswort heißt *lang: Der lange Rock ist schön. Ihr Haar ist lang. Sein Vortrag war zu lang.* Das Umstandswort (Adverb) heißt *lange: Er hat lange gewartet. Er war lange krank.* In der Umgangssprache, besonders in Süd- und Südwestdeutschland, verwenden manche Sprecher die Form *lang* auch als Umstandswort. *Er hat lang gewartet. Er war lang krank.*

längs

Das Verhältniswort (die Präposition) *längs* hat den Wesfall nach sich, seltener auch den Wemfall: *längs des Ufers, längs dem Waldrand.* Beides ist richtig. Der Wemfall ist vorzuziehen, wenn dem abhängigen Hauptwort noch ein Hauptwort im Wesfall folgt oder vorausgeht. Statt *längs des Ufers des Sees* besser: *längs dem Ufer des Sees.*

läse oder lese

Beide Formen sind Möglichkeitsformen (Konjunktive). Die Form *lese* steht vor allem in der indirekten Rede: *Sie sagte, sie lese gern Romane. Sie fragte, was er gern lese.* Auch *läse* kann in der indirekten Rede auftreten, z. B., wenn die Form *lese* nicht eindeutig als Möglichkeitsform erkennbar ist: *Sie sagten, sie läsen* (für nicht eindeutiges *lesen*) *gern Kriminalromane.* Oder auch, wenn der Sprecher das, was er berichtet, für zweifelhaft hält: *Sie sagten, sie läsen keine Kriminalromane[, aber ich glaube das nicht].* Sonst steht *läse* vor allem in Bedingungssätzen: *Wenn er Zeitung läse, wäre er besser informiert.*

lassen

1. lassen oder gelassen: Steht vor *lassen* die Grundform (der Infinitiv) eines anderen Zeitwortes, dann heißt es richtig: *Er hat sich nicht erwischen lassen* (**nicht:** *gelassen*). *Du hast dich ausfragen lassen* (**nicht:** *gelassen*). *Warum hast du dich wegschicken lassen* (**nicht:** *gelassen*)? Bei einigen Verbindungen aus zwei Zeitwörtern sind beide Formen (*lassen* oder *gelassen*) richtig; z. B. bei *liegen lassen, fallen lassen, stecken lassen, stehen lassen: Er hat alles auf dem Boden liegen lassen* oder *liegen gelassen. Er hat seinen Plan fallen lassen* oder *fallen gelassen. Warum hast du sie an der Tür stehen lassen* oder *stehen gelassen?* In Formulierungen wie der folgenden steht *lassen* immer am Ende: *... weil sie sich haben bestechen lassen* (**nicht:** *... weil sie sich bestechen lassen haben*).

2. jemanden etwas sehen, fühlen, merken, wissen usw. lassen: Diese Verbindungen bildet man immer mit dem Wenfall: *Ich werde dich mein neues Kleid sehen lassen. Er hat sie seinen Ärger fühlen lassen. Er hat sie nicht merken lassen, wie enttäuscht er war. Kannst du mich wissen lassen, wann du gehst?*

laufen

Bezieht sich das Zeitwort *laufen* auf eine sportliche Betätigung und wird im Sinne von »einen Lauf absolvieren, eine entsprechende Sportart betreiben« gebraucht, dann können die Vergangenheitsformen mit *sein* und mit *haben* gebildet werden: *Er ist einen Rekord gelaufen. Er hatte einen Rekord gelaufen. Sie ist früher Ski gelaufen. Sie hat früher Ski gelaufen.*

laufend

In den festen Verbindungen *auf dem Laufenden sein/bleiben, jmdn. auf dem Laufenden halten* schreibt man das Mittelwort *laufend* **groß**.

laut

1. Bedeutung: Das Verhältniswort (die Präposition) *laut* hat die Bedeutung »dem Wortlaut von etwas oder jemandem entsprechend«. Durch die Angabe *laut* macht man deutlich, dass im Satz Gesprochenes oder Geschriebenes vermittelt wird. *Laut* steht deshalb oft mit Wörtern wie *Mitteilung, Bericht, Gesetz,* aber auch mit Personennamen: *laut amtlicher Mitteilung, laut Meyer.* **Nicht möglich** ist: *laut Abbildung, laut Muster* usw.

2. laut unseres Schreibens, laut unserem Schreiben: Das Verhältniswort *laut* kann den Wesfall und auch den

Sprachtipps

Wemfall nach sich haben: *laut unseres Schreibens* und *laut unserem Schreiben, laut ärztlichen Gutachtens* und *laut ärztlichem Gutachten*. Steht das abhängige Hauptwort allein, also ohne Begleitwort, dann ist es in der Einzahl ungebeugt: *laut Vertrag, laut Clinton*. In der Mehrzahl weicht man auf den Wemfall aus: *laut Verträgen, laut Befehlen*. Der Wemfall steht auch dann, wenn noch ein Hauptwort im Wesfall folgt oder vorausgeht: *laut dem Bericht des Ministers, laut des Ministers neuestem Bericht*.

lauten

Das Zeitwort *[auf etwas] lauten* hat den Wenfall nach sich: *Der Vertrag lautet auf den Namen seiner Frau. Das Urteil lautet auf fünf Jahre.*

lediglich/nur

Die beiden Wörter *lediglich* und *nur* bedeuten das Gleiche. Man soll darum nicht beide nebeneinanderstellen. Eine solche Häufung von sinngleichen Wörtern ist stilistisch unschön. Es genügt zu sagen: *Er verlangt lediglich sein Recht.* Oder: *Er verlangt nur sein Recht.* **Nicht:** *Er verlangt lediglich nur sein Recht.*

legitimieren, sich

Bei *sich legitimieren als* steht das Hauptwort, das dem *als* folgt, im Werfall: *Er legitimierte sich als der rechtmäßige Besitzer des Autos.*

lehren

1. lehren oder gelehrt: Steht vor dem Zeitwort *lehren* die Grundform (der Infinitiv) eines anderen Zeitworts, dann hat *lehren* heute gewöhnlich die Form des Mittelworts der Vergangenheit (des 2. Partizips) *gelehrt: Er hat die Kinder schreiben gelehrt* (**nicht:** *Er hat die Kinder schreiben lehren*).

2. Er lehrte die Kinder / den Kindern die französische Sprache: Nach *lehren* stehen heute gewöhnlich die genannte Person und die genannte Sache im Wenfall: *Er lehrte die Kinder die französische Sprache.* Der seltenere Wemfall ist ebenfalls richtig: *Er lehrte den Kindern die französische Sprache.*

3. Er lehrte die Kinder schreiben / zu schreiben: Es heißt: *Er lehrte die Kinder schreiben.* Treten zu der Grundform *schreiben* jedoch noch weitere Angaben, dann geht ihr häufiger ein *zu* voraus. *Er lehrte die Kinder leserlich schreiben.* Oder: *Er lehrte die Kinder, leserlich zu schreiben.* Je umfangreicher die Erweiterung der Grundform ist, umso fester wird der Gebrauch von *zu* vor der Grundform: *Er lehrte die Kinder, immer deutlich und leserlich zu schreiben* (**nicht:** *schreiben*).

4. lehren oder lernen: Das Zeitwort *lehren* »jemanden in einem bestimmten Fach unterrichten« darf man nicht mit dem Zeitwort *lernen* »sich bestimmte Kenntnisse aneignen« verwechseln. Es darf deshalb nur heißen: *Er hat die Kinder schreiben gelehrt* (**nicht:** *gelernt*).

leicht

Man schreibt das Eigenschaftswort **groß**, wenn es als Hauptwort gebraucht wird: *Leichtes und Schweres; das Leichte zuerst erledigen; es ist nichts Leichtes, das zu tun; er isst gern etwas Leichtes* (= etwas leicht Verdauliches). Dies gilt auch für die folgenden festen Verbindungen: *Es ist [mir] ein Leichtes* (=sehr leicht), *es so zu machen. Es wäre das Leichteste* (=sehr leicht, am leichtesten), *ganz darauf zu verzichten.*

leise
Man schreibt das Eigenschaftswort **groß,** wenn es als Hauptwort gebraucht wird: *Er ist einer der Leisen, gehört zu den Leisen in seiner Partei. Zwischendurch spielten sie etwas Leises* (=ein leises Stück). Dies gilt auch für die feste Verbindung *nicht im Leisesten* (=durchaus nicht).

lernen
Wenn bei *lernen* ein anderes Zeitwort in der Grundform (im Infinitiv) steht, die nicht durch irgendeinen Zusatz erweitert ist, dann steht dieses andere Zeitwort ohne *zu: Das Kind lernt laufen. Er lernt jetzt lesen.* (Dazu gehören auch Fälle wie: *Sie lernt Klavier spielen. Sie lernt Schlittschuh laufen.*) Ist die Grundform dieses Zeitwortes aber erweitert, so kann sie mit oder ohne *zu* stehen: *Ich lernte die Maschinen bedienen.* Oder: *Ich lernte, die Maschinen zu bedienen.* Je umfangreicher die Erweiterung ist, desto fester ist der Gebrauch mit *zu: Ich lernte, die neuen Maschinen richtig zu bedienen und zu warten.*

letzte
Klein schreibt man das Eigenschaftswort *letzte* z. B. in den folgenden Verwendungen: *das letzte Mal; die beiden, die drei letzten der Häuser.* **Groß** schreibt man, wenn das Eigenschafts-

wort als Hauptwort gebraucht wird: *der Letzte des Monats* (= der letzte Monatstag); *es geht ums Letzte* (= um die äußerste Sache); *noch ein Letztes* (= etwas Abschließendes) *sagen; sie ist die Letzte* (= die letzte noch lebende Vertreterin) *ihres Jahrgangs; er wurde Letzter* (= der Schlechteste) *im Wettkampf; sie hat ihr Letztes* (= alles, was sie noch besaß) *hergegeben.* Dies gilt auch in den folgenden Fällen und festen Verbindungen: *sie war die Letzte, die noch lebte; das ist das Letzte, was ich tun würde; den Letzten beißen die Hunde; er stieg als Letzter aus; als Letztes drehte sie das Licht aus; bis ins Letzte* (= sehr, äußerst); *am Letzten* (= zuletzt); *bis zum Letzten* (= ganz und gar); *im Letzten* (= zutiefst); *fürs Letzte* (= zuletzt).

letzterer, letztere, letzteres
Ein Eigenschaftswort oder Mittelwort (Partizip), das auf *letzterer* usw. folgt, beugt man (auch wenn es als Hauptwort gebraucht wird) in gleicher Weise wie *letzterer* selbst: *letzteres modernes Hörspiel, bei letzterer persönlicher Beschuldigung, letzte schlimme Fehler, die letzteren gemeinsamen Freunde; letzterer Abgeordneter, die Meinung letzterer Betroffener.*

Siehe auch »ersterer – letzterer«

leugnen
Weil das Zeitwort *leugnen* bereits verneinenden Sinn hat (= nicht gelten lassen, für nicht zutreffend erklären), darf man den davon abhängenden Satz nicht auch noch verneinen. Also **nicht richtig:** *Er leugnete, dies nicht getan zu*

haben. Sondern **richtig** nur: *Er leugnete, dies getan zu haben.*

Lexikon

Die Mehrzahl von Lexikon heißt *die Le-
xika,* vereinzelt auch noch *die Lexiken.*
Nicht richtig sind die Formen *die Lexi-
kons* oder *die Lexikas.*

Liberale, der und die

Man beugt das Wort in folgender
Weise: *der Liberale, ein Liberaler, zwei
Liberale, die Liberalen, einige Liberale,
alle Liberalen, solche Liberale* und *solche Liberalen, beide Liberalen* und seltener auch *beide Liberale; besagtem Liberalen, die Meinung führender Liberaler.*

Als Beisatz (Apposition): *mir (dir,
ihm) als Liberalen* und *mir (dir, ihm)
als Liberalem; ihr als Liberalen* und *ihr
als Liberaler.*

lieb

Man schreibt das Eigenschaftswort
groß, wenn es als Hauptwort gebraucht wird, z. B.: *alles Liebe und
Gute; jmdm. etwas, viel Liebes erweisen; sie hat das Liebste, ihr Liebstes verloren.* Dies gilt auch für den folgenden
Fall: *das wäre mir das Liebste* (= sehr
lieb, am liebsten).

Lieferant

Das Hauptwort *Lieferant* erhält – außer
im Werfall – die Endung *-en: der Lieferant, des Lieferanten* (**nicht:** *des Liefe-
rants*), *dem Lieferanten* (**nicht:** *dem
Lieferant*), *den Lieferanten* (**nicht:** *den
Lieferant*), Mehrzahl: *die Lieferanten.*

liegen

Die zusammengesetzten Vergangenheitsformen von *liegen* bildet man
heute im Allgemeinen mit *haben: Die
Akten haben auf dem Boden gelegen.
Um 10 Uhr hatte ich bereits im Bett gelegen.* Im süddeutschen Sprachgebiet
(auch in Österreich und in der
Schweiz) ist die Bildung dieser Vergangenheitsformen mit *sein* üblich: *Die
Akten sind auf dem Boden gelegen. Um
10 Uhr war ich bereits im Bett gelegen.*

Linke, der und die

Man beugt das Wort in folgender
Weise: *der Linke, ein Linker, zwei Linke,
die Linken, einige Linke, alle Linken,
solche Linke* und *solche Linken, beide
Linken* und seltener auch *beide Linke;
genanntem Linken; die Bespitzelung
verdächtiger Linker.*

Als Beisatz (Apposition): *mir (dir,
ihm) als Linken* und *mir (dir, ihm) als
Linkem; ihr als Linken* und *ihr als Linker.*

Linksunterzeichnete oder links Unter-
zeichnete, der und die

Man kann in der Amtssprache sowohl
der oder *die Linksunterzeichnete* als
auch *der* oder *die links Unterzeichnete*
schreiben. Beide Schreibungen sind
richtig. **Nicht** zulässig aber ist die
Form *der links Unterzeichner.*
Siehe auch »Unterzeichneter«

M

machen

Steht vor dem Zeitwort *machen* ein anderes Zeitwort, und zwar in der Grundform (im Infinitiv), dann verwendet man überwiegend die Form *gemacht: Sie hat viel von sich reden gemacht.* Seltener, aber ebenfalls richtig ist: *Sie hat viel von sich reden machen.*

Mädchen

Da *Mädchen* ein sächliches Hauptwort ist, muss man bei den Fürwörtern (Pronomen) und Eigenschaftswörtern, die sich auf *Mädchen* beziehen, entsprechend auch die sächlichen Formen verwenden: *Ein bei uns beschäftigtes Mädchen hat seinen* (**nicht:** *ihren*) *Arbeitsplatz aufgegeben. Das Mädchen, das* (**nicht:** *die*) *ihm die Blumen überreichte, war ganz unbefangen.* Nur bei größerem Abstand zwischen *Mädchen* und dazugehörendem Fürwort kann man entsprechend dem natürlichen Geschlecht die weibliche Form des Fürwortes *(sie, ihr)* wählen: *Das bei allen beliebte Mädchen wird jetzt einige Wochen bei uns mitarbeiten. Danach wird sie ihren Urlaub nehmen.*

mal/Mal

Siehe Kasten Seite 536 f.

man oder einer

Das unbestimmte Fürwort (Indefinitpronomen) *man* ist nicht beugbar. Es wird daher im Wemfall durch *einem*, im Wenfall durch *einen* ersetzt: *Man kann nicht immer so handeln, wie einem zumute ist. Wenn man mit diesem Buch anfängt, lässt es einen nicht mehr los.* Die Ersetzung von *man* durch *einer* im Werfall, wie sie gelegentlich in der Umgangssprache vorkommt, ist dagegen **nicht richtig:** *Das soll einer* (richtig: *man*) *nun wissen.*

manch / mancher, manche, manches

Das Wort *manch* kann ungebeugt (also stets in der Form *manch*) auftreten, oder es kann in seinen gebeugten Formen *mancher, manche, manches* auftreten. Entsprechend unterschiedlich ist dann die Beugung der Wörter, die von ihm abhängen. Ein Eigenschaftswort oder Mittelwort (Partizip), das auf das ungebeugte *manch* folgt, hat (auch wenn es als Hauptwort gebraucht wird) folgende Beugung: *manch wunderbares Geschenk, der Duft manch schöner Blume, in manch schwierigem Fall, manch bittere Erfahrungen, die Ansicht manch gelehrter Männer, für manch ältere Leute; manch Kranker, mit manch Abgeordnetem, manch bedeutende Gelehrte, der Zustand manch älterer Kranker.* Nach den gebeugten Formen *mancher, manche, manches* beugt man die Wörter, die von ihnen abhängen, wie folgt. In der Einzahl: *manches wunderbare Geschenk, der Duft mancher schönen Blume, in manchem schwierigen Fall, manchen schwierigen Fall lösen; mancher Kranke, mit manchem Abgeordneten.* In der Mehrzahl: *manche bittere* oder *bitteren Erfahrungen, die Ansicht mancher gelehrter* oder *gelehrten Männer, für manche ältere* oder *älteren Leute, manche bedeutende Gelehrte* oder *bedeutenden Gelehrten, der Zustand mancher älterer Kranker* oder *älteren Kranken.*

Sprachtipps

Schwierigkeiten der Rechtschreibung bei *mal/Mal*

1. Groß- oder Kleinschreibung:

Groß schreibt man, wenn es sich um das Hauptwort *das Mal* handelt:

> *dieses Mal*
> *das erste, das zweite Mal*
> *das andere, das nächste,*
> *das letzte Mal*
> *das vorige Mal, das eine Mal*
> *ein einziges Mal*
> *beim ersten Mal*
> *von Mal zu Mal*
> *ein Mal über das and[e]re*
> *ein um das and[e]re Mal*
> *manches liebe Mal*
> *einige, mehrere, viele Male*
> *ein paar Dutzend Male*
> *drei Millionen Male*
> *zu verschiedenen, wiederholten Malen*
> *zum soundsovielten, zum x-ten*
> *Mal usw.*

Klein schreibt man, wenn es sich um die Angabe beim Multiplizieren handelt:

> *Zwei mal drei ist sechs.*

Klein schreibt man auch, wenn es sich um die umgangssprachlich verkürzte Form von *einmal* handelt:

> *Wenn das mal gut geht.*
> *Das ist nun mal so.*
> *Komm mal her!*
> *Sag das noch mal!*

2. Getrennt- oder Zusammenschreibung:

Getrennt schreibt man, wenn *Mal* auf irgendeine Weise (besonders durch die Beugung der beistehenden Wörter) als Substantiv erkennbar ist:

> *das eine Mal*
> *diese zwei Mal*

> *ein erstes Mal, ein jedes Mal*
> *kein einziges Mal*
> *dieses Mal, manches Mal, nächstes Mal, voriges Mal, ein anderes Mal,*
> *ein letztes Mal*
> *ein oder das andere Mal*
> *ein ums andere Mal*
> *von Mal zu Mal*
> *beim ersten, zweiten, x-ten, soundsovielten, letzten Male*
> *mit einem Male*
> *zum ersten, dritten, letzten Male*
> *einige, etliche, mehrere, unzählige, viele Male*
> *ein paar Male*
> *ein für alle Male*
> *wie viele Male*
> *viele Tausend Male*
> *drei Millionen Male*
> *einige Dutzend Male*
> *zu wiederholten Malen.*

Zusammen schreibt man, wenn *Mal* mit einem seiner beistehenden Wörter zu einem neuen Begriff, einem Adverb verschmolzen ist. Die ursprüngliche Wortart, die Wortform oder die Bedeutung der einzelnen Bestandteile ist dann nicht mehr erkennbar:

> *ein andermal (aber: ein and[e]res Mal)*
> *diesmal*
> *dreimal*
> *einmal*
> *auf einmal*
> *hundertmal*
> *keinmal*
> *manchmal*
> *vielmal*
> *vieltausendmal.*

Schwierigkeiten der Rechtschreibung bei *mal/Mal* (Fortsetzung)

Sind jedoch beide Wörter betont, so **kann** auch hier **getrennt geschrieben** werden:

kein Mal
Sie hat ihn zwei Mal versetzt.
Wir haben nur ein Mal gewonnen.

In den folgenden Fällen wird dagegen **immer getrennt geschrieben:**

beide Mal
drei Millionen Mal
ein Dutzend Mal
(aber: dutzendmal)
einige, mehrere Mal

Hunderte Mal
jedes Mal
unzählige, verschiedene Mal
ein für alle Mal
mit einem Mal
ein paar Mal
ein paar Dutzend Mal
ein halbes Hundert Mal

Hierbei spielt es keine Rolle mehr, ob es im Singular *Mal* oder *Male* heißt:

beide Mal oder *beide Male*
einige Mal oder *Male*
ein Dutzend Mal oder *Male*

mangels

1. Beugung nach *mangels:* Nach *mangels* steht üblicherweise der Wesfall. Es heißt also: *mangels eines Beweises* (**nicht:** *mangels einem Beweis*), *mangels der notwendigen Geldmittel* (**nicht:** *mangels den notwendigen Geldmitteln*). Steht aber das Hauptwort, das von *mangels* abhängt, allein, also ohne ein Begleitwort, dann bleibt es in der Einzahl häufig ungebeugt, d.h. unverändert: *mangels Geld.* In der Mehrzahl aber weicht man bei allein stehenden Hauptwörtern auf den Wemfall aus: *mangels Beweisen, mangels Geldmitteln.* Da *mangels* in der Amtssprache zwar üblich, aber stilistisch unschön ist, nimmt man im allgemeinen Sprachgebrauch besser andere Formulierungen, etwa: *da wir keinen Beweis haben, weil die notwendigen Geldmittel fehlen* o. Ä.

2. mangels oder aus Mangel an: Anstelle von *mangels* kann man auch die Formulierung *aus Mangel an* ge-

brauchen: *aus Mangel an notwendigen Geldmitteln.* **Nicht richtig** aber ist eine Vermischung von beiden zu der Formulierung *mangels an.* (**Falsch** also: *mangels an notwendigen Geldmitteln.*)

März

Der Wesfall lautet *des März* oder seltener: *des Märzes.* Die Form *des Märzen* dagegen ist veraltet.

Maß

Nach dem Hauptwort *Maß* im Sinne von »rechte Menge, Ausmaß« können die Verhältniswörter (Präpositionen) *an* und *von* stehen: *jemandem ein hohes Maß an* oder *von Vertrauen entgegenbringen.*

mehr als

Wenn die Angabe nach *mehr als* in der Mehrzahl steht, dann kann das zugehörige Zeitwort in der Einzahl oder in der Mehrzahl stehen, die Mehrzahl wird im Allgemeinen bevorzugt: *Mehr als alte Lumpen fand sich nicht,* häufiger: *fanden sich nicht.*

mehrere

Ein Eigenschaftswort oder Mittelwort (Partizip), das auf *mehrere* folgt, beugt man (auch wenn es als Hauptwort gebraucht wird) fast immer in gleicher Weise wie *mehrere* selbst: *mehrere dunkle Kleider, mehrere Anwesende, an mehreren blühenden Apfelbäumen, von mehreren Beamten.* Nur im Wesfall gibt es zwei Möglichkeiten: *in Begleitung mehrerer bewaffneter Helfer* oder auch: *in Begleitung mehrerer bewaffneten Helfer; das Talent mehrerer Mitwirkender* oder: *das Talent mehrerer Mitwirkenden.*

Mehrheit

Die Mehrheit der Abgeordneten stimmte/stimmten zu: Von diesen beiden Formen, die beide richtig sind, wählt man im Allgemeinen die Einzahl: *Die Mehrheit der Abgeordneten stimmte zu, war nicht anwesend, blieb sitzen.* Gelegentlich verwendet man auch die Mehrzahl (man konstruiert dann nach dem Sinn): *Die Mehrheit der Abgeordneten stimmten zu, waren nicht anwesend, blieben sitzen.* Beides ist richtig.

Mehrzahl

Siehe »Mehrheit«

meines Vaters Auto /
meinem Vater sein Auto

Für Formulierungen wie *meines Vaters Auto* oder *das Auto meines Vaters* heißt es umgangssprachlich oft *mei-*

nem Vater sein Auto. Diese Ausdrucksweise ist **nicht richtig.**

meinetwegen / wegen mir

In der Umgangssprache wird statt *meinetwegen* häufig *wegen mir* gebraucht: *Bist du wegen mir abgereist?* Hochsprachlich richtig ist: *Bist du meinetwegen abgereist?*

meiste

Im Allgemeinen wird *meiste* kleingeschrieben: *das meiste Geld, die meisten Menschen.* Bei Substantivierung kann groß- oder kleingeschrieben werden: *Das Meiste/meiste war bekannt. Die Meisten/meisten kamen zu spät.*

Menge

1. Eine Menge haben sich ...: Wenn *Menge* »Anzahl von Menschen, Menschenmenge« bedeutet, steht das Zeitwort in der Einzahl: *Die Menge stürmte das Rathaus.* Wenn *Menge* jedoch »viele; viele Leute« bedeutet – in dieser Bedeutung ist das Wort allerdings umgangssprachlich –, steht dagegen die Mehrzahl: *Eine Menge haben sich gemeldet.*

2. Eine Menge Äpfel war/waren faul: Im Allgemeinen bezieht man das Zeitwort auf *Menge* und setzt es in die Einzahl: *Eine Menge Äpfel war faul, wurde gepflückt, ist zu verkaufen* usw. Gelegentlich wird das Zeitwort aber nicht auf *Menge,* sondern auf die genannten Dinge bezogen und in die Mehrzahl gesetzt (d. h., man konstruiert nach dem Sinn): *Eine Menge Äpfel waren faul, wurden gepflückt, sind zu verkaufen.* Beides ist richtig.

3. eine Menge hübsche/hübscher Sachen: Üblicherweise steht nach *Menge* die folgende Angabe im Wesfall: *eine Menge hübscher Sachen; für eine Menge Abgeordneter; bei einer Menge Bäume, mit einer Menge netter Leute.* Es ist jedoch auch möglich, die Angabe, die auf *Menge* folgt, in den gleichen Fall zu setzen wie *Menge* selbst: *eine Menge hübsche Sachen; für eine Menge Abgeordnete; bei einer Menge Bäumen; mit einer Menge netten Leuten.* Beides ist richtig.

Mensch

Das männliche Hauptwort *Mensch* erhält – außer im Werfall – die Endung -en: *der Mensch, des Menschen, dem Menschen* (**nicht:** *dem Mensch*), *den Menschen* (**nicht:** *den Mensch*), Mehrzahl: *die Menschen.* Wenn dem Hauptwort *Mensch* weder ein Eigenschaftswort noch ein Geschlechtswort (Artikel) vorangeht, kann die Endung auch entfallen: *der Unterschied zwischen Mensch und Affe* (**nicht:** *zwischen Menschen und Affe*).

Meter

1. Geschlecht: Es heißt *der* oder *das Meter: Sie ist ein Meter siebzig* oder *einen Meter siebzig groß.*

2. Beugung von *Meter*: Ist *Meter* Mehrzahl (*2, 3, 4* usw. *Meter*), heißt es im Wemfall: *eine Länge von drei Metern.* Folgt aber auf die Längenangabe die Angabe des Gemessenen, wird die ungebeugte, häufig auch die gebeugte Form *Meter* verwendet: *Mit zwei Meter/Metern Stoff kommen wir aus.* Unabhängig davon, ob das Gemessene angegeben ist oder nicht, steht bei vor-

angestelltem Geschlechtswort (Artikel) die gebeugte Form *Metern* (im Wemfall): *Mit den zwei Metern [Stoff] kommen wir nicht aus.*

3. Beugung nach *Meter*: Nach der Maßbezeichnung *Meter* steht in der Regel das, was gemessen wird, im selben Fall wie die Maßbezeichnung *Meter* selbst: *ein Meter englisches Tuch; der Preis eines Meters Tuch* oder *eines Meter Tuchs,* aber: *der Preis eines Meters englischen Tuchs; aus einem Meter englischem Tuch; für ein[en] Meter englisches Tuch.* Gelegentlich in gehobener Ausdrucksweise auch mit dem Wesfall: *ein Meter englischen Tuchs; aus einem Meter englischen Tuchs.*

4. Ein Meter Stoff reicht aus: Nach der Angabe *ein Meter* (die Mengenangabe ist hier Einzahl) steht das Zeitwort in der Einzahl: *Ein Meter Stoff reicht aus.* Wenn jedoch die Maßangabe in der Mehrzahl steht (*2, 3, 4* usw. *Meter*), verwendet man auch beim Zeitwort gewöhnlich die Mehrzahl: *Drei Meter Stoff reichen aus, werden benötigt, sind zu wenig, haben nicht gereicht* usw.

Million

1. Rechtschreibung: Das Wort *Million* (Abkürzung: *Mill.* oder *Mio.*) ist ein Hauptwort und muss großgeschrieben werden: *eindreiviertel Millionen, eine Million dreihunderttausend, drei Millionen Mal.*

2. Beugung nach *Million*: Nach *Million* kann die folgende Angabe, das Gezählte, entweder im Wesfall stehen oder im selben Fall wie *Million* selbst: *eine Million neu erbauter Häuser* oder *neu erbaute Häuser; bei Millionen hun-*

gernder Kinder oder hungernden Kindern. Man kann jedoch statt der Mehrzahl Millionen + Wesfall auch die Konstruktion mit von und dem Wemfall verwenden: Millionen von hungernden Kindern.

3. Eine Million Londoner war/waren auf den Beinen: Im Allgemeinen bezieht man das Zeitwort auf eine Million und setzt es in die Einzahl, da Million der Form nach Einzahl ist: Eine Million Londoner war auf den Beinen, hat sich vergnügt, ist davon betroffen usw. Gelegentlich steht aber das Zeitwort in der Mehrzahl (d. h., man konstruiert nach dem Sinn): Eine Million Londoner waren auf den Beinen, haben sich vergnügt, sind davon betroffen. Beides ist richtig.

mindeste

Das Wort kann groß- oder kleingeschrieben werden, wenn ein Geschlechtswort (Artikel) vorangeht: nicht das Mindeste/mindeste (= gar nichts); nicht im Mindesten/mindesten (= überhaupt nicht); zum Mindesten/mindesten (= wenigstens); als Mindestes/mindestes könnte man erwarten ...; das Mindeste/mindeste (= wenigste), was man erwarten könnte ...

minus

1. Beugung: In der Kaufmannssprache hat minus die Bedeutung »abzüglich«. Nach minus steht der Wesfall, wenn das Hauptwort, das von minus abhängt, ein Begleitwort aufweist: der Betrag minus der üblichen Abzüge. Steht das abhängige Hauptwort jedoch ohne Begleitwort, bleibt es in der Einzahl im Allgemeinen ungebeugt, d. h. unverän-

dert: der Betrag minus Rabatt. In der Mehrzahl weicht man dagegen auf den Wemfall aus, wenn der Wesfall nicht eindeutig erkennbar ist, sondern mit dem Werfall und dem Wenfall übereinstimmt: der Betrag minus Abzügen (**nicht:** Abzüge).

2. Fünf minus drei ist zwei: Bei dieser Art von Rechenaufgaben steht das Zeitwort in der Einzahl: Fünf minus drei ist/macht/gibt zwei (**nicht:** sind/geben/machen).

mir

Statt der in der Umgangssprache häufig gebrauchten Verbindung etwas ist mir heißt es in richtigem Deutsch etwas gehört mir: Das Buch gehört mir.

missen oder vermissen

Bei der Verwendung von missen und vermissen ist Folgendes zu beachten: Das Zeitwort missen bedeutet »entbehren« und wird fast nur in Verbindung mit können, mögen, sollen, dürfen, wollen, müssen verwendet: Meinen Geschirrspüler möchte ich nicht mehr missen. Willst du etwa diese Annehmlichkeiten missen? Dagegen bedeutet vermissen »die Abwesenheit einer Person, das Fehlen einer Sache bemerken« und kann zusätzlich noch ausdrücken, dass man die fehlende Person oder Sache herbeiwünscht: Ich vermisse dich sehr. Sie vermisst die vertraute Umgebung. Die Einrichtung lässt jeden Geschmack vermissen.

Misstrauen

Nach Misstrauen schließt man mit dem Verhältniswort (der Präposition) gegen (**nicht** mit für) an: Ich hegte

*Misstrauen gegen die neue Kollegin.
Unser Misstrauen gegen ihn schwand.*

mit

1. Beugung: Das Verhältniswort (die Präposition) *mit* steht mit dem Wemfall: *mit Deckeln, mit Brettern, mit Kindern.*

2. mit und ohne sie: Da nach *mit* der Wemfall, nach *ohne* aber der Wenfall steht, müsste es streng genommen heißen: *mit Kindern und ohne Kinder; mit ihr und ohne sie.* Dies wirkt jedoch schwerfällig. Deshalb hat es sich weitgehend durchgesetzt, das erste abhängige Wort zu ersparen. Richtig ist: *mit und ohne Kinder; mit und ohne sie.*

3. *bis* statt *mit:* Landschaftlich gebräuchlich ist die Ausdrucksweise *15. Mai mit 15. Juni.* Dies ist hochsprachlich nicht richtig. Richtig muss es heißen: *15. Mai bis 15. Juni.*

4. Zusammen- oder Getrenntschreibung: Wenn durch die Verbindung *mit* + Zeitwort ein neuer Begriff entsteht, wird zusammengeschrieben: *mit + teilen = mitteilen* (= sagen). Zusammengeschrieben wird auch, wenn *mit* eine dauernde Vereinigung oder Teilnahme ausdrückt. Dies ist daran erkennbar, dass nur *mit* betont ist: *mitarbeiten, mitbestimmen, mitfahren, mitnehmen, mitreden, mitspielen, mitwirken* usw. Wenn jedoch beide Wörter betont sind, schreibt man getrennt: *Alle anderen Arbeiten werden wir mit übernehmen. Das ist mit zu berücksichtigen. Das kann ich nicht mit ansehen.*

mit was oder womit

Vor allem in der Umgangssprache ersetzen viele *womit* durch *mit was: Mit*
was beschäftigst du dich gerade? Ich weiß nicht, mit was er sich beschäftigt.* Stilistisch besser ist *womit: Womit beschäftigst du dich gerade? Ich weiß nicht, womit er sich beschäftigt.*

Mitarbeit

Sowohl die Formulierung *für 25 Jahre treue Mitarbeit* als auch *für 25 Jahre treuer Mitarbeit* ist richtig. Die zweite Form (*... treuer Mitarbeit*) klingt gehobener als die erste.

Mittag

Groß schreibt man das Hauptwort: *bis Mittag, gegen Mittag, über Mittag, um Mittag, unter Mittag, vor Mittag, zu Mittag,* auch in den folgenden Fällen: *gestern, heute, morgen Mittag; von morgen Mittag an.*

mittags

Klein schreibt man: *von morgens bis mittags; mittags um 12 Uhr; dienstags mittags.* **Groß** schreibt man das Hauptwort: *des Mittags, eines Mittags [um 12 Uhr].*

Mittel

Standardsprachlich steht nach *Mittel* im Sinne von »Heilmittel, Medikament« das Verhältniswort (die Präposition) *gegen* (in der Bedeutung »zur Bekämpfung von«): *Ich brauche ein Mittel gegen den Husten.* Die Verwendung von *für* statt *gegen* ist umgangssprachlich.

mittels, mittelst

Beide Formen sind richtig, sie stehen mit dem Wesfall: *mittels* oder *mittelst elektrischer Energie, mittels* oder *mit-*

telst eines Drahtes. Allerdings sind beide veraltend. Stilistisch besser sind *mit, mithilfe von, durch: mit* oder *mithilfe von* oder *durch elektrische[r] Energie.*

Mittwochabend
Siehe »Dienstagabend«

mögen
1. mögen oder gemocht: Das Mittelwort der Vergangenheit (2. Partizip) von *mögen* heißt *gemocht: Er hat die Suppe nicht gemocht.* Steht vor dem Zeitwort *mögen* jedoch noch ein anderes Zeitwort, und zwar in der Grundform (im Infinitiv), dann steht nicht *gemocht,* sondern *mögen: Er hat die Suppe nicht essen mögen.*

2. ich möge / ich möchte: Es gibt zwei Möglichkeitsformen (Konjunktivformen): *Ich möge, du mögest, er möge* usw. und *ich möchte, du möchtest, er möchte* usw. Die erste Möglichkeitsform ist besonders in Wunschsätzen üblich: *Möge sie glücklich werden!* Die zweite Möglichkeitsform dient u. a. zur Kennzeichnung eines Wunsches, der nicht erfüllbar ist: *Möchte er es doch endlich einsehen!* Die Formen *ich möchte, du möchtest* usw. treten auch als höfliche Ausdrucksweise anstelle von *wollen* auf: *Ich möchte noch ein Bier. Sie möchte, dass er ihr hilft.*

möglich
1. Steigerung: Das Wort *möglich* ist üblicherweise nicht steigerbar. Als Ausdruck der Steigerung kann man aber bestimmte Wörter voranstellen: *Morgen wäre es eher/besser/leichter mög-*

lich (**nicht:** *Morgen wäre es möglicher*). *Morgen wäre es am ehesten / am besten / am leichtesten möglich.* Auch die Zusammensetzungen *größtmöglich, bestmöglich, schnellstmöglich* darf man nicht steigern (**nicht:** *größtmöglichst* usw.). Hier ist der höchste Steigerungsgrad bereits durch *größt-, best-, schnellst-* ausgedrückt.

2. möglichst: Das Wort *möglichst* steht als Mittel der Steigerung vor steigerungsfähigen Eigenschaftswörtern: *möglichst groß, möglichst tief, möglichst schnell* usw. (= so groß, tief, schnell usw. wie möglich). Daneben hat *möglichst* die Bedeutung »nach Möglichkeit, wenn es möglich ist«: *Ich wollte mich möglichst zurückhalten. Die Sendung soll möglichst noch heute zur Post.* In Sätzen wie *Wir suchen für diese Arbeit möglichst junge Leute* ist unklar, ob *möglichst junge Leute* so viel wie »Leute, die so jung wie möglich sind« bedeutet oder ob gemeint ist »Leute, die nach Möglichkeit jung sein sollen«. In diesem Fall ist es besser, *nach Möglichkeit* oder *wenn möglich* statt *möglichst* zu verwenden.

3. Es ist möglich: Richtig ist entweder *Es ist möglich* oder *Es kann sein.* Die Vermischung aus diesen beiden Ausdrücken *(Es kann möglich sein)* sollte man vermeiden.

Möglichkeitsform (Konjunktiv)
Man unterscheidet eine erste Möglichkeitsform (Konjunktiv I) und eine zweite Möglichkeitsform (Konjunktiv II). Die erste Möglichkeitsform erscheint vor allem in der indirekten Rede. Die zweite Möglichkeitsform dient besonders der Kennzeichnung

des nur Vorgestellten, Gedachten, der Irrealität, wie es häufig in Bedingungssätzen vorkommt.

1. indirekte Rede: In der indirekten Rede verwendet man die erste Möglichkeitsform: *Sie sagte, sie habe Hunger. Darauf erwiderte er, dass das Essen noch nicht fertig sei. Sie fragte deshalb, ob sie ihm helfen solle. Das könne sie wohl, meinte er.* Hängt von einem Nebensatz, der in der indirekten Rede steht, ein weiterer Nebensatz ab, steht auch dieser in der ersten Möglichkeitsform: *Sie sagte, sie habe Hunger, weil sie seit heute Morgen nichts gegessen habe.* Von der Grundregel, dass man für die indirekte Rede die erste Möglichkeitsform verwendet, gibt es folgende Ausnahme: Statt der ersten Möglichkeitsform wird des Öfteren die zweite Möglichkeitsform gebraucht: *Sie sagte, sie hätte Hunger. Darauf erwiderte er, dass das Essen noch nicht fertig wäre. Sie fragte deshalb, ob sie ihm helfen sollte. Das könnte sie wohl, meinte er.* Diese zweite Möglichkeitsform ist dann berechtigt, wenn der Sprecher die gemachten Aussagen selbst für zweifelhaft hält, sie skeptisch beurteilt und dies dem Leser klarmachen will. Sie ist auch dann richtig, wenn die Formen der ersten Möglichkeitsform nicht eindeutig als Möglichkeitsform erkennbar sind, sondern mit der Wirklichkeitsform übereinstimmen. Also z. B. bei *Die Kinder sagten, sie haben Hunger.* Die Form *sie haben* kann die erste Möglichkeitsform oder aber die Wirklichkeitsform sein. Deshalb besser: *Die Kinder sagten, sie hätten Hunger.*

2. Bedingungssatz: Die zweite Möglichkeitsform verwendet man vorwiegend im Bedingungssatz: *Wenn sie käme, wäre ich sehr froh. Hätte ich mehr Geld, könnte ich mir vielleicht eine Eigentumswohnung leisten.* Die zweite Möglichkeitsform ist unter bestimmten Bedingungen auch durch *würde* + Grundform (Infinitiv) des entsprechenden Zeitwortes ersetzbar. Zum Beispiel wenn die Formen der zweiten Möglichkeitsform mit der Wirklichkeitsform übereinstimmen und deshalb nicht deutlich genug sind, sollte man sie durch die Umschreibung mit *würde* ersetzen: *Sonst wohnten wir dort nicht* / (deutlicher:) *würden wir dort nicht wohnen. Wenn sie mich riefen, käme ich sofort* / (deutlicher:) *Wenn sie mich rufen würden, käme ich sofort.* Auch anstelle altertümlich wirkender Möglichkeitsformen kann die *würde*-Umschreibung gebraucht werden: *Ich würde helfen* (für: *hülfe*), *wenn … Wenn dies doch jetzt noch gelten würde* (für: *gälte/gölte*)! *Wenn sie das Buch kennen würden* (für: *kennten*), *könnten sie es beurteilen.*

Montagabend

Siehe »Dienstagabend«

morgen

Die Zeitbestimmung *morgen* wird bei der Darstellung eines in der Vergangenheit liegenden Vorgangs gelegentlich so gebraucht, dass ein falscher Zeitbezug entsteht. Richtig ist: *Ich teilte die Leute ein, die am folgenden Tag* (**nicht:** *morgen*) *Schnee räumen sollten.*

Morgen

Die Mehrzahl von *der Morgen* heißt *die Morgen* (**nicht:** *die Morgende*).

morgen oder Morgen

Klein schreibt man: *morgen früh; morgen Mittag; morgen Nachmittag; morgen Abend; morgen in einer Woche; jmdn. auf morgen vertrösten; bis morgen; etwas für morgen vorbereiten; die Welt von morgen; zu morgen.* **Groß** schreibt man das Hauptwort: *am Morgen; gegen Morgen; vom Morgen bis zum Abend.* Die Großschreibung gilt entsprechend für: *heute Morgen.*

morgens

Siehe »mittags«

müssen

Das Mittelwort der Vergangenheit (2. Partizip) von *müssen* heißt *gemusst: Er hat das nicht mehr gemusst.* Steht aber vor dem Zeitwort *müssen* ein anderes Zeitwort, und zwar in der Grundform (im Infinitiv), dann verwendet man die Form *müssen* und **nicht** *gemusst: Er hat kommen müssen.*

N

nach was oder wonach

Vor allem in der Umgangssprache ersetzen viele *wonach* durch *nach was: Nach was hat er gefragt? Ich weiß nicht, nach was ich mich richten soll.* Stilistisch besser ist *wonach: Wonach hat er gefragt? Ich weiß nicht, wonach ich mich richten soll.*

nachdem

Einen Nebensatz, der mit *nachdem* eingeleitet ist, trennt man immer durch ein Komma vom Hauptsatz ab. *Er kam, nachdem er sich telefonisch angemeldet hatte.* Man kann *nachdem* mit einer weiteren Zeitangabe verbinden: *sofort nachdem, drei Wochen nachdem, einige Zeit nachdem* usw. In diesen Fällen steht das Komma vor der hinzugetretenen Zeitangabe: *Wir begannen mit der Arbeit, sofort nachdem wir uns geeinigt hatten. Wir begannen mit der Arbeit, drei Wochen nachdem wir uns geeinigt hatten. Wir begannen mit der Arbeit, einige Zeit nachdem wir uns geeinigt hatten.*

Nachmittag

Groß schreibt man das Hauptwort: *bis Nachmittag; er kommt nicht vor Nachmittag; der gestrige/heutige/morgige Nachmittag; gestern/heute/morgen Nachmittag; von morgen Nachmittag an.*

nachmittags

Siehe »mittags«

nachsenden

Siehe »senden«

nächst

Das Verhältniswort (die Präposition) *nächst* hat den Wemfall nach sich, **nicht** den Wesfall: *nächst dem Haus* (**nicht:** *nächst des Hauses*).

nächster, nächste, nächstes

Steht *nächster, nächste, nächstes* in Verbindung mit einer Zeitangabe, die einen periodisch wiederkehrenden

Zeitpunkt oder Zeitraum nennt (z. B. *Tag, Jahr, Monat, Winter* usw.), dann entsteht leicht Unklarheit darüber, welcher Zeitpunkt oder Zeitraum gemeint ist. Meint z. B. die Angabe *nächsten Donnerstag* den unmittelbar bevorstehenden Donnerstag oder erst den Donnerstag der folgenden Woche? Eindeutig sind Angaben dieser Art, wenn man anstelle von *nächster* usw. das hinweisende Fürwort *dieser* usw. oder das Eigenschaftswort *kommend* verwendet: *Ich fahre diesen Donnerstag* oder *Ich fahre kommenden Donnerstag.* Eindeutig sind ebenfalls die Formulierungen: *Ich fahre am Donnerstag dieser* bzw. *am Donnerstag nächster Woche.*

nächstliegend
Da das Eigenschaftswort *nächstliegend* bereits eine höchste Steigerungsstufe (*nächst...*) enthält, ist es nicht mehr steigerbar: *der nächstliegende* (**nicht:** *nächstliegendste*) *Gedanke.*

Nacht
Groß schreibt man das Hauptwort: *die Nacht über; bei Nacht; über Nacht; zu Nacht essen.* Dies gilt entsprechend in den folgenden Fällen: *gestern, heute, morgen Nacht; von heute Nacht an.*

nachts
Man schreibt **klein:** *nachts um 1 Uhr; um 1 Uhr nachts; dienstags nachts.* **Groß** schreibt man das Hauptwort, z. B.: *des Nachts, eines Nachts.*

nahe
Das Verhältniswort (die Präposition) *nahe* hat den Wemfall nach sich, **nicht** den Wesfall: *nahe dem Haus* (**nicht:** *nahe des Hauses*).

näher
Man schreibt **groß,** wenn das Eigenschaftswort als Hauptwort gebraucht wird: *Näheres, etwas Näheres, nichts Näheres, alles Nähere.* Dies gilt auch für die feste Verbindung *des Näheren* (= näher): *etwas des Näheren erklären.*

nähme oder nehme
Beide Formen sind Möglichkeitsformen (Konjunktive). Die Form *nehme* steht vor allem in der indirekten Rede: *Sie sagte, sie nehme nichts davon. Sie fragte, ob er etwas davon nehme.* Auch *nähme* kann in der indirekten Rede auftreten, z. B., wenn die Form *nehme* nicht eindeutig als Möglichkeitsform erkennbar ist: *Sie sagten, sie nähmen* (für nicht eindeutiges *nehmen*) *nichts davon.* Oder auch, wenn der Sprecher das, was er berichtet, für zweifelhaft hält: *Sie sagten, sie nähmen nichts[, aber ich glaube es nicht].* Sonst steht *nähme* vor allem in Bedingungssätzen: *Wenn sie etwas davon nähmen, wäre der Vorrat bald erschöpft.*

namentlich
Vor *namentlich* steht ein Komma, wenn es einen Zusatz einleitet: *Sie ist sehr gut in der Schule, namentlich im Rechnen. Wein, namentlich Rotwein, wird hierzu gern getrunken.* Hat *namentlich* noch ein Bindewort (eine Konjunktion) wie *wenn, weil, als* bei sich (*namentlich wenn, namentlich weil, namentlich als*), dann steht zwischen diesen Wörtern im Allgemeinen kein Komma, weil beide als Einheit

empfunden werden: *Er kommt, namentlich wenn auch Gabi kommt.* Es kann jedoch auch hier ein Komma stehen, wenn man die Teile der Fügung nicht als Einheit ansieht: *Er kommt, namentlich, wenn auch Gabi kommt.*

nämlich

Vor *nämlich* steht ein Komma, wenn es einen Zusatz einleitet: *Dass er nur einen anderen schützen wollte, nämlich die Frau des Angeklagten, ist offenkundig. Ich fahre später, nämlich erst nach Abschluss der Verhandlungen.* Hat *nämlich* noch ein Bindewort (eine Konjunktion) wie *dass* oder *wenn* bei sich (*nämlich dass, nämlich wenn*), dann steht im Allgemeinen kein Komma zwischen diesen Wörtern, weil beide als eine Einheit empfunden werden: *Die Unfälle häufen sich in diesem Waldstück, nämlich wenn Nebel auftritt.* Es kann jedoch auch hier ein Komma stehen, wenn man die Teile der Fügung nicht als Einheit ansieht: *Die Unfälle häufen sich in diesem Waldstück, nämlich, wenn Nebel auftritt.*

nämliche

Man schreibt das Eigenschaftswort **groß,** wenn es als Hauptwort verwendet wird: *Er ist noch der Nämliche; er sagt immer das Nämliche.*

neben was oder woneben

Vor allem in der Umgangssprache ersetzen viele *woneben* durch *neben was: Neben was hast du das Buch gestellt? Ich weiß nicht mehr, neben was ich es gestellt habe.* Stilistisch besser ist *woneben: Woneben hast du das Buch ge-stellt? Ich weiß nicht mehr, woneben ich es gestellt habe.*

nennen

Nach *nennen* in der Bedeutung »als jemanden oder etwas bezeichnen« stehen die genannte Person oder Sache und das über sie Ausgesagte im Wenfall, nicht im Werfall. Es heißt also richtig: *Sie nannte ihn ihren besten Freund* (**nicht:** *ihr bester Freund*).

neu

Man schreibt das Eigenschaftswort **groß,** wenn es als Hauptwort gebraucht wird: *Altes und Neues; das Alte und das Neue; etwas, nichts, vielerlei, wenig Neues; manches Neue; das ist das Neueste vom Tage; das Neueste vom Neuen; was gibt es Neues?* Dies gilt entsprechend für die folgenden festen Verbindungen: *aufs Neue* (= erneut); *auf ein Neues* (= noch einmal); *das Neue* (= neu) *daran ist, ...; aus Alt Neu machen.* **Klein** schreibt man dagegen: *neue Sprachen; die neue Armut; ein gutes/glückliches neues Jahr; die neueste seiner Errungenschaften, von seinen Errungenschaften; etwas auf neu trimmen.* **Klein** oder **groß** schreibt man in den Verbindungen: *von neuem / Neuem* (= nochmals); *seit neuestem / Neuestem.*

nicht berufstätig oder nichtberufstätig

Wird ein vor einem Hauptwort stehendes Eigenschaftswort durch Davorsetzen von *nicht* verneint, dann kann man getrennt oder zusammenschreiben: *die nicht berufstätigen / nichtberufstätigen Frauen.* Diese Regel gilt unabhängig von Bedeutung bzw. Betonung der jeweiligen Wörter.

nicht nur – sondern auch

1. Komma: Bei *nicht nur – sondern auch* steht vor *sondern* **immer** ein Komma: *Alexander spielt nicht nur gut Fußball, sondern ist auch ein hervorragender Tennisspieler. Er spielt nicht nur morgen, sondern auch übermorgen.*

2. Einzahl oder Mehrzahl: Es heißt: *Nicht nur er, sondern auch seine Frau war eingeladen.* Nach *nicht nur – sondern auch* steht das Zeitwort im Allgemeinen in der Einzahl, wenn die Hauptwörter oder Fürwörter (Pronomen), die nach *nicht nur* und *sondern auch* folgen, in der Einzahl stehen. Steht das Hauptwort oder Fürwort, das nach *sondern auch* folgt, in der Mehrzahl, dann muss auch das Zeitwort in der Mehrzahl stehen: *Nicht nur er, sondern auch seine Kinder waren eingeladen.*

nichts

1. als oder wie: Es heißt **richtig:** *Mit ihm hat man nichts als Ärger.* **Nicht richtig** ist: *... nichts wie Ärger.*

2. Einzahl oder Mehrzahl nach *nichts als:* Steht nach *nichts als* ein Hauptwort oder Fürwort (Pronomen) in der Mehrzahl, dann kann das zugehörige Zeitwort in der Einzahl oder auch in der Mehrzahl stehen, die Mehrzahl wird im Allgemeinen bevorzugt: *In dem Raum waren nichts als alte Akten.* Seltener: *In dem Raum war nichts als alte Akten.*

niemand

1. als oder wie: Es heißt **richtig:** *Niemand weiß das besser als du.* **Nicht richtig** ist: *... wie du.*

2. Beugung: Der Wesfall von *niemand* lautet *niemandes* oder *niemands.* Wemfall oder Wenfall können ungebeugt sein, also: *niemand* oder gebeugt: Wemfall: *niemandem* (**nicht:** *niemanden*) und Wenfall: *niemanden. Wir haben mit niemand* (oder: *mit niemandem*) *gesprochen.* Im Wenfall wird die ungebeugte Form oft vorgezogen: *Ich habe niemand* (oder: *niemanden*) *gesehen.*

3. niemand anders, niemand Bekanntes: In Verbindung mit *anders* oder mit einem Eigenschaftswort, das als Hauptwort gebraucht wird (z. B. *der Fremde*), bleibt *niemand* meist ungebeugt: *Sie sah niemand anders, niemand Fremdes* oder *niemand Fremden. Sie hatte mit niemand anders* (selten: *mit niemandem anders*) *gesprochen. Sie hatte mit niemand Bekanntem* (selten: *mit niemandem Bekanntes*) *gesprochen.* Siehe »anderer, andere, anderes«, Punkt 3

4. niemand, der: Schließt sich an *niemand* ein Nebensatz an, der mit einem bezüglichen Fürwort (mit einem Relativpronomen) beginnt, dann wählt man standardsprachlich immer *der,* und zwar unabhängig davon, ob männliche oder weibliche Personen gemeint sind: *Ich kenne niemanden, der Bankkauffrau ist. Sie ist niemand, dem ich vertrauen würde.*

Not

Man schreibt das Hauptwort **groß:** *Sie sind in Not. Ich habe meine liebe Not* *mit der Steuererklärung.* Dies gilt entsprechend für die festen Verbindungen *etwas ist / etwas wird Not.* Klein und zusammen schreibt man dagegen *nottun: Etwas tut not.*

notieren

Nach *notieren in* und *notieren auf* kann sowohl der Wemfall (Frage: wo?) als auch der Wenfall (Frage: wohin?) stehen: *Er notierte die Adresse in seinem Notizbuch oder in sein Notizbuch. Er notierte die Zahlen auf einem Zettel oder auf einen Zettel.*

nötig oder notwendig

Von diesen beiden sinnverwandten Eigenschaftswörtern verbindet sich *nötig* mit *haben* zu der Fügung *etwas nötig haben* (»brauchen, bedürfen, benötigen«): *Sie hat einen Erholungsurlaub dringend nötig* (**nicht:** *notwendig*). *Er hat es nötig* (**nicht:** *notwendig*), *mit seinem Können zu prahlen.* In Verbindung mit *sein* sind *nötig* und *notwendig* häufig austauschbar, allerdings ist *notwendig* nachdrücklicher: *Ist es nötig* (= muss es denn sein), *dass wir so früh aufbrechen? Ist es notwendig* (= ist es gar nicht anders möglich, unbedingt erforderlich), *dass wir so früh aufbrechen?* Oder: *Es ist nicht nötig, dass Sie mich begleiten* (= Sie brauchen mich nicht zu begleiten). *Es ist nicht notwendig* (= ist nicht unbedingt erforderlich, nicht unumgänglich), *dass Sie mich begleiten.* Aber nur: *Es wäre nicht nötig gewesen, dass ... Alles, was zum Leben nötig ist, haben wir.* Auch in Verbindung mit anderen Zeitwörtern ist ein Austausch häufig möglich: *Man hielt es nicht für nötig oder notwendig, Vor-*

kehrungen zu treffen. Änderungen haben sich nicht als notwendig oder nötig erwiesen. Im Sinne von »zwangsläufig« lässt sich *nötig* nicht anstelle von *notwendig* gebrauchen: *Das ist die notwendige* (**nicht:** *nötige*) *Folge. Der Versuch musste notwendig* (**nicht:** *nötig*) *misslingen.*

November

Steht *November* im Wesfall, dann ist sowohl die Form mit -s *(des Novembers)* als auch die Form ohne -s *(des November)* richtig. Die Form mit -s ist häufiger.

null

Gibt man einen Zahlenwert unter eins an, z. B. *null Komma eins* (in Ziffern: *0,1*), dann steht das zugehörige Hauptwort in der Mehrzahl, nicht in der Einzahl: *Es waren nur 0,1 Sekunden* (**nicht:** *Sekunde*). *Er lag 0,1 Punkte* (**nicht:** *Punkt*) *über dem Durchschnitt. Der Abstand betrug knapp null Sekunden* (**nicht:** *Sekunde*).

numerisch oder nummerisch

Beide Schreibungen sind richtig. *Numerisch* leitet sich her von dem lateinischen Wort »numericus«, *nummerisch* ist abgeleitet von dem deutschen Wort »Nummer«.

Nummer

Vor Zahlen steht das Hauptwort *Nummer* in der Mehrzahl, wenn ihm ein Geschlechtswort (Artikel) vorangeht *(die Nummern),* es steht in der Einzahl, wenn kein Geschlechtswort vorangeht *(Nummer).* Es heißt also: *Nummer 1–5, Nummer 1, 3 und 5,* aber: *die Nummern 1–5, die Nummern 1, 3 und 5.*

nutzen, nützen

1. Gebrauch: Die beiden Zeitwörter sind gleichbedeutend. Während *nutzen* in Norddeutschland gebräuchlicher ist, wird *nützen* im süddeutschen Raum häufiger verwendet.

2. mir oder mich: Es heißt richtig: *Das nutzt* oder *nützt mir nichts.* Der Wenfall *(Das nutzt* oder *nützt mich nichts)* kommt in der landschaftlichen Umgangssprache vor.

ob

Das Bindewort (die Konjunktion) *ob* leitet einen untergeordneten Nebensatz ein, den man durch Komma abtrennt: *Ob er kommt, ist nicht bekannt. Es ist nicht bekannt, ob er kommt. Auf die Frage, ob er komme, wusste niemand eine Antwort.* Zu *ob* kann ein weiteres Bindewort wie *denn, aber, und* hinzutreten *(denn ob, aber ob, und ob): Denn ob er kommt, ist nicht bekannt. Aber ob er kommt, ist nicht bekannt. Und ob er kommt, ist nicht bekannt.* Vor *ob* steht in diesen Fällen kein Komma.

ob – ob

Das mehrgliedrige Bindewort (die Konjunktion) *ob – ob* verbindet aufgezählte Sätze oder Satzteile, die man immer durch Komma abtrennt: *Alle kamen, ob Jung, ob Alt. Ob Jung, ob Alt, alle kamen. Alle, ob sie jung waren, ob sie alt waren, kamen.*

oben erwähnt

Man schreibt diese Fügung getrennt oder zusammen: *der oben erwähnte / obenerwähnte Fall.* Auch beim hauptwörtlichen Gebrauch ist Getrennt- oder Zusammenschreibung möglich: *der, die, das Obenerwähnte* oder *der, die, das oben Erwähnte.*

oben genannt

Siehe »oben erwähnt«

obig

Ein Eigenschaftswort, das auf *obig* folgt, beugt man (auch wenn es als Hauptwort gebraucht wird) in gleicher Weise wie *obig* selbst: *obiger interessanter Bericht, obige spezielle Angaben, wegen obiger genauer Aufzählung, in obigem ausführlichem Text, in dem obigen ausführlichen Text.* Das Wort *obig* ist besonders in der Verwaltungssprache üblich und stilistisch unschön.

obwohl

Das Bindewort (die Konjunktion) *obwohl* leitet wie *obgleich* und *obschon* einen Nebensatz ein, der eine Einräumung, einen Gegengrund zu dem Geschehen oder Sachverhalt im Hauptsatz angibt. Er wird durch Komma abgetrennt: *Sie kam sofort, obwohl sie nicht viel Zeit hatte. Der Schüler, obwohl er gesund war, erschien nicht zum Unterricht.* Zu *obwohl* kann ein weiteres Bindewort wie *denn, aber, und* hinzutreten *(denn obwohl, aber obwohl, und obwohl).* Vor *obwohl* steht in diesen Fällen kein Komma: *Aber obwohl sie nicht viel Zeit hatte, kam sie sofort. Und obwohl das Stück komisch war, konnte sie nicht lachen.*

Kommasetzung bei *oder*

Vor *oder* steht in der Regel kein Komma, doch man kann es setzen, um die Gliederung der Satzverbindung deutlich zu machen, wenn *oder* selbstständige gleichrangige Sätze verbindet:

Ich gehe ins Theater[,] oder ich besuche ein Konzert.

Hast du dir wehgetan[,] oder ist es nicht weiter schlimm?

Vor *oder* muss ein Komma stehen, wenn davor ein Einschub steht:

Karl, ein patenter Bursche, oder sie selbst soll mir helfen.

Wir liefern die Ware nach Europa, insbesondere nach England und

Frankreich, oder nach Amerika. Wenn *oder* gleichrangige Nebensätze verbindet, darf kein Komma gesetzt werden:

Sie fragte, ob ich mitkommen wolle oder ob ich lieber dabliebe.

Ich vermute, dass er unehrlich war oder dass er zumindest flunkerte.

Auch wenn *oder* einen Nebensatz einleitet, der von dem nachfolgenden Hauptsatz abhängt, darf kein Komma gesetzt werden:

Wir hofften auf besseres Wetter oder dass es zumindest aufhörte zu regnen.

oder

1. Kommasetzung: Siehe Kasten

2. Der Vater oder die Mutter weiß es: Verbindet das Wort *oder* zwei Glieder in der Einzahl, steht das Zeitwort im Allgemeinen ebenfalls in der Einzahl: *Der Vater oder die Mutter weiß es, ist immer zu sprechen.* Ist eines der Glieder Mehrzahl, richtet sich das Zeitwort nach dem Glied, das ihm am nächsten steht: *Der Vater oder seine Töchter kommen,* aber: *Die Töchter oder ihr Vater kommt.* Man kann das Problem, wie das Zeitwort zu beugen ist, umgehen, wenn man ein gemeinsames Zeitwort für beide durch *oder* verbundenen Ausdrücke vermeidet und stattdessen ein unbestimmtes Fürwort einfügt: *Der Bäcker oder der Konditor, einer hat doch bestimmt die nötige Fachkenntnis. Auf alle Fälle muss einer nachgeben, entweder wir oder er.*

3. Er oder ich komme: In diesem Satz verbindet *oder* zwei Glieder, die in der Person nicht übereinstimmen (*er* = 3. Person Einzahl; *ich* = 1. Person Einzahl). In solchen Fällen richtet sich das Zeitwort nach dem Glied, das ihm am nächsten steht: *Er oder ich komme,* aber: *Ich oder er kommt. Deine Freunde oder du selbst solltest dich entschuldigen,* aber: *Du selbst oder deine Freunde sollten sich entschuldigen.* Auch in diesen Fällen kann man durch das Einfügen eines Fürwortes das Problem umgehen, wie das Zeitwort zu beugen ist: *Er oder ich, einer kommt. Deine Freunde oder du selbst, einer sollte sich entschuldigen.*

offenbaren, sich

Bei *sich offenbaren als* steht das Hauptwort, das dem *als* folgt, gewöhnlich im Werfall: *Er offenbarte sich als*

Sympathisant. Der Wenfall (*Er offenbarte sich als Sympathisanten*) kommt seltener vor, ist aber auch richtig.

öfter oder öfters
Standardsprachlich heißt es: *Er war öfter krank.* Die Form *öfters* ist umgangssprachlich.

ohne
Nach *ohne* steht der Wenfall. Ein Satz wie *mit und ohne Kinder* müsste streng genommen *mit Kindern und ohne Kinder* lauten; denn *mit* steht mit dem Wemfall. Dies wirkt jedoch schwerfällig. Deshalb hat es sich weitgehend durchgesetzt, das erste abhängige Wort zu ersparen. Also: *mit und ohne Kinder, mit und ohne ihn.*

ohne dass
Einen Nebensatz, der mit *ohne dass* eingeleitet ist, trennt man durch Komma ab. Zwischen *ohne* und *dass* kann ein Komma stehen, wenn die Teile der Fügung nicht als Einheit angesehen werden; es muss aber kein Komma stehen: *Sie hat mir geholfen, ohne[,] dass sie es wusste.*

Oktober
Steht *Oktober* im Wesfall, dann ist sowohl die Form mit -*s* (*des Oktobers*) als auch die Form ohne -*s* (*des Oktober*) richtig. Die Form mit -*s* ist häufiger.

opponieren
Opponieren schließt man heute gewöhnlich mit dem Verhältniswort (der Präposition) *gegen* an: *gegen den Regierungschef, gegen einen Beschluss opponieren.*

Optimist
Das Hauptwort *Optimist* erhält – außer im Werfall – die Endung -*en*: *der Optimist, des Optimisten* (**nicht:** *des Optimists*), *dem Optimisten* (**nicht:** *dem Optimist*), *den Optimisten* (**nicht:** *den Optimist*), Mehrzahl: *die Optimisten.*

original
In Verbindung mit einem Hauptwort schreibt man *original* in der Regel mit dem Hauptwort zusammen: *Originalaufnahme, Originalausgabe, Originaldruck, Originalfassung, Originalgemälde, Originaltitel, Originalton.* In Verbindung mit einem Eigenschaftswort steht *original* heute als Beifügung, und zwar endungslos: *original französischer Sekt, original Schweizer Uhren.*

Ostern
1. Geschlecht: Heute fasst man *Ostern* im Allgemeinen als ein sächliches Hauptwort in der Einzahl auf: *Hast du ein schönes Ostern gehabt?* Es wird jedoch vorwiegend ohne Geschlechtswort (Artikel) gebraucht: *Ostern ist längst vorbei.* Neben der sächlichen Form in der Einzahl treten zwar noch andere Formen auf; diese sind aber landschaftlich begrenzt. In bestimmten formelhaften Wendungen ist die Mehrzahl allgemein verbreitet: *Fröhliche Ostern! Weiße Ostern sind zu erwarten.*

2. an/zu Ostern: Der Gebrauch von *an* oder *zu* ist landschaftlich verschieden. Während man besonders in Süddeutschland *an Ostern* sagt, ist in Norddeutschland *zu Ostern* gebräuchlich. Beides ist richtig.

P

Paar

1. Ein Paar Turnschuhe kostet/kosten mindestens 20 €: Im Allgemeinen bezieht man das Zeitwort auf *Paar* und setzt es in die Einzahl: *Ein Paar Turnschuhe kostet mindestens 20 € / ist verloren gegangen / wurde gefunden* usw. Gelegentlich wird das Zeitwort aber nicht auf *Paar,* sondern auf das Gezählte bezogen und in die Mehrzahl gesetzt (d. h., man konstruiert nach dem Sinn): *Ein Paar Turnschuhe kosten mindestens 20 € / sind verloren gegangen / wurden gefunden.* Beides ist richtig.

2. ein Paar neue Schuhe / neuer Schuhe: Üblicherweise steht nach *Paar* die folgende Angabe im gleichen Fall wie *Paar* selbst: *ein Paar neue Schuhe; mit einem Paar neuen Schuhen.* Es ist jedoch auch möglich, die Angabe, die auf *Paar* folgt, in den Wesfall zu setzen: *ein Paar neuer Schuhe; mit einem Paar neuer Schuhe.* Der Wesfall klingt gehoben und wird seltener gebraucht.

paar oder Paar

Das kleingeschriebene *ein paar* bedeutet »einige wenige«: *ein paar Blumen; mit ein paar Pfennigen in der Tasche.* Das großgeschriebene *Paar* bezeichnet dagegen eine Zweiheit, zwei gleiche oder entsprechende Wesen oder Dinge: *ein Paar Strümpfe, zwei Paar Schuhe; ein unzertrennliches Paar.*

Paragraf

1. Beugung: Das Hauptwort *Paragraf* erhält – außer im Werfall – die Endung -en: *der Paragraf, des Paragrafen* (**nicht:** *des Paragrafs*), *dem Paragrafen* (**nicht:** *dem Paragraf*), *den Paragrafen* (**nicht:** *den Paragraf*), Mehrzahl: *die Paragrafen.* Die Endung -en kann man aber weglassen, wenn eine Zahl folgt: *der Wortlaut des Paragraf 21. Sie hat gegen Paragraf 4 verstoßen.*

2. Einzahl oder Mehrzahl: Das Hauptwort *Paragraf* vor Zahlen steht in der Mehrzahl, wenn ihm ein Geschlechtswort (Artikel) vorangeht *(die Paragrafen),* es steht in der Einzahl, wenn kein Geschlechtswort vorangeht *(Paragraf).* Es heißt also: *Paragraf 1–5; Paragraf 1, 3 und 5,* aber: *die Paragrafen 1–5; die Paragrafen 1, 3 und 5.*

parallel

Nach *parallel* schließt man heute gewöhnlich mit dem Verhältniswort (der Präposition) *zu* an: *Die Straße verläuft parallel zum Fluss.* Das Anschließen mit dem Verhältniswort *mit* ist auch möglich: *Die Straße verläuft parallel mit dem Fluss.* Im übertragenen Gebrauch kommt daneben auch noch der Anschluss mit dem Wemfall (ohne ein Verhältniswort) vor: *Ihre Wünsche liefen unseren Interessen parallel.*

Parallele

In der Regel bleibt das Hauptwort *Parallele* in allen Fällen der Einzahl ohne Endung: *die Parallele, der Parallele* (**nicht:** *der Parallelen*). In der Mehrzahl erhält es die Endung -n: *die Parallelen.* Diese Endung kann aber auch weggelassen werden, wenn *Parallele* ohne Geschlechtswort (Artikel) [in Verbindung mit einer Zahl] steht: *zwei Parallelen* oder *zwei Parallele.*

Pastor

Die Beugungsformen des Wortes lauten: *der Pastor, des Pastors, dem Pastor, den Pastor,* Mehrzahl: *die Pastoren,* auch *die Pastore.*

Patient

Das Hauptwort *Patient* erhält immer – außer im Werfall – die Endung *-en: der Patient, des Patienten* (**nicht:** *des Patients*), *dem Patienten* (**nicht:** *dem Patient*), *den Patienten* (**nicht:** *den Patient*), Mehrzahl: *die Patienten.*

per

Nach dem Verhältniswort (der Präposition) *per* steht der Wenfall: *per ersten Januar, per Boten.* Da diese Formulierung besonders in der Verwaltungs- und Kaufmannssprache auftritt, sollte man *per* in der Allgemeinsprache durch andere Verhältniswörter ersetzen: *per ersten Januar,* besser: *für ersten* oder *zum ersten Januar; per Eilboten,* besser: *durch Eilboten; per Schiff,* besser: *mit dem Schiff.*

Pessimist

Das Hauptwort *Pessimist* erhält – außer im Werfall – die Endung *-en: der Pessimist, des Pessimisten* (**nicht:** *des Pessimists*), *dem Pessimisten* (**nicht:** *dem Pessimist*), *den Pessimisten* (**nicht:** *den Pessimist*), Mehrzahl: *die Pessimisten.*

Pilot

Das Hauptwort *Pilot* erhält – außer im Werfall – die Endung *-en: der Pilot, des Piloten* (**nicht:** *des Pilots*), *dem Piloten* (**nicht:** *dem Pilot*), *den Piloten* (**nicht:** *den Pilot*), Mehrzahl: *die Piloten.*

plus

1. Verhältniswort oder Bindewort: Man kann *plus* als Verhältniswort (Präposition) oder als Bindewort (Konjunktion) auffassen. Das Verhältniswort gehört vor allem der Kaufmannssprache an und bedeutet »zuzüglich«. Nach diesem Verhältniswort steht der Wesfall, wenn das Hauptwort, das von *plus* abhängt, ein Begleitwort aufweist: *der Betrag plus der üblichen Sondervergütungen.* Steht das abhängige Hauptwort jedoch ohne Begleitwort, bleibt es in der Einzahl im Allgemeinen ungebeugt, d. h. unverändert: *der Betrag plus Porto.* In der Mehrzahl weicht man dagegen auf den Wemfall aus, wenn der Wesfall nicht eindeutig erkennbar ist, sondern mit dem Werfall und dem Wenfall übereinstimmt: *der Betrag plus Einkünften* (**nicht:** *Einkünfte*) *aus Grundbesitz.*

Sieht man *plus* als Bindewort an, dann steht danach immer derjenige Fall, den das Bezugswort hat. Es kann also heißen: *Seine Nahrung besteht aus Pflanzen plus Tieren. Auf der Party trat ein Zauberer plus seine Assistentin auf.*

2. Drei plus zwei ist fünf: Bei dieser Art von Rechenaufgaben steht das Zeitwort in der Einzahl: *Drei plus zwei ist/macht/gibt fünf* (**nicht:** *sind/geben/machen*).

Polizist

Das Hauptwort *Polizist* erhält – außer im Werfall – die Endung *-en: der Polizist, des Polizisten* (**nicht:** *des Polizists*), *dem Polizisten* (**nicht:** *dem Polizist*), *den Polizisten* (**nicht:** *den Polizist*), Mehrzahl: *die Polizisten.*

Sprachtipps

Praktikant

Das Hauptwort *Praktikant* erhält – außer im Werfall – die Endung *-en*: *der Praktikant, des Praktikanten* (**nicht:** *des Praktikants*)*, dem Praktikanten* (**nicht:** *dem Praktikant*)*, den Praktikanten* (**nicht:** *den Praktikant*)*, Mehrzahl: die Praktikanten*.

prämieren oder prämiieren

Beide Formen sind richtig.

Präsident

Das Hauptwort *Präsident* erhält – außer im Werfall – die Endung *-en*: *der Präsident, des Präsidenten* (**nicht:** *des Präsidents*)*, dem Präsidenten* (**nicht:** *dem Präsident*)*, den Präsidenten* (**nicht:** *den Präsident*)*, Mehrzahl: die Präsidenten*. In der Anschrift ist jedoch auch die ungebeugte Form *Präsident* zulässig: *[An] Herrn Präsident Meyer* neben *[An] Herrn Präsidenten Meyer*.

privat

Groß schreibt man das Eigenschaftswort, wenn es als Hauptwort gebraucht wird: *alles Private, das Private respektieren; etwas, nichts, allerlei, wenig Privates*. Dagegen schreibt man in den folgenden Fügungen **klein:** *etwas an privat verkaufen, von privat kaufen*.

pro

1. Beugung: Das Verhältniswort (die Präposition) *pro* verbindet man in Analogie zu *für* im Allgemeinen mit dem Wenfall. Dies wird deutlich, wenn ein Begleitwort (z. B. ein Eigenschaftswort) vor dem Hauptwort steht: *pro berufstätige Frau, pro männlichen Angestellten, pro antiquarischen Band*. Hauptwörter,

die ohne Begleitwort nach *pro* stehen, lassen oftmals keinen Fall erkennen: *pro Stück, pro Band*. Eine Ausnahme sind Hauptwörter, die aus einem Eigenschaftswort (z. B. *die Kranke*) oder einem Mittelwort (Partizip, z. B. *der Angestellte*) gebildet sind. Wenn sie ohne Begleitwort nach *pro* stehen, erhalten sie standardsprachlich immer eine Beugungsendung: *pro Kranker, pro Angestellten*.

2. *pro* und eine Zeitangabe: In Verbindung mit Zeitangaben wird *pro* – hauptsächlich in der Kaufmannssprache und Umgangssprache – im Sinne von »je, jeweils« verwendet: *Ich muss mich pro Tag* (stilistisch besser: *Ich muss mich jeden Tag*) *einmal rasieren. Die Besprechung der Abteilungsleiter findet zweimal pro Woche* (stilistisch besser: *zweimal in der Woche, jeweils zweimal die Woche, jede Woche zweimal*) *statt*.

Proband

Das Hauptwort *Proband* erhält – außer im Werfall – die Endung *-en*: *der Proband, des Probanden* (**nicht:** *des Probands*)*, dem Probanden* (**nicht:** *dem Proband*)*, den Probanden* (**nicht:** *den Proband*)*, Mehrzahl: die Probanden*.

probeweise

Das Umstandswort (Adverb) *probeweise* steht manchmal als Beifügung eines Hauptwortes (z. B. *die probeweise Einführung*). Richtig ist dieser Gebrauch jedoch nur dann, wenn das betreffende Hauptwort ein Geschehen ausdrückt: *die probeweise Einführung* (zu: *probeweise einführen*); *eine probeweise Einstellung* (zu: *probeweise ein-*

Punkt

1. Satzschlusszeichen

Steht nach einem abgeschlossenen [auch mehrteiligen] Ganzsatz (sofern dieser nicht durch ein Fragezeichen als Frage oder durch ein Ausrufezeichen als besonders nachdrücklich gekennzeichnet ist).

> *Es wird Frühling.*
> *Wir freuen uns auf euren Besuch.*
> *Wenn du willst, kannst du mitkommen.*
> *Das geht nicht.*
> (Als Frage: *Das geht nicht?*
> Mit Nachdruck: *Das geht nicht!*)

2. Nach frei stehenden Zeilen steht kein Punkt

Das gilt z. B. für Überschriften, Buch- und Zeitungstitel, Anschriften in Briefen und auf Umschlägen, Datumszeilen, Grußzeilen, Unterschriften.

> *Der Frieden ist gesichert*
> *Nach schwierigen Verhandlungen zwischen den Vertragspartnern ...*

Jedermann
Das Spiel vom Sterben des reichen Mannes

Die Aktion Wochenschrift für Politik, Literatur, Kunst

Herrn
K. Meier
Rüdesheimer Straße 29
65197 Wiesbaden

Mannheim, den 10.04.2006

Mit herzlichem Gruß
Dein Peter

3. Der Punkt steht nach Zahlen, um sie als Ordnungszahlen zu kennzeichnen.

Steht eine Ordnungszahl mit Punkt am Satzende, so wird kein zusätzlicher Schlusspunkt gesetzt.

> *Sonntag, den 15. April*
> *Friedrich II., König von Preußen*
> *Katharina von Aragonien war die erste Frau Heinrichs VIII.*

---

stellen). **Nicht richtig** sind daher Formulierungen wie *eine probeweise Gleitzeit.*

Produzent

Das Hauptwort *Produzent* erhält – außer im Werfall – die Endung *-en: der Produzent, des Produzenten* (**nicht:** *des Produzents*), *dem Produzenten* (**nicht:** *dem Produzent*), *den Produzenten* (**nicht:** *den Produzent*), Mehrzahl: *die Produzenten.*

Prokurist

Das Hauptwort *Prokurist* erhält – außer im Werfall – die Endung *-en: der Prokurist, des Prokuristen* (**nicht:** *des Prokurists*), *dem Prokuristen* (**nicht:** *dem Prokurist*), *den Prokuristen* (**nicht:** *den Prokurist*), Mehrzahl: *die Prokuristen.* In der Anschrift ist jedoch auch die ungebeugte Form *Prokurist* zulässig: *[An] Herrn Prokurist Meyer* neben *[An] Herrn Prokuristen Meyer.*

Prospekt

Das Wort ist (außer im österreichischen Deutsch) männlich: *der Prospekt* (**nicht**: *das Prospekt*). Entsprechend heißt es auch: *einen* (**nicht**: *ein*) *Prospekt anfordern*.

Protestant

Das Hauptwort *Protestant* erhält – außer im Werfall – die Endung *-en*: *der Protestant, des Protestanten* (**nicht**: *des Protestants*), *dem Protestanten* (**nicht**: *dem Protestant*), *den Protestanten* (**nicht**: *den Protestant*), Mehrzahl: *die Protestanten*.

Prozent

1. Mehrzahl: In Verbindung mit Zahlwörtern bleibt *Prozent* in der Mehrzahl ungebeugt, d. h. unverändert: *Die Bank zahlt 4 1/2 Prozent Zinsen. Der Cognac enthält 43 Prozent Alkohol.*

2. Dreißig Prozent der Mitglieder stimmten nicht ab: Im Allgemeinen richtet sich das Zeitwort nach der Prozentangabe. Das bedeutet: Steht *Prozent* in der Einzahl *(ein Prozent)*, dann steht auch das Zeitwort in der Einzahl: *Ein Prozent der Versuche war misslungen.* Steht aber *Prozent* in der Mehrzahl *(zwei, drei* usw. *Prozent)*, steht auch das Zeitwort in der Mehrzahl: *Zehn Prozent der Versuche waren misslungen.* Das Hauptwort, das von *Prozent* abhängt und das in der Einzahl oder in der Mehrzahl stehen kann, hat dabei keinen Einfluss auf die Beugung des Zeitwortes: *Ein Prozent der Bevölkerung / der Einwohner lebt in Armut. Zehn Prozent der Bevölkerung / der Einwohner leben in Armut.* Eine Ausnahme ist jedoch gegeben, wenn auf

Prozent ein Hauptwort, das in der Einzahl steht, im Werfall folgt (z. B. *zehn Prozent Energie*). Hiernach kann das Zeitwort auch in der Einzahl stehen: *Zehn Prozent Energie gehen verloren* oder *geht verloren.*

Punkt

Siehe Kasten Seite 113

R

rasch

Die Steigerungsformen von *rasch* lauten *rascher, rasch[e]ste*. Das *-e-* in *rascheste* wird gewöhnlich nicht ausgelassen, also: *am raschesten*.

rational oder rationell

Die beiden Wörter haben eine unterschiedliche Bedeutung, die man nicht verwechseln sollte. Das Eigenschaftswort *rational* bedeutet »von der Vernunft bestimmt, vernunftgemäß«: *etwas rational betrachten; sich etwas rational erklären können.* Dagegen hat *rationell* die Bedeutung »auf Wirtschaftlichkeit bedacht, zweckmäßig«: *ein rationeller Umgang mit der Energie, mit den Vorräten; rationell mit etwas verfahren.*

real oder reell

Die beiden Wörter bedeuten Verschiedenes. Man sollte sie deshalb auch in bestimmten Bereichen nicht verwechseln. Das Wort *real* bedeutet »in der Wirklichkeit vorhanden, wirklich existierend; den tatsächlichen Verhältnissen entsprechend«: *reale Werte, die reale Welt, ein real denkender Politiker.*

Demgegenüber hat *reell* die Bedeutung »ehrlich und anständig, ordentlich und solide; von Anständigkeit, Gediegenheit, Solidität zeugend«: *ein reelles Geschäft; die Firma, der Kaufmann ist reell.* In Verwendungen wie *eine reelle Chance* hat *reell* die Bedeutung »solide und wirklichen Erfolg versprechend«.

Realist

Das Hauptwort *Realist* erhält – außer im Werfall – die Endung *-en: der Realist, des Realisten* (**nicht:** *des Realists*), *dem Realisten* (**nicht:** *dem Realist*), *den Realisten* (**nicht:** *den Realist*), Mehrzahl: *die Realisten.*

recht oder Recht

Als Eigenschaftswort wird *recht* **kleingeschrieben:** *jemandes rechte Hand sein; jemandem gerade recht kommen; das ist mir recht; es ist recht und billig.* Man schreibt dieses Wort jedoch dann **groß,** wenn es als Hauptwort gebraucht wird, z. B.: *nach dem Rechten sehen; etwas Rechtes, nichts Rechtes wissen. Du bist mir der Rechte!*

Das Hauptwort *das Recht* (= Gesamtheit der Gesetze) wird **großgeschrieben:** *nach Recht und Gewissen; von Rechts wegen; Recht sprechen; im Recht sein; etwas besteht zu Recht.* Sowohl groß- als auch kleingeschrieben werden kann in Verbindung mit den Verben *behalten, bekommen, geben, haben, tun,* zum Beispiel *Recht/recht haben; jemandem Recht/recht geben.*

Rechte, der und die

Man beugt das Wort in folgender Weise: *der Rechte, ein Rechter, zwei Rechte, die Rechten, einige Rechte, alle Rechten, solche Rechte* und *solche Rechten, beide Rechten* und seltener auch *beide Rechte; prominentem Rechten, eine Organisation junger Rechter.*

Als Beisatz (Apposition): *mir (dir, ihm) als Rechten* und *mir (dir, ihm) als Rechtem; ihr als Rechten* und *ihr als Rechter.*

rechtens

Man schreibt *rechtens* in allen Verbindungen mit Zeitwörtern **klein:** *Er ist rechtens verurteilt worden.* Also auch bei: *Es ist rechtens, dass ... Die Mieterhöhung war rechtens.*

Rechtsunterzeichnete oder rechts Unterzeichnete, der und die

Siehe »Linksunterzeichnete« und »Unterzeichneter«

Referent

Das Hauptwort *Referent* erhält – außer im Werfall – die Endung *-en: der Referent, des Referenten* (**nicht:** *des Referents*), *dem Referenten* (**nicht:** *dem Referent*), *den Referenten* (**nicht:** *den Referent*), Mehrzahl: *die Referenten.* In der Anschrift ist jedoch auch die ungebeugte Form *Referent* zulässig. *[An] Herrn Referent Meyer* neben *[An] Herrn Referenten Meyer.*

Reihe

1. Eine Reihe Abgeordneter verließ/ verließen den Saal: Im Allgemeinen bezieht man das Zeitwort auf *Reihe* und setzt es in die Einzahl: *Eine Reihe Abgeordneter verließ den Saal.* Bei dem Einbruch wurde *eine Reihe kostbarer Gemälde gestohlen. Eine Reihe Studenten demonstrierte vor dem Gebäude.*

Sprachtipps

Gelegentlich wird das Zeitwort aber nicht auf *Reihe*, sondern auf das Gezählte bezogen und in die Mehrzahl gesetzt (d. h., man konstruiert nach dem Sinn): *Eine Reihe Abgeordneter verließen den Saal. Bei dem Einbruch wurden eine Reihe kostbarer Gemälde gestohlen. Eine Reihe Studenten demonstrierten vor dem Gebäude.* Beides ist richtig.

2. eine Reihe Abgeordneter/Abgeordnete: Üblicherweise steht nach *Reihe* die folgende Angabe im Wesfall: *eine Reihe Abgeordneter; eine Reihe anstehender Fragen.* Es ist jedoch auch möglich, die Angabe, die nach *Reihe* steht, in den gleichen Fall zu setzen, den *Reihe* selbst aufweist, also: *eine Reihe Abgeordnete, eine Reihe anstehende Fragen; von einer Reihe anstehenden Fragen.* Beides ist richtig.

Repräsentant

Das Hauptwort *Repräsentant* erhält – außer im Werfall – die Endung -en: *der Repräsentant, des Repräsentanten* (**nicht:** *des Repräsentants*), *dem Repräsentanten* (**nicht:** *dem Repräsentant*), *den Repräsentanten* (**nicht:** *den Repräsentant*), Mehrzahl: *die Repräsentanten.*

Rest

Die Mehrzahl von *Rest* heißt allgemeinsprachlich *die Reste;* in der Kaufmannssprache ist die Form *die Rester* üblich.

richtig

Man schreibt das Eigenschaftswort **groß,** wenn es als Hauptwort gebraucht wird, z. B.: *das Richtige tun, et-* *was/nichts Richtiges; du bist mir die Richtige!* Dies gilt entsprechend für die folgenden Fälle: *das Richtige* (= richtig) *ist, jetzt zu gehen. Diese Uhr ist genau das Richtige für mich! Wir halten es für das Richtigste* ...

Risiko

Die Mehrzahl von *Risiko* lautet *die Risikos* oder *die Risiken.* Die Form *die Risiken* ist etwas üblicher.

rücksichtslos, rücksichtsvoll

Die beiden Eigenschaftswörter stehen mit den Verhältniswörtern (den Präpositionen) *gegen* und *gegenüber,* nicht mit *zu: Er konnte sehr rücksichtslos gegen sie* oder *ihr gegenüber* (**nicht:** *zu ihr*) *sein. Sie war immer sehr rücksichtsvoll gegen ihn* oder *ihm gegenüber* (**nicht:** *zu ihm*).

Ruf

Nach Ausdrucksweisen wie *der Ruf des Unternehmens; der Ruf von Bürgermeister Meyer* steht gelegentlich eine Ergänzung, die mit *als* angeschlossen wird: *der Ruf des Unternehmens als Lieferant; der Ruf von Bürgermeister Meyer als Vermittler* usw. Dabei ist Folgendes zu beachten:

Der Ruf des Unternehmens als ...: Folgt nach *als* eine Ergänzung mit *der, die, das, ein, eine* usw., dann setzt man diese Ergänzung üblicherweise in den gleichen Fall wie das Wort, auf das sie sich bezieht, also in den Wesfall: *der Ruf des Unternehmens als eines Lieferanten der Bundeswehr.* Folgt die Ergänzung nach *als* ohne vorangehendes *der, die, das* usw., dann steht sie heute üblicherweise im Werfall: *der Ruf des*

Unternehmens als Lieferant der Bundeswehr; sein Ruf als Lieferant der Bundeswehr.

Der Ruf von Bürgermeister Meyer als ...: Ist das Hauptwort, das auf *Ruf* folgt, mit *von* angeschlossen, dann setzt man die mit *als* angeschlossene Ergänzung üblicherweise in den Wemfall: *der Ruf von Bürgermeister Meyer als bedeutendem Kommunalpolitiker / als einem bedeutenden Kommunalpolitiker.* Es ist jedoch auch möglich, diese Ergänzung in den Werfall zu setzen: *der Ruf von Bürgermeister Meyer als bedeutender Kommunalpolitiker.*

rühmen, sich
Bei *sich rühmen als* steht das Hauptwort, das dem *als* folgt, gewöhnlich im Werfall: *Er rühmte sich als großer Schachspieler.* Der Wenfall *(Er rühmte sich als großen Schachspieler)* ist nicht mehr sehr gebräuchlich.

S

Sachverständige, der und die
Man beugt das Wort in folgender Weise: *der Sachverständige, ein Sachverständiger, zwei Sachverständige, die Sachverständigen, einige Sachverständige, alle Sachverständigen, solche Sachverständige* und *solche Sachverständigen, beide Sachverständigen* und seltener auch *beide Sachverständige; genanntem Sachverständigen, die Anhörung kompetenter Sachverständiger.* Als Beisatz (Apposition): *mir (dir, ihm) als Sachverständigen* und *mir (dir, ihm) als Sachverständigem; ihr als Sachverständigen* und *ihr als Sachverständiger.*

sähe oder sehe
Beide Formen sind Möglichkeitsformen (Konjunktive). Die Form *sehe* steht vor allem in der indirekten Rede: *Er fragte sie, was sie sehe.* Auch *sähe* kann in der indirekten Rede auftreten, z. B., wenn die Form *sehe* nicht eindeutig als Möglichkeitsform erkennbar ist: *Sie behaupten einfach, sie sähen* (für nicht eindeutiges *sehen*) *es nicht.* Oder auch, wenn der Sprecher das, was er berichtet, für zweifelhaft hält: *Er sagte zwar, er sähe es nicht[, aber ich glaube es nicht].* Sonst steht *sähe* vor allem in Bedingungssätzen: *Er käme sofort, wenn er eine Möglichkeit sähe, dir zu helfen.*

Samstag oder Sonnabend
Samstag und *Sonnabend* halten sich in ihrer räumlichen Verbreitung etwa die Waage: *Samstag* gehört in den Süden, *Sonnabend* in den Norden des deutschen Sprachgebiets. Allerdings setzt sich *Samstag* auch im Westen und Norden mehr und mehr durch, unterstützt vor allem durch den Sprachgebrauch von Bahn und Post, wo *Samstag* statt *Sonnabend* zur besseren Unterscheidung von *Sonntag* eingeführt wurde.

Samstagabend
Siehe »Dienstagabend«

sämtliche, sämtlicher, sämtliches
Siehe Kasten Seite 560

Sprachtipps

Schwierigkeiten der Beugung bei *sämtliche*

Ein Eigenschaftswort oder Mittelwort der Vergangenheit (2. Partizip), das auf *sämtlicher* usw. folgt, beugt man – auch wenn es als Hauptwort gebraucht wird – in der Einzahl in folgender Weise:

Werfall:

sämtlicher aufgehäufte Sand
sämtliche frische Butter
sämtliches neue Geschirr

Im Wesfall und im Wemfall ist die Beugungsendung -*n* oder -*en*:

der Verbleib sämtlicher frischen Butter
sämtlichen neuen Geschirrs
mit sämtlicher frischen Butter
mit sämtlichem Gebrauchten

Wenfall:

sämtliche frische Butter verbrauchen
sämtlichen aufgehäuften Sand durchsieben

In der Mehrzahl kann die Beugung unterschiedlich sein:

Werfall:

sämtliche neuen Bücher,
auch: *sämtliche neue Bücher*

Wesfall:

sämtlicher neuen Bücher,
auch: *sämtlicher neuer Bücher*

Wemfall:

mit sämtlichen neuen Büchern

Wenfall:

sämtliche neuen Bücher,
auch: *sämtliche neue Bücher*

Sankt

In Heiligennamen und in Ortsnamen steht *Sankt* (abgekürzt: *St.*) ohne Bindestrich vor dem Namen: *Sankt Martin, Sankt Anna, Sankt Gallen*. Die Bezeichnung der Einwohner (bei Ortsnamen mit dem Bestandteil *Sankt*) kann man mit oder ohne Bindestrich schreiben: *Sankt Galler* oder *Sankt-Galler*. Auch die von Ortsnamen gebildeten Formen auf -*er* schreibt man neu mit oder ohne Bindestrich, z. B.: *Sankt Galler Spitzen* oder *Sankt-Galler Spitzen*. Bindestriche müssen aber stehen, wenn ein Heiligenname oder ein Ortsname mit *Sankt* Bestandteil einer Aneinanderreihung ist, z. B.: *Sankt-Marien-Kirche, St.-Marien-Kirche, Sankt-Gotthard-Tunnel*.

schaffen

Das Zeitwort *schaffen* hat verschiedene Bedeutungen und davon abhängend regelmäßige Vergangenheitsformen (*schaffte, geschafft*) oder unregelmäßige (*schuf, geschaffen*). Bei den Bedeutungen »vollbringen, erzielen; arbeiten; an einen Ort bringen« gelten die regelmäßigen Formen: *Sie schafften schließlich den Ausgleich. Sie schafften einen Vertragsabschluss. Sie haben den ganzen Tag eifrig geschafft. Er hat die Kisten in den Keller geschafft.* Hat *schaffen* jedoch die Bedeutungen »schöpferisch, gestaltend hervorbringen; entstehen lassen«, dann sind die unregelmäßigen Formen anzuwenden: *Sie schuf schon früh abstrakte Plastiken. Der Staat hat neue Arbeitsplätze geschaffen.* In einigen

Verbindungen, in denen *schaffen* die Bedeutung »zustande, zuwege bringen; erzeugen« hat, sind sowohl die regelmäßigen als auch die unregelmäßigen Vergangenheitsformen möglich: *Sie schufen/schafften gute Voraussetzungen, neue Stellen, mehr Raum. Die Ereignisse schafften/schufen neue Unruhe. Er hat Klarheit, Ordnung, Ausgleich, Erleichterung, Ersatz, Abhilfe, Ruhe, Frieden geschafft/geschaffen. Das hat nur Verwirrung geschafft/geschaffen.*

schauen oder sehen

Das Wort *schauen* verwenden besonders süddeutsche und österreichische Sprecher anstelle von *sehen: Er schaute* (statt: *sah*) *auf die Uhr. Schau* (statt: *sieh*) *einmal! Du musst schauen* (statt: *sehen*), *dass du bald fertig wirst.* Im Sinn von »wahrnehmen« sagen auch die Süddeutschen und Österreicher *sehen: Ich habe deine Schwester gesehen* (**nicht:** *geschaut*).

scheinen

Das Wort *scheinen* ist ein Zeitwort, dessen Formen unregelmäßig sind: *scheinen, schien, geschienen.* Es muss also heißen: *Die Sonne hat geschienen* (**nicht:** *gescheint*).

Schema

Die Mehrzahl von *das Schema* lautet *die Schemas* oder *die Schemata* (**nicht:** *die Schematas*).

schimpfen

1. jemanden schimpfen: In der Bedeutung »heißen, nennen« steht nach *schimpfen* der Wenfall: *Man schimpfte mich einen Streber.*

2. mit/auf/über jemanden schimpfen: In der Bedeutung »zurechtweisen« steht *schimpfen* standardsprachlich mit den Verhältniswörtern (Präpositionen) *mit, auf* oder *über.* Man verwendet *mit (schimpfen mit jemandem)*, wenn sich der Schimpfende direkt an die betreffende Person wendet: *Schimpf doch nicht mit mir!* Dagegen verwendet man *auf* oder *über*, wenn sich der Schimpfende nicht direkt an die betreffende Person wendet: *Er kam schlecht gelaunt nach Hause und fing an, auf seinen Vorgesetzten* oder *über seinen Vorgesetzten zu schimpfen.* Bezieht sich *schimpfen* jedoch nicht auf eine Person, sondern auf eine Sache, verwendet man meist *über* oder seltener *auf: Sie schimpfte über ihr schlechtes Ergebnis. Er schimpfte lauthals auf das Fernsehprogramm.*

schlimm

Wird das Eigenschaftswort *schlimm* als Hauptwort gebraucht, dann wird es **großgeschrieben:** *Das war das Schlimmste, was passieren konnte. Das ist noch lange nicht das Schlimmste. Er war auf das Schlimmste gefasst. Es ist nichts Schlimmes. Es kam zum Schlimmsten.* Dies gilt entsprechend bei der folgenden Fügung: *Es war das Schlimmste, dass er krank wurde.* Im folgenden Fall ist Groß- oder Kleinschreibung möglich: *Er hat mich aufs Schlimmste/schlimmste enttäuscht.* **Klein** schreibt man dagegen immer: *Es war das schlimmste der Verbrechen.*

Sprachtipps

schmal

Die Steigerungsformen von *schmal* können sowohl *schmaler, schmalste* als auch *schmäler, schmälste* lauten. Die Form *schmalste* wird allerdings gegenüber der Form *schmälste* bevorzugt.

schmerzen

Ist ein Körperteil auslösender Faktor (*die Schulter schmerzt; die Füße schmerzen*), dann steht, falls eine Person genannt ist, diese im Wemfall oder im Wenfall: *Die Schulter schmerzte den* oder *dem Bergsteiger sehr. Die Füße schmerzten die* oder *der Verkäuferin vom langen Stehen.* Bezieht sich *schmerzen* jedoch auf den seelischen Bereich, dann steht die betroffene Person nur im Wenfall: *Der Gedanke an die alte Heimat schmerzte den* (**nicht:** *dem*) *Auswanderer nicht mehr.*

schnellstmöglich

Da das Eigenschaftswort *schnellstmöglich* bereits eine höchste Steigerungsstufe enthält, ist es nicht mehr steigerbar: *Ich bitte um schnellstmögliche* (**nicht:** *schnellstmöglichste*) *Nachricht.*

schön

Wird das Eigenschaftswort *schön* als Hauptwort gebraucht, dann wird es **großgeschrieben:** *Das ist das Schönste, was ich je gesehen habe. Es war wirklich etwas Schönes, nichts Schönes, das Schönste des ganzen Abends. Das war das Schönste an der Sache.* Dies gilt entsprechend bei der folgenden Fügung: *Es wäre das Schönste, wenn wir uns noch einmal sehen könnten.* **Klein** schreibt man dagegen immer: *Sie ist die schönste, schönere seiner Töchter.*

Beide Möglichkeiten der Schreibung gibt es in folgenden Fällen: *Sie ist die schönste* oder *die Schönste der Schönen. Er hat sie alle aufs Schönste/ schönste hereingelegt.*

schreiben

Nach *schreiben auf* kann sowohl der Wemfall (Frage: wo?) als auch der Wenfall (Frage: wohin?) stehen. *Sie schrieb auf blauem Papier* oder *auf blaues Papier.* Wenn aber in dem Satz zusätzlich die Angabe enthalten ist, was geschrieben wird, dann kann nur der Wenfall stehen: *Sie schrieb ihre Adresse auf blaues* (**nicht:** *blauem*) *Papier.*

schuld oder **Schuld**

Das Wort *Schuld* ist ein Hauptwort, das dementsprechend **großgeschrieben** wird: *Es ist meine Schuld. Sie hat keine Schuld. Ihn trifft keine Schuld. Er trägt allein die Schuld.* Dies gilt entsprechend für die folgenden festen Verbindungen *Schuld [an etwas] haben* und *jemandem Schuld [an etwas] geben: Sie hat allein Schuld [daran]. Du kannst ihm nicht Schuld [daran] geben.* **Klein** schreibt man dagegen in der festen Verbindung *schuld [an etwas] sein: Ich bin nicht schuld [daran].*

schützen

Nach *schützen* im Sinne von »Schutz gewähren, vor etwas bewahren« können die Verhältniswörter (Präpositionen) *vor* und *gegen* stehen: *etwas vor* oder *gegen Nässe schützen; das Eigentum vor Übergriffen* oder *gegen Übergriffe schützen.*

Schweizer, schweizerisch

Das Wort *Schweizer* ist zum einen Hauptwort und bedeutet »Einwohner der Schweiz«. Zum anderen ist es ein Eigenschaftswort und bedeutet »aus der Schweiz stammend; die Schweiz betreffend«. Es wird **immer** großgeschrieben: *die Schweizer Uhrenindustrie; Schweizer Banken.* Das Eigenschaftswort *schweizerisch* schreibt man dagegen klein: *die schweizerische Uhrenindustrie; schweizerische Banken.* Nur in Namen wird *schweizerisch* großgeschrieben: *die Schweizerische Eidgenossenschaft.*

sehen

1. sich sehen als: Bei *sich sehen als* steht das Hauptwort, das dem *als* folgt, gewöhnlich im Werfall: *Er sieht sich schon als künftiger Präsident.*

2. sehen oder gesehen: Steht vor dem Zeitwort *sehen* ein anderes Zeitwort in der Grundform (im Infinitiv), dann verwendet man meist die Form *sehen,* selten auch *gesehen: Ich habe das Unglück kommen sehen,* selten: *kommen gesehen.*

sei oder wäre

Beide Formen sind Möglichkeitsformen (Konjunktive). Die Form *sei* steht vor allem in der indirekten Rede: *Sie sagte, sie sei verreist gewesen. Sie fragte, ob er schon in Urlaub sei.* Auch *wäre* kann in der indirekten Rede stehen, und zwar dann, wenn der Sprecher ausdrücken will, dass ihm das, was er berichtet, nicht glaubhaft erscheint: *Sie sagte, sie wäre verreist gewesen.* Sonst steht *wäre* vor allem in Bedingungssätzen: *Wenn ich früher hier gewesen wäre, wäre ein Treffen noch möglich gewesen.*

seid oder seit

Die Form *seid* kommt von *sein: Ihr seid wohl neu hier? Seid pünktlich!* Das Wort *seit* dagegen leitet entweder einen Nebensatz ein *(Seit er die Abteilung leitet, sind alle zufrieden. Seit ich hier bin, geht alles schief.)* oder es gibt einen Zeitpunkt an, an dem etwas begonnen hat: *Ich bin seit gestern krank. Sie ist seit Kurzem wieder hier.*

Seien Sie so gut und ...

Diese Höflichkeitsformel ist **richtig. Falsch** ist: *Sind Sie so gut und ...*

seine

Das besitzanzeigende Fürwort (Possessivpronomen) *seine* schreibt man üblicherweise klein: *seine Freundin, seine Autos.* Man schreibt auch klein, wenn es sich auf ein vorangehendes Hauptwort bezieht: *Das ist nicht mehr mein Problem, sondern das seine* (= sein Problem). Wenn es zum Hauptwort geworden ist, kann man *seine* (entsprechend auch *seinige*) groß- oder kleinschreiben: *Er soll bitte die Sein[ig]en* oder *die sein[ig]en grüßen. Er hatte das Sein[ig]e* oder *das sein[ig]e getan.*

seinetwegen oder wegen ihm

In der Umgangssprache wird statt *seinetwegen* häufig *wegen ihm* gebraucht: *Sie hat wegen ihm ihren Beruf aufgegeben.* Standardsprachlich richtig ist: *Sie hat seinetwegen ihren Beruf aufgegeben.*

Sprachtipps

seinige
Siehe »seine«

seit
Wenn *seit* einen Nebensatz einleitet, trennt man diesen immer durch Komma vom Hauptsatz ab: *Ich fühle mich viel besser, seit ich die Kur gemacht habe.*

Seite
1. Einzahl oder Mehrzahl: Das Hauptwort *Seite* vor Zahlen steht in der Mehrzahl, wenn ihm ein Geschlechtswort (Artikel) vorangeht *(die Seiten),* es steht in der Einzahl, wenn kein Geschlechtswort vorangeht *(Seite).* Es heißt also: *Seite 1–5; Seite 1, 3 und 5,* aber: *die Seiten 1–5; die Seiten 1, 3 und 5.*
   2. Beugung nach *Seite:* Nach dem Wort *Seite* steht das Hauptwort, das von ihm abhängt, im selben Fall wie *Seite* selbst: *30 Seiten bunt bebilderte Angebote; mit 30 Seiten bunt bebilderten Angeboten.* Richtig, aber kaum gebräuchlich ist eine Angabe im Wesfall *(30 Seiten bunt bebilderter Angebote).*

seitens
Das (verwaltungssprachliche) Wort *seitens* steht mit dem Wesfall: *seitens des Betriebes, seitens seiner Familie.* In Verbindung mit *Herr/Frau* + Name bleibt der Name in der Regel ungebeugt, d. h. unverändert; *Herr* bleibt jedoch nicht unverändert: *seitens Frau Meyer,* **aber:** *seitens Herrn Meyer.*
   In den meisten Fällen kann man aber das stilistisch unschöne *seitens* durch *von* ersetzen: *Von dem Betrieb, von seiner Familie wurden ihm Schwie-rigkeiten gemacht. Von Frau Meyer wurden keine Einwände erhoben.* Oftmals ist es noch besser, die Sätze umzuwandeln: *Der Betrieb, seine Familie machte ihm Schwierigkeiten. Frau Meyer erhob keine Einwände.*

selber oder **selbst**
Beide Formen kann man verwenden: *Du hast es doch selbst so gewollt* oder *Du hast es doch selber so gewollt.* Standardsprachlich wird *selbst* bevorzugt.

selbst wenn
Einen Nebensatz, der mit *selbst wenn* eingeleitet ist, trennt man immer durch Komma ab. *Ich tue dies, selbst wenn ich dafür bestraft werde. Selbst wenn das zuträfe, würde ich bei meiner Meinung bleiben.* In der Fügung *selbst wenn* kann vor dem *wenn* ein zusätzliches Komma stehen, wenn die Teile der Fügung nicht als Einheit angesehen werden: *Ich tue dies, selbst[,] wenn ich dafür bestraft würde.*

Selbstständige, der und die
1. Beugung: Man beugt das Wort in folgender Weise: *der Selbstständige, ein Selbstständiger, zwei Selbstständige, die Selbstständigen, einige Selbstständige, alle Selbstständigen, solche Selbstständige* und *solche Selbstständigen, beide Selbstständigen* und seltener auch *beide Selbstständige; genanntem Selbstständigen, eine Anzahl junger Selbstständiger.*
   Als Beisatz (Apposition): *Mir (dir, ihm) als Selbstständigen* und *mir (dir, ihm) als Selbstständigem; ihr als Selbstständigen* und *ihr als Selbstständiger.*

2. Rechtschreibung: Auch die Schreibung *der* oder *die Selbständige* ist möglich.

selten

Der Satz *Das Wetter war selten schön* ist doppeldeutig, denn *selten* kann hier sowohl »nicht oft« als auch »besonders« bedeuten: Das Wetter war meist schlecht. Und: Das Wetter war besonders schön. Diese Doppeldeutigkeit kann man durch eine andere Wortwahl oder eine andere Wortstellung vermeiden: *Selten* (= nicht oft) *war das Wetter schön.* Dagegen: *Es herrschte ein selten* (= besonders) *schönes Wetter.*

senden

Das Zeitwort *senden* hat die Vergangenheitsformen *sendete, hat gesendet* und *sandte, hat gesandt.* In der Bedeutung »schicken« sind beide Formen gebräuchlich, aber die Formen *sandte, hat gesandt* treten häufiger auf: *Ich sandte,* auch: *sendete ihr einen Brief. Ich habe ihr einen Brief gesandt,* auch: *gesendet.* Gleiches gilt für die zusammengesetzten Zeitwörter *absenden, entsenden, übersenden, versenden, zurücksenden* u. a. In der Bedeutung »ausstrahlen« sind (außer in der Schweiz) nur die Formen *sendete, hat gesendet* gebräuchlich: *Die Funker sendeten Peilzeichen. Das Hörspiel wurde gestern gesendet.*

September

Steht *September* im Wesfall, dann ist sowohl die Form mit *-s (des Septembers)* als auch die Form ohne *-s (des September)* richtig. Die Form mit *-s* ist häufiger.

sich

1. Rechtschreibung: Auch in Verbindung mit der (großgeschriebenen) Höflichkeitsanrede *Sie* im Brief schreibt man *sich* **immer** klein: *Wir hoffen, Sie haben sich gut erholt.*

2. sich oder einander: Im heutigen Sprachgebrauch drückt man die wechselseitige Beziehung meist durch *sich* aus. *Einander* wirkt fast immer gehoben. Also z. B.: *Sie lieben sich* (seltener: *einander*) sehr.

3. falsches *sich* statt *uns:* Es heißt: *Meine Frau und ich würden uns* (**nicht:** *sich*) *freuen. Du und ich haben uns* (**nicht:** *sich*) *gut unterhalten.* Erkennbar wird dies, wenn man *wir* hinzufügt: *Meine Frau und ich, wir haben uns gefreut. Du und ich, wir haben uns gut unterhalten.*

4. Er sah die Frau auf sich zustürzen: In Sätzen dieser Art verwendet man in der Regel *sich,* wenn sich das Zeitwort auf die handelnde oder sprechende Person bezieht und ein Verhältniswort (*auf, an, über, nach, mit* usw.) dem fraglichen Fürwort vorangeht: *Er sah die Frau auf sich* (**nicht:** *auf ihn*) *zustürzen.* Geht dagegen kein Verhältniswort (keine Präposition) voran, steht im Wemfall *ihm/ihr/ihnen: Der Polizist sah die Frau ihm* (**nicht:** *sich*) *zulächeln.* Diese Beispiele zeigen, dass es im heutigen Deutsch oftmals nicht möglich ist, unmissverständliche Bezüge herzustellen. In dem Satz *Der Polizist sah die Frau ihm zulächeln* könnte sich *ihm* nicht nur auf das Wort *Polizist,* sondern auch auf eine dritte (männliche) Person beziehen. Das Gleiche gilt für *sich* in einem Satz wie *Er ließ den Bauern für sich arbeiten.*

Sprachtipps

Hier kann der Sinn erst aus dem Textzusammenhang deutlich werden.

Sie

Das Anredefürwort *Sie* (und auch *Ihrer, Ihnen*) schreibt man als Höflichkeitsanrede **immer** groß: *Bleiben Sie alle gesund! Wie geht es Ihnen? Ich harre Ihrer, mein Herr.*

siehe

Nach dem Wort *siehe,* das bei Hinweisen auf Textstellen u. Ä. verwendet wird, kann nur der Wenfall stehen: *Siehe beiliegenden* (**nicht:** *beiliegender*) *Prospekt.*

sitzen

Die zusammengesetzten Vergangenheitsformen von *sitzen* bildet man heute im Allgemeinen mit *haben: Wir haben auf der Bank gesessen. Die Kleine hatte auf ihrem Schoß gesessen.* Im Unterschied dazu ist in Süddeutschland (sowie in Österreich und in der Schweiz) die Bildung dieser Vergangenheitsformen mit *sein* üblich: *Wir sind auf der Bank gesessen. Die Kleine war auf ihrem Schoß gesessen.*

sobald

Einen Nebensatz, der mit *sobald* eingeleitet wird, trennt man immer durch Komma vom Hauptsatz ab: *Sobald sie nach Hause kommt, wollen wir essen. Wir gehen, sobald der Redner fertig ist.*

so bald wie oder so bald als

Nach *so bald* kann *wie* oder *als* stehen. Beides ist richtig. Der Anschluss mit *wie* ist aber häufiger: *Schreibe so bald wie möglich,* seltener: *... als möglich.*

sodass, so dass

1. Rechtschreibung: *Sodass* leitet Nebensätze ein und kann zusammen- oder getrennt geschrieben werden: *Sie war erkrankt, sodass* oder *so dass sie den Vortrag absagen musste.*

2. Komma: Einen Nebensatz, der mit *sodass (so dass)* eingeleitet ist, trennt man immer durch Komma ab; auch *so dass* gilt dabei als Einheit: *Es regnete stark, sodass (so dass) wir die Wanderung absagten.* Bei *so dass* steht aber ein Komma zwischen *so* und *dass,* wenn diese beiden Wörter keine Einheit bilden; *so* bezieht sich dann auf das Zeitwort des Hauptsatzes und das Komma verdeutlicht, dass nur *dass* als Einleitung des Nebensatzes zu verstehen ist: *Es regnete so, dass wir die Wanderung absagen mussten.*

solang, solange

Beide Formen sind richtig. Einen Nebensatz, der mit diesem Bindewort (dieser Konjunktion) eingeleitet wird, trennt man immer durch Komma vom Hauptsatz ab: *Du kannst bleiben, solang du magst. Solange ich noch nicht vollkommen gesund bin, gehe ich nicht zur Arbeit.*

solcher, solche, solches

Siehe Kasten Seite 568 f.

sollen

1. sollen oder gesollt: Steht vor dem Zeitwort *sollen* ein anderes Zeitwort in der Grundform (im Infinitiv), dann verwendet man die Form *sollen* und nicht *gesollt: Er hat kommen sollen* (**nicht:** *gesollt*).

2. doppelte Ausdrucksweise: Man sollte vermeiden, *sollen* zusammen mit anderen Wörtern, die eine Aufforderung ausdrücken, zu gebrauchen. Man sagt also **nicht:** *die Aufforderung, sich in Marsch setzen zu sollen,* **sondern:** *die Aufforderung, sich in Marsch zu setzen.* Auch das Bindewort (die Konjunktion) *damit* zeigt in bestimmten Sätzen bereits an, dass die Aussage eine Aufforderung enthält. Es ist dann überflüssig, noch zusätzlich *sollen* zu verwenden. Also **nicht:** *Sie gab ihm das Geld, damit er seine Schulden bezahlen sollte,* **sondern:** *..., damit er seine Schulden bezahlt.*

sondern
Vor *sondern* steht immer ein Komma. Es spielt dabei keine Rolle, ob *sondern* zwischen Sätzen oder zwischen Satzteilen steht: *Sie kommt nicht heute, sondern morgen. Er zahlte nicht in bar, sondern [er] überwies den Betrag.* Was für *sondern* gilt, gilt auch für *nicht nur ..., sondern auch: Sie wollen nicht nur heute, sondern auch morgen ausgehen.*

sonstig
Ein Eigenschaftswort oder Mittelwort (Partizip), das auf *sonstig* folgt, erhält gewöhnlich die gleichen Endungen wie das Wort *sonstig* selbst: *sonstiges überflüssiges Gepäck, sonstiger angenehmer Zeitvertreib.* Es gibt jedoch Ausnahmen. Im Wemfall der Einzahl: *mit sonstigem neuem,* auch: *neuen Material.* Im Wesfall der Mehrzahl: *die Ausnutzung sonstiger freier,* auch: *freien Tage.*

sooft
Einen Nebensatz, der mit *sooft* eingeleitet wird, trennt man immer durch Komma vom Hauptsatz ab: *Ich freute mich, sooft ich sie sah. Er übernachtete, sooft er hier war, immer bei uns. Sooft ich auch anrief, es war immer besetzt.*

sosehr
Einen Nebensatz, der mit *sosehr* eingeleitet wird, trennt man immer durch Komma vom Hauptsatz ab: *Ich schaffte es nicht, sosehr ich mich bemühte. Er wollte die CD, sosehr sie ihm auch gefiel, wieder umtauschen. Sosehr er auch gekränkt war, er ließ sich nichts anmerken.*

soviel
Einen Nebensatz, der mit *soviel* eingeleitet wird, trennt man **immer** durch Komma ab: *Soviel ich weiß, kommt er morgen. Sie wollen, soviel mir bekannt ist, bauen. Es ging ihr gut, soviel er sah.*

soweit
Einen Nebensatz, der mit *soweit* eingeleitet wird, trennt man immer durch Komma ab: *Soweit ich es beurteilen kann, geht sie bald. Er wird einen Beitrag leisten, soweit ihm dies finanziell möglich ist.*

sowie
1. Komma: Im Sinne von »sobald« leitet *sowie* einen Nebensatz ein, der **immer** durch Komma abgetrennt werden muss: *Sowie er wieder gesund ist, kommt er zu uns zurück. Er kommt, sowie er wieder gesund ist, zu uns zurück.* In der Bedeutung »und, und auch, und

Sprachtipps

Schwierigkeiten der Beugung bei *solche*

1. Beugung von *solche* nach einem Zahlwort:

Nach einem bestimmten oder unbestimmten Zahlwort (*zwei, drei* usw.; *viele, wenige* o.Ä.) behandelt man *solcher* usw. wie ein Eigenschaftswort:

> zwei solche Fehler
> (wie z.B.: *zwei kleine Fehler*)
> mit zwei solchen Fehlern
> (wie z.B.: *mit zwei kleinen Fehlern*)

Richtig, aber selten ist, *solcher* usw. in den Wesfall zu setzen:

> noch zwei solcher Fehler

Nach *ein* und *kein* in der Einzahl behandelt man *solcher* usw. ebenfalls wie ein Eigenschaftswort:

> ein oder kein solcher Fehler
> wegen eines oder keines solchen Fehlers
> mit einem oder keinem solchen Fehler
> für einen oder keinen solchen Fehler

Bei *kein* sind in der Mehrzahl z.T. für die einzelnen Fälle zwei Formen möglich:

> (Werfall:) keine solchen oder solche Pläne
> (Wesfall:) wegen keiner solcher Pläne
> (Wemfall:) mit keinen solchen Plänen
> (Wenfall:) für keine solchen oder solche Pläne

2. Beugung nach *solche*:

a) Die Beugung des auf *solche* folgenden Wortes bereitet oftmals Schwierigkeiten, besonders wenn es sich bei diesem Wort um ein Hauptwort handelt, das auf ein Mittelwort (Partizip) oder Eigenschaftswort zurückzuführen ist wie z.B. *der* oder *die Angestellte* (auf *angestellt*), *das Schöne* (auf *schön*) usw.

Die Formen lauten in der **Einzahl:**

Werfall:
> solcher Angestellter
> solche Angestellte
> solches Schöne

Wesfall:
> die Entlassung solches Angestellten
> die Beschäftigung solcher Angestellten
> die Beseitigung solches Schönen

Wemfall:
> mit solchem Angestellten
> mit solcher Angestellten
> mit solchem Schönen

Wenfall:
> für solchen Angestellten
> für solche Angestellte
> für solches Schöne

In der **Mehrzahl** kommen dagegen z.T. zwei Formen vor:

> (Werfall:) solche Angestellte oder Angestellten
> (Wesfall:) die Entlassung solcher Angestellten
> (Wemfall:) mit solchen Angestellten
> (Wenfall:) für solche Angestellte oder Angestellten

b) Probleme bereiten auch die Formen des Eigenschaftswortes oder Mittelwortes, das nach *solcher* usw. folgt und sich auf ein folgendes Hauptwort bezieht.

Auch hier treten in manchen Fällen zwei Formen auf.

In der **Einzahl:**

Werfall:
> solcher nette Mann
> solche nette Frau
> solches nette Kind

Schwierigkeiten der Beugung bei *solche* (Fortsetzung)

Wesfall:

    die Freundschaft solchen

    netten Mannes

    solcher netten oder *netter Frau*

    solchen netten Kindes

Wemfall:

  mit solchem netten oder *nettem Mann*

  mit solcher netten oder *netter Frau*

  mit solchem netten oder *nettem Kind*

Wenfall:

    für solchen netten Mann

    für solche nette Frau

    für solches nette Kind

In der **Mehrzahl:**

  (Werfall:) *solche netten* (auch: *nette*)

  Männer, Frauen, Kinder

  (Wesfall:) *die Meinung solcher netten*

  (auch: *netter*) *Männer, Frauen, Kinder*

  (Wemfall:) *mit solchen netten*

  Männern, Frauen, Kindern

  (Wenfall:) *für solche netten*

  (auch: *nette*) *Männer, Frauen,*

  Kinder

außerdem« verbindet *sowie* Glieder einer Aufzählung. Vor *sowie* steht in diesem Fall (ähnlich wie bei *und*) kein Komma: *Zeichnungen und Fotos sowie Fotoalben. Seine Eltern und Geschwister waren gekommen sowie die Eltern seiner Frau.*

2. Der Direktor sowie sein Stellvertreter war/waren anwesend: Bei Sätzen dieser Art steht das Zeitwort üblicherweise in der Mehrzahl. Die Einzahl ist jedoch auch möglich und richtig: *Der Direktor sowie sein Stellvertreter waren anwesend,* seltener auch: *war anwesend.* (Das Zeitwort steht aber immer in der Mehrzahl, wenn eines der Hauptwörter in der Mehrzahl steht: *Der Direktor sowie seine Stellvertreter waren anwesend.*)

sowohl – als auch

1. Komma: Wenn *sowohl – als auch* Satzteile verbindet, dann steht vor *als* kein Komma: *Sowohl die Eltern als auch die Kinder waren krank. Die Rede*

überzeugte *sowohl seine Freunde als auch seine Feinde als auch alle anderen Anwesenden.* Ein Komma vor *als auch* setzt man dann, wenn ein Nebensatz vorausgeht: *Er behauptet sowohl, dass er ein guter Stürmer sei, als auch, dass er das Tor hüten könne. Diese Bestimmung gilt sowohl, wenn Gärten neu angelegt, als auch, wenn vorhandene Gärten erweitert werden.*

2. Sowohl seine Frau als auch sein Freund hatte/hatten ihn verlassen: Bei Sätzen dieser Art steht das Zeitwort üblicherweise in der Mehrzahl. Die Einzahl ist jedoch auch möglich und richtig: *Sowohl seine Frau als auch sein Freund hatten ihn verlassen,* seltener auch: *hatte ihn verlassen.* (Das Zeitwort steht aber immer in der Mehrzahl, wenn eines der Hauptwörter in der Mehrzahl steht: *Sowohl seine Frau als auch seine Freunde hatten ihn verlassen.*)

Sprachtipps

spalten
Siehe »gespalten oder gespaltet«

Spekulant
Das Hauptwort *Spekulant* erhält – außer im Werfall – die Endung *-en*: *der Spekulant*, *des Spekulanten* (**nicht:** *des Spekulants*), *dem Spekulanten* (**nicht:** *dem Spekulant*), *den Spekulanten* (**nicht:** *den Spekulant*), Mehrzahl: *die Spekulanten*.

spitze
Ein Eigenschaftswort (im Sinne von »hervorragend, toll«) ist *spitze* in Beispielen wie: *Das war ein spitze Film. Er hat wirklich spitze gespielt. Diese CD ist spitze.*

Start
Die Mehrzahl von *Start* lautet *die Starts*, selten auch *die Starte*.

statt
Siehe »anstatt«

stattfinden
Das Mittelwort der Vergangenheit (2. Partizip) von *stattfinden* (es lautet *stattgefunden*) ist nicht als Beifügung eines Hauptwortes zu verwenden. Also **nicht:** *die stattgefundene Versammlung*, sondern: *die Versammlung, die stattgefunden hat.*

statthaben
Siehe »stattfinden«

Status
Der Wesfall von *Status* lautet *des Status*, die Mehrzahl *die Status* (Aussprache mit langem u).

stehen
Die zusammengesetzten Vergangenheitsformen von *stehen* bildet man heute im Allgemeinen mit *haben*: *Der Wagen hat in der Garage gestanden. Wir hatten unter einem Baum gestanden.* Nur in Süddeutschland sowie in Österreich und in der Schweiz ist die Bildung mit *sein* üblich: *Der Wagen ist in der Garage gestanden. Wir waren unter einem Baum gestanden.*

Stellung
Wenn nach Formulierungen wie *die Stellung des Landes, die Stellung dieses Mannes, die Stellung von Direktor Meyer* eine Beifügung mit *als* folgt (*die Stellung des Landes als Handelspartner, die Stellung dieses Mannes als Politiker* usw.), dann ist zur Beugung dieser Beifügung Folgendes zu beachten: *Die Stellung des Landes als ...:* Folgt nach *als* eine Beifügung mit *der, die, das, ein* usw., dann setzt man diese üblicherweise in den gleichen Fall wie das Wort, auf das sie sich bezieht (hier: *des Landes,* also Wesfall): *Das schadet der Stellung des Landes als des wichtigsten Handelspartners.* Folgt aber die Beifügung nach *als* ohne *der, die, das* usw., so steht sie heute üblicherweise im Werfall: *Das schadet der Stellung des Landes als wichtigster Handelspartner.*
Die Stellung von Direktor Meyer als ...: Ist das Hauptwort, das auf *Stellung* folgt, mit *von* angeschlossen, dann setzt man die auf *als* folgende Beifügung üblicherweise in den Wemfall: *Das gefährdet die Stellung von Direktor Meyer als handelndem Partner / als dem handelnden Partner nicht.*

Rechtschreibung von Straßennamen

1. Großschreibung:

Das erste Wort eines Straßennamens schreibt man groß:

> *Breite Straße*
> *Lange Gasse*

Ebenso schreibt man Eigenschaftswörter und Zahlwörter als Teil von Straßennamen groß, Geschlechtswörter (Artikel) und Verhältniswörter (Präpositionen) jedoch nur, wenn sie am Anfang stehen:

> *In der Mittleren Holdergasse*
> *Am Warmen Damm*
> *An den Drei Pfählen*
> *Weg beim Jäger*

2. Zusammenschreibung:

Zusammen schreibt man Straßennamen aus einem Hauptwort (auch einem Namen) und einem für Straßennamen typischen Wort wie *Straße, Gasse, Weg, Platz, Allee, Ring, Chaussee, Damm, Promenade, Ufer* u. a.:

> *Schlossstraße*
> *Seilergasse*
> *Bismarckplatz*

Zusammen schreibt man auch Straßennamen, bei denen der erste Wortbestandteil ein Ortsname, ein Völkername oder ein Personenname ist, der auf *-er* ausgeht:

> *Marienwerderstraße* (nach der Stadt Marienwerder)
> *Römerwall* (nach dem Volk der Römer)
> *Herderplatz* (nach J. G. Herder)

aber: *Berliner Platz* (vgl. Punkt 3, Getrenntschreibung)

Wenn der erste Wortbestandteil des Straßennamens aus einem ungebeugten Eigenschaftswort besteht, schreibt man ebenfalls zusammen:

> *Altmarkt*
> *Neumarkt*
> *Hochstraße*

3. Getrenntschreibung:

Man schreibt getrennt, wenn es sich bei dem ersten Wortbestandteil des Straßennamens um die Ableitung eines Orts- oder Ländernamens auf *-er* handelt:

> *Berliner Straße*
> *Kalk-Deutzer Straße*

aber: *Herderstraße* (vgl. Punkt 2)

4. Schreibung mit Bindestrich:

Bei einem Straßennamen, dessen erster Bestandteil aus mehreren Wörtern besteht, koppelt man alle Wörter durch Bindestriche durch:

> *Albrecht-Dürer-Straße*
> *John-F.-Kennedy-Platz*
> *Bad-Kissingen-Straße*
> *La-Valeto-Straße*

Aber auch hier kann die Beifügung nach *als* gelegentlich im Werfall folgen: *Das gefährdet die Stellung von Direktor Meyer als handelnder Partner nicht.*

stempeln

In der Bedeutung »jemanden als etwas Bestimmtes kennzeichnen, ihn in eine bestimmte Kategorie einordnen« wird *stempeln* nur mit *zu* (nicht mit *als*) verbunden: *Man hat ihn zum Lügner* (**nicht:** *als Lügner*) *gestempelt.* (Bei *jemanden abstempeln* gibt es allerdings beide Möglichkeiten: *Man hat ihn als Lügner* oder: *zum Lügner abgestempelt.*)

still

Wird das Eigenschaftswort *still* als Hauptwort gebraucht, dann schreibt man es **groß:** *Sie liebte das Stille seines Wesens. Er war schon immer ein ganz Stiller.* Dies gilt entsprechend für die feste Verbindung *im Stillen* (= unbemerkt; bei sich selbst): *Er hat im Stillen die Flucht vorbereitet. Im Stillen fluchte er.* **Klein** schreibt man dagegen immer: *Er ist der stillste der Schüler in der Klasse.*

stolz

Nach *stolz* steht das Verhältniswort (die Präposition) *auf,* nicht *über: Er war stolz auf* (**nicht:** *über*) *sie, seinen Besitz.*

Storno

Es kann *der Storno* oder *das Storno* heißen. Beides ist richtig. Die Mehrzahl lautet *die Storni.*

Straßennamen

Siehe Kasten Seite 571

Student

Das Hauptwort *Student* erhält – außer im Werfall – die Endung *-en: der Student, des Studenten* (**nicht:** *des Studenten, dem Studenten, (nicht: dem Student), den Studenten* (**nicht:** *den Student*), Mehrzahl: *die Studenten.*

T

tadeln

Nach *tadeln* stehen gewöhnlich die Verhältniswörter (Präpositionen) *wegen* oder *für,* selten auch *um ... willen: Man tadelte ihn wegen seiner Faulheit* oder *für seine Faulheit,* selten auch: *um seiner Faulheit willen.*

Tag

Groß schreibt man in Formen wie: *bei Tage, des Tags, über Tag, unter Tage arbeiten, Tag für Tag, von Tag zu Tag, unter Tags* (= den Tag über). Man schreibt jedoch *tags, tagsüber, tags darauf, tagaus, tagein* **klein.**

tagelang oder Tage lang

Man schreibt **klein** und **zusammen,** wenn es sich um das Eigenschaftswort handelt: *tagelanges Warten. Er war tagelang krank.*
Groß und **getrennt** schreibt man nur dann, wenn *Tage* näher bestimmt ist: *mehrere Tage lang: Er war zwei Tage lang krank.*

tagen

Das Mittelwort der Vergangenheit (2. Partizip) von *tagen* (es lautet *getagt*) kann man nicht als Beifügung eines Hauptwortes verwenden. Also **nicht:** *die im April getagte Versammlung,* sondern: *die Versammlung, die im April getagt hat.*

tausend

Klein schreibt man das Zahlwort *tausend* (das immer ungebeugt auftritt): *tausend Nägel; mehr als tausend Nä-*

gel; *an die tausend Nägel; tausend Dank; der dritte Teil von tausend, eins zu tausend. Die Firma kauft nur zehn von tausend. Das Dorf wird tausend [Jahre alt]. Sie zählt bis tausend.* **Groß** schreibt man, wenn das Zahlwort als Hauptwort gebraucht wird (das dann auch in gebeugter Form auftreten kann): *Die Karte mit der Tausend* (= mit der Zahl tausend) *fehlt.* Als Maßangabe für tausend Einheiten: *ein halbes Tausend; drei Exemplare des zweiten Tausends.* Groß- oder Kleinschreibung ist dann richtig, wenn *tausend* unbestimmte (nicht in Ziffern schreibbare) Mengen bezeichnet: *einige Tausend/tausend Nägel* (= Packungen von je tausend Stück). *Die Summe geht in die Tausende/tausende. Viele Tausende/tausende blieben verschwunden. Sie lagerten zu Tausenden/tausenden auf der Wiese. Es geschah trotz des Einsatzes Tausender/tausender Freiwilliger oder von Freiwilligen.*

Teil

Von den beiden Sätzen *ein Teil Äpfel lag auf der Erde* oder *lagen auf der Erde* bevorzugt man im Allgemeinen den ersten mit der Einzahl des Zeitworts (man bezieht es auf *Teil*): *Ein Teil Äpfel lag auf der Erde, ist schon verfault, wurde verkauft.* Gelegentlich bezieht man jedoch das Zeitwort nicht auf *Teil*, sondern auf die genannten Dinge und setzt es in die Mehrzahl (d. h., man konstruiert nach dem Sinn): *Ein Teil [der] Äpfel lagen auf der Erde, sind schon verfault, wurden verkauft.* Beides ist richtig.

teilnehmen

Das Mittelwort der Vergangenheit (2. Partizip) von *teilnehmen* (es lautet *teilgenommen*) kann man nicht als Beifügung eines Hauptwortes verwenden. Also **nicht:** *das an der Versammlung teilgenommene Mitglied,* sondern: *das Mitglied, das an der Versammlung teilgenommen hat.*

teils – teils

1. Komma: Vor dem zweiten *teils* steht **immer** ein Komma, gleichgültig, ob *teils – teils* Satzteile oder Sätze miteinander verbindet: *Sie verbrachten ihre Ferien teils in Frankreich, teils in Italien. Die Schüler waren teils Einheimische, teils kamen sie als Fahrschüler aus den Nachbarorten.*

2. Teils seine Herkunft, teils sein Einfluss hatte/hatten ihm seine Stellung verschafft: Bei Sätzen dieser Art steht das Zeitwort gewöhnlich in der Einzahl, die Mehrzahl ist aber auch möglich: *Teils seine Herkunft, teils sein Einfluss hatte,* selten auch: *hatten ihm seine Stellung verschafft.* (Das Zeitwort steht aber immer in der Mehrzahl, wenn eines der Hauptwörter in der Mehrzahl steht: *Teils seine Herkunft, teils seine Beziehungen hatten ihm seine Stellung verschafft.*)

Thema

Die Mehrzahl von *Thema* lautet *die Themen* oder *die Themata* (**nicht:** *die Themas* oder *die Thematas*).

titulieren

Ein Hauptwort, das mit dem Zeitwort *titulieren* unmittelbar oder durch die Verhältniswörter (Präpositionen) *mit*

oder *als* verbunden ist, bleibt unge-
beugt, d. h. unverändert: *Die Schüler
mussten ihn Herr Doktor, mit Herr
Doktor titulieren. Sie hat mich
»Schurke«, als »Schurke«, mit
»Schurke« tituliert.*

trocken

Wird *trocken* als Hauptwort gebraucht,
so wird es **großgeschrieben:** *Sie war
froh, als sie nach dieser Überfahrt wieder auf dem Trockenen* (= auf trocke-
nem Boden) *stand. Völlig durchnässt
waren sie endlich wieder im Trockenen*
(= an einem trockenen Platz). Dies gilt
entsprechend für die folgenden festen
Verbindungen bzw. Bedeutungen *sein
Schäfchen im Trockenen haben / ins
Trockene bringen; auf dem Trockenen
sein, sitzen* (= nicht mehr weiterkom-
men; erledigt sein; nichts mehr zu trinken haben).

trotz

Nach *trotz* steht heute gewöhnlich der
Wesfall: *Sie gingen trotz des Regens
spazieren; er war trotz aller gegenteiligen Behauptungen unschuldig.* In Süddeutschland, Österreich und der
Schweiz verbinden viele Sprecher *trotz*
mit dem Wemfall: *Sie gingen trotz dem
Regen spazieren.* Der Wemfall anstelle
des Wesfalls ist auch noch dann in Gebrauch, wenn das Hauptwort, das auf
trotz folgt, kein *der, die* oder *das* bei
sich hat: *trotz vielem Abfall* neben:
trotz vielen Abfalls. Ebenfalls steht der
Wemfall, wenn sich der Wesfall eines
Hauptworts in der Mehrzahl nicht vom
Werfall und Wenfall unterscheidet. Es
heißt dann: *trotz Beweisen* (statt: *trotz*

Beweise), *trotz Büchern* (statt: *trotz
Bücher*).

tun

*Sie tut gerade schreiben. Wir tun das
noch bezahlen.* Sätze dieser Art, in die
das Zeitwort *tun* zusätzlich zum eigentlichen Zeitwort *(schreiben, bezahlen)* eingebaut ist, gehören der
Umgangssprache an. Sie sind **nicht
richtig.** Richtig ist nur: *Sie schreibt gerade. Wir bezahlen das noch.*

Tür oder Türe

Richtig ist nur *Tür: Bitte Tür schließen.*

U

übel

Wird das Eigenschaftswort *übel* als
Hauptwort gebraucht, dann wird es
großgeschrieben. *Das war das Übelste,
was uns passieren konnte. Das ist noch
lange nicht das Übelste. Er hat mir viel,
nichts Übles getan.* (Bei der Wendung
etwas ist von, auch *vom Übel* handelt
es sich um das Hauptwort *das Übel,*
das ohnehin großgeschrieben wird.)
Dies gilt entsprechend für *das Übelste:
Dass er dann krank wurde, war das
Übelste dabei.* Klein- oder Großschreibung ist im folgenden Fall möglich: *Er
hat ihn aufs übelste/Übelste belogen.*
Klein schreibt man dagegen immer:
Das ist das übelste seiner Machwerke.

über

1. Kinder über 10 Jahre: Nach *über*
steht in den folgenden Beispielen der
Wenfall: *Der Gesundheitszustand der*

Kinder über 10 Jahre (**nicht:** *über 10 Jahren*) *war im Allgemeinen gut. Die Steuern von Gemeinden über 10 000 Einwohner* (**nicht:** *über 10 000 Einwohnern*) *werden erhöht.* Wenn man *über* nicht als Verhältniswort (Präposition), sondern als Umstandswort (Adverb) im Sinne von »mehr als« gebraucht, hat es keinen Einfluss auf die Beugung des folgenden Hauptworts (*Jahre, Einwohner, Teilnehmer*). Dies kann man daran erkennen, dass man das *über* weglassen kann, ohne den Satz ungrammatisch zu machen: *Wir rechnen mit über* (= mehr als) *100 Teilnehmern.*

2. Gemeinden von über 10 000 Einwohnern: Bei der Konstruktion *von über* + *Zahl* steht das darauf folgende Hauptwort **immer** im Wemfall (der von dem Verhältniswort *von* abhängt): *Gemeinden von über 10 000 Einwohnern* (**nicht:** *von über 10 000 Einwohner*).

über was oder worüber

Vor allem in der Umgangssprache ersetzen viele *worüber* durch *über was: Über was hat er gesprochen? Ich weiß nicht, über was sie gestolpert ist.* Stilistisch besser ist *worüber: Worüber hat er gesprochen? Ich weiß nicht, worüber sie gestolpert ist.*

überdrüssig

Die Verbindung *überdrüssig sein* steht gewöhnlich mit dem Wesfall einer Person oder Sache: *Sie war seiner, des Lebens, ihrer Lügen überdrüssig.* Weniger gehoben klingend, aber seltener im Gebrauch ist die Verbindung mit dem Wenfall, der heute auch richtig ist: *Sie war ihn, das Leben, ihre Lügen überdrüssig.*

üblich

Wird das Eigenschaftswort *üblich* als Hauptwort gebraucht, dann wird es **großgeschrieben:** *Mit der Post kam nur das Übliche. Es geschah im Rahmen des Üblichen, wich nicht vom Üblichen ab. Es ist das Übliche* (= üblich), *dass jeder Sieger einen Preis erhält.*

übrig

Man schreibt dieses Eigenschaftswort, wenn es als Hauptwort gebraucht wird, immer **groß:** *Die Übrigen, alle Übrigen kommen später. Das Übrige, alles Übrige müssen wir später erledigen.* Dies gilt entsprechend für die festen Verbindungen *im Übrigen* (= übrigens, ansonsten, außerdem) und *ein Übriges tun* (= noch etwas darüber hinaus tun).

um was oder worum

Vor allem in der Umgangssprache ersetzen viele *worum* durch *um was: Um was handelt es sich? Ich frage mich, um was sie streiten.* Stilistisch besser ist *worum: Worum handelt es sich? Ich frage mich, worum sie streiten.*

um zu

1. Komma: Vor *um zu* muss ein Komma stehen: *Er kam, um aufzuräumen. Er kam, um bei der Arbeit zu helfen. Er redet, um zu gefallen.*

2. Falscher Anschluss nach *um zu:* Eine Aussage, die mit *um zu* an einen Hauptsatz angeschlossen ist, sollte sich immer auf den Satzgegenstand (das Subjekt) dieses Hauptsatzes beziehen. Dies beachten viele Sprecher nicht. Es entstehen dann stilistisch unschöne Sätze, die oft auch missverständlich oder von unfreiwilliger Komik sind. Nicht möglich ist etwa folgender Satz: *Die Ernährung der Kühe ist nicht gut genug, um ausreichend Milch zu geben.* Der Satzgegenstand des Hauptsatzes, auf den sich die Aussage mit *um zu* beziehen soll, ist hier *die Ernährung (der Kühe)*, gemeint sind aber natürlich *die Kühe* selbst; also muss man anders formulieren, etwa in folgender Weise: *Die Kühe werden nicht gut genug ernährt, um ausreichend Milch zu geben.* Nun ist das Hauptwort *die Kühe* der Satzgegenstand, und die Aussage mit *um zu* bezieht sich inhaltlich darauf. Ein anderes Beispiel: *Der Boden ist nicht gut genug, um gutes Tennis zu spielen.* In diesem Fall könnte die Aussage mit *um zu* so geändert werden, dass sie sich auf den Satzgegenstand des Hauptsatzes bezieht, etwa so: *Der Boden ist nicht gut genug, um gutes Tennisspielen zu ermöglichen.* Ähnlich verhält es sich bei folgendem Beispiel: *Er gab den Kindern reichlich zu essen, um satt zu werden.* Der Satz könnte richtig etwa lauten: *Er gab den Kindern reichlich zu essen, um sie zu sättigen.* Oft ist es auch ratsam, die Konstruktion mit *um zu* aufzugeben und anders zu formulieren: *Er gab den Kindern reichlich zu essen, damit sie satt wurden* oder: *sodass sie satt wurden.* Besondere Vorsicht ist dann geboten, wenn Missverständnisse entstehen können. Ein Satz wie: *Der Vater schickte seinen Sohn, um den Streit zu schlichten* lässt zwei Deutungen zu. Die entsprechenden eindeutigen Formulierungen könnten sein: *Der Vater schickte seinen Sohn, um durch ihn den Streit schlichten zu lassen.* Oder: *Der Vater schickte seinen Sohn, um da-*

durch den Streit zu schlichten. Im ersten Fall schlichtet der Sohn, im zweiten der Vater den Streit.

unbekannt

Das Eigenschaftswort *unbekannt* wird **großgeschrieben,** wenn es als Hauptwort gebraucht wird: *der große Unbekannte; eine Gleichung mit zwei Unbekannten.* **Klein** schreibt man es in der festen Verbindung *nach unbekannt* (=an einen nicht bekannten Ort) *verzogen.* Dies gilt entsprechend für *ein Verfahren gegen unbekannt* (=eine unbekannte Person).

und

1. Vater und Mutter gingen/ging spazieren: Verbindet das *und* Hauptwörter in der Einzahl, dann steht das folgende Zeitwort in der Mehrzahl: *Vater und Mutter gingen* (**nicht:** *ging*) *spazieren. Das Haus, die Scheune und der Stall waren* (**nicht:** *war*) *ein Raub der Flammen.* Bei formelhaften Fügungen wie: *Grund und Boden, Zeit und Geld, Freund und Feind* kann das Zeitwort jedoch sowohl in der Einzahl wie auch in der Mehrzahl stehen: *Grund und Boden durfte* (auch: *durften*) *nicht verkauft werden. Zeit und Geld fehlt* (auch: *fehlen*) *ihm,* ebenso: *Es fehlt* (auch: *fehlen*) *ihm Zeit und Geld.* Bei zwei oder mehr durch *und* verbundenen Grundformen (Infinitiven) setzt man das Zeitwort gewöhnlich in die Einzahl: *Lautes Singen und Lachen war zu hören.*

Ist den Hauptwörtern, die durch *und* verbunden sind, *kein, jeder* oder *mancher* vorangestellt, dann steht das Zeitwort gewöhnlich in der Einzahl (die

Kommasetzung bei *und*

Vor *und* steht in der Regel kein Komma, doch man kann es setzen, um die Gliederung der Satzverbindung deutlich zu machen, wenn *und* selbstständige gleichrangige Sätze verbindet:

Es dauert nur eine halbe Stunde[,] und wir können anfangen.

Wie geht es Anna[,] und wofür hast du dich jetzt entschieden?

Vor *und* muss ein Komma stehen, wenn davor ein Einschub steht:

Claudia, die Älteste, und einer ihrer Brüder waren gekommen.

Wir mussten das Auto stehen lassen, weil die Achse gebrochen war, und zu Fuß nach Hause gehen.

Wenn *und* gleichrangige Nebensätze verbindet, darf kein Komma gesetzt werden:

Er sagt, dass er kommen wolle und dass sie wohl auch dabei sei.

Sie war verspätet, weil das Auto streikte und weil die Straßenbahn Verspätung hatte.

Auch wenn *und* einen Nebensatz einleitet, der von dem nachfolgenden Hauptsatz abhängt, darf kein Komma gesetzt werden:

Ich wünsche mir ein Bild von dir und dass du mich häufig besuchen kommst.

Mehrzahl ist jedoch auch richtig): *Jeder Mann und jede Frau sollte* (seltener: *sollten*) *das wissen. Mancher Lehrer und mancher Schüler lehnt* (seltener: *lehnen*) *das ab.*

2. Kommasetzung: Siehe Kasten

und zwar

Eine genauere Bestimmung, die mit *und zwar* angekündigt wird, trennt man immer durch Komma ab: *Ich werde kommen, und zwar am Samstag. Er war verletzt, und zwar schwer. Ich werde am Sonntag, und zwar schon sehr früh, von hier wegfahren.*

unentgeltlich

Dieses Eigenschaftswort ist nicht von *Geld,* sondern von *Entgelt* abgeleitet.

Man schreibt es daher mit *t: unentgeltlich.*

ungeachtet

Das Verhältniswort (die Präposition) *ungeachtet* kann vor oder seltener auch nach dem abhängigen Hauptwort stehen. Es wird aber immer mit dem Wesfall (**nicht** mit dem Wemfall) verbunden: *ungeachtet aller* (**nicht:** *allen*) *gegenteiliger Erfahrungen* oder seltener: *aller gegenteiligen Erfahrungen ungeachtet.*

ungewiss

Das Eigenschaftswort *ungewiss* wird **großgeschrieben,** wenn es als Hauptwort gebraucht wird: *Die Fahrt ging ins Ungewisse. Sie steigerten es ins Ungewisse.* Dies gilt entsprechend für die festen Verbindungen *im Ungewissen* (= ungewiss, unaufgeklärt) *bleiben, lassen, sein* und *ins Ungewisse* (= planlos, nicht zielstrebig) *leben.*

unklar

Das Eigenschaftswort *unklar* wird **großgeschrieben,** wenn es als Hauptwort gebraucht wird: *Er hasste alles Unklare. Bei ihm gab es nichts Unklares.* Dies gilt entsprechend für die festen Verbindungen *im Unklaren* (= unaufgeklärt) *sein, bleiben, lassen.*

Unkosten

Bei dem Hauptwort *Unkosten* hat die Vorsilbe *Un-* nicht verneinenden Sinn (wie etwa bei den Wörtern *Undank, Unvermögen, Untreue, Ungehorsam*). Die Vorsilbe *Un-* hat hier vielmehr verstärkende Funktion (ähnlich wie bei den Wörtern *Unmenge, Unzahl* u. Ä.). Früher bedeutete *Unkosten* so viel wie »ärgerliche, belastende Kosten«. Heute ist der Bedeutungsunterschied zu *Kosten* nicht mehr sehr groß. Man gebraucht das Wort *Unkosten* jedoch vorwiegend dann, wenn es sich um unvorhergesehene Geldausgaben handelt, die neben den normalen Lebenshaltungskosten entstehen: *Durch seinen Unfall sind ihm erhebliche Unkosten entstanden. Sie hat sich für das Geschenk sehr in Unkosten gestürzt.* In der Geschäftspraxis bezeichnet man oft die Aufwendungen, die zu den Betriebskosten im engeren Sinn hinzukommen, als *Unkosten: Die Reparatur der Büromöbel hat größere Unkosten verursacht. Die Unkosten, die durch den Arbeitsausfall entstanden sind, übernehmen wir.* In der Fachsprache der Betriebswirtschaftslehre ist der Ausdruck *Unkosten* jedoch nicht zulässig, dort gibt es nur *Kosten.*

unrecht oder Unrecht

Das Wort *das Unrecht* ist ein Hauptwort, das dementsprechend **großgeschrieben** wird: *jemandem ein Unrecht tun; im Unrecht sein; sich ins Unrecht setzen; jmdn. zu Unrecht verdächtigen. Ihm ist [ein, viel, großes] Unrecht widerfahren.* Sowohl groß- als auch kleingeschrieben werden kann in Verbindung mit den Verben *behalten, bekommen, geben, haben, tun,* zum Beispiel *Unrecht/unrecht haben; jemandem Unrecht/unrecht tun.*

unten stehend / untenstehend

Man schreibt diese Fügung getrennt oder zusammen. Auch wenn sie hauptwörtlich gebraucht wird, ist Getrennt- oder Zusammenschreibung möglich: *Das unten Stehende / Untenstehende* (= das weiter unten Gesagte) *ist zu beachten; im unten Stehenden / Untenstehenden* (= weiter unten) *die näheren Angaben. Er sollte unten Stehendes / Untenstehendes* (= jedes Folgende) *beachten.*

unter

1. Kinder unter 10 Jahren oder unter 10 Jahre: Nach *unter* steht in den folgenden Beispielen der Wemfall: *Es waren Kinder unter 10 Jahren* (**nicht:** *unter 10 Jahre). Der Gesundheitszustand der Kinder unter 10 Jahren* (**nicht:** *unter 10 Jahre) war im Allgemeinen gut. Die Steuern von Gemeinden unter 10 000 Einwohnern* (**nicht:** *unter 10 000 Einwohner) werden gesenkt.* Anders verhält es sich in Sätzen wie diesen: *Wir rechnen mit unter* (=weniger als) *25 Teilnehmern.* Das Wort *unter* in der Bedeutung »weniger als« ist hier nicht Verhältniswort (Präposition), sondern Umstandswort (Adverb). Es hat daher keinen Einfluss auf die Beugung des folgenden Hauptworts (*Jahre, Einwohner, Teilnehmer*). Dies kann man daran erkennen, dass man das *unter* weglassen kann, ohne den Satz zu zerstören.

2. Gemeinden von unter 10 000 Einwohnern: Bei der Konstruktion *von unter* + Zahl steht das darauffolgende Hauptwort immer im Wemfall (der von dem Verhältniswort *von* abhängt): *Gemeinden von unter 10 000 Einwohnern* (**nicht:** *von unter 10 000 Einwohner*).

unter was oder worunter

Vor allem in der Umgangssprache ersetzen viele *worunter* durch *unter was: Unter was hast du die Briefe gelegt? Er wusste nicht, unter was er suchen sollte.* Stilistisch besser ist *worunter: Worunter hast du die Briefe gelegt? Er wusste nicht, worunter er suchen sollte.*

unterbringen, Unterbringung

Nach *unterbringen in, an, auf* usw. steht der Wemfall (Frage: wo?); der Wenfall (Frage: wohin?) ist nicht üblich: *jemanden in einem* (**nicht:** *in ein*) *Krankenhaus, an einer* (**nicht:** *an eine*) *Schule unterbringen.* Anders als bei *unterbringen* kann nach dem dazugehörenden Hauptwort *Unterbringung* in vielen Fällen sowohl der Wemfall als auch der Wenfall stehen. Es kann heißen *die Unterbringung in einem Krankenhaus* oder auch *in ein Krankenhaus.*

untersagen

Weil das Zeitwort *untersagen* schon verneinenden Sinn hat (=nicht erlauben), darf man einen von ihm abhängenden Satz nicht zusätzlich verneinen. **Nicht richtig** ist darum: *Der Arzt untersagte ihm, keine Zigaretten zu rauchen.* **Richtig:** *Der Arzt untersagte ihm, Zigaretten zu rauchen.*

Unterschied

Die Fügungen *im Unterschied zu* und *zum Unterschied von* sind beide richtig. **Nicht richtig** ist eine Vermischung beider: *im Unterschied von* oder *zum Unterschied zu.* Es heißt also: *Zum Unterschied von* / *im Unterschied zu ihrer Schwester bevorzugt sie dunkle Kleider.*

unterzeichnen

Nach *sich unterzeichnen als* steht das folgende Hauptwort im Werfall: *Er unterzeichnete sich als Regierender Bürgermeister.* Die Verbindung mit dem Wenfall ist veraltet. Also **nicht:** *Er unterzeichnete sich als Regierenden Bürgermeister.*

Unterzeichnete, der und die

Derjenige, der einen Geschäftsbrief unterzeichnet hat, ist der *Unterzeichnete,* (als Frau:) *die Unterzeichnete* oder *der Unterzeichner* (*die Unterzeichnerin*). **Nicht richtig** ist: *der* oder *die Unterzeichnende.*

Siehe auch »Linksunterzeichnete«

unweit

Das Verhältniswort (die Präposition) *unweit* hat heute den Wesfall nach sich: *unweit des Waldes.* Auch bei Ortsnamen darf das s des Wesfalls nicht wegfallen: *unweit Münchens* (**nicht:** *München*).

unzählig

Ein Eigenschaftswort oder Mittelwort (Partizip), das auf *unzählig* folgt, beugt man (auch wenn es als Hauptwort gebraucht wird) in gleicher Weise wie *unzählig* selbst: *unzählige kleine Fehler, unzählige Angestellte, unzählige kleine Mücken; das Leid unzähliger Kranker, das Summen unzähliger kleiner Mücken; mit unzähligen kleinen Mücken.*

V

Variable

Außer im Werfall und im Wenfall erhält das Hauptwort *Variable* in der Regel die Endung *-n: die Variable, der Variablen* (**nicht:** *der Variable*), Mehrzahl: *die Variablen.* Die Endung *-n* kann aber weggelassen werden, wenn *Variable* in der Mehrzahl ohne Geschlechtswort (Artikel) [in Verbindung mit einer Zahl] steht: *zwei Variablen* oder *zwei Variable.*

verbieten

Weil das Zeitwort *verbieten* schon verneinenden Sinn hat (= nicht tun lassen, für nicht erlaubt erklären), darf man einen von ihm abhängenden Satz nicht zusätzlich verneinen. Also **nicht:** *Wir verboten den Kindern, nicht auf der Straße zu spielen.* **Richtig** heißt es: *Wir verboten den Kindern, auf der Straße zu spielen.*

verbieten oder verbitten

Es heißt *etwas verbieten,* aber: *sich etwas verbitten.* **Richtig** ist darum nur: *Ich verbitte mir* (**nicht:** *ich verbiete mir*) *das. Ich habe mir diesen Ton verbeten* (**nicht:** *verboten*).

verborgen

Das Eigenschaftswort *verborgen* wird **großgeschrieben,** wenn es als Hauptwort gebraucht wird: *Gott, der ins Verborgene sieht; nach etwas Verborgenem suchen.* Dies gilt nach den neuen amtlichen Rechtschreibregeln entsprechend für die feste Verbindung *im Verborgenen* (= geheim, unbemerkt): *Das konnte nicht im Verborgenen bleiben. Diese Ordensschwester wirkte lange Zeit im Verborgenen.*

verdienen

Wenn das Zeitwort *verdienen* mit einer Wortgruppe, die die Grundform eines anderen Zeitwortes enthält, verbunden ist (Infinitivgruppe), dann kann man ein Komma setzen, um die Gliederung des Satzes deutlich zu machen oder um Missverständnisse auszuschließen: *Das verdient wirklich[,] hier erwähnt zu werden* oder *Das verdient[,] wirklich hier erwähnt zu werden.* Beides ist richtig.

Verdienst

1. der Verdienst und das Verdienst: Man muss zwischen *Verdienst* als männlichem und als sächlichem Wort unterscheiden. So bedeutet *der Verdienst* »durch eine Tätigkeit erworbenes Einkommen«: *Er ist derzeit ohne irgendeinen Verdienst.* Dagegen bedeutet *das Verdienst* »Leistung, die Anerkennung verdient«: *Ihre Rettung war das Verdienst des Sanitäters.*

2. seine Verdienste als ...: Folgt auf *Verdienste* in der Bedeutung »Leistungen, die Anerkennung verdienen« eine Ergänzung, die mit *als* angeschlossen wird, dann steht diese heute üblicherweise im Werfall: *für seine Verdienste als selbstloser Helfer.* Ist ein Hauptwort, das auf *Verdienste* folgt, mit *von* angeschlossen *(die Verdienste von Doktor Meyer ...)*, dann setzt man die *als*-Ergänzung üblicherweise in den Wemfall: *die Verdienste von Doktor Meyer als selbstlosem Helfer* oder *als einem selbstlosen Helfer.* Es ist jedoch auch möglich, diese Ergänzung in den Werfall zu setzen: *die Verdienste von Doktor Meyer als selbstloser Helfer.*

vereinzelt

Ein Eigenschaftswort oder Mittelwort (Partizip), das auf *vereinzelt* folgt, beugt man (auch wenn es als Hauptwort gebraucht wird) im Allgemeinen in gleicher Weise wie *vereinzelt* selbst: *vereinzelte Geschädigte, vereinzelte alte Gebäude, die Wände vereinzelter alter Gebäude, der Protest vereinzelter Geschädigter* (auch noch: *vereinzelter Geschädigten*), *von vereinzelten Geschädigten, an vereinzelten beschädigten Gebäuden.*

vergewissern, sich

An *sich vergewissern* im Sinne von »sich über jemanden oder etwas Sicherheit, Gewissheit verschaffen« schließt man das abhängige Hauptwort oder Fürwort (Pronomen) gewöhnlich mit dem Wesfall an: *Er wollte sich ihrer, seines Bruders, ihrer Sympa-*

thie vergewissern. Der Anschluss mit dem Verhältniswort (der Präposition) *über* ist auch möglich, aber selten: *Er wollte sich über sie, über seinen Bruder, über ihre Sympathie vergewissern.* Der Anschluss mit *von* ist nicht richtig. Also **nicht:** *Er wollte sich von ihr vergewissern.*

verhindern

Weil das Zeitwort *verhindern* schon verneinenden Sinn hat (= nicht geschehen lassen), darf man einen von ihm abhängenden Satz nicht zusätzlich verneinen. **Nicht richtig** ist darum: *Sie verhinderte, dass er nicht noch mehr trank.* **Richtig** ist: *Sie verhinderte, dass er noch mehr trank.*

verlangen

Wenn das Zeitwort *verlangen* mit einer Wortgruppe, die die Grundform eines anderen Zeitwortes enthält, verbunden ist (Infinitivgruppe), dann kann man ein Komma setzen, um die Gliederung des Satzes deutlich zu machen oder um Missverständnisse auszuschließen: *Sie verlangte ihren Bruder zu sprechen* oder *Sie verlangte, ihren Bruder zu sprechen.* Beides ist richtig.

vermittels, vermittelst

Beide Formen sind richtig; sie stehen mit dem Wesfall: *vermittels* oder *vermittelst eines Rundschreibens.* Stilistisch schöner ist es, stattdessen *mit / mithilfe von* oder *durch* zu verwenden.

Vers

Es heißt: *Vers 1–5; Vers 1, 3 und 5;* aber: *die Verse 1–5; die Verse 1, 3 und 5.* Das Hauptwort *Vers* vor Zahlen steht in der

Mehrzahl, wenn ihm ein Geschlechtswort (Artikel) vorangeht *(die Verse)*, es steht in der Einzahl, wenn kein Geschlechtswort vorangeht *(Vers)*.

verschieden

Wenn man *verschieden* im Sinne von »mehrere, manche« gebraucht, dann erhält das folgende Eigenschaftswort oder Mittelwort (Partizip) – auch wenn es zum Hauptwort geworden ist – in der Regel die gleichen Endungen wie *verschieden* selbst: *verschiedene neue Bücher, verschiedene zwischen den Parteien bestehende Streitpunkte; als Folge verschiedener übereilter privater* (**nicht:** *privaten*) *Vorstöße; mit verschiedenen Delegierten; verschiedenes Bekanntes.* Im Wesfall Mehrzahl tritt jedoch bei Mittelwörtern (Partizipien), die als Hauptwort gebraucht werden, neben dieser Beugungsart auch die Beugung mit -en auf: *der Einspruch verschiedener Abgeordneter* oder *Abgeordneten.*

Versicherte, der und die

Man beugt das Wort in folgender Weise: *der Versicherte, ein Versicherter, zwei Versicherte, die Versicherten, einige Versicherte, alle Versicherten, solche Versicherte* und *solche Versicherten, beide Versicherten* und seltener auch *beide Versicherte; genanntem Versicherten, die Forderung besagter Versicherter.*

Als Beisatz (Apposition): *mir (dir, ihm) als Versicherten* und *mir (dir, ihm) als Versichertem; ihr als Versicherten* und *ihr als Versicherter.*

versprechen

Die Kommasetzung bei dem Zeitwort *versprechen* ist grundsätzlich unabhängig von der Bedeutung geregelt. Wenn *versprechen* mit einer Wortgruppe, die die Grundform eines anderen Zeitwortes enthält (Infinitivgruppe), verbunden ist, kann man ein Komma setzen oder es weglassen: *Sie hat versprochen[,] pünktlich zu sein.* In manchen Sätzen kann es sinnvoll sein, das Komma wegzulassen, um Missverständnisse auszuschließen: *Das Unternehmen verspricht prächtig zu gedeihen.*

verstehen

Wenn das Zeitwort *verstehen* mit einer Wortgruppe, die die Grundform eines anderen Zeitwortes enthält, verbunden ist (Infinitivgruppe), dann kann man ein Komma setzen, um die Gliederung des Satzes deutlich zu machen oder um Missverständnisse auszuschließen: *Er versteht sehr gut, andere zu täuschen* oder: *Er versteht sehr gut andere zu täuschen.*

versuchen

Wenn das Zeitwort *versuchen* mit einer Wortgruppe, die die Grundform eines anderen Zeitwortes enthält, verbunden ist (Infinitivgruppe), dann kann man ein Komma setzen, um die Gliederung des Satzes deutlich zu machen und Missverständnisse auszuschließen: *Er versuchte mehrfach mir zu helfen* oder: *Er versuchte mehrfach, mir zu helfen.* Beides ist richtig.

Vertrauen

An das Hauptwort *Vertrauen* kann man mit den Verhältniswörtern (Präpositionen) *auf*, *in* oder *zu* anschließen (der Anschluss mit *gegen* kommt gelegentlich vor, ist aber nicht üblich): *Sein Vertrauen auf sie, auf ihre Begabung* oder *in sie, in ihre Begabung* oder *zu ihr, zu ihrer Begabung war sehr groß.* Bei der Verbindung *Vertrauen setzen* schließt man nur mit *auf* oder *in* an: *Er setzte sein ganzes Vertrauen auf sie, auf ihre Aussage* oder *in sie, in ihre Aussage.* Bei der Verbindung *Vertrauen haben* schließt man fast nur mit *zu* an: *Er hatte großes Vertrauen zu ihr, zu ihren Fähigkeiten.*

Verwandte, der und die

Man beugt das Wort in folgender Weise: *der Verwandte, ein Verwandter, zwei Verwandte, die Verwandten, einige Verwandte, alle Verwandten, solche Verwandte* und *solche Verwandten, beide Verwandten* und seltener auch *beide Verwandte; besagtem Verwandten, die Namen entfernter Verwandter.*

Als Beisatz (Apposition): *mir (dir, ihm) als Verwandten* und *mir (dir, ihm) als Verwandtem; ihr als Verwandten* und *ihr als Verwandter.*

verweigern

Weil das Zeitwort *verweigern* schon verneinenden Sinn hat (= nicht gewähren, nicht gestatten), darf man einen von ihm abhängenden Satz nicht zusätzlich verneinen. Also **nicht:** *Er verweigerte mir, nicht an der Sitzung teilzunehmen.* **Richtig** heißt es: *Er verweigerte mir, an der Sitzung teilzunehmen.*

verwenden

Das Zeitwort *verwenden* hat die Vergangenheitsformen *verwendete, hat verwendet* und *verwandte, hat verwandt.* In der Bedeutung »benutzen, anwenden« sind beide Formen gebräuchlich: *Er verwendete* oder *verwandte leuchtende Farben. Er hat seine Zeit nutzbringend verwendet* oder *verwandt.* Bei *sich für jemanden, etwas verwenden* mit der Bedeutung »seinen Einfluss für jemanden, etwas geltend machen« sind die Formen *verwandte, hat verwandt* üblicher: *Er hat sich beim Minister für seinen Freund verwandt,* seltener: *verwendet.* Ähnliches gilt für *verwenden* in der veralteten Bedeutung »wegwenden, abwenden«: *Sie verwandte kein Auge von ihm. Er hat keinen Blick von ihr verwandt.*

via

Das Verhältniswort (die Präposition) *via* hat die Bedeutung *über, auf dem Weg über.* Mit ihr gibt man also nicht ein Reiseziel unmittelbar an, sondern nennt nur eine Station auf dem Weg dorthin. Richtig heißt es deshalb: *Er ist via München nach Wien gereist.* Das Verhältniswort kann auch in übertragener Bedeutung stehen: *Er hat uns das via Telefon mitgeteilt.*

viel, viele / vieler, viele, vieles

1. Rechtschreibung: Das Wort *viel* usw. schreibt man **in der Regel klein:** *Das sagen viele; in vielem übereinstimmen; um vieles mehr.* Soll betont werden, dass viele als Hauptwort gebraucht wird, kann auch großgeschrieben werden: *Er hat in Vielem recht behalten. Das Lob der Vielen.*

Sprachtipps

2. viel oder viele: Vor einem Hauptwort, das keine Beifügung hat, heißt es in der Einzahl meistens nur *viel: viel Geld, mit viel Geld.* Auch in der Mehrzahl kommt *viel* häufig vor: *mit viel* oder *mit vielen Fehlern; ohne viel* oder *viele Worte zu verlieren* ... Aber im Wesfall **nur:** *der Lohn vieler Mühen.*

3. Beugung nach *viel* usw.: a) Die Beugung des folgenden Wortes bereitet oftmals dann Schwierigkeiten, wenn es sich bei diesem Wort um ein Hauptwort handelt, das auf ein Eigenschaftswort oder Mittelwort (Partizip) zurückzuführen ist wie z. B. *das Fremde* (auf *fremd*), *der Verwandte* (auf *verwandt*) usw.

In der Einzahl beugt man folgendermaßen: *vieles Fremde, die Vielfalt vieles Fremden, mit vielem Fremden.* In der Mehrzahl treten z. T. zwei Formen auf: *viele Verwandte,* selten: *Verwandten, für viele Verwandte,* selten: *Verwandten.* **b)** Probleme bereiten auch die Formen des Eigenschaftswortes, das nach *viel* (in seiner gebeugten Form, also: *viele, vieles* usw.) folgt und das sich auf ein folgendes Hauptwort bezieht. Überwiegend erhält dieses Eigenschaftswort die gleichen Endungen wie *viel* usw. selbst: *vieler unnötiger Ärger, mit vieler natürlicher Anmut, vielen guten Willen zeigen; viele nette Freunde, mit vielen freundlichen Grüßen.* Ausnahmen gibt es jedoch in der Einzahl, wenn im Wer- oder im Wenfall ein sächliches Hauptwort folgt oder wenn im Wemfall ein männliches oder ein sächliches Hauptwort folgt. Hier lauten die Formen: *vieles überflüssige Zögern* (Wer- und Wenfall); *mit vielem guten Willen; mit vielem überflüssigen Zö-*

gern. In der Mehrzahl stellt der Wesfall eine Ausnahme dar. Hier treten zwei Formen auf: *das Überprüfen vieler freundlicher,* seltener: *freundlichen Zuschriften.* Verwendet man jedoch statt gebeugtem *viele, vieles* usw. die endungslose Form *viel,* hat *viel* keinen Einfluss auf die Beugung des folgenden Eigenschaftswortes: *Viel gutes Reden nutzte nichts (Gutes Reden ...). Viel schöner Schmuck wurde getragen (Schöner Schmuck ...). Mit viel gutem Rat begann er die schwere Aufgabe (Mit gutem Rat ...).*

vieles, was

Ein Nebensatz, der mit dem Wort *vieles* angekündigt ist, wird mit *was* eingeleitet (**nicht** mit *das* oder *welches*): *Es gibt noch vieles, was besprochen werden sollte. Vieles wurde besprochen, was nicht nötig gewesen wäre.*

Viertel

1. Beugung: Steht dieses Wort im Wemfall (Mehrzahl), dann kann man sowohl die gebeugte *(Vierteln)* als auch die ungebeugte Form *(Viertel)* verwenden: *Die Leistung wurde von drei Vierteln* oder *von drei Viertel der Beschäftigten erbracht.*

2. Ein Viertel der Schüler ist/sind krank: Folgt der Angabe *ein Viertel* ein Hauptwort in der Einzahl, dann steht auch das Zeitwort in der Einzahl: *Ein Viertel der Klasse ist krank.* Folgt auf *ein Viertel* ein Hauptwort in der Mehrzahl, dann steht das Zeitwort üblicherweise in der Einzahl, es kann jedoch auch in der Mehrzahl stehen: *Ein Viertel der Schüler ist krank,* seltener: *Ein Viertel der Schüler sind krank.* Wenn allerdings die Bruchzahl in der Mehrzahl steht *(drei Viertel)*, verwendet man beim Zeitwort gewöhnlich ebenfalls die Mehrzahl, und zwar unabhängig davon, ob das Hauptwort, das der Bruchzahl folgt, in der Mehrzahl oder in der Einzahl steht: *Drei Viertel der Klasse / der Schüler sind krank.*

vierteljährig oder vierteljährlich
Das Eigenschaftswort *vierteljährig* drückt eine Zeitdauer aus: *eine vierteljährige* (=drei Monate dauernde) *Reise.* Das Eigenschaftswort *vierteljährlich* drückt eine regelmäßige Wiederholung aus: *seine vierteljährlichen* (=alle drei Monate stattfindenden) *Besuche.*

vierzehntägig oder vierzehntäglich
Das Eigenschaftswort *vierzehntägig* drückt eine Zeitdauer aus: *ein vierzehntägiger* (=14 Tage dauernder) *Urlaub.* Das Eigenschaftswort *vierzehntäglich* drückt dagegen eine regelmäßige Wiederholung aus: *unsere vierzehntäglichen* (=alle 14 Tage stattfindenden) *Zusammenkünfte.* Statt *vierzehntäglich* sagt man auch *zweiwöchentlich.*

Visum
Die Mehrzahl von *Visum* lautet *die Visa* oder auch *die Visen.*

voll
1. voll Menschen / voll von Menschen: Ein Hauptwort, das auf *voll* folgt, kann man auf mehrfache Weise anschließen. Man kann den Wesfall verwenden: *voll der Menschen, voll des Staunens, voll des Weines.* Diese Ausdrucksweise ist jedoch gehoben. Das Hauptwort kann man auch unmittelbar und unverän-

dert an *voll* anschließen: *voll Menschen, voll Geldscheine; voll Staunen, voll Wein.* Am häufigsten ist jedoch der Anschluss mit *von* und dem Wemfall, wobei gelegentlich *von* weggelassen wird: *voll von Menschen, voll von Geldscheinen, voll Geldscheinen; voll von Staunen, voll [von] gutem Wein.*

2. voller Geldscheine: Manche Sprecher verwenden auch die erstarrte Form *voller.* Ein folgendes Hauptwort schließt man unverändert an: *voller Geldscheine, voller Misstrauen, voller Wein.* Tritt eine Beifügung hinzu, verwendet man eher den Wesfall: *voller zerknitterter Geldscheine, voller tiefen Misstrauens.*

3. ein Fass voll guten Weines / voll gutem Wein: Ist *voll* als nachgestellte Beifügung verwendet, steht das folgende Hauptwort im Wesfall oder im Wemfall: *ein Fass voll guten Weines* (Wesfall) oder: *ein Fass voll gutem Wein* (Wemfall). Will man hier mit *von* anschließen, muss man ein Komma setzen: *ein Fass, voll von gutem Wein.*

4. Steigerung: Das Wort *voll* gehört zu den Eigenschaftswörtern, die bereits einen höchsten Grad ausdrücken und deswegen eigentlich nicht mehr steigerbar sind. Trotzdem wird es gelegentlich gesteigert: *vollste Diskretion; zu meiner vollsten Zufriedenheit.* Diese Form sollte man jedoch dann vermeiden, wenn sie den bereits höchsten Grad *voll* nur noch verstärkt. Die Steigerungsformen *(voller, vollste)* sind aber dann zu akzeptieren, wenn der Sprecher die Ausgangsform *voll* nicht als höchsten, sondern nur als einen relativ hohen Grad ansieht. Ein Beispiel: *Das Kino ist heute voller als gestern.*

Der Satz besagt, dass gestern das Kino zwar voll war, aber nicht voll bis auf den letzten Platz, sondern dass einige Plätze leer geblieben waren. Man sieht *voll* hier also nicht als höchste Stufe an, sondern als Stufe, die noch eine Steigerung zulässt. Das Gleiche gilt oft auch für Ausdrucksweisen wie *zu meiner vollsten Zufriedenheit* (z. B. in Zeugnissen). Man will dadurch ausdrücken, dass *zu meiner vollsten Zufriedenheit* der absolut höchste Grad ist, während *zu meiner vollen Zufriedenheit* dann nur einen relativ hohen Grad bezeichnet.

Volumen
Die Mehrzahl von *Volumen* lautet *die Volumen* oder *die Volumina*.

von
1. in Namen: Den Namenszusatz (Adelsprädikat) *von* schreibt man am Satzanfang und in Aneinanderreihungen wie *Von-Humboldt-Straße* groß. Ist *von* jedoch abgekürzt, dann schreibt man es am Satzanfang und in Aneinanderreihungen klein: *v.-Humboldt-Straße. v. Humboldts Leistungen wurden überall anerkannt.*

2. von – an: Anstelle der Verbindung *von – an* gebrauchen manche *von – ab*. In gutem Deutsch sollte man das vermeiden. Also: *von da an* (**nicht:** *ab*), *von Montag an, von frühester Jugend an.*

3. Beugung nach *von*: Nach dem Verhältniswort (der Präposition) *von* steht der Wemfall. Hauptwörter in der Mehrzahl, die von diesem Verhältniswort abhängen, haben daher die Endung *-n* (ausgenommen bei s-Mehr-

zahl: *von den Autos*): *Verkauf von Möbeln, Einsatz von Landesmitteln; das Verzinken von Drähten.*

4. mehrere Verhältniswörter: Das Nebeneinanderstellen mehrerer Verhältniswörter (Präpositionen) sollte man aus stilistischen Gründen nach Möglichkeit vermeiden, besonders dann, wenn es mehr als zwei sind. Denn die verschiedenen ineinander verschachtelten Bezüge erschweren das Verständnis. Außerdem klingen solche Konstruktionen unschön: *der Lärm von mit Eisenstangen beladenen Lkws; das Auftreten von durch Frost verursachten Rissen.* Während man Fügungen mit zwei Verhältniswörtern noch hinnehmen kann, ist das Nebeneinander von drei Verhältniswörtern stilistisch schlecht: *Die Straße wird viel von mit durch Fachkräfte verstautem Baumaterial beladenen Lkws befahren.* Man umschreibt in diesen Fällen besser: *Die Straße wird viel von Lkws befahren, die mit Baumaterial beladen sind, das durch Fachkräfte verstaut wurde.* Üblich sind dagegen die Verbindungen *von über* und *von unter: ein Weg von über zwei Stunden; Städte von unter 100 000 Einwohnern.* Der Wemfall *(Stunden; Einwohnern)* ist von dem Wort *von* abhängig, *über* bzw. *unter* übt keinen Einfluss aus.

5. *von* oder Wesfall: Viele Sprecher verwenden anstelle eines Hauptwortes im Wesfall eine Konstruktion mit dem Verhältniswort *von* (in Verbindung mit einem Hauptwort im Wemfall). Es sind dies Fälle wie: *die Hälfte meines Vermögens* oder *10 % des Gewinns.* Dafür sagt man heute auch: *die Hälfte von meinem Vermögen, 10 % vom Gewinn.*

Noch häufiger ersetzt man den Wesfall durch *von* mit dem Wemfall in Fällen wie: *eine Frau noblen Charakters.* Da dies gehoben klingt, sagt man lieber: *eine Frau von noblem Charakter.* Die Neigung, den Wesfall auch dann durch *von* mit dem Wemfall zu ersetzen, wenn durch den Wesfall ein Besitzverhältnis ausgedrückt wird, ist besonders in der Umgangssprache sehr groß. Dies sollte man aber in der Standardsprache vermeiden. In diesen Fällen heißt es richtig: *das Haus meiner Eltern,* **nicht:** *das Haus von meinen Eltern;* richtig: *das Gefieder der Vögel,* **nicht:** *das Gefieder von den Vögeln.* In einigen Fällen ist aber auch hier die Konstruktion mit *von* üblich und notwendig, nämlich in Verbindung mit einem Zahlwort oder einem Namen: *der Preis von sechs Häusern; die Museen von München* (statt: *Münchens Museen* oder *die Museen Münchens*); *das Auto von Frau Müller* (statt: *Frau Müllers Auto*). Auf die Konstruktion mit *von* weicht man auch dann aus, wenn man die Aneinanderreihung mehrerer voneinander abhängender Hauptwörter im Wesfall vermeiden will: *das Jahr des Todes meines Vaters,* besser: *das Jahr von meines Vaters Tod.*

von was oder wovon

Vor allem in der Umgangssprache ersetzen viele *wovon* durch *von was: Von was lebt er? Ich weiß nicht, von was er lebt.* Stilistisch besser ist *wovon: Wovon lebt er? Ich weiß nicht, wovon er lebt.*

vorangehend

Das Eigenschaftswort *vorangehend* wird **großgeschrieben,** wenn es als Hauptwort gebraucht wird: *Die Vorangehenden* (= die vorangehenden Personen) *verfehlten den Weg. Sie müssen das Vorangehende* (= das Obengesagte) *genau beachten. Alles Vorangehende* (= alle vorangehenden Ausführungen) *ist hiermit hinfällig.* Dies gilt entsprechend in den folgenden Fällen: *Wer Vorangehendes* (= Obiges) *liest, erkennt dies schnell. Das ergibt sich aus Vorangehendem. Das Vorangehende bitte beachten.* Ebenso: *im Vorangehenden* (= weiter oben).

Gleiches gilt für die Wörter *vorausgehend, vorhergehend, vorstehend* u. Ä.

vorausgesetzt

Wird ein Nebensatz mit *vorausgesetzt* angekündigt, dann steht vor und hinter *vorausgesetzt* ein Komma: *Wir wollen baden gehen, vorausgesetzt, die Sonne scheint.* In der Fügung *vorausgesetzt dass* kann vor dem *dass* ein Komma stehen; wird die Fügung aber als Einheit verstanden, kann das Komma auch entfallen: *Wir wollen baden gehen, vorausgesetzt[,] dass die Sonne scheint.*

Vorbeugung

An das Hauptwort *Vorbeugung,* das zu dem Zeitwort *vorbeugen* gebildet ist, kann man die Sache, der vorgebeugt werden soll, nicht im Wesfall anschließen. Also **nicht richtig:** *die Vorbeugung einer Gefahr, einer Krankheit* usw. Möglich ist in solchen Fällen nur ein Anschluss mit *gegen: die Vorbeugung* *gegen eine Gefahr, gegen eine Krankheit* usw.

vorhergehend
Siehe »vorangehend«

vorig
Das Eigenschaftswort *vorig* schreibt man immer **groß,** wenn es als Hauptwort gebraucht wird: *Das Vorige bitte beachten. Das ergibt sich aus Vorigem.* Ebenso: *im Vorigen* (=weiter oben).

vorliegend
Das Eigenschaftswort *vorliegend* schreibt man **groß,** wenn es als Hauptwort gebraucht wird: *Das Vorliegende, alles Vorliegende* (= die vorliegenden, alle vorliegenden Unterlagen) *sorgfältig aufbewahren.* Dies gilt entsprechend für die folgenden Fälle: *Bitte Vorliegendes, das Vorliegende* (=dieses) *beachten.* Ebenso: *im Vorliegenden* (=hier).

Vormittag
Groß schreibt man das Hauptwort: *am Vormittag; eines Vormittags; der gestrige, heutige, morgige Vormittag.* Dies gilt entsprechend in den folgenden Fällen: *gestern, heute, morgen Vormittag; von morgen Vormittag an.*

vormittags
Siehe »mittags«

Vorsitzende, der und die
Man beugt das Wort in folgender Weise: *der Vorsitzende, ein Vorsitzender, zwei Vorsitzende, die Vorsitzenden, einige Vorsitzende, alle Vorsitzenden, solche Vorsitzende* und *solche Vorsitzenden, beide Vorsitzenden* und selte-

ner auch *beide Vorsitzende; besagtem Vorsitzenden, die Forderung besagter Vorsitzender.*

Als Beisatz (Apposition): *mir (dir, ihm) als Vorsitzenden* und *mir (dir, ihm) als Vorsitzendem; ihr als Vorsitzenden* und *ihr als Vorsitzender.*

vorstehend
Siehe »vorangehend«

W

ward oder wart
Die Form *ward* gehört zu *werden,* die Form *wart* dagegen zu *sein.* Die Form *ward* (ich ward; er, sie, es ward) ist kaum noch gebräuchlich, man sagt dafür heute *ich wurde; er, sie, es wurde.* Davon zu unterscheiden ist *ihr wart: Wart ihr gestern im Kino? Während ihr beim Training wart, habe ich eingekauft.*

warnen
Weil das Zeitwort *warnen* schon verneinenden Sinn hat (=raten, etwas nicht zu tun), darf man eine von ihm abhängende Grundform nicht zusätzlich verneinen. **Nicht richtig** ist darum: *Er warnte ihn, nicht zu schnell zu fahren.* **Richtig** ist: *Er warnte ihn, zu schnell zu fahren.*

was für ein oder welcher
In Fragesätzen sind *was für ein* und *welcher* nicht austauschbar, weil man damit nach Unterschiedlichem fragt. Mit *was für ein* wird nach der Beschaffenheit, nach der Art oder dem Merkmal eines Wesens oder Dings gefragt

(als kleine Hilfe: Man antwortet auf eine solche Frage mit *ein*): *Was für einen Rock hast du gekauft? Einen schwarzen. – Was für ein Buch willst du ihm schenken? Einen Krimi. – Was für eine Schule ist das? Eine Grundschule.* In der Mehrzahl heißt es nur *was für* (ohne *ein*): *Was für Blumen sind das? Das sind Lilien* (Antwort ohne *ein*). Auch bei Stoffbezeichnungen heißt es meist nur *was für* (ohne *ein*): *Mit was für Papier arbeitet er? Was für Wein trinkt er am liebsten?* Dagegen fragt *welcher* nach einem einzelnen Wesen oder Ding aus einer jeweiligen Menge; es hat also aussondernden Sinn (als kleine Hilfe: Eine Antwort mit *der, die, das* usw. ist bildbar): *Welches Kleid* (=welches von den Kleidern) *ziehst du an? Das grüne. – Welches Urlaubsziel habt ihr? [Das Urlaubsziel] Tirol.* Die Form *was für welchen* statt *was für einen* (*Er trinkt Wein. Was für welchen?*) ist landschaftlich und sollte deshalb vermieden werden. **Richtig** ist: *Er trinkt Wein. Was für einen?*

weder – noch

1. Komma: Vor *noch* steht kein Komma, wenn *weder – noch* nur Satzteile verbindet: *Weder er noch sie können schwimmen.* Verbindet *weder – noch* Sätze, kann ein Komma gesetzt werden, muss aber nicht: *Er hat ihm weder beruflich geholfen[,] noch hat er seine künstlerischen Anlagen gefördert.* Wird ein Teil der Fügung zwei- oder mehrmals genannt (z. B. *weder er noch sie noch ihre Schwester*), steht zwischen *noch ... noch ...* kein Komma.

2. Weder er noch seine Schwester kann/können schwimmen: Beide Formen sind richtig. Nach *weder – noch* kann das Zeitwort sowohl in der Einzahl als auch in der Mehrzahl stehen, wenn Hauptwörter oder Fürwörter, die nach *weder* und *noch* folgen, in der Einzahl stehen. Steht dieses Hauptwort oder Fürwort in der Mehrzahl, dann hat auch das Zeitwort die Form der Mehrzahl: *Weder er noch seine Schwestern können schwimmen.*

wegen

1. Beugung nach *wegen*: Nach *wegen* steht standardsprachlich der Wesfall, umgangssprachlich auch der Wemfall, wenn das Hauptwort, das von *wegen* abhängt, ein Begleitwort aufweist: *wegen des schlechten Wetters, wegen eines Unfalls; wegen dringender Geschäfte.* Selten wird *wegen* auch nachgestellt: *des Kindes wegen; der Leute wegen,* wobei dann immer der Wesfall steht. Steht das abhängige Hauptwort ohne ein Begleitwort, bleibt es in der Einzahl im Allgemeinen ungebeugt, d. h. unverändert: *wegen Umbau* (statt: *wegen Umbaus*), *wegen Karin, wegen Motorschaden.* In der Mehrzahl weicht man dann auf den Wemfall aus, wenn der Wesfall nicht eindeutig erkennbar ist, sondern mit dem Werfall und dem Wenfall übereinstimmt: *wegen Geschäften* (**nicht:** *Geschäfte;* aber: *wegen dringender Geschäfte*). Den Wemfall setzt man auch dann, wenn man dadurch das Nebeneinanderstehen zweier Hauptwörter im Wesfall vermeiden kann: *wegen meines Bruders neuen Balls, wegen des neuen Balls meines*

Bruders. Dafür: *wegen meines Bruders neuem Ball.*

2. wegen mir oder meinetwegen: Standardsprachlich sagt man heute *meinetwegen: Habt ihr meinetwegen gewartet?* Die Fügung *wegen mir* ist umgangssprachlich.

3. wegen was oder weswegen: Vor allem in der Umgangssprache ersetzen manche Sprecher heute *weswegen* durch *wegen was: Wegen was regst du dich denn so auf?* Diese Verwendungsweise ist stilistisch unschön. Besser ist *weswegen: Weswegen regst du dich denn so auf?*

Weihnachten

1. Geschlecht: Das endungslose Hauptwort *die Weihnacht* tritt gelegentlich neben der üblichen Form *Weihnachten* auf, und zwar vor allem in der religiösen Sprache. Im Allgemeinen fasst man *Weihnachten* heute als ein sächliches Hauptwort in der Einzahl auf: *Hast du ein schönes Weihnachten gehabt?* Es wird jedoch vorwiegend ohne Geschlechtswort (Artikel) verwendet: *Weihnachten ist längst vorbei.* Neben der sächlichen Form in der Einzahl treten zwar noch andere Formen auf, diese sind aber landschaftlich begrenzt. In bestimmten formelhaften Wendungen ist allerdings die Mehrzahl allgemein verbreitet: *Fröhliche Weihnachten! Weiße Weihnachten sind zu erwarten.*

2. an/zu Weihnachten: Der Gebrauch von *an* oder *zu* ist landschaftlich verschieden. Während man besonders in Süddeutschland *an Weihnachten* sagt, ist in Norddeutschland und Österreich *zu Weihnachten* gebräuchlich. Beides ist richtig.

weil

1. Komma: Einen Nebensatz, der mit *weil* eingeleitet ist, muss man immer durch Komma abtrennen: *Ich helfe ihm, weil er mich braucht. Weil sie sich nicht gemeldet hatte, rief ich bei ihr an.* Ist *weil* Teil einer als Einheit empfundenen Fügung (z. B. *aber weil*), steht das Komma nicht direkt vor *weil*, sondern vor dem ersten Wort der Fügung: *Ich hätte gerne daran teilgenommen, aber weil ich krank war, ging es nicht. Ich möchte mich bedanken, besonders weil ihr so fair wart.* Vor *weil* kann ein zusätzliches Komma gesetzt werden, wenn die Teile der Fügung nicht als Einheit gesehen werden: *Sie hatte schon wieder Hunger, vor allem[,] weil das Frühstück so karg gewesen war.*

2. Stellung des Zeitwortes: Die mit *weil* eingeleiteten Sätze sind Nebensätze. Deshalb muss das Zeitwort wie bei allen mit einem Bindewort (einer Konjunktion) eingeleiteten Nebensätzen am Ende stehen: *Ich kann nicht kommen, weil ich keine Zeit habe. Sie war ärgerlich, weil er nicht gekommen war.* Besonders in der gesprochenen Sprache kommt bei nachgestellten *weil*-Sätzen auch die Voranstellung des Zeitwortes vor *(Ich kann nicht kommen, weil ich habe keine Zeit. Sie war ärgerlich, weil er war nicht gekommen.).* Es handelt sich hier meist um Begründungssätze, die sich in der Satzstellung an entsprechende *denn*-Sätze anlehnen *(Ich kann nicht kommen, denn ich habe keine Zeit.).* Standardsprachlich ist die Voranstellung des Zeitwortes in *weil*-Sätzen dennoch nicht richtig.

weitblickend, weit blickend

Will man dieses Wort steigern, dann heißt es entweder *weitblickend, weitblickender, am weitblickendsten,* auch: *weitestblickend* oder *weit blickend, weiter blickend, am weitesten blickend.* Beides ist richtig.

weiter

Man schreibt **groß,** wenn das Eigenschaftswort als Hauptwort gebraucht wird: *Weiteres, das Weitere, alles Weitere, nichts Weiteres.* Dies gilt entsprechend für die Fügungen *im Weiteren, des Weiteren* (= darüber hinaus, im Übrigen). **Klein** oder **groß** schreibt man in den festen Verbindungen *bis auf weiteres/Weiteres* (= vorerst, vorläufig), *ohne weiteres/Weiteres* (= ohne dass es Schwierigkeiten macht).

weiterer, weitere, weiteres

Ein Eigenschaftswort oder Mittelwort (Partizip), das auf *weiterer* usw. folgt, erhält (auch wenn es als Hauptwort gebraucht wird) die gleichen Endungen wie *weiterer* usw. selbst: *weitere intensive Versuche, die Entlassung weiterer [leitender] Angestellter, weitere Reisende, weiteres wichtiges Material.*

weitgehend, weit gehend

Will man dieses Wort steigern, dann heißt es entweder *weitgehend, weitgehender, am weitgehendsten,* auch: *weitestgehend* oder *weit gehend, weiter gehend, am weitesten gehend.* Beides ist richtig.

welcher, welche, welches

1. welches oder welchen: Es heißt im Wesfall *welches,* wenn das folgende Hauptwort die Endung *-[e]n* hat: *Die Aussage welches Zeugen? Die Unterschrift welches Fürsten?* Hat das Hauptwort im Wesfall jedoch die Endung *-[e]s,* kann es sowohl *welches* als auch *welchen* heißen: *Die politischen Verhältnisse welches* oder *welchen Staates? Welches* oder *welchen Kindes Spielzeug?*

2. der oder welcher: Im Allgemeinen wirkt es schwerfällig zu sagen: *die Frau, welche ich getroffen habe ...; das Kind, mit welchem ich sprach ...* In gutem Deutsch verwendet man besser *der, die, das* usw.: *die Frau, die ich getroffen habe ...; das Kind, mit dem ich sprach.* Auf *welcher* usw. weicht man aber dann aus, wenn im Satz sofort das gleichlautende Geschlechtswort (der gleichlautende Artikel) folgt: *das Kind, welches das Spielzeug ...* (**nicht:** *das Kind, das das Spielzeug ...*).

wenden

Das Zeitwort *wenden* hat die Vergangenheitsformen *wendete, hat gewendet* und *wandte, hat gewandt: Sie wandte* oder *wendete kein Auge von dem Kind. Er hat sich an die zuständige Stelle gewandt* oder *gewendet. Ich habe mich gegen diese Vorwürfe gewandt* oder *gewendet.* Wird jedoch die Änderung der Richtung in der Fortbewegung ausgedrückt, dann sind nur die Formen *wendete, gewendet* gebräuchlich: *Ich wendete meinen Wagen. Das Schiff hat gewendet.* Das Gleiche gilt, wenn *wenden* die Bedeutung »umkehren, umdre-

Sprachtipps

hen« hat: *Ich wendete das Kleid. Das Blatt hat sich gewendet.*

wenig

1. Rechtschreibung: Das Wort *wenig* wird im Allgemeinen kleingeschrieben: *dies wenige; einige wenige; weniges genügt; das wenigste, die wenigsten.* Es kann großgeschrieben werden, wenn hervorgehoben werden soll, dass nicht das unbestimmte Zahlwort gemeint ist, z. B.: *Sie freute sich auch über das wenige,* (auch:) *das Wenige* (die wenigen Geschenke).

2. wenig oder wenige: Vor einem Hauptwort, das keine Beifügung hat, heißt es in der Einzahl meistens nur *wenig: wenig Geld, mit wenig Hoffnung.* Auch in der Mehrzahl kommt *wenig* häufig vor: *mit wenig / mit wenigen Aussichten.* Aber im Wesfall der Mehrzahl nur: *das Werk weniger Augenblicke.*

3. Beugung nach *wenig:* Ein Eigenschaftswort oder Mittelwort (Partizip), das auf *wenig* (in seiner gebeugten Form, also: *wenige, weniges* usw.) folgt, erhält (auch wenn es als Hauptwort gebraucht wird) meist die gleichen Endungen wie *wenig* selbst: *weniger echter Schmuck, weniges erlesenes Silber, die Abwesenheit weniger leitender Beamter, wenige Tote.* Eine Ausnahme ist der Wemfall. Folgt hier ein männliches oder sächliches Hauptwort in der Einzahl, lautet die Endung des Eigenschaftswortes nicht *-m,* sondern *-n: mit wenigem guten Willen, nach wenigem kurzen Beraten.* Verwendet man jedoch statt gebeugtem *wenige, weniges* usw. die endungslose Form *wenig,* hat *wenig* keinen Einfluss auf die Beu-

gung des folgenden Eigenschaftswortes: *wenig gutes Essen* (wie: *gutes Essen*); *mit wenig gutem Willen* (wie: *mit gutem Willen*); *wenig treue Freunde* (wie: *treue Freunde*). Mit der endungslosen Form und der Form mit Endung kann man unterschiedliche Aussagen machen: In dem Satz *Er hat wenig erfahrene Mitarbeiter* kann *wenig* eine Beifügung zu *erfahren* sein und bedeutet dann »nicht sehr, in geringem Maße«. Heißt es aber *Er hat wenige erfahrene Mitarbeiter,* dann ist *wenige* eine Beifügung zu *Mitarbeiter.* Es sagt in diesem Fall etwas über die Zahl der Mitarbeiter aus.

weniger als

Wenn die Angabe nach *weniger als* in der Mehrzahl steht, dann kann das zugehörige Zeitwort in der Einzahl oder in der Mehrzahl stehen; die Mehrzahl wird im Allgemeinen bevorzugt: *In dem riesigen Werk wird,* häufiger: *werden weniger als 300 Autos produziert.*

weniges, was

Einen Nebensatz, der mit dem Wort *weniges* angekündigt wird, leitet man mit *was* ein (**nicht** mit *das*): *Auf der Ausstellung gab es nur weniges zu sehen, was bei den Besuchern größeres Interesse fand.*

wenn

Einen Nebensatz, der mit *wenn* eingeleitet ist, trennt man durch Komma ab: *Ich komme, wenn du mich brauchst. Wenn du mich brauchst, komme ich. Ich komme, wenn du mich brauchst, sofort zu dir.* Unvollständige Nebensätze aber, die mit *wenn* eingeleitet sind, wirken oft formelhaft und brauchen dann nicht durch Komma abgetrennt zu werden: *Ich werde wenn möglich kommen. Ich werde wenn nötig eingreifen.* Es ist aber nicht falsch, in diesen Fällen ein Komma zu setzen: *Ich werde, wenn nötig, eingreifen.*

werde oder würde
Beide Formen sind Möglichkeitsformen (Konjunktive) zu dem Zeitwort *werden.* Die Form *werde* steht vor allem in der indirekten Rede: *Sie sagte, sie werde morgen kommen. Sie fragte, ob er morgen kommen werde.* Auch *würde* kann in der indirekten Rede stehen, einmal, wenn *werde* nicht eindeutig als Möglichkeitsform erkennbar ist, d.h., wenn es in dem jeweiligen Satz mit der Wirklichkeitsform (dem Indikativ) übereinstimmt: *Ich sagte, ich würde* (für nicht eindeutiges *werde*) *bald fertig.* Zum andern steht *würde* statt *werde,* wenn dem Sprecher das, was er berichtet, nicht glaubhaft erscheint: *Sie sagte, sie würde morgen kommen.* Sonst steht *würde* vor allem in Bedingungssätzen: *Wenn sie ihn rufen würden, käme er sofort.*

werden oder sein
Es heißt richtig: *Die Mitglieder werden* (**nicht:** *sind*) *gebeten, pünktlich zu erscheinen.*

wert
Nach der Verbindung *wert sein* kann das abhängende Hauptwort oder Fürwort (Pronomen) im Wenfall oder im Wesfall stehen. Es ergeben sich dabei unterschiedliche Bedeutungen: Der Wenfall steht, wenn man ausdrücken

will, dass etwas einen bestimmten Wert hat, dass sich etwas lohnt: *Das Auto ist diesen Preis wert. Die Veranstaltung ist diesen Aufwand nicht wert.* Der Wesfall steht dann, wenn man *wert* in der Bedeutung »würdig« gebraucht: *Das Thema wäre einer näheren Betrachtung wert. Das ist nicht der Erwähnung wert.*

wichtig
Man schreibt das Eigenschaftswort **groß,** wenn es als Hauptwort gebraucht wird, z. B.: *nichts Wichtiges tun; das Wichtigste notieren.* Dies gilt entsprechend für den folgenden Fall: *Es ist das Wichtigste* (= am wichtigsten), *gesund zu sein.*

wider oder wieder
Die Wörter *wider* und *wieder* sollte man nicht miteinander verwechseln. So ist *wider* ein Verhältniswort (eine Präposition) und bedeutet »gegen«. Nach diesem Verhältniswort folgt ein Hauptwort im Wenfall: *wider besseres Wissen, wider alle Vernunft, wider die Gesetze handeln, wider Erwarten.* Demgegenüber ist *wieder* ein Umstandswort (Adverb) und bedeutet »nochmals« oder »zurück zum früheren Zustand«. *Wir fahren wieder nach Italien. Er stand sofort wieder auf.*

widerspiegeln
Die Formen von Gegenwart und Vergangenheit dieses Zeitwortes sind: *spiegelt wider, spiegelte wider* und seltener ebenso: *widerspiegelt, widerspiegelte: Sein Gesicht spiegelt, spiegelte die Freude wider.* Oder: *Sein Gesicht*

widerspiegelt, widerspiegelte die Freude.

wie

1. Komma: Vor *wie* steht kein Komma, wenn nur Wörter miteinander verbunden sind: *Michael ist nicht so stark wie Thomas. Ich bin nicht so begeistert wie er.* Wenn nach *wie* mehrere Erläuterungen folgen, ist die Kommasetzung freigestellt: *In anderen Ländern, wie Chile, Bolivien und Venezuela, ist von dieser Entwicklung noch nichts zu merken.* Oder: *In anderen Ländern wie Chile, Bolivien und Venezuela ist von …* Vor *wie* **muss** ein Komma stehen, wenn nach *wie* ein vollständiger Satz folgt: *Es kam alles so, wie ich es vorausgesagt hatte. Das klingt, wie eine Harfe klingt.* Folgt jedoch ein unvollständiger (oft schon formelhaft wirkender) Nebensatz, braucht man kein Komma zu setzen: *Ich habe wie gesagt keine Zeit.* Oder: *Ich habe, wie gesagt, keine Zeit* (= wie ich schon gesagt habe). Ähnliche Beispiele: *Seine Darlegungen endeten wie folgt: … Er ging wie gewöhnlich um 10 Uhr ins Bett.* Es ist aber nicht falsch, in diesen Fällen ein Komma zu setzen: *Er ging, wie immer, nach dem Essen spazieren.*

2. jemanden wie ein Schurke / einen Schurken behandeln: In einem Satz wie *Er behandelte seinen Gegner wie ein Schurke* steht *Schurke* im gleichen Fall wie *er*; das Wort, auf das sich *Schurke* bezieht, ist hier also *er*. Lautet der Satz aber *Er behandelte seinen Gegner wie einen Schurken*, steht *Schurke* im gleichen Fall wie *sein Gegner*; das Wort, auf das sich *Schurke* bezieht, ist hier also *Gegner*. Welche

Form die richtige ist, hängt davon ab, welchen Bezug man herstellen will.

3. an einem Tag wie jedem anderen / wie jeder andere: Das Satzglied, das nach *wie* folgt, kann entweder im gleichen Fall stehen wie sein Bezugswort: *an einem Tag wie jedem anderen; in Zeiten wie den heutigen* (beide Glieder im Wemfall). Oder aber man sieht dieses Satzglied als eine Verkürzung eines Nebensatzes an, der vollständig etwa lauten würde: *an einem Tag, wie es jeder andere ist; in Zeiten, wie es die heutigen sind.* Deswegen ist auch der Werfall *(wie jeder andere; wie die heutigen)* richtig. Der Werfall muss sogar stehen, wenn das Bezugswort im Wesfall steht und das Glied, das mit *wie* angeschlossen ist, ein persönliches Fürwort (Personalpronomen) oder ein Eigenname ist: *die Verdienste eines Politikers wie er; die Anteilnahme guter Bekannter wie Sie; Ausstellungen großer Maler wie Picasso* (**nicht:** *Picassos*).

wieder

Zusammen mit einem folgenden Zeitwort schreibt man *wieder,* wenn es die Bedeutung »zurück« hat: *jemandem geborgtes Geld wiedergeben; an einen Ort wiederkommen.* Man schreibt auch zusammen, wenn das Zeitwort allein im gegebenen Zusammenhang unüblich wäre: *etwas wiederkäuen, jährlich wiederkehren.* **Getrennt** schreibt man, wenn *wieder* die Bedeutung »erneut, nochmals« hat und das Zeitwort seine eigentliche Bedeutung behält: *Sie hat den Job wieder aufgegeben. Er hat seine Geschichte wieder erzählt.* Eine zusätzliche Hilfe bei Unsicherheiten, ob man nun zusammen- oder getrennt schreiben muss, kann die Betonung sein. Wird nur *wieder* oder nur das Zeitwort betont, ist Zusammenschreibung angezeigt, bei gleichmäßiger Betonung beider Teile aber Getrenntschreibung: *ein Fernsehspiel wiederholen; seine Bücher wiederholen* (=zurückholen). – **Aber:** *Man musste die Polizei wieder* (=nochmals) *holen. Seine Gesundheit ist wiederhergestellt. – Ich habe den Aschenbecher wieder hergestellt. – Es dauerte lange, bis er sein Geld wiederbekam* (=zurückbekam). – *Sie wusste, dass sie die Grippe jedes Jahr wieder bekam* (=erneut bekam).

wie viel / wie viele

1. Rechtschreibung: Man schreibt *wie viel* immer getrennt: *Wie viel kostet das? Ich weiß nicht, wie viel er hat.* Immer getrennt schreibt man auch die gebeugten (d. h. veränderten) Formen *wie viele, wie vieles* usw.: *Mit wie vielen Teilnehmern rechnest du?* Einzige Ausnahme ist die Form *wievielte*, die man zusammenschreibt: *Zum wievielten Mal habe ich das heute schon gesagt?* Das Hauptwort hierzu wird groß- und zusammengeschrieben: *Den Wievielten haben wir heute?*

2. Gebrauch: Man verwendet eher dann die Form *wie viele* (und nicht *wie viel*), wenn man als Antwort eine größere Anzahl erwartet: *Wie viele Autos verlassen täglich das Werk?*

willkommen oder Willkommen

Man schreibt **klein**, wenn es sich um das Eigenschaftswort *willkommen* (z. B. *jemandem willkommen sein; jemanden willkommen heißen*) handelt:

Er sagte: »Herzlich willkommen!« **Groß** schreibt man dagegen, wenn das Wort als Hauptwort gebraucht wird: *Sie rief uns ein herzliches Willkommen zu.*

winken

Es heißt richtig: *Ich habe gewinkt* (**nicht:** *gewunken*). Die Form *gewunken* ist landschaftlich und gilt standardsprachlich als falsch.

Wir hoffen, Ihnen damit gedient zu haben, und grüßen ...

Man kann beide Kommas in diesem Satz auch weglassen: *Wir hoffen Ihnen damit gedient zu haben und grüßen ...* Man darf allerdings nicht nur das Komma vor dem *und* weglassen; wenn man sich für ein Komma nach *hoffen* entscheidet, muss auch vor dem *und* eines stehen.

wir und sie (Mehrzahl)

Wir und sie (=wir) *haben uns* (**nicht:** *sich*) *gefreut.*

wissen

1. Komma: Wenn das Zeitwort *wissen* mit einer Wortgruppe, die die Grundform eines anderen Zeitwortes enthält, verbunden ist (Infinitivgruppe), dann ist ein Komma nicht sinnvoll: *Sie weiß sich zu beherrschen.* Tritt zu *wissen* eine nähere Bestimmung, dann kann man ein Komma setzen, um die Gliederung des Satzes deutlich zu machen. Man kann aber auch hier auf das Komma verzichten: *Sie weiß wohl[,] sich zu beherrschen.*

2. wissen von / wissen um: Beide Formen sind richtig. Man kann sowohl sagen: *Ich weiß von den Schwierigkeiten* als auch: *Ich weiß um die Schwierigkeiten.* Der Anschluss mit *um* wirkt jedoch gehoben.

Wissen

Die beiden Fügungen *meines Wissens* und *meinem Wissen nach* (oder: *nach meinem Wissen*) vermischen viele Sprecher fälschlich miteinander zu *meines Wissens nach*. **Richtig** ist aber nur: *Der Fall verhält sich meines Wissens anders. Der Fall verhält sich meinem Wissen nach anders.* (Oder: *Der Fall verhält sich nach meinem Wissen anders.*) Aber **nicht richtig:** *Der Fall verhält sich meines Wissens nach anders.*

wo

1. Komma: Einen Nebensatz, der mit *wo* eingeleitet ist, trennt man durch Komma ab: *Er wusste nicht, wo es lag. Wo er war, konnte er nur ahnen.* Unvollständige Nebensätze aber, die mit *wo* eingeleitet sind, wirken gelegentlich formelhaft, und man braucht sie dann nicht durch Komma abzutrennen: *Er wird uns wo möglich* (= wo es möglich ist) *helfen. Die Bilder sind wo nötig mit Erläuterungen versehen.* Es ist aber nicht falsch, in diesen Fällen ein Komma zu setzen: *Er wird uns, wo möglich, helfen.*

2. Abtrennung von *wo* bei zusammengesetzten Wörtern wie *wobei, wofür, wovon* usw.: Besonders in der norddeutschen Umgangssprache kommt diese Trennung häufig vor. Sie ist standardsprachlich **falsch.** Es muss also heißen: *Es war etwas, wobei er sich nichts gedacht hatte* (**nicht:** ... *wo er sich nichts bei gedacht hatte*). *Etwas,*

wofür er nichts konnte (**nicht:** ... *wo er nichts für konnte*). *Etwas, wonach er sich sehnt* (**nicht:** ... *wo er sich nach sehnt*).

3. Der Raum, wo ..., der Augenblick, wo ...: Mit *wo,* das einen Nebensatz einleitet, stellt man meist einen räumlichen Bezug her: *Das war der Raum, das Haus, die Stadt, wo er ihm zum ersten Mal begegnet war. Dort, wo er zu Hause ist, kennt man dies nicht.* Mit *wo* in dieser Funktion kann man aber auch einen zeitlichen Bezug herstellen: *Es geschah in dem Augenblick, wo er sich umdrehte.* Nicht möglich hingegen ist ein Anschluss mit *wo,* wenn man einen unmittelbaren Bezug zu Personen oder Dingen herstellen will: Also **nicht:** *der Mann, wo ...,* sondern nur: *der Mann, der vorhin vorbeiging.* **Nicht:** *das Geld, wo ...,* sondern nur: *das Geld, das auf der Bank liegt.*

4. Falsches *wo* anstelle von *als:* In landschaftlicher Umgangssprache ersetzen viele Sprecher bei zeitlichem Bezug *als* durch *wo.* Dieser Gebrauch von *wo* ist **nicht richtig.** Es muss also heißen: *Das hat er nur getan, als* (**nicht:** *wo*) *er noch klein war. Es war damals, als* (**nicht:** *wo*) *wir gerade in Urlaub fahren wollten.*

wollen

1. wollen oder gewollt: Das Mittelwort der Vergangenheit (2. Partizip) von *wollen* heißt *gewollt: Er hat es nicht gewollt. Er hat nur das Beste gewollt.* Wenn aber das Zeitwort *wollen* in Verbindung mit einem anderen Zeitwort auftritt, das in der Grundform (im Infinitiv) steht, so verwendet man nicht *gewollt,* sondern *wollen: Er hat es nicht* *nehmen wollen.* **Nicht:** *Er hat es nicht nehmen gewollt.*

2. Doppelte Ausdrucksweise: Man sollte vermeiden, *wollen* in Verbindung mit anderen Wörtern zu gebrauchen, die (ebenso wie *wollen* selbst) einen Wunsch, eine Absicht o. Ä. ausdrücken. Es heißt also **nicht:** *Er hatte den Wunsch, dorthin reisen zu wollen.* Sondern **richtig:** *Er hatte den Wunsch, dorthin zu reisen.* (Oder auch: *Er wollte gern dorthin reisen.*)

wünschen

Wenn das Zeitwort *wünschen* mit einer Wortgruppe, die die Grundform eines anderen Zeitwortes enthält, verbunden ist (Infinitivgruppe), dann kann man ein Komma setzen, um die Gliederung des Satzes deutlich zu machen oder um Missverständnisse auszuschließen: *Er wünscht sehnlichst an der Fahrt teilzunehmen.* Oder: *Er wünscht sehnlichst, an der Fahrt teilzunehmen.* Beides ist richtig.

Z

Zahl
Siehe »Anzahl«

Zahl oder Ziffer

Im allgemeinen Sprachgebrauch verwenden viele Sprecher *Zahl* und *Ziffer* häufig unterschiedslos, obwohl die Wörter verschiedene Bedeutungen haben. Die Ziffern sind die grafischen Zeichen zur schriftlichen Fixierung der Zahleninhalte, d. h. der durch die Zahlen *1, 2, … 9* und *0* ausgedrückten Werte. Dabei werden die Ziffern *1, 2, …*

9 im Textzusammenhang gleichzeitig zu den Zahlen *1, 2, … 9.* Höhere Zahlen gibt man schriftlich durch Aneinanderreihung mehrerer Ziffern wieder. Die Jahreszahl *1965* etwa ist eine Zahl aus den Ziffern *1, 9, 6* und *5.* Bei einer Adresse bedeutet die Hausnummer *386* eine Zahl aus den Ziffern *3, 8* und *6.* Es gibt jedoch Bildungen, wie z. B. *Sterblichkeitsziffer, Kennziffer, Zifferblatt, sich beziffern auf,* denen *Ziffer* in der Bedeutung »Zahl« zugrunde liegt.

Zahlen und Ziffern

1. Schreibung von Zahlen in Ziffern oder in Buchstaben: Grundsätzlich kann man Zahlen sowohl in Ziffern als auch in Buchstaben schreiben: *Sie haben 4* (oder: *vier*) *Kinder. Er kommt um 4* (oder: *vier*) *Uhr.* In Statistiken, in technischen und wissenschaftlichen Texten z. B. ist es jedoch üblich, Zahlen in Ziffern zu schreiben, wenn die Zahlen ins Auge springen sollen.

2. Zusammen- oder Getrenntschreibung oder Bindestrich: In Wörtern angegebene Zahlen, die unter einer Million liegen, schreibt man zusammen; Angaben über einer Million schreibt man dagegen getrennt: *neunzehnhundertfünfundsechzig,* (aber:) *zwei Millionen dreitausendvierhundertneunzehn.* Zusammen schreibt man Ableitungen, die eine Zahl enthalten, unabhängig davon, ob die Zahl in Buchstaben oder in Ziffern geschrieben ist: *ein neunundfünfziger* oder *59er-Wein, 131er, ver-307fachen.* Zusammensetzungen, die eine Zahl enthalten, schreibt man mit Bindestrich: *8-Tonner* oder *Achttonner, 4-Kanteisen, 14-karätig.* Der Wortbestandteil *-fach* kann mit oder ohne

Sprachtipps

Bindestrich an die Zahl angehängt werden: *8fach* oder *8-fach* (bei der Schreibung der Zahl in Buchstaben aber nur ohne Bindestrich: *achtfach*). Aneinanderreihungen von Wörtern mit Zahlen (in Ziffern) werden durch Bindestriche verbunden: *56-Cent-Briefmarke, 3/4-Liter-Flasche, 2-kg-Dose, 70-PS-Motor, 5 000-m-Lauf, 3-Meter-Brett, 4 × 100-m-Staffel.* Dagegen schreibt man zusammen, wenn die Zahlen in Buchstaben geschrieben werden: *Dreikaiserbündnis, Zehncentmarke.*

zahllos
Ein Eigenschaftswort oder Mittelwort (Partizip), das auf *zahllos* folgt, beugt man (auch wenn es als Hauptwort gebraucht wird) in gleicher Weise wie *zahllos* selbst: *zahllose wertvolle Gegenstände, in zahllosen grafischen Darstellungen.* Nur im Wesfall ist gelegentlich noch eine zweite Form gebräuchlich: *die Herstellung zahlloser grafischer Darstellungen,* selten auch: *die Herstellung zahlloser grafischen Darstellungen.*

zahlreich
Siehe »zahllos«

zeigen, sich
1. sich zeigen als: Bei *sich zeigen als* steht das Hauptwort, das dem *als* folgt, heute gewöhnlich im Werfall: *Er zeigte sich als genialer Regisseur.* Der Wenfall *(Er zeigte sich als genialen Regisseur)* ist veraltet.
    2. Gebrauch des Mittelworts: Das Mittelwort der Vergangenheit (2. Partizip) von *sich zeigen* (es lautet *gezeigt*) ist nicht als Beifügung eines Haupt-

wortes zu verwenden. Also **nicht:** *die sich als Künstlerin gezeigte Frau,* **sondern:** *die Frau, die sich als Künstlerin gezeigt hat.*

Zeit lang
In der Verbindung *eine Zeit lang / eine Zeitlang* kann man getrennt oder zusammenschreiben: *Er war eine Zeit lang/Zeitlang krank.* In den folgenden Fällen ist dagegen nur Getrenntschreibung möglich: *einige Zeit lang, eine kurze Zeit lang.*

Zeitlauf
Die Mehrzahl von *Zeitlauf* heißt *die Zeitläufte* oder *die Zeitläufe.* Die Form *die Zeitläufte* ist üblicher.

zu
1. Schreibung von zusammengesetzten Zeitwörtern in der mit *zu* erweiterten Grundform: Wenn die Grundform (der Infinitiv) von zusammengesetzten Zeitwörtern wie *einkaufen, zurückkommen* oder auch *zumuten, zusehen* usw. durch *zu* erweitert wird, dann schreibt man diese erweiterte Form auch in einem Wort: *einzukaufen, zurückzukommen* und auch *zuzumuten, zuzuschauen* usw. Also: *Ich bitte Sie, für ihn einzukaufen. Das ist ihm nicht zuzumuten* usw. Zu beachten ist, dass eine Fügung, die nicht zusammengeschrieben wird (z. B. *jemandem etwas deutlich machen*), auch nicht bei der Erweiterung mit *zu* zusammengeschrieben werden darf: *Er bat mich, ihm das noch einmal deutlich zu machen. Er forderte mich auf, mit ihm spazieren zu gehen.*
    2. Falsch gebildete Formen von *zu*: Das Wort *zu* in der Bedeutung »ge-

schlossen, nicht geöffnet« kann man nicht wie ein Eigenschaftswort gebrauchen oder beugen, es ist unveränderbar. Gebeugte Formen wie *die zue* oder *zune Flasche, ein zues* oder *zunes Fenster* sind umgangssprachlich und standardsprachlich **falsch.**

zu Hause

Die Fügung kann getrennt oder zusammengeschrieben werden, in jedem Fall aber mit kleinem *zu: zu Hause* oder *zuhause. Ich bin zu Hause* oder *zuhause. Zu Hause* oder *zuhause ist es doch am schönsten. Sie hielt es zu Hause* oder *zuhause nicht mehr aus.*

Zusammen und **groß** schreibt man das Hauptwort *das Zuhause* (Frage: was?): *Das ist mein Zuhause. Sie hat ein schönes Zuhause.*

zu was oder wozu

Vor allem in der Umgangssprache ersetzen viele *wozu* durch *zu was: Zu was brauchst du das Geld? Er fragt sich, zu was das taugt.* Stilistisch besser ist *wozu: Wozu brauchst du das Geld? Er fragt sich, wozu das taugt.*

zu zweien, zu zweit

Man kann sowohl *zu zweien (zu dreien, zu vieren)* als auch *zu zweit (zu dritt, zu viert)* sagen. Allerdings unterscheiden sich beide Formen meist in der Bedeutung. Gewöhnlich gebraucht man *zu zweien,* wenn von einer Einteilung einer größeren Anzahl in Gruppen zu je zwei die Rede ist: *Ihr müsst euch zu zweien aufstellen.* Soll dagegen nur die Gesamtzahl genannt werden, so gebraucht man gewöhnlich *zu zweit: Al-*
lein geht es nicht, aber zu zweit oder zu dritt schafft man es leicht.

zugrunde, zu Grunde

Man kann *zugrunde* auch auseinanderschreiben: *zu Grunde.* Von einem folgenden Zeitwort wird es immer **getrennt** geschrieben: *Das Reich musste zugrunde / zu Grunde gehen. Sie wurden zugrunde / zu Grunde gerichtet. Etwas anderes scheint zugrunde / zu Grunde zu liegen.* Dies gilt auch in Verbindung mit einem Mittelwort (Partizip) als Beifügung zu einem Hauptwort: *die zugrunde / zu Grunde liegenden Texte; zugrunde / zu Grunde gerichtete Familien; die zugrunde / zu Grunde zu legende Wohnfläche.*

zugunsten, zu Gunsten

1. Rechtschreibung: Man kann *zugunsten* auch auseinanderschreiben: *zu Gunsten.*

2. Beugung: Das Verhältniswort (die Präposition) *zugunsten* kann vor oder nach dem Hauptwort oder Fürwort (Pronomen) stehen. Bei Voranstellung steht es mit dem Wesfall: *zugunsten bedürftiger Kinder.* Ist *zugunsten* nachgestellt, dann steht es mit dem Wemfall. Diese Nachstellung ist jedoch selten: *bedürftigen Kindern zugunsten.* Als Umstandswort (Adverb) steht *zugunsten* mit *von* und dem Wemfall: *zugunsten von bedürftigen Kindern.*

zum Beispiel (z. B.)

Die Fügung *zum Beispiel* kann ohne Komma in den Ablauf eines Satzes einbezogen sein oder auch an dessen Spitze stehen: *Ich sehe sie zum Beispiel oft auf der Straße beim Einkaufen.*

Sprachtipps

Oder: *Zum Beispiel sehe ich sie oft auf der Straße beim Einkaufen.* Wenn aber *zum Beispiel* eine nachgestellte nähere Bestimmung einleitet, dann steht **vor** *zum Beispiel* **immer** ein Komma: *Ich sehe sie oft auf der Straße, z. B. beim Einkaufen. Ich sehe sie oft, z. B. beim Einkaufen, auf der Straße. Er hat die Rolle schon überall, z. B. in Paris und in New York, gespielt und gesungen. Manches stört mich an ihm, z. B. hat er schlechte Manieren.* Wenn in solchen Fällen *zum Beispiel* in Verbindung mit einem Bindewort (einer Konjunktion wie *als, dass, wenn* o. Ä.) einen Nebensatz einleitet, dann steht unmittelbar nach *zum Beispiel* gewöhnlich auch ein Komma, es muss aber nicht stehen: *Ich sehe sie oft auf der Straße, z. B., wenn sie einkaufen geht.* Oder als einheitliche Fügung ohne Komma: *Ich sehe sie oft auf der Straße, z. B. wenn sie einkaufen geht.*

zumal

Wenn *zumal* einen Zusatz (sei es ein Satzteil oder ein ganzer Satz) einleitet, so trennt man diesen Zusatz durch Komma ab: *Er isst sehr gerne Obst, zumal Äpfel. Er isst Obst, zumal Äpfel, sehr gerne. Er isst Obst sehr gerne, zumal Äpfel liebt er besonders.* Gelegentlich kann die Kommasetzung bei einem Satzteil, der mit *zumal* eingeleitet ist, unterbleiben, nämlich wenn dieser Satzteil in den Ablauf des Satzes einbezogen werden kann und nicht als Zusatz aufgefasst wird. Als Zusatz mit Kommasetzung: *Er isst Obst, zumal am Abend, sehr gerne.* In den Ablauf des Satzes einbezogen ohne Kommasetzung: *Er isst Obst zumal am Abend sehr gerne.*

Mit *da* und *wenn* bildet *zumal* Fügungen, die als Einheit empfunden werden können. Zwischen *zumal* und *da* bzw. *zumal* und *wenn* steht dann kein Komma. Es kann aber auch nach *zumal* und vor *da* oder *wenn* ein Komma stehen. Die mit *zumal da* oder *zumal wenn* eingeleiteten Nebensätze trennt man stets durch Komma ab: *Sie kann ihn nicht ausstehen, zumal[,] wenn er betrunken ist. Ich kann es ihm nicht abschlagen, zumal[,] da er immer so gefällig ist.* Bei solchen Sätzen kann man *da* im Unterschied zu *wenn* auch weglassen: *Ich kann es ihm nicht abschlagen, zumal er immer so gefällig ist.*

zumindest / mindestens / zum Mindesten

Im Sinne von »wenigstens« kann man sowohl *zumindest* als auch *mindestens*, seltener auch *zum Mindesten* gebrauchen: *Du hättest mir die Sache zumindest* oder *mindestens* oder auch *zum Mindesten andeuten müssen.* **Falsch** hingegen ist die Mischform *zumindestens.*

zurecht oder zu Recht

Die Form *zurecht* tritt nur in Zusammensetzungen auf, z. B.: *Er hat sich nicht mehr zurechtgefunden. Ich werde schon zurechtkommen. Sie hatte sich das so zurechtgelegt. Wir haben uns zurechtgemacht. Dieser Tisch sollte zurechtgestellt werden.* Sonst schreibt man: *Die Forderung besteht zu Recht.*

zurückrufen

Im Sinne von »wieder anrufen« gebraucht man *zurückrufen* hochsprachlich nur ohne Ergänzung im Wenfall: *Ich rufe zurück, sobald ich etwas erfahren habe. Würden Sie in einigen Minuten zurückrufen?* In der Umgangssprache wird *zurückrufen* auch mit Ergänzung im Wenfall gebraucht: *Ich rufe Sie zurück. Würden Sie mich morgen zurückrufen?*

Zusammentreffen von drei gleichen Buchstaben

Treffen in einem zusammengesetzten Wort drei gleiche Buchstaben zusammen, dann darf keiner von ihnen wegfallen: *Kaffeeersatz, Brennnessel, Balletttruppe.* Zur besseren Lesbarkeit kann in allen diesen Fällen ein Bindestrich gesetzt werden: *Kaffee-Ersatz, Brenn-Nessel, Ballett-Truppe.* Treffen beim behelfsmäßigen Ersatz von ß durch ss drei s-Buchstaben zusammen, dann darf man von diesen drei s in keinem Falle eines auslassen: *MASSSACHEN, MASSSTAB.* Der größeren Übersichtlichkeit wegen kann man auch diese Zusammensetzungen mit Bindestrich schreiben: *MASS-SACHEN, MASS-STAB.*

zutreffend

Bei den Steigerungsformen von *zutreffend* darf man das *d* nicht weglassen. Richtig ist also: *zutreffender, am zutreffendsten.*

zuungunsten

Siehe »zugunsten«

zuzüglich

Nach *zuzüglich* steht üblicherweise der Wesfall: *zuzüglich aller Versandkosten, zuzüglich des Portos, zuzüglich der erwähnten Gläser.* Steht aber das Hauptwort, das von *zuzüglich* abhängt, allein, also ohne ein Begleitwort, dann bleibt es in der Einzahl im Allgemeinen ungebeugt, d. h. unverändert: *zuzüglich Porto.* In der Mehrzahl aber weicht man bei allein stehenden Hauptwörtern auf den Wemfall aus: *zuzüglich Gläsern.*

zwecks

Das Verhältniswort (die Präposition) *zwecks* ist besonders in der Amtssprache gebräuchlich und stilistisch unschön. Es steht im Allgemeinen anstelle von *zu* oder *für* und wird in der Regel mit dem Wesfall verbunden: *zwecks eines Handels, zwecks Zahlungsaufschubs.* In der Mehrzahl weicht man jedoch auf den Wemfall aus, wenn der Wesfall nicht eindeutig erkennbar ist: *zwecks Geschäften* (**nicht:** *Geschäfte*).

zwischen

1. Kinder zwischen 10 und 12 Jahren, Gemeinden zwischen 50 000 und 100 000 Einwohnern: Nach dem Verhältniswort (der Präposition) *zwischen* steht in solchen Fällen **immer** der Wemfall: *Das Buch ist besonders für Kinder zwischen 10 und 12 Jahren geeignet. Es waren Kinder zwischen 10 und 12 Jahren. Es geht um den Gesundheitszustand der Kinder zwischen 10 und 12 Jahren. Es waren die Steuern von Gemeinden zwischen 50 000 und 100 000 Einwohnern.* Anders verhält es sich bei Sätzen wie: *Die Kinder waren zwischen 10 und 12 Jahre alt. Es waren die Steuern von Gemeinden, die zwischen 50 000 und 100 000 Einwohner haben.* Hier ist *zwischen* kein Verhältniswort, sondern Umstandswort (Adverb). Es hat daher keinen Einfluss auf die Beugung des folgenden Hauptworts *Jahre* bzw. *Einwohner.* Diese Hauptwörter sind hier nicht von *zwischen* abhängig, sondern von *alt sein* und *haben.*

2. Gegensätze zwischen den Arbeitgebern und zwischen den Arbeitnehmern: Die Wiederholung von *zwischen* (nach *und*) kann bei solchen Aussagen völlig den Sinn verändern und zu Missverständnissen führen. Richtig und sinnvoll ist ein solcher Ausdruck nur, wenn man hier Gegensätze sowohl innerhalb des Arbeitgeberlagers als auch innerhalb des Arbeitnehmerlagers ansprechen will und nicht Gegensätze

zwischen diesen beiden Lagern. Sonst dürfte *zwischen* nicht wiederholt werden, und es müsste heißen: *Die Gegensätze zwischen den Arbeitgebern und den Arbeitnehmern sollen abgebaut werden.* Ganz und gar sinnlos ist die Wiederholung von *zwischen* in Fällen wie: *der Abstand zwischen diesem Haus und zwischen dem Nachbarhaus* oder: *das Spiel zwischen dem 1. FCK und zwischen dem HSV.* Richtig ist hier nur: *der Abstand zwischen diesem Haus und dem Nachbarhaus* und: *das Spiel zwischen dem 1. FCK und dem HSV.*

zwischenzeitlich

Das Wort *zwischenzeitlich* tritt hauptsächlich im geschäftlichen Briefverkehr sowie in der Verwaltungssprache auf und ist stilistisch unschön. Man ersetzt es besser durch *inzwischen* oder *in der Zwischenzeit.*

Register

Register

Register